JOCHEN VOIT
SOPHIA HIRSCH

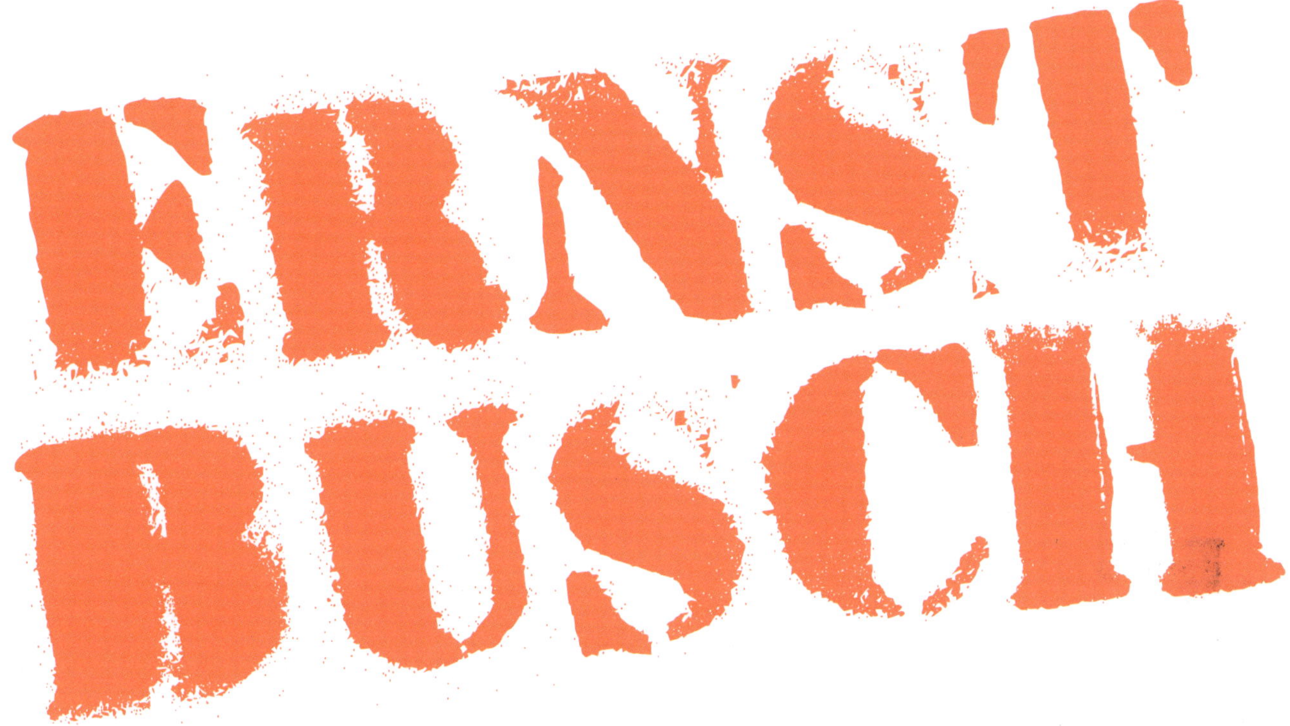

ERNST BUSCH

DER LETZTE PROLET

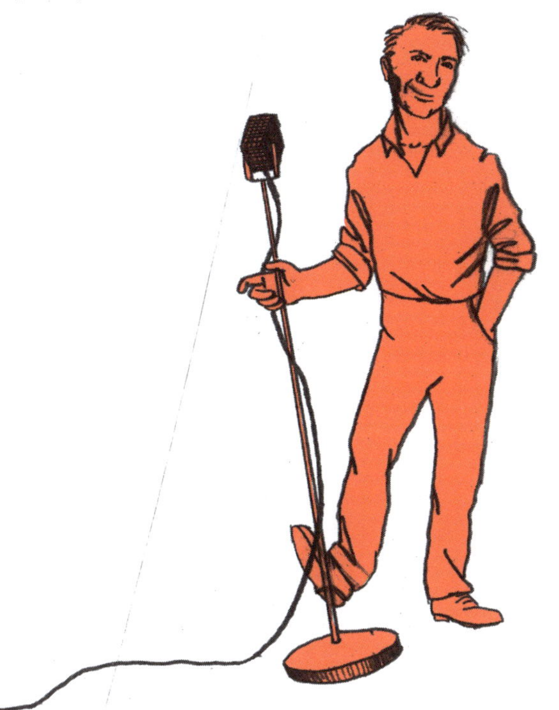

avant-verlag

Ebenfalls von Jochen Voit (mit Hamed Eshrat)
im avant-verlag erschienen:
NIEDER MIT HITLER! oder Warum Karl kein Radfahrer sein wollte
ISBN: 978-3-945034-98-9

ERNST BUSCH – DER LETZTE PROLET

Text: Jochen Voit
Zeichnungen: Sophia Hirsch
Dramaturgische Beratung: Jean-Baptiste Coursaud, Susanne Koschig
Lettering: Sebastian Beeskow
Konzeption: erinnerungsort.de
Bildbearbeitung & Herstellung: Thomas »f.o.s.« Gilke
Schrift: Susanne Ogan
Korrekturen: Chloe Alberti & Johann Ulrich
Herausgeber: Johann Ulrich

ISBN: 978-3-96445-059-3

Die Erstellung dieser Graphic Novel wurde mit Mitteln der
Bundesstiftung zur Aufarbeitung der SED-Diktatur gefördert.

BUNDESSTIFTUNG
AUFARBEITUNG

avant-verlag GmbH | Weichselplatz 3–4 | 12045 Berlin
info@avant-verlag.de

Mehr Informationen und kostenlose Leseproben finden Sie online:
www.avant-verlag.de
facebook.com/avant-verlag

INHALT

Nach ziemlich wahren Lebensgeschichten*

* Die meisten Episoden, die wir erzählen, sind durch mehrere Quellen abgesichert. Doch einige Szenen lassen sich nicht ohne Weiteres belegen, weil sie erst, wie es bei einem in Teamwork hergestellten grafischen Roman geschehen kann, im Pingpong-Spiel zwischen Autor und Zeichnerin Gestalt angenommen haben. Doch gehen Sie ruhig davon aus, dass dies nicht unbedingt die Stellen sind, an denen Sie denken, hier sei der Geschichte mehr Farbe hinzugefügt worden, als ihr in Wirklichkeit zusteht.

VORSPIEL OST-BERLIN 1969

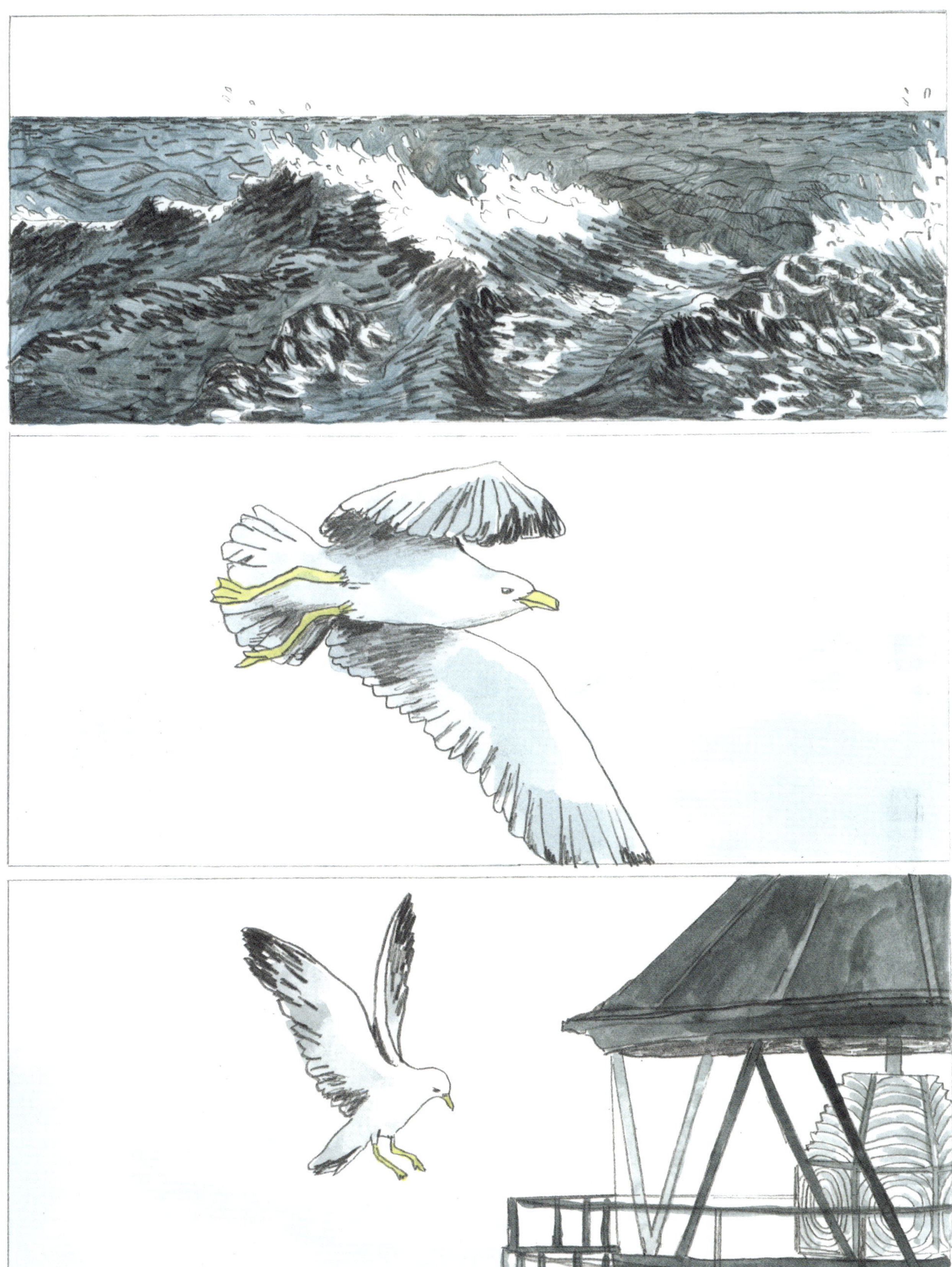

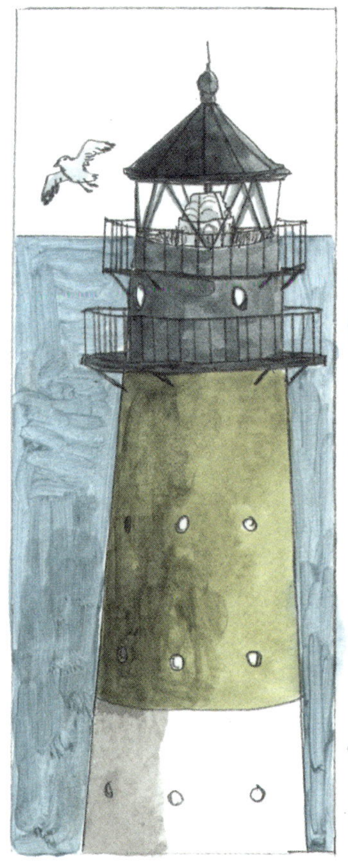

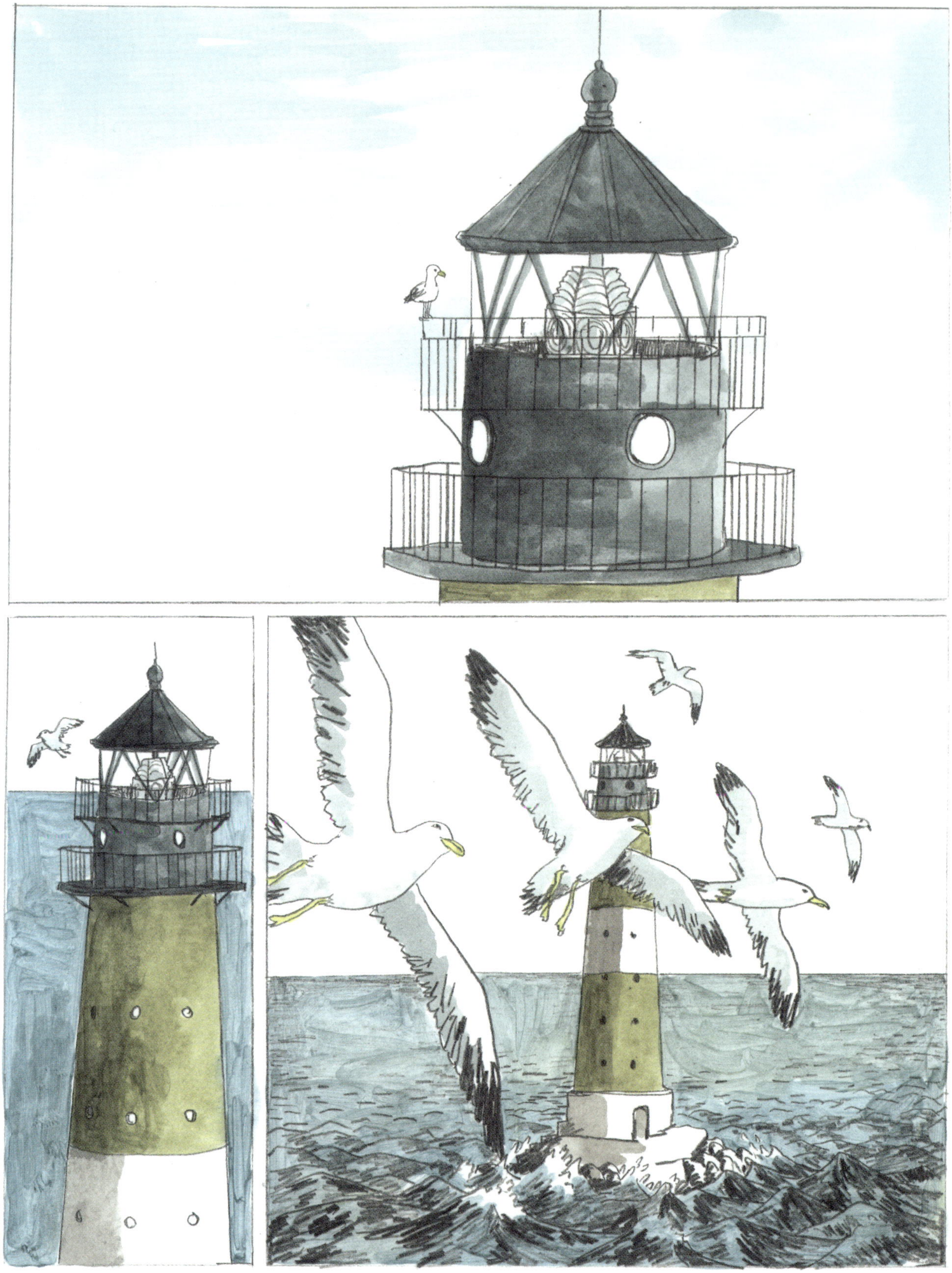

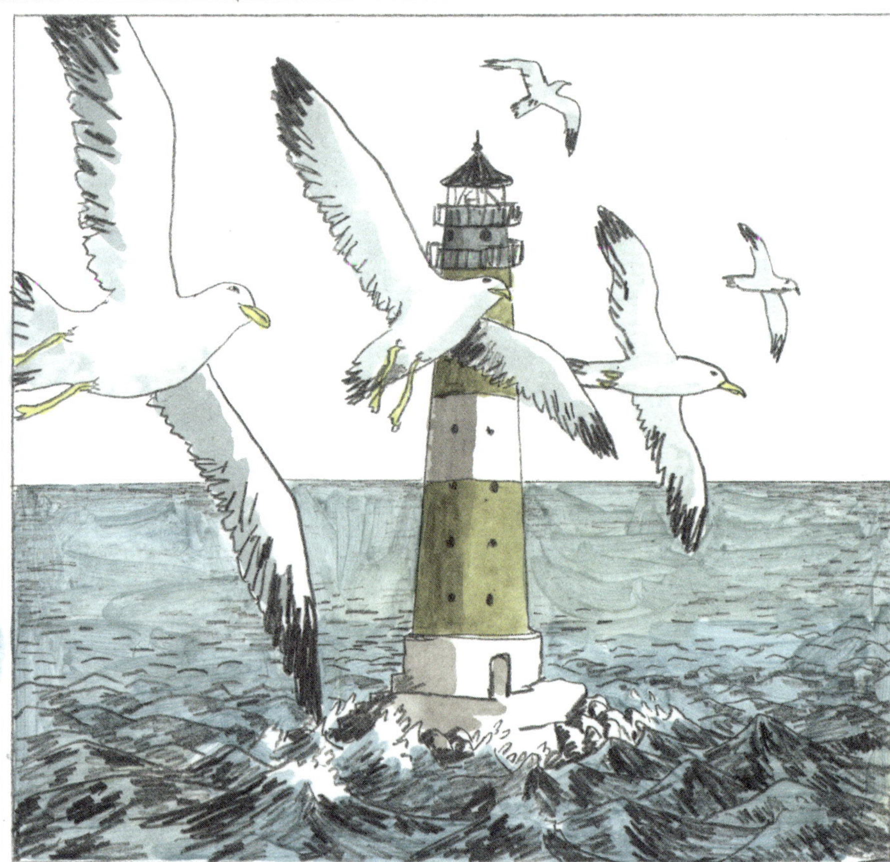

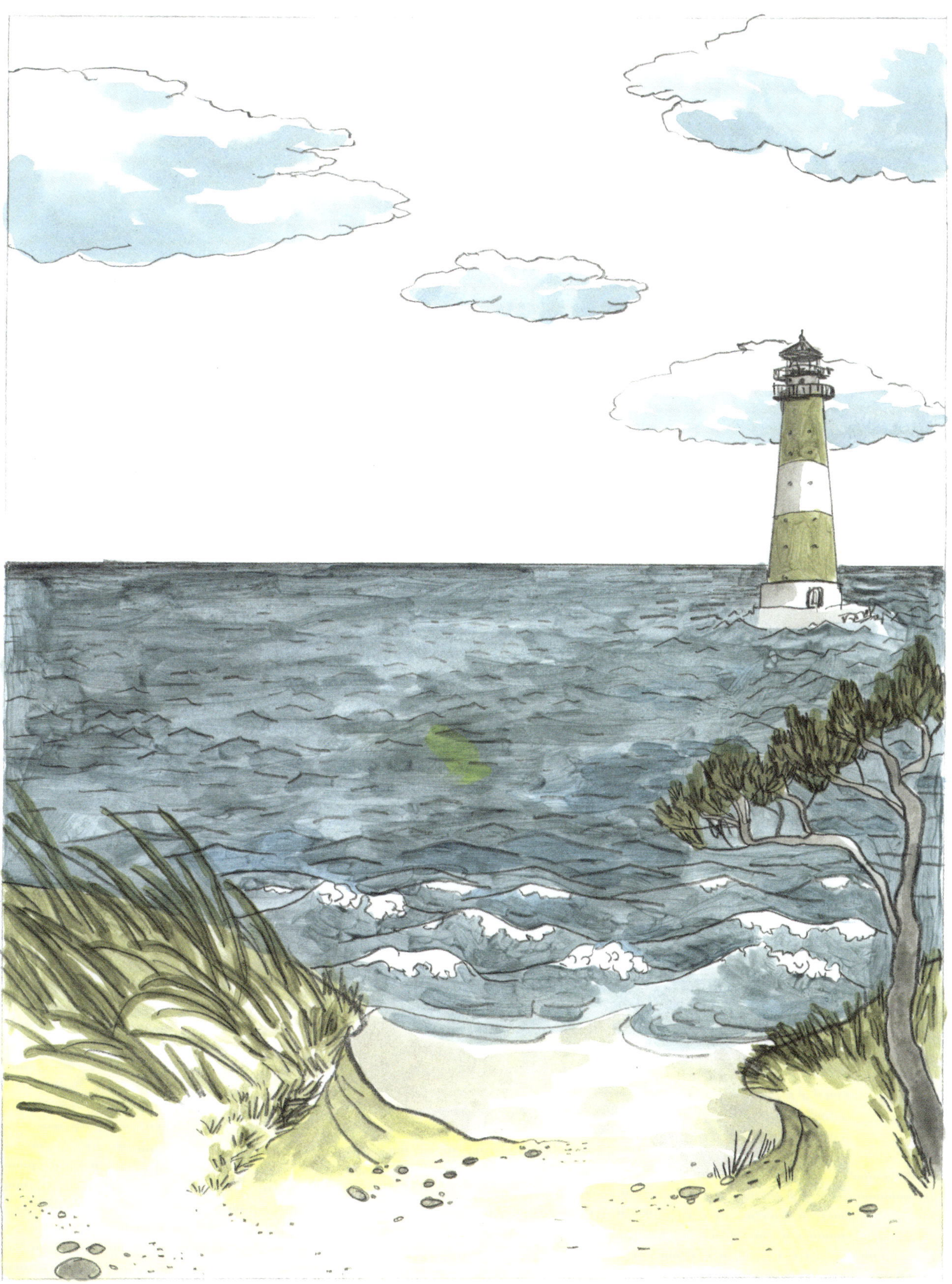

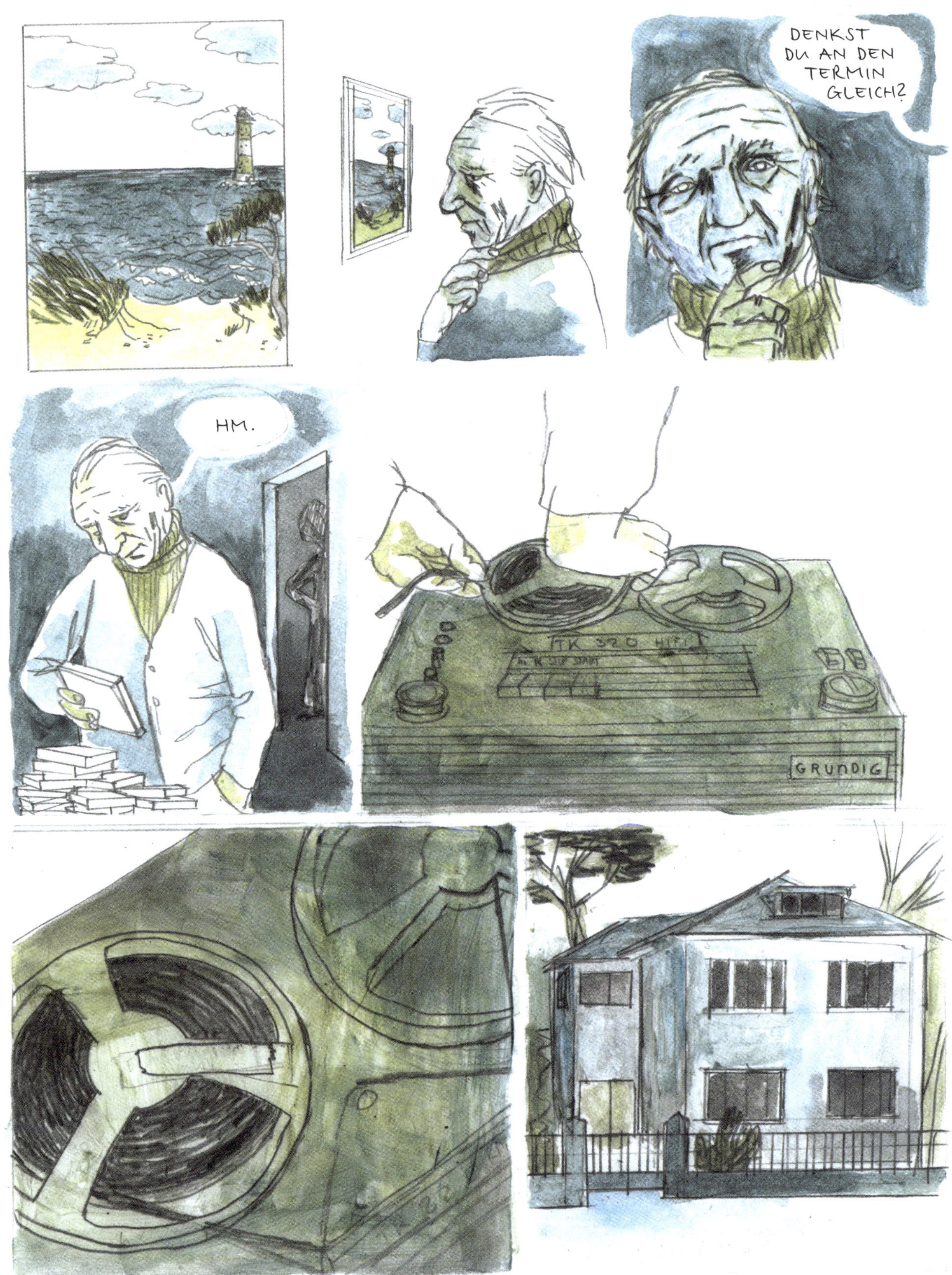
DENKST DU AN DEN TERMIN GLEICH?
HM.
TK 320 HIFI
GRUNDIG

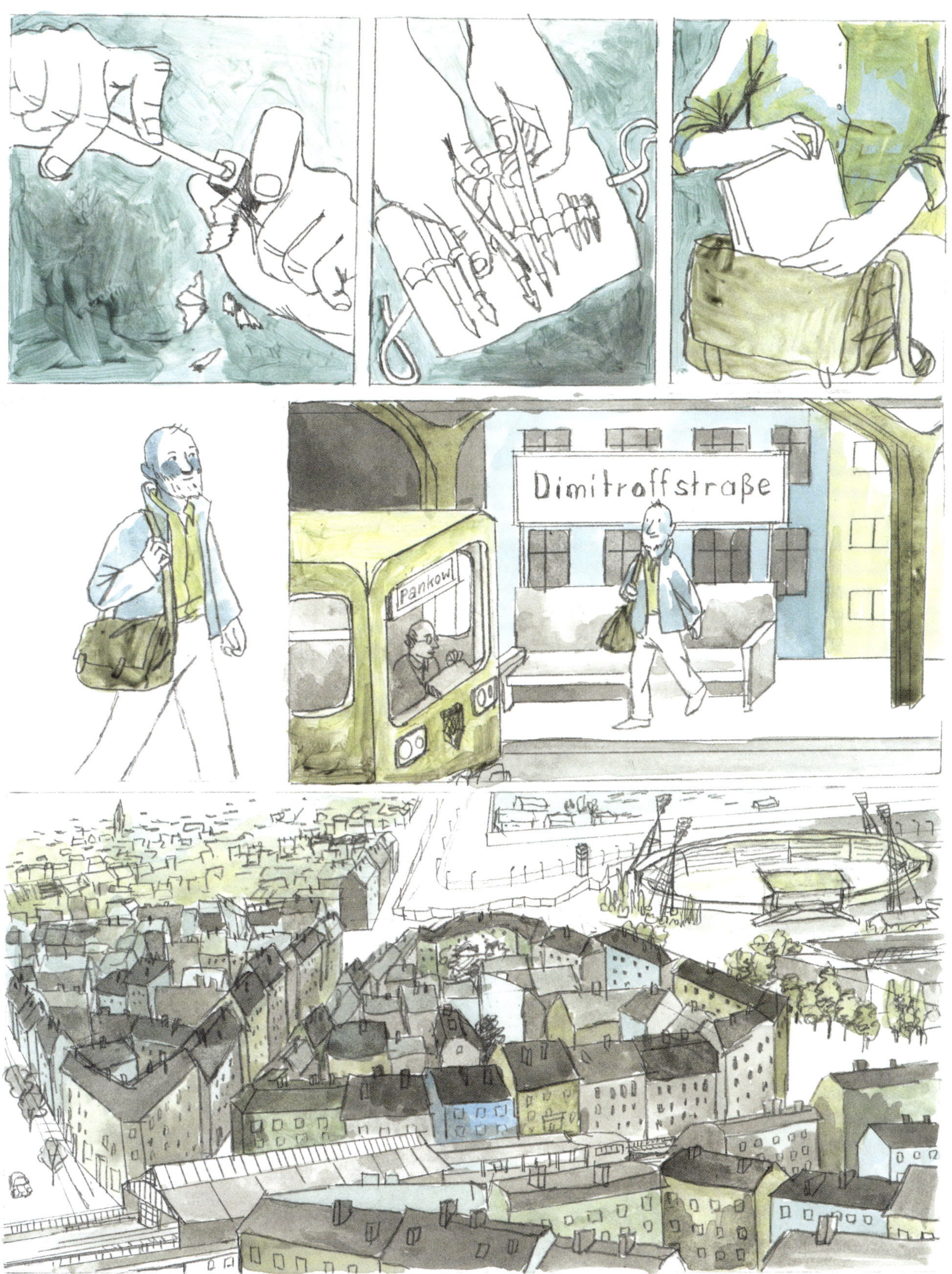
Dimitroffstraße
Pankow

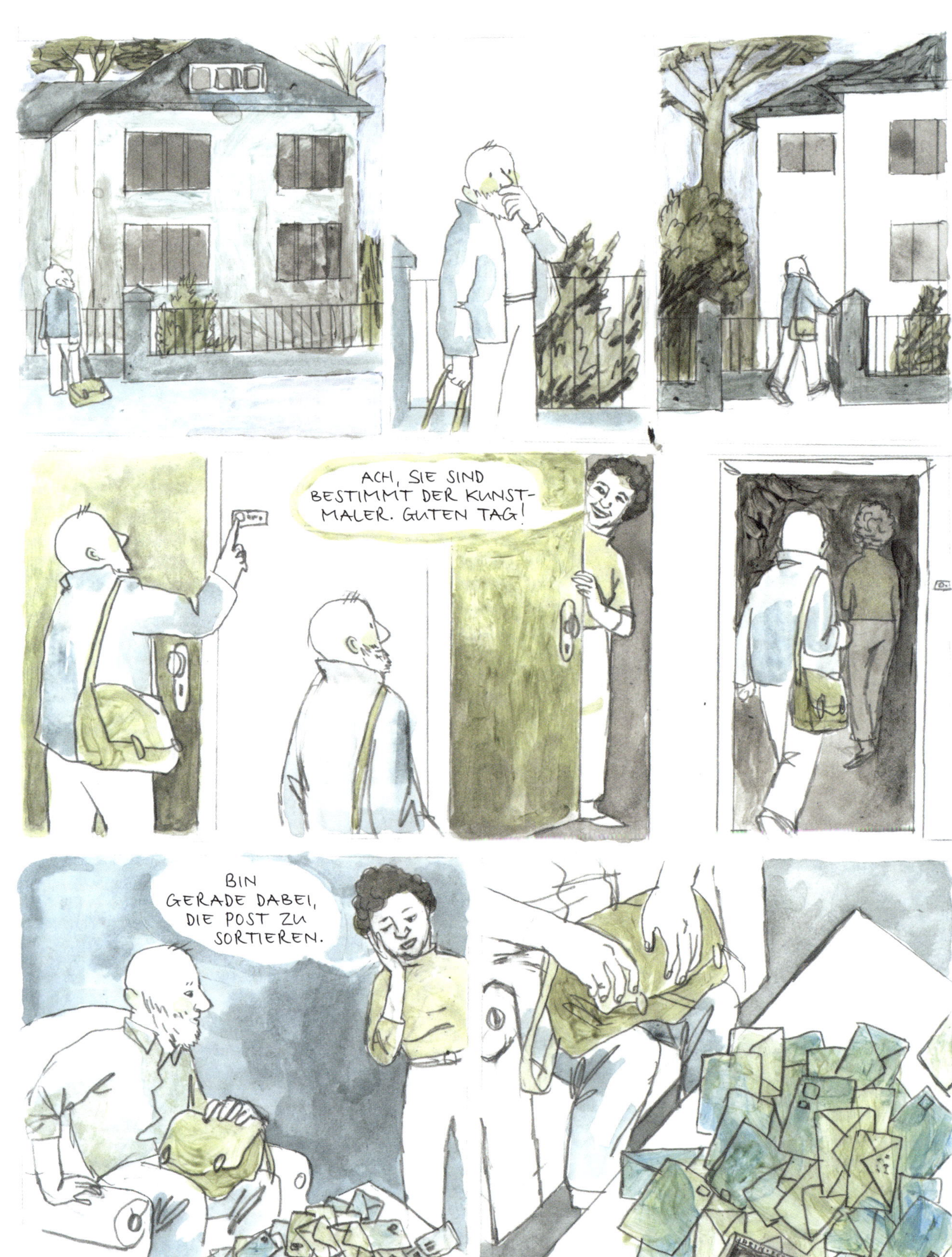
ACH, SIE SIND BESTIMMT DER KUNST-MALER. GUTEN TAG!
BIN GERADE DABEI, DIE POST ZU SORTIEREN.

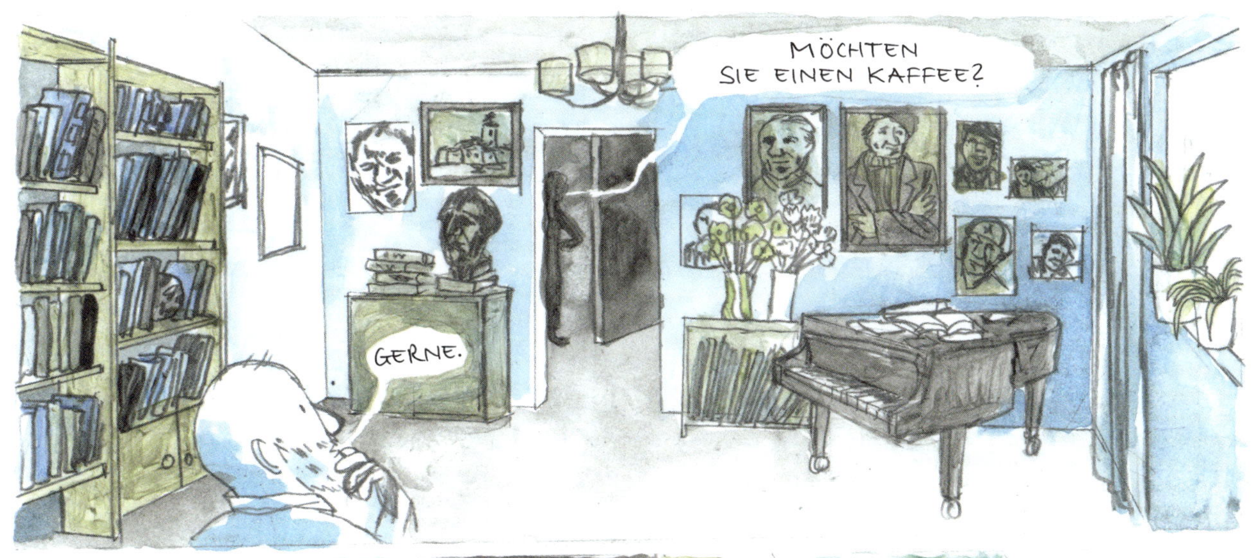

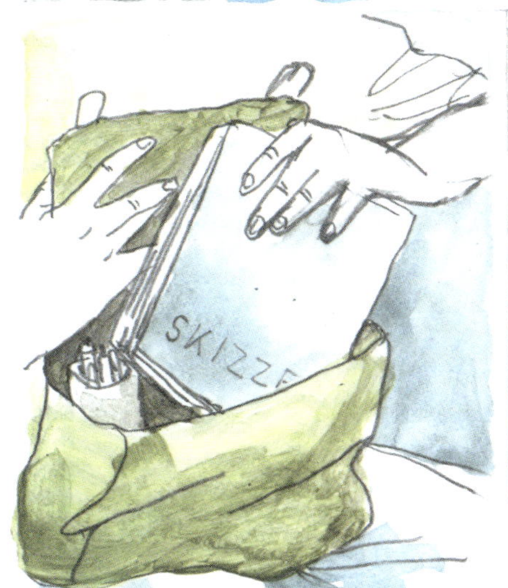

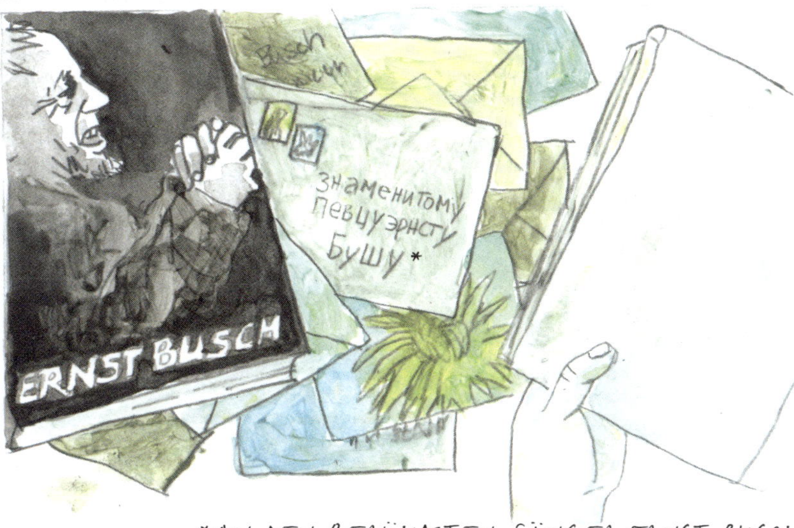

*AN DEN BERÜHMTEN SÄNGER ERNST BUSCH

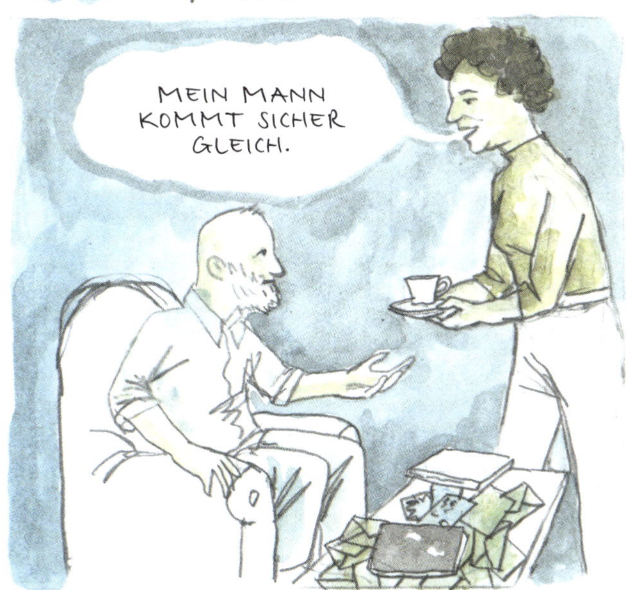

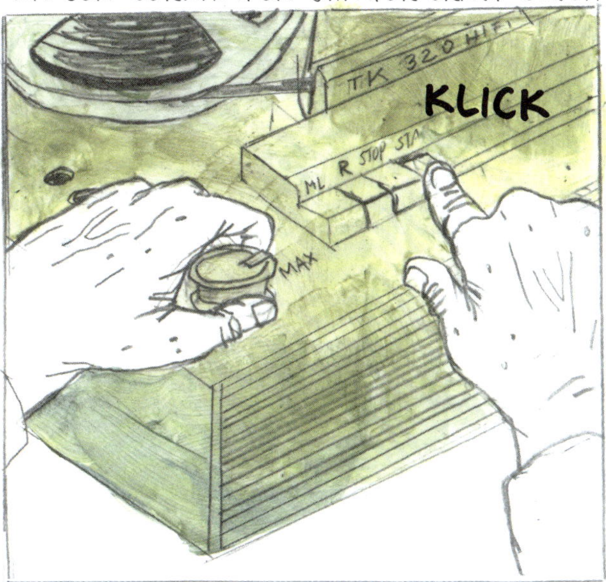

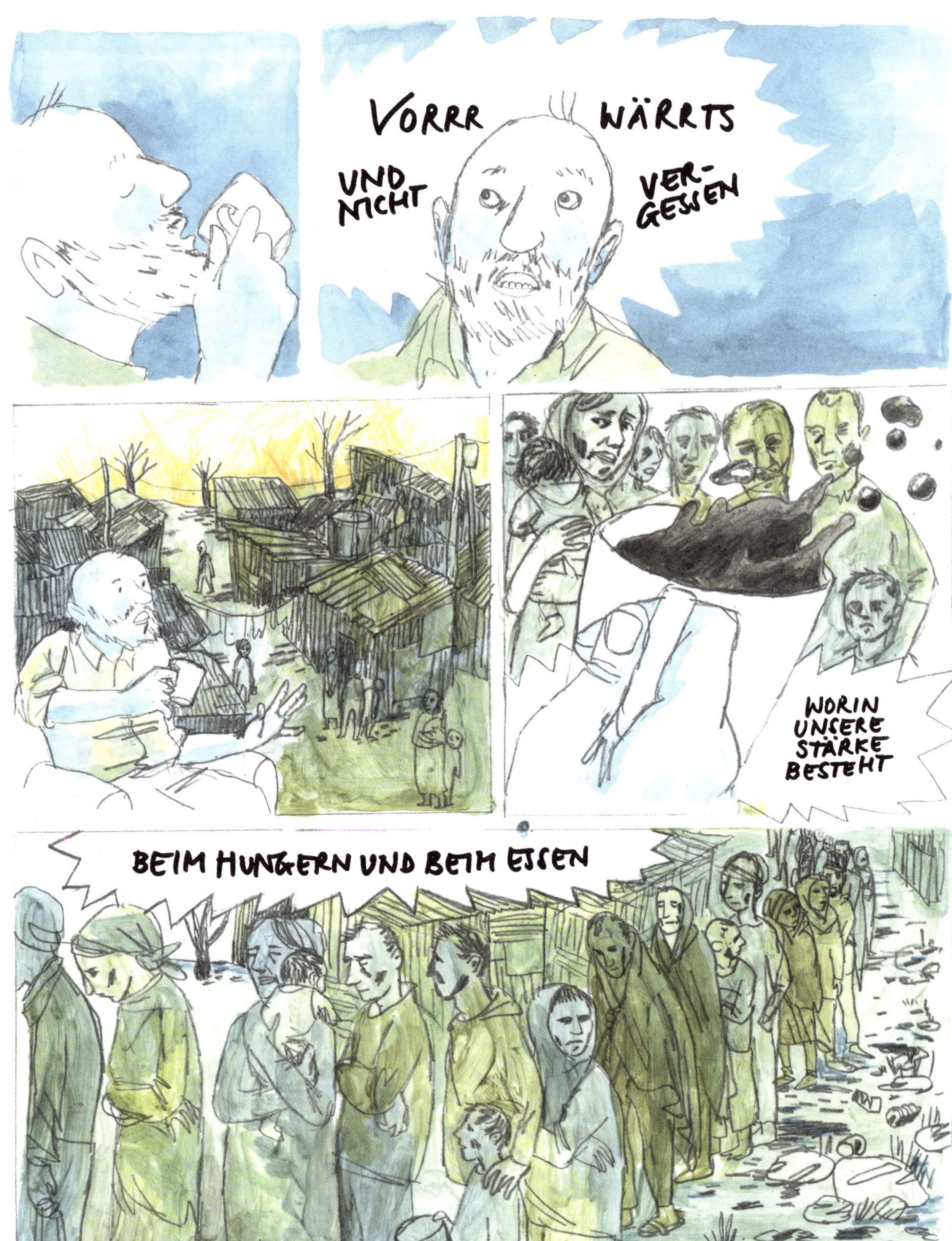
VORRR WÄRRTS
UND NICHT VER-GESSEN
WORIN UNSERE STÄRKE BESTEHT
BEIM HUNGERN UND BEIM ESSEN

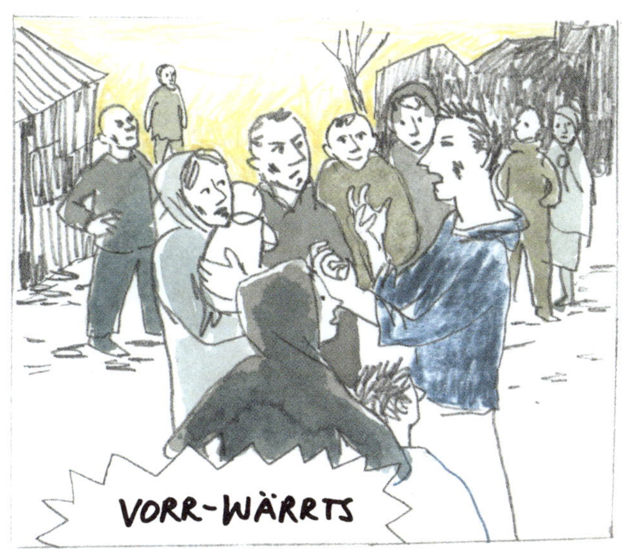
VORR-WÄRRTS

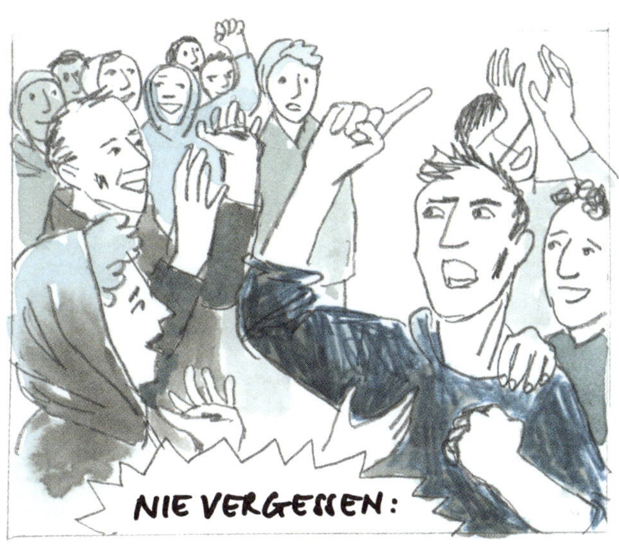
NIE VERGESSEN:

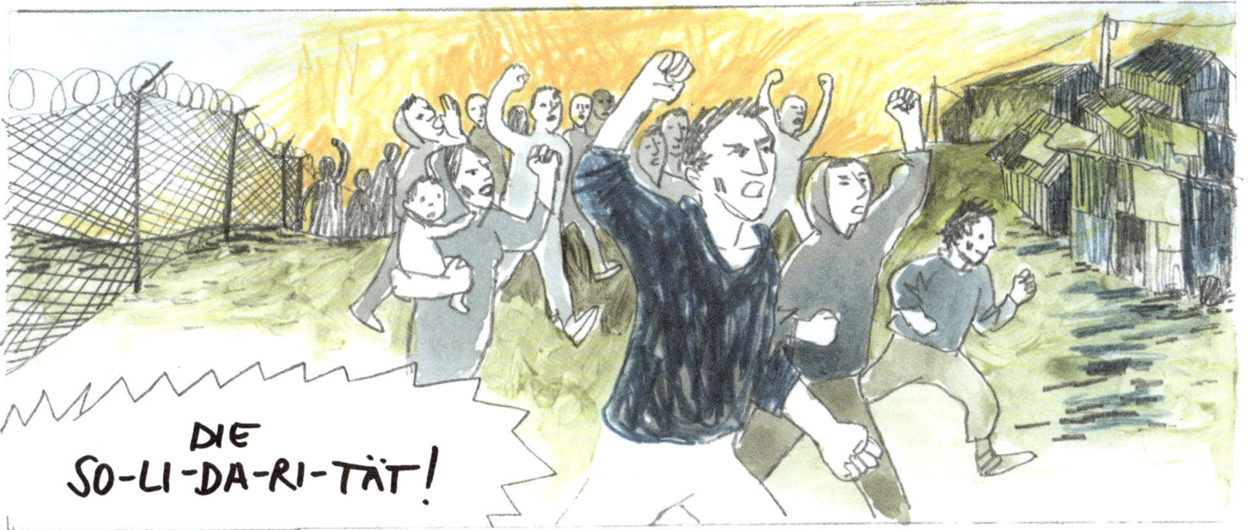
DIE
SO-LI-DA-RI-TÄT!

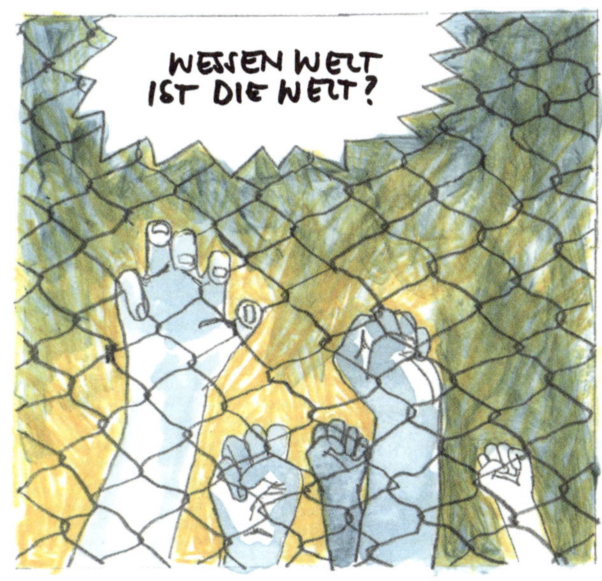
WESSEN WELT
IST DIE WELT?

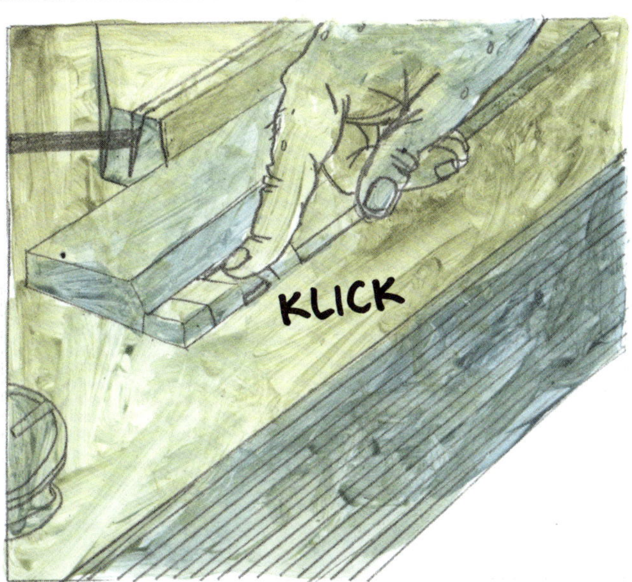
KLICK

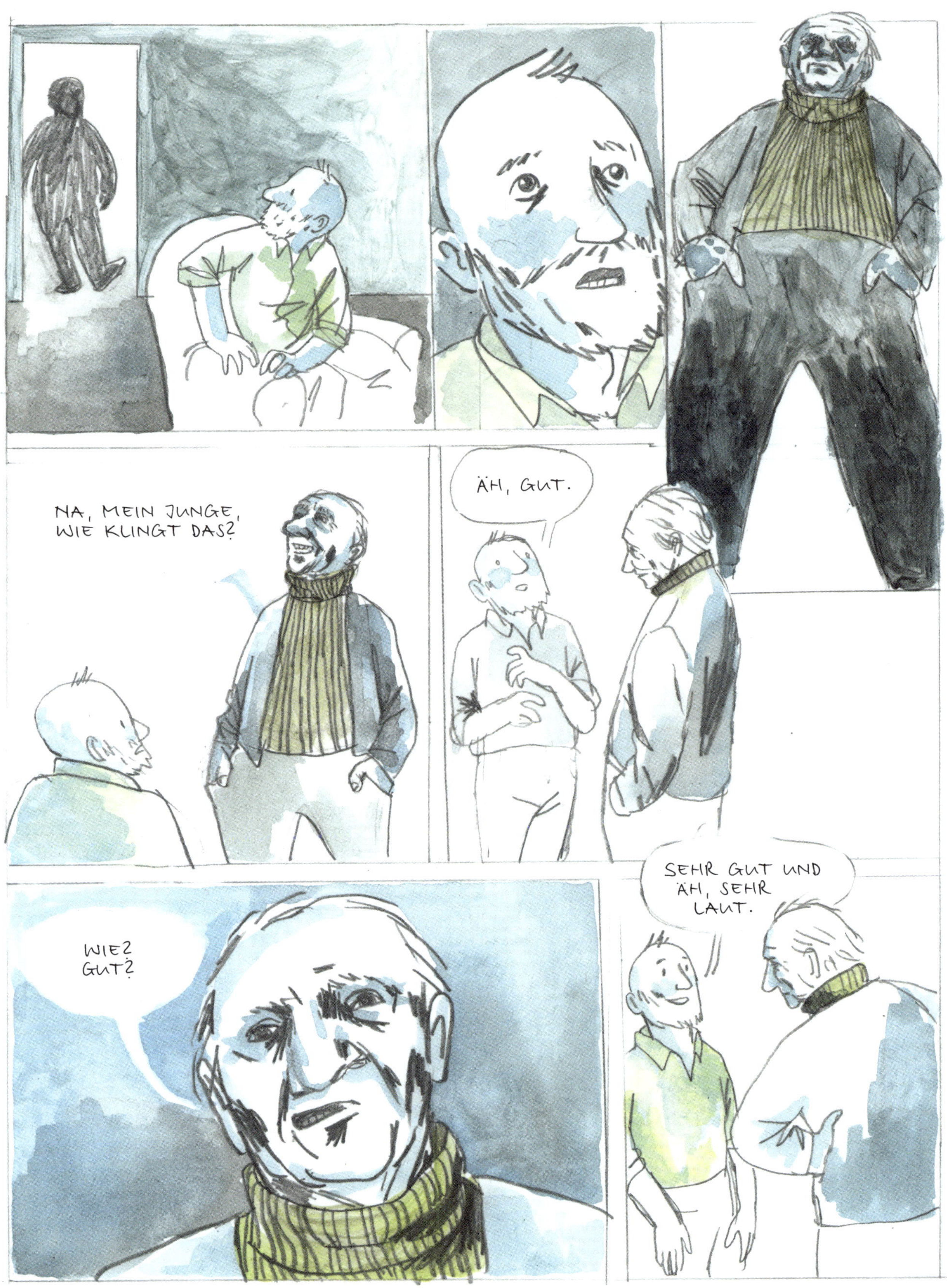
NA, MEIN JUNGE, WIE KLINGT DAS?
ÄH, GUT.
WIE? GUT?
SEHR GUT UND ÄH, SEHR LAUT.

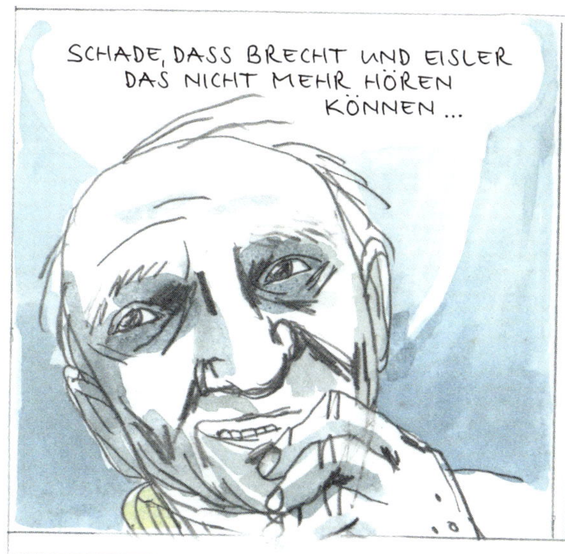
SCHADE, DASS BRECHT UND EISLER DAS NICHT MEHR HÖREN KÖNNEN ...

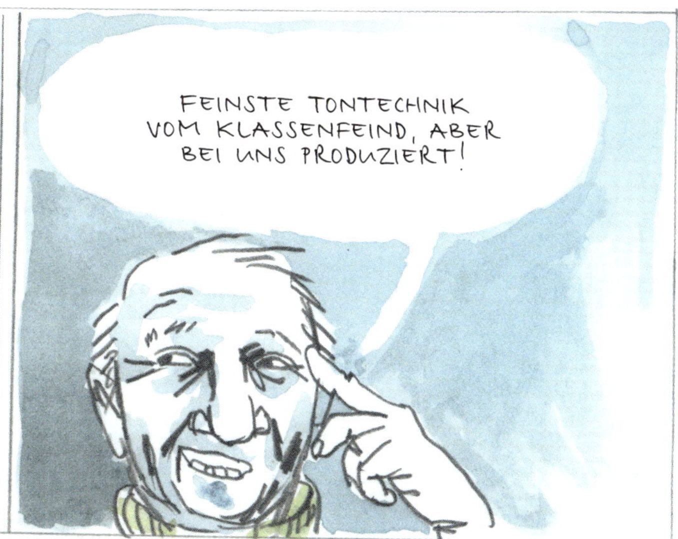
FEINSTE TONTECHNIK VOM KLASSENFEIND, ABER BEI UNS PRODUZIERT!

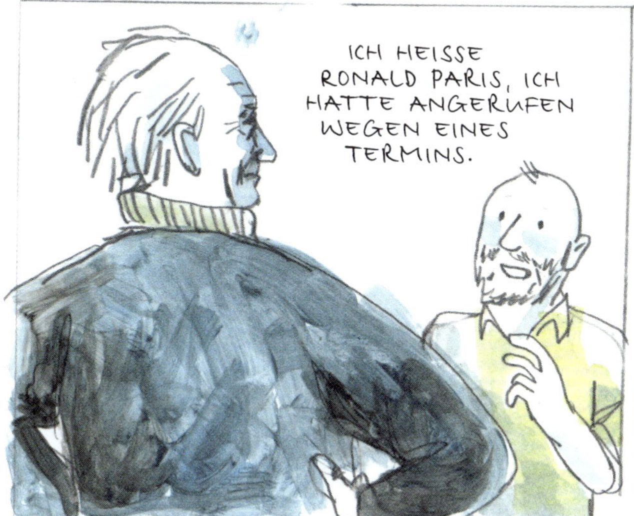
ICH HEISSE RONALD PARIS, ICH HATTE ANGERUFEN WEGEN EINES TERMINS.

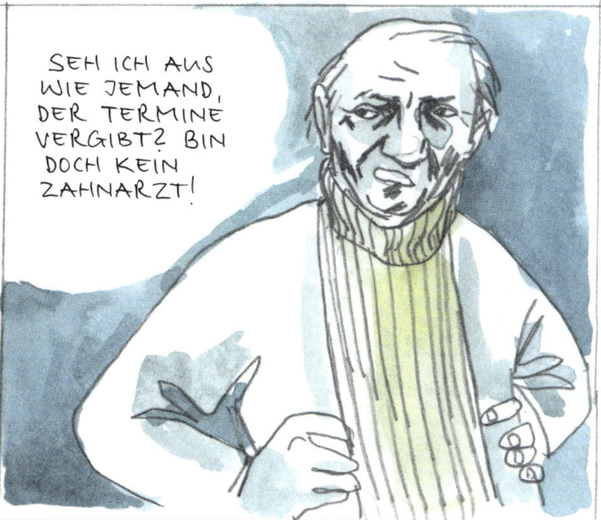
SEH ICH AUS WIE JEMAND, DER TERMINE VERGIBT? BIN DOCH KEIN ZAHNARZT!

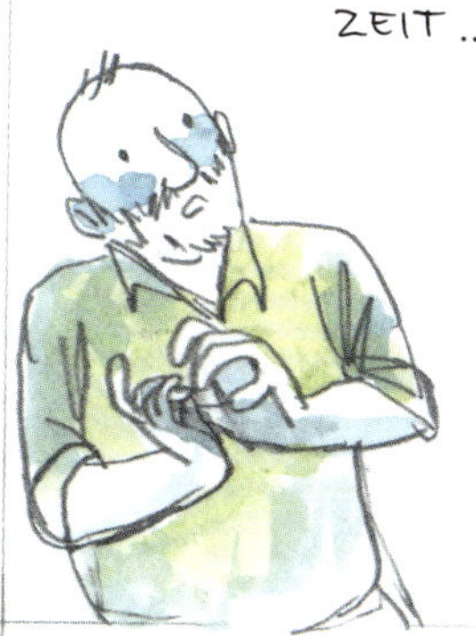
NATÜRLICH NICHT, ES GEHT NUR UM ERSTE SKIZZEN, FÜR DIE SIE MODELL SITZEN MÜSSTEN. ALSO WENN SIE ZEIT ...

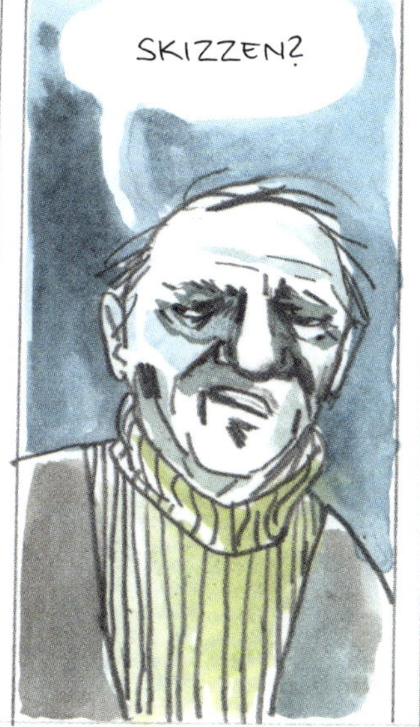
SKIZZEN?

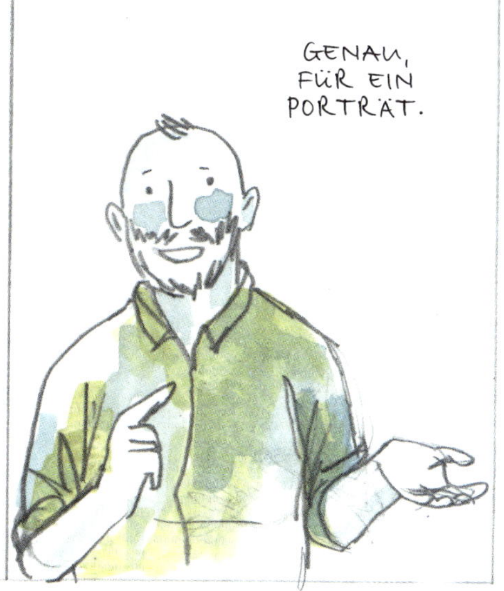
GENAU, FÜR EIN PORTRÄT.

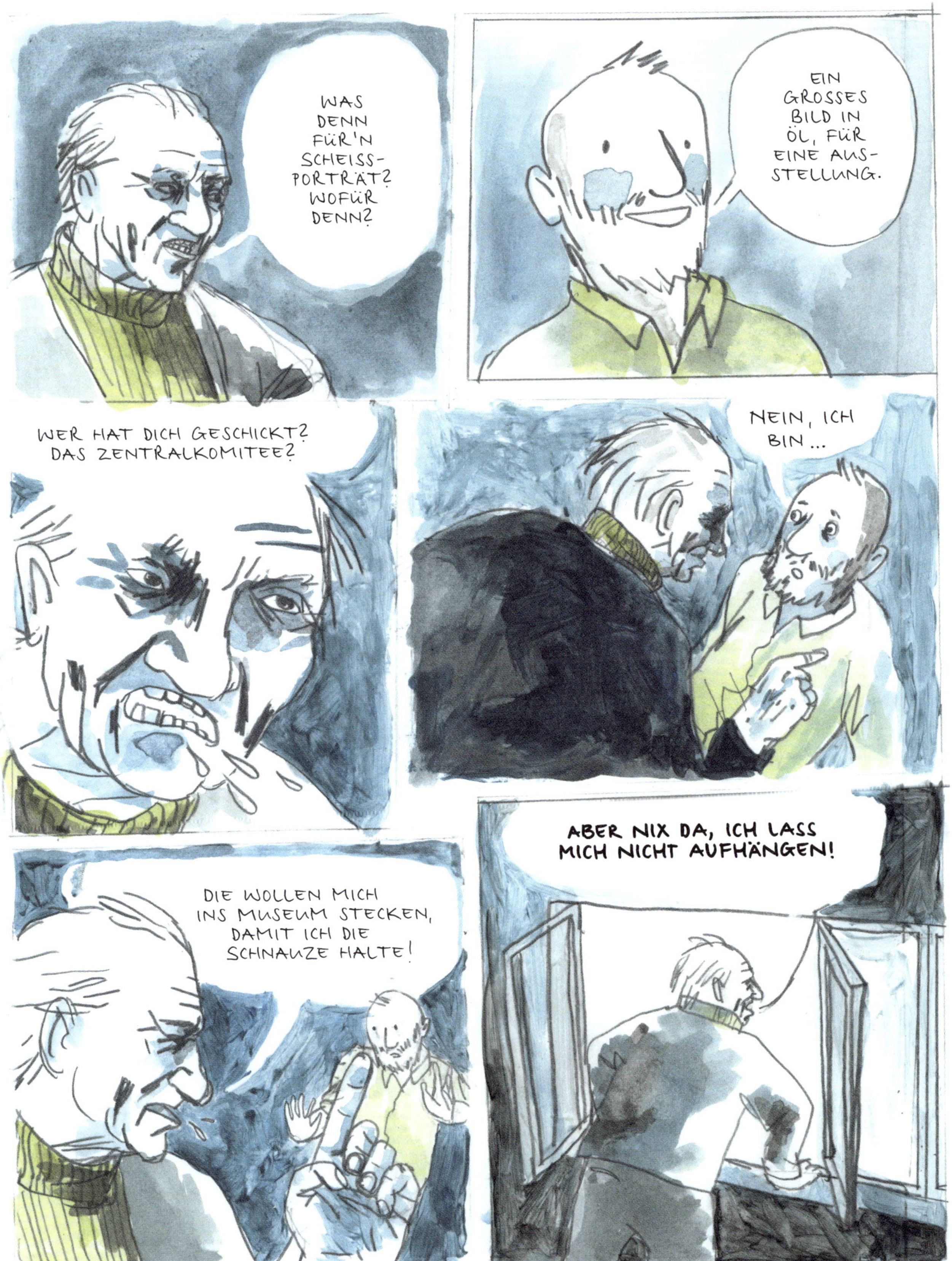

WAS DENN FÜR'N SCHEISS-PORTRÄT? WOFÜR DENN?

EIN GROSSES BILD IN ÖL, FÜR EINE AUS-STELLUNG.

WER HAT DICH GESCHICKT? DAS ZENTRALKOMITEE?

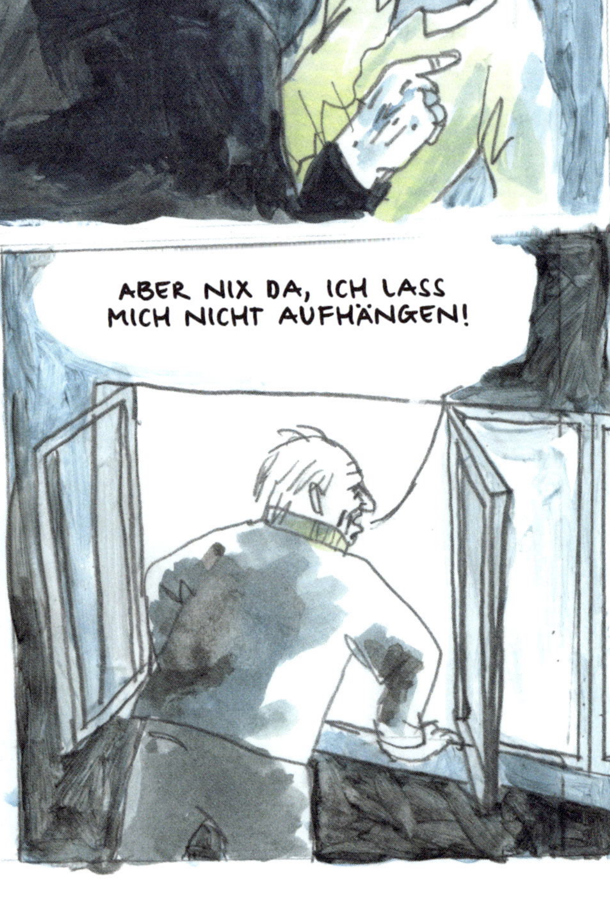

DIE WOLLEN MICH INS MUSEUM STECKEN, DAMIT ICH DIE SCHNAUZE HALTE!

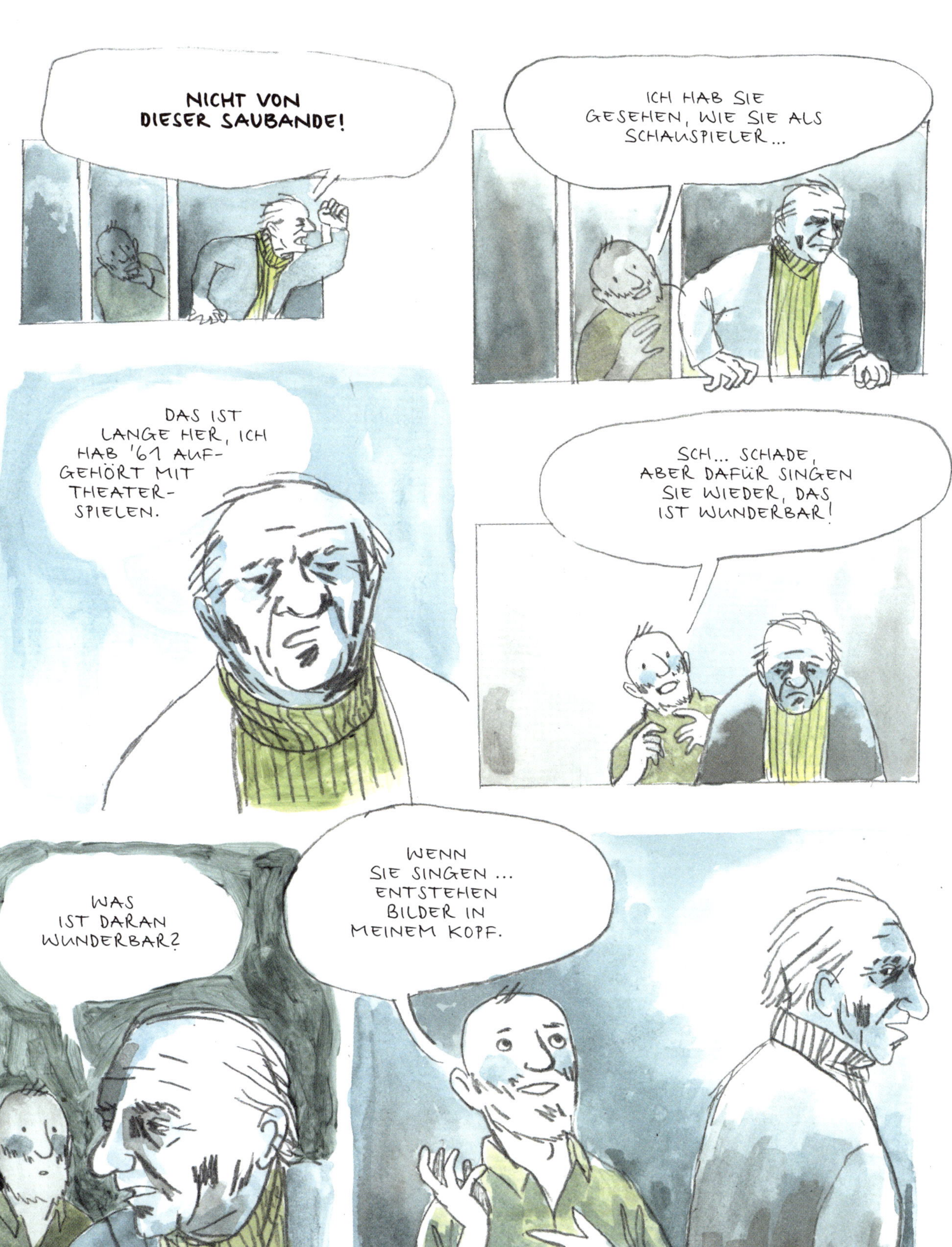
NICHT VON DIESER SAUBANDE!
ICH HAB SIE GESEHEN, WIE SIE ALS SCHAUSPIELER...
DAS IST LANGE HER, ICH HAB '61 AUF-GEHÖRT MIT THEATER-SPIELEN.
SCH... SCHADE, ABER DAFÜR SINGEN SIE WIEDER, DAS IST WUNDERBAR!
WAS IST DARAN WUNDERBAR?
WENN SIE SINGEN... ENTSTEHEN BILDER IN MEINEM KOPF.

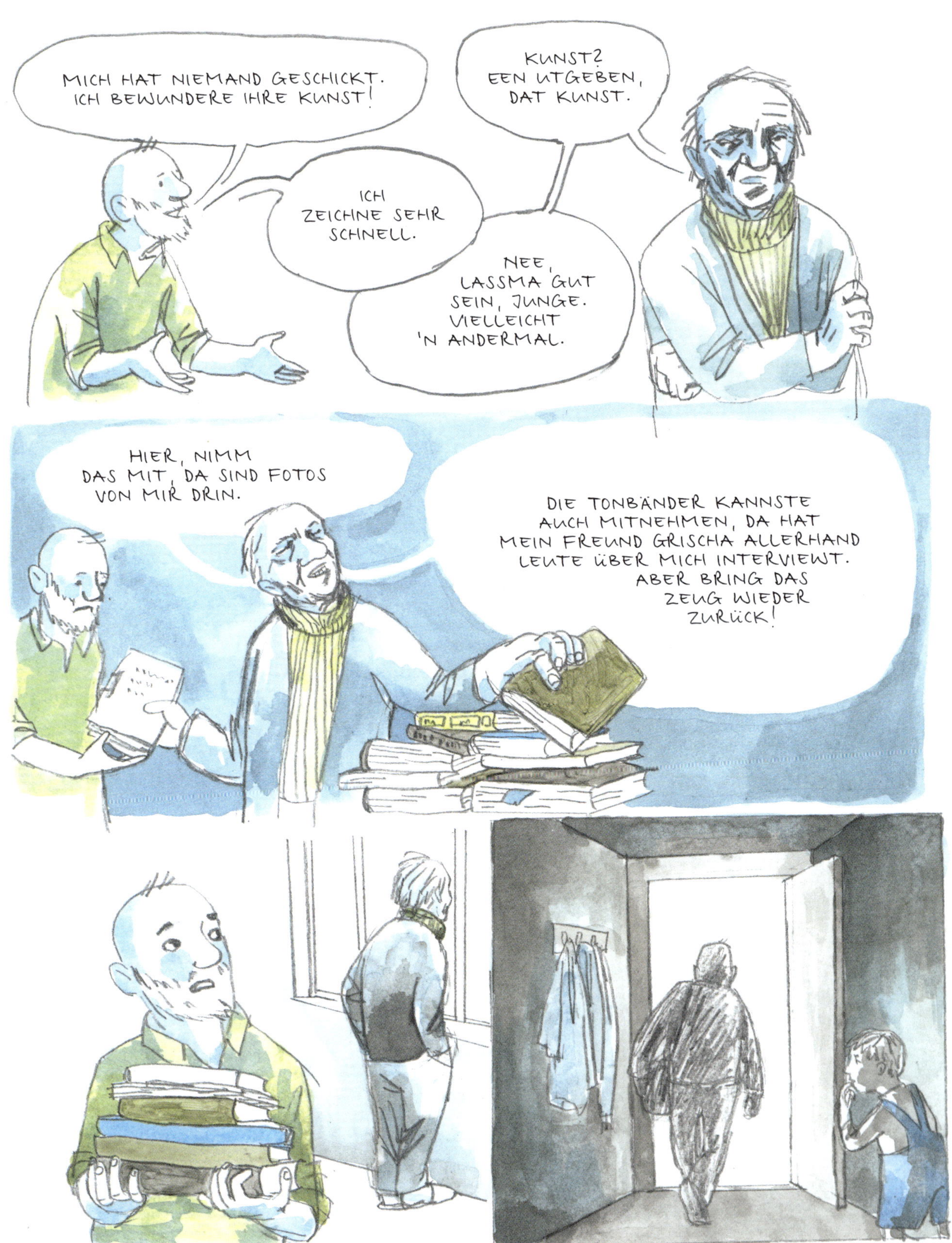
MICH HAT NIEMAND GESCHICKT. ICH BEWUNDERE IHRE KUNST!
KUNST? EEN UTGEBEN, DAT KUNST.
ICH ZEICHNE SEHR SCHNELL.
NEE, LASSMA GUT SEIN, JUNGE. VIELLEICHT 'N ANDERMAL.
HIER, NIMM DAS MIT, DA SIND FOTOS VON MIR DRIN.
DIE TONBÄNDER KANNSTE AUCH MITNEHMEN, DA HAT MEIN FREUND GRISCHA ALLERHAND LEUTE ÜBER MICH INTERVIEWT. ABER BRING DAS ZEUG WIEDER ZURÜCK!

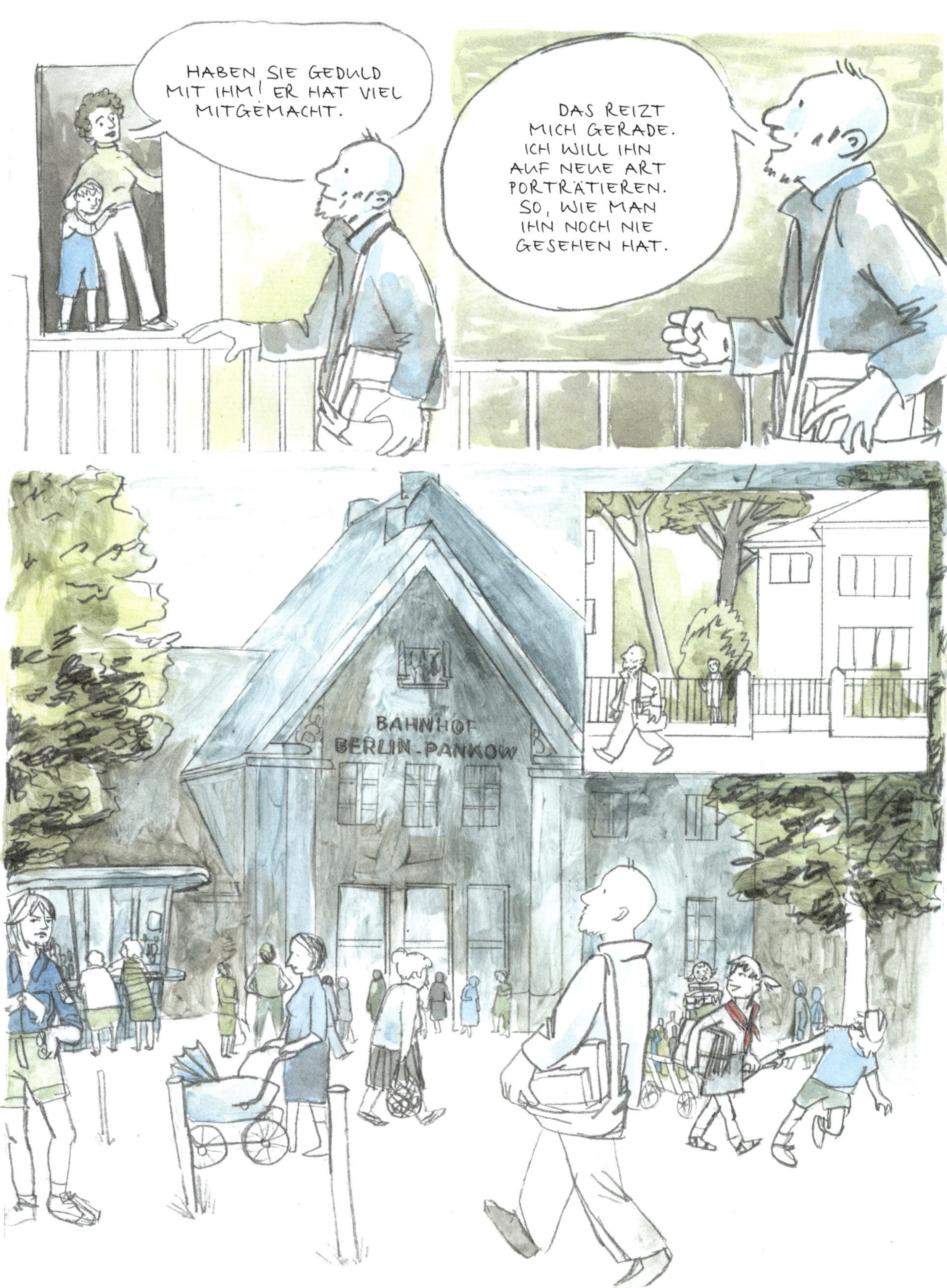
HABEN SIE GEDULD MIT IHM! ER HAT VIEL MITGEMACHT.
DAS REIZT MICH GERADE. ICH WILL IHN AUF NEUE ART PORTRÄTIEREN. SO, WIE MAN IHN NOCH NIE GESEHEN HAT.
BAHNHOF BERLIN-PANKOW

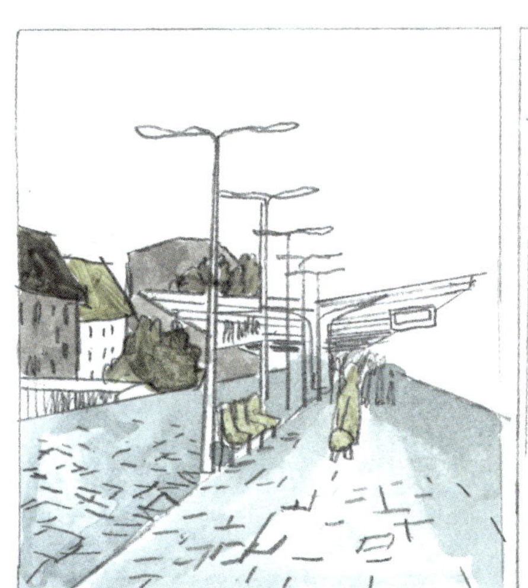

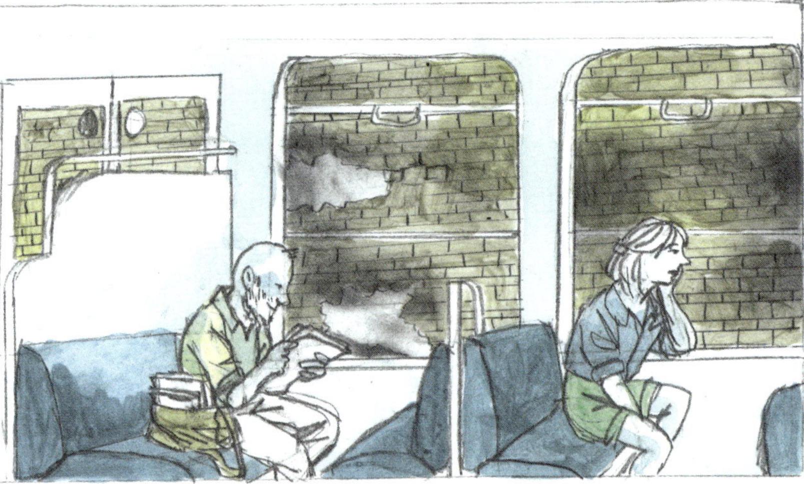

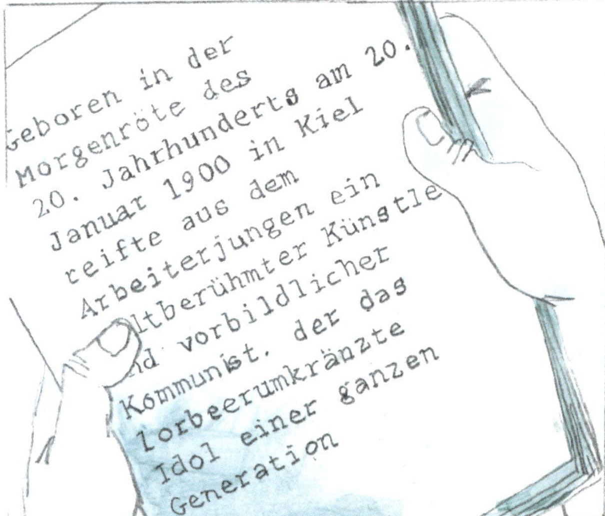

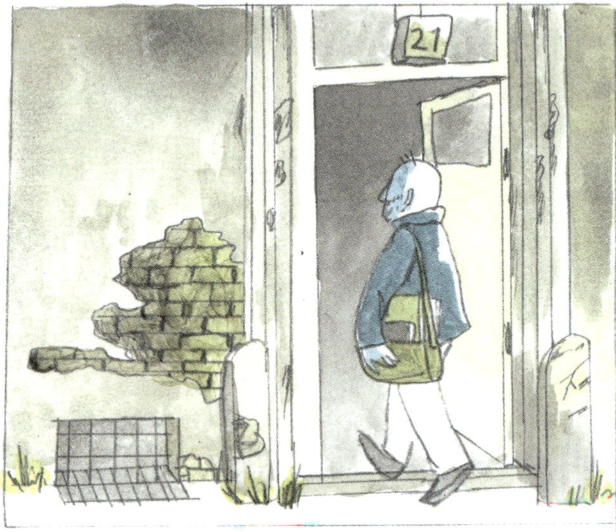

KRRK ... FFFRRT ... SOME PEOPLE SAY, ERNST HAT EINE WUNDERSTIMME.
BUT WHO HAS ENTDECKT HIS TALENT? CAN YOU PLEASE TELL US ...
KRRK ... FFRRT.....

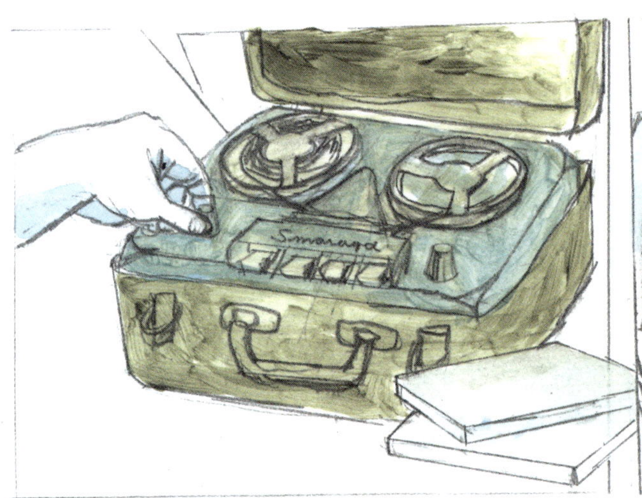

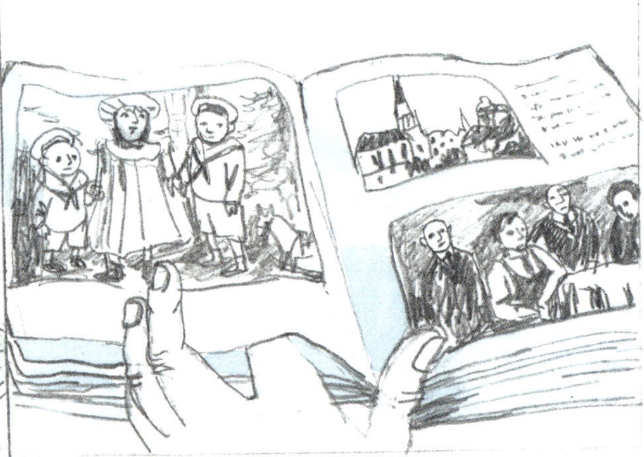

1. AKT
(1900-1933)

ERNA
–
KALLI
–
LILO
–
HANNS
–
EVA B.

Erna

KIEL 1907

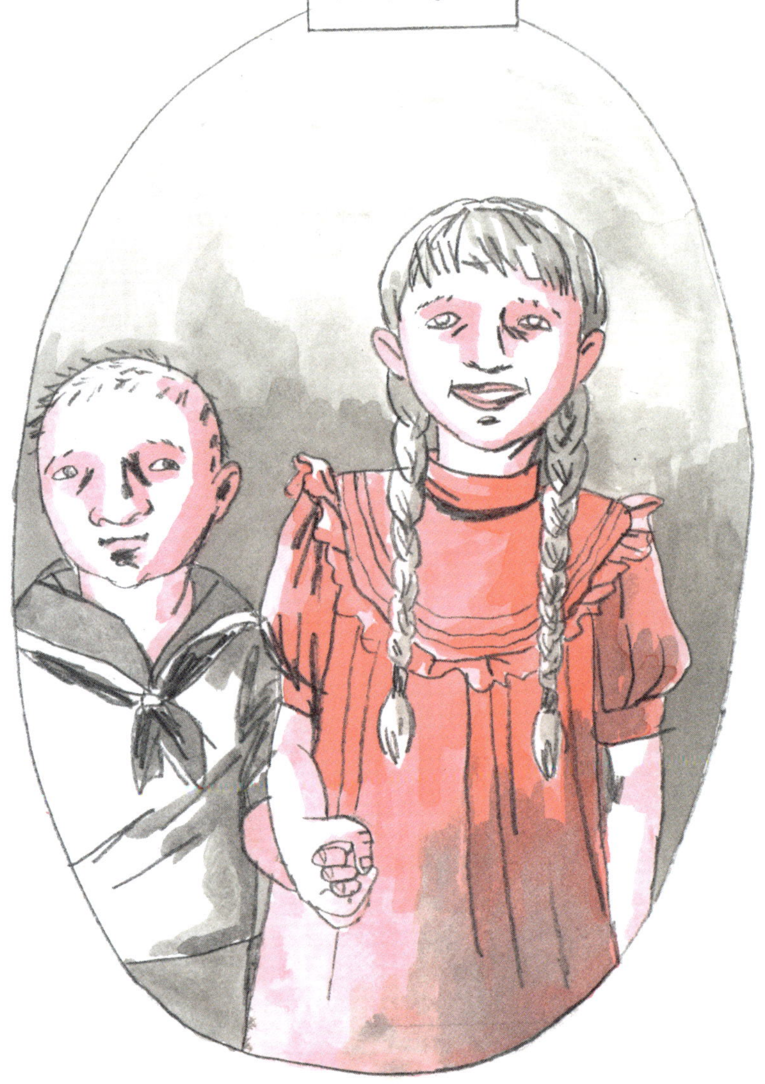

ICH HAB' MEINEN BRUDER ERNST BESCHÜTZT!

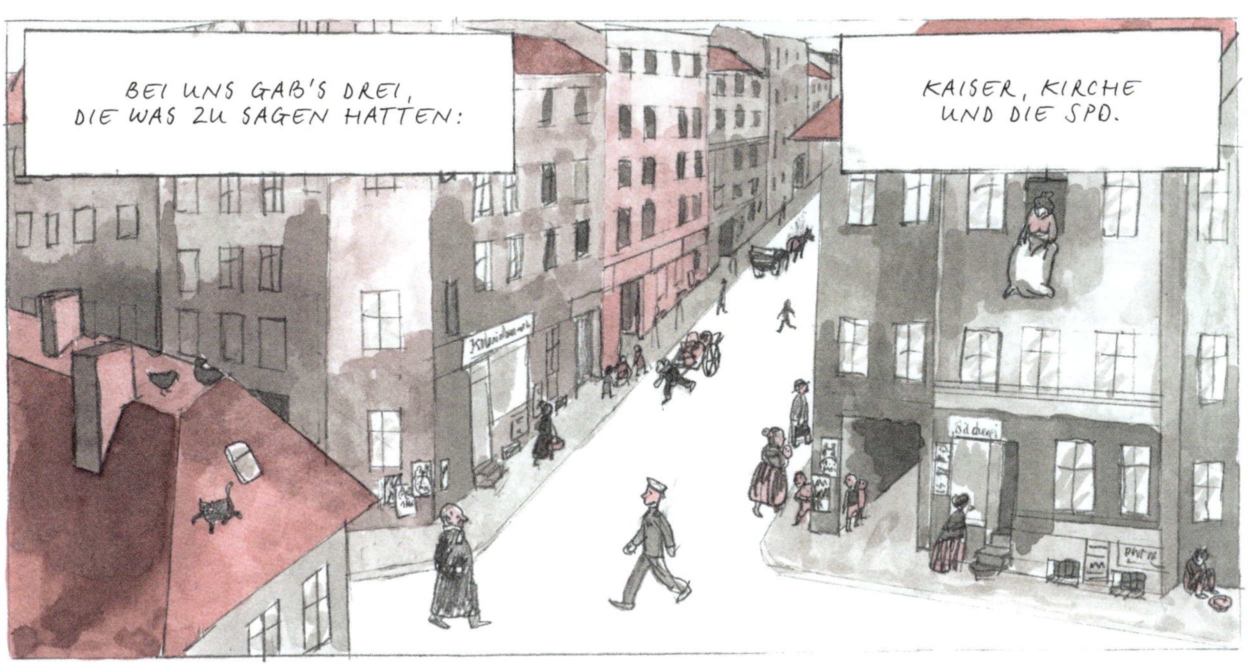
BEI UNS GAB'S DREI, DIE WAS ZU SAGEN HATTEN:
KAISER, KIRCHE UND DIE SPD.

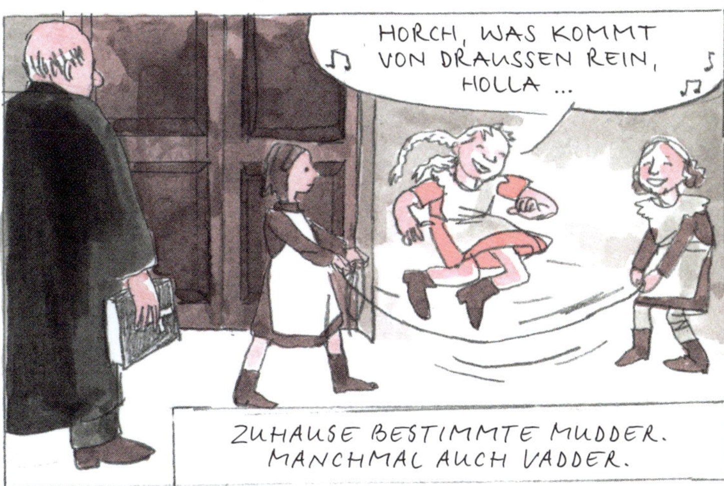
HORCH, WAS KOMMT VON DRAUSSEN REIN, HOLLA ...
ZUHAUSE BESTIMMTE MUDDER. MANCHMAL AUCH VADDER.

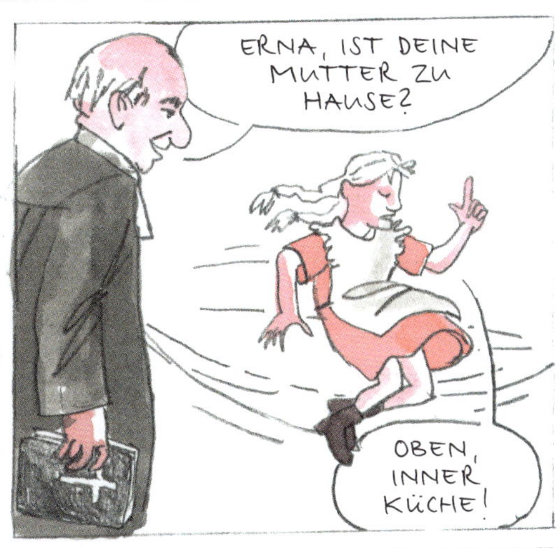
ERNA, IST DEINE MUTTER ZU HAUSE?
OBEN, INNER KÜCHE!

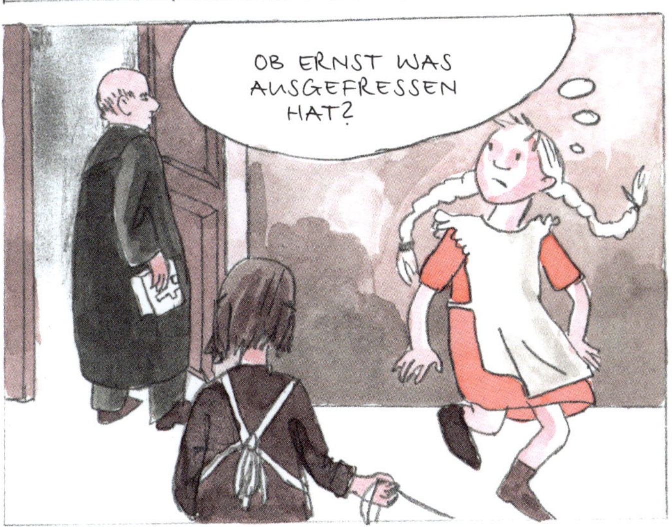
OB ERNST WAS AUSGEFRESSEN HAT?

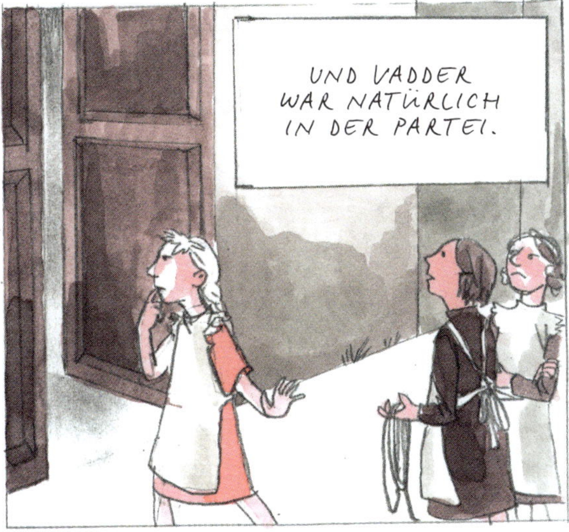
UND VADDER WAR NATÜRLICH IN DER PARTEI.

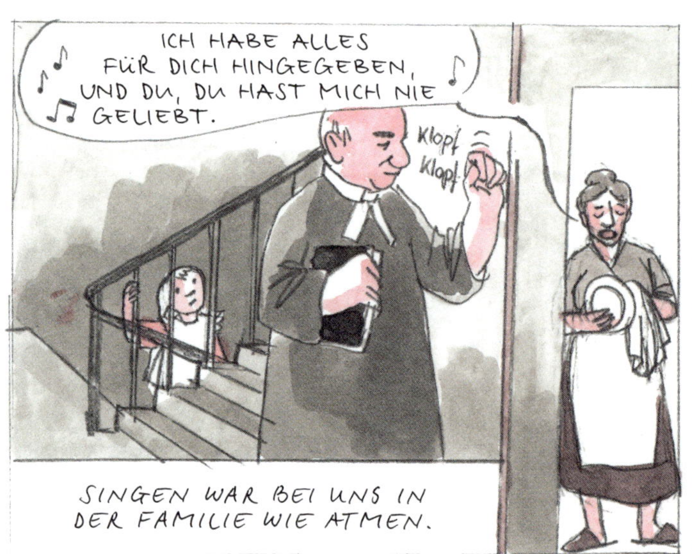
ICH HABE ALLES FÜR DICH HINGEGEBEN, UND DU, DU HAST MICH NIE GELIEBT.
Klopf Klopf
SINGEN WAR BEI UNS IN DER FAMILIE WIE ATMEN.

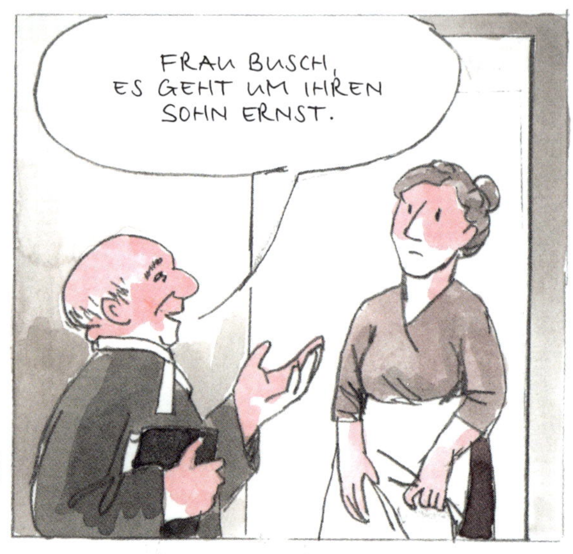
FRAU BUSCH, ES GEHT UM IHREN SOHN ERNST.

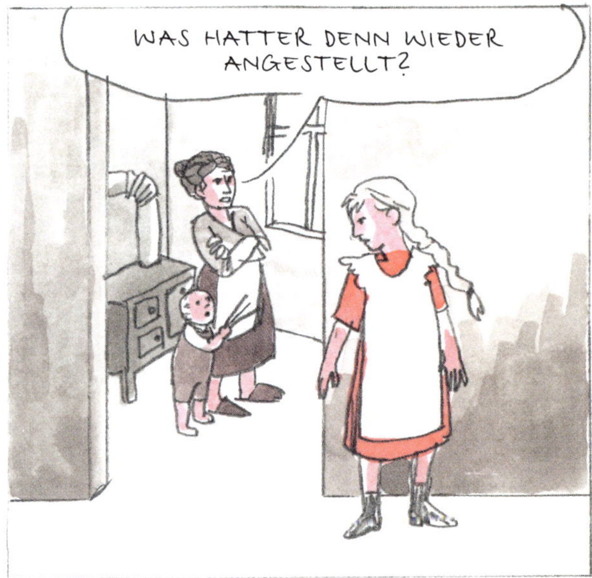
WAS HATTER DENN WIEDER ANGESTELLT?

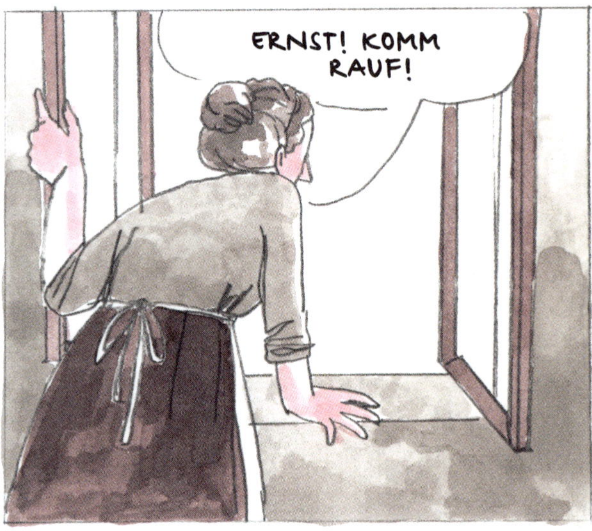
ERNST! KOMM RAUF!

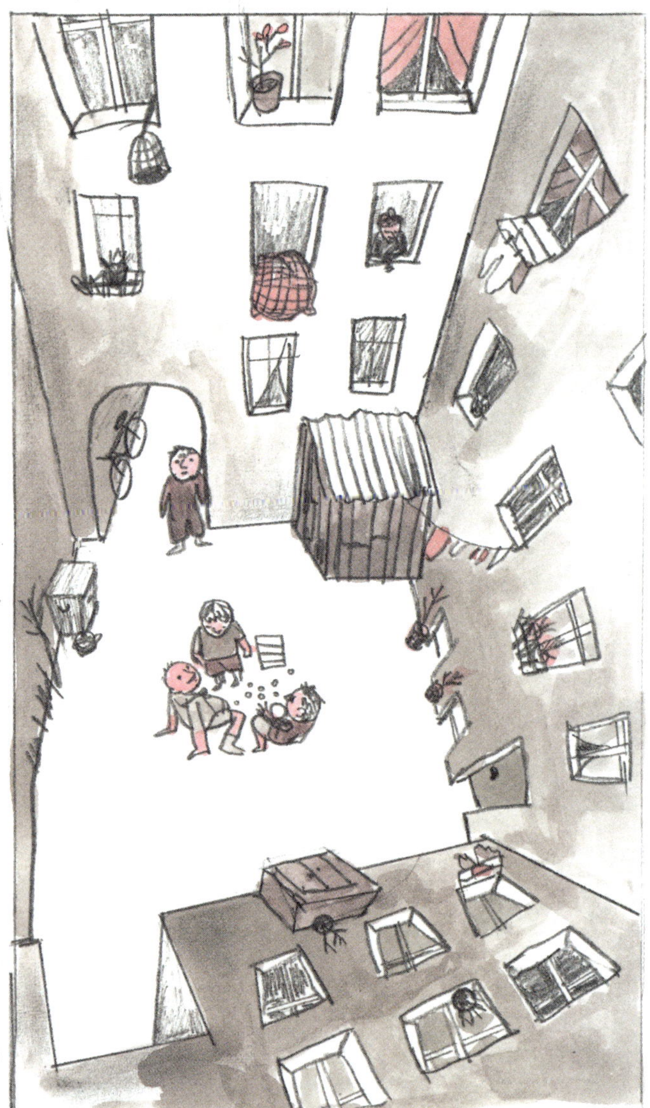

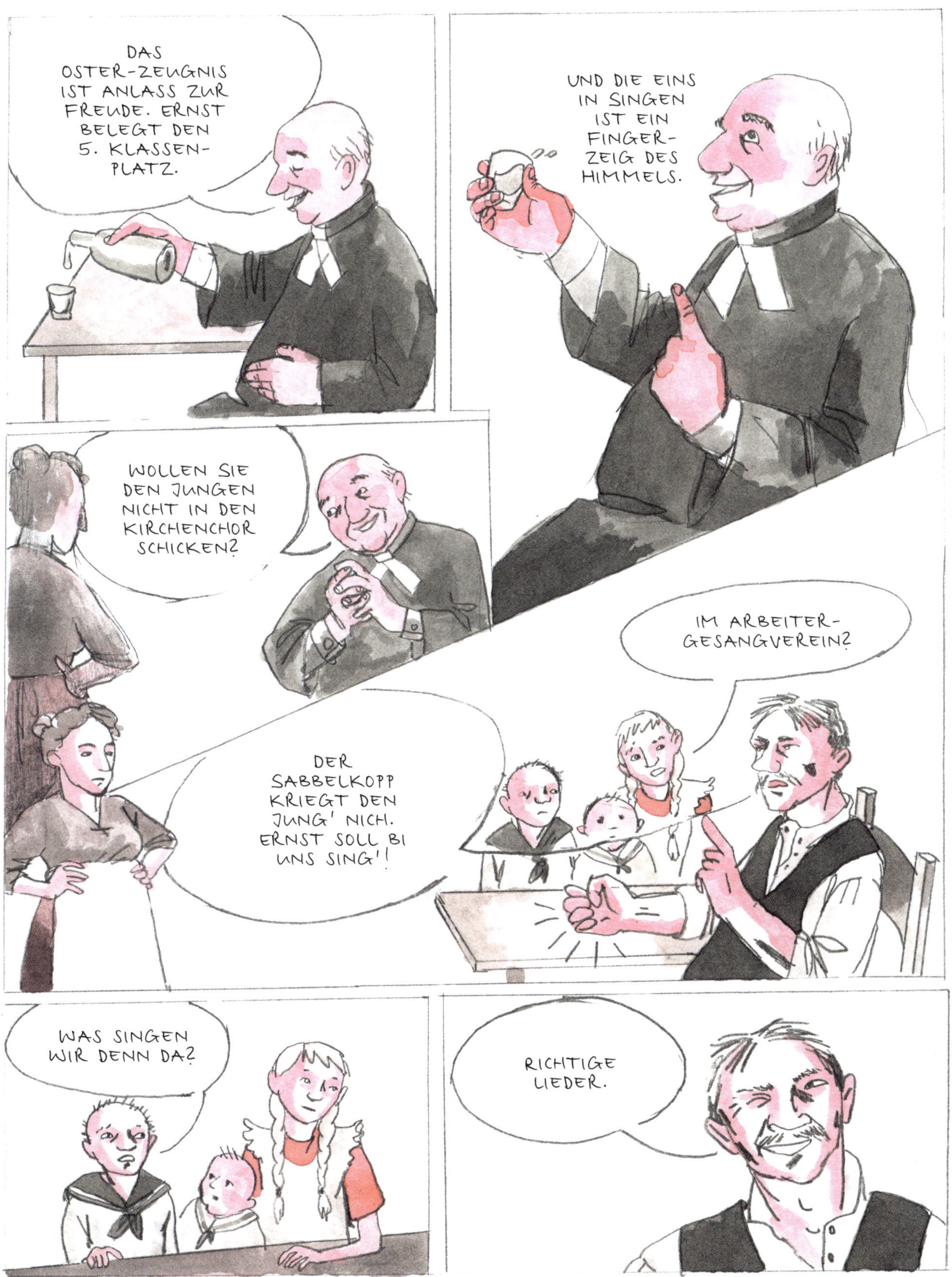
DAS OSTER-ZEUGNIS IST ANLASS ZUR FREUDE. ERNST BELEGT DEN 5. KLASSEN-PLATZ.
UND DIE EINS IN SINGEN IST EIN FINGER-ZEIG DES HIMMELS.
WOLLEN SIE DEN JUNGEN NICHT IN DEN KIRCHENCHOR SCHICKEN?
IM ARBEITER-GESANGVEREIN?
DER SABBELKOPP KRIEGT DEN JUNG' NICH. ERNST SOLL BI UNS SING'!
WAS SINGEN WIR DENN DA?
RICHTIGE LIEDER.

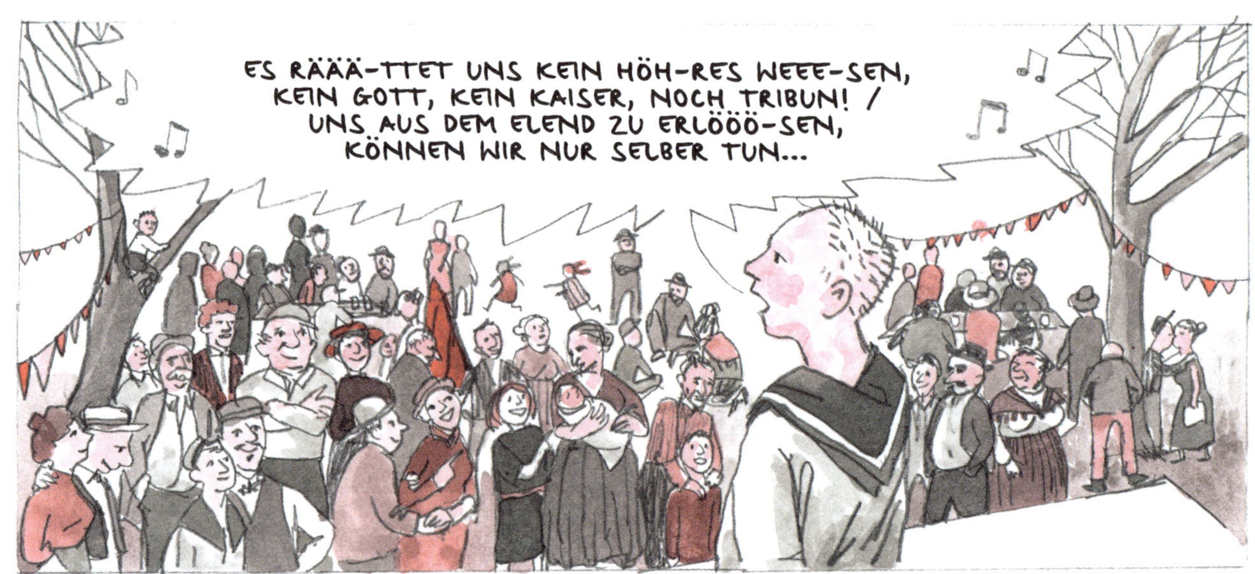

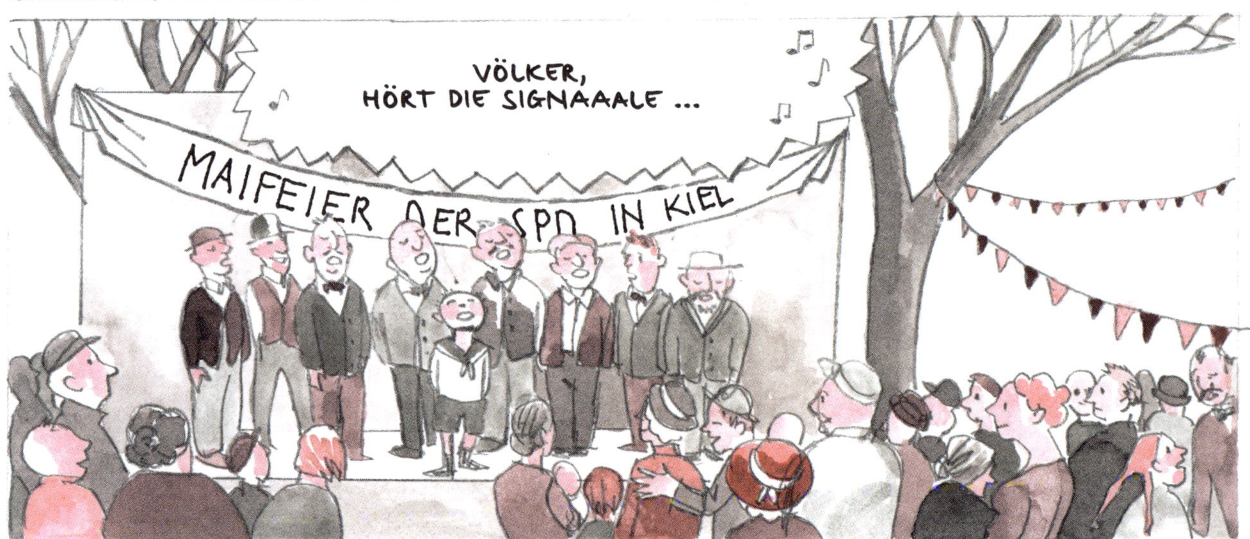

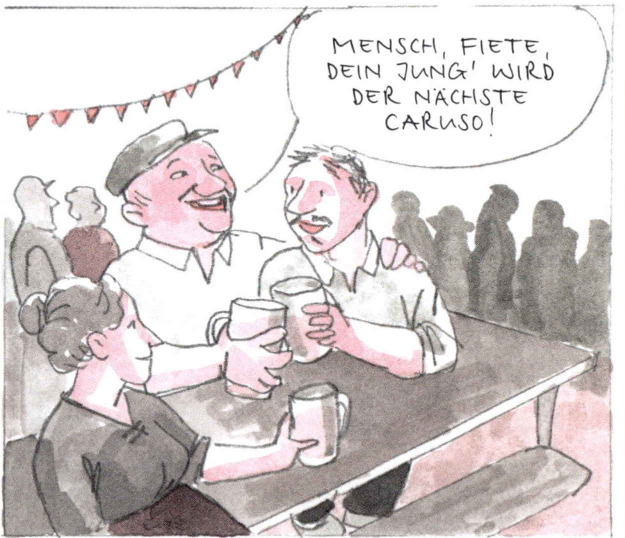

ICH HÄTTE AUCH GERNE AUF DER BÜHNE WAS GESUNGEN UND DAFÜR SCHOKOLADE GEKRIEGT.

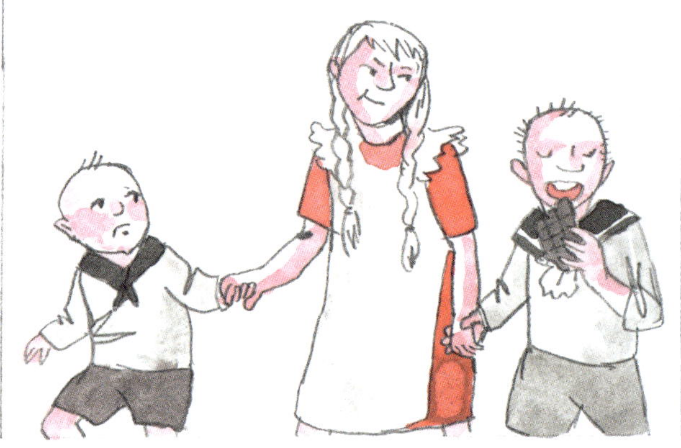

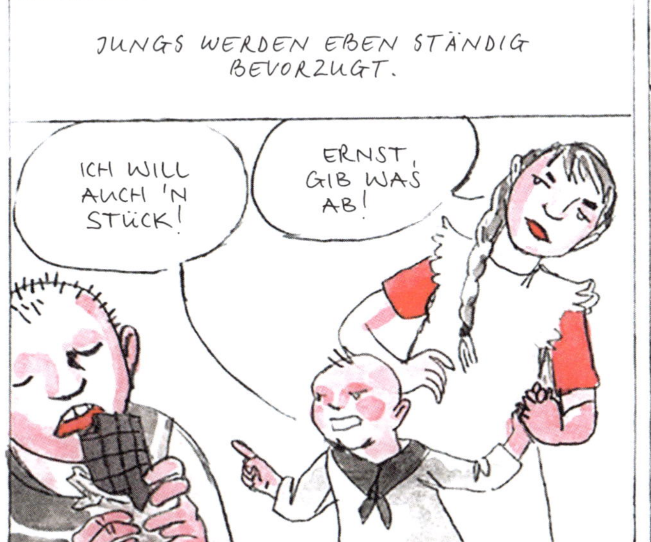

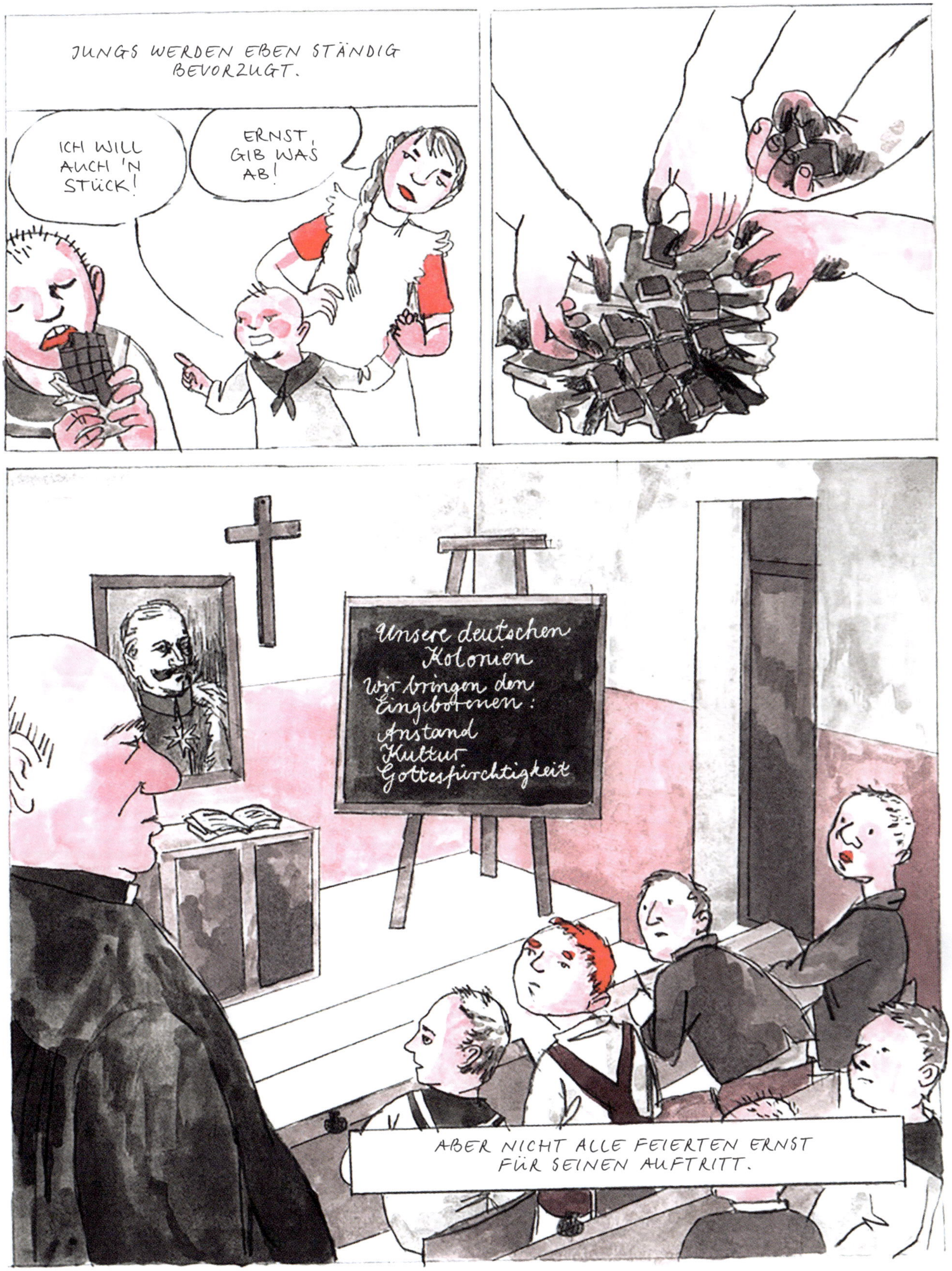

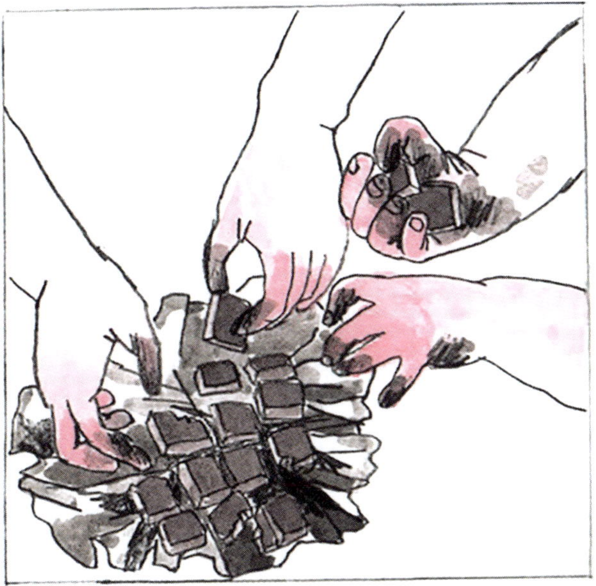

Unsere deutschen Kolonien
Wir bringen den Eingeborenen:
Anstand
Kultur
Gottesfürchtigkeit

ABER NICHT ALLE FEIERTEN ERNST FÜR SEINEN AUFTRITT.

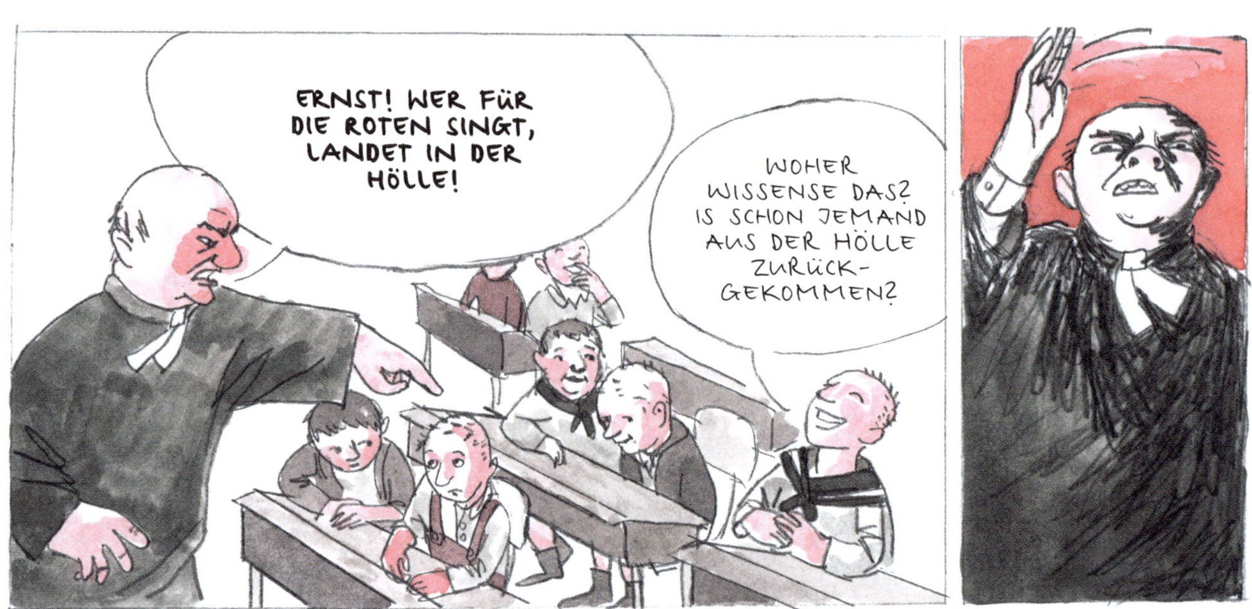
ERNST! WER FÜR DIE ROTEN SINGT, LANDET IN DER HÖLLE!
WOHER WISSENSE DAS? IS SCHON JEMAND AUS DER HÖLLE ZURÜCK-GEKOMMEN?

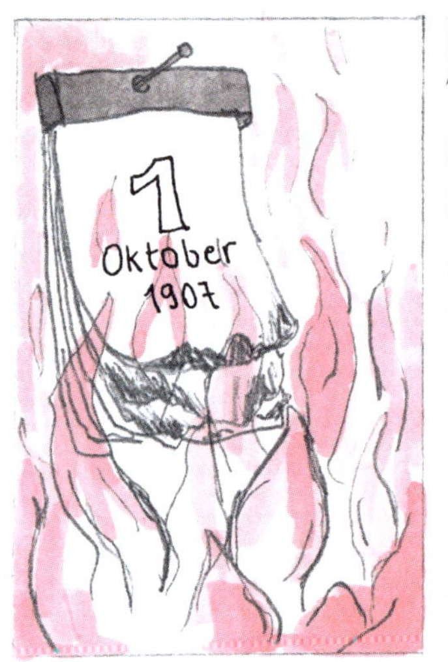
1
Oktober
1907

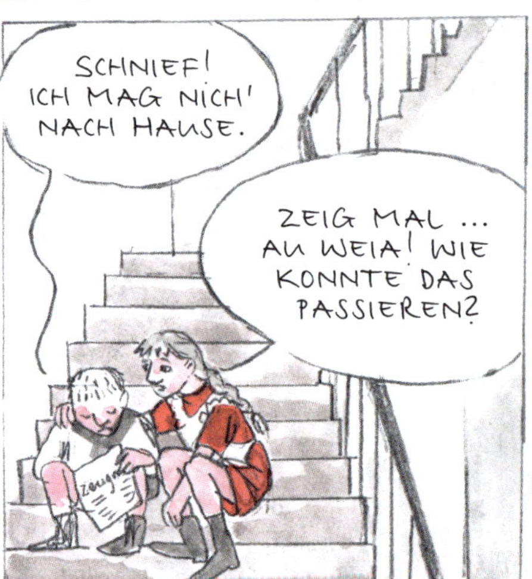
SCHNIEF! ICH MAG NICH' NACH HAUSE.
ZEIG MAL ... AU WEIA! WIE KONNTE DAS PASSIEREN?

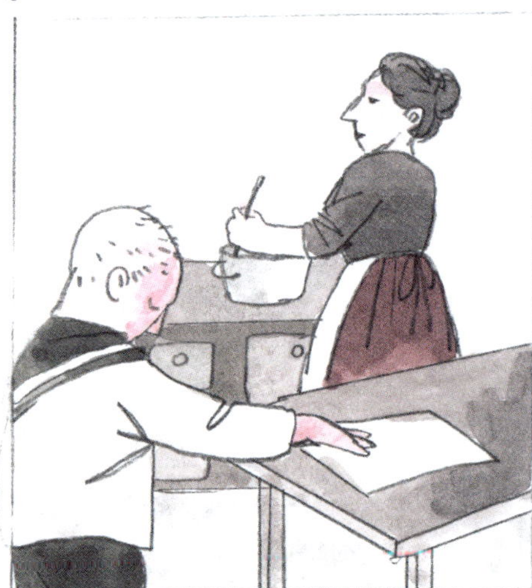

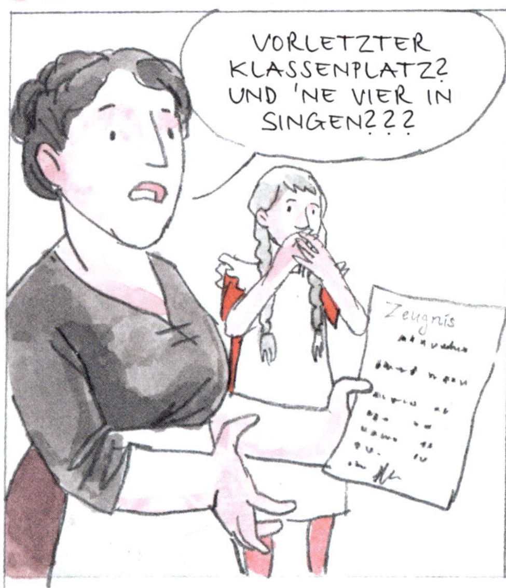
VORLETZTER KLASSENPLATZ? UND 'NE VIER IN SINGEN???
Zeugnis

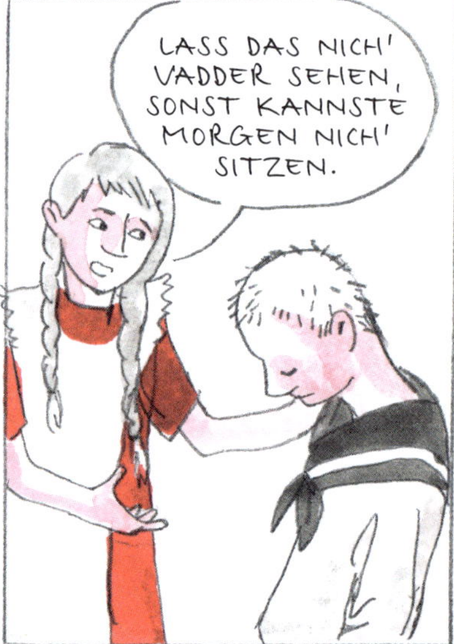
LASS DAS NICH' VADDER SEHEN, SONST KANNSTE MORGEN NICH' SITZEN.

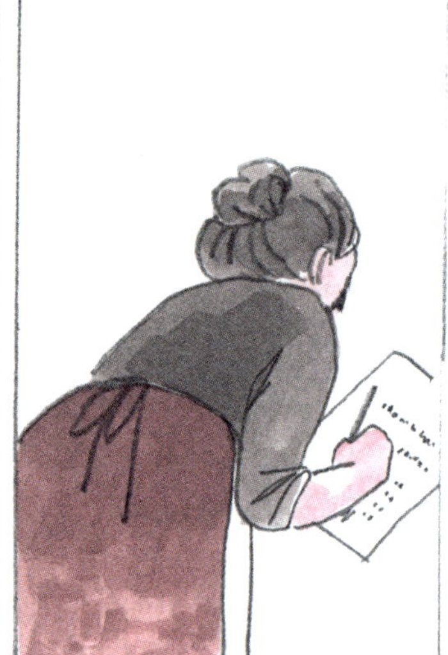

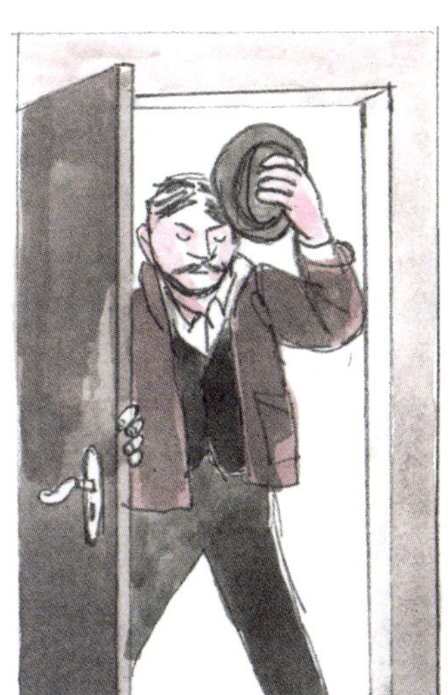
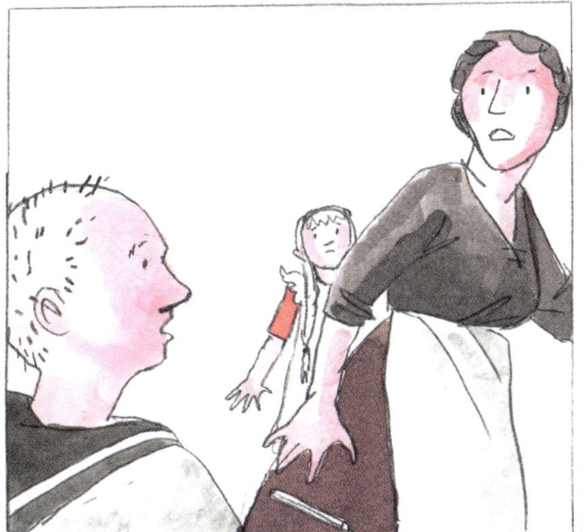
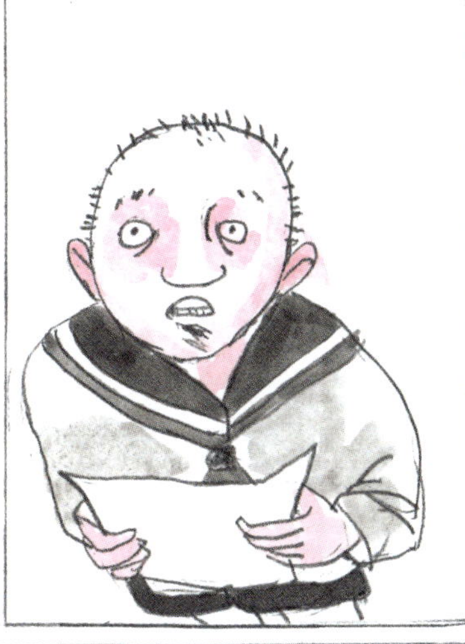
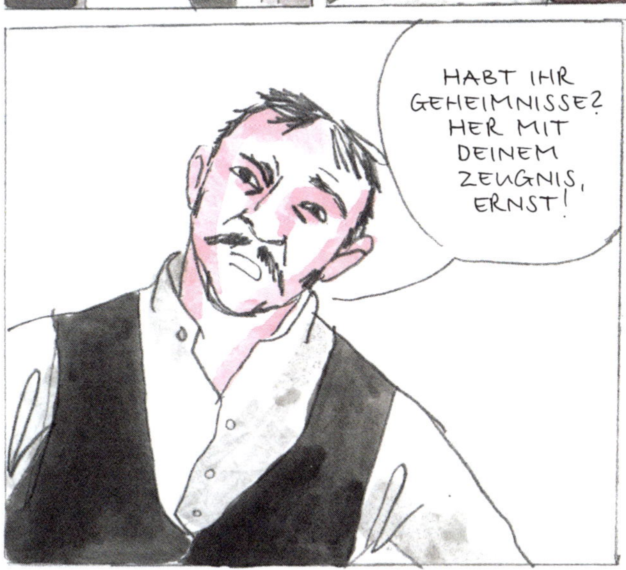
HABT IHR GEHEIMNISSE? HER MIT DEINEM ZEUGNIS, ERNST!
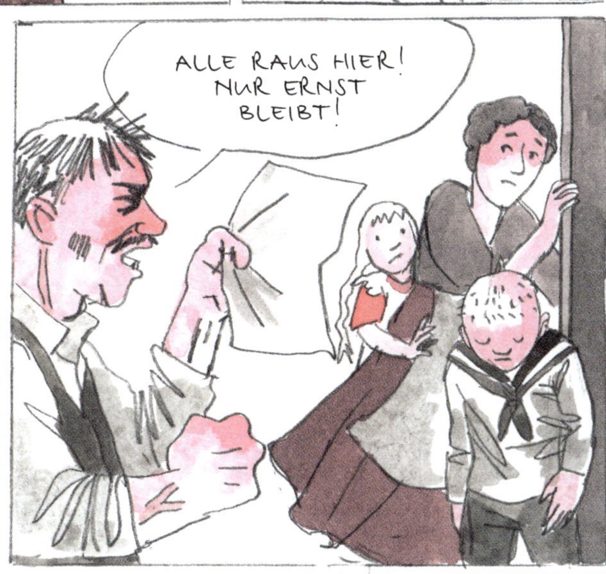
ALLE RAUS HIER! NUR ERNST BLEIBT!
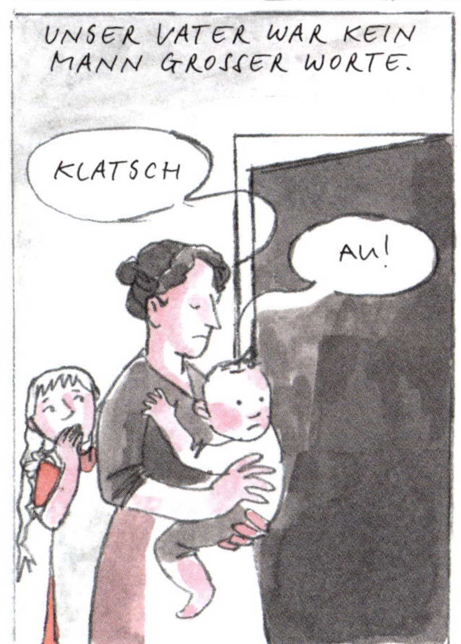
UNSER VATER WAR KEIN MANN GROSSER WORTE.
KLATSCH
AU!
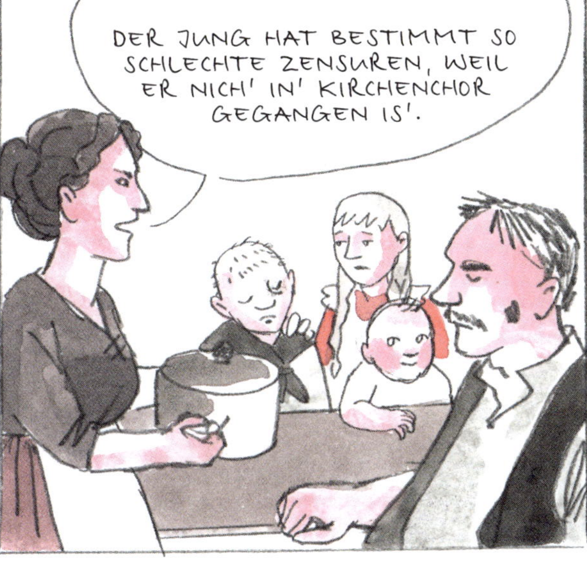
DER JUNG HAT BESTIMMT SO SCHLECHTE ZENSUREN, WEIL ER NICH' IN' KIRCHENCHOR GEGANGEN IS'.
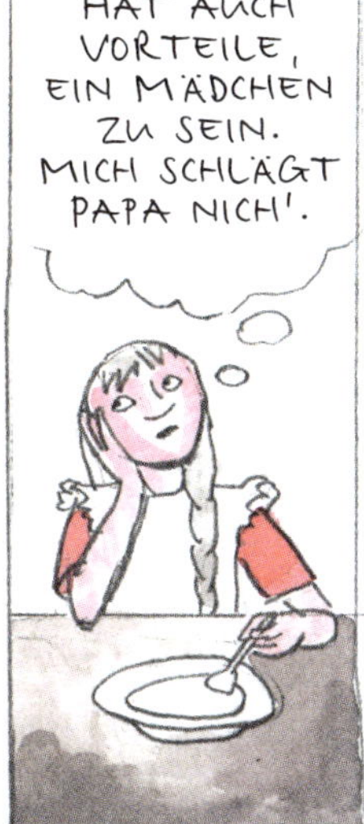
HAT AUCH VORTEILE, EIN MÄDCHEN ZU SEIN. MICH SCHLÄGT PAPA NICH'.

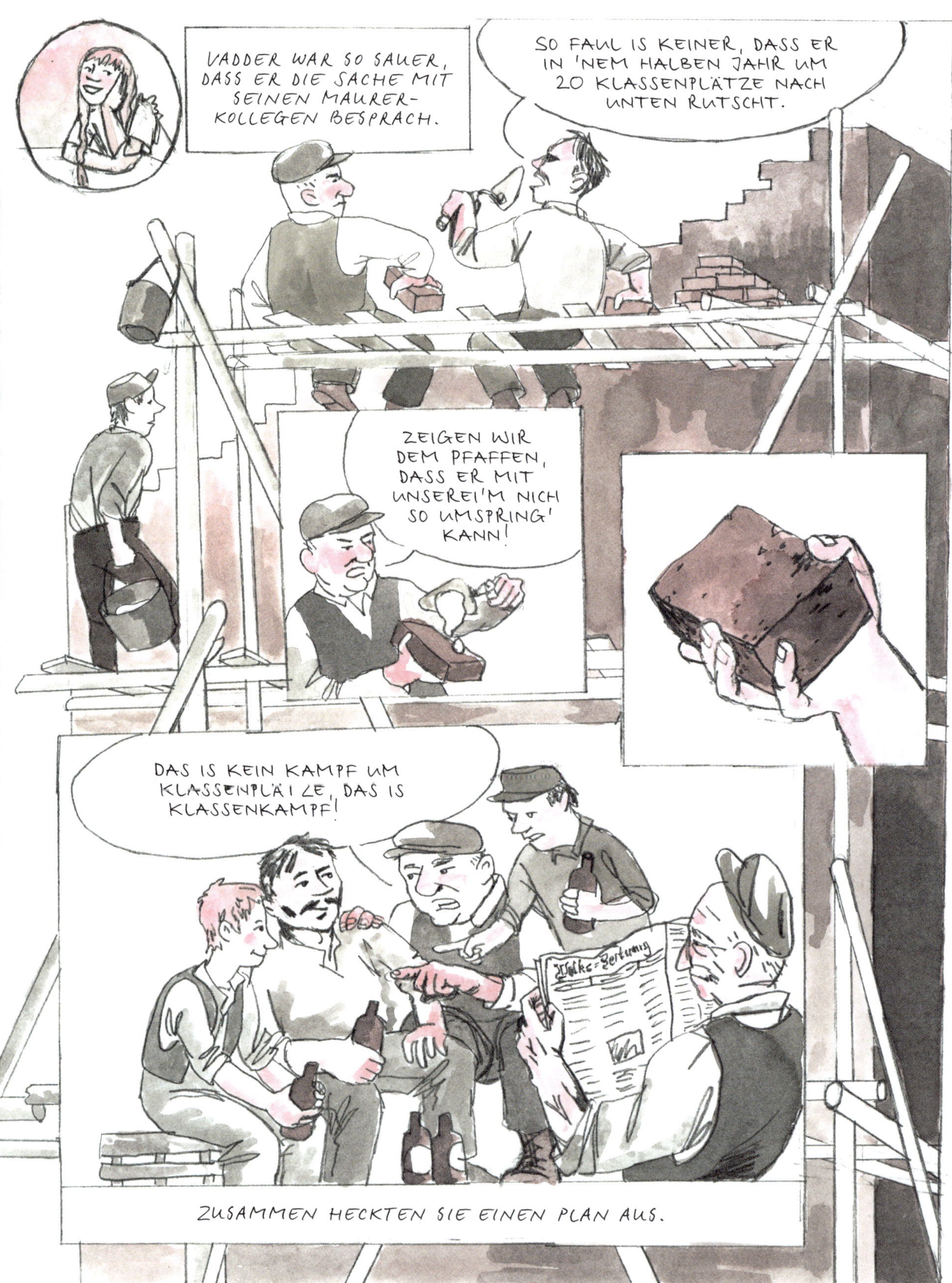
VADDER WAR SO SAUER, DASS ER DIE SACHE MIT SEINEN MAURER-KOLLEGEN BESPRACH.
SO FAUL IS KEINER, DASS ER IN 'NEM HALBEN JAHR UM 20 KLASSENPLÄTZE NACH UNTEN RUTSCHT.
ZEIGEN WIR DEM PFAFFEN, DASS ER MIT UNSEREI'M NICH SO UMSPRING' KANN!
DAS IS KEIN KAMPF UM KLASSENPLÄTZE, DAS IS KLASSENKAMPF!
ZUSAMMEN HECKTEN SIE EINEN PLAN AUS.

WEGEN MIR HÄTTEN SIE BESTIMMT NICHT SO 'NEN AUFSTAND GEMACHT:

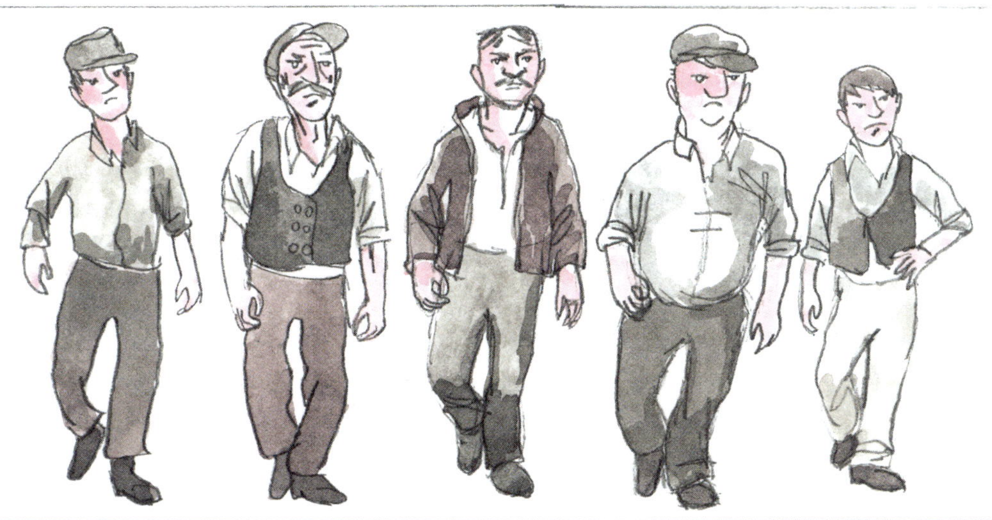

SIE DROHTEN DEM PFARRER UND DER SCHULE, SICH AN DIE VZ ZU WENDEN. MIT DER FRAGE, WARUM ...

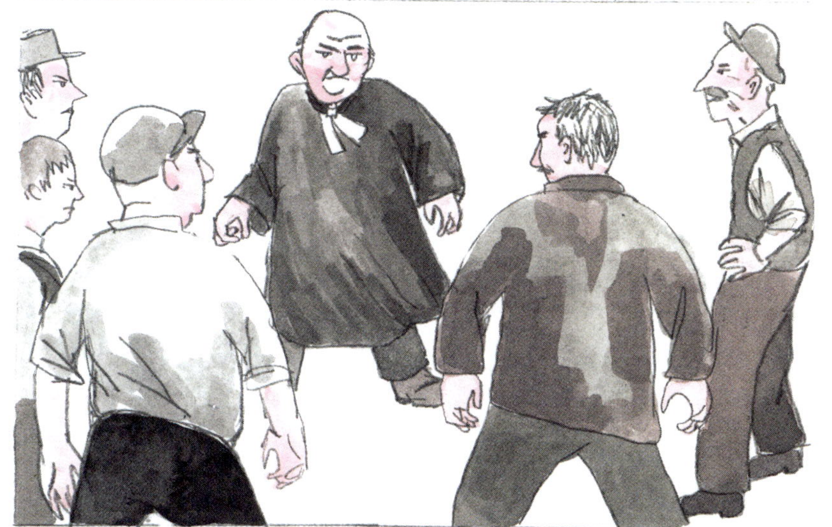

... EINER NACH 'NEM AUFTRITT AM 1. MAI ...

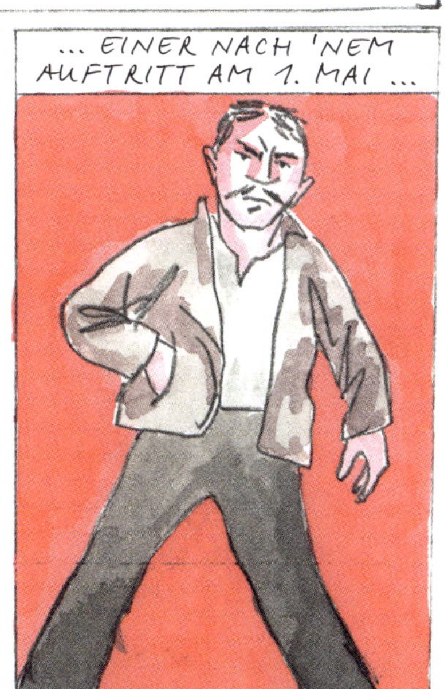

... SO SCHLECHTE NOTEN KRIEGT.

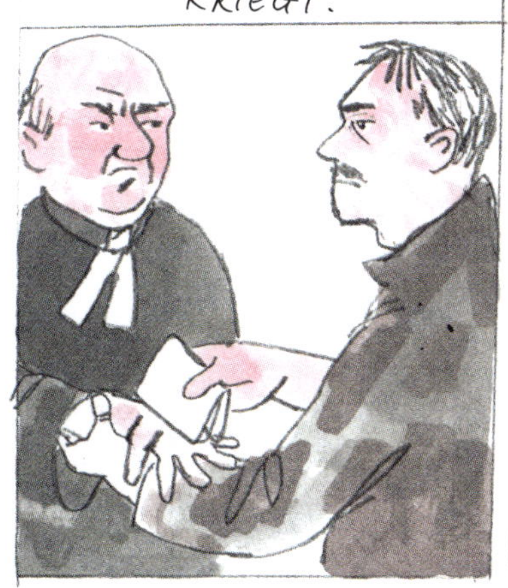

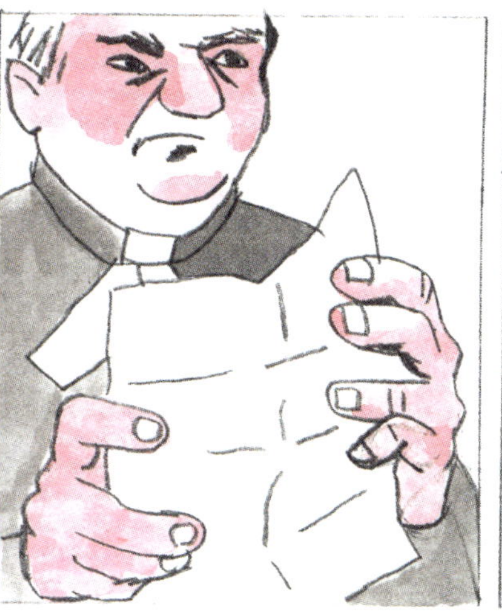

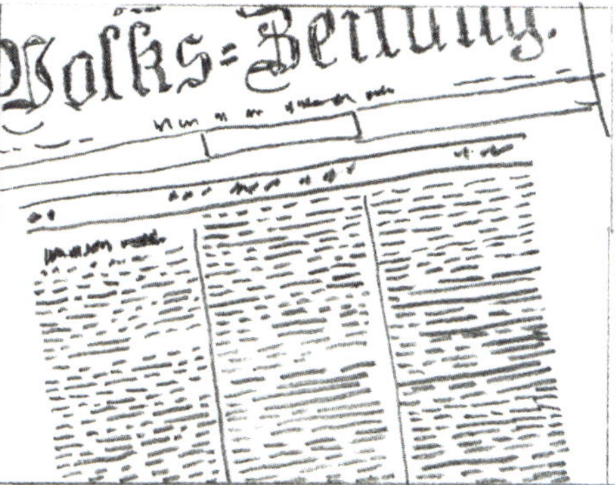

DIE SPD-ZEITUNG WAR MÄCHTIG DAMALS. UND VADDERS BIBEL – JEDENFALLS BIS ZUM KRIEGSAUSBRUCH 1914.

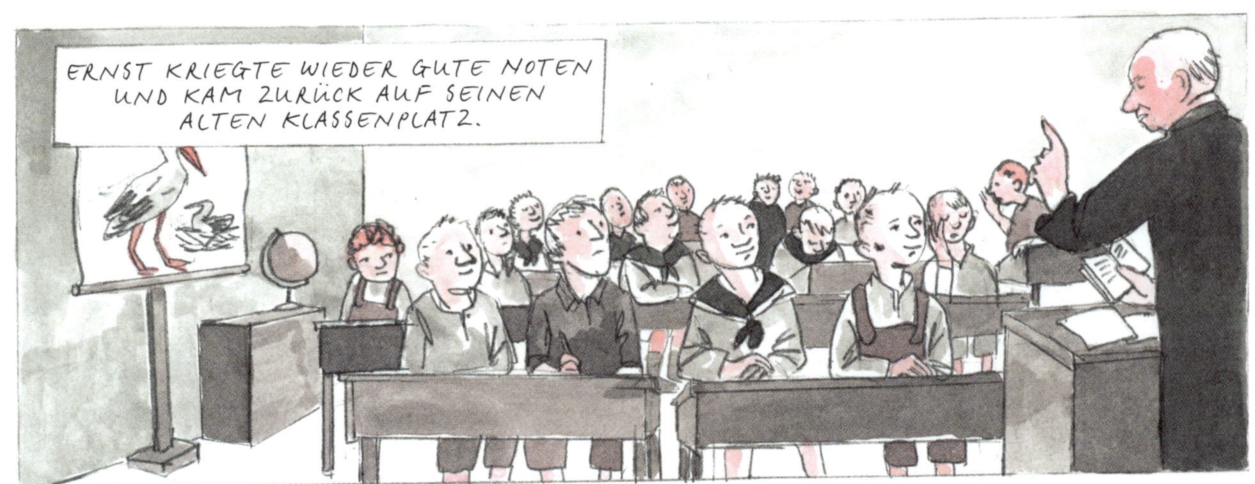
ERNST KRIEGTE WIEDER GUTE NOTEN UND KAM ZURÜCK AUF SEINEN ALTEN KLASSENPLATZ.

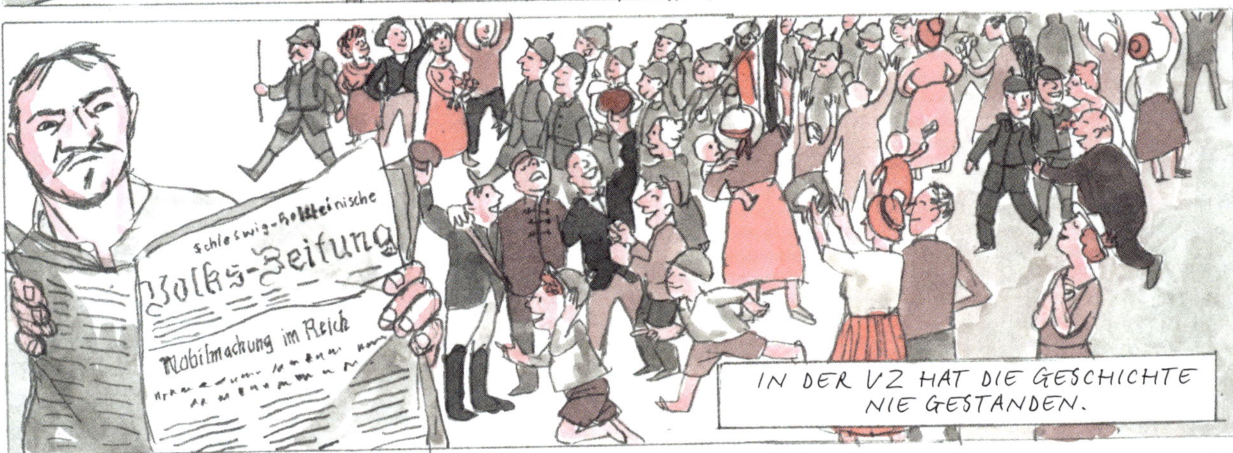
Schleswig-Holsteinische Volks-Zeitung
Mobilmachung im Reich
IN DER VZ HAT DIE GESCHICHTE NIE GESTANDEN.

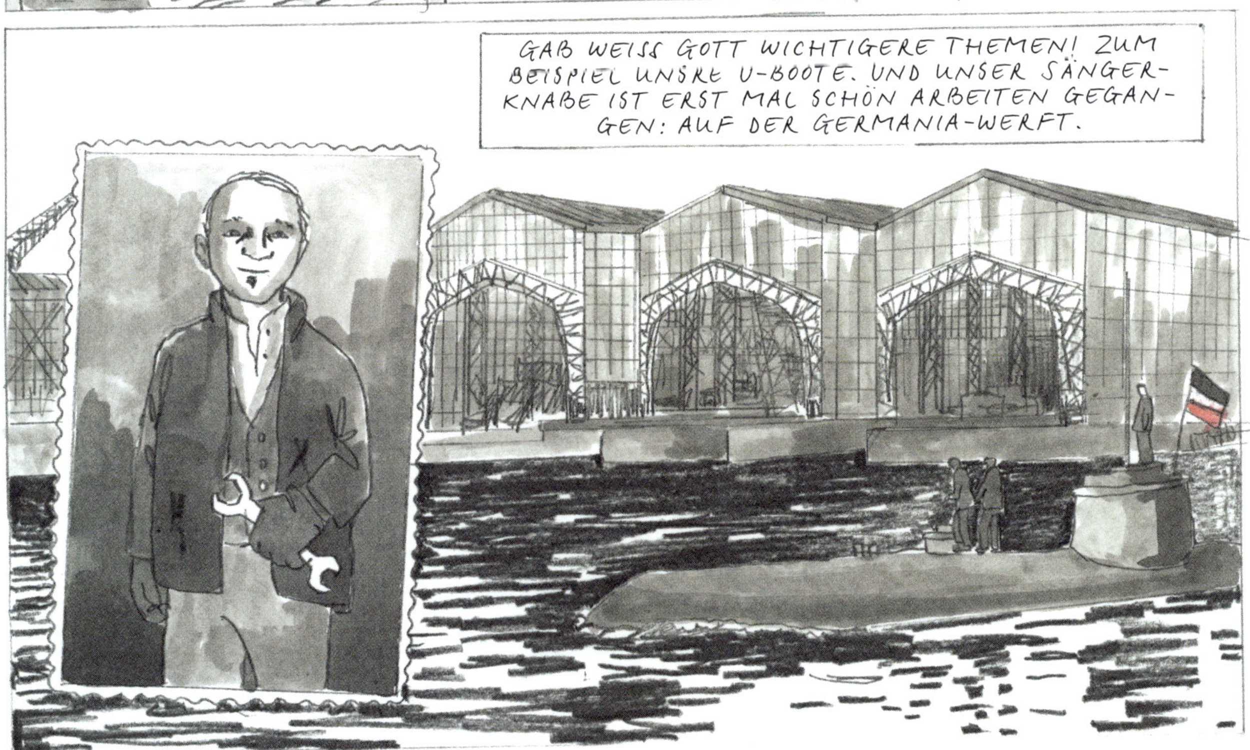
GAB WEISS GOTT WICHTIGERE THEMEN! ZUM BEISPIEL UNSRE U-BOOTE. UND UNSER SÄNGERKNABE IST ERST MAL SCHÖN ARBEITEN GEGANGEN: AUF DER GERMANIA-WERFT.

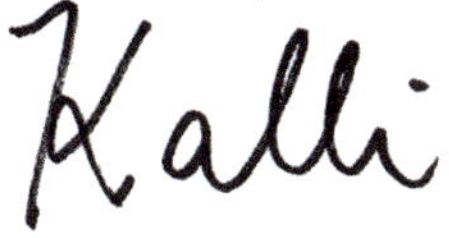

KIEL 1916

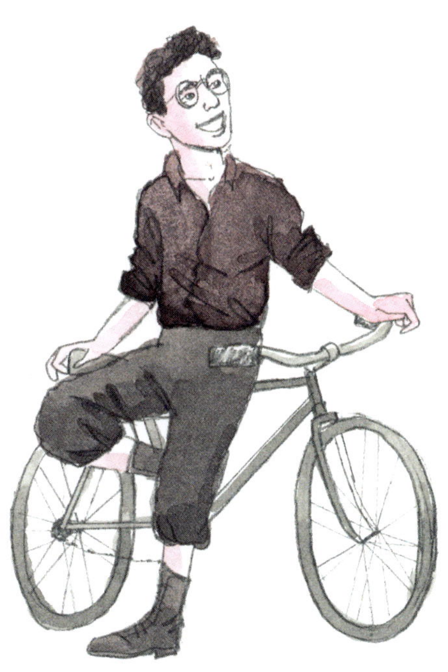

BUSCH HAT MIR DIE FREUNDIN GEKLAUT!

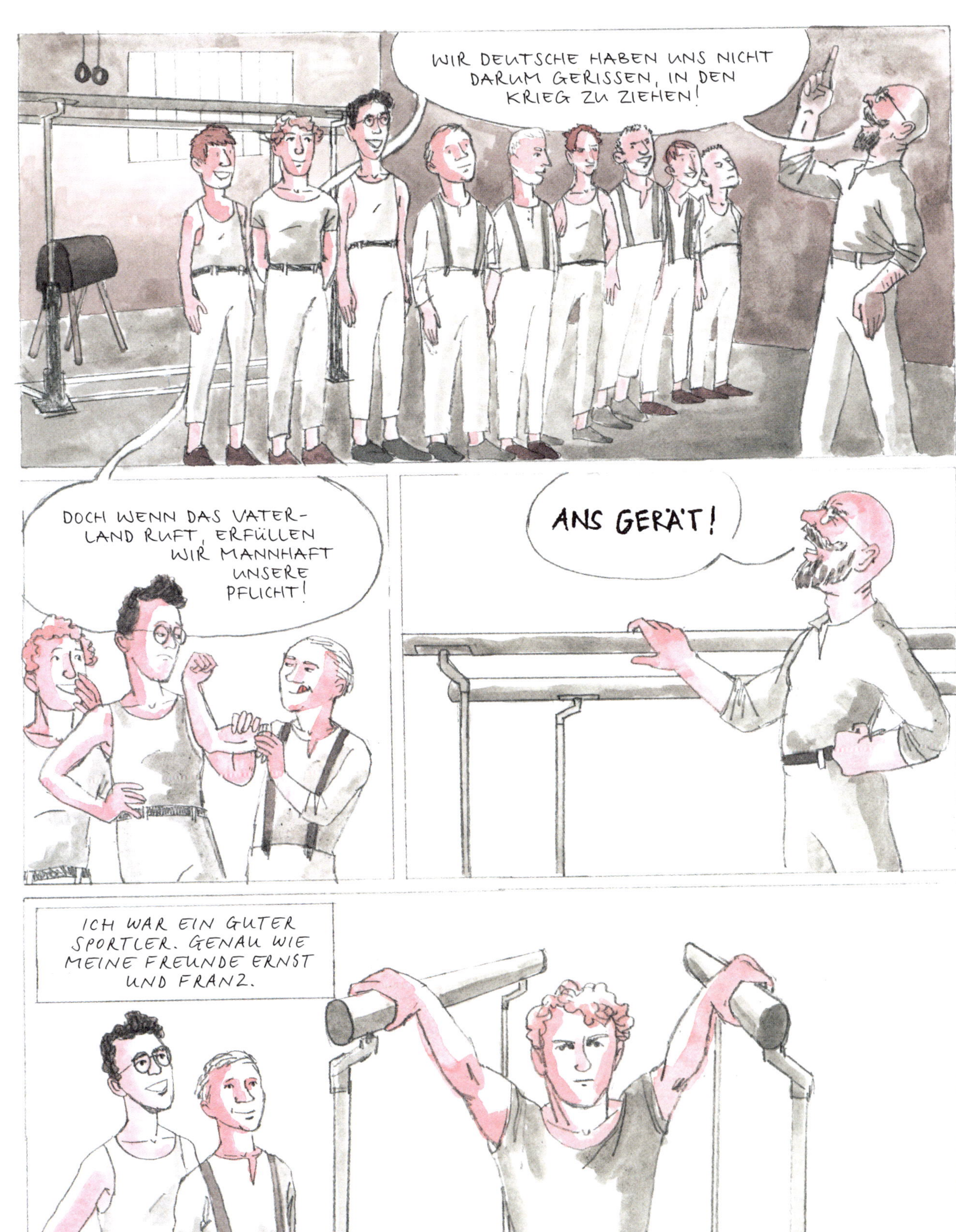
WIR DEUTSCHE HABEN UNS NICHT DARUM GERISSEN, IN DEN KRIEG ZU ZIEHEN!
DOCH WENN DAS VATER-LAND RUFT, ERFÜLLEN WIR MANNHAFT UNSERE PFLICHT!
ANS GERÄT!
ICH WAR EIN GUTER SPORTLER. GENAU WIE MEINE FREUNDE ERNST UND FRANZ.

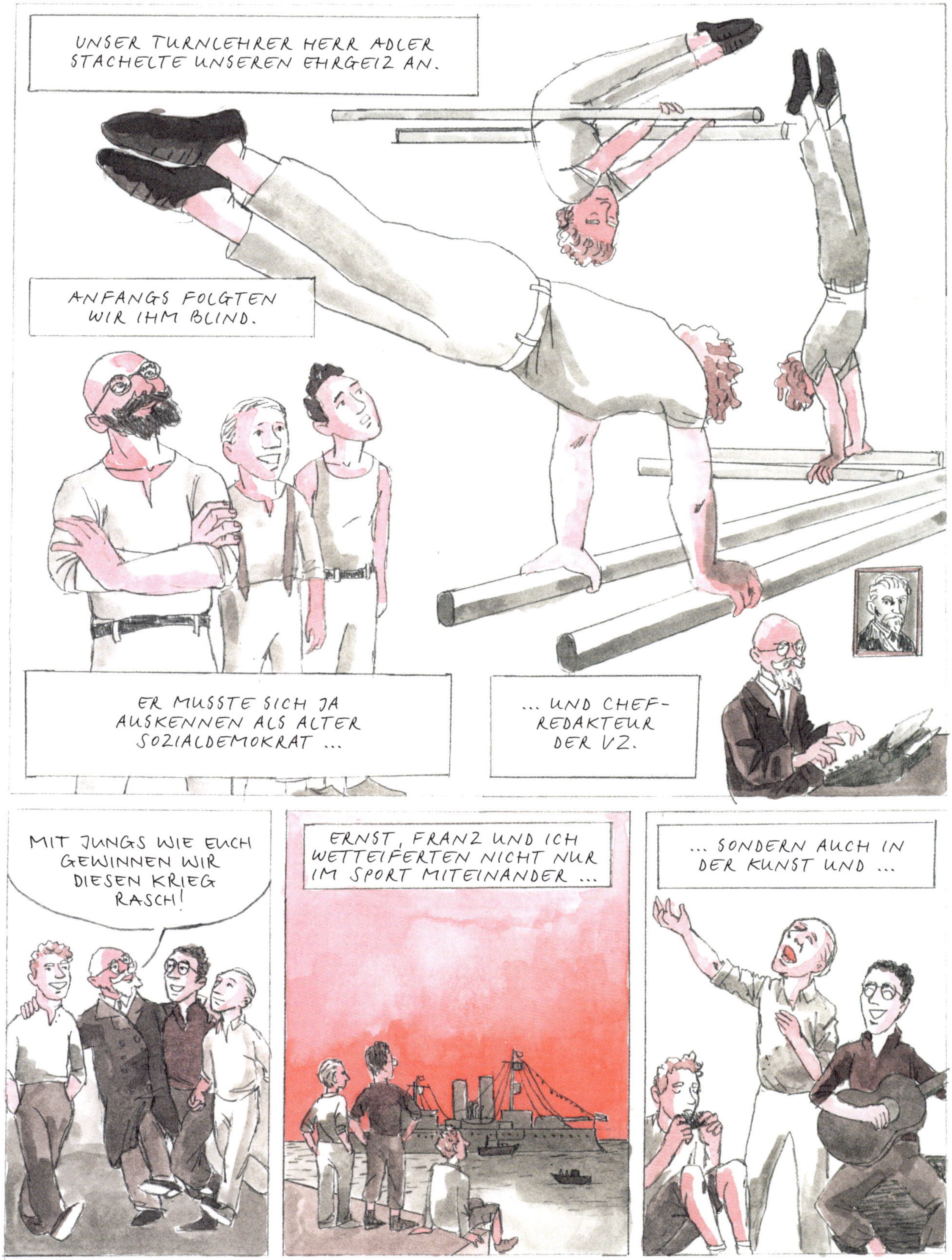

UNSER TURNLEHRER HERR ADLER STACHELTE UNSEREN EHRGEIZ AN.

ANFANGS FOLGTEN WIR IHM BLIND.

ER MUSSTE SICH JA AUSKENNEN ALS ALTER SOZIALDEMOKRAT …

… UND CHEF-REDAKTEUR DER VZ.

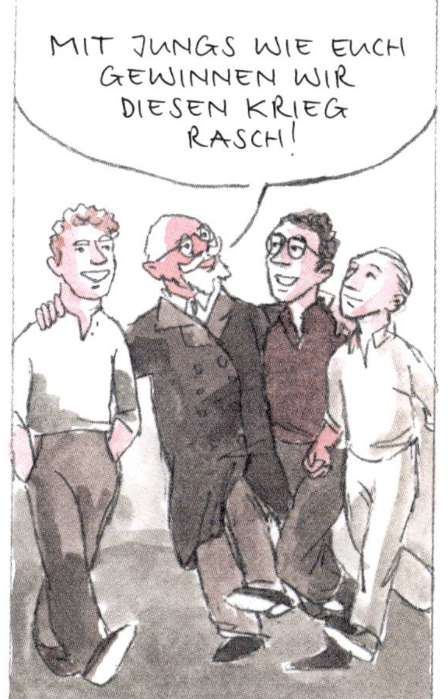

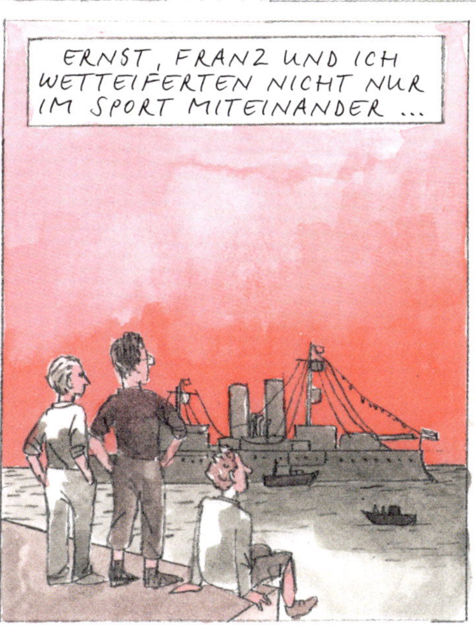

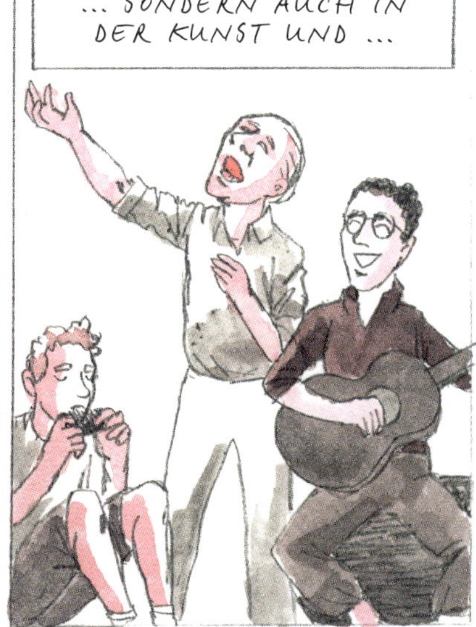

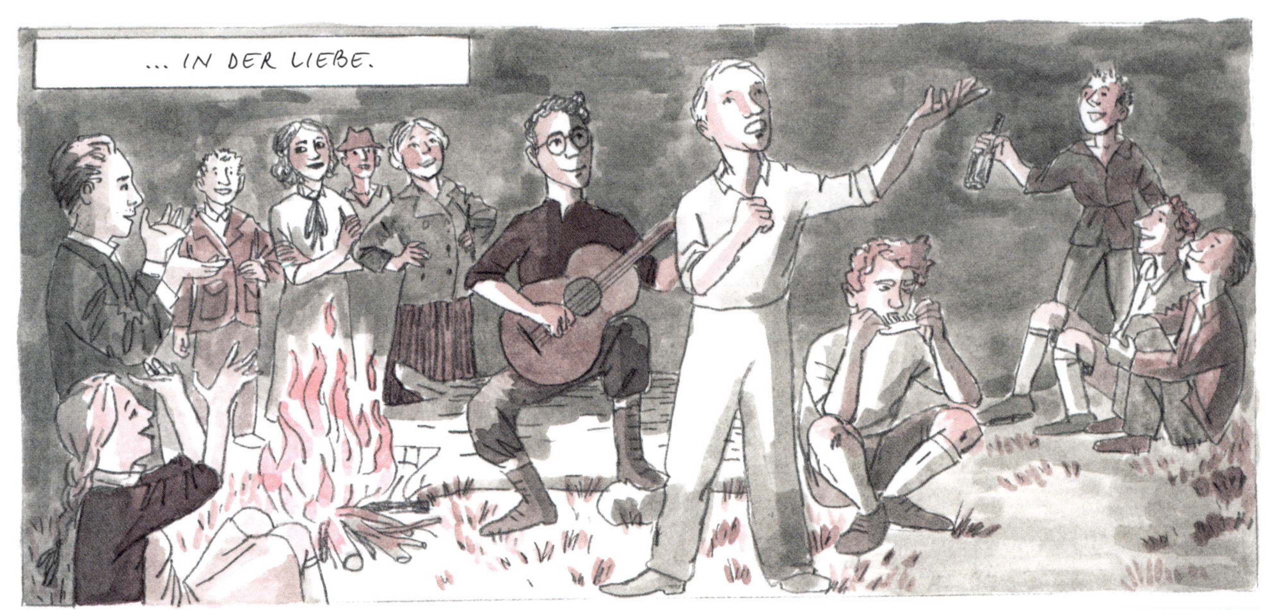
... IN DER LIEBE.

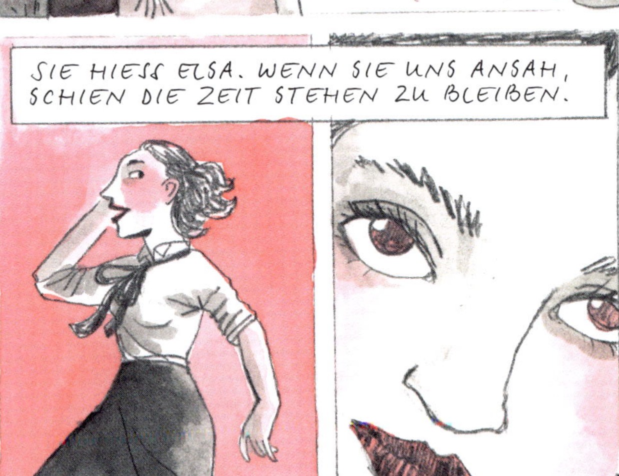
SIE HIESS ELSA. WENN SIE UNS ANSAH, SCHIEN DIE ZEIT STEHEN ZU BLEIBEN.

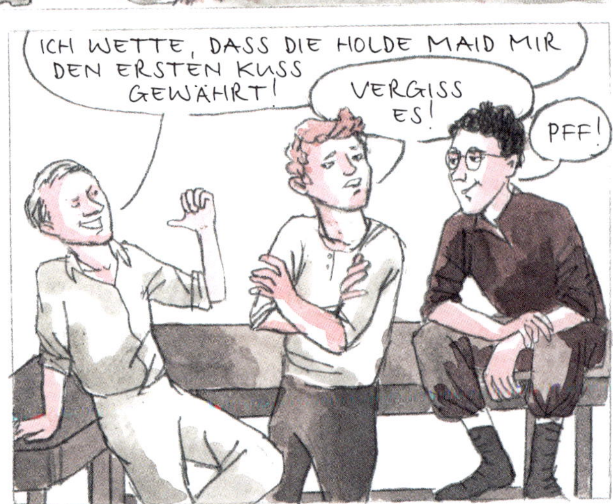
ICH WETTE, DASS DIE HOLDE MAID MIR DEN ERSTEN KUSS GEWÄHRT!
VERGISS ES!
PFF!

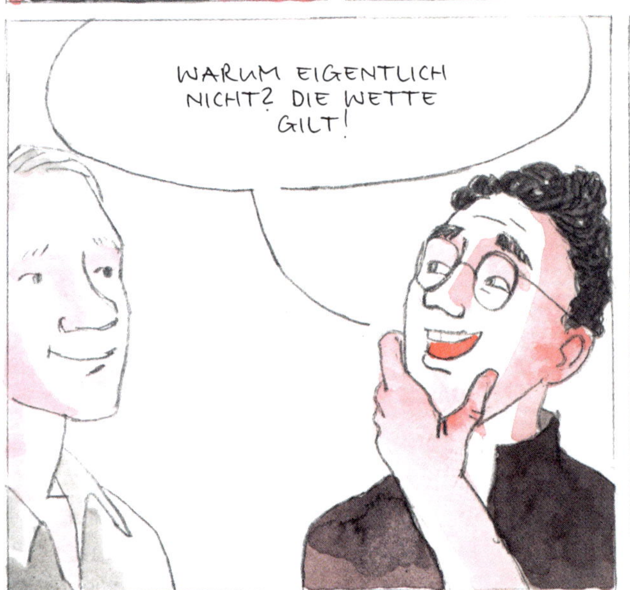
WARUM EIGENTLICH NICHT? DIE WETTE GILT!

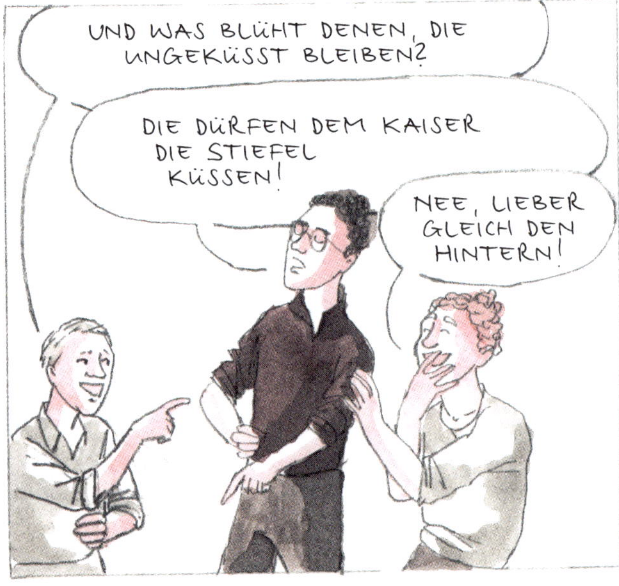
UND WAS BLÜHT DENEN, DIE UNGEKÜSST BLEIBEN?
DIE DÜRFEN DEM KAISER DIE STIEFEL KÜSSEN!
NEE, LIEBER GLEICH DEN HINTERN!

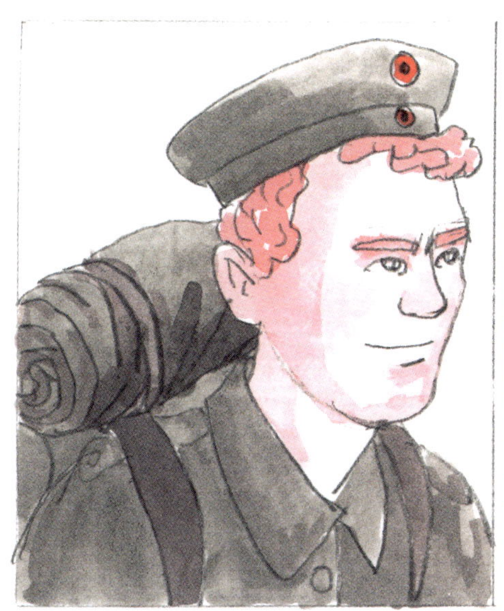

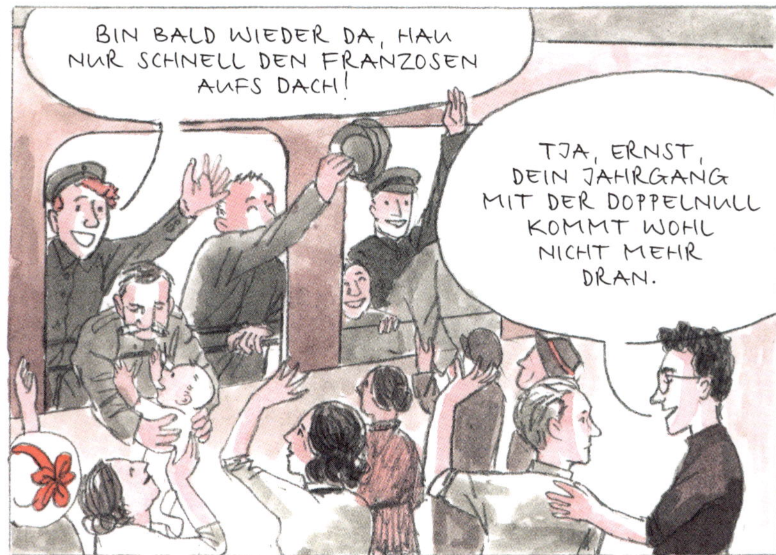
BIN BALD WIEDER DA, HAU NUR SCHNELL DEN FRANZOSEN AUFS DACH!
TJA, ERNST, DEIN JAHRGANG MIT DER DOPPELNULL KOMMT WOHL NICHT MEHR DRAN.

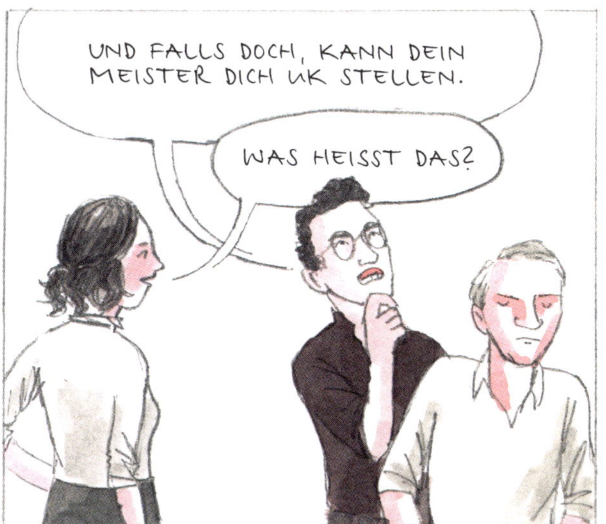
UND FALLS DOCH, KANN DEIN MEISTER DICH UK STELLEN.
WAS HEISST DAS?

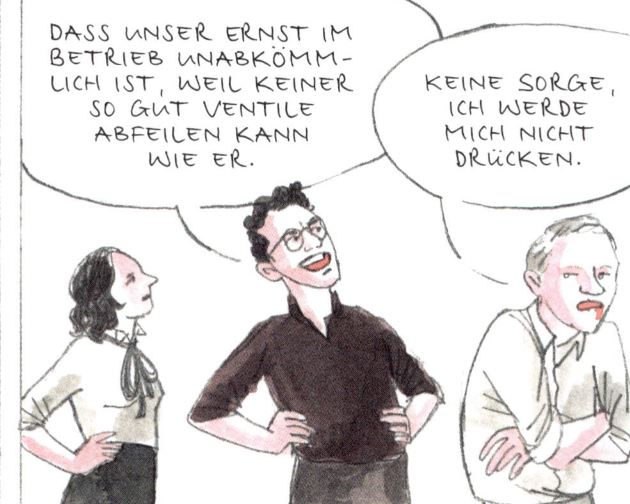
DASS UNSER ERNST IM BETRIEB UNABKÖMMLICH IST, WEIL KEINER SO GUT VENTILE ABFEILEN KANN WIE ER.
KEINE SORGE, ICH WERDE MICH NICHT DRÜCKEN.

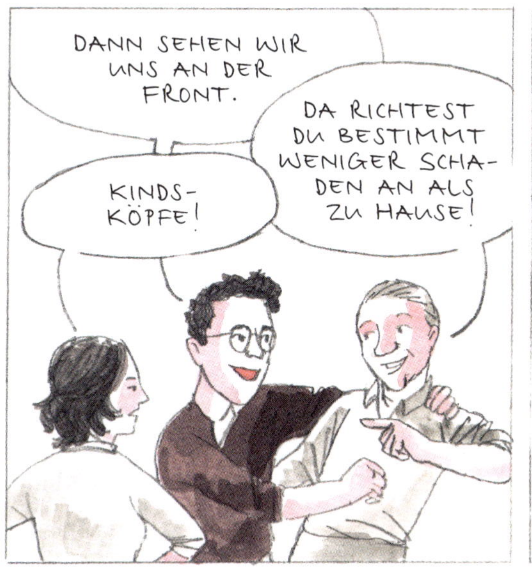
DANN SEHEN WIR UNS AN DER FRONT.
DA RICHTEST DU BESTIMMT WENIGER SCHADEN AN ALS ZU HAUSE!
KINDSKÖPFE!

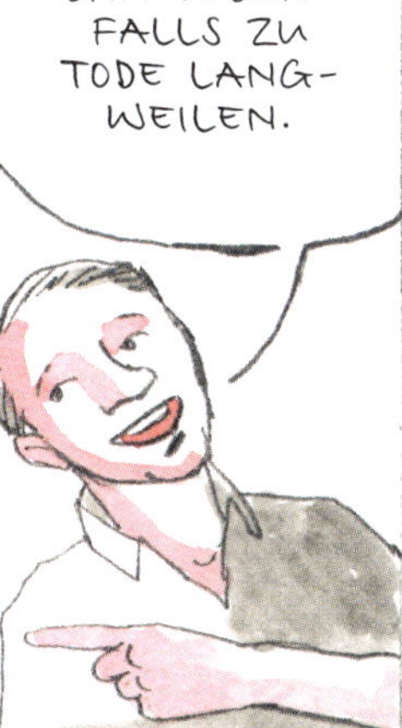
OHNE UNS WIRST DU DICH JEDENFALLS ZU TODE LANGWEILEN.

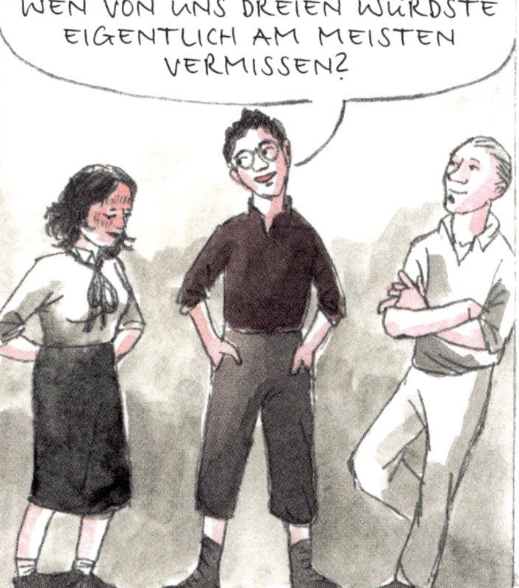
WEN VON UNS DREIEN WÜRDSTE EIGENTLICH AM MEISTEN VERMISSEN?

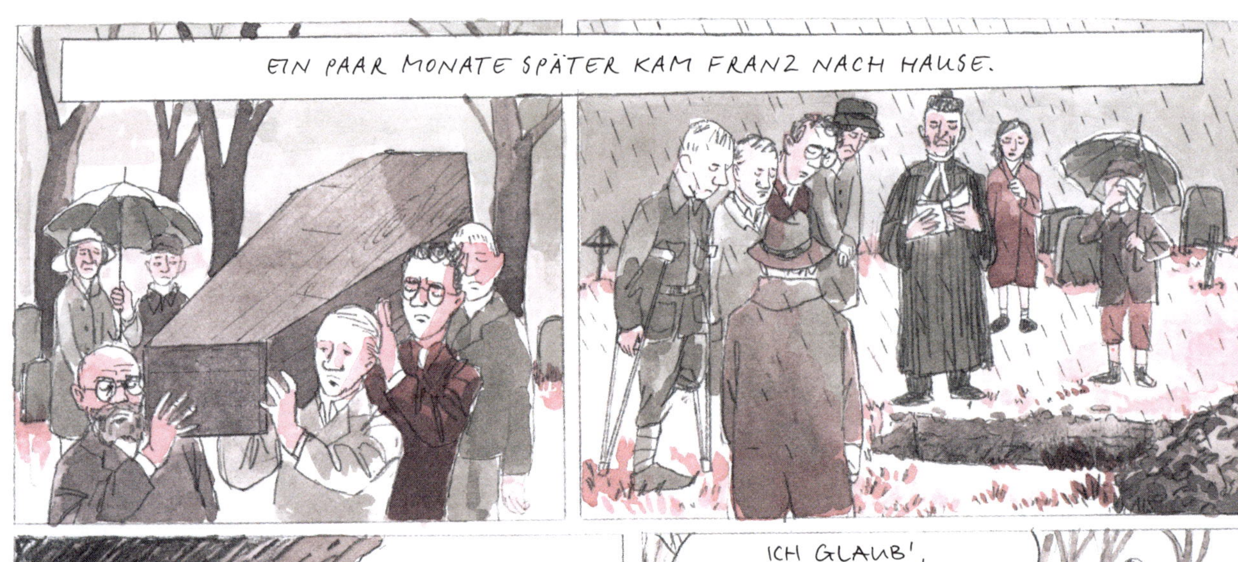
EIN PAAR MONATE SPÄTER KAM FRANZ NACH HAUSE.

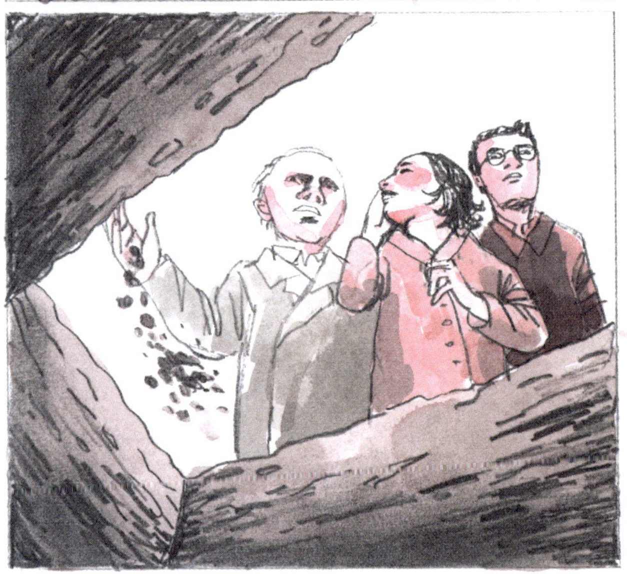

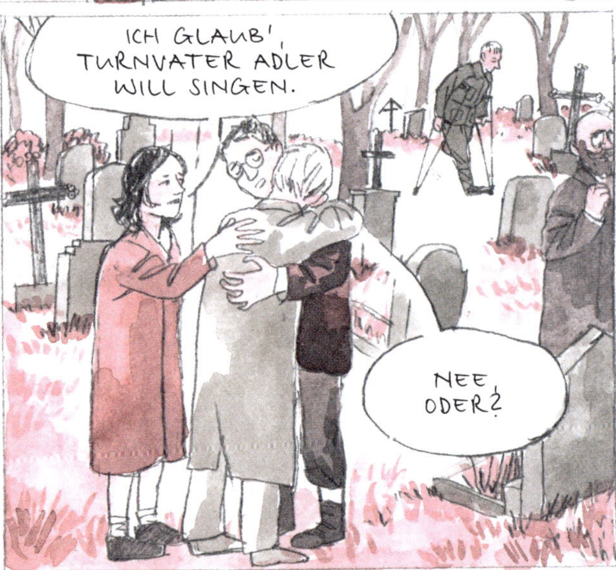
ICH GLAUB', TURNVATER ADLER WILL SINGEN.
NEE, ODER?

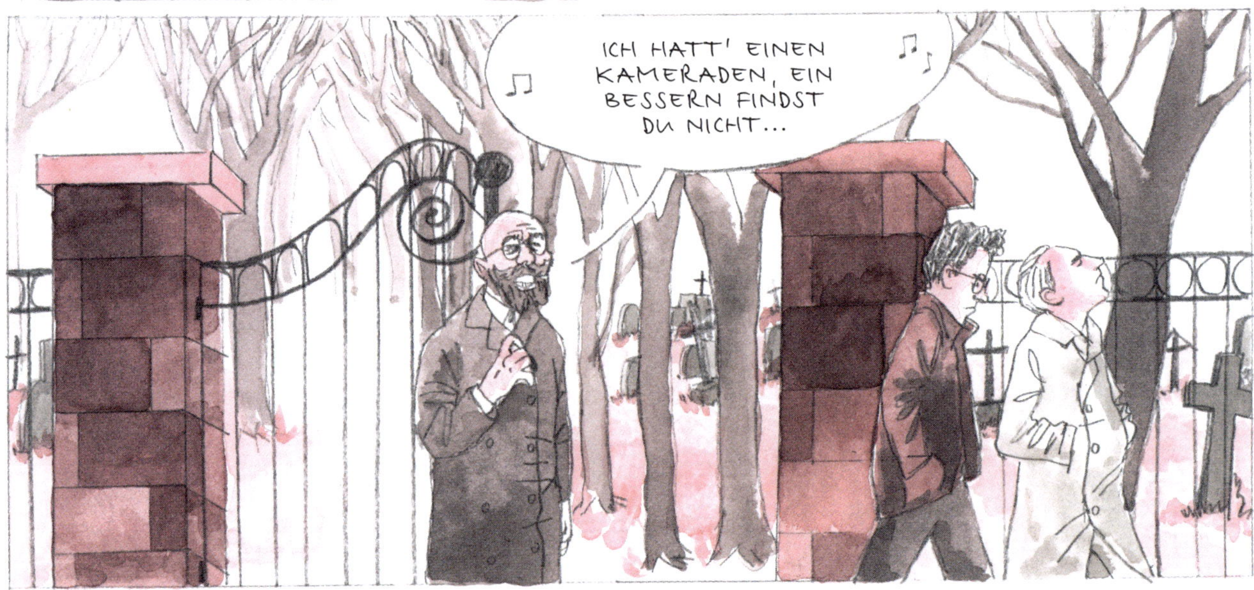
ICH HATT' EINEN KAMERADEN, EIN BESSERN FINDST DU NICHT...

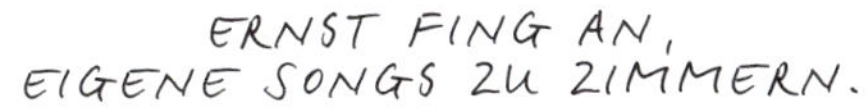
ERNST FING AN,
EIGENE SONGS ZU ZIMMERN.

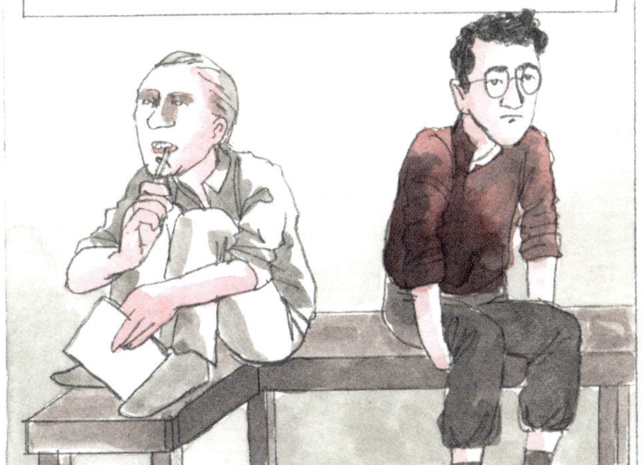

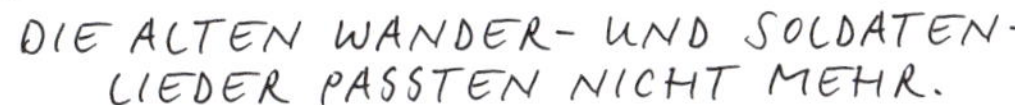
DIE ALTEN WANDER- UND SOLDATEN-
LIEDER PASSTEN NICHT MEHR.

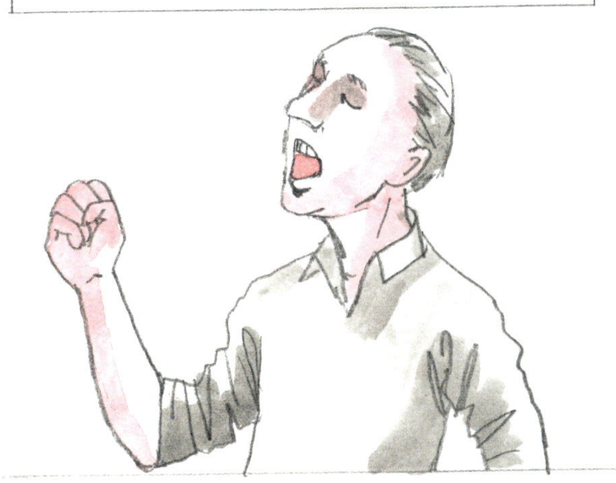

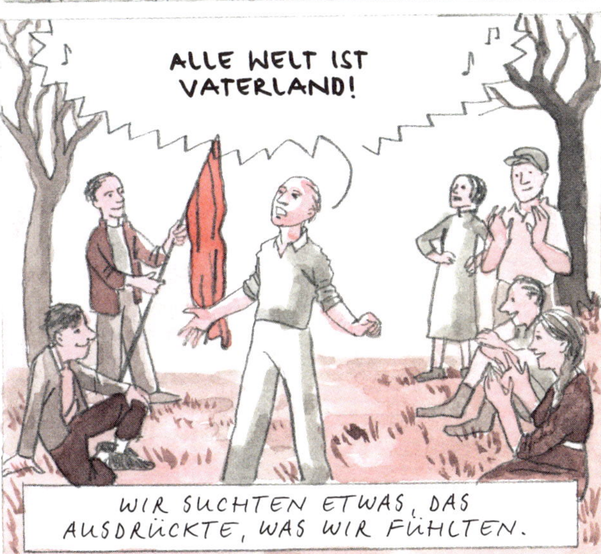
ALLE WELT IST VATERLAND!
WIR SUCHTEN ETWAS, DAS AUSDRÜCKTE, WAS WIR FÜHLTEN.

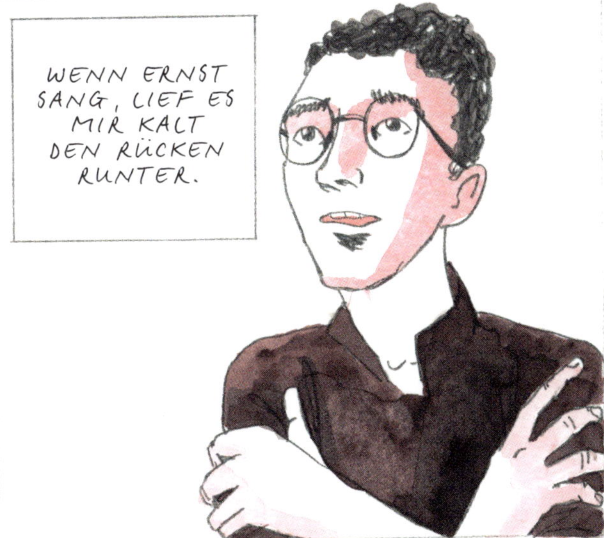
WENN ERNST SANG, LIEF ES MIR KALT DEN RÜCKEN RUNTER.

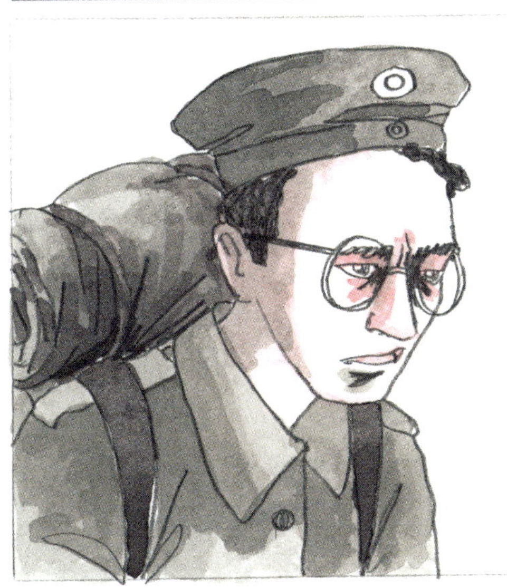

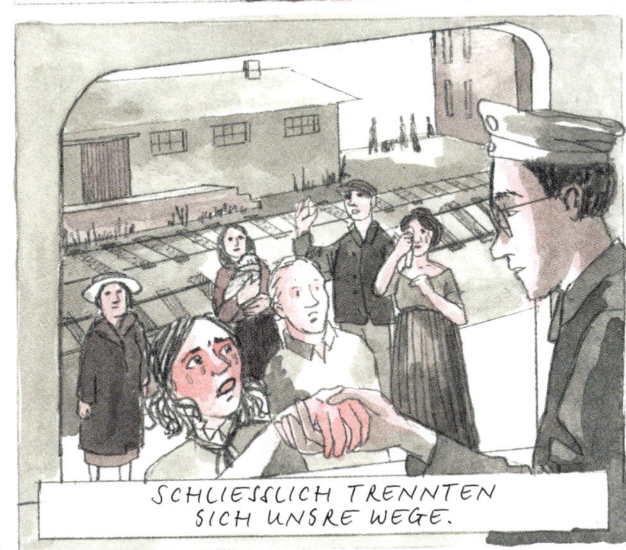
SCHLIESSLICH TRENNTEN SICH UNSRE WEGE.

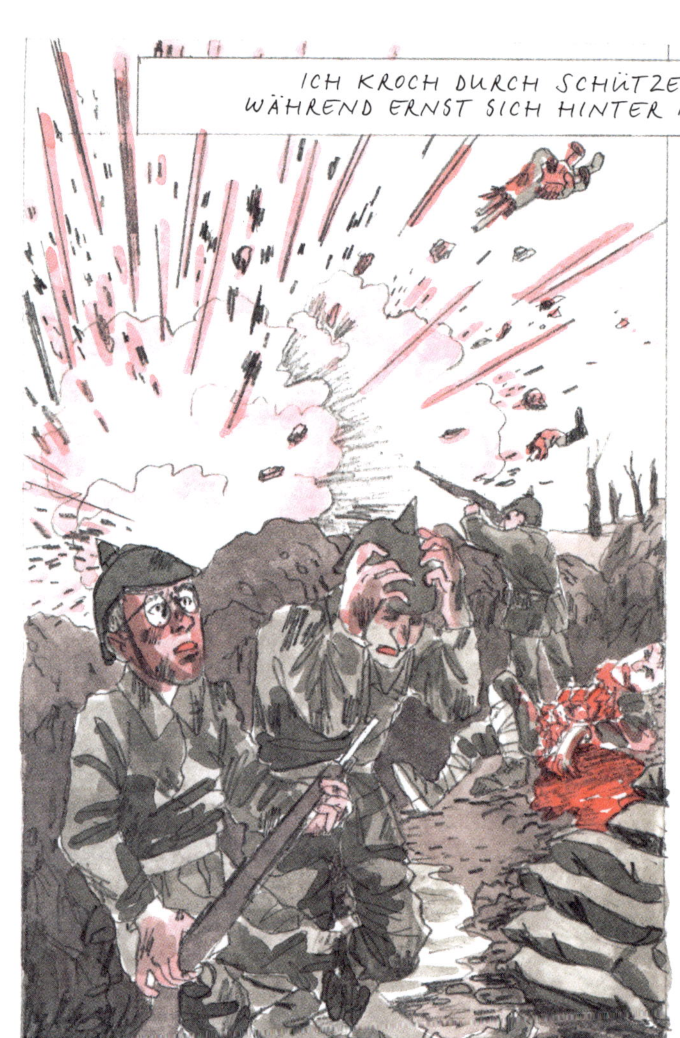
ICH KROCH DURCH SCHÜTZENGRÄBEN IN FRANKREICH, WÄHREND ERNST SICH HINTER BÜCHERN VERSCHANZTE UND ...

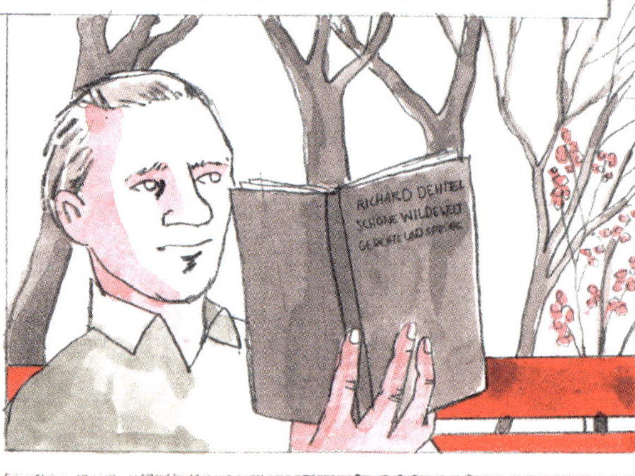
RICHARD DEHMEL
SCHÖNE WILDE WELT

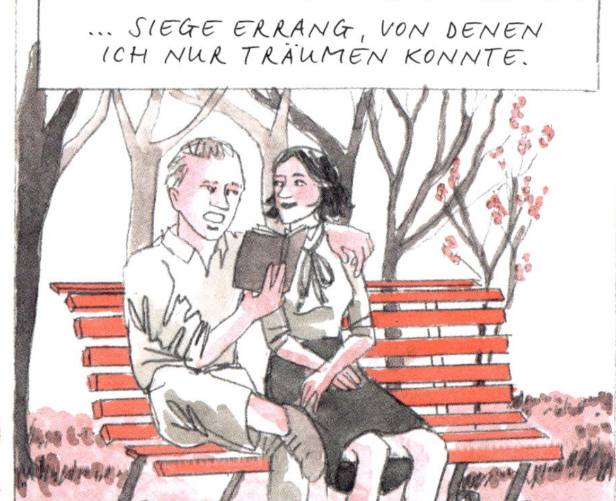
... SIEGE ERRANG, VON DENEN ICH NUR TRÄUMEN KONNTE.

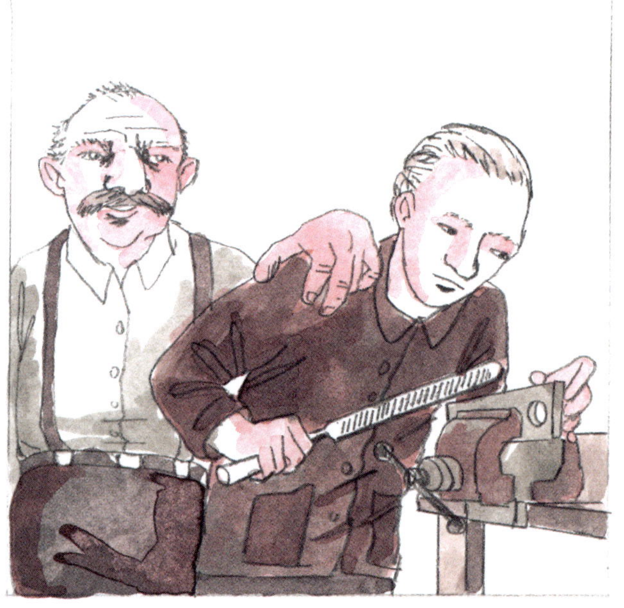

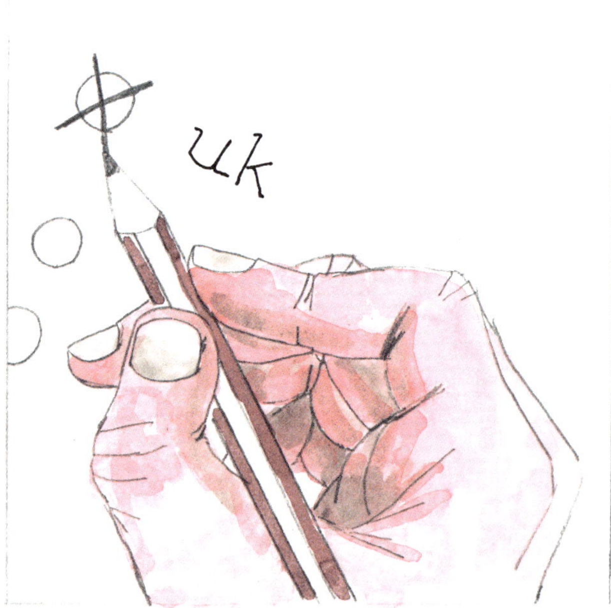
uk

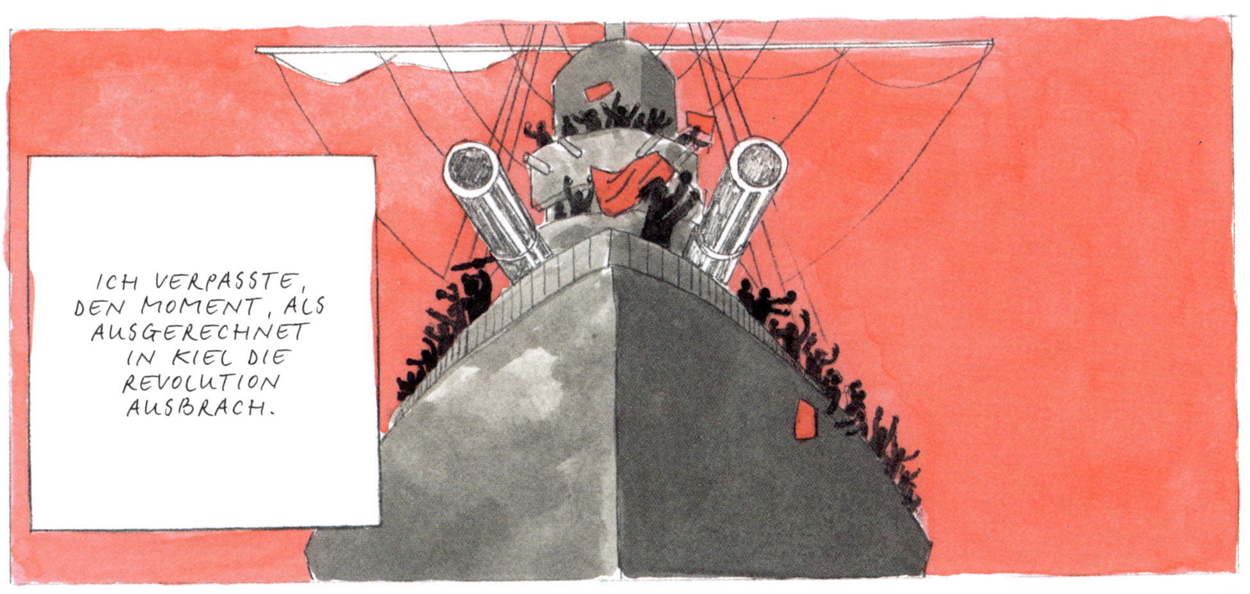

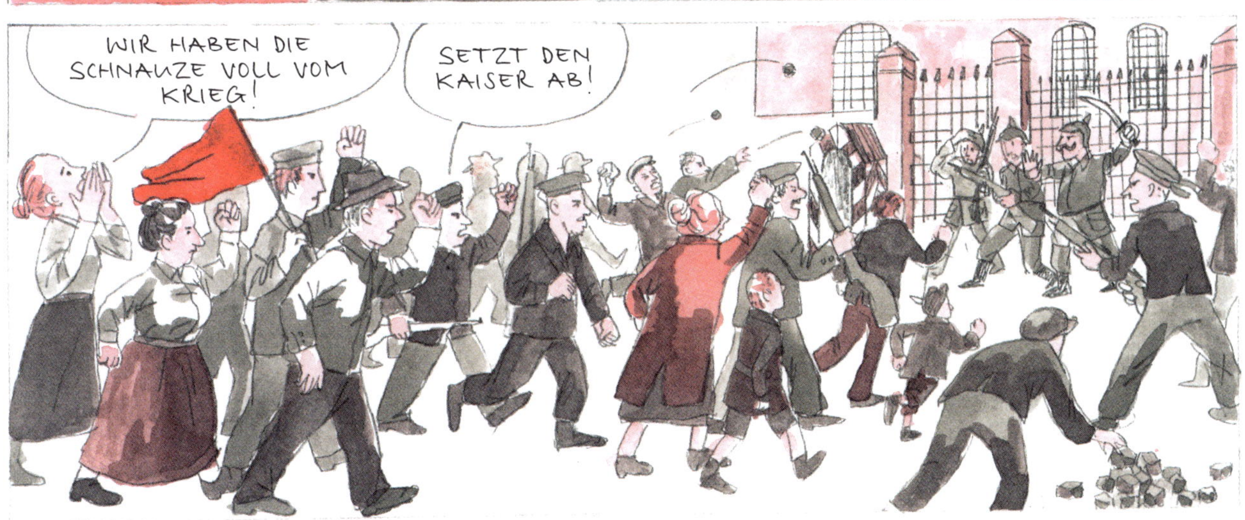

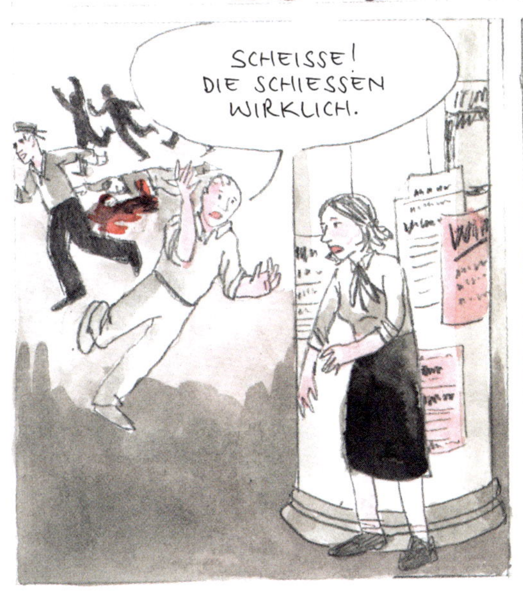

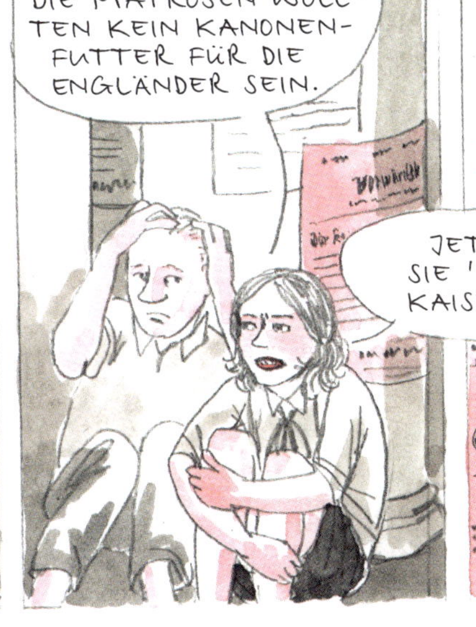

Vorwärts

Der Kaiser hat abgedankt!

JETZT SIND SIE 'S FÜR DIE KAISERLICHEN.

Es wird nicht geschossen!

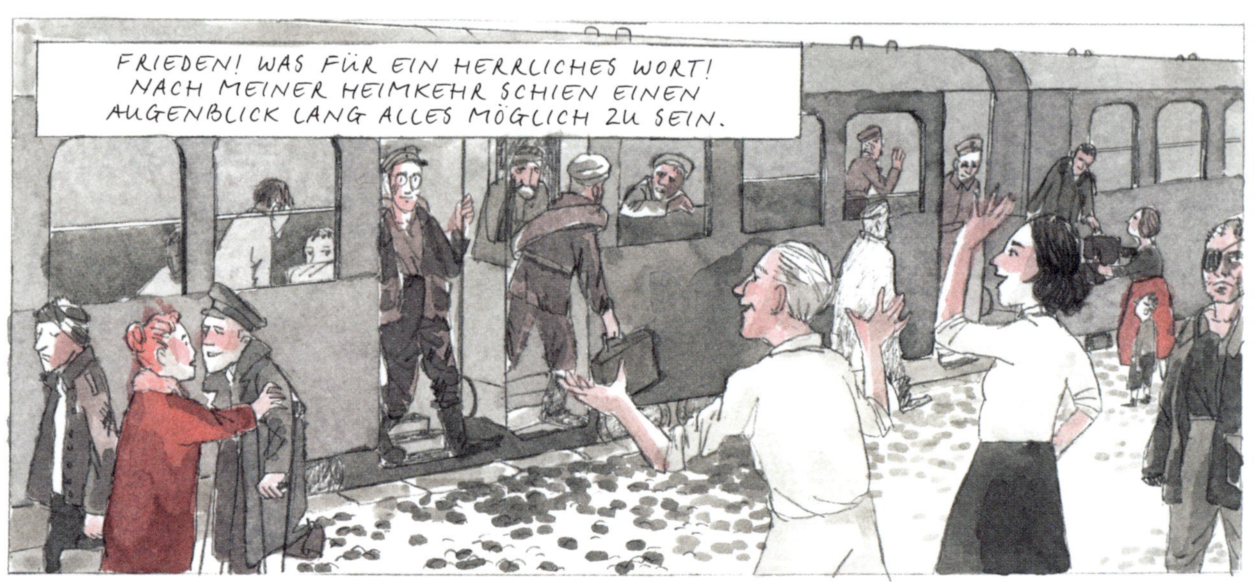
FRIEDEN! WAS FÜR EIN HERRLICHES WORT! NACH MEINER HEIMKEHR SCHIEN EINEN AUGENBLICK LANG ALLES MÖGLICH ZU SEIN.

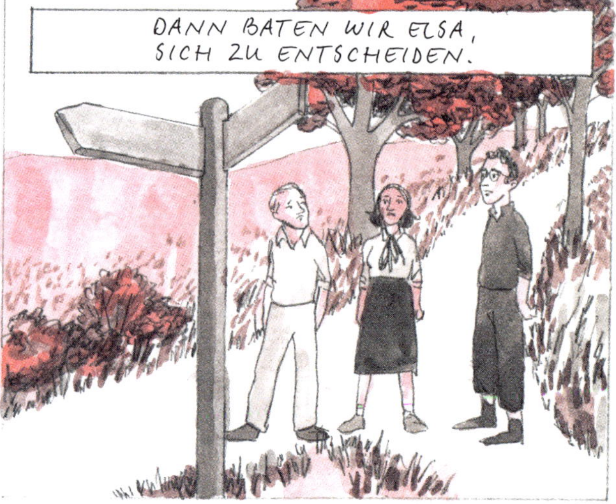
DANN BATEN WIR ELSA, SICH ZU ENTSCHEIDEN.

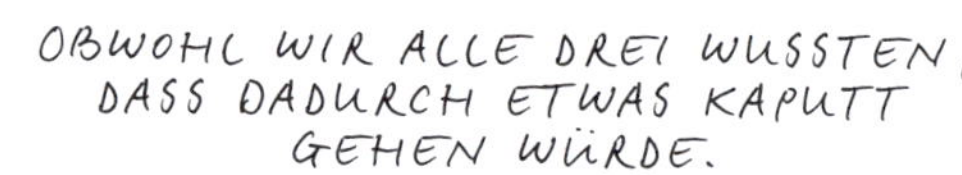
OBWOHL WIR ALLE DREI WUSSTEN, DASS DADURCH ETWAS KAPUTT GEHEN WÜRDE.

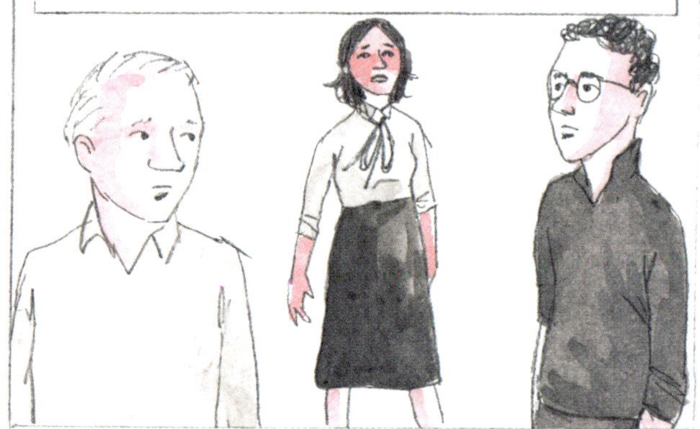

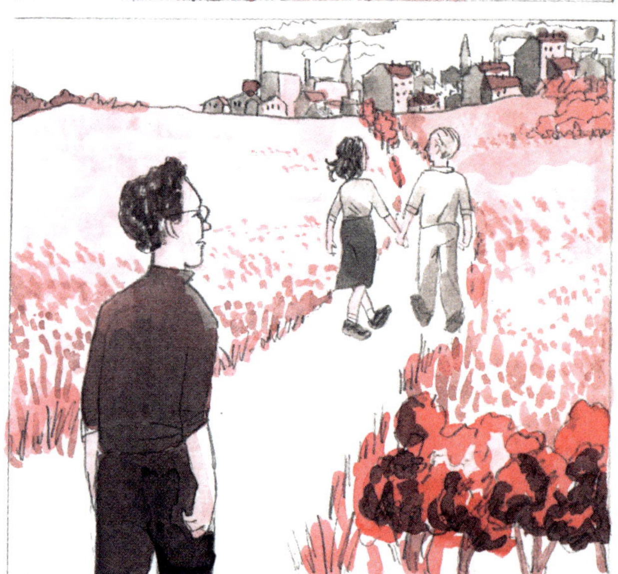

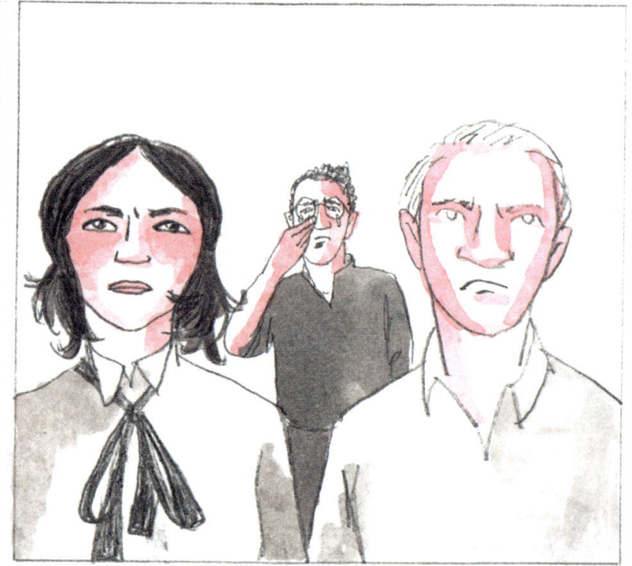

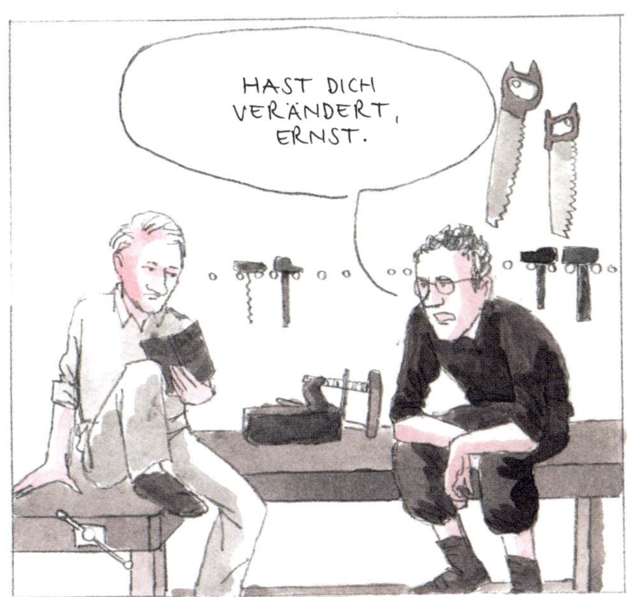
HAST DICH VERÄNDERT, ERNST.

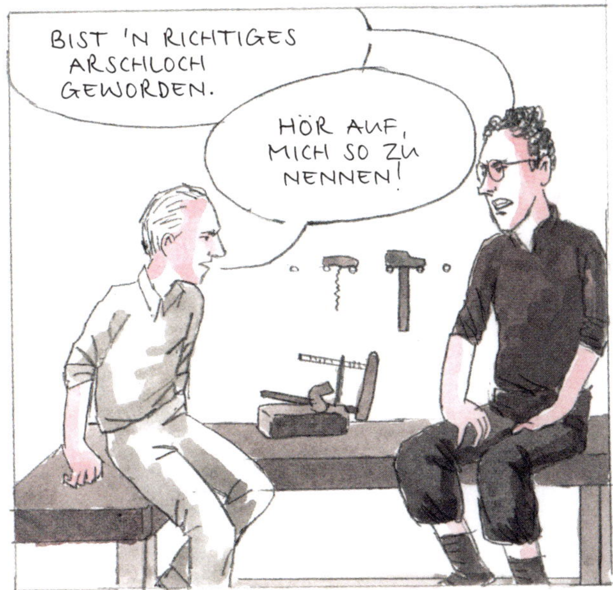
BIST 'N RICHTIGES ARSCHLOCH GEWORDEN.
HÖR AUF, MICH SO ZU NENNEN!

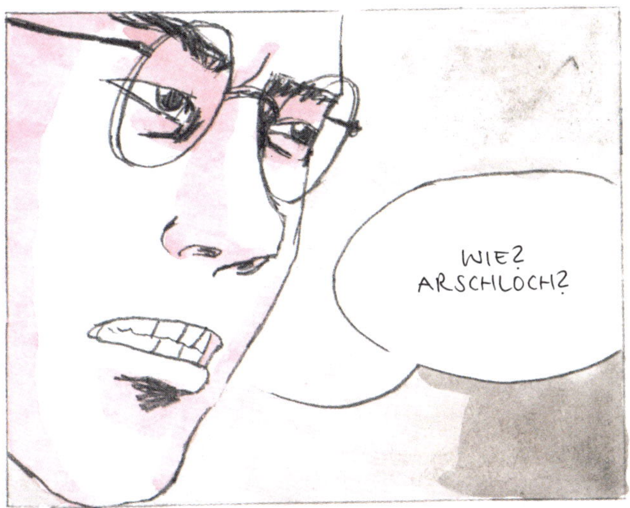
WIE? ARSCHLOCH?

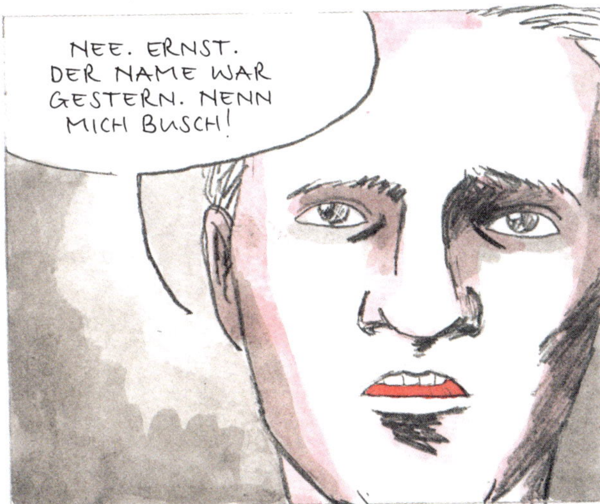
NEE. ERNST. DER NAME WAR GESTERN. NENN MICH BUSCH!

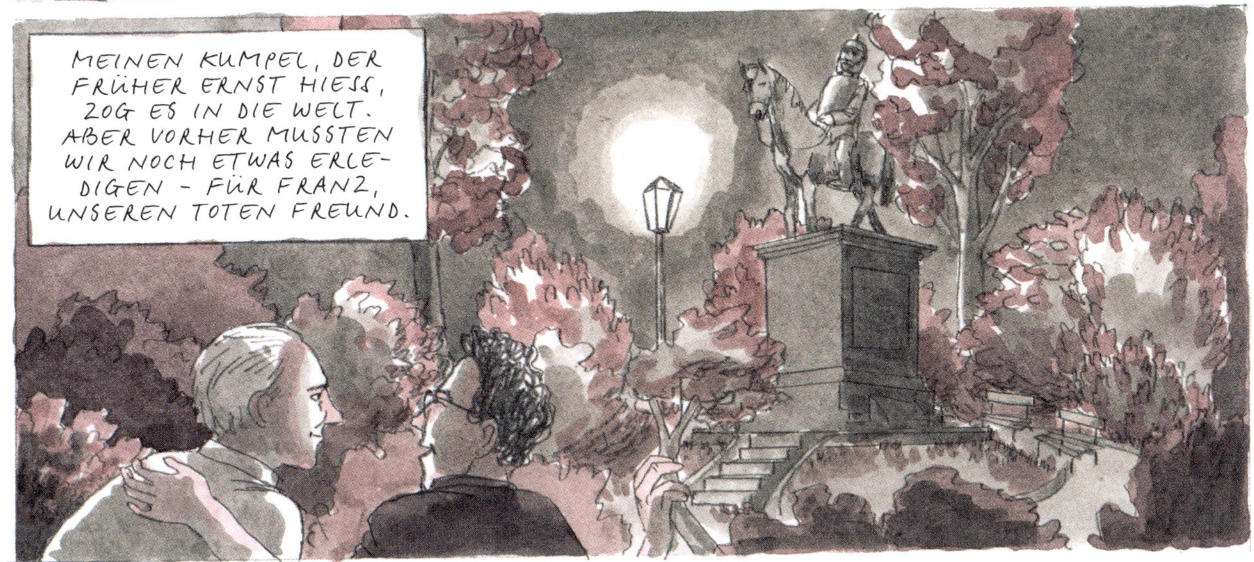
MEINEN KUMPEL, DER FRÜHER ERNST HIESS, ZOG ES IN DIE WELT. ABER VORHER MUSSTEN WIR NOCH ETWAS ERLEDIGEN – FÜR FRANZ, UNSEREN TOTEN FREUND.

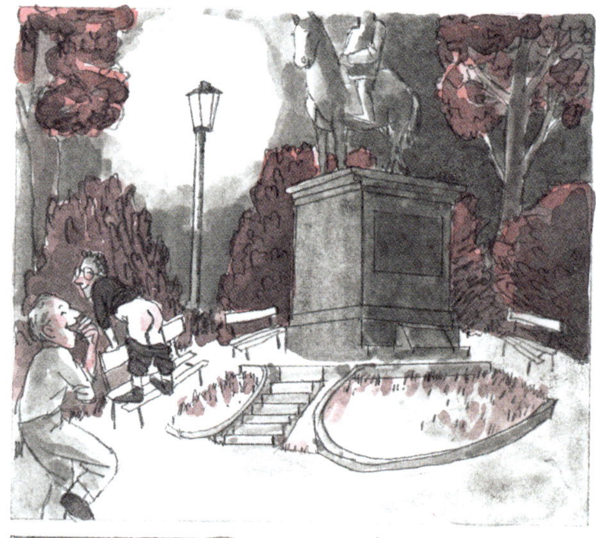

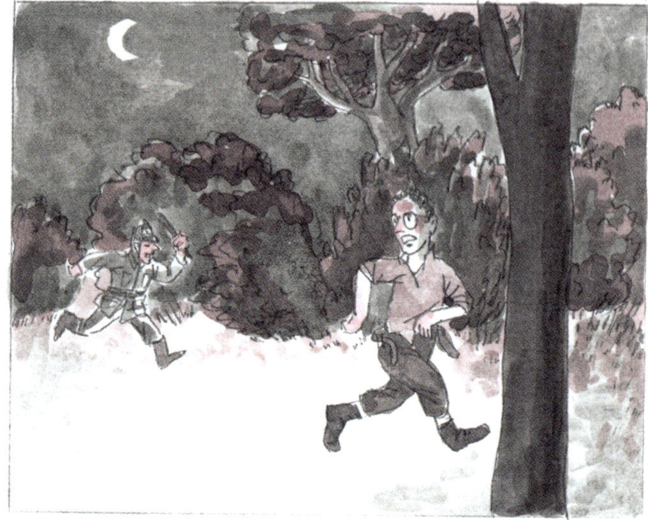

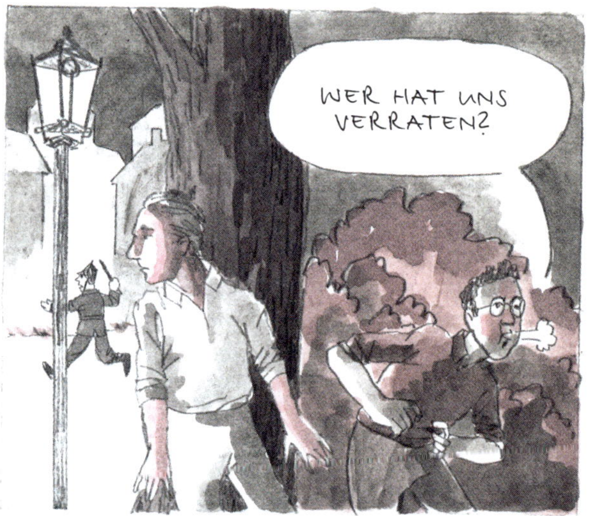
WER HAT UNS VERRATEN?

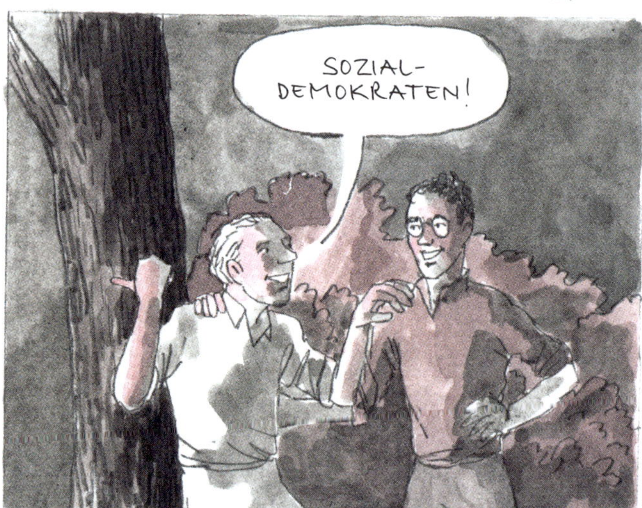
SOZIAL-DEMOKRATEN!

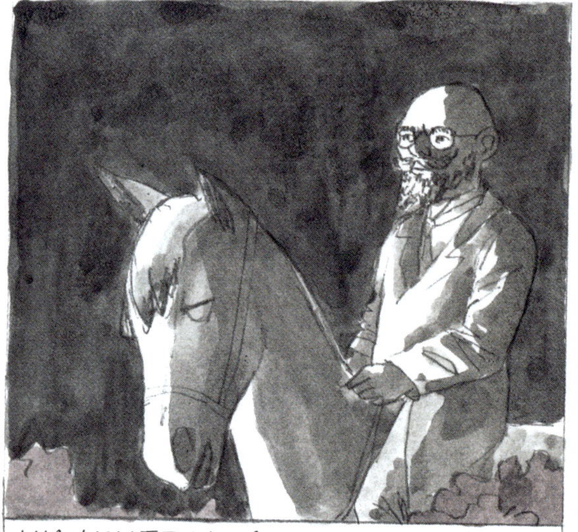

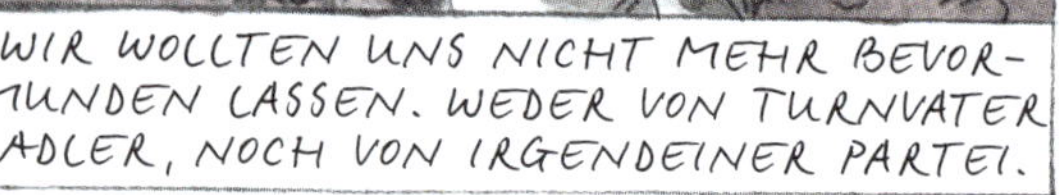
WIR WOLLTEN UNS NICHT MEHR BEVORMUNDEN LASSEN. WEDER VON TURNVATER ADLER, NOCH VON IRGENDEINER PARTEI.

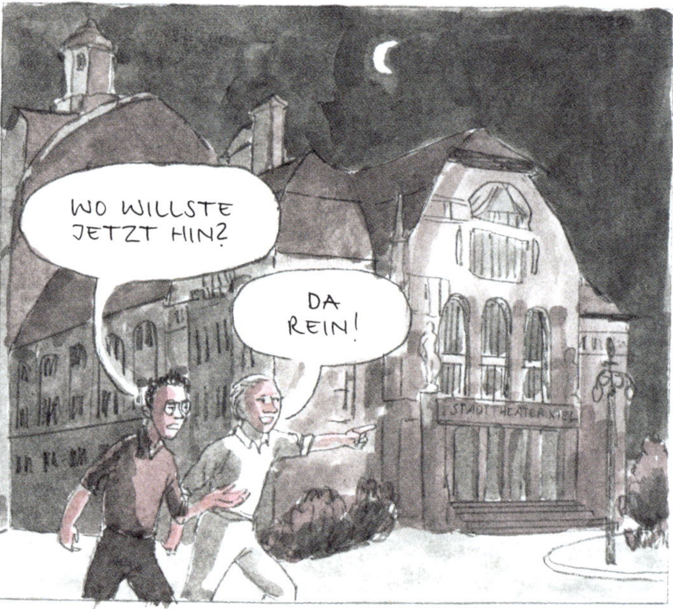
WO WILLSTE JETZT HIN?
DA REIN!
STADTTHEATER KIEL

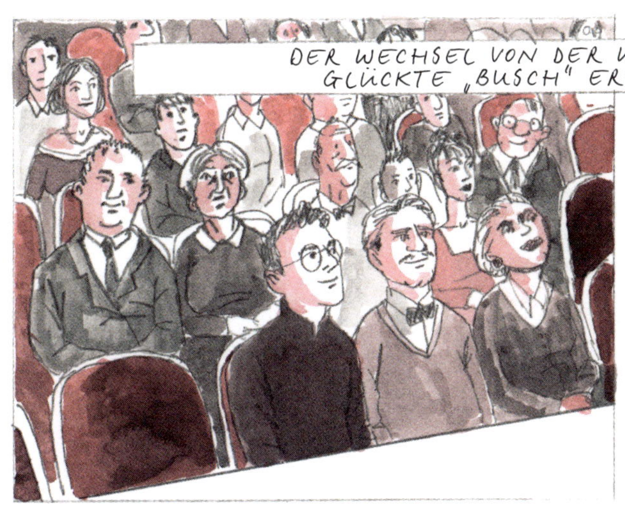
DER WECHSEL VON DER WERFT AUF DIE BÜHNE GLÜCKTE „BUSCH" ERSTAUNLICH SCHNELL.

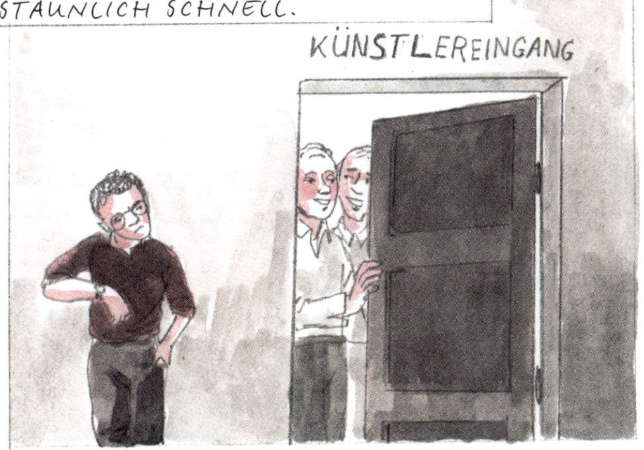
KÜNSTLEREINGANG

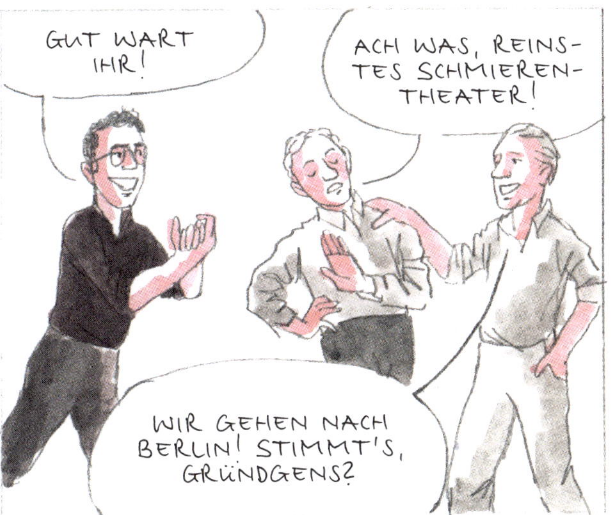
GUT WART IHR!
ACH WAS, REINSTES SCHMIEREN-THEATER!
WIR GEHEN NACH BERLIN! STIMMT'S, GRÜNDGENS?

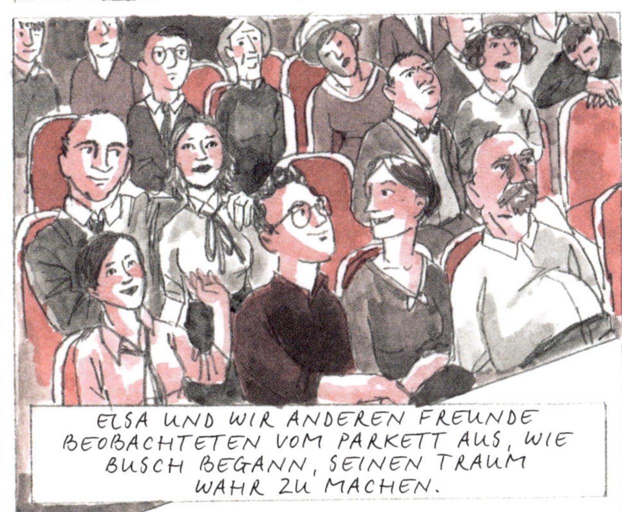
ELSA UND WIR ANDEREN FREUNDE BEOBACHTETEN VOM PARKETT AUS, WIE BUSCH BEGANN, SEINEN TRAUM WAHR ZU MACHEN.

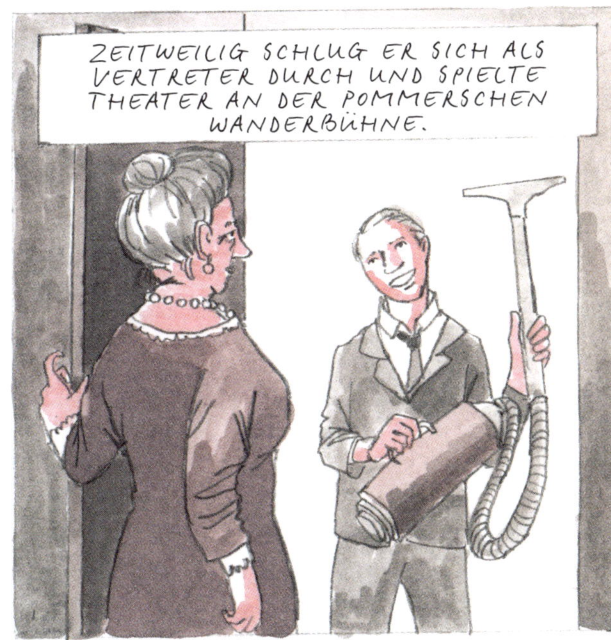
ZEITWEILIG SCHLUG ER SICH ALS VERTRETER DURCH UND SPIELTE THEATER AN DER POMMERSCHEN WANDERBÜHNE.

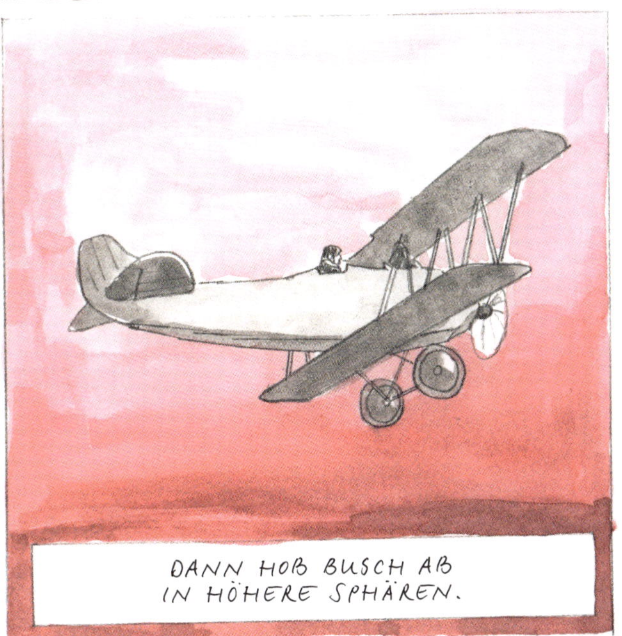
DANN HOB BUSCH AB IN HÖHERE SPHÄREN.

Lilo

OSTSEEKÜSTE BEI KÖSLIN 1927

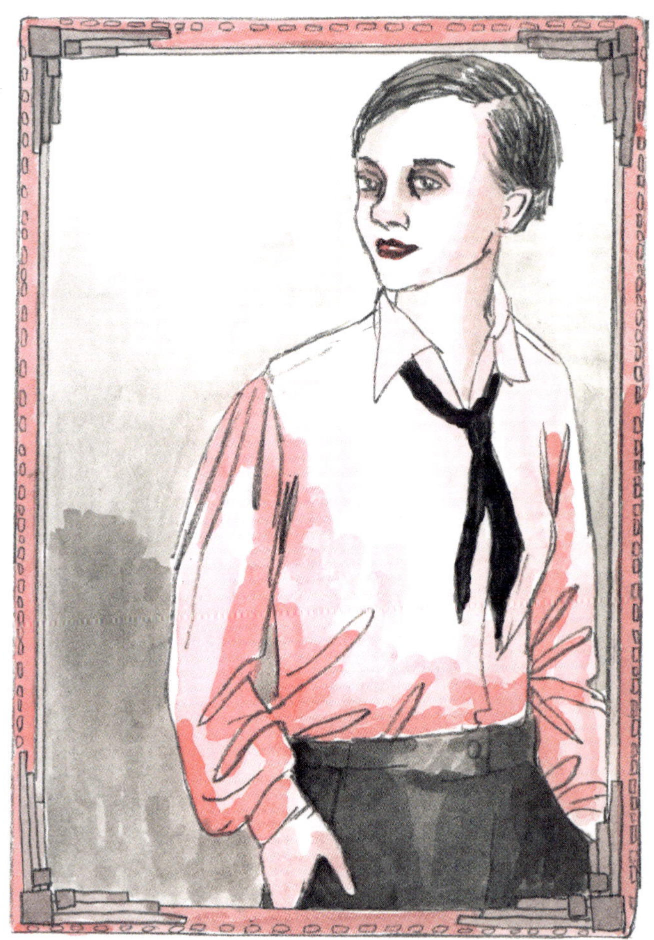

ICH BIN SEINE ENTDECKERIN.

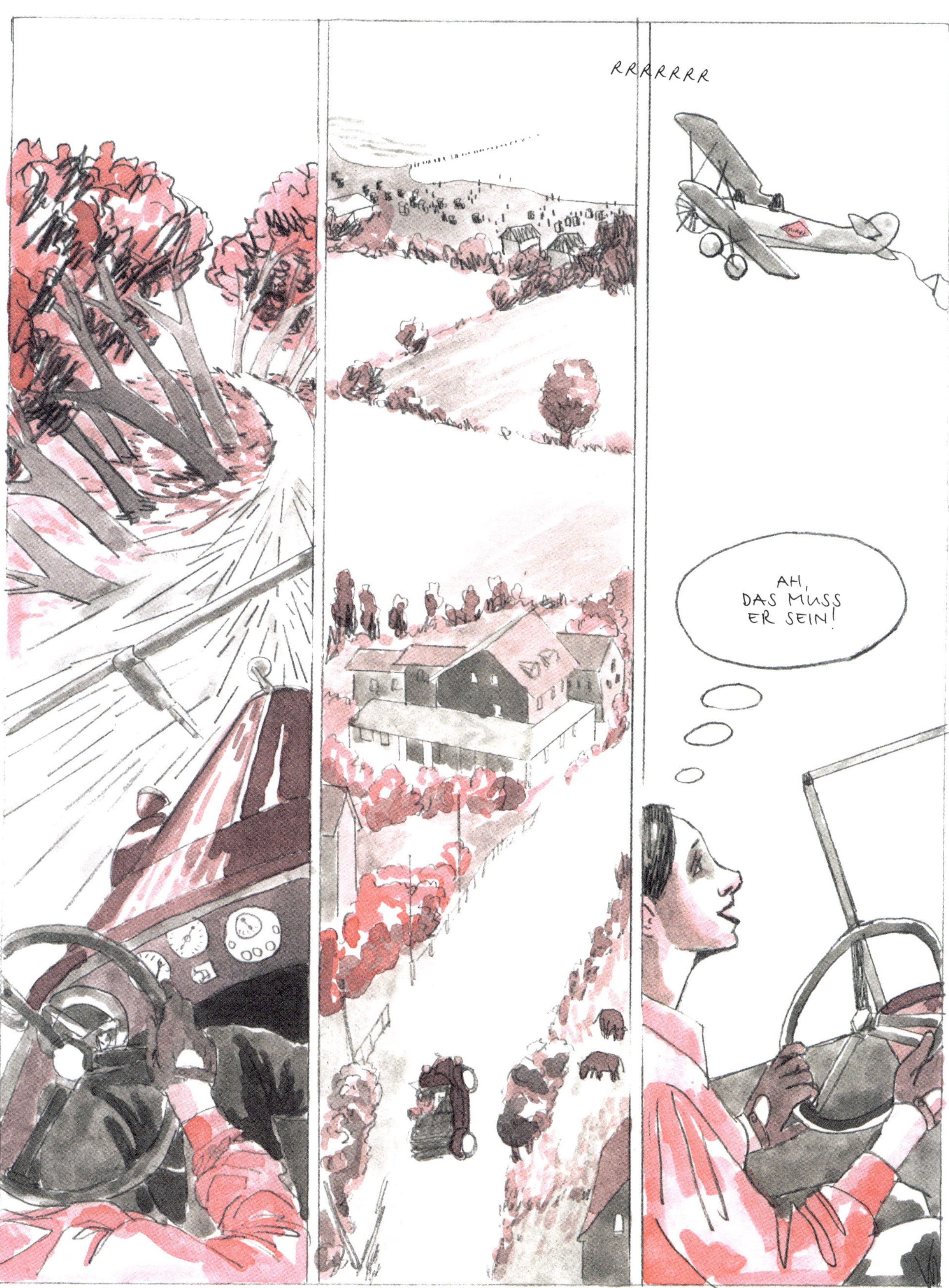
RRRRRRRR
AH, DAS MUSS ER SEIN!

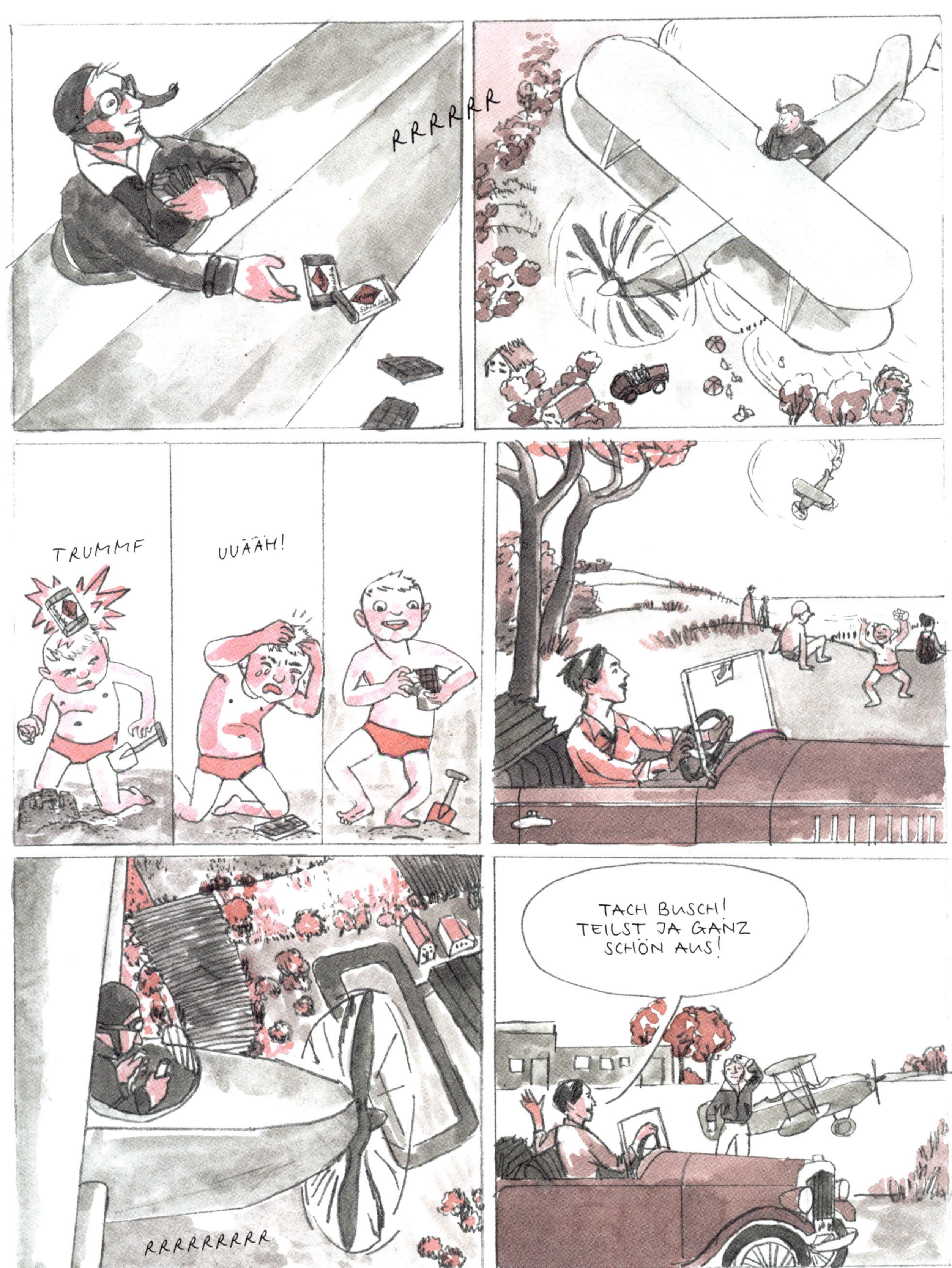
RRRRRR
TRUMMF
UUÄÄH!
RRRRRRRRR
TACH BUSCH! TEILST JA GANZ SCHÖN AUS!

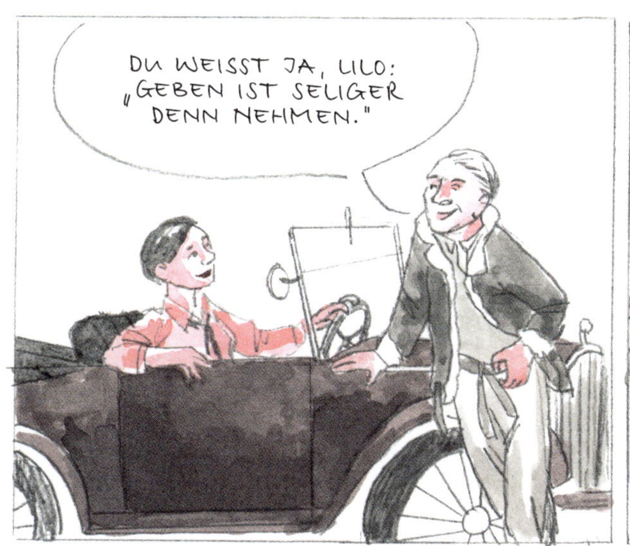
DU WEISST JA, LILO: „GEBEN IST SELIGER DENN NEHMEN."

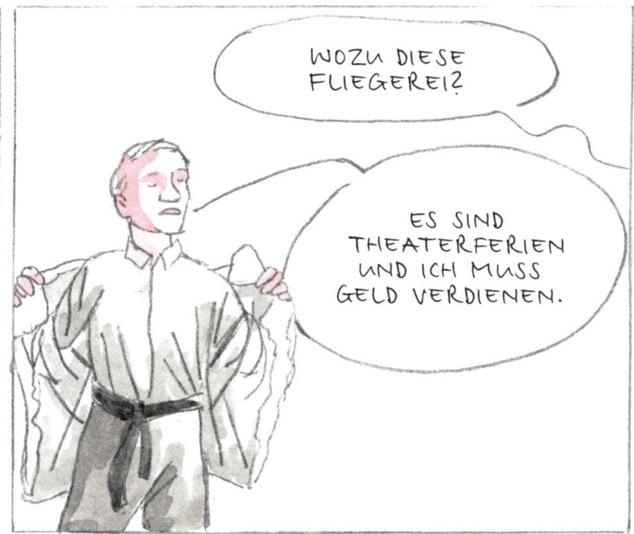
WOZU DIESE FLIEGEREI?
ES SIND THEATERFERIEN UND ICH MUSS GELD VERDIENEN.

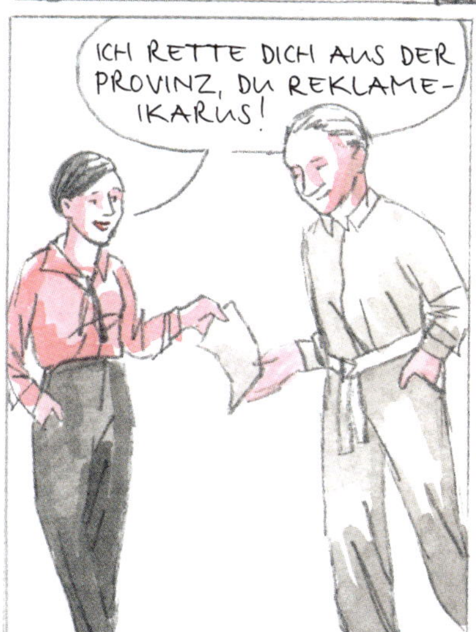
ICH RETTE DICH AUS DER PROVINZ, DU REKLAME-IKARUS!

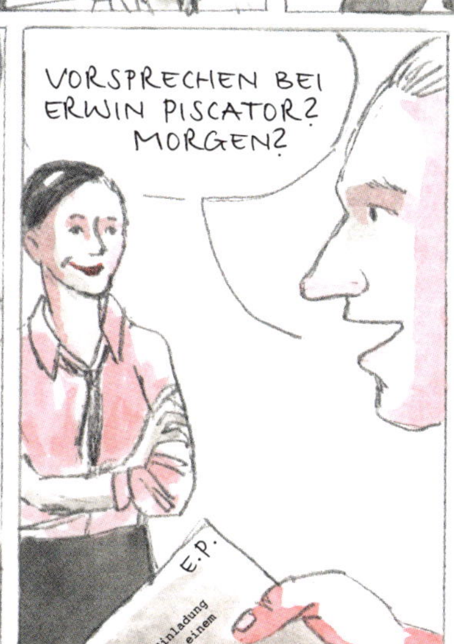
VORSPRECHEN BEI ERWIN PISCATOR? MORGEN?
E.P.
Einladung zu einem

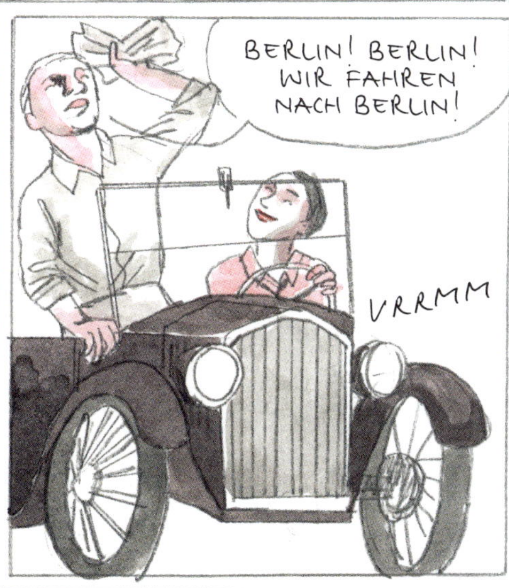
BERLIN! BERLIN! WIR FAHREN NACH BERLIN!
VRRMM

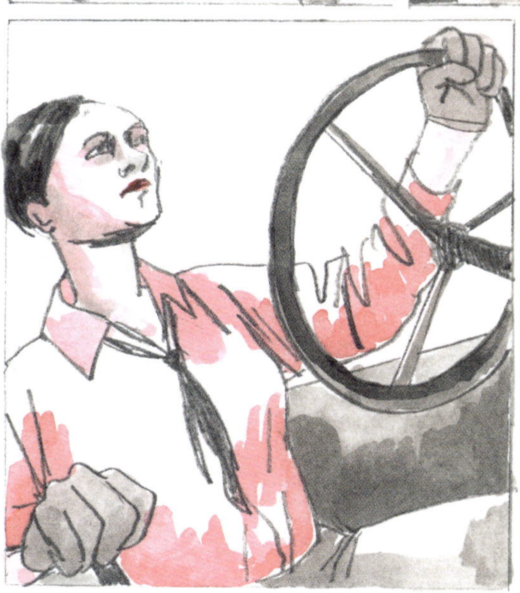

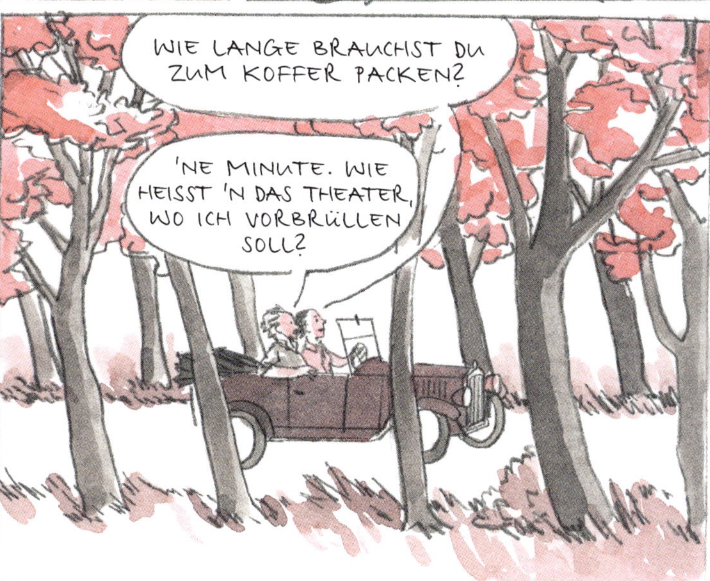
WIE LANGE BRAUCHST DU ZUM KOFFER PACKEN?
'NE MINUTE. WIE HEISST 'N DAS THEATER, WO ICH VORBRÜLLEN SOLL?

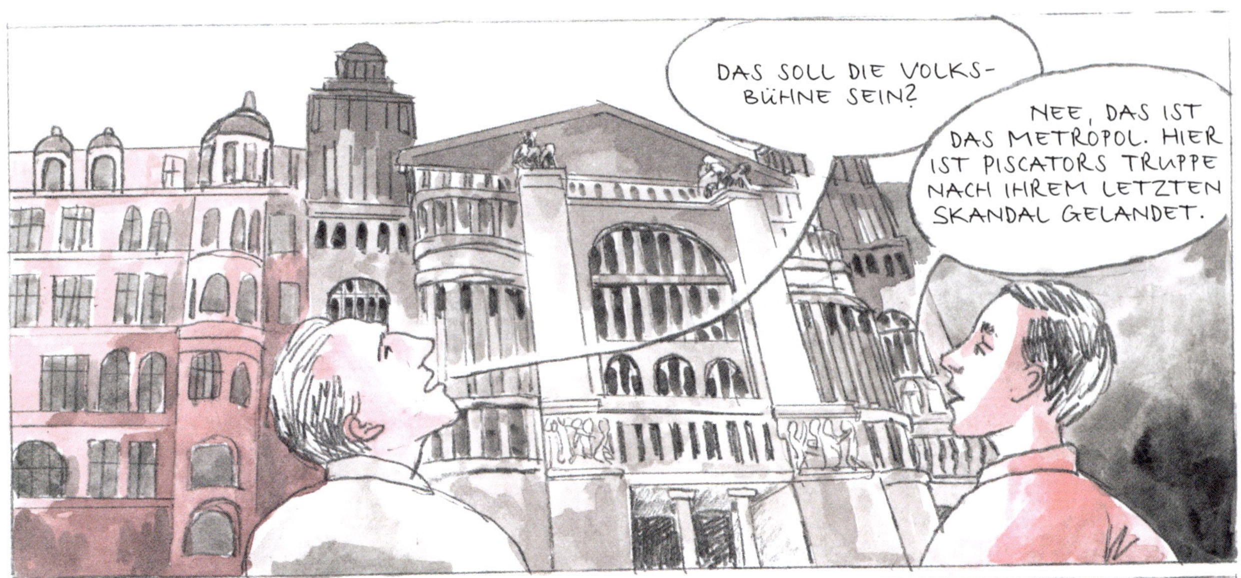
DAS SOLL DIE VOLKS-BÜHNE SEIN?
NEE, DAS IST DAS METROPOL. HIER IST PISCATORS TRUPPE NACH IHREM LETZTEN SKANDAL GELANDET.

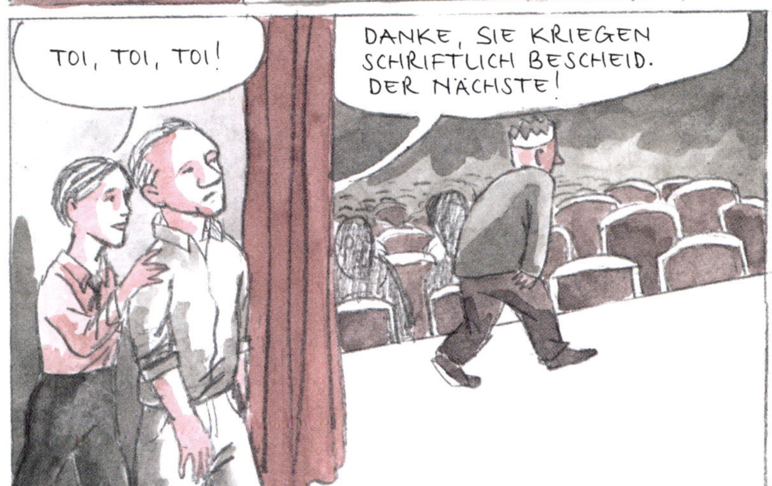
TOI, TOI, TOI!
DANKE, SIE KRIEGEN SCHRIFTLICH BESCHEID. DER NÄCHSTE!

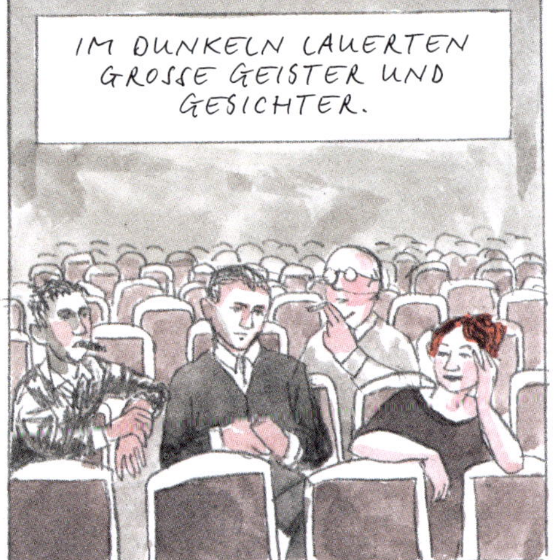
IM DUNKELN LAUERTEN GROSSE GEISTER UND GESICHTER.

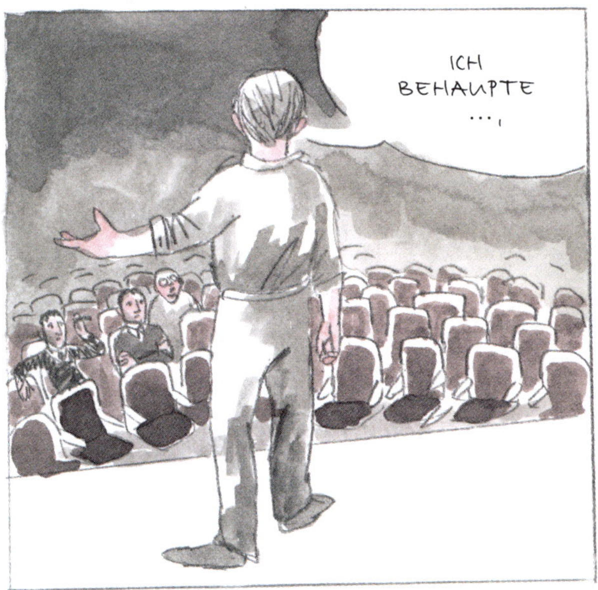
ICH BEHAUPTE ...,

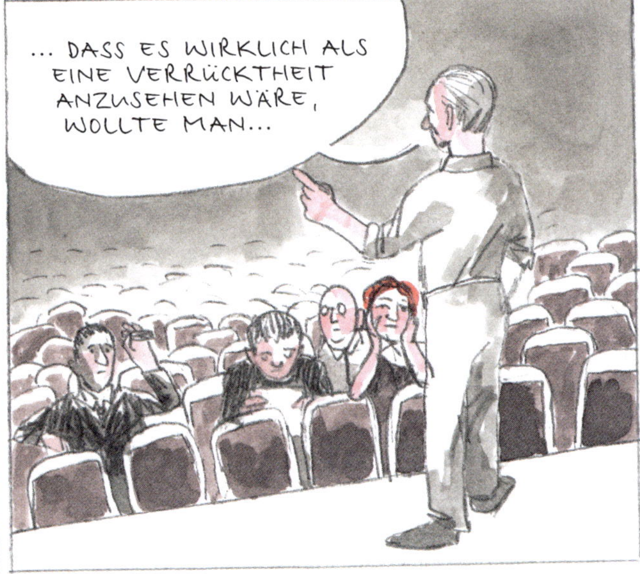
... DASS ES WIRKLICH ALS EINE VERRÜCKTHEIT ANZUSEHEN WÄRE, WOLLTE MAN...

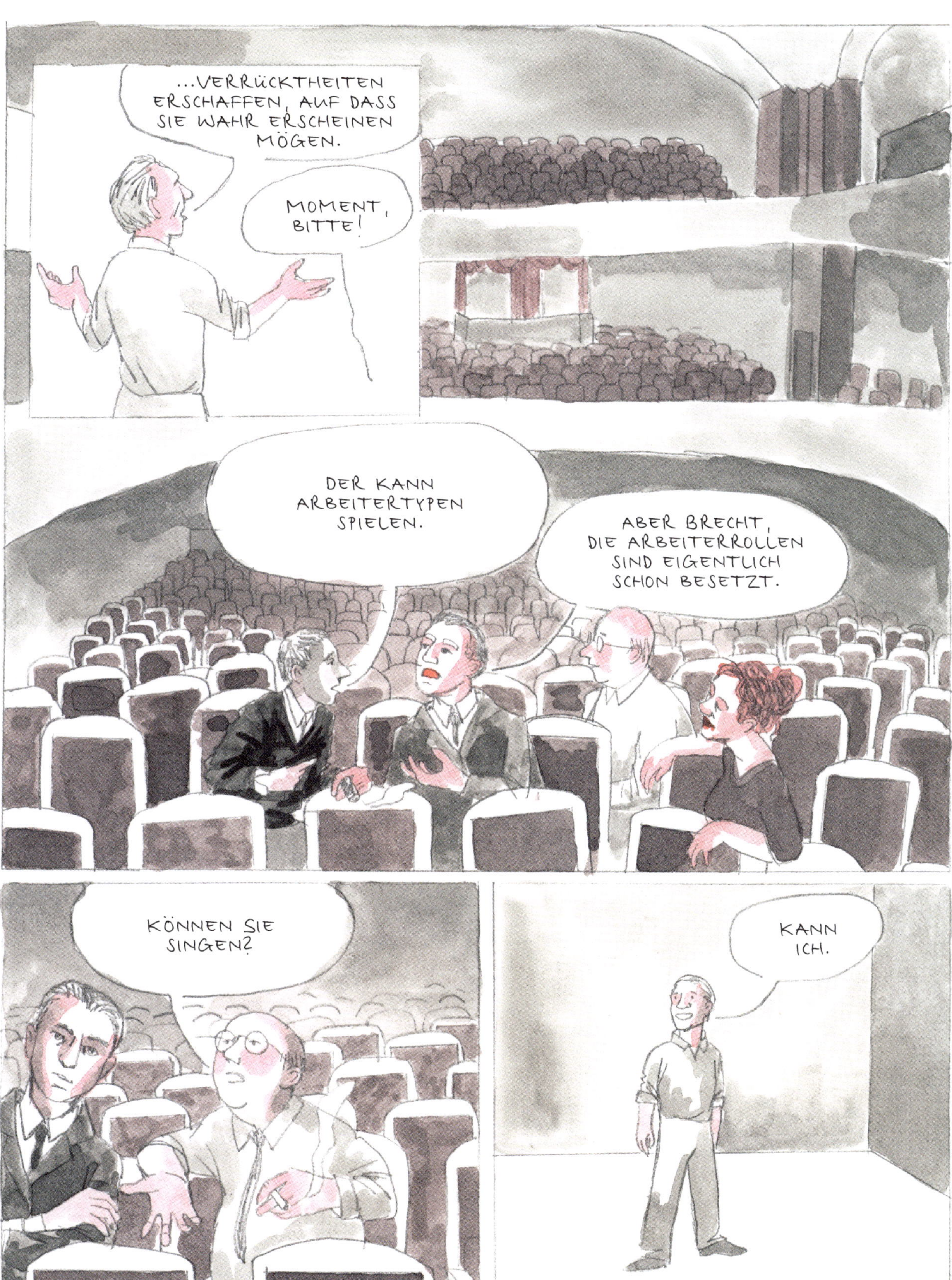
...VERRÜCKTHEITEN ERSCHAFFEN, AUF DASS SIE WAHR ERSCHEINEN MÖGEN.
MOMENT, BITTE!
DER KANN ARBEITERTYPEN SPIELEN.
ABER BRECHT, DIE ARBEITERROLLEN SIND EIGENTLICH SCHON BESETZT.
KÖNNEN SIE SINGEN?
KANN ICH.

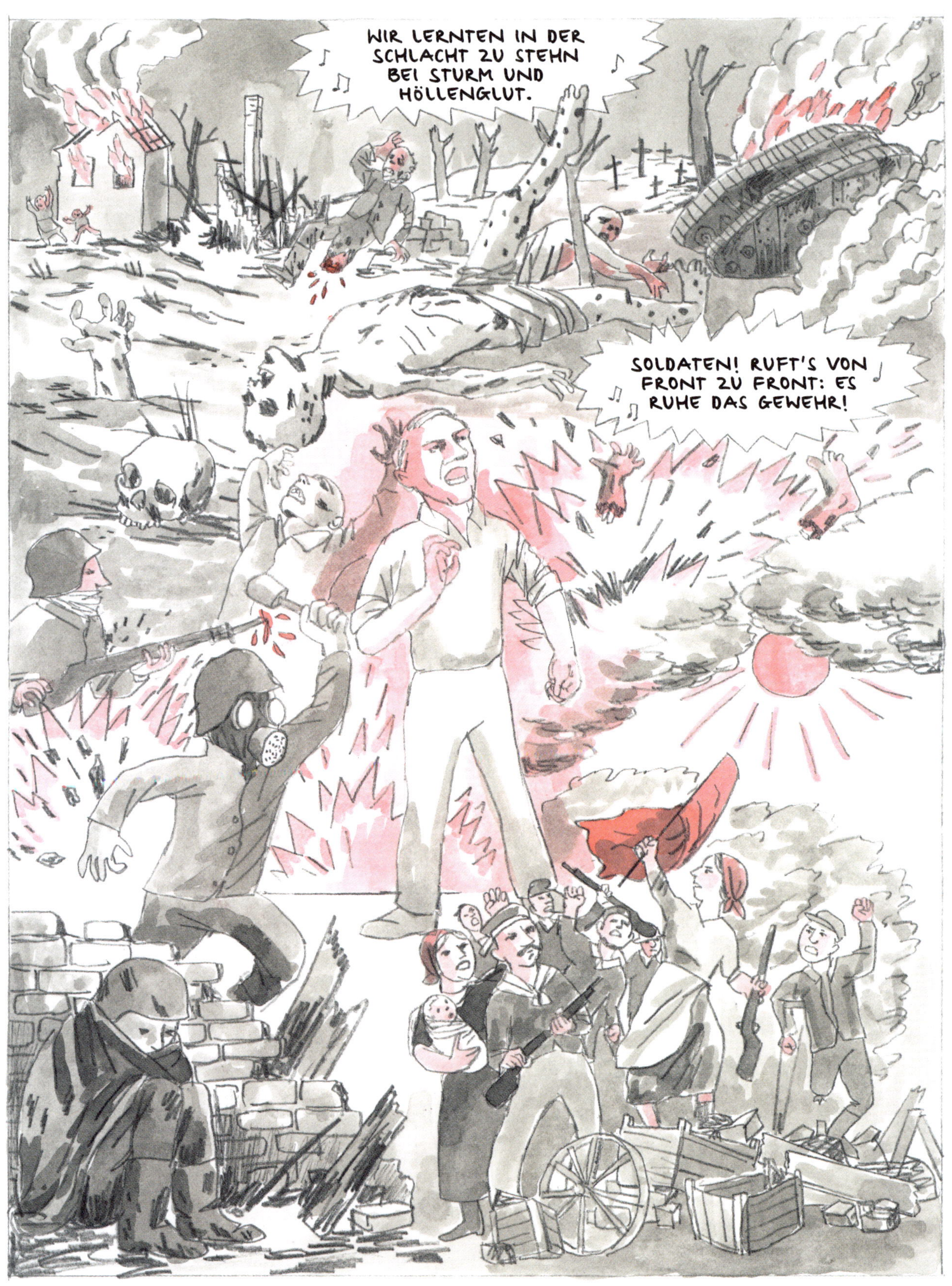
WIR LERNTEN IN DER SCHLACHT ZU STEHN BEI STURM UND HÖLLENGLUT.
SOLDATEN! RUFT'S VON FRONT ZU FRONT: ES RUHE DAS GEWEHR!

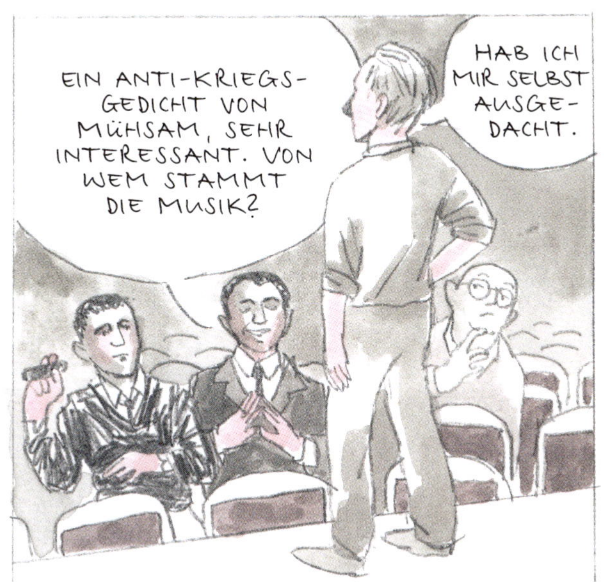
EIN ANTI-KRIEGS-GEDICHT VON MÜHSAM, SEHR INTERESSANT. VON WEM STAMMT DIE MUSIK?
HAB ICH MIR SELBST AUSGE-DACHT.
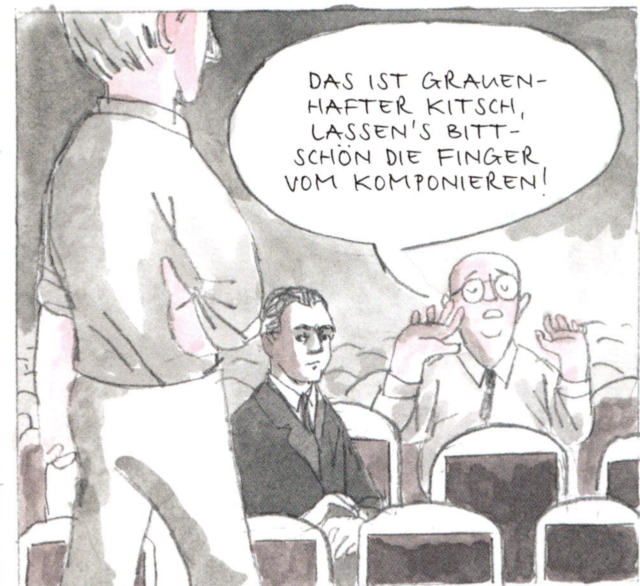
DAS IST GRAUEN-HAFTER KITSCH, LASSEN'S BITT-SCHÖN DIE FINGER VOM KOMPONIEREN!
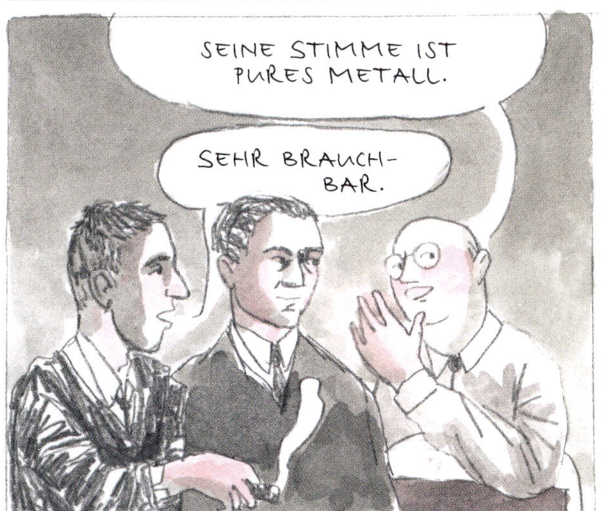
SEINE STIMME IST PURES METALL.
SEHR BRAUCH-BAR.
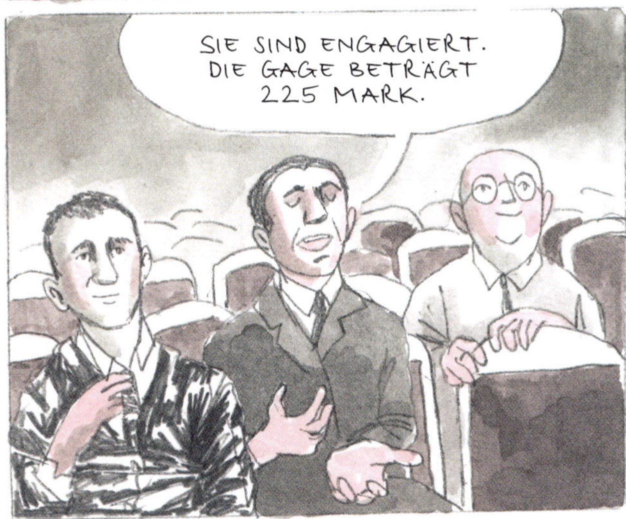
SIE SIND ENGAGIERT. DIE GAGE BETRÄGT 225 MARK.
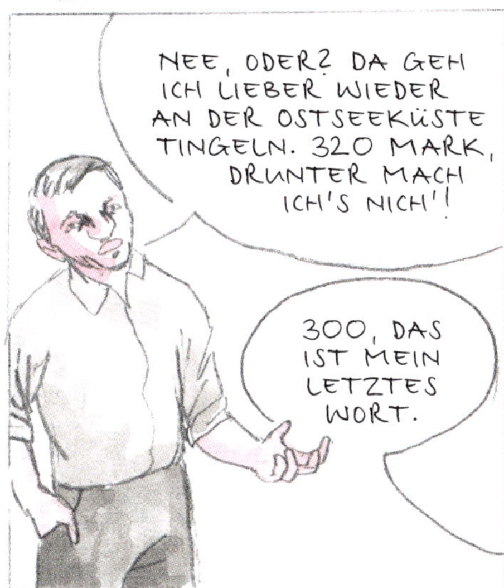
NEE, ODER? DA GEH ICH LIEBER WIEDER AN DER OSTSEEKÜSTE TINGELN. 320 MARK, DRUNTER MACH ICH'S NICH'!
300, DAS IST MEIN LETZTES WORT.
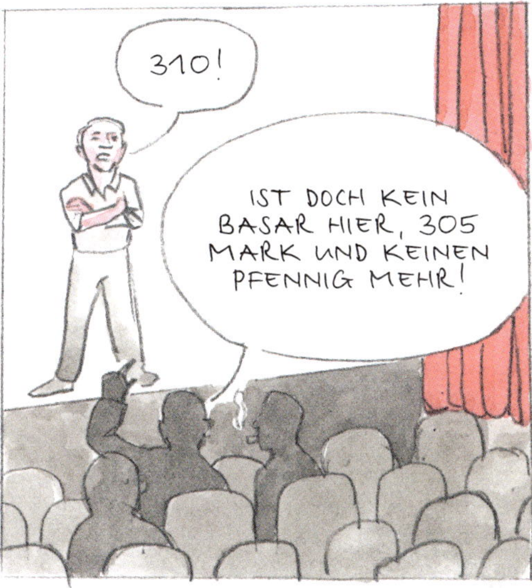
310!
IST DOCH KEIN BASAR HIER, 305 MARK UND KEINEN PFENNIG MEHR!
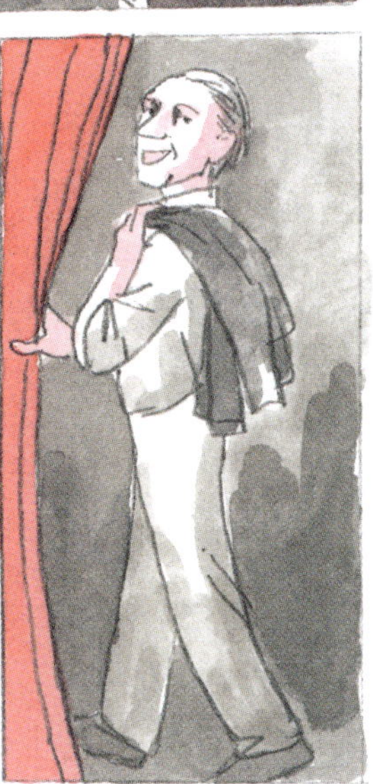

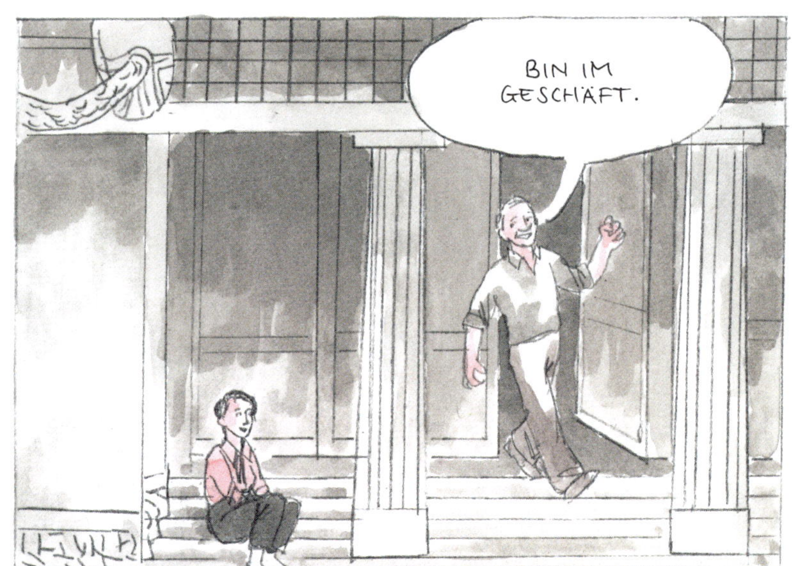
BIN IM GESCHÄFT.

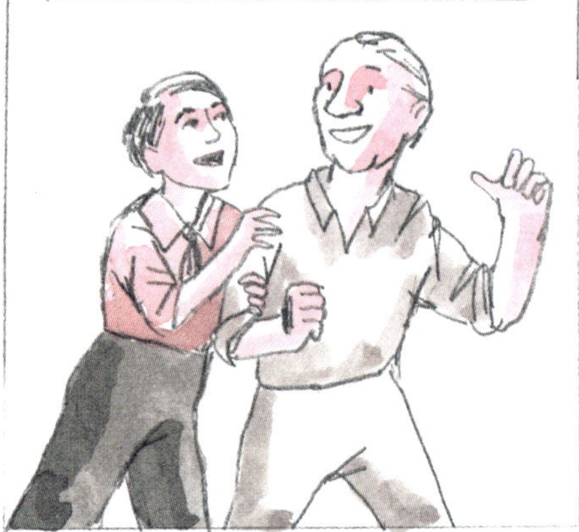
BUSCH HATTE DIE OBER-OTTOS DER LINKEN KULTURSZENE BEEINDRUCKT.

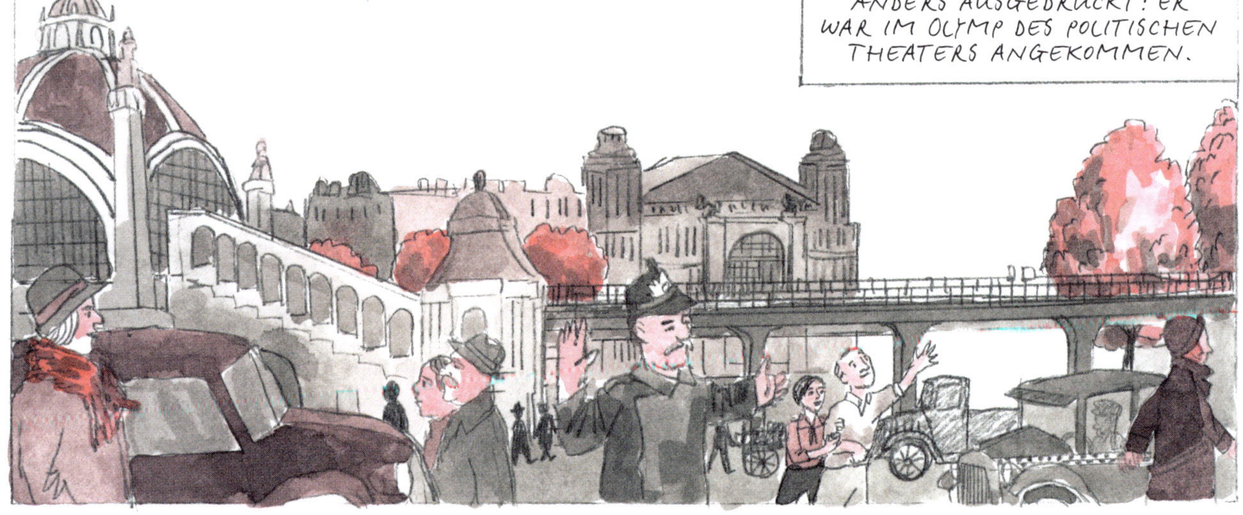
ANDERS AUSGEDRÜCKT: ER WAR IM OLYMP DES POLITISCHEN THEATERS ANGEKOMMEN.

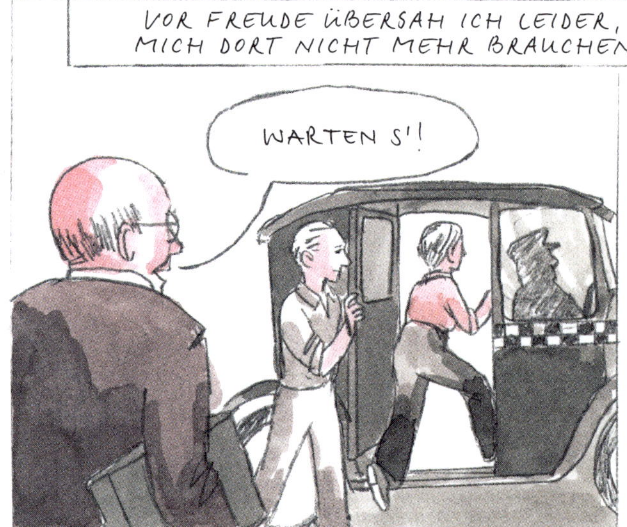
VOR FREUDE ÜBERSAH ICH LEIDER, DASS ER MICH DORT NICHT MEHR BRAUCHEN WÜRDE.
WARTEN S'!

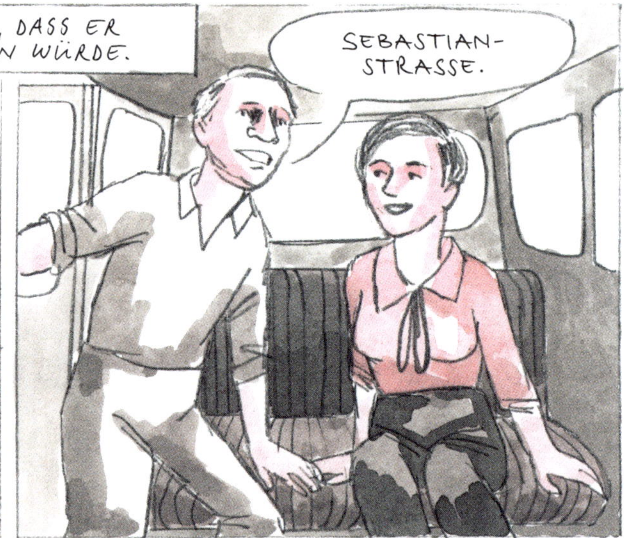
SEBASTIAN-STRASSE.

Hanns

BERLIN 1927

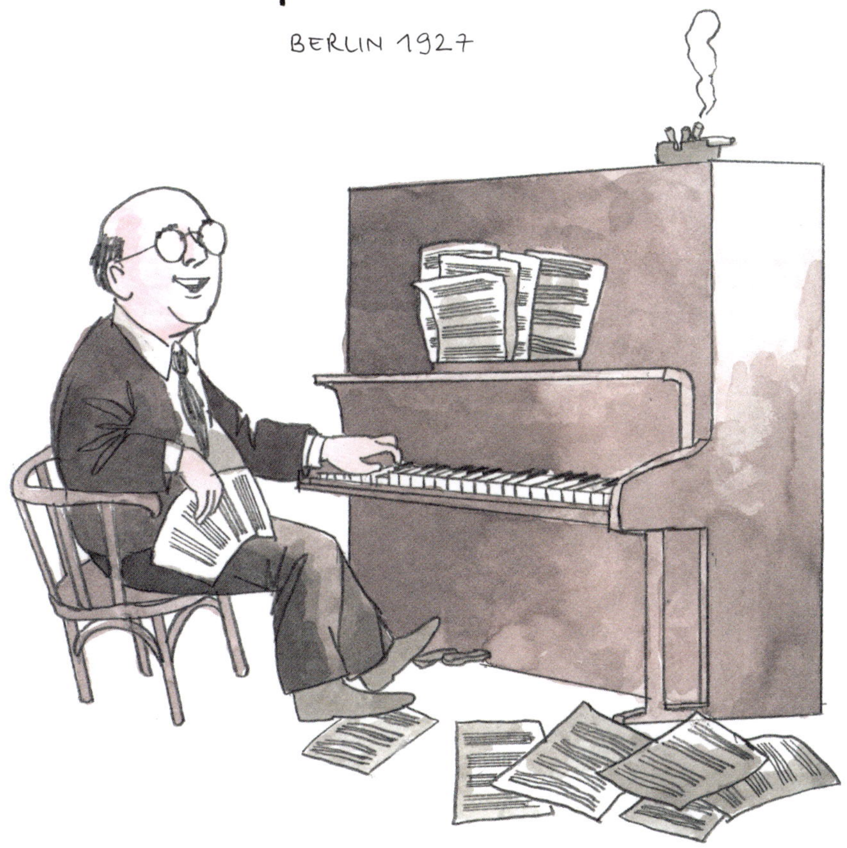

ICH BIN DER MELODIEN-LIEFERANT VOM BUSCH.

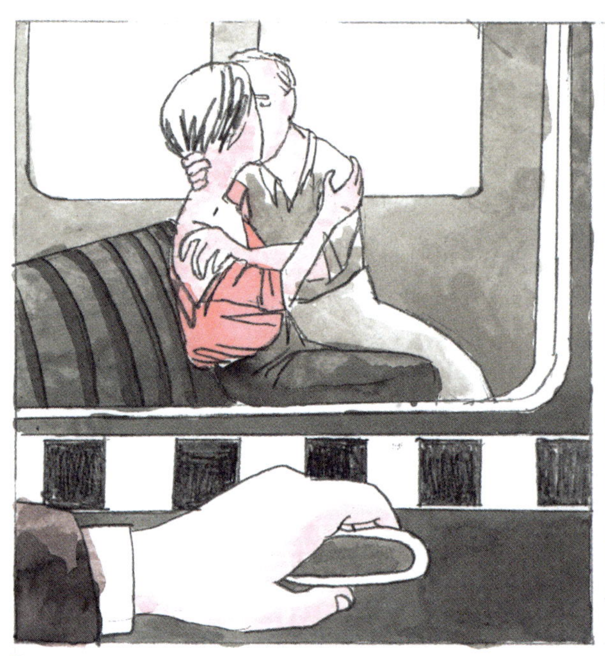

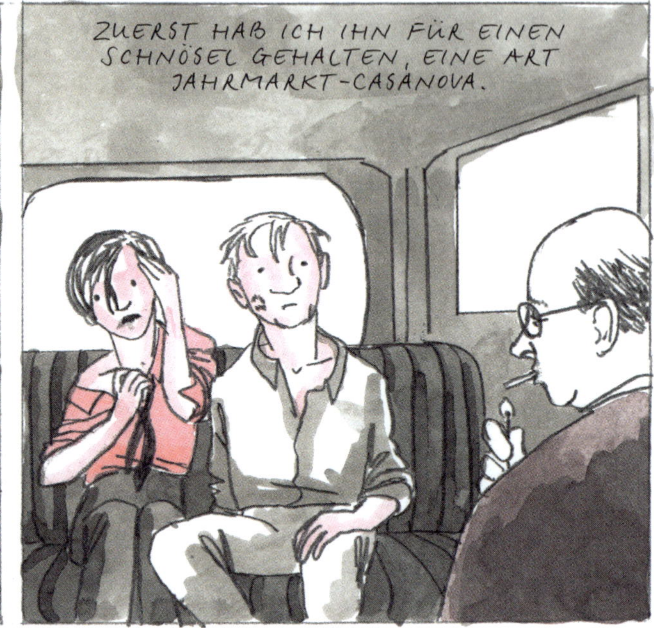
ZUERST HAB ICH IHN FÜR EINEN SCHNÖSEL GEHALTEN, EINE ART JAHRMARKT-CASANOVA.

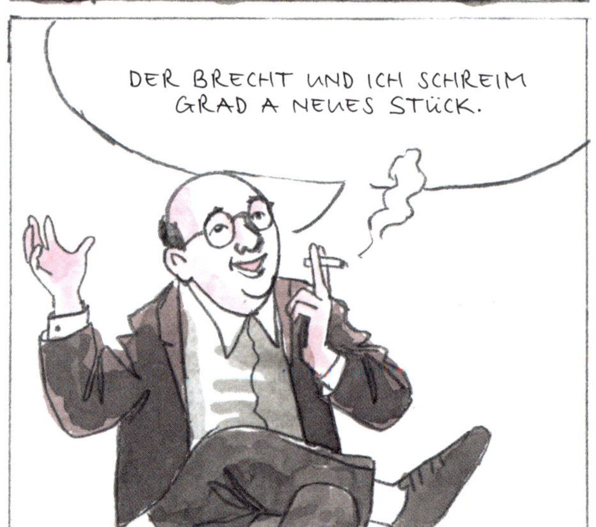
DER BRECHT UND ICH SCHREIM GRAD A NEUES STÜCK.

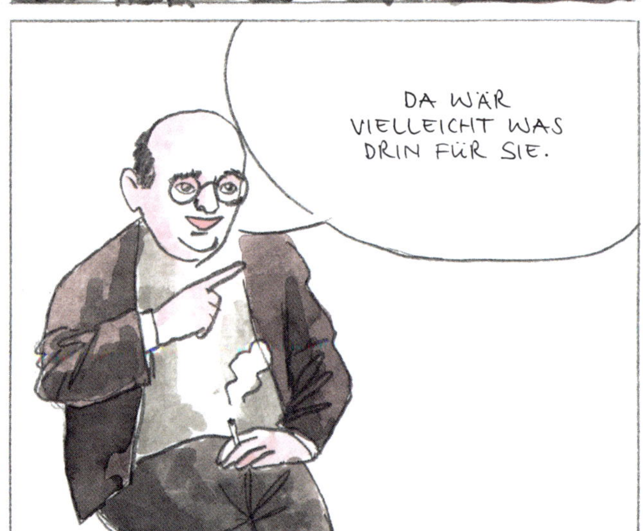
DA WÄR VIELLEICHT WAS DRIN FÜR SIE.

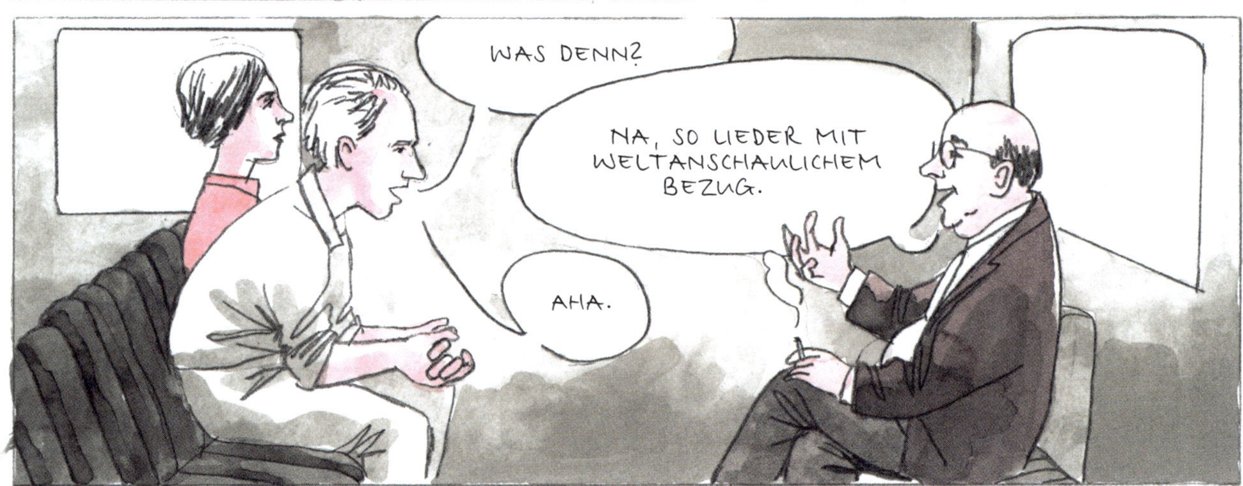
WAS DENN?
NA, SO LIEDER MIT WELTANSCHAULICHEM BEZUG.
AHA.

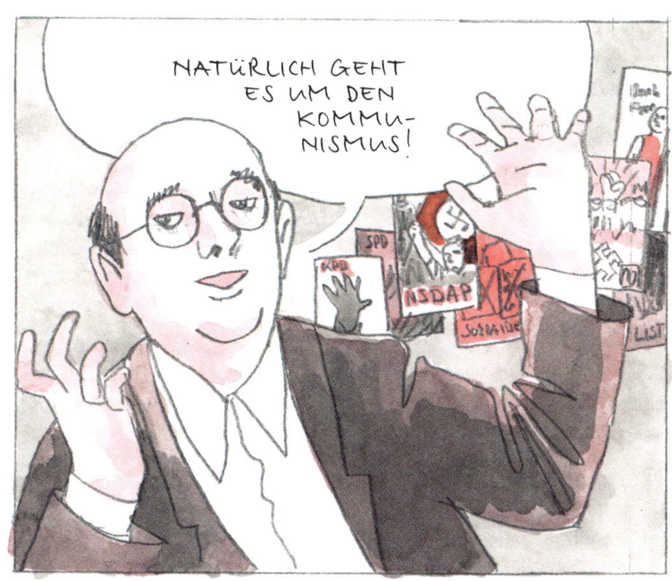

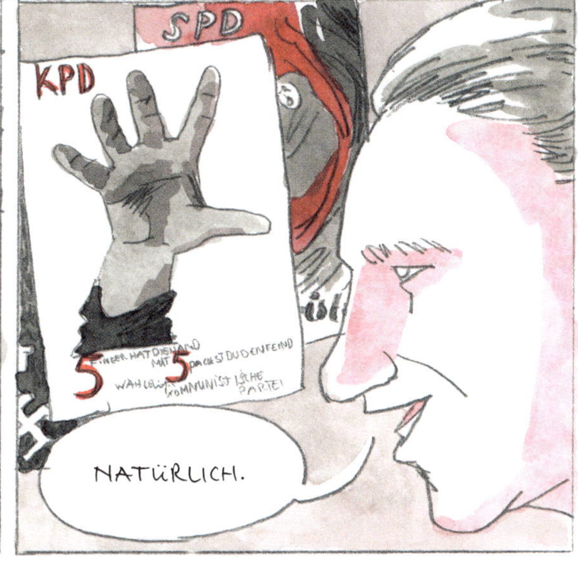

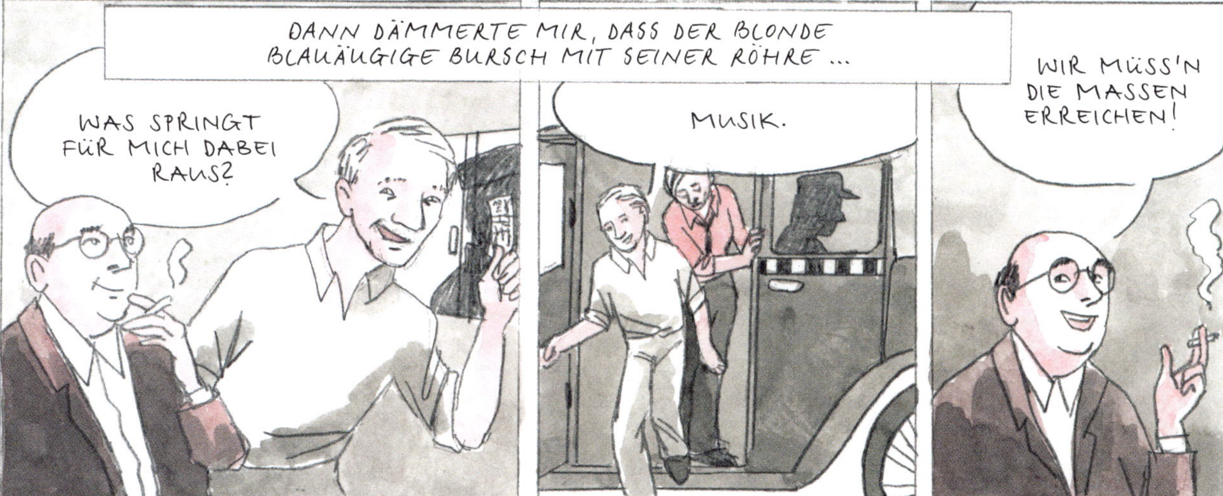

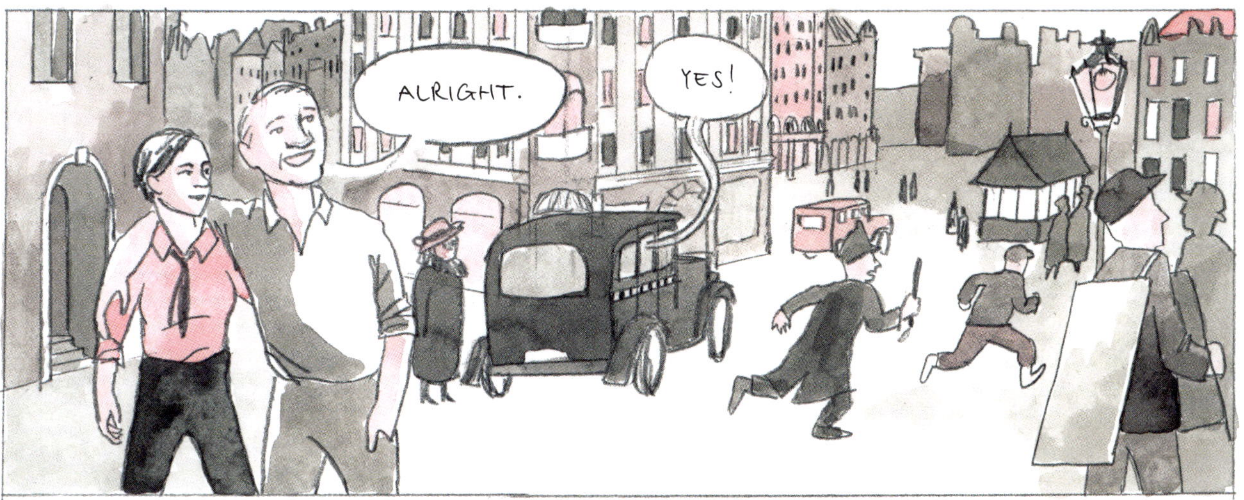

... DAS ERSEHNTE VEHIKEL WAR, MIT DEM ICH DEN BÜRGERLICHEN KONZERTBETRIEB ENDGÜLTIG VERLASSEN WÜRDE.

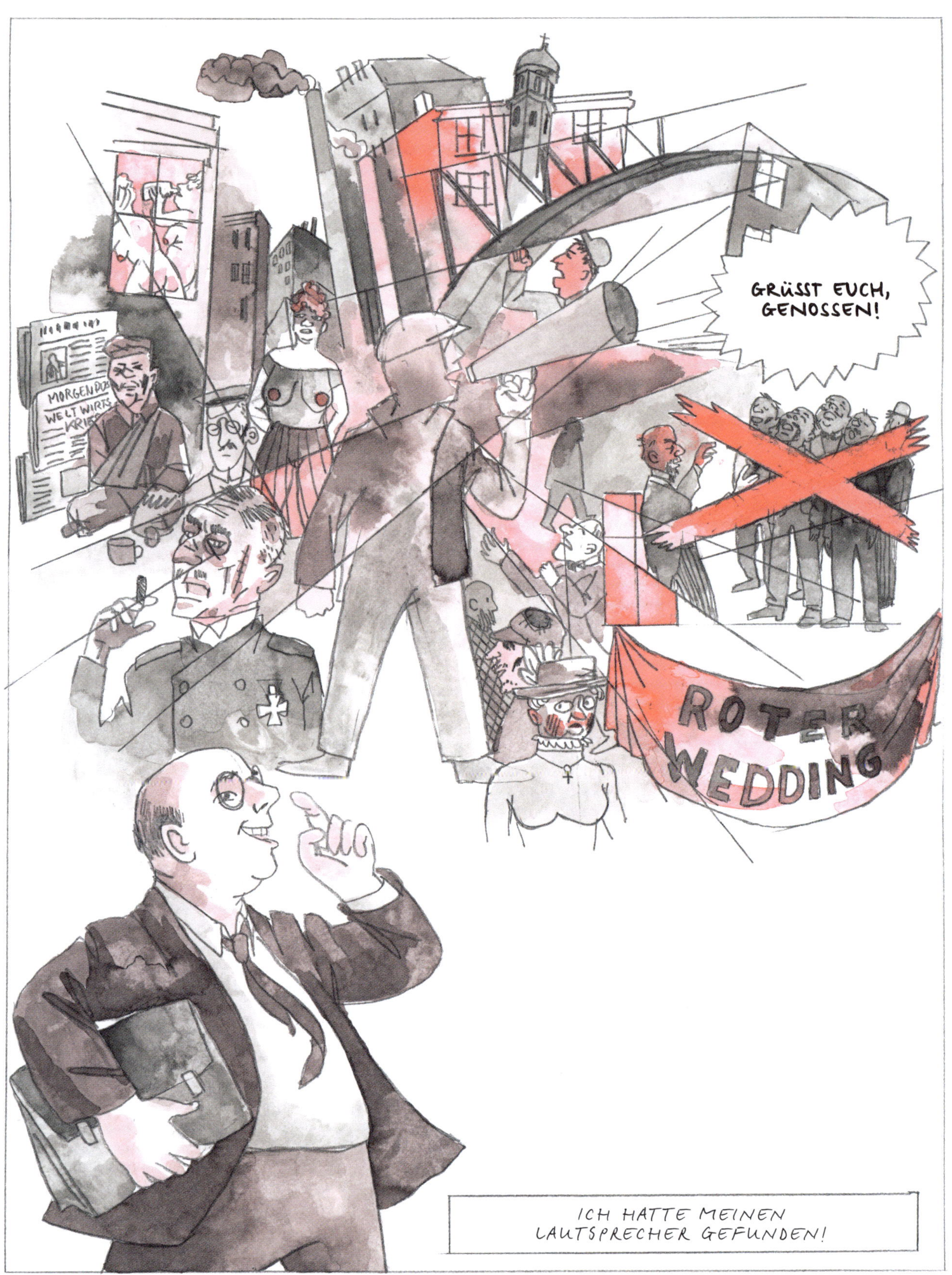
GRÜSST EUCH, GENOSSEN!
ROTER WEDDING
ICH HATTE MEINEN LAUTSPRECHER GEFUNDEN!

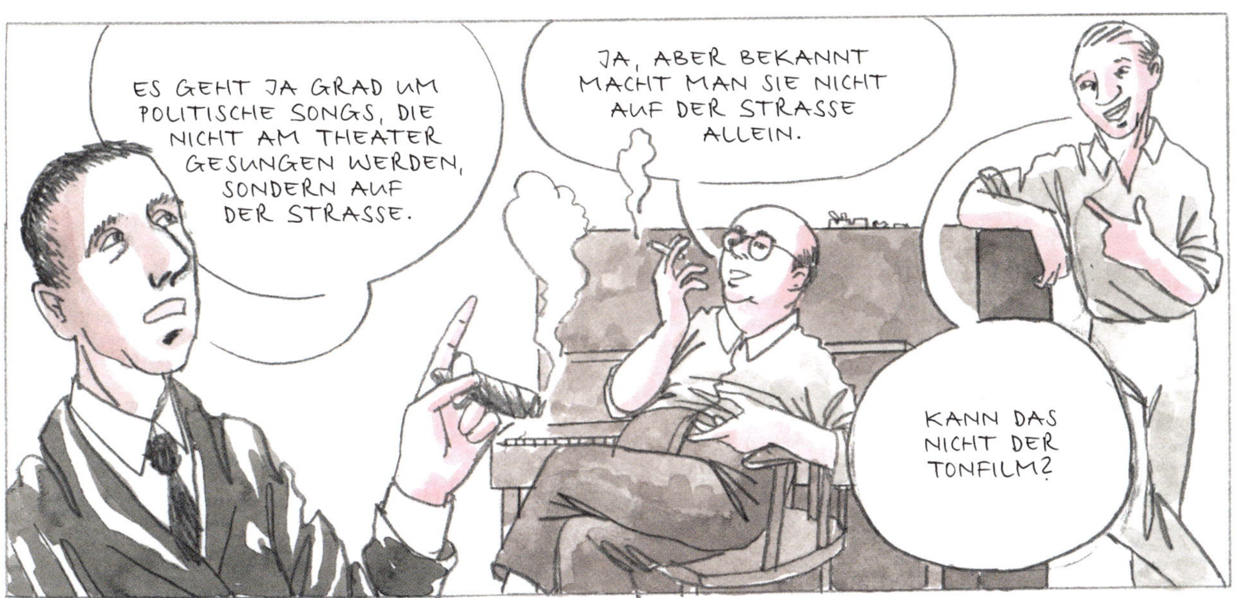
ES GEHT JA GRAD UM POLITISCHE SONGS, DIE NICHT AM THEATER GESUNGEN WERDEN, SONDERN AUF DER STRASSE.
JA, ABER BEKANNT MACHT MAN SIE NICHT AUF DER STRASSE ALLEIN.
KANN DAS NICHT DER TONFILM?

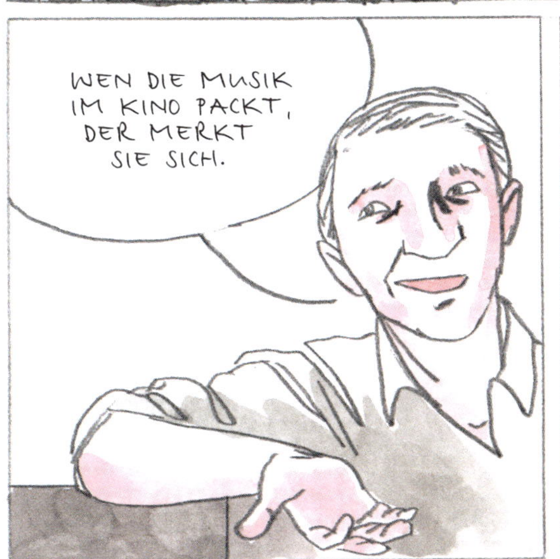
WEN DIE MUSIK IM KINO PACKT, DER MERKT SIE SICH.

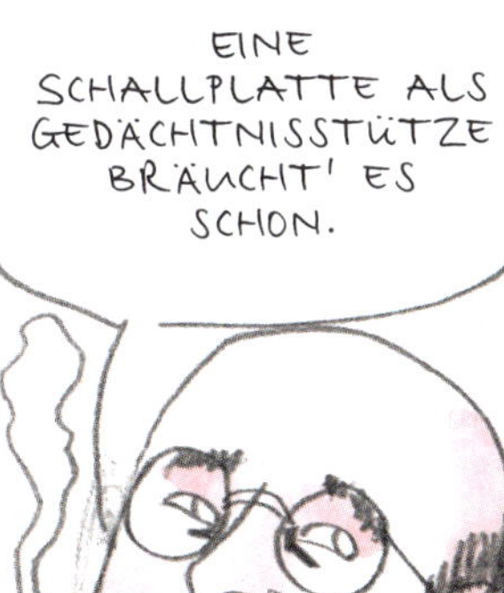
EINE SCHALLPLATTE ALS GEDÄCHTNISSTÜTZE BRÄUCHT' ES SCHON.

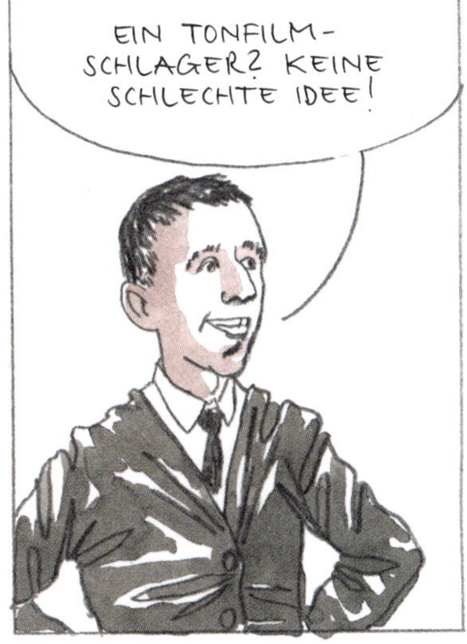
EIN TONFILM-SCHLAGER? KEINE SCHLECHTE IDEE!

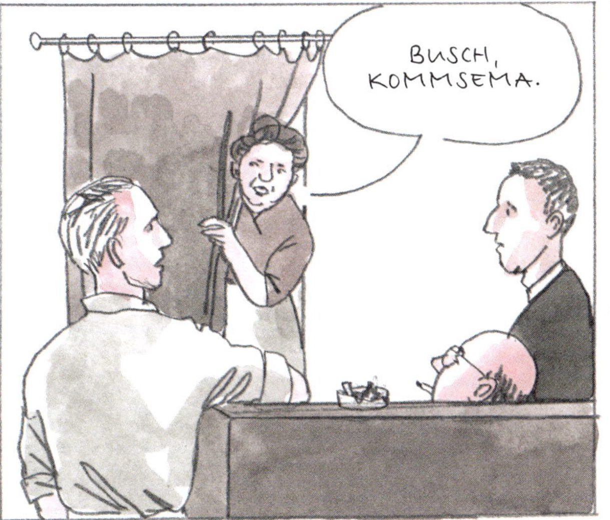
BUSCH, KOMMSEMA.

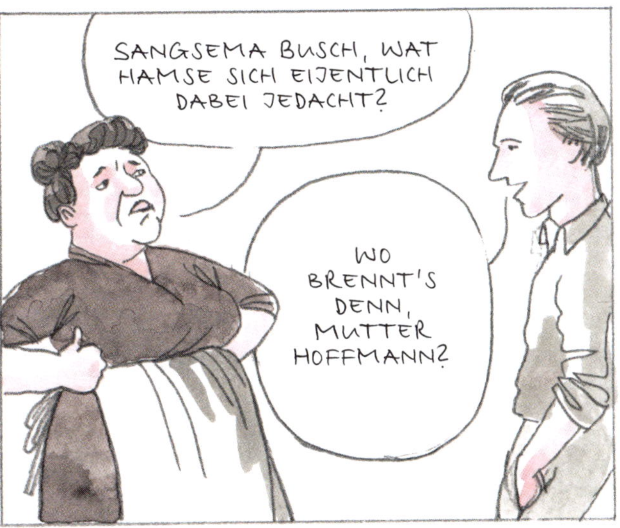
SANGSEMA BUSCH, WAT HAMSE SICH EIJENTLICH DABEI JEDACHT?
WO BRENNT'S DENN, MUTTER HOFFMANN?

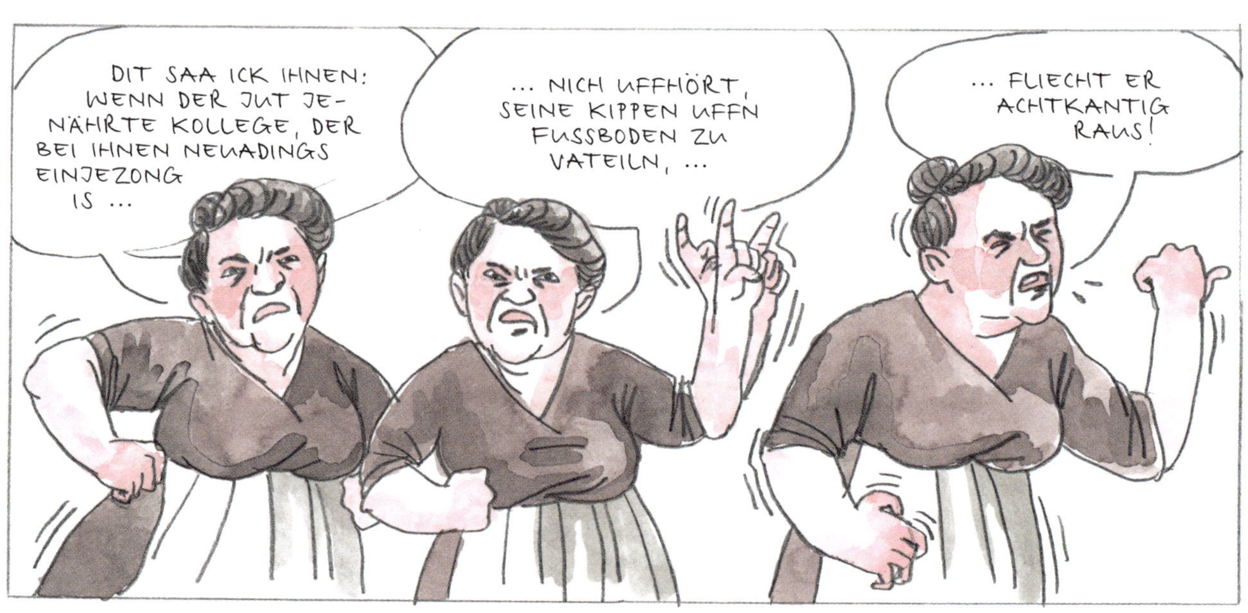
DIT SAA ICK IHNEN: WENN DER JUT JE-NÄHRTE KOLLEGE, DER BEI IHNEN NEUADINGS EINJEZONG IS ...
... NICH UFFHÖRT, SEINE KIPPEN UFFN FUSSBODEN ZU VATEILN, ...
... FLIECHT ER ACHTKANTIG RAUS!

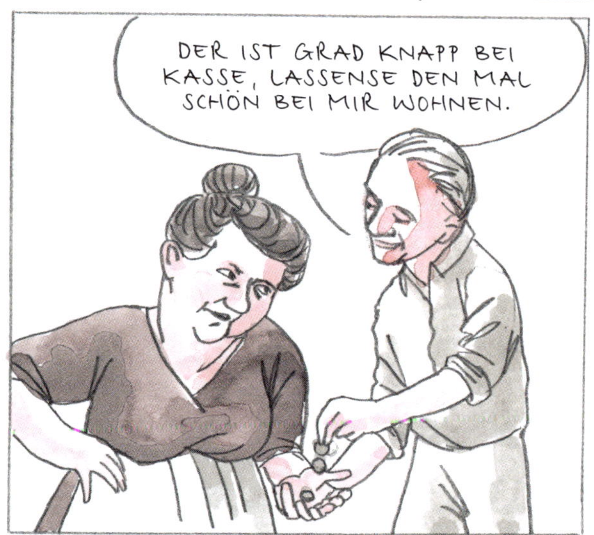
DER IST GRAD KNAPP BEI KASSE, LASSENSE DEN MAL SCHÖN BEI MIR WOHNEN.

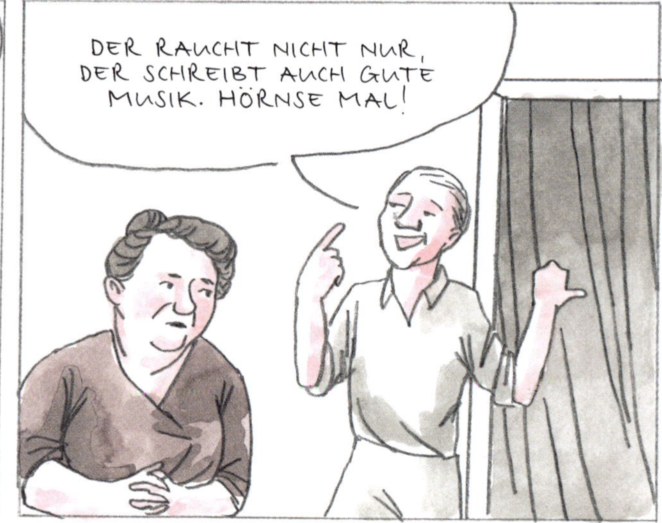
DER RAUCHT NICHT NUR, DER SCHREIBT AUCH GUTE MUSIK. HÖRNSE MAL!

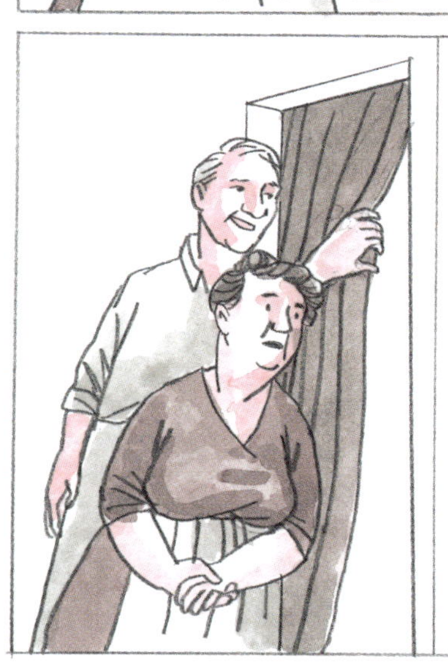

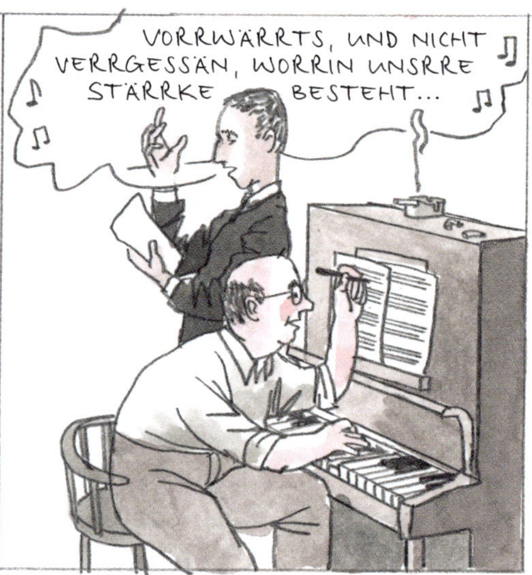
VORRWÄRRTS, UND NICHT VERRGESSÄN, WORRIN UNSRRE STÄRRKE BESTEHT...

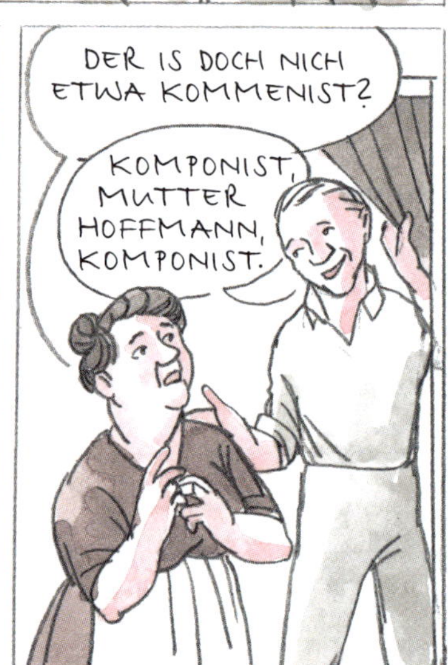
DER IS DOCH NICH ETWA KOMMENIST?
KOMPONIST, MUTTER HOFFMANN, KOMPONIST.

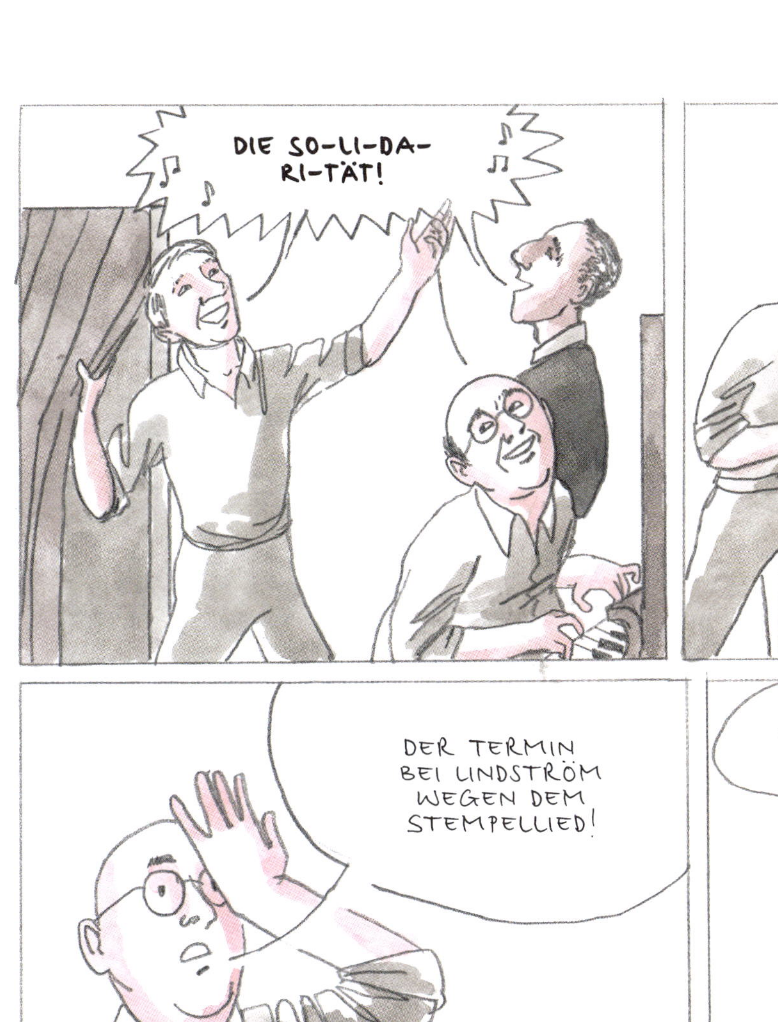
DIE SO-LI-DA-RI-TÄT!

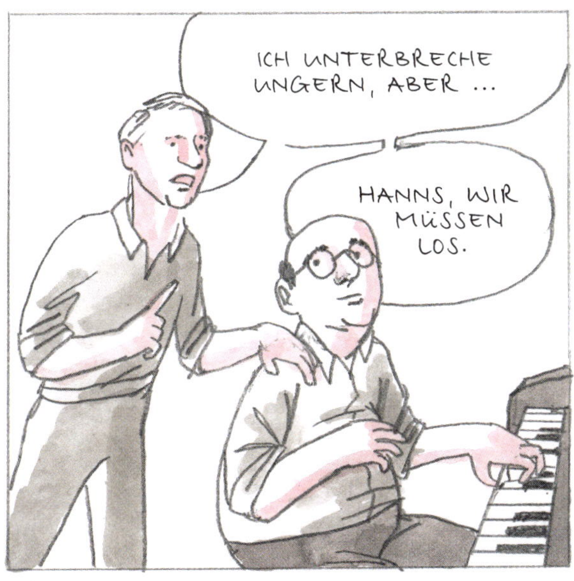
ICH UNTERBRECHE UNGERN, ABER ...
HANNS, WIR MÜSSEN LOS.

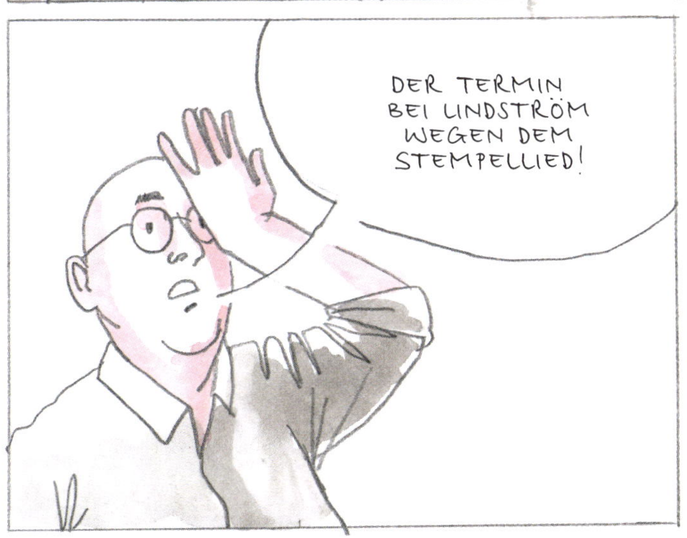
DER TERMIN BEI LINDSTRÖM WEGEN DEM STEMPELLIED!

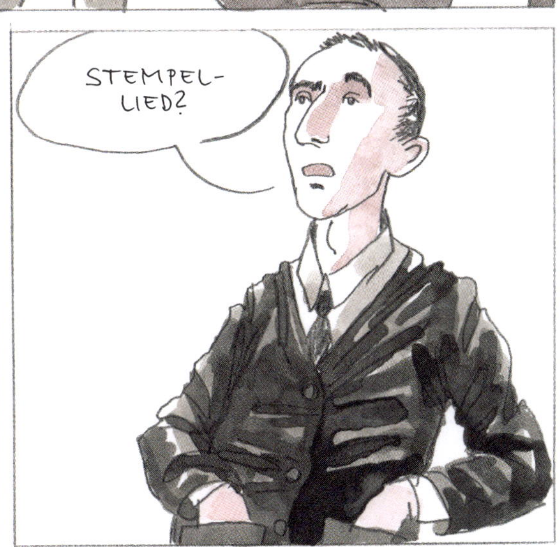
STEMPEL-LIED?

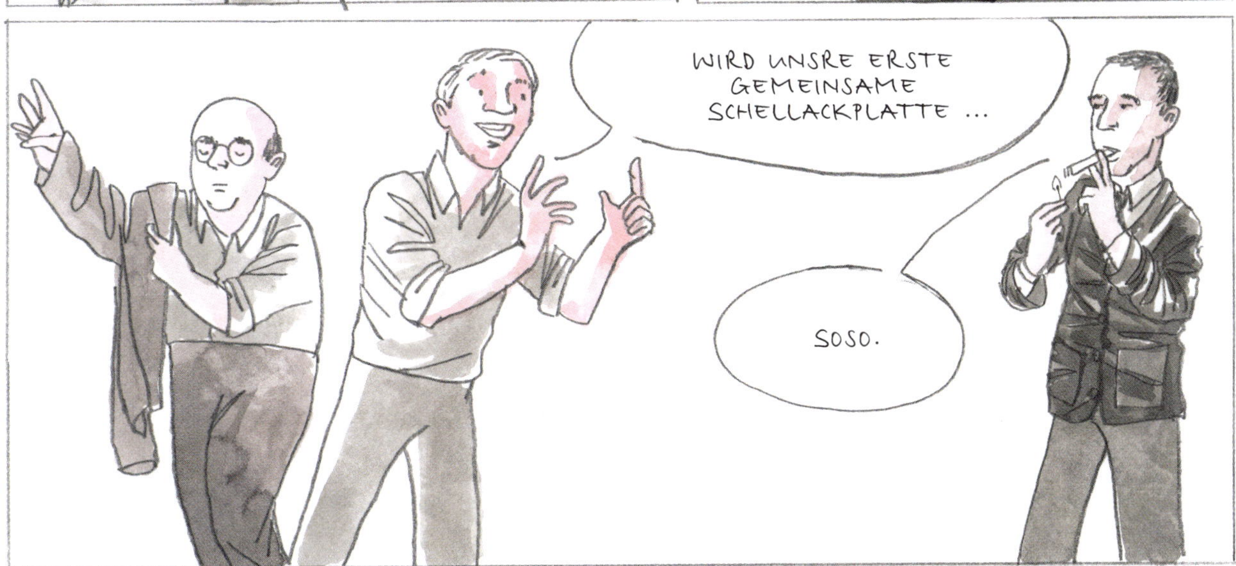
WIRD UNSRE ERSTE GEMEINSAME SCHELLACKPLATTE ...
SOSO.

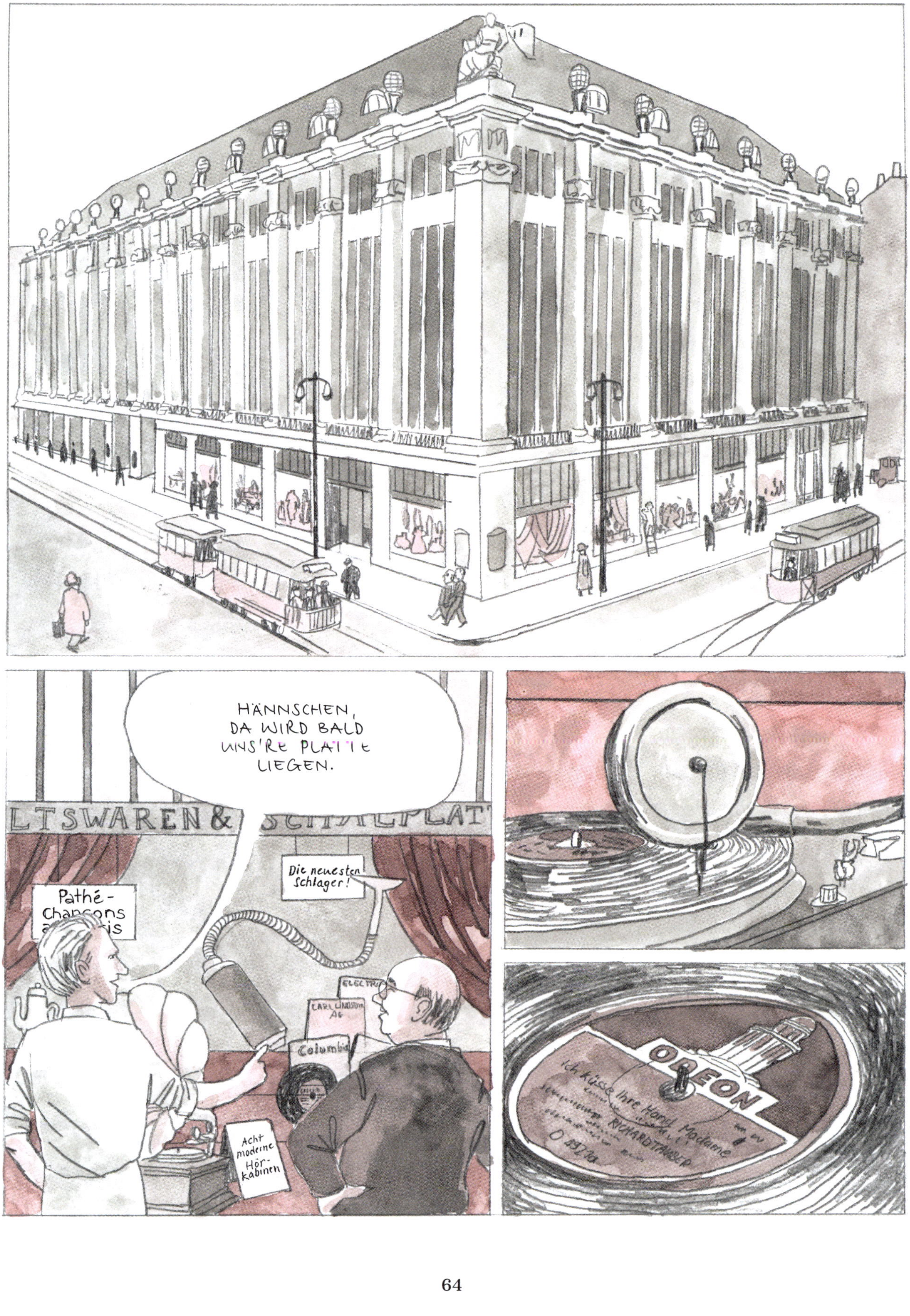

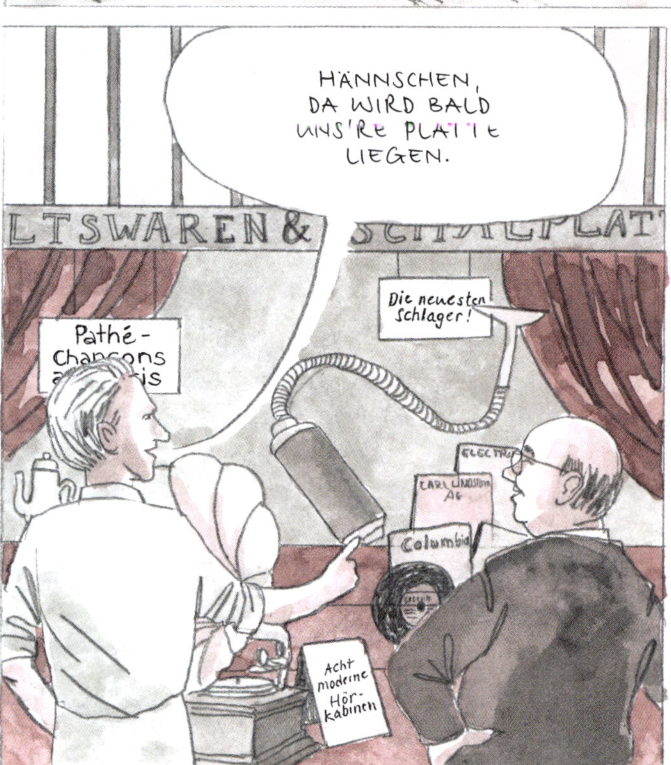
HÄNNSCHEN, DA WIRD BALD UNS'RE PLATTE LIEGEN.
LTSWAREN &
Pathé-chansons
Die neuesten Schlager!
CARL LINDSTRÖM AG
Columbia
Acht moderne Hör-kabinen

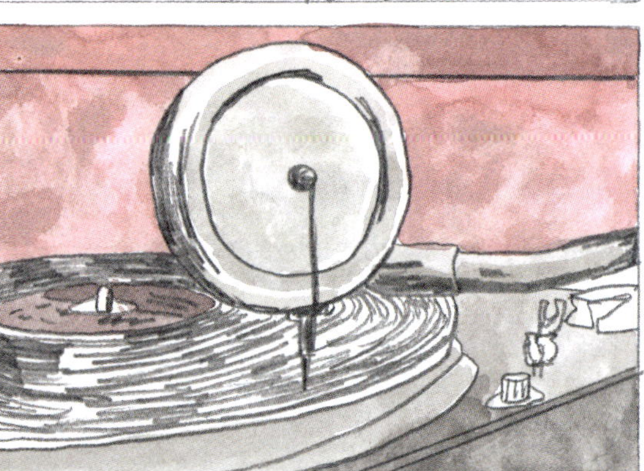

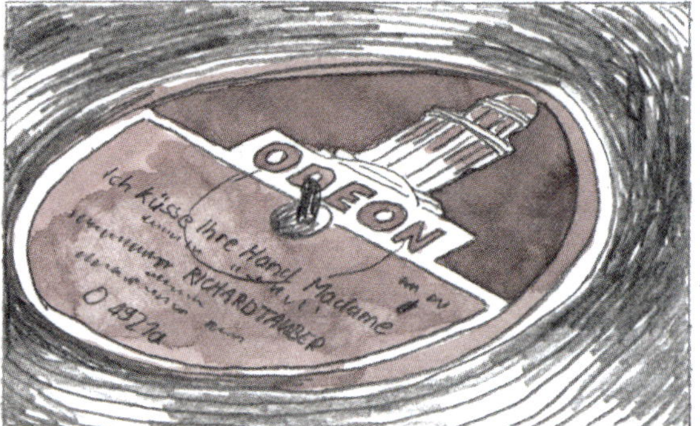
ODEON
Ich küsse Ihre Hand Madame
RICHARD TAUBER

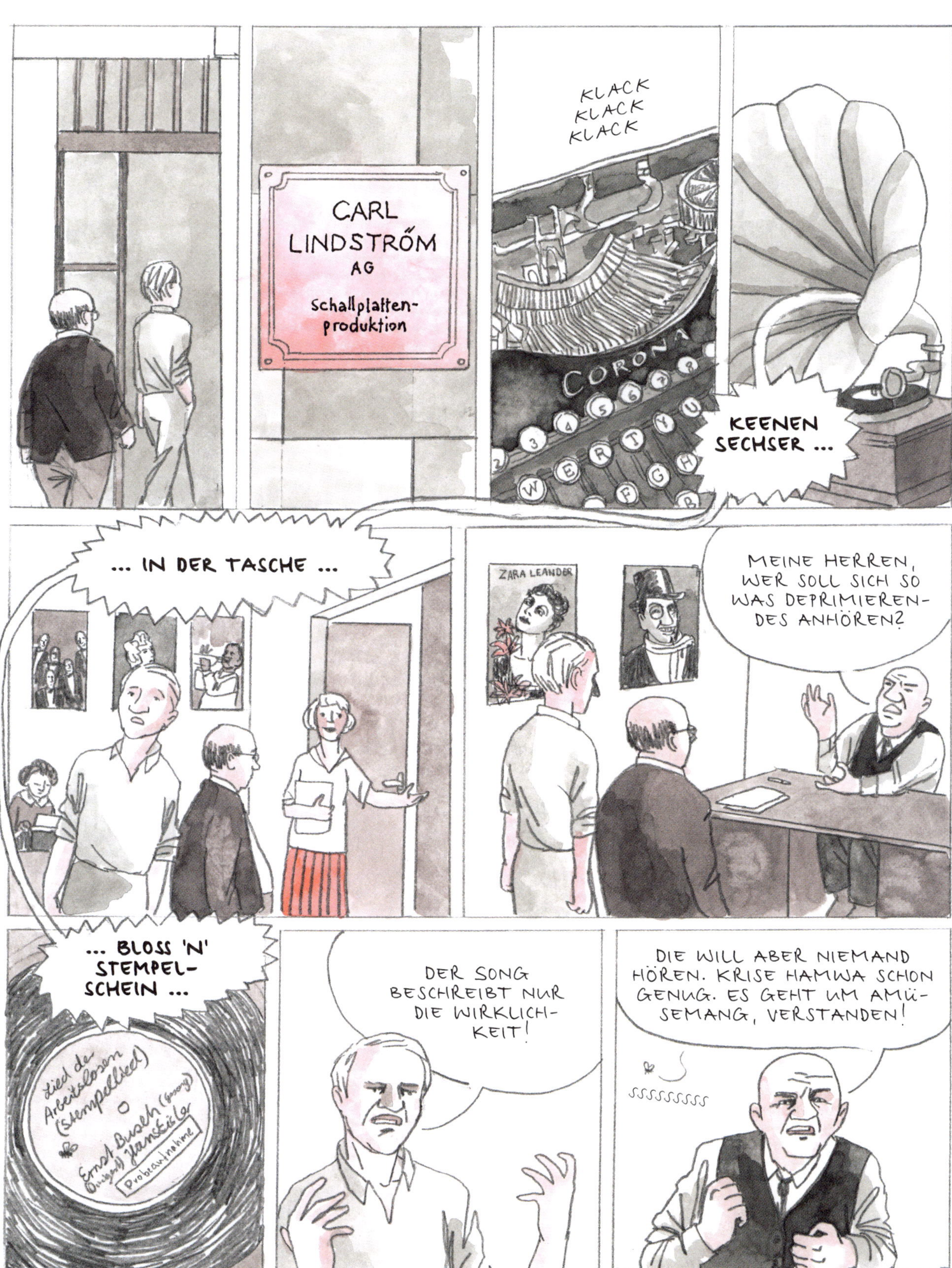
CARL
LINDSTRÖM
AG
Schallplatten-
produktion
KLACK
KLACK
KLACK
CORONA
KEENEN
SECHSER ...
... IN DER TASCHE ...
ZARA LEANDER
MEINE HERREN,
WER SOLL SICH SO
WAS DEPRIMIEREN-
DES ANHÖREN?
... BLOSS 'N'
STEMPEL-
SCHEIN ...
Lied der
Arbeitslosen
(Stempellied)
Ernst Busch (Gesang)
Hanns Eisler
Probeaufnahme
DER SONG
BESCHREIBT NUR
DIE WIRKLICH-
KEIT!
DIE WILL ABER NIEMAND
HÖREN. KRISE HAMWA SCHON
GENUG. ES GEHT UM AMÜ-
SEMANG, VERSTANDEN!
SSSSSSSSS

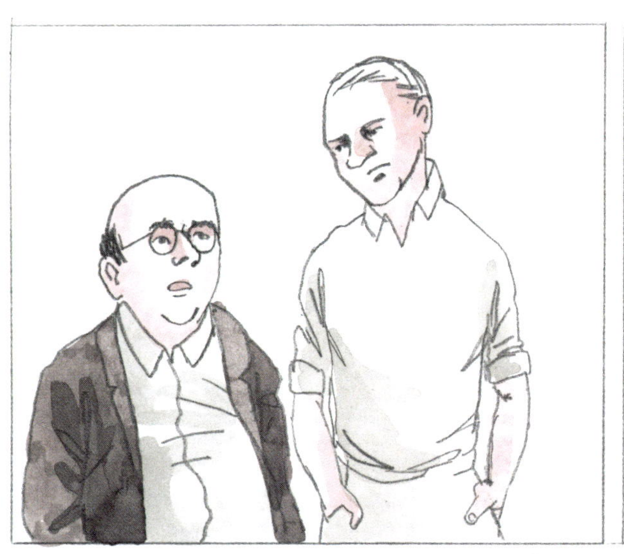

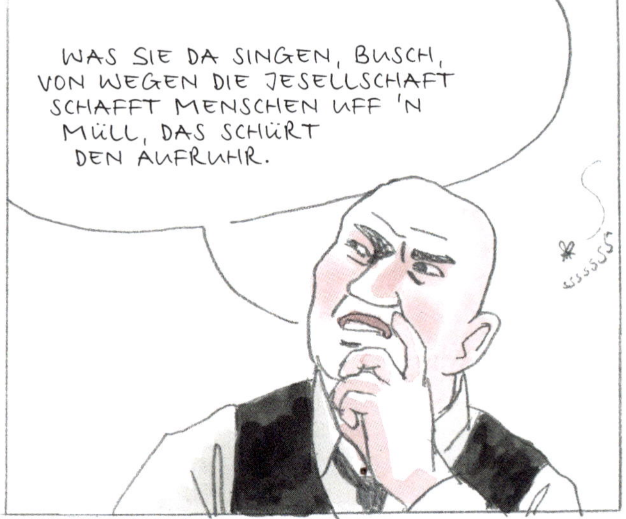
WAS SIE DA SINGEN, BUSCH, VON WEGEN DIE JESELLSCHAFT SCHAFFT MENSCHEN UFF 'N MÜLL, DAS SCHÜRT DEN AUFRUHR.
SSSSSS

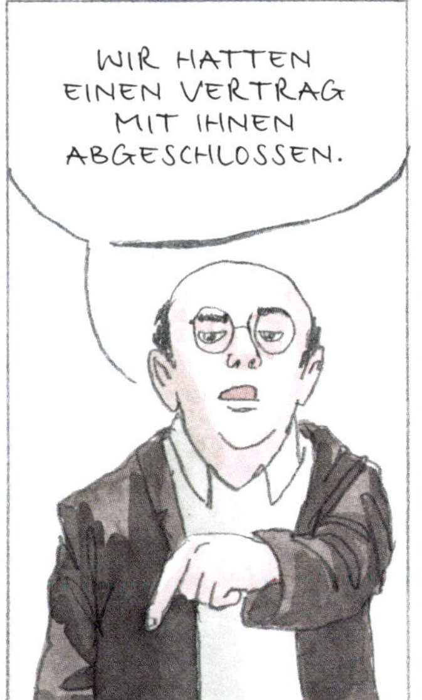
WIR HATTEN EINEN VERTRAG MIT IHNEN ABGESCHLOSSEN.

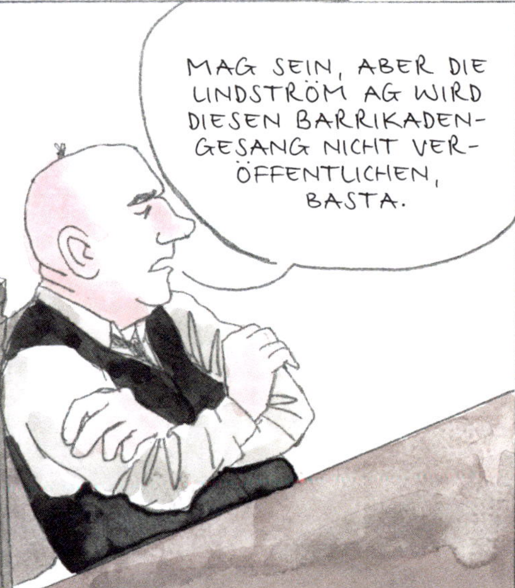
MAG SEIN, ABER DIE LINDSTRÖM AG WIRD DIESEN BARRIKADEN-GESANG NICHT VER-ÖFFENTLICHEN, BASTA.

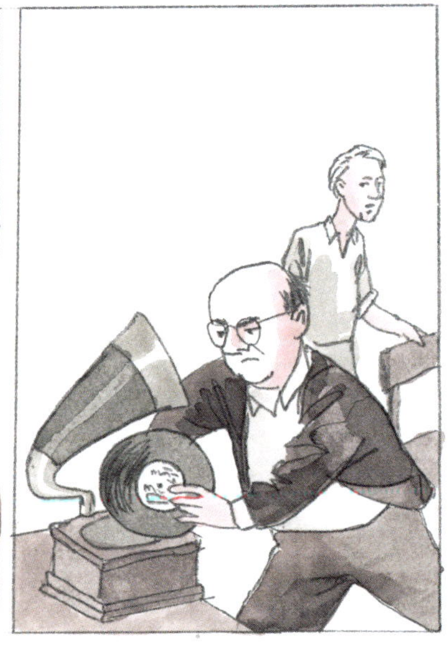

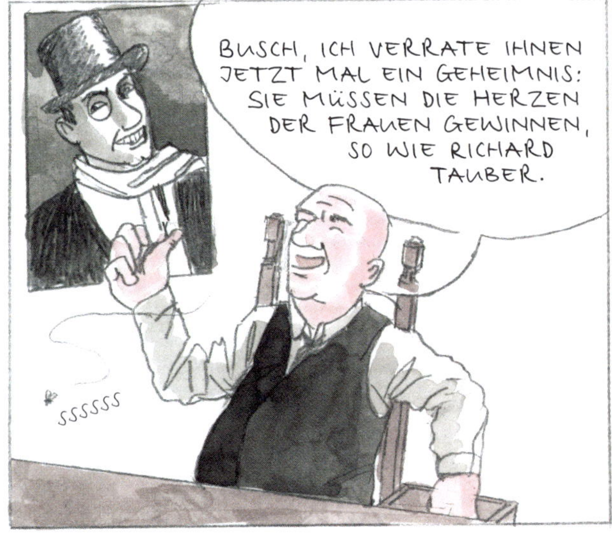
BUSCH, ICH VERRATE IHNEN JETZT MAL EIN GEHEIMNIS: SIE MÜSSEN DIE HERZEN DER FRAUEN GEWINNEN, SO WIE RICHARD TAUBER.
SSSSSS

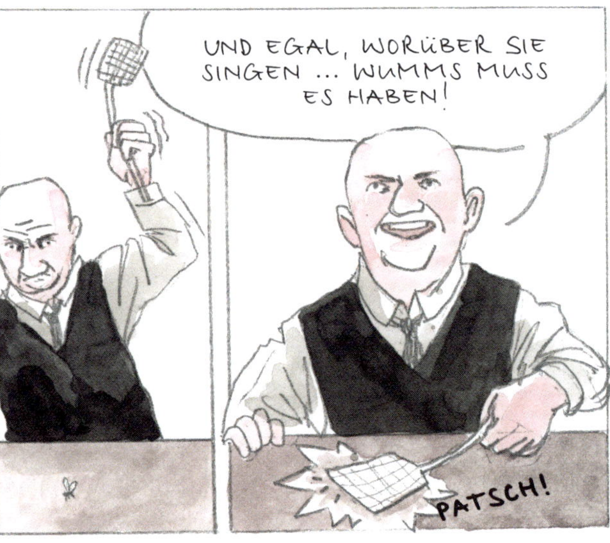
UND EGAL, WORÜBER SIE SINGEN ... WUMMS MUSS ES HABEN!
PATSCH!

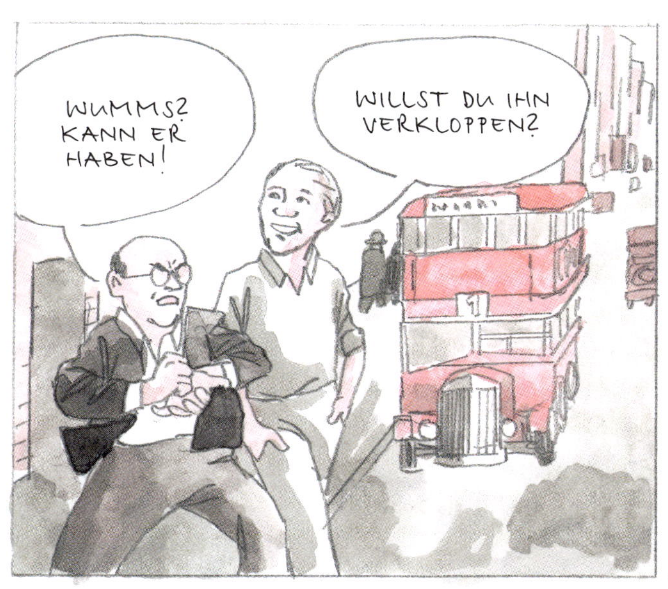
WUMMS? KANN ER HABEN!
WILLST DU IHN VERKLOPPEN?

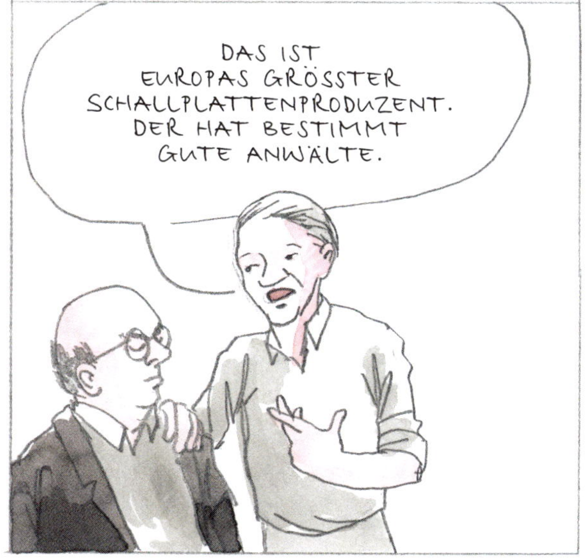
DAS IST EUROPAS GRÖSSTER SCHALLPLATTENPRODUZENT. DER HAT BESTIMMT GUTE ANWÄLTE.

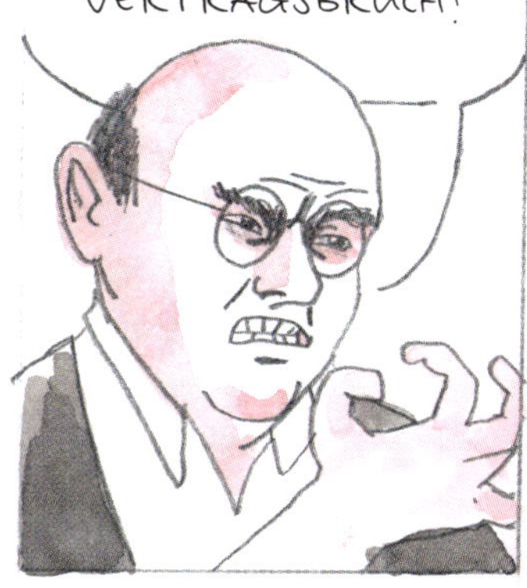
PFFF! WIR WERDEN DIESEN GROSSKAPITALISTEN VERKLAGEN, DAS IST VERTRAGSBRUCH!

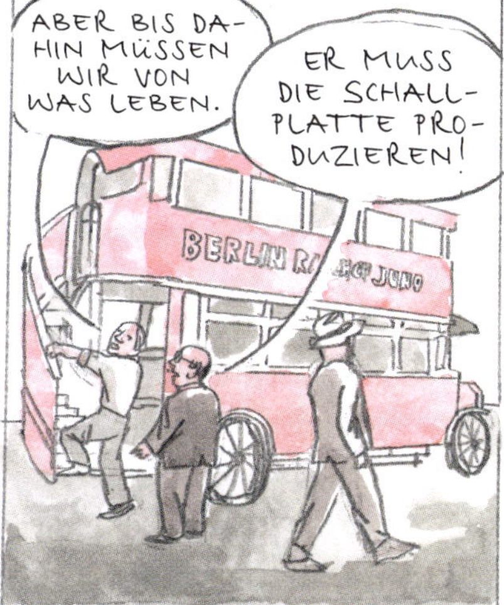
ABER BIS DAHIN MÜSSEN WIR VON WAS LEBEN.
ER MUSS DIE SCHALLPLATTE PRODUZIEREN!
BERLIN

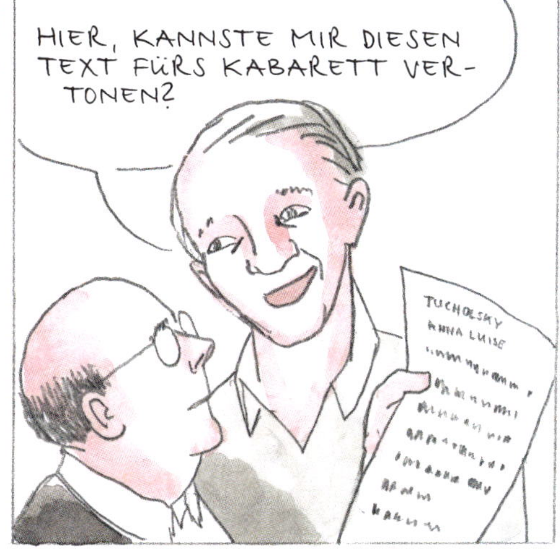
HIER, KANNSTE MIR DIESEN TEXT FÜRS KABARETT VERTONEN?
TUCHOLSKY

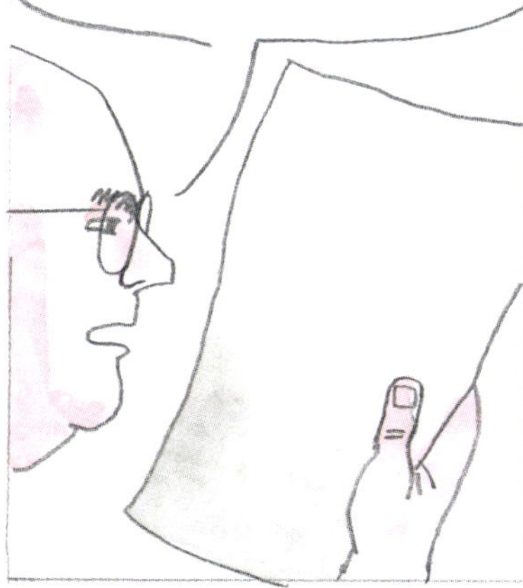
TUCHOLSKY? DAS IST DOCH DIESER NÖRGLER, DER DAS KABARETT DEM KLASSENKAMPF VORZIEHT.

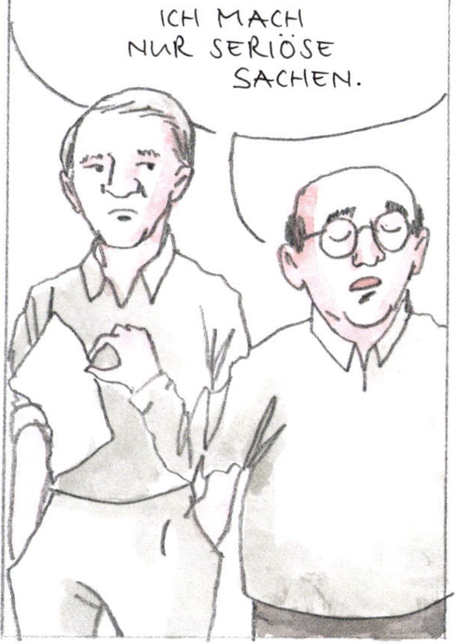
ICH MACH NUR SERIÖSE SACHEN.

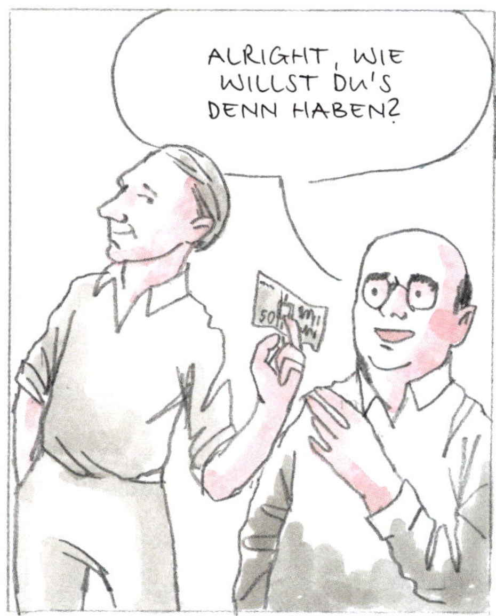
ALRIGHT, WIE WILLST DU'S DENN HABEN?

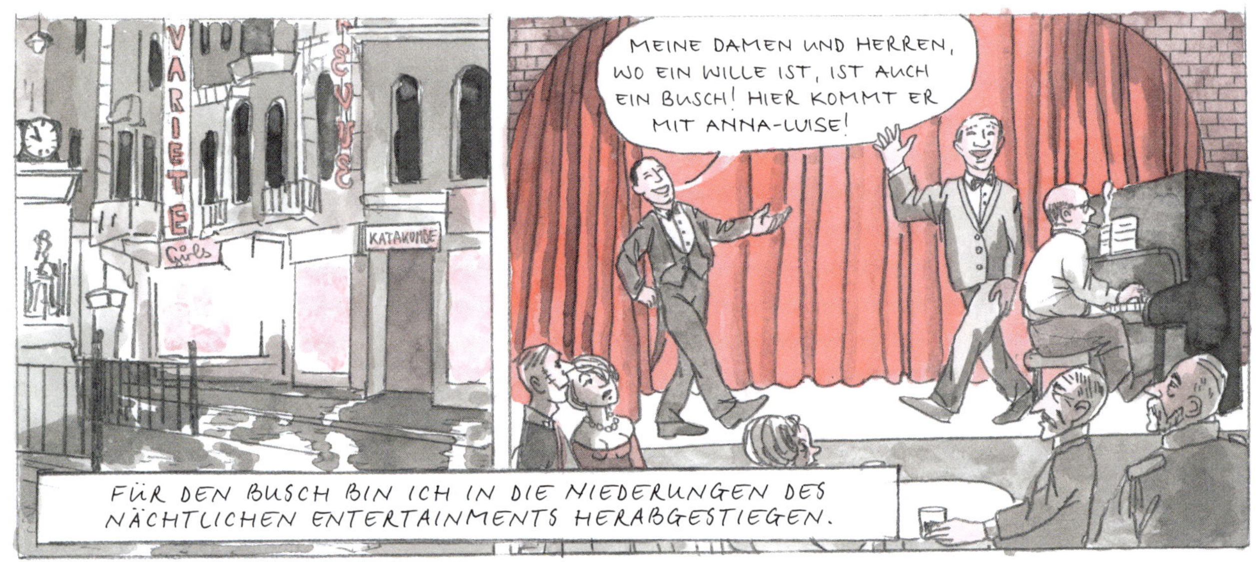
VARIETE
REVUE
Girls
KATAKOMBE
MEINE DAMEN UND HERREN, WO EIN WILLE IST, IST AUCH EIN BUSCH! HIER KOMMT ER MIT ANNA-LUISE!
FÜR DEN BUSCH BIN ICH IN DIE NIEDERUNGEN DES NÄCHTLICHEN ENTERTAINMENTS HERABGESTIEGEN.

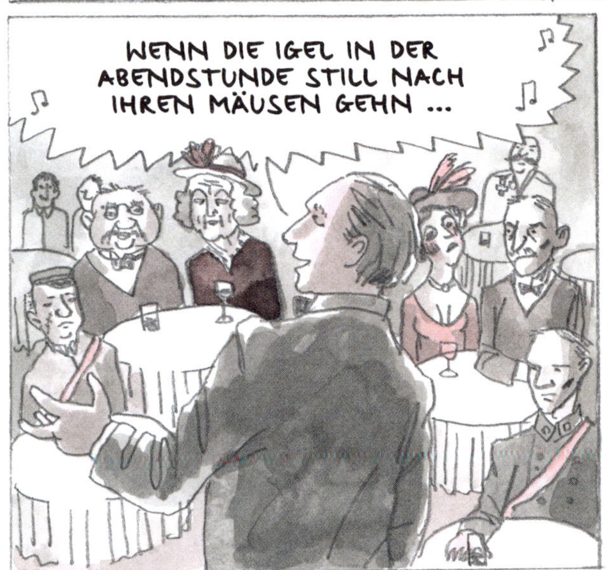
WENN DIE IGEL IN DER ABENDSTUNDE STILL NACH IHREN MÄUSEN GEHN ...

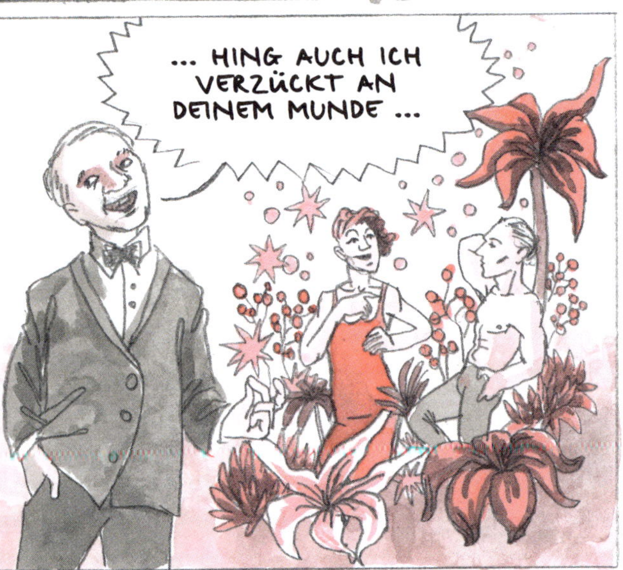
... HING AUCH ICH VERZÜCKT AN DEINEM MUNDE ...

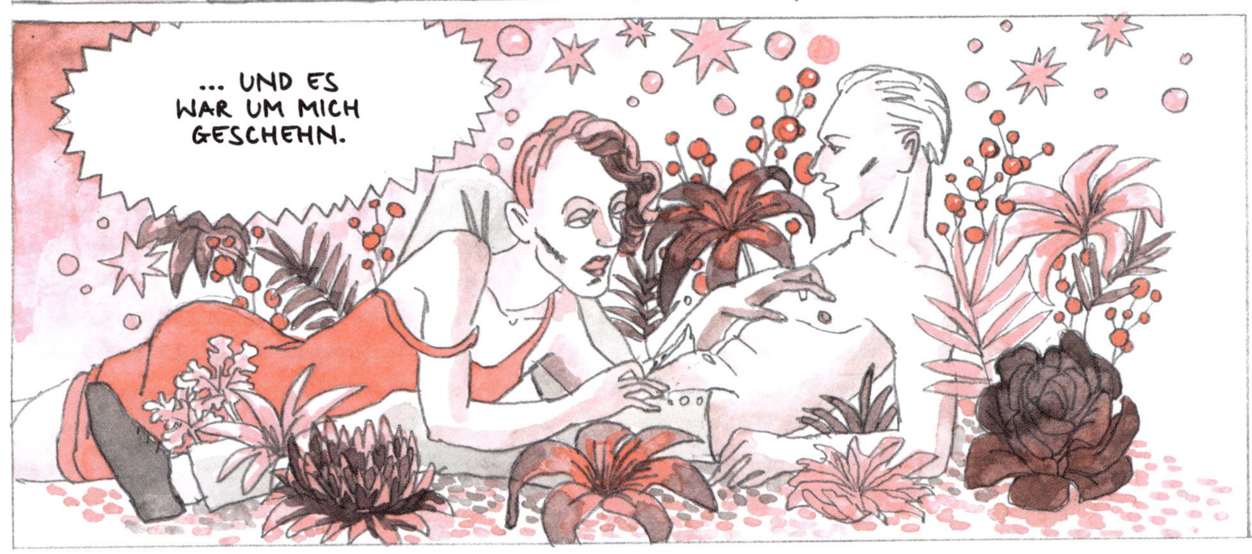
... UND ES WAR UM MICH GESCHEHN.

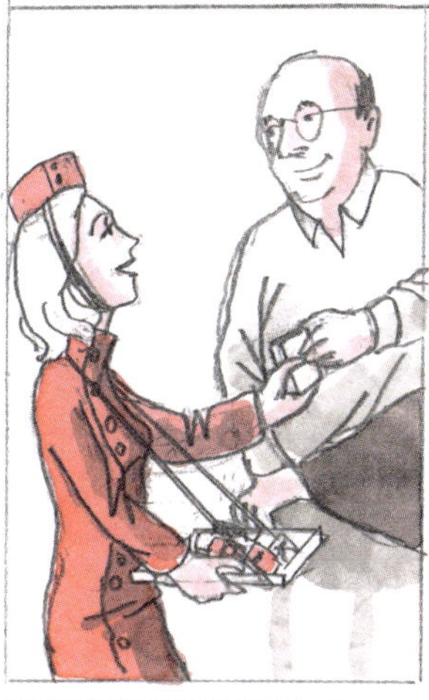
UND SOLL ICH IHNEN WAS SAGEN?
ES HAT MIR SPASS GEMACHT.

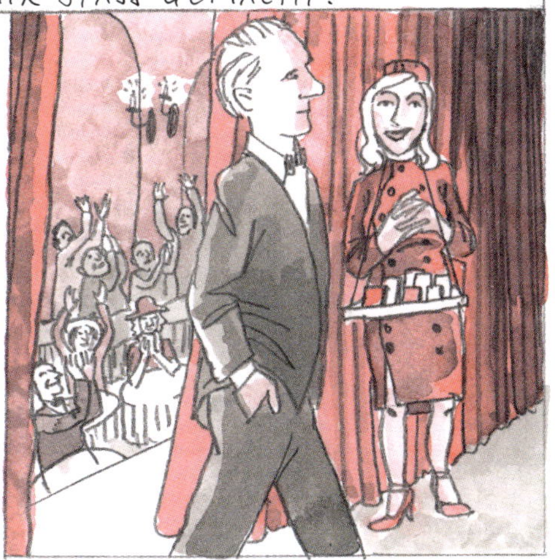

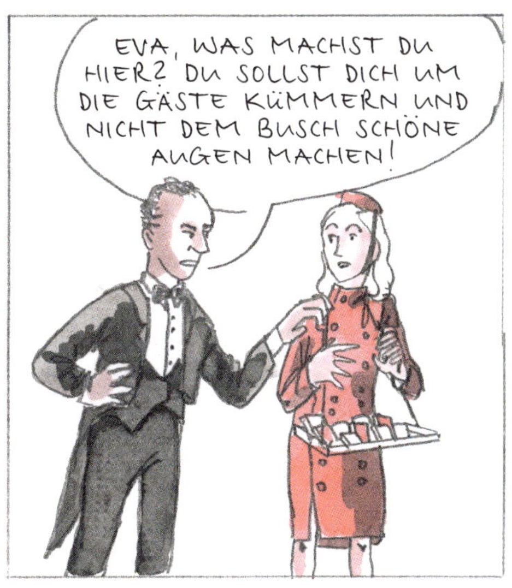
EVA, WAS MACHST DU HIER? DU SOLLST DICH UM DIE GÄSTE KÜMMERN UND NICHT DEM BUSCH SCHÖNE AUGEN MACHEN!

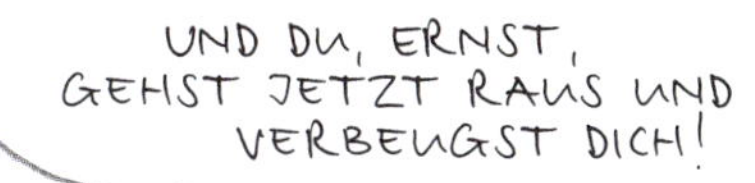
UND DU, ERNST, GEHST JETZT RAUS UND VERBEUGST DICH!

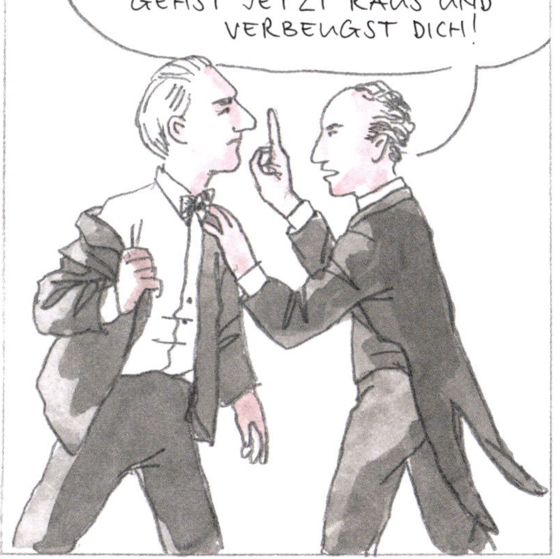

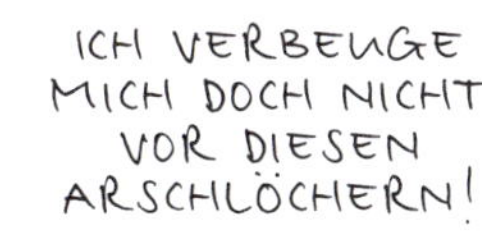
ICH VERBEUGE MICH DOCH NICHT VOR DIESEN ARSCHLÖCHERN!

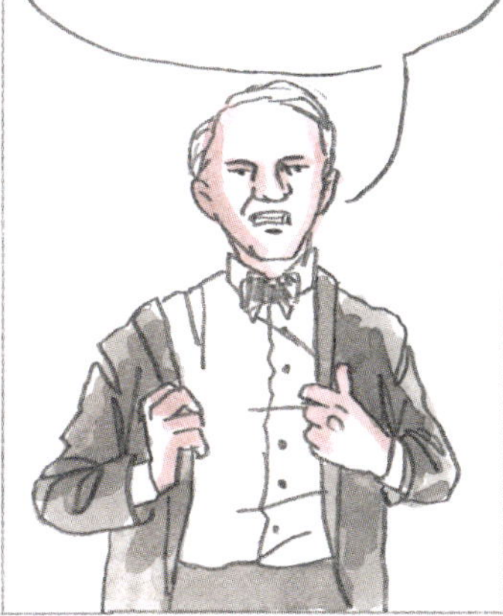

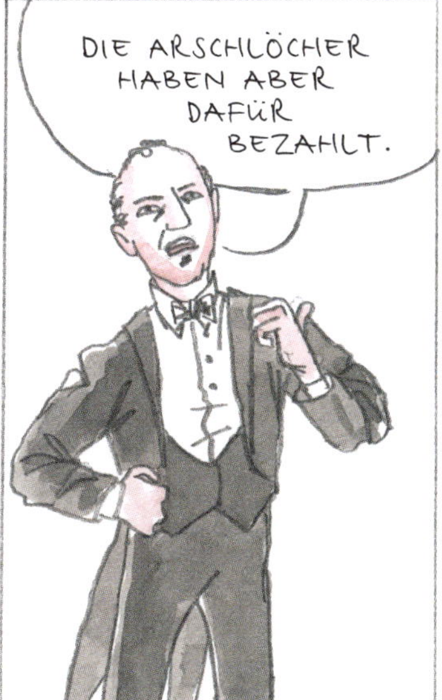
DIE ARSCHLÖCHER HABEN ABER DAFÜR BEZAHLT.

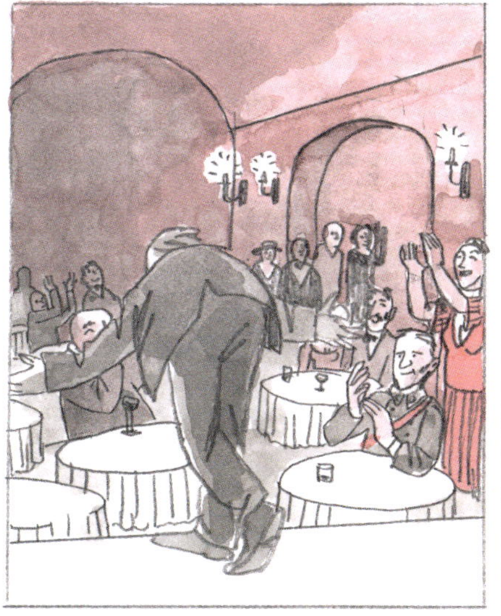

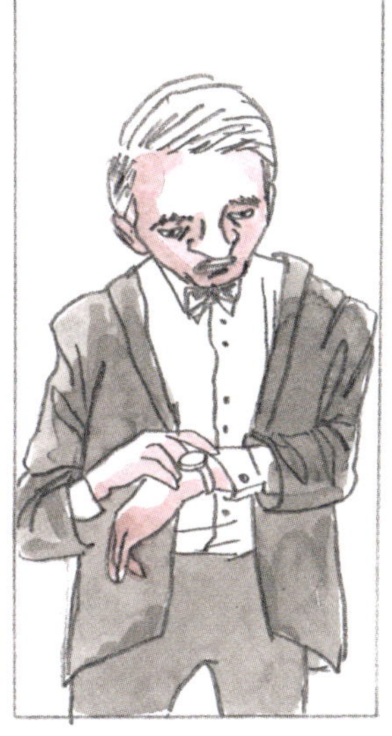

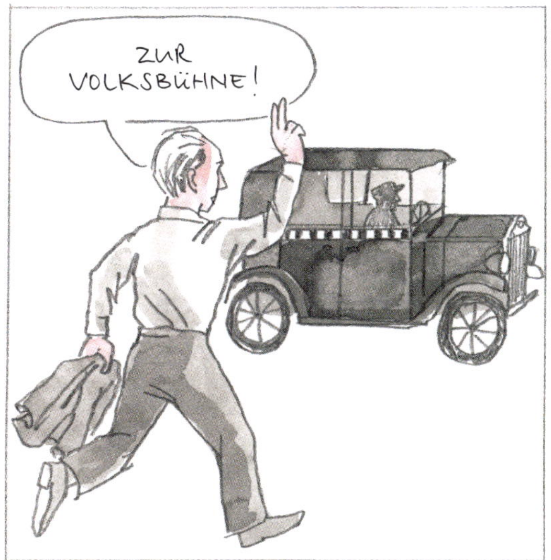
ZUR VOLKSBÜHNE!

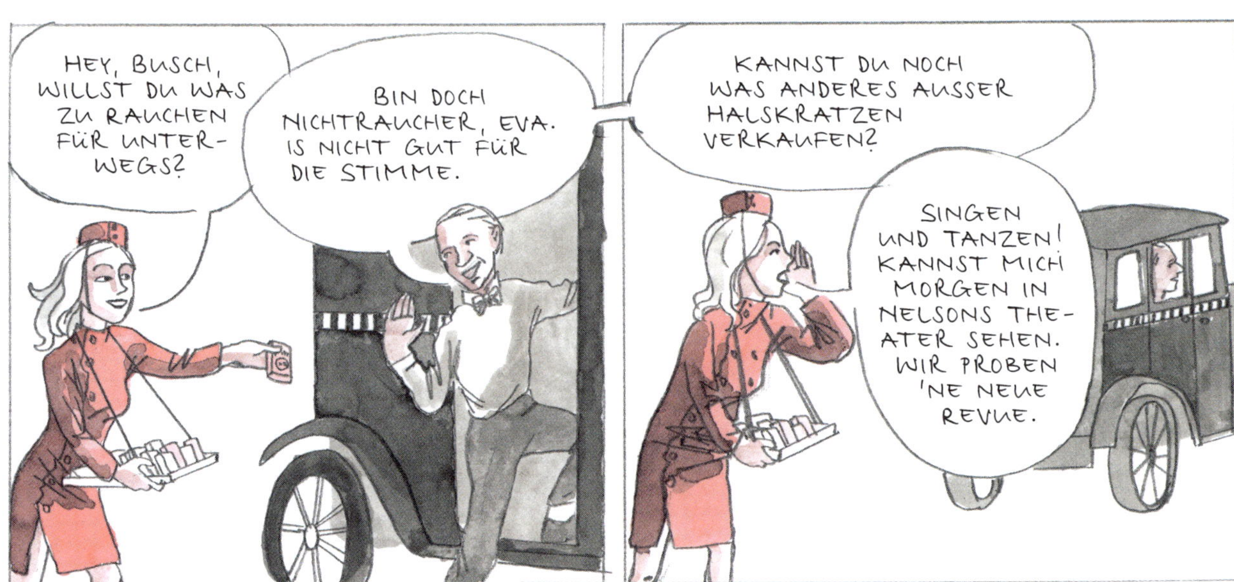
HEY, BUSCH, WILLST DU WAS ZU RAUCHEN FÜR UNTER-WEGS?
BIN DOCH NICHTRAUCHER, EVA. IS NICHT GUT FÜR DIE STIMME.
KANNST DU NOCH WAS ANDERES AUSSER HALSKRATZEN VERKAUFEN?
SINGEN UND TANZEN! KANNST MICH MORGEN IN NELSONS THE-ATER SEHEN. WIR PROBEN 'NE NEUE REVUE.
GNÄDIGE FRAU, TRÖSTEN SIE SICH MIT DIESER FRISCH GEPRESSTEN KOSTBARKEIT!
BRINGEN'S MIR DIE PLATTE WIEDER, ICH HAB NUR DIE EINE! DIE MUSIK IST ÜBRIGENS VON MIR!

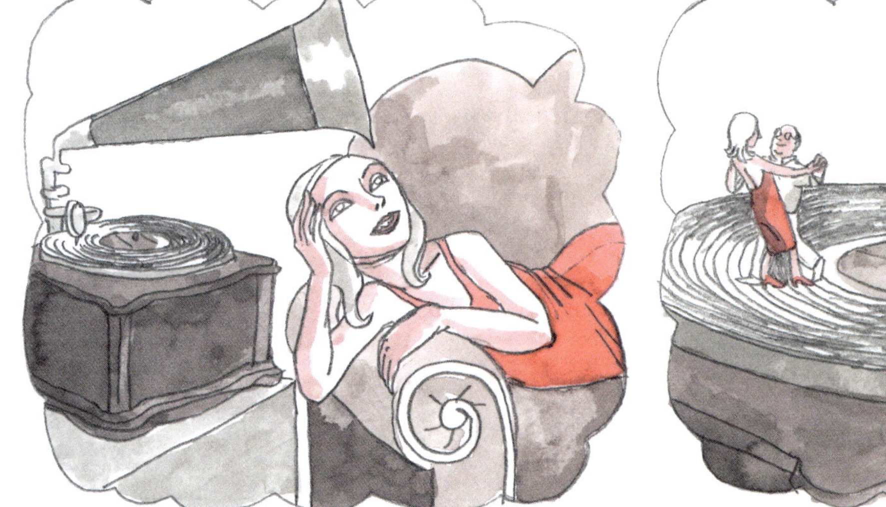

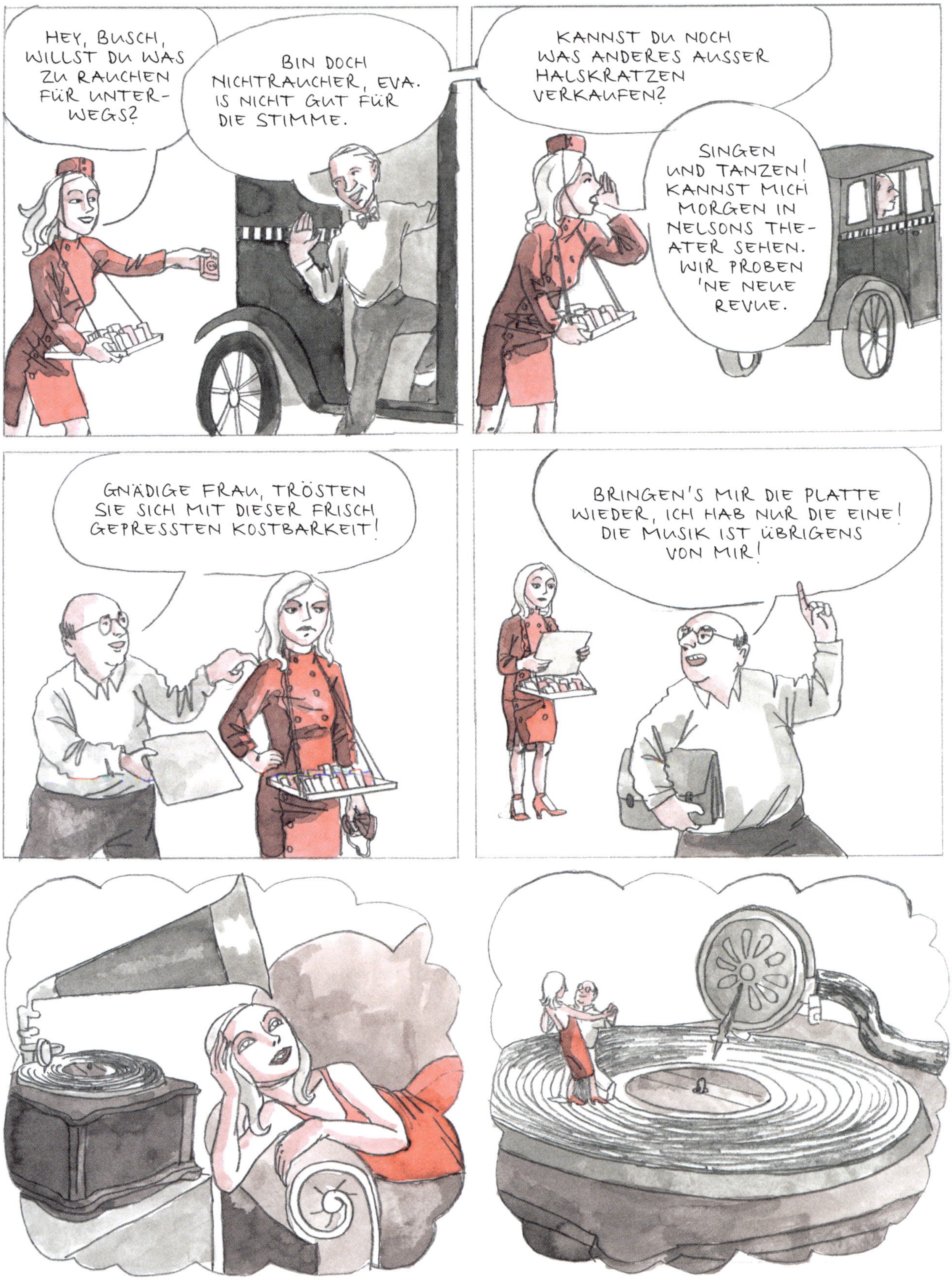

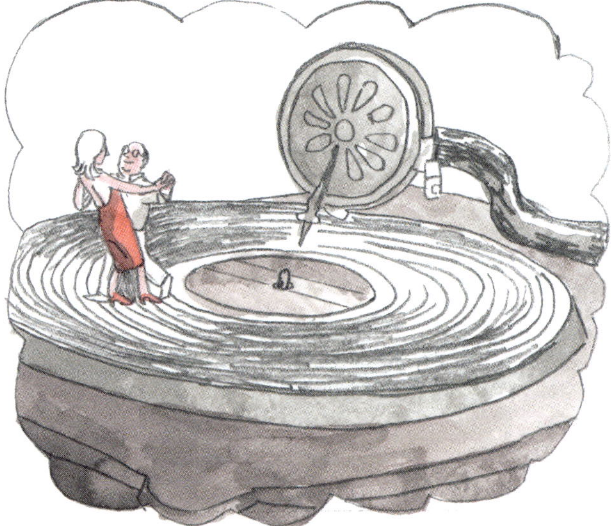

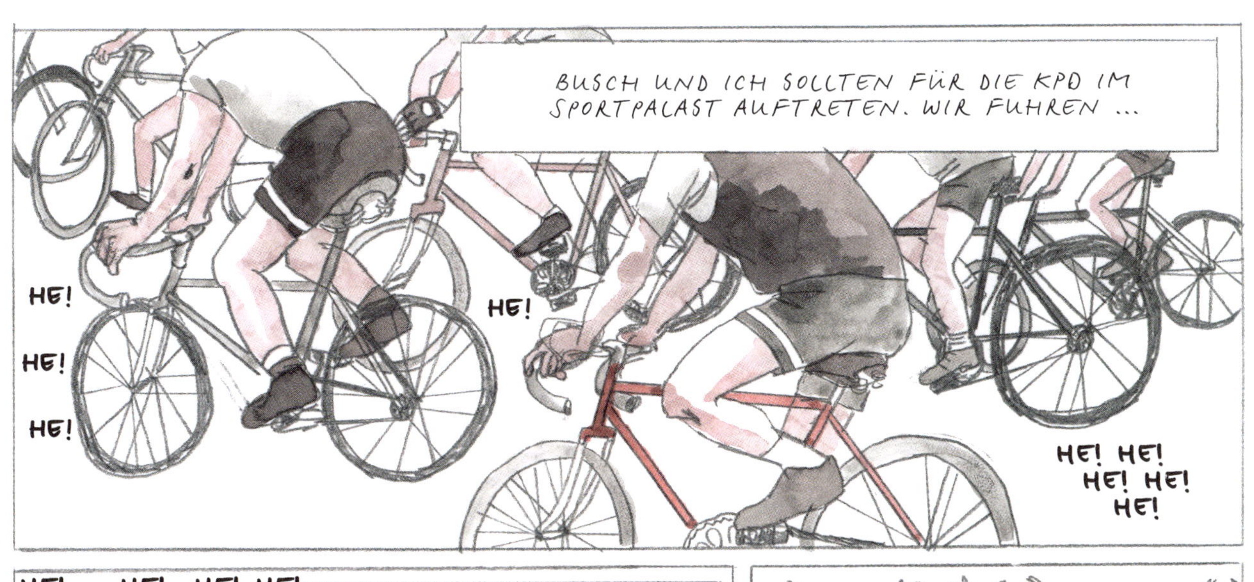
BUSCH UND ICH SOLLTEN FÜR DIE KPD IM SPORTPALAST AUFTRETEN. WIR FUHREN ...
HE!
HE!
HE!
HE!
HE! HE! HE! HE! HE!

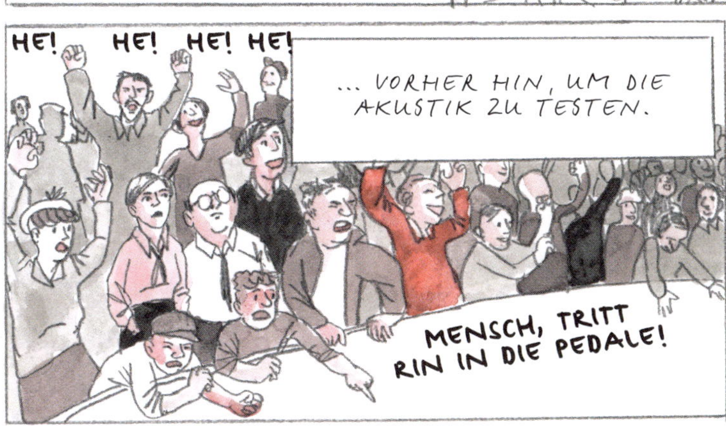
HE! HE! HE! HE!
... VORHER HIN, UM DIE AKUSTIK ZU TESTEN.
MENSCH, TRITT RIN IN DIE PEDALE!

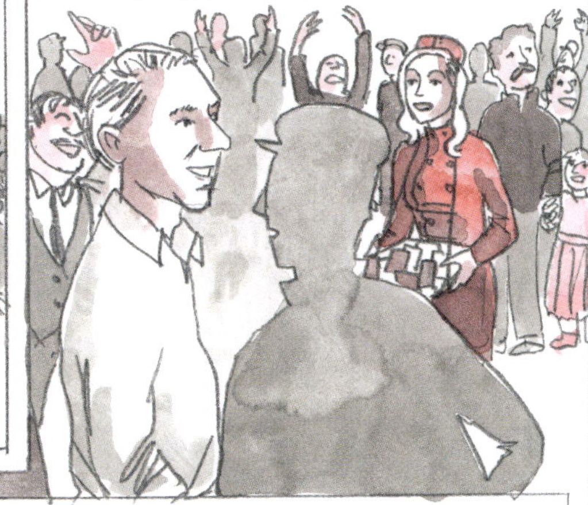

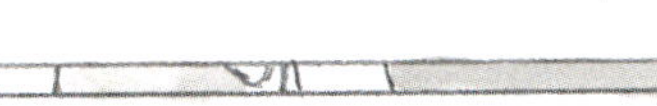
ICH WAR ÜBERASCHT, ...

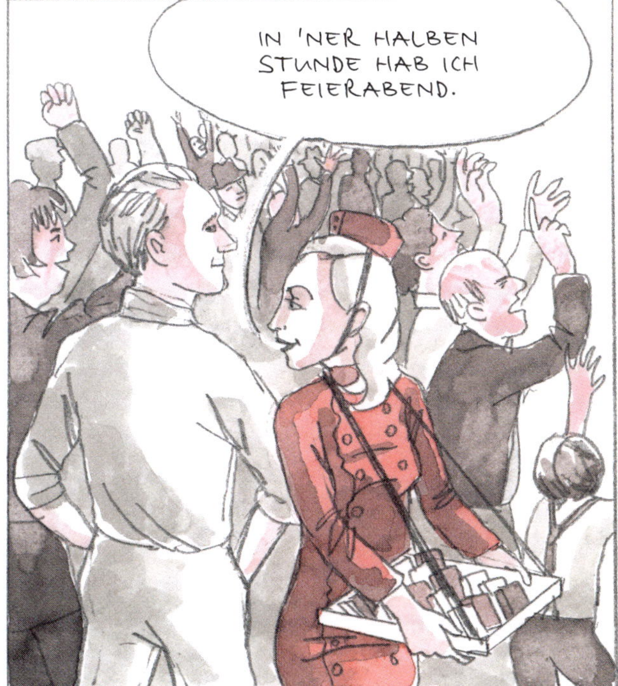
IN 'NER HALBEN STUNDE HAB ICH FEIERABEND.

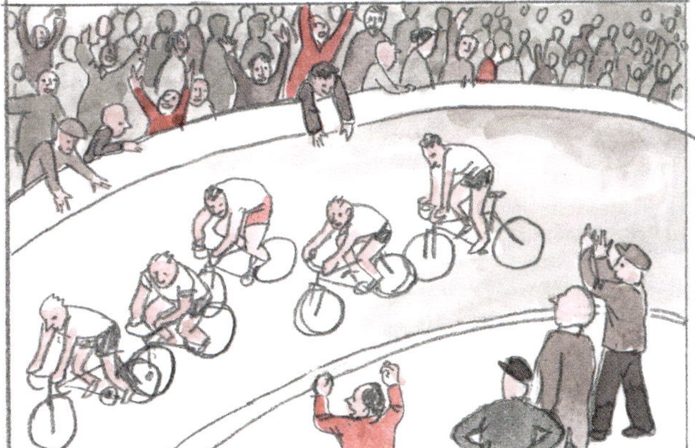
... DASS DA SO VIELE LEUTE IM KREIS RUMFUHREN.

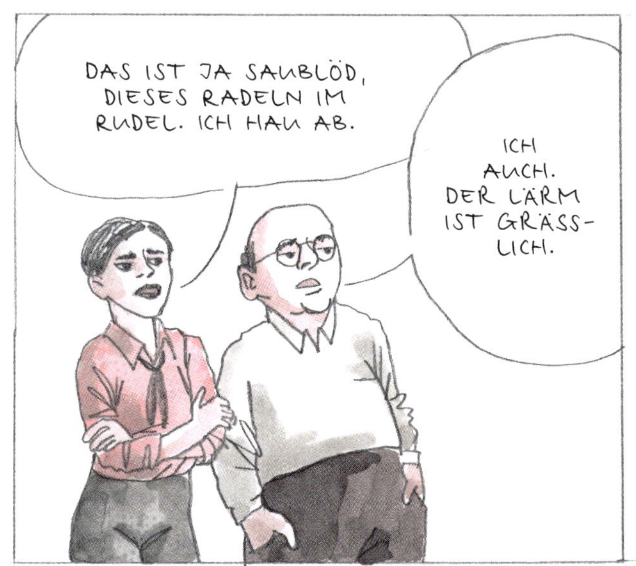
DAS IST JA SAUBLÖD, DIESES RADELN IM RUDEL. ICH HAU AB.
ICH AUCH. DER LÄRM IST GRÄSSLICH.
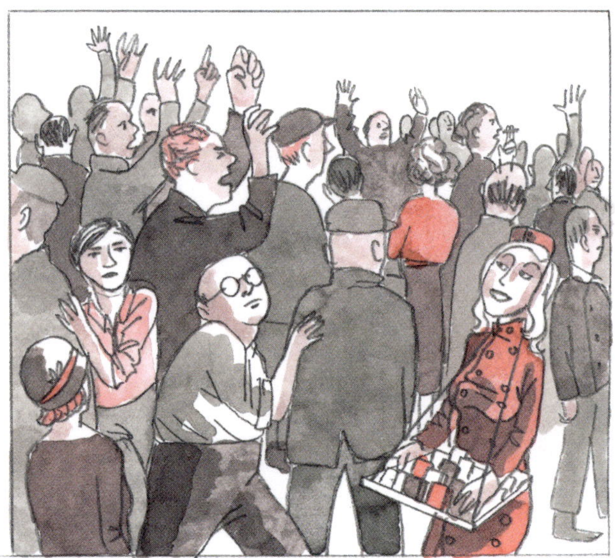
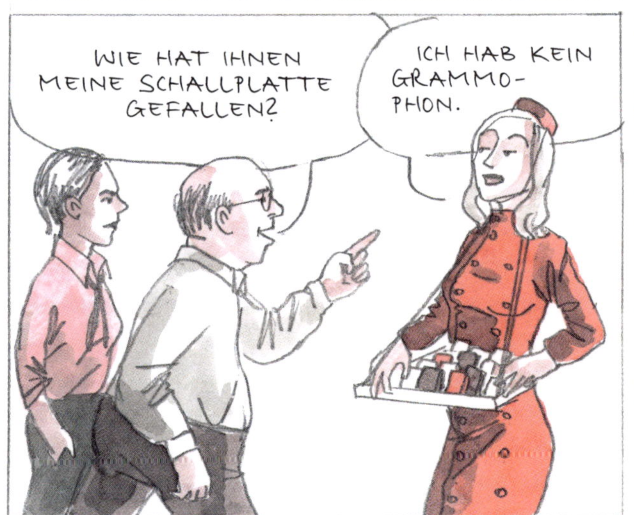
WIE HAT IHNEN MEINE SCHALLPLATTE GEFALLEN?
ICH HAB KEIN GRAMMOPHON.
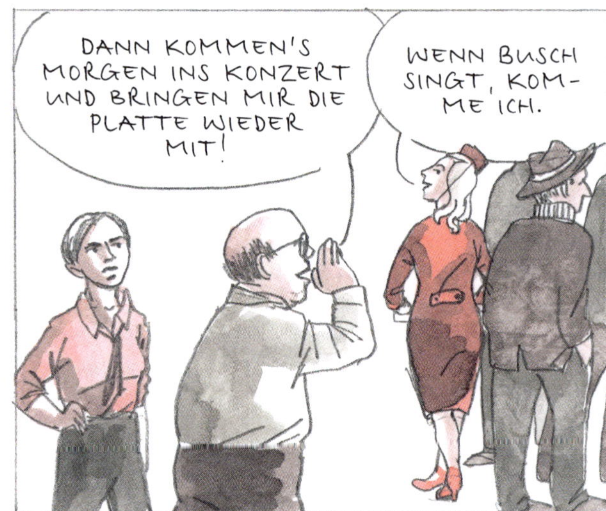
DANN KOMMEN'S MORGEN INS KONZERT UND BRINGEN MIR DIE PLATTE WIEDER MIT!
WENN BUSCH SINGT, KOMME ICH.
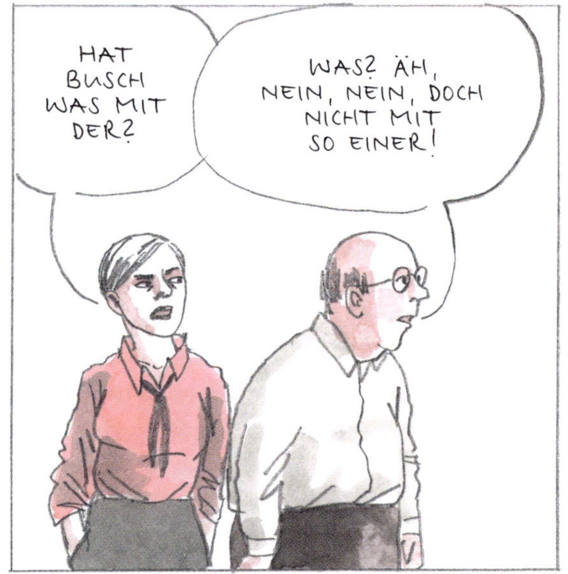
HAT BUSCH WAS MIT DER?
WAS? ÄH, NEIN, NEIN, DOCH NICHT MIT SO EINER!
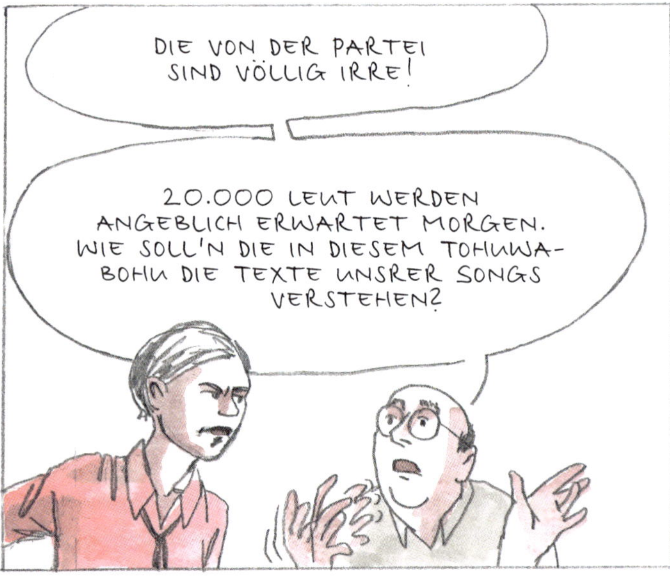
DIE VON DER PARTEI SIND VÖLLIG IRRE!
20.000 LEUT WERDEN ANGEBLICH ERWARTET MORGEN. WIE SOLL'N DIE IN DIESEM TOHUWABOHU DIE TEXTE UNSRER SONGS VERSTEHEN?

Eva B.

BERLIN 1930

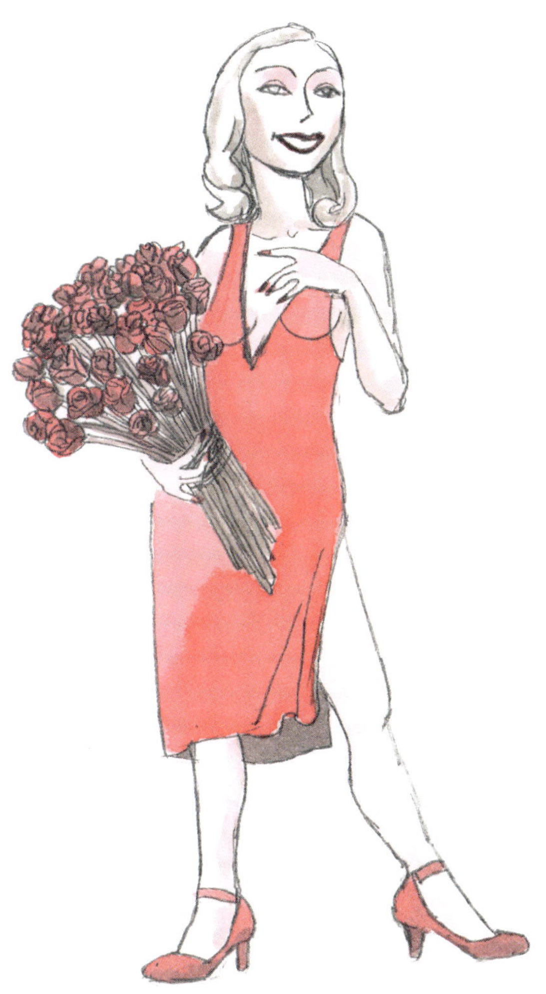

DER BUSCH IST MEIN MANN.

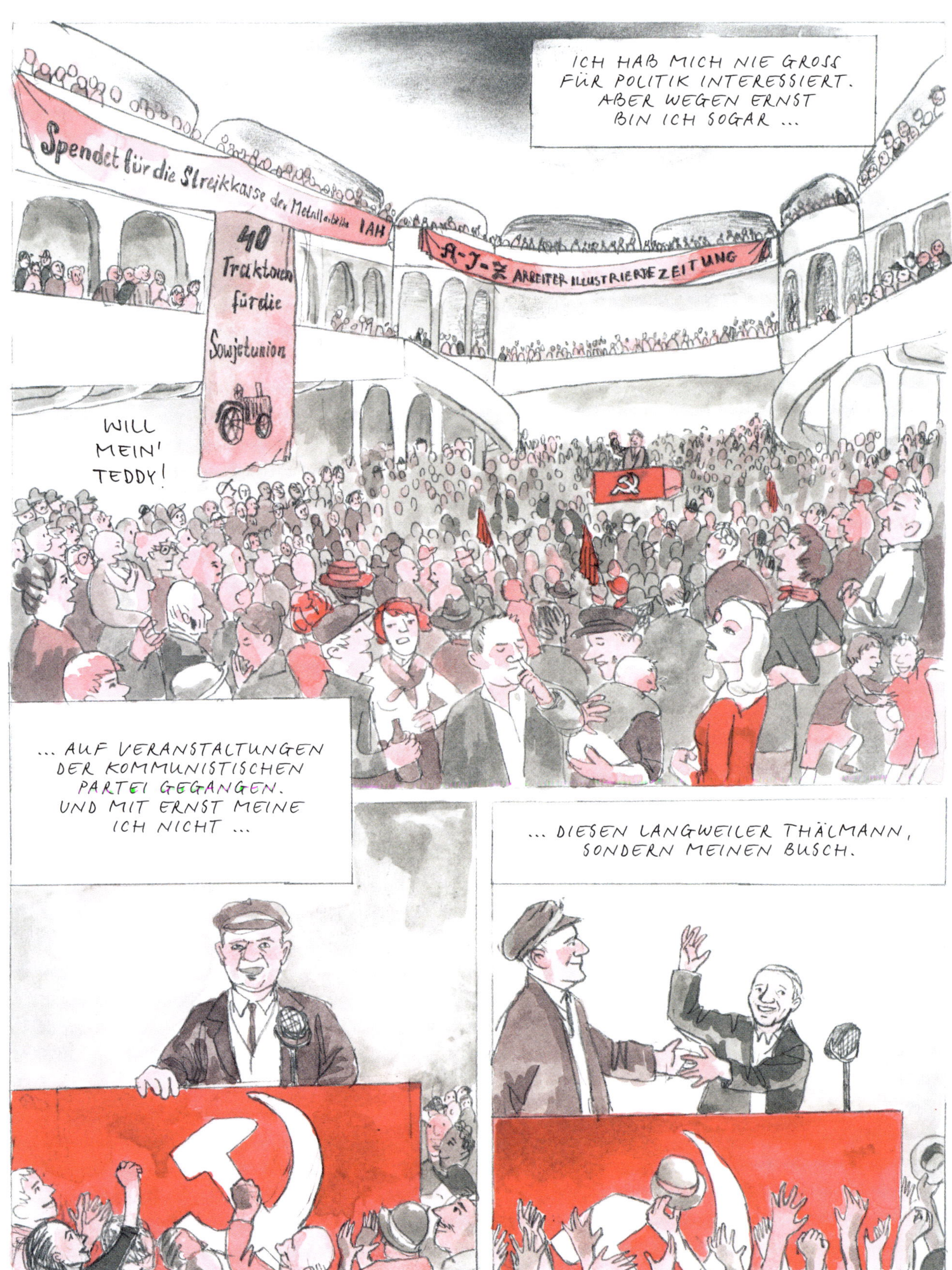
ICH HAB MICH NIE GROSS FÜR POLITIK INTERESSIERT. ABER WEGEN ERNST BIN ICH SOGAR ...
Spendet für die Streikkasse der Metallarbeiter IAH
40 Traktoren für die Sowjetunion
A-I-Z ARBEITER ILLUSTRIERTE ZEITUNG
WILL MEIN' TEDDY!
... AUF VERANSTALTUNGEN DER KOMMUNISTISCHEN PARTEI GEGANGEN. UND MIT ERNST MEINE ICH NICHT ...
... DIESEN LANGWEILER THÄLMANN, SONDERN MEINEN BUSCH.

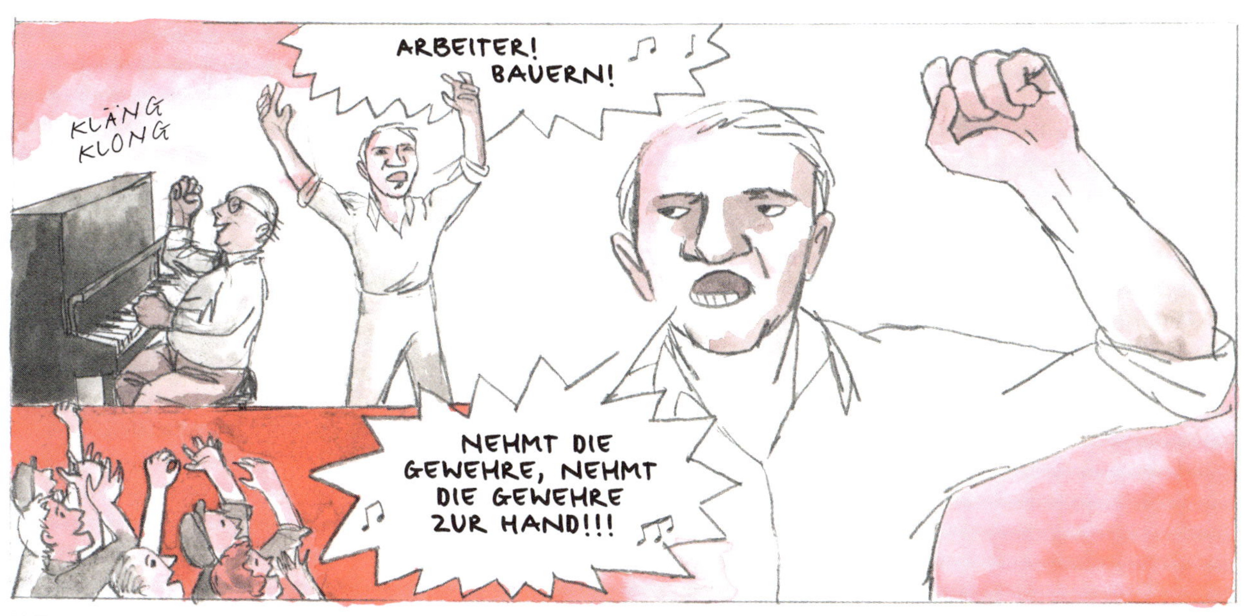
KLÄNG KLONG
ARBEITER! BAUERN!
NEHMT DIE GEWEHRE, NEHMT DIE GEWEHRE ZUR HAND!!!

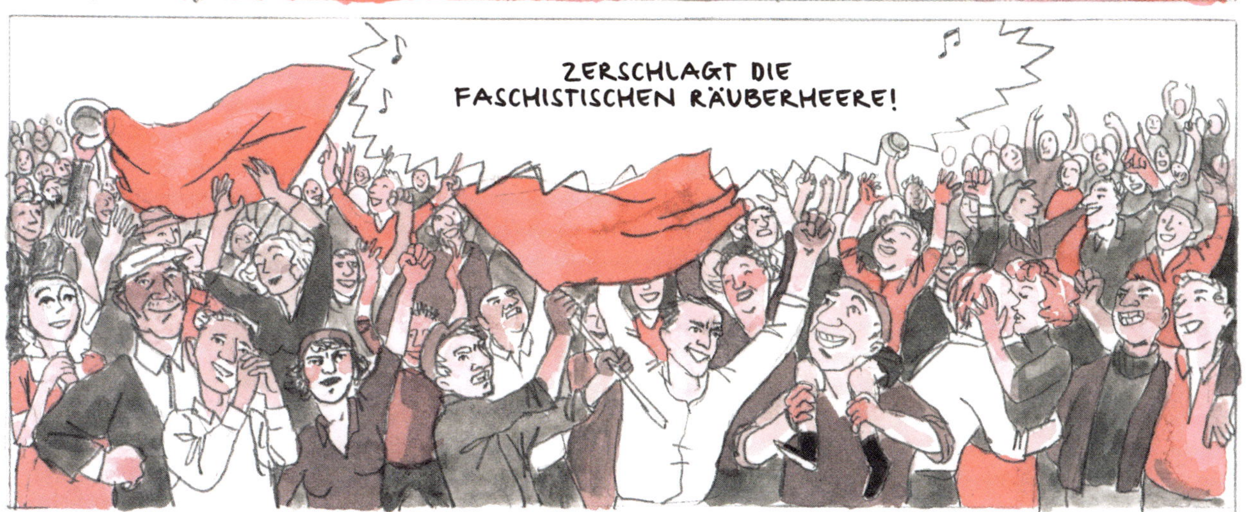
ZERSCHLAGT DIE FASCHISTISCHEN RÄUBERHEERE!

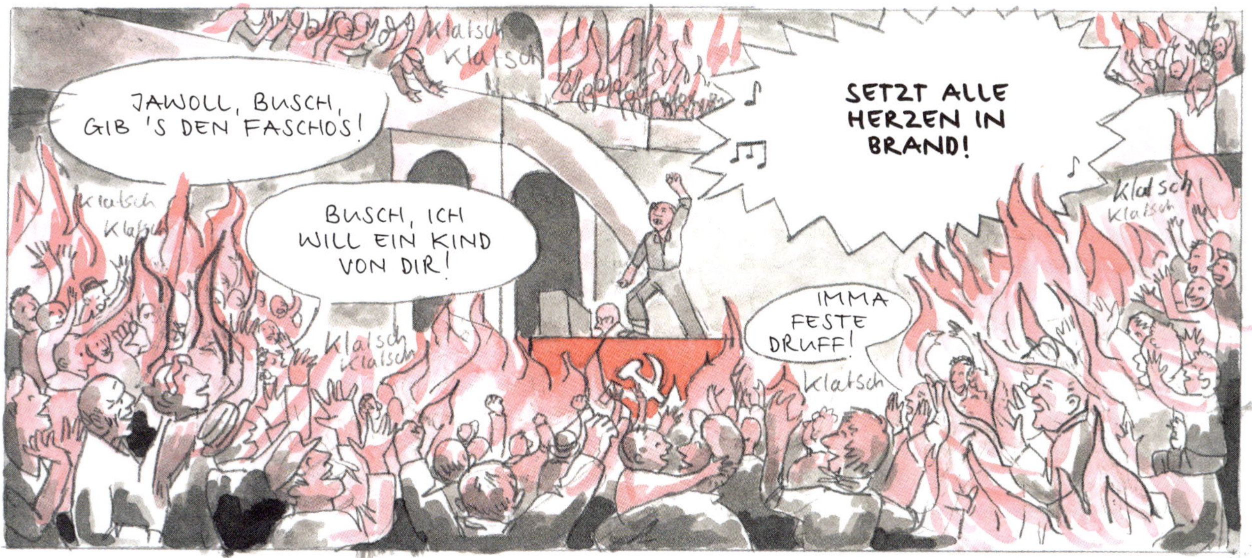
JAWOLL, BUSCH, GIB 'S DEN FASCHOS!
SETZT ALLE HERZEN IN BRAND!
BUSCH, ICH WILL EIN KIND VON DIR!
IMMA FESTE DRUFF!
Klatsch Klatsch

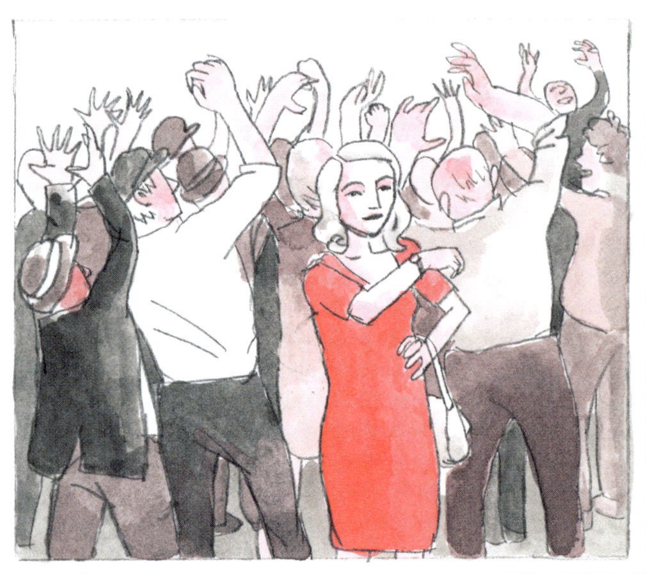

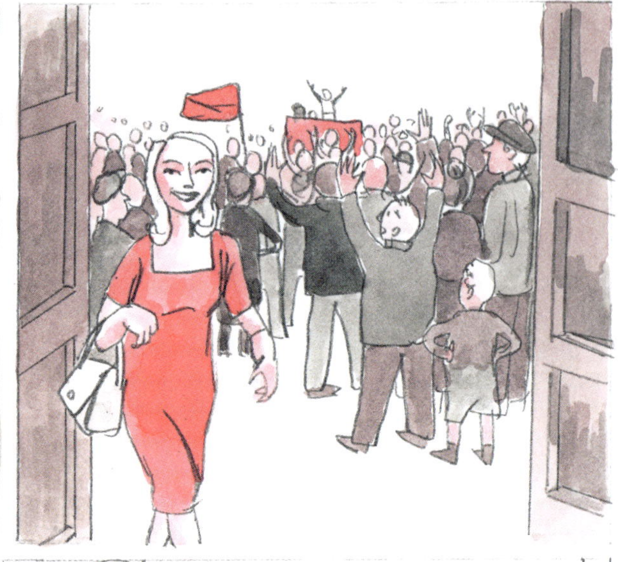

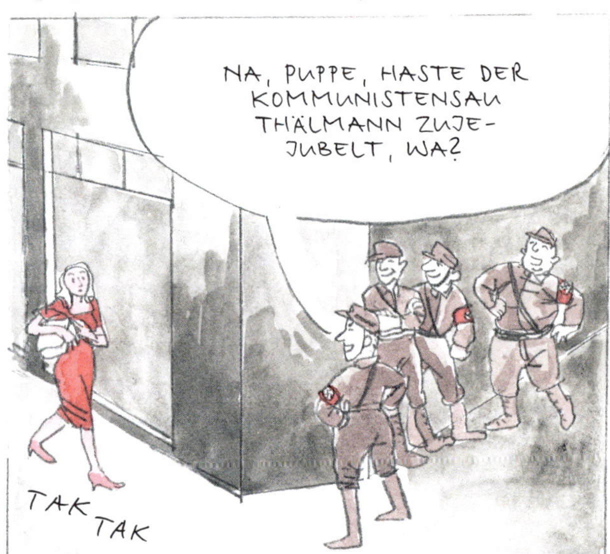
NA, PUPPE, HASTE DER KOMMUNISTENSAU THÄLMANN ZUJE-JUBELT, WA?
TAK TAK

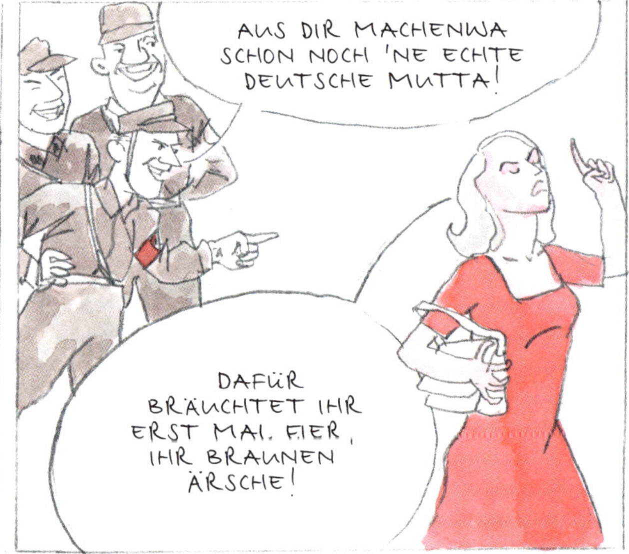
AUS DIR MACHENWA SCHON NOCH 'NE ECHTE DEUTSCHE MUTTA!
DAFÜR BRÄUCHTET IHR ERST MAL EIER, IHR BRAUNEN ÄRSCHE!

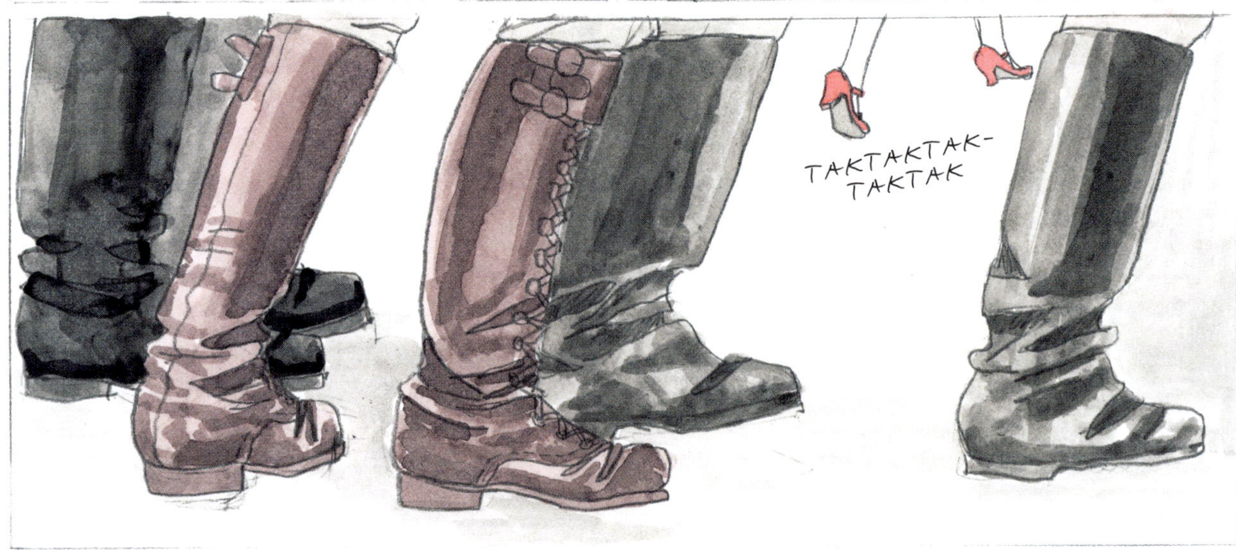
TAKTAKTAK-TAKTAK

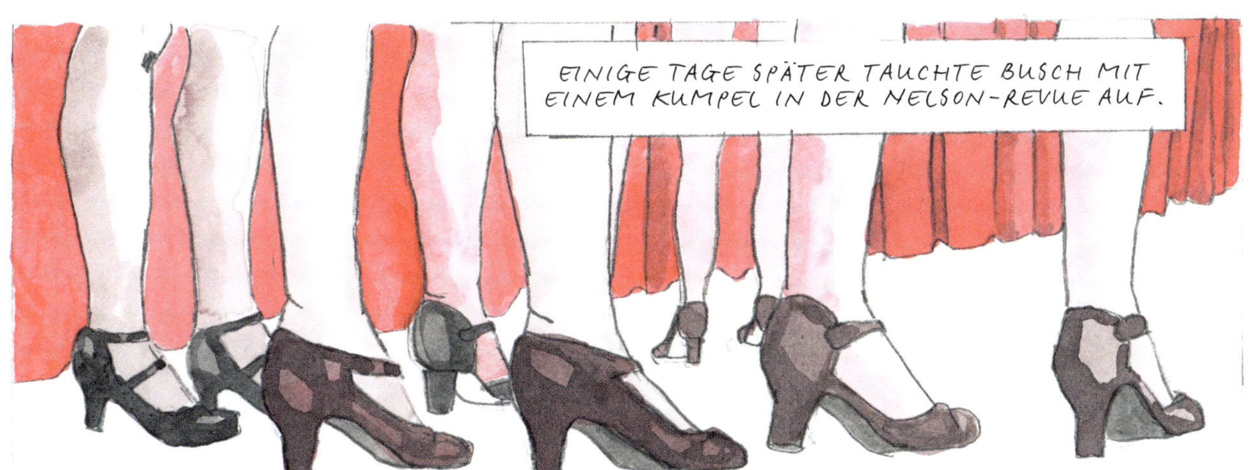
EINIGE TAGE SPÄTER TAUCHTE BUSCH MIT EINEM KUMPEL IN DER NELSON-REVUE AUF.

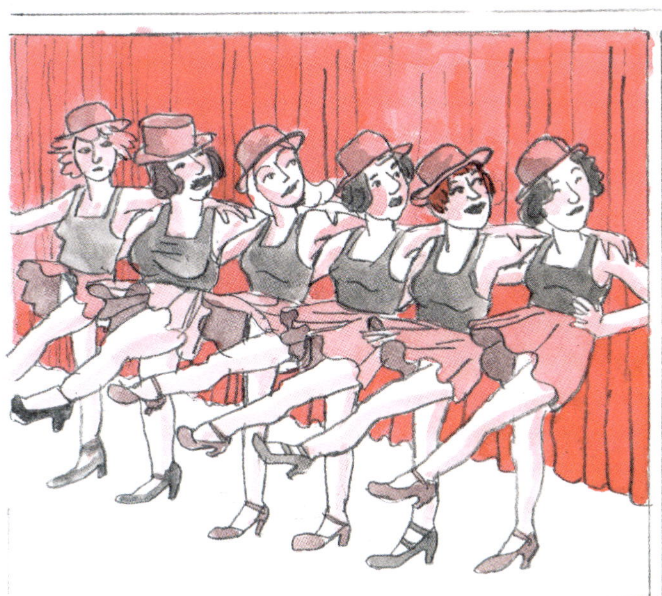

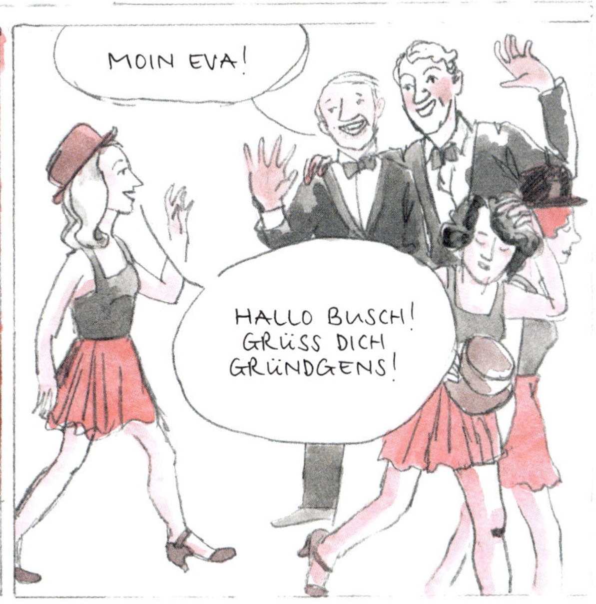
MOIN EVA!
HALLO BUSCH! GRÜSS DICH GRÜNDGENS!

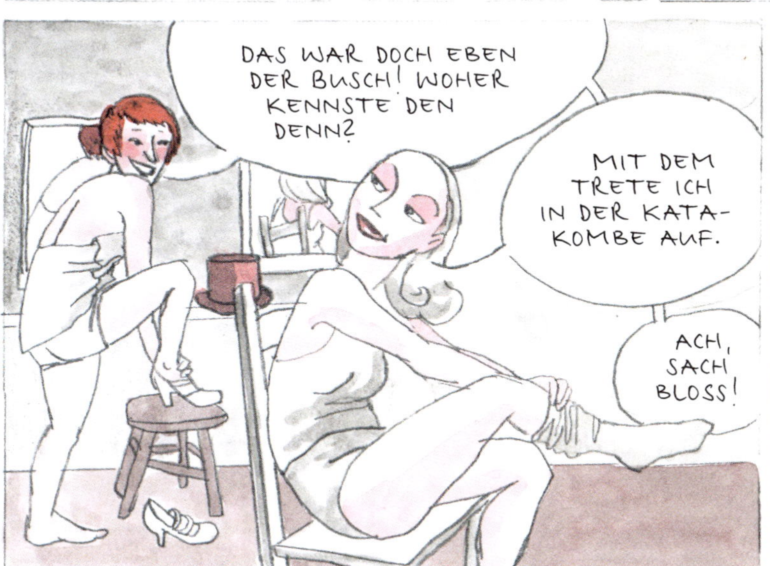
DAS WAR DOCH EBEN DER BUSCH! WOHER KENNSTE DEN DENN?
MIT DEM TRETE ICH IN DER KATAKOMBE AUF.
ACH, SACH BLOSS!

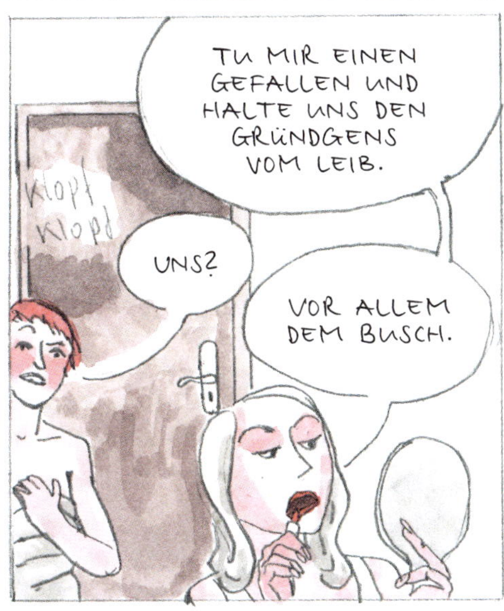
KLOPF KLOPF
TU MIR EINEN GEFALLEN UND HALTE UNS DEN GRÜNDGENS VOM LEIB.
UNS?
VOR ALLEM DEM BUSCH.

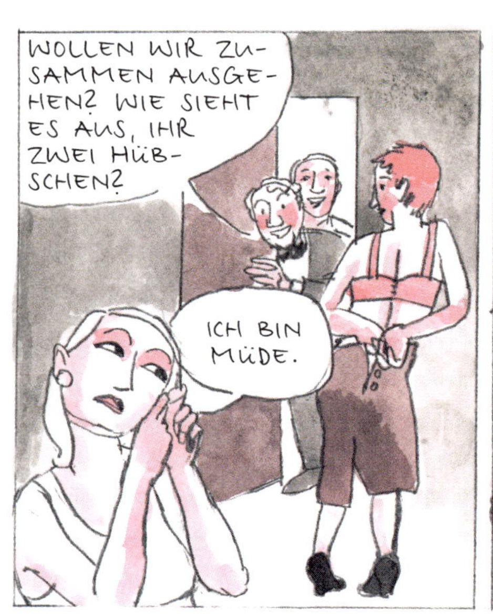
WOLLEN WIR ZUSAMMEN AUSGEHEN? WIE SIEHT ES AUS, IHR ZWEI HÜBSCHEN?
ICH BIN MÜDE.

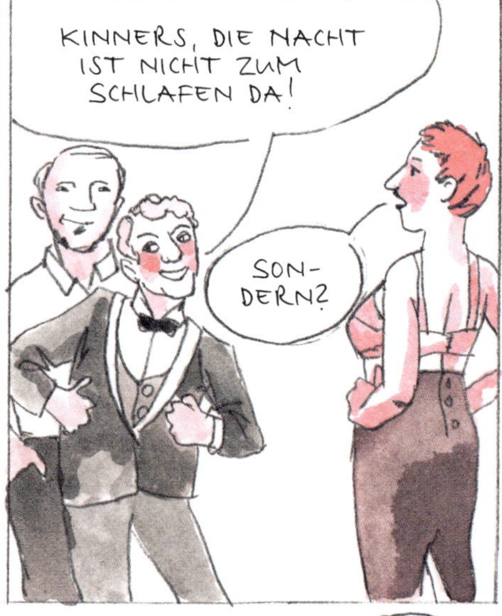
KINNERS, DIE NACHT IST NICHT ZUM SCHLAFEN DA!
SONDERN?

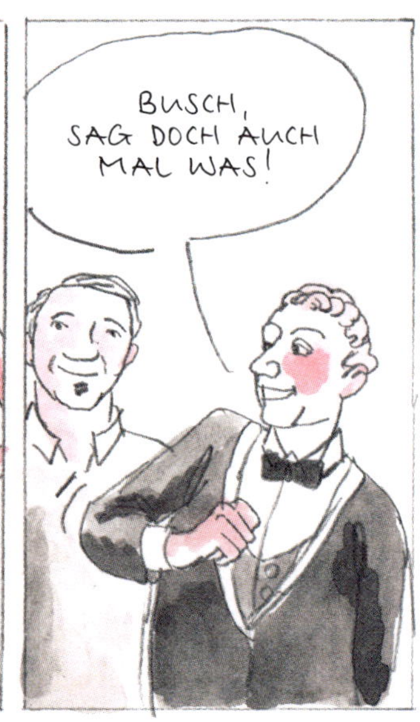
BUSCH, SAG DOCH AUCH MAL WAS!

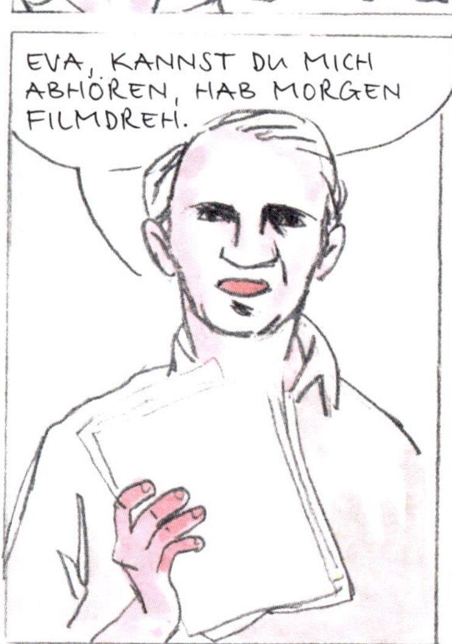
EVA, KANNST DU MICH ABHÖREN, HAB MORGEN FILMDREH.

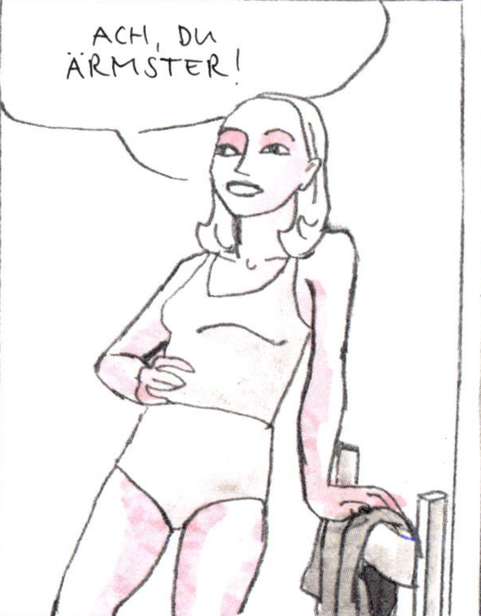
ACH, DU ÄRMSTER!

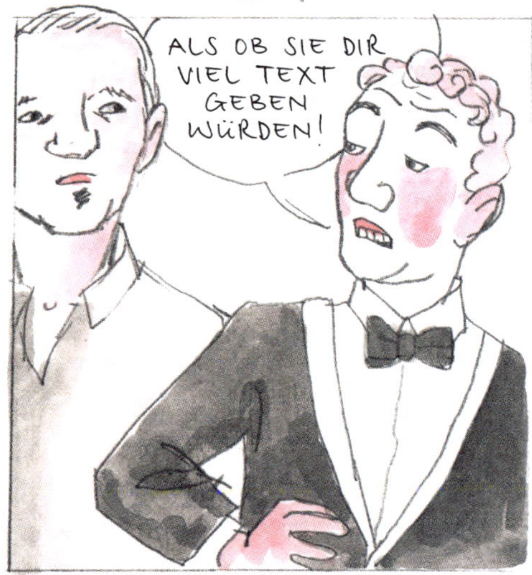
ALS OB SIE DIR VIEL TEXT GEBEN WÜRDEN!

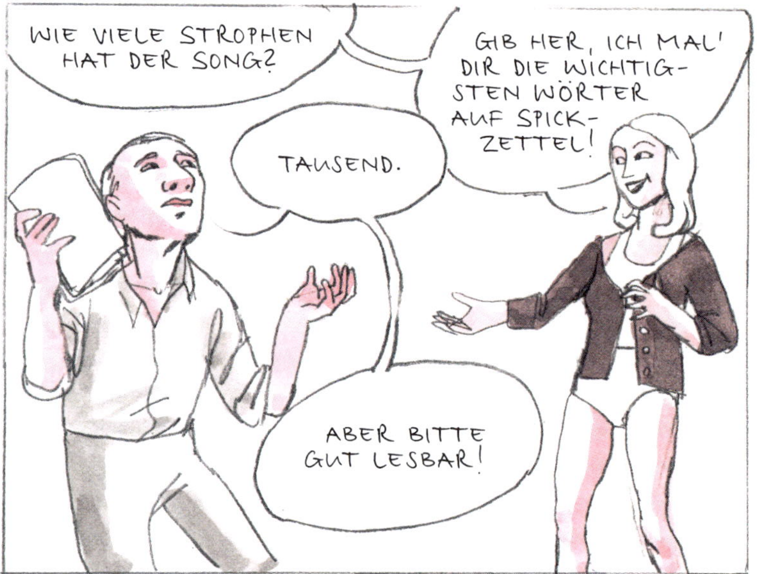
WIE VIELE STROPHEN HAT DER SONG?
TAUSEND.
GIB HER, ICH MAL' DIR DIE WICHTIGSTEN WÖRTER AUF SPICKZETTEL!
ABER BITTE GUT LESBAR!

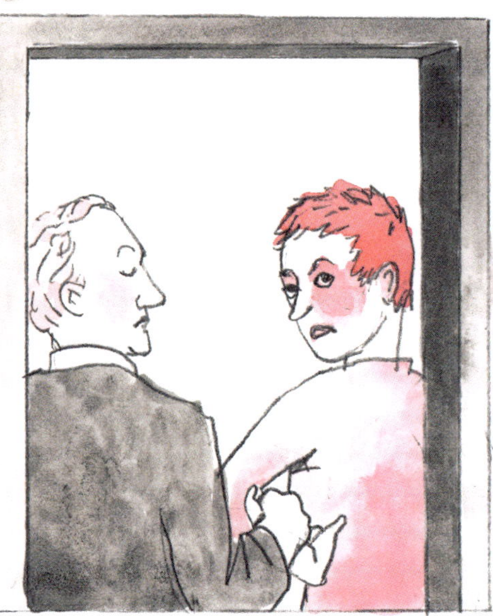

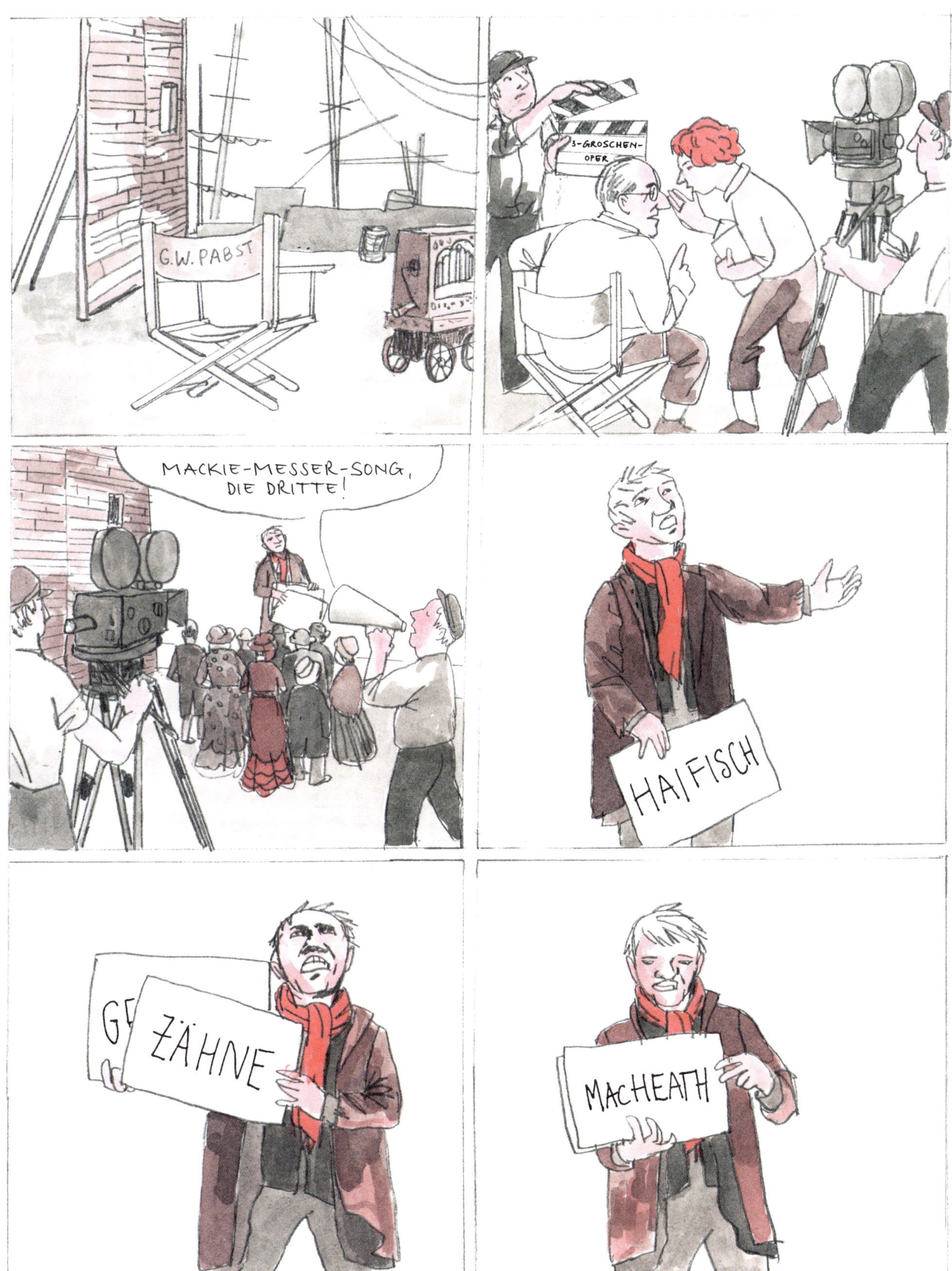
G.W. PABST
3-GROSCHEN-OPER
MACKIE-MESSER-SONG, DIE DRITTE!
HAIFISCH
ZÄHNE
MACHEATH

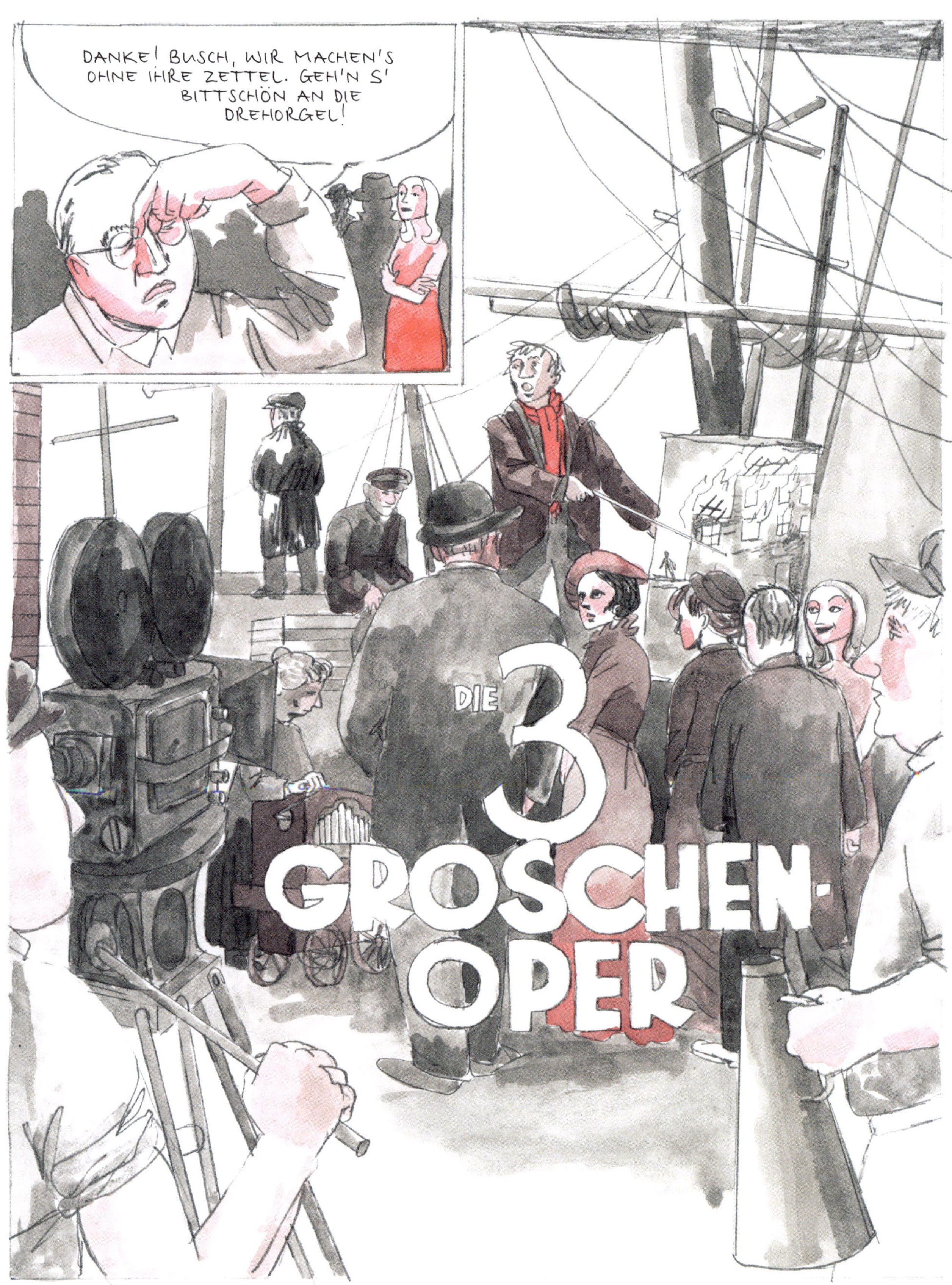
DANKE! BUSCH, WIR MACHEN'S OHNE IHRE ZETTEL. GEH'N S' BITTSCHÖN AN DIE DREHORGEL!
DIE 3 GROSCHEN-OPER

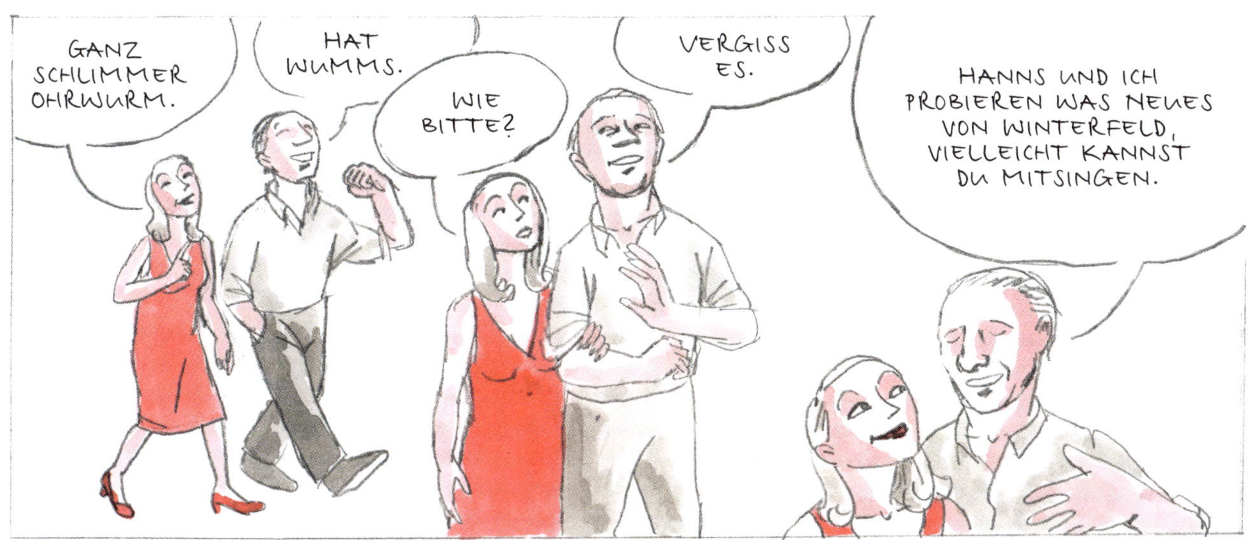
GANZ SCHLIMMER OHRWURM.
HAT WUMMS.
WIE BITTE?
VERGISS ES.
HANNS UND ICH PROBIEREN WAS NEUES VON WINTERFELD, VIELLEICHT KANNST DU MITSINGEN.

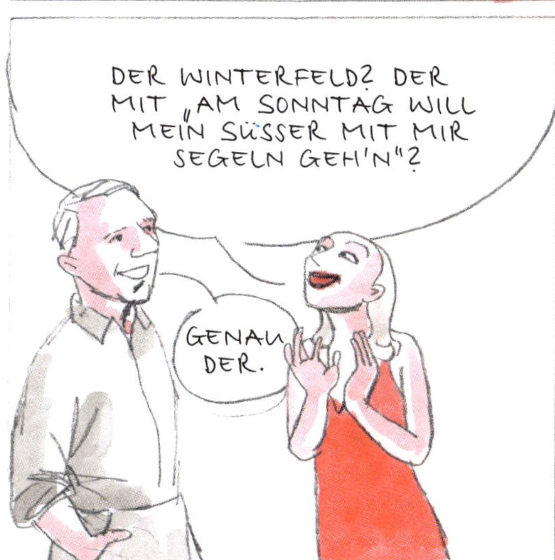
DER WINTERFELD? DER MIT „AM SONNTAG WILL MEIN SÜSSER MIT MIR SEGELN GEH'N"?
GENAU DER.

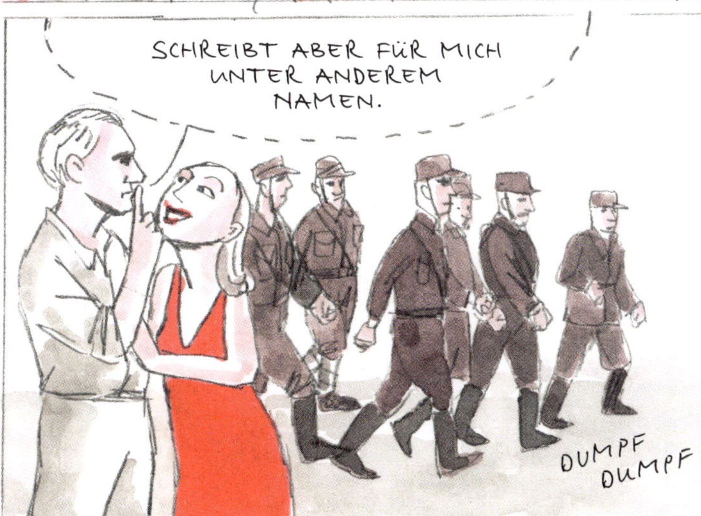
SCHREIBT ABER FÜR MICH UNTER ANDEREM NAMEN.
DUMPF DUMPF

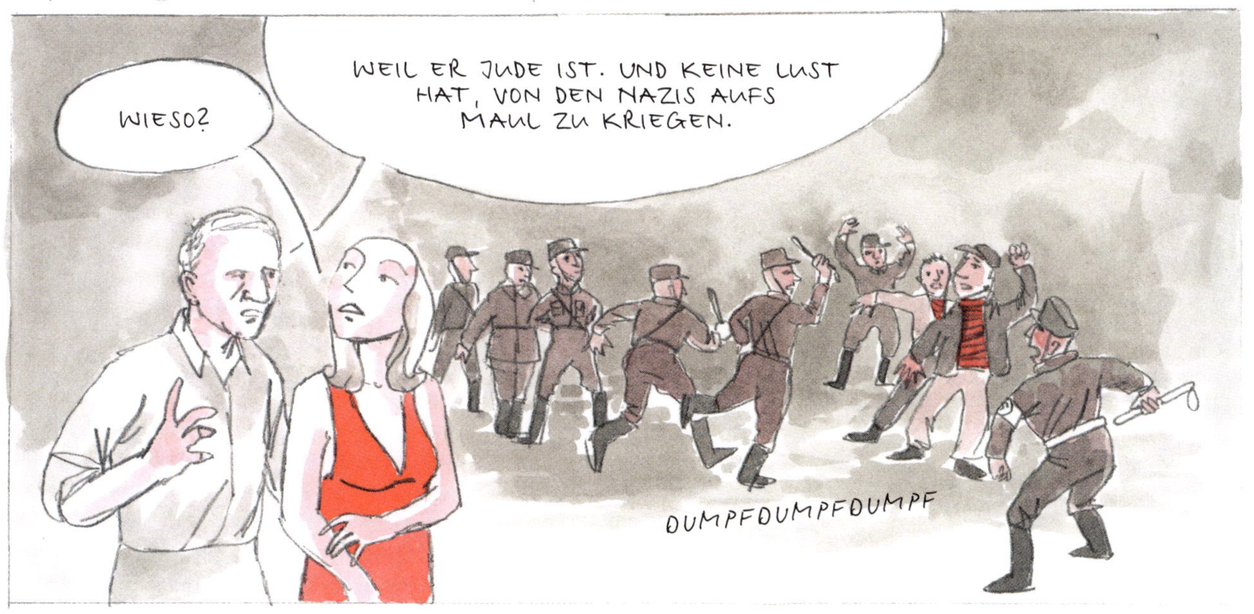
WIESO?
WEIL ER JUDE IST. UND KEINE LUST HAT, VON DEN NAZIS AUFS MAUL ZU KRIEGEN.
DUMPFDUMPFDUMPF

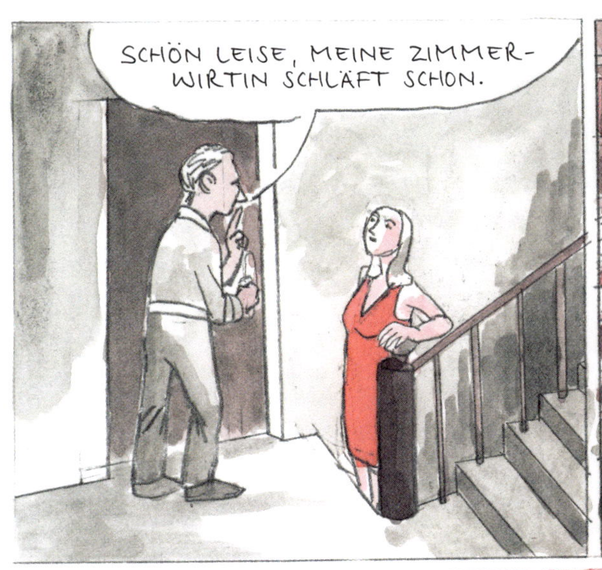
SCHÖN LEISE, MEINE ZIMMER-WIRTIN SCHLÄFT SCHON.

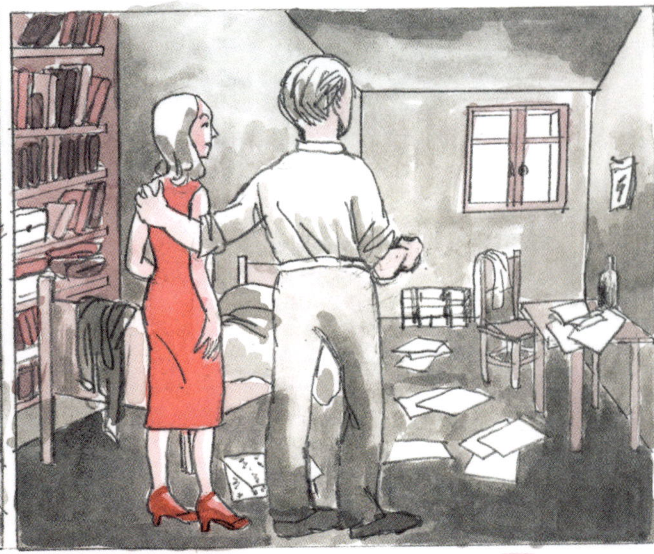

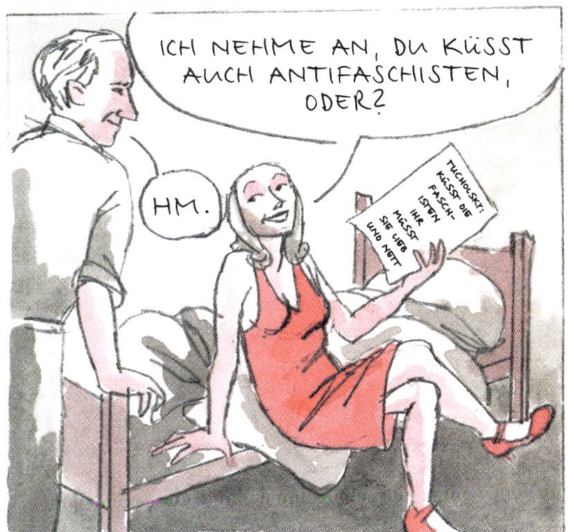
ICH NEHME AN, DU KÜSST AUCH ANTIFASCHISTEN, ODER?
HM.
TUCHOLSKY: KÜSST DIE FASCH-ISTEN IHR MÜSST SIE LIEB UND NETT

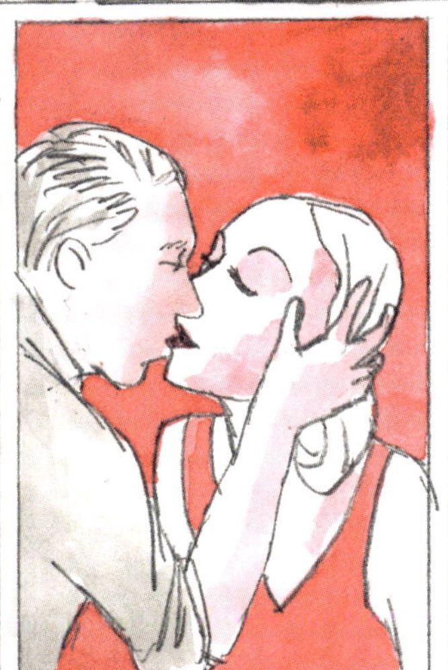

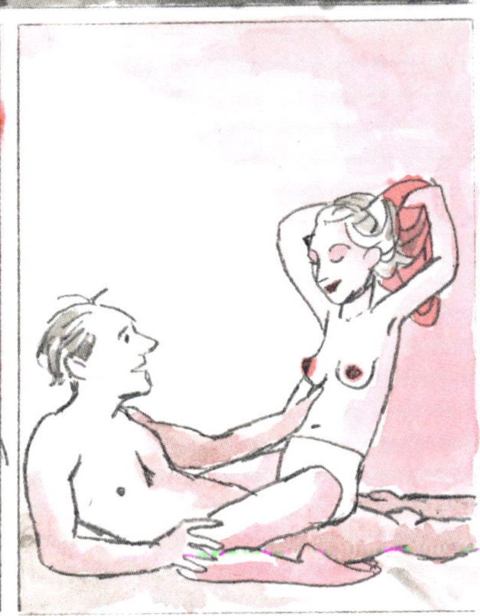

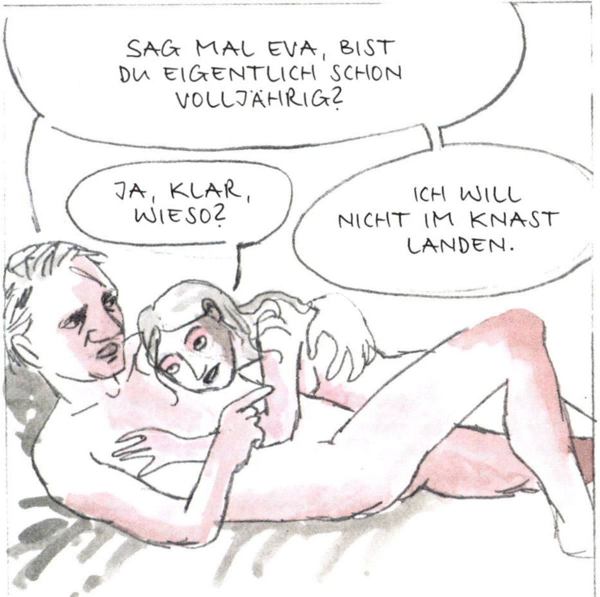
SAG MAL EVA, BIST DU EIGENTLICH SCHON VOLLJÄHRIG?
JA, KLAR, WIESO?
ICH WILL NICHT IM KNAST LANDEN.

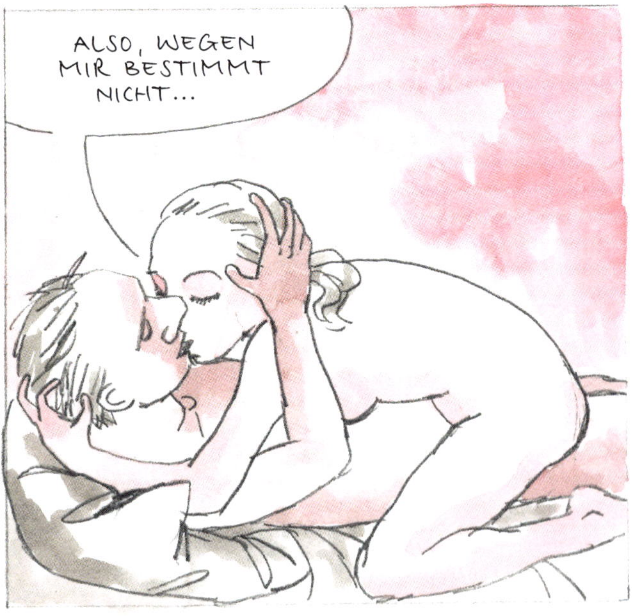
ALSO, WEGEN MIR BESTIMMT NICHT...

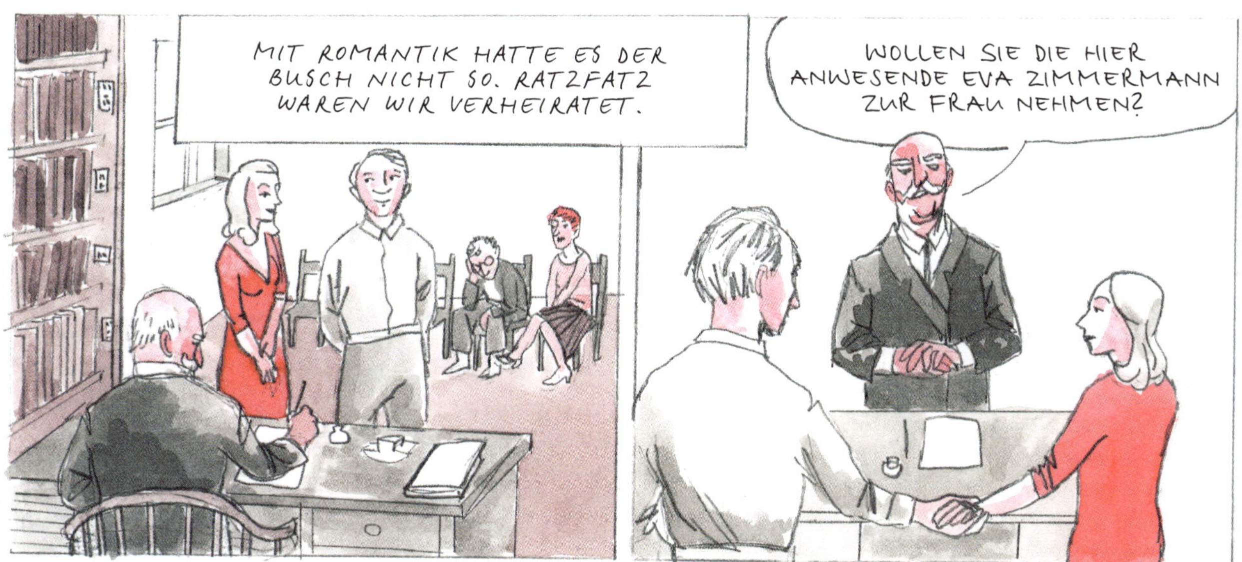
MIT ROMANTIK HATTE ES DER BUSCH NICHT SO. RATZFATZ WAREN WIR VERHEIRATET.
WOLLEN SIE DIE HIER ANWESENDE EVA ZIMMERMANN ZUR FRAU NEHMEN?

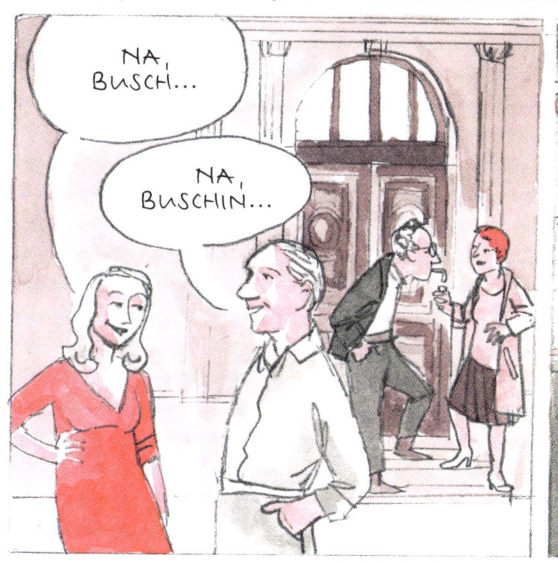
NA, BUSCH...
NA, BUSCHIN...

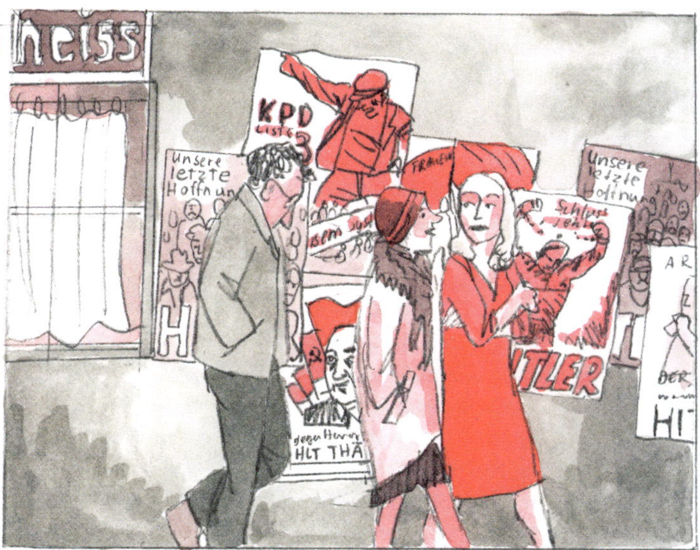
KPD
Unsere letzte Hoffnung
HITLER

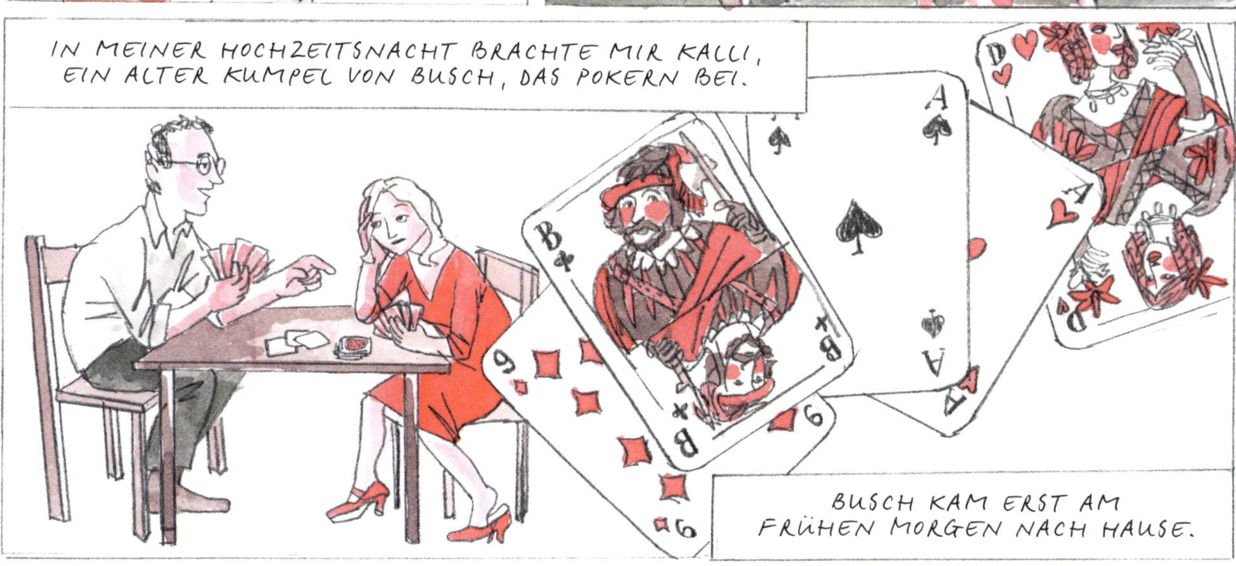
IN MEINER HOCHZEITSNACHT BRACHTE MIR KALLI, EIN ALTER KUMPEL VON BUSCH, DAS POKERN BEI.
BUSCH KAM ERST AM FRÜHEN MORGEN NACH HAUSE.

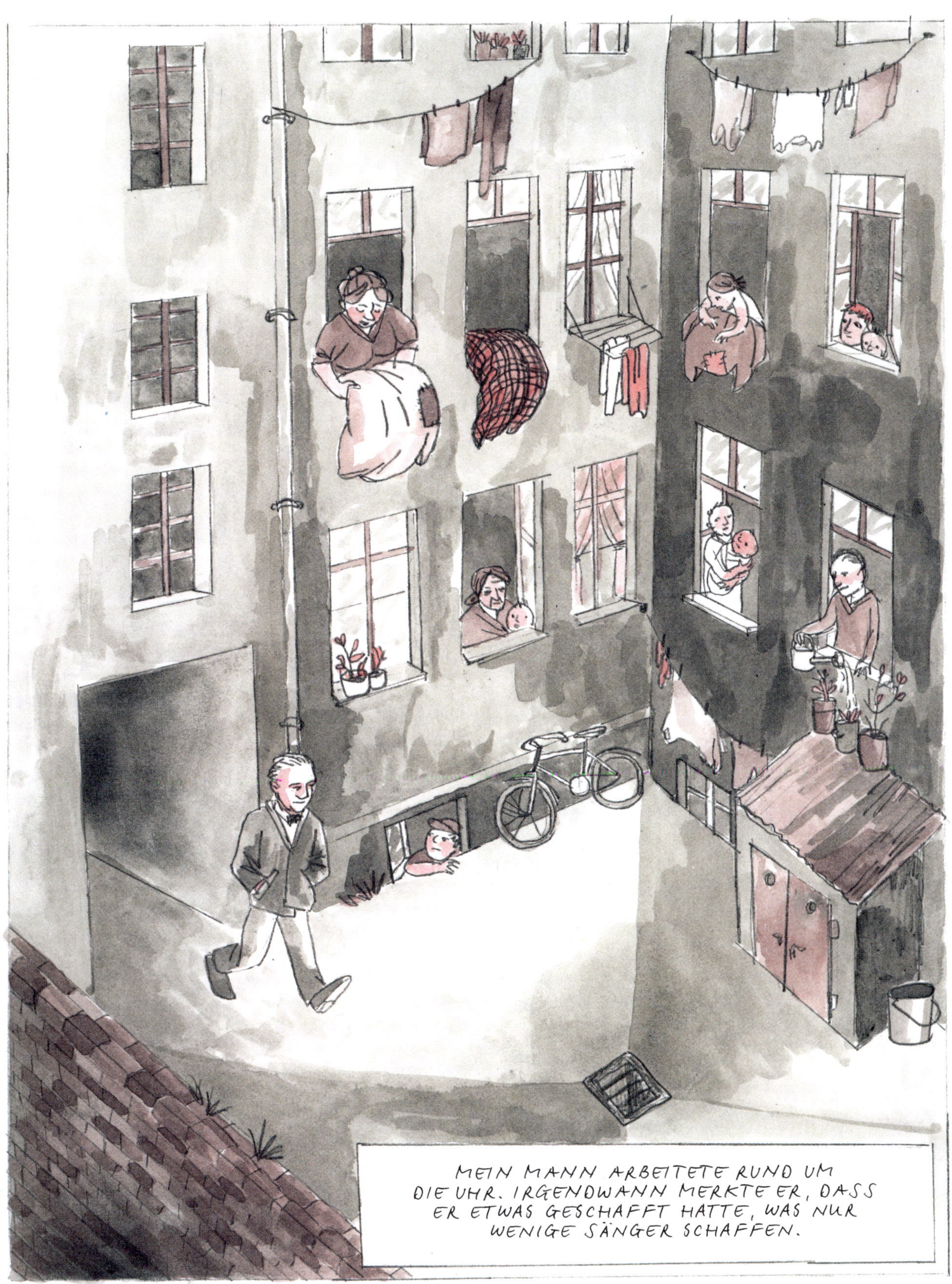
MEIN MANN ARBEITETE RUND UM
DIE UHR. IRGENDWANN MERKTE ER, DASS
ER ETWAS GESCHAFFT HATTE, WAS NUR
WENIGE SÄNGER SCHAFFEN.

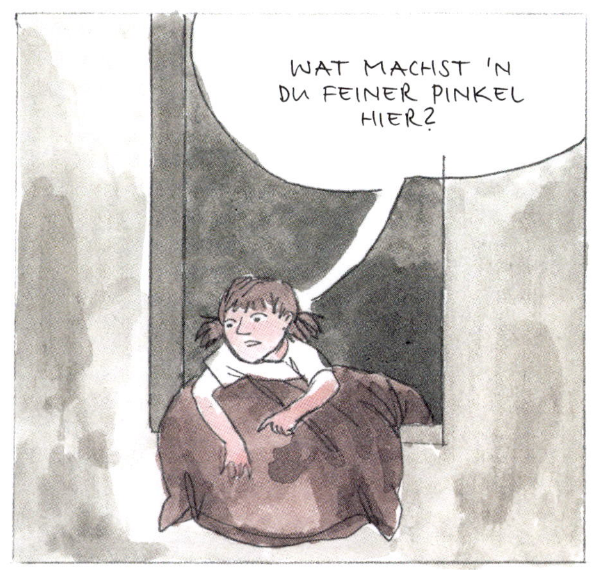
WAT MACHST 'N DU FEINER PINKEL HIER?

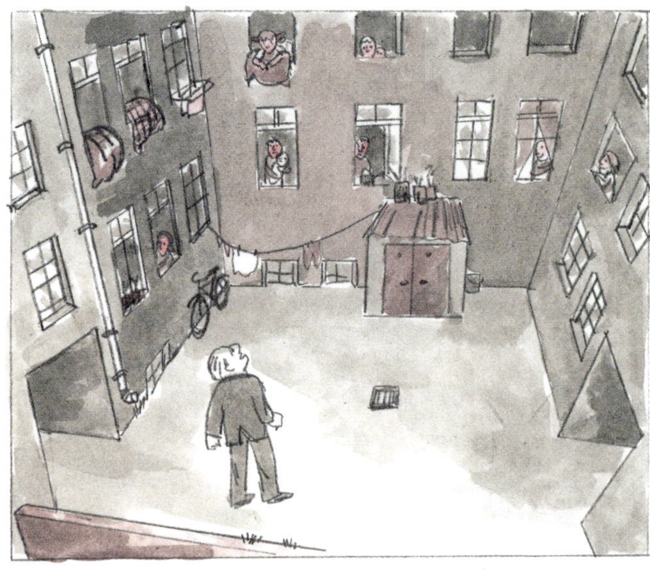

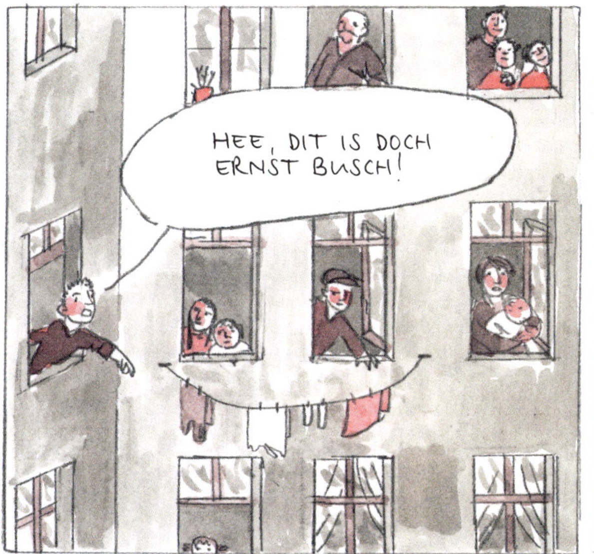
HEE, DIT IS DOCH ERNST BUSCH!

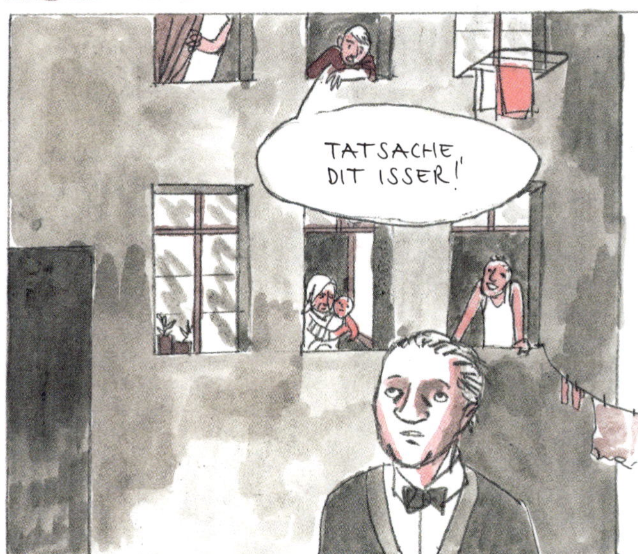
TATSACHE, DIT ISSER!

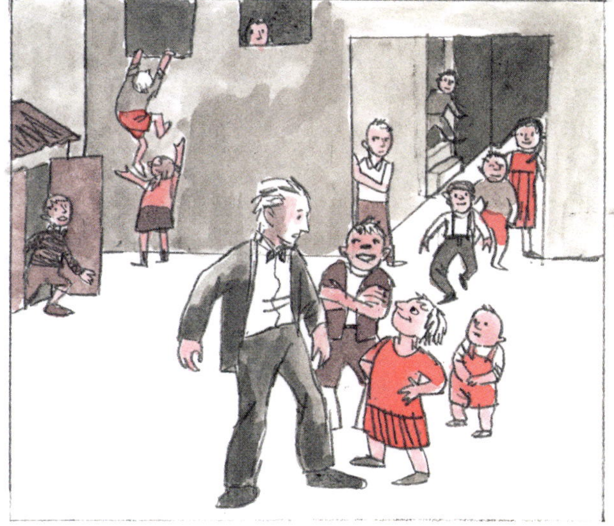

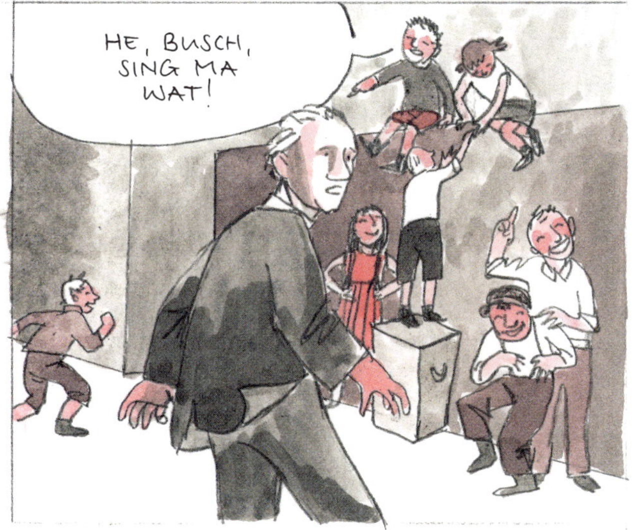
HE, BUSCH, SING MA WAT!

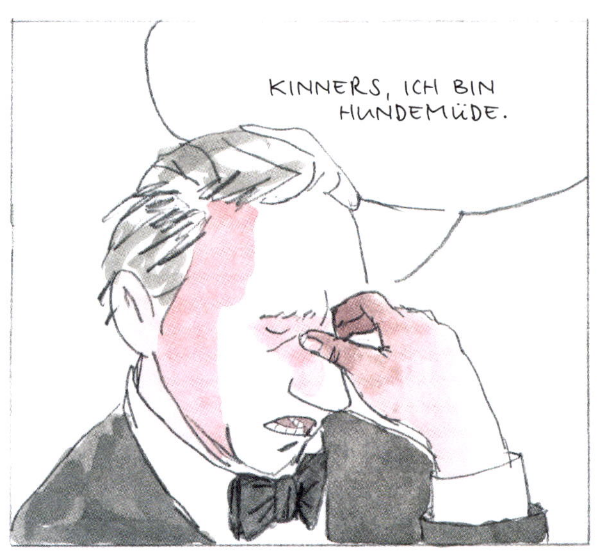
KINNERS, ICH BIN
HUNDEMÜDE.

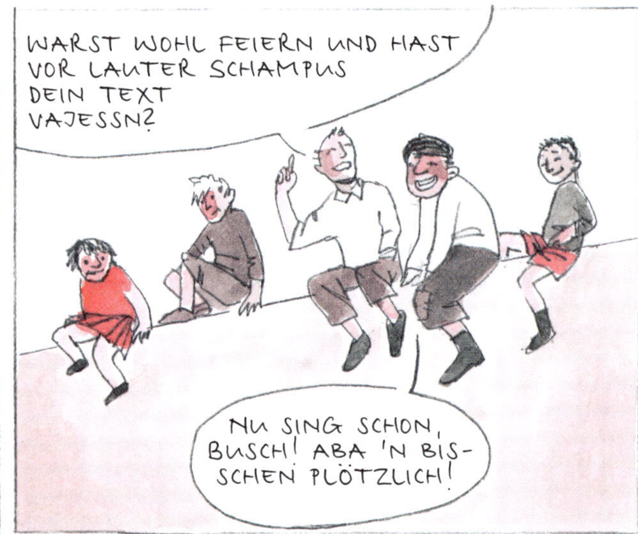
WARST WOHL FEIERN UND HAST
VOR LAUTER SCHAMPUS
DEIN TEXT
VAJESSN?
NU SING SCHON,
BUSCH! ABA 'N BIS-
SCHEN PLÖTZLICH!

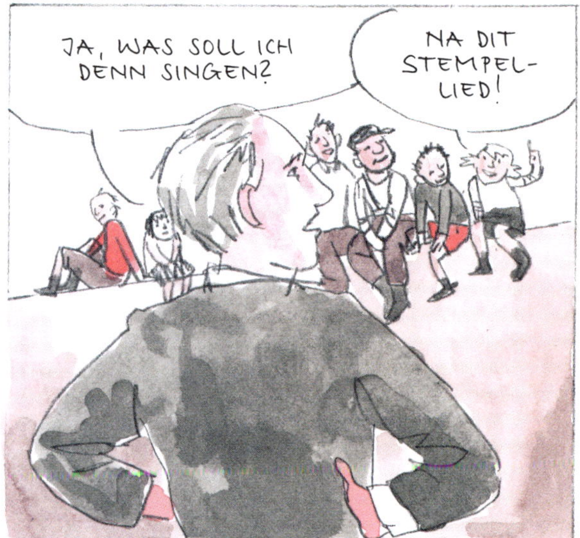
JA, WAS SOLL ICH
DENN SINGEN?
NA DIT
STEMPEL-
LIED!

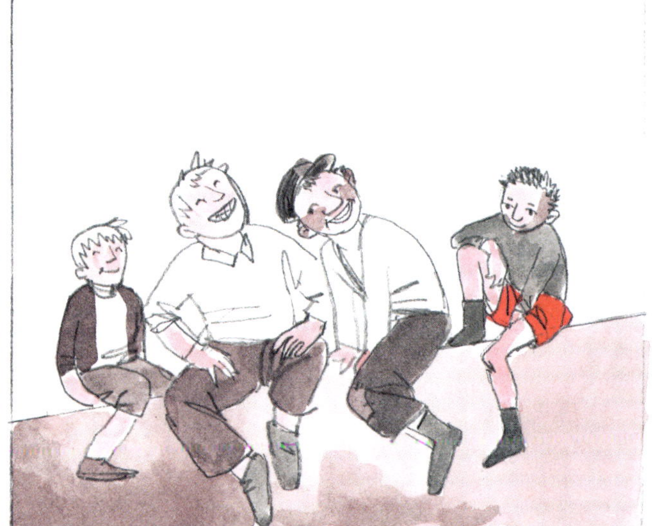

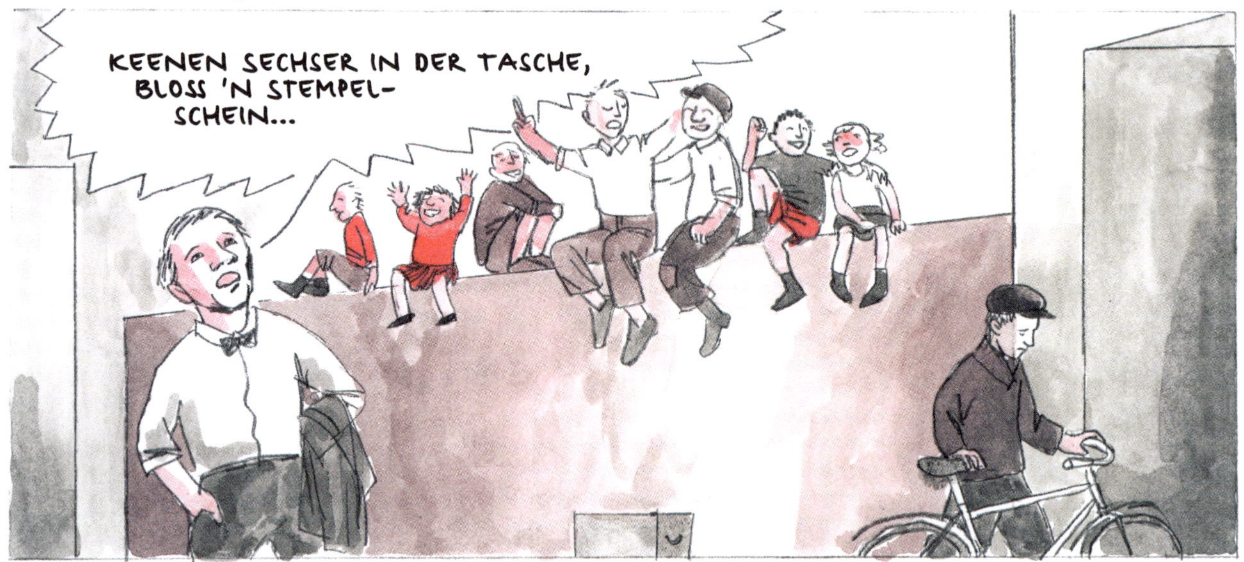
KEENEN SECHSER IN DER TASCHE,
BLOSS 'N STEMPEL-
SCHEIN...

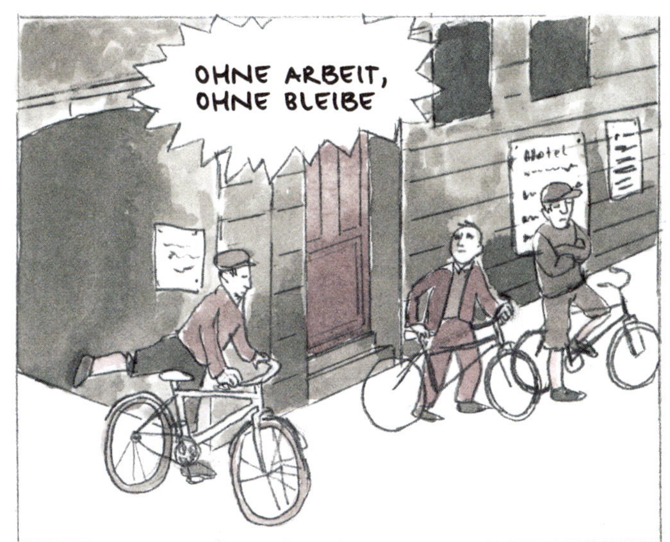
OHNE ARBEIT,
OHNE BLEIBE
Hotel

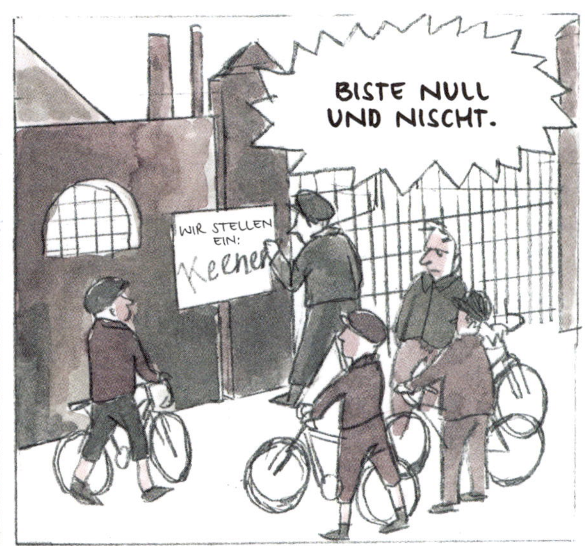
BISTE NULL
UND NISCHT.
WIR STELLEN
EIN:
Keener

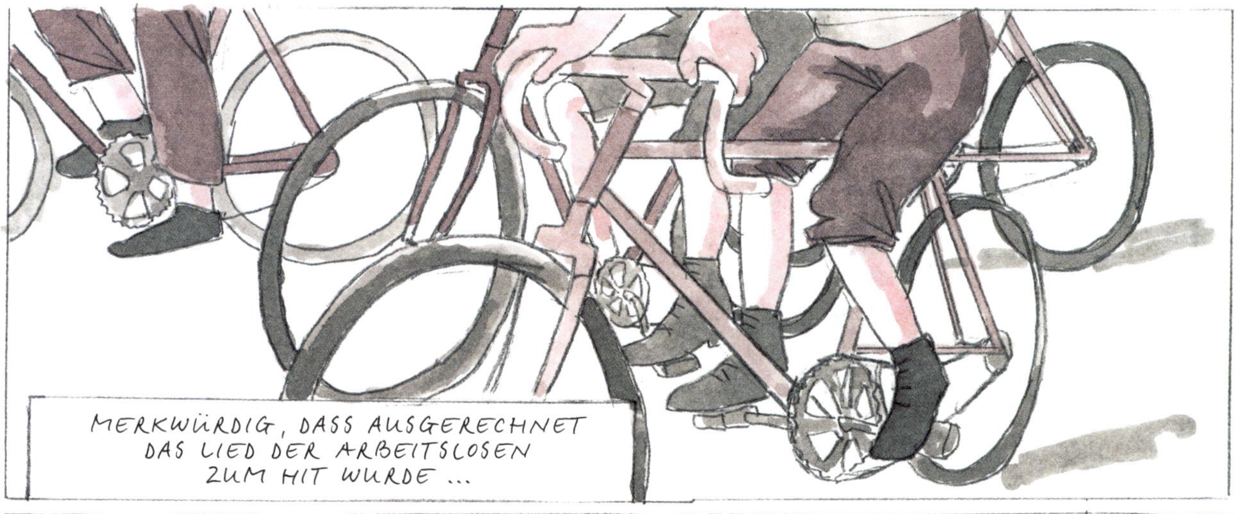
MERKWÜRDIG, DASS AUSGERECHNET
DAS LIED DER ARBEITSLOSEN
ZUM HIT WURDE ...

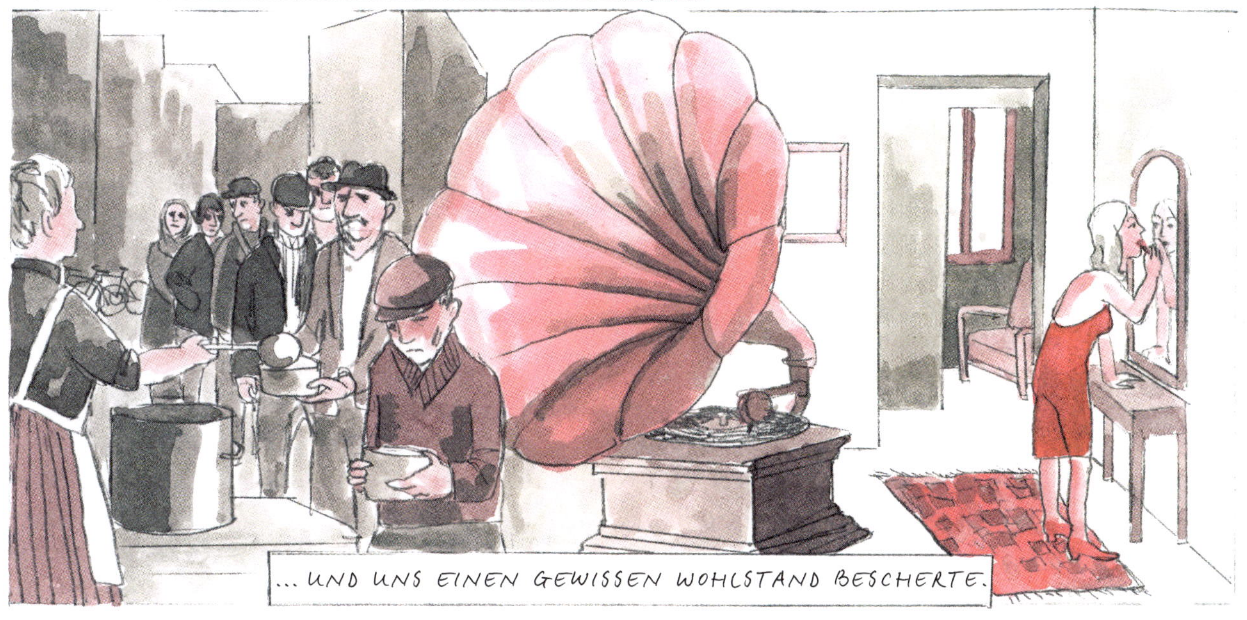
... UND UNS EINEN GEWISSEN WOHLSTAND BESCHERTE.

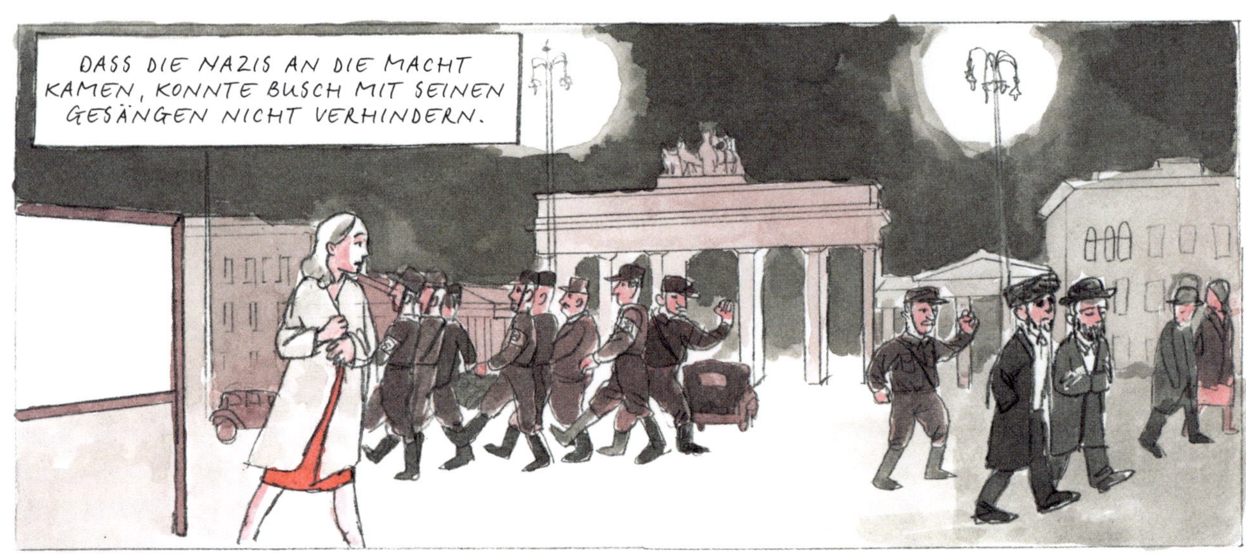
DASS DIE NAZIS AN DIE MACHT KAMEN, KONNTE BUSCH MIT SEINEN GESÄNGEN NICHT VERHINDERN.

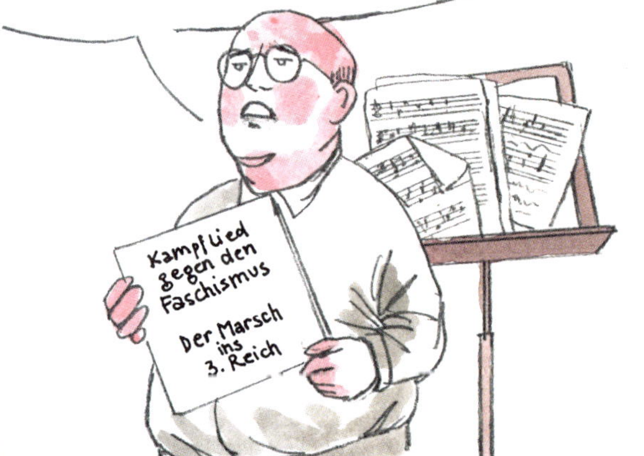
DAS WIRD VORLÄUFIG UNSERE LETZTE PLATTE IN DEUTSCHLAND BLEIBEN. ICH KANN DIESE BRAUNE BRUT NICHT ERTRAGEN, ICH HAU AB.
Kampflied gegen den Faschismus
Der Marsch ins 3. Reich

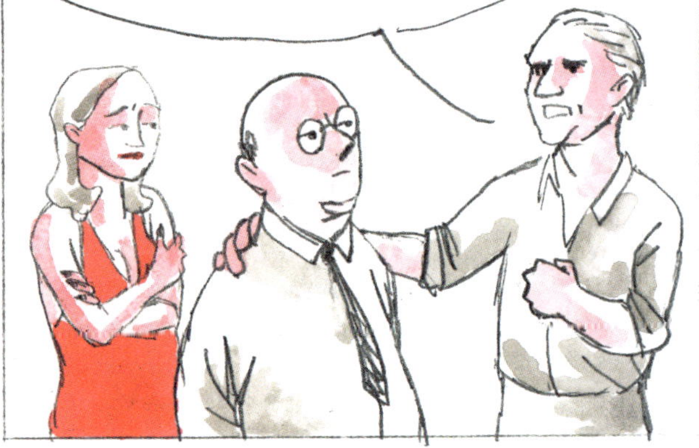
WENN DER SPUK VORBEI IST, TREFFEN WIR UNS WIEDER IN BERLIN. ALSO, AUF BALD!

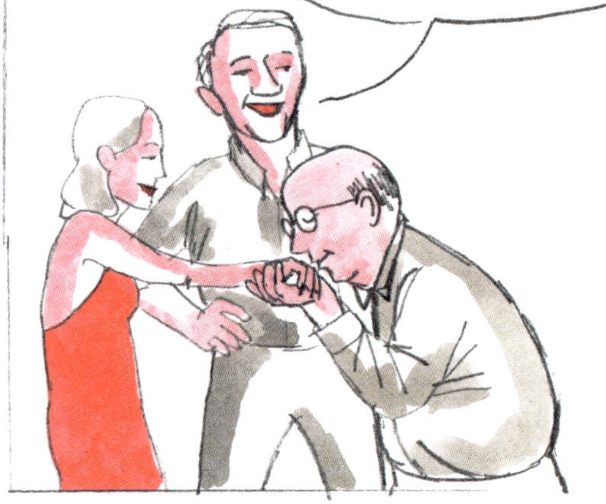
ABER SAG MAL, HÄNNSCHEN, WER SCHREIBT MIR DENN JETZT DIE MUSIK?

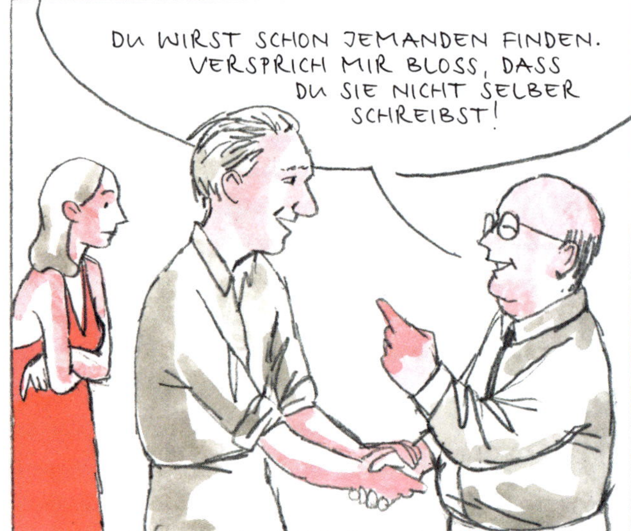
DU WIRST SCHON JEMANDEN FINDEN. VERSPRICH MIR BLOSS, DASS DU SIE NICHT SELBER SCHREIBST!

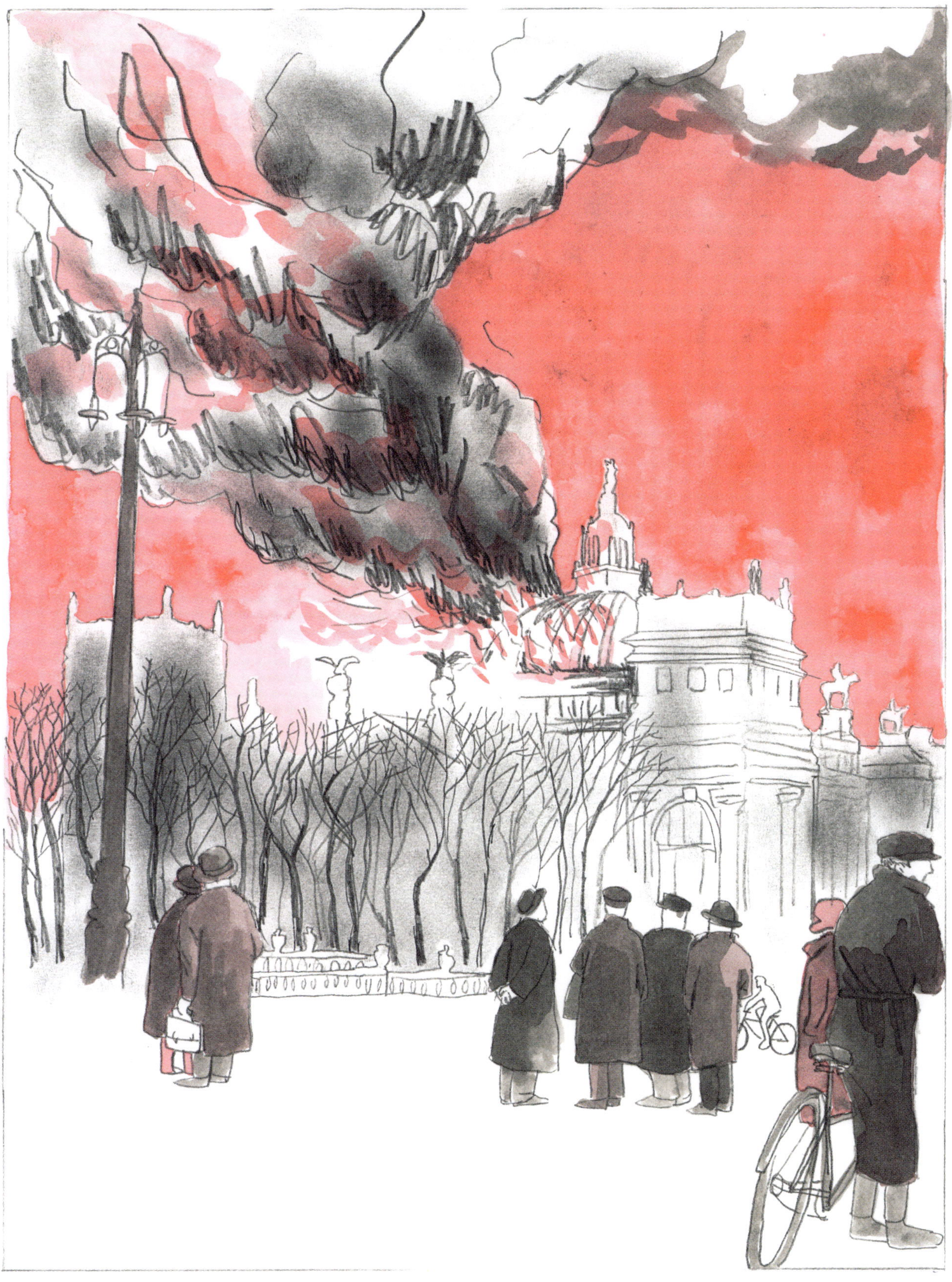

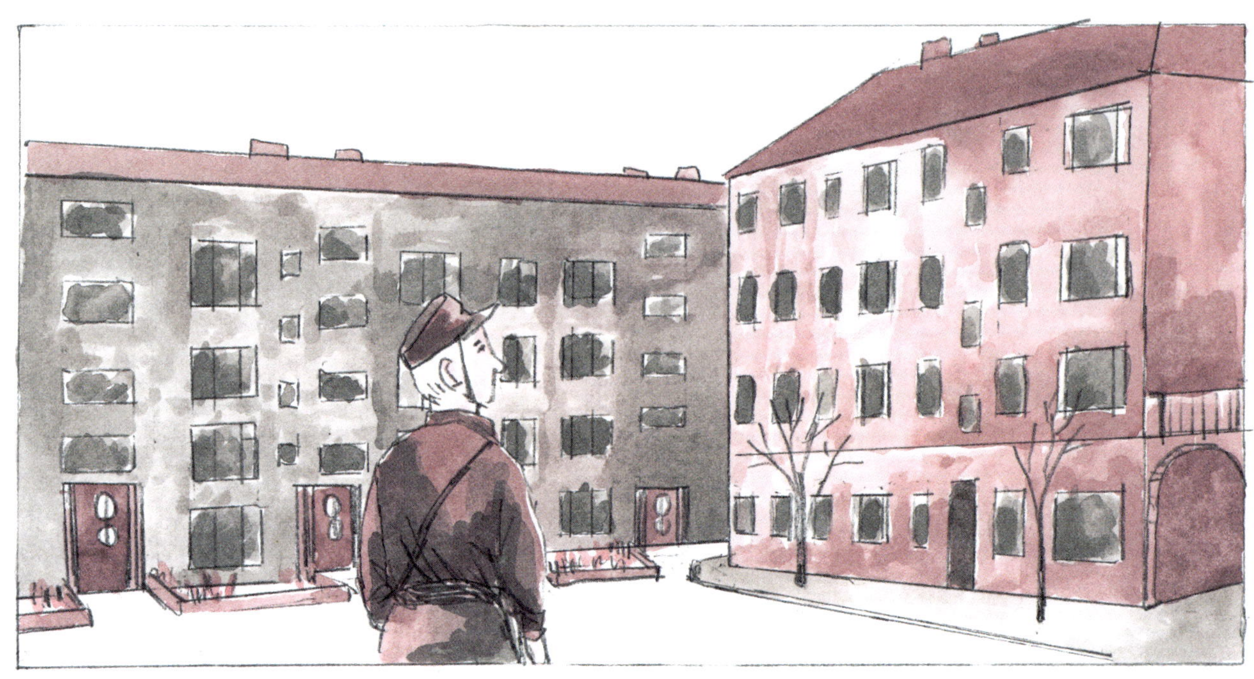
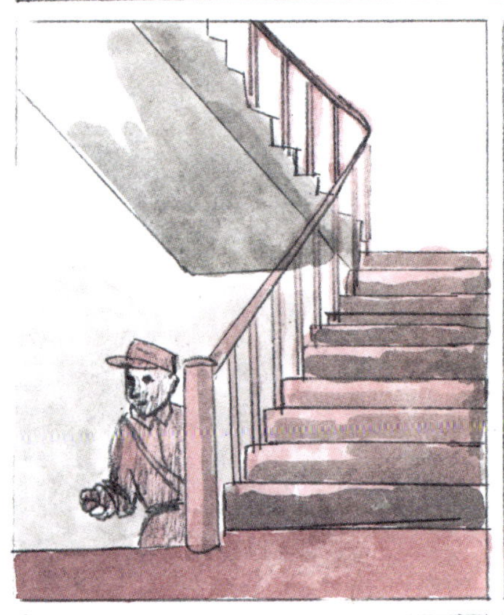
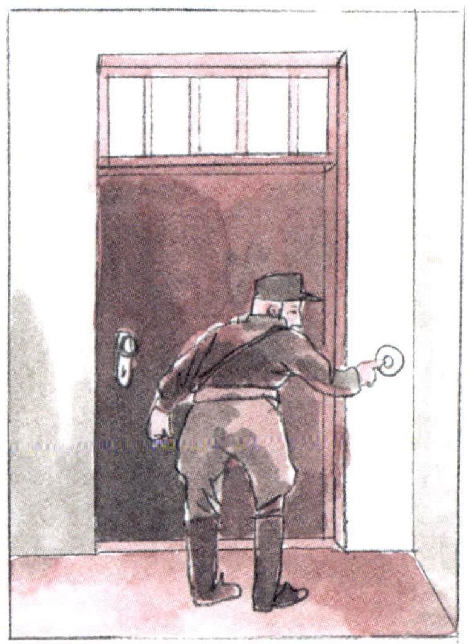
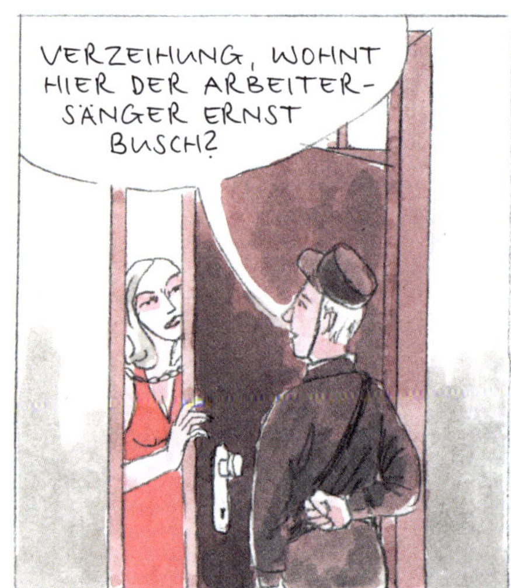
VERZEIHUNG, WOHNT HIER DER ARBEITER-SÄNGER ERNST BUSCH?
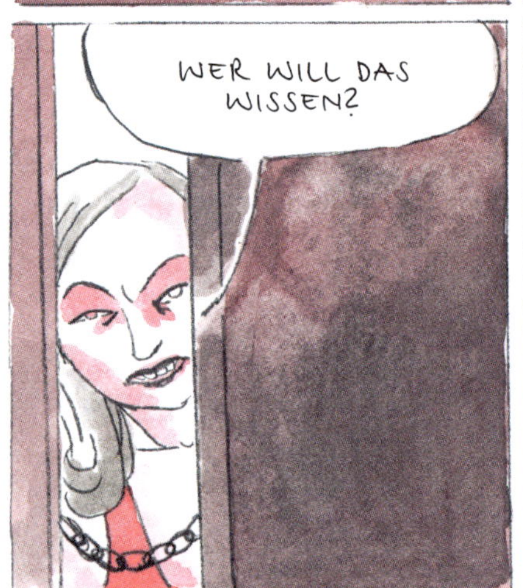
WER WILL DAS WISSEN?
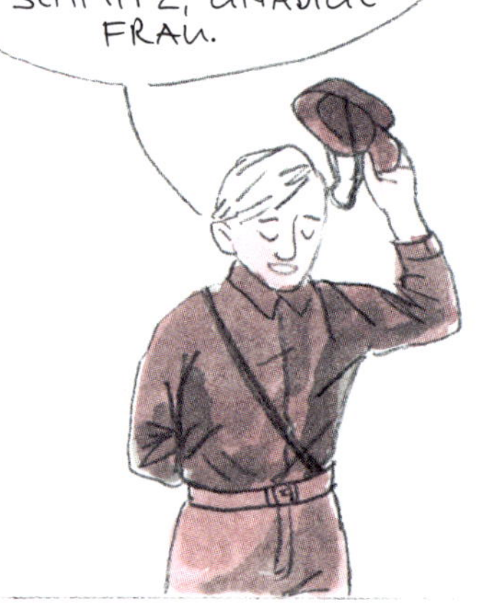
ROTTENFÜHRER SCHMITZ, GNÄDIGE FRAU.
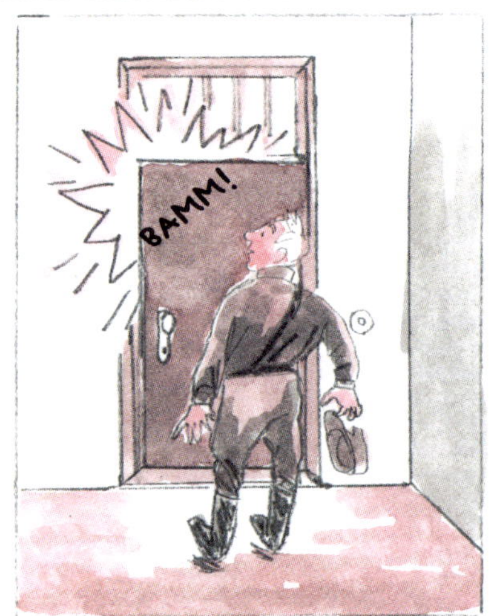
BAMM!

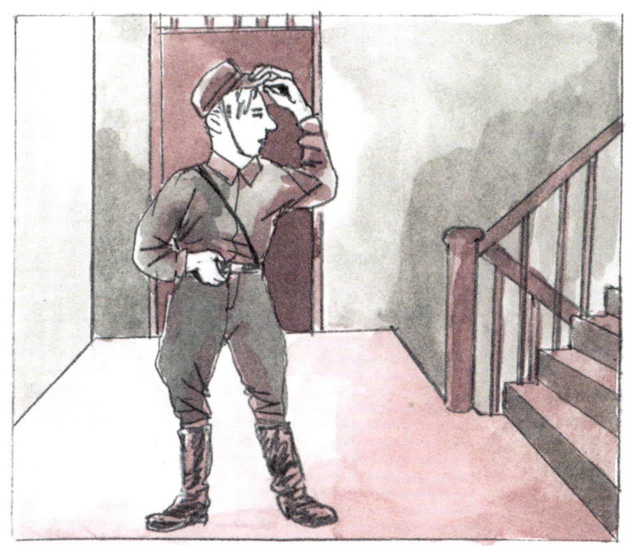

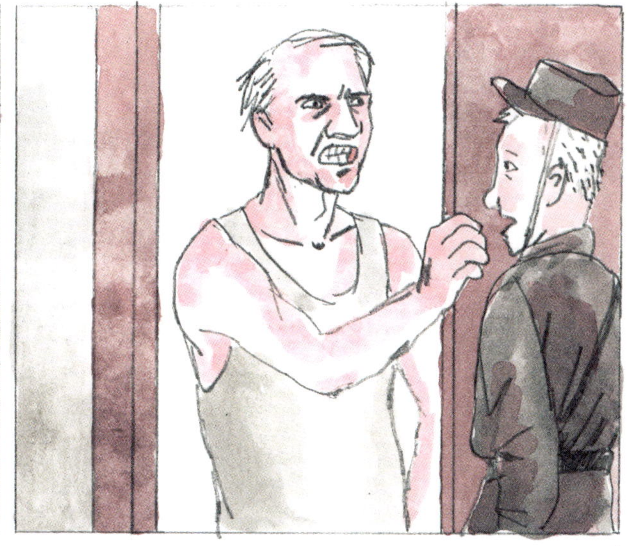

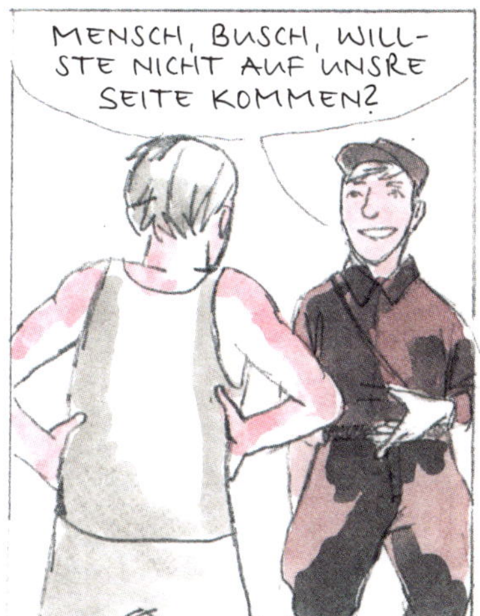

MENSCH, BUSCH, WILL-
STE NICHT AUF UNSRE
SEITE KOMMEN?

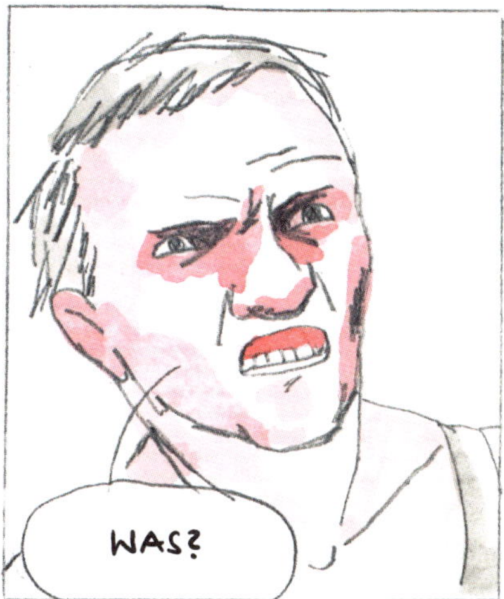

WAS?

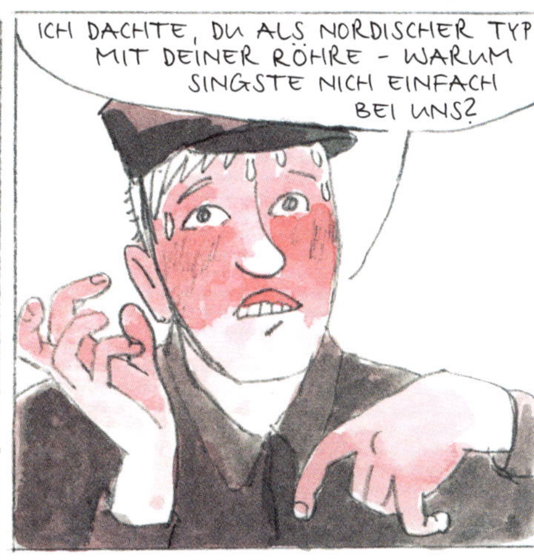

ICH DACHTE, DU ALS NORDISCHER TYP
MIT DEINER RÖHRE - WARUM
SINGSTE NICH EINFACH
BEI UNS?

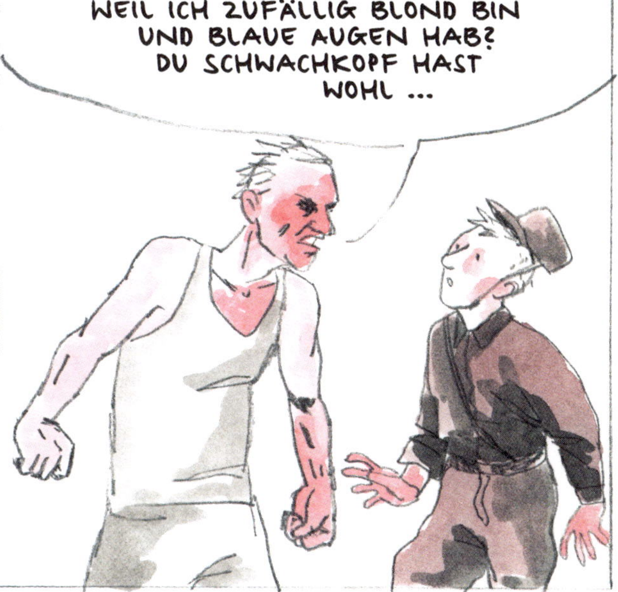

WEIL ICH ZUFÄLLIG BLOND BIN
UND BLAUE AUGEN HAB?
DU SCHWACHKOPF HAST
WOHL ...

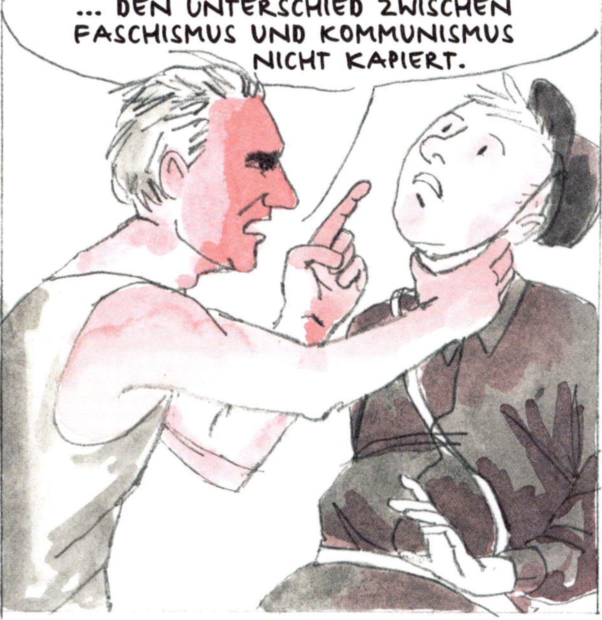

... DEN UNTERSCHIED ZWISCHEN
FASCHISMUS UND KOMMUNISMUS
NICHT KAPIERT.

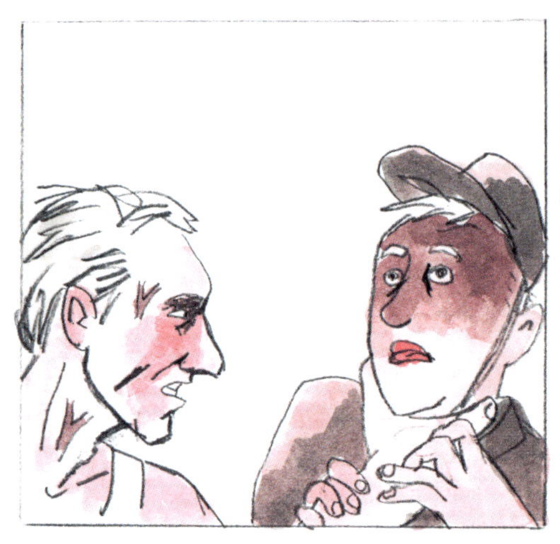

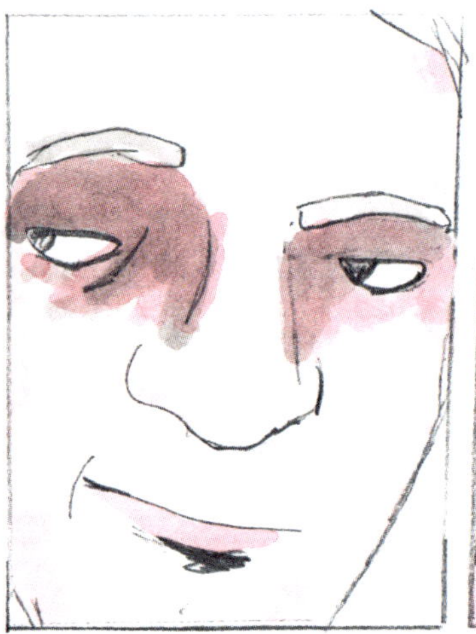

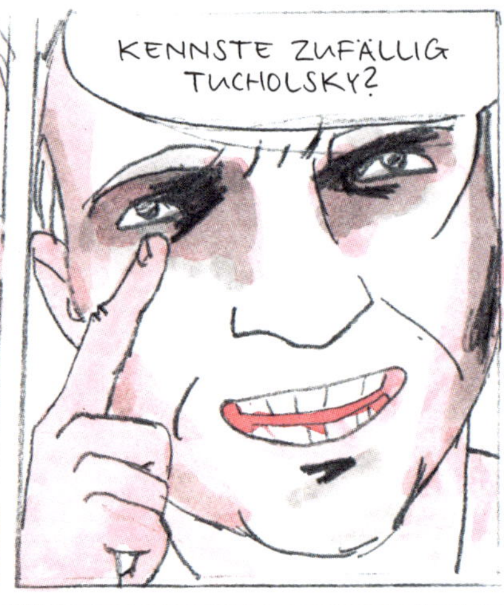
KENNSTE ZUFÄLLIG TUCHOLSKY?

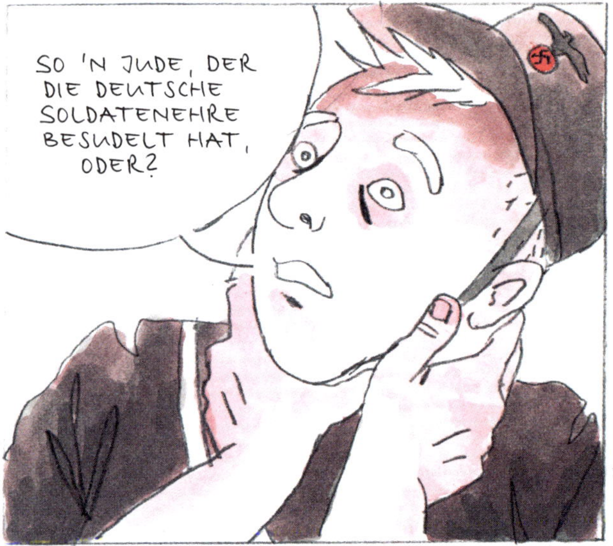
SO 'N JUDE, DER DIE DEUTSCHE SOLDATENEHRE BESUDELT HAT, ODER?

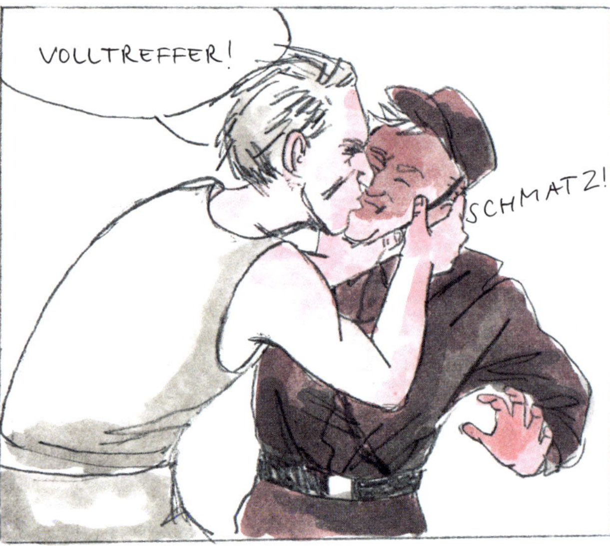
VOLLTREFFER!
SCHMATZ!

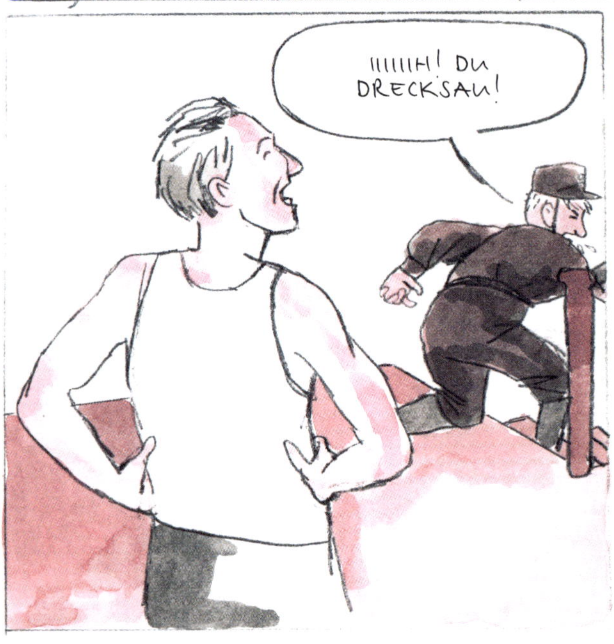
IIIIIIH! DU DRECKSAU!

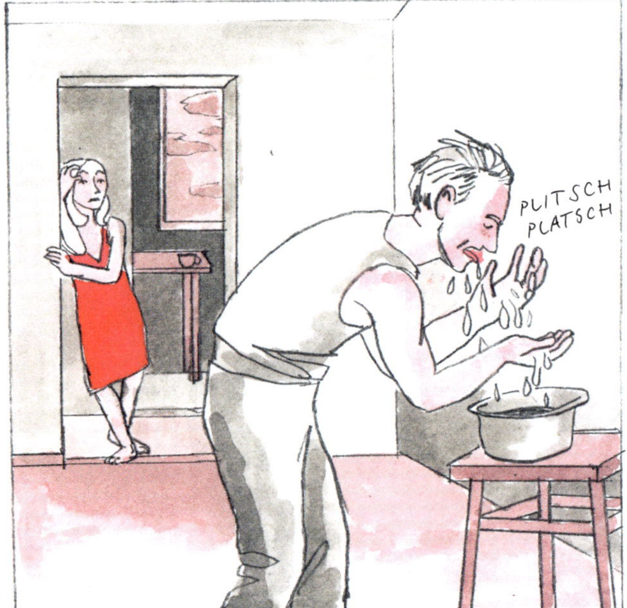
PLITSCH PLATSCH

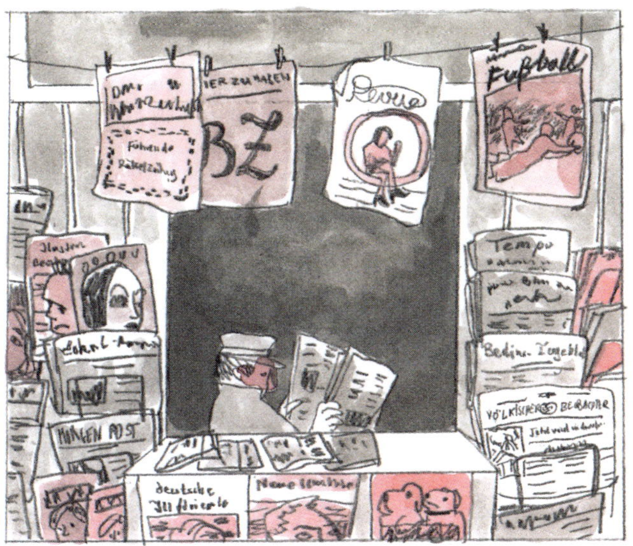
BZ
Fußball
Tempo

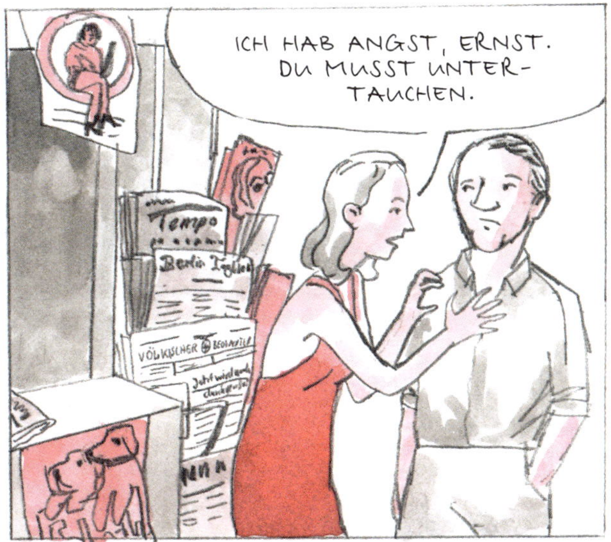
ICH HAB ANGST, ERNST. DU MUSST UNTERTAUCHEN.
Tempo

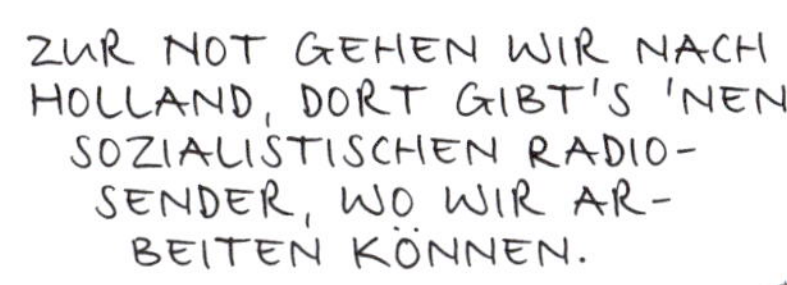
ZUR NOT GEHEN WIR NACH HOLLAND, DORT GIBT'S 'NEN SOZIALISTISCHEN RADIOSENDER, WO WIR ARBEITEN KÖNNEN.

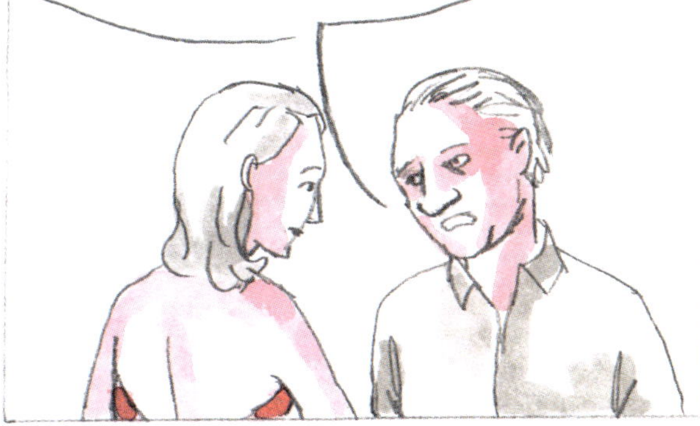

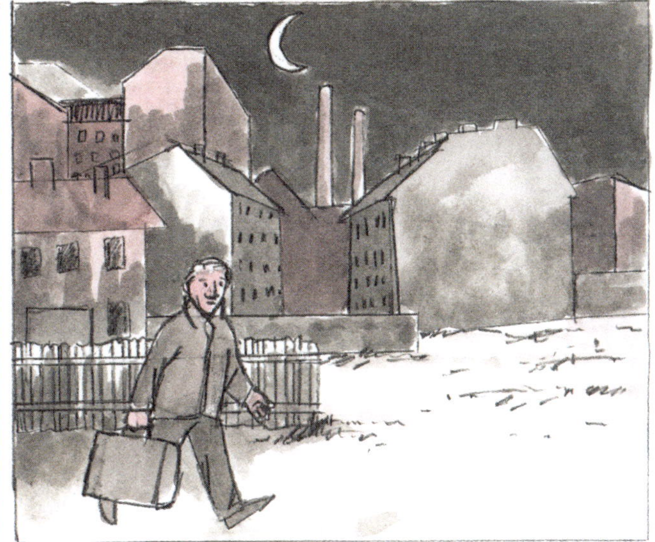

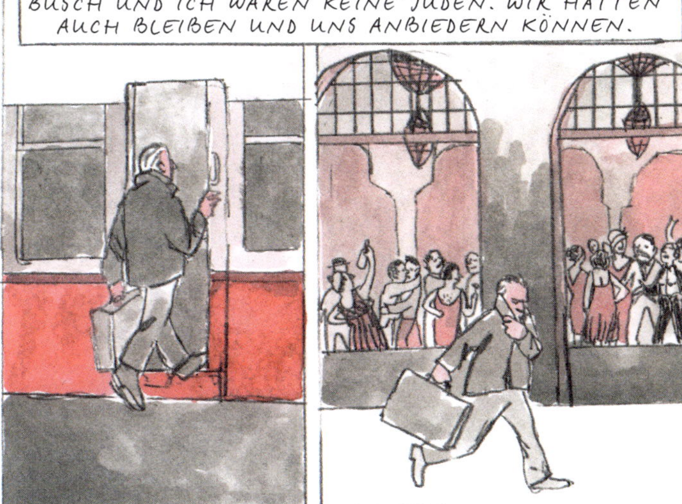
BUSCH UND ICH WAREN KEINE JUDEN. WIR HÄTTEN AUCH BLEIBEN UND UNS ANBIEDERN KÖNNEN.

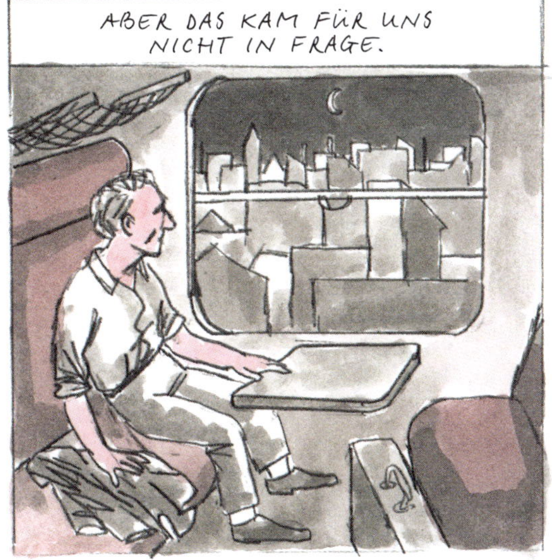
ABER DAS KAM FÜR UNS NICHT IN FRAGE.

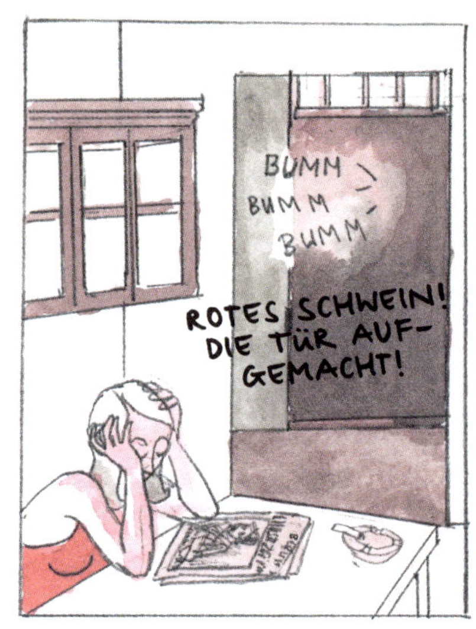
BUMM
BUMM
BUMM
ROTES SCHWEIN! DIE TÜR AUF-GEMACHT!

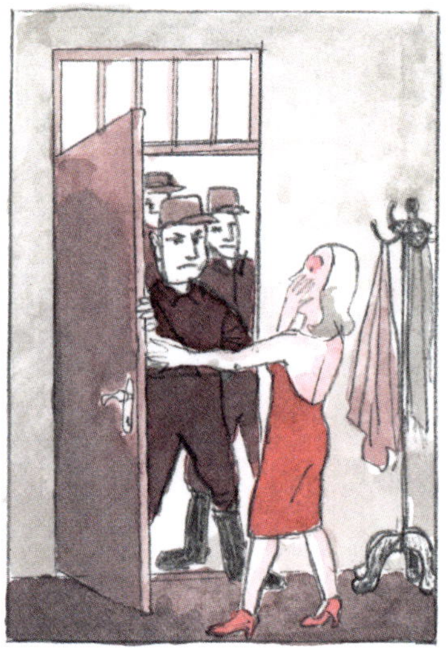

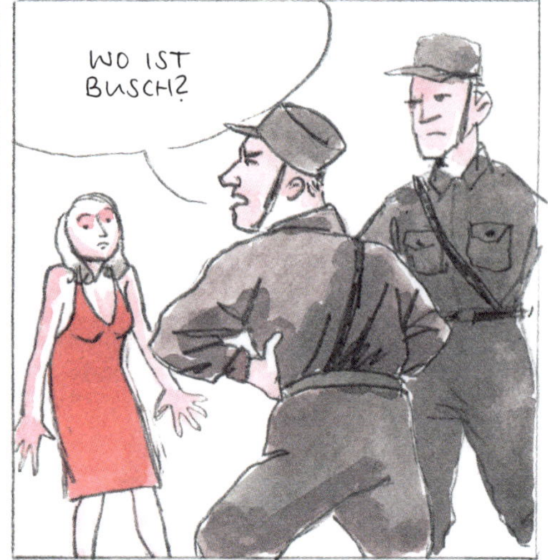
WO IST BUSCH?

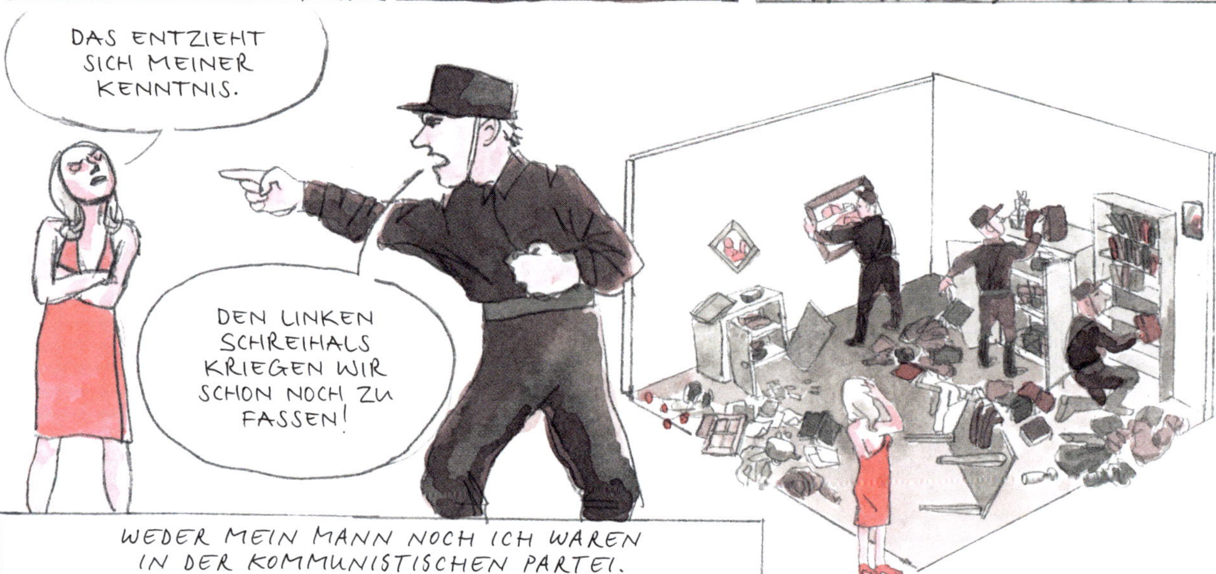
DAS ENTZIEHT SICH MEINER KENNTNIS.
DEN LINKEN SCHREIHALS KRIEGEN WIR SCHON NOCH ZU FASSEN!
WEDER MEIN MANN NOCH ICH WAREN IN DER KOMMUNISTISCHEN PARTEI.

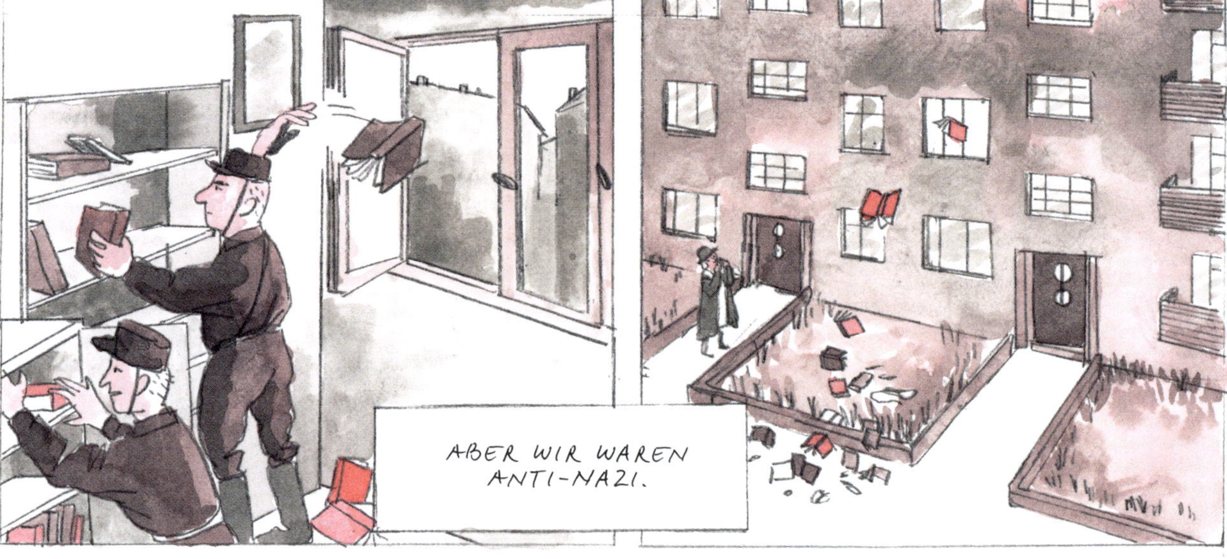
ABER WIR WAREN ANTI-NAZI.

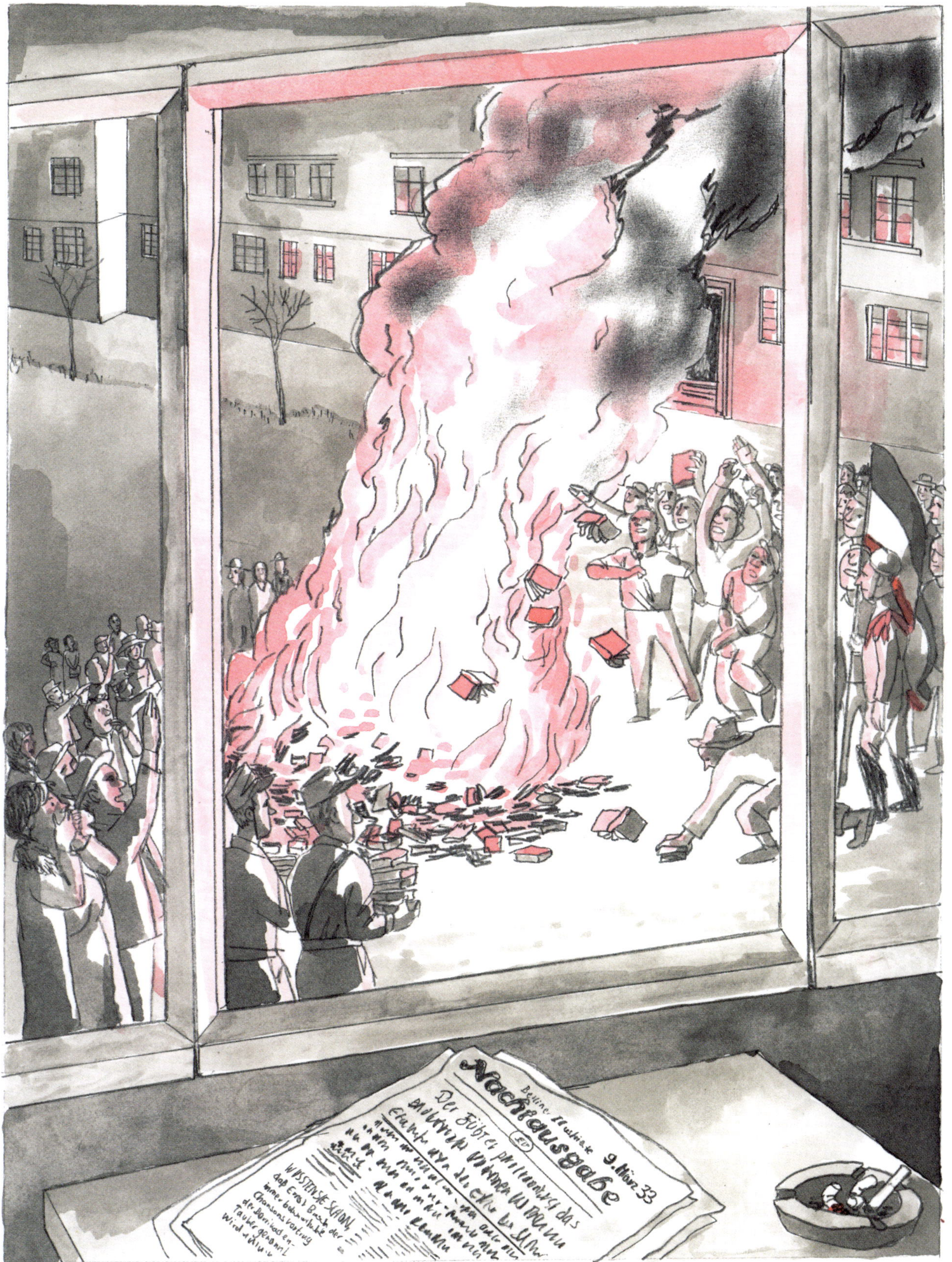
Nachtausgabe
Berliner Illustrierte
9. März 33
Der Führer proklamiert das
WUSSTEN SIE SCHON,
daß Ernst Busch der
Chansonsvortrag
der Barrikaden-
Tauber genannt

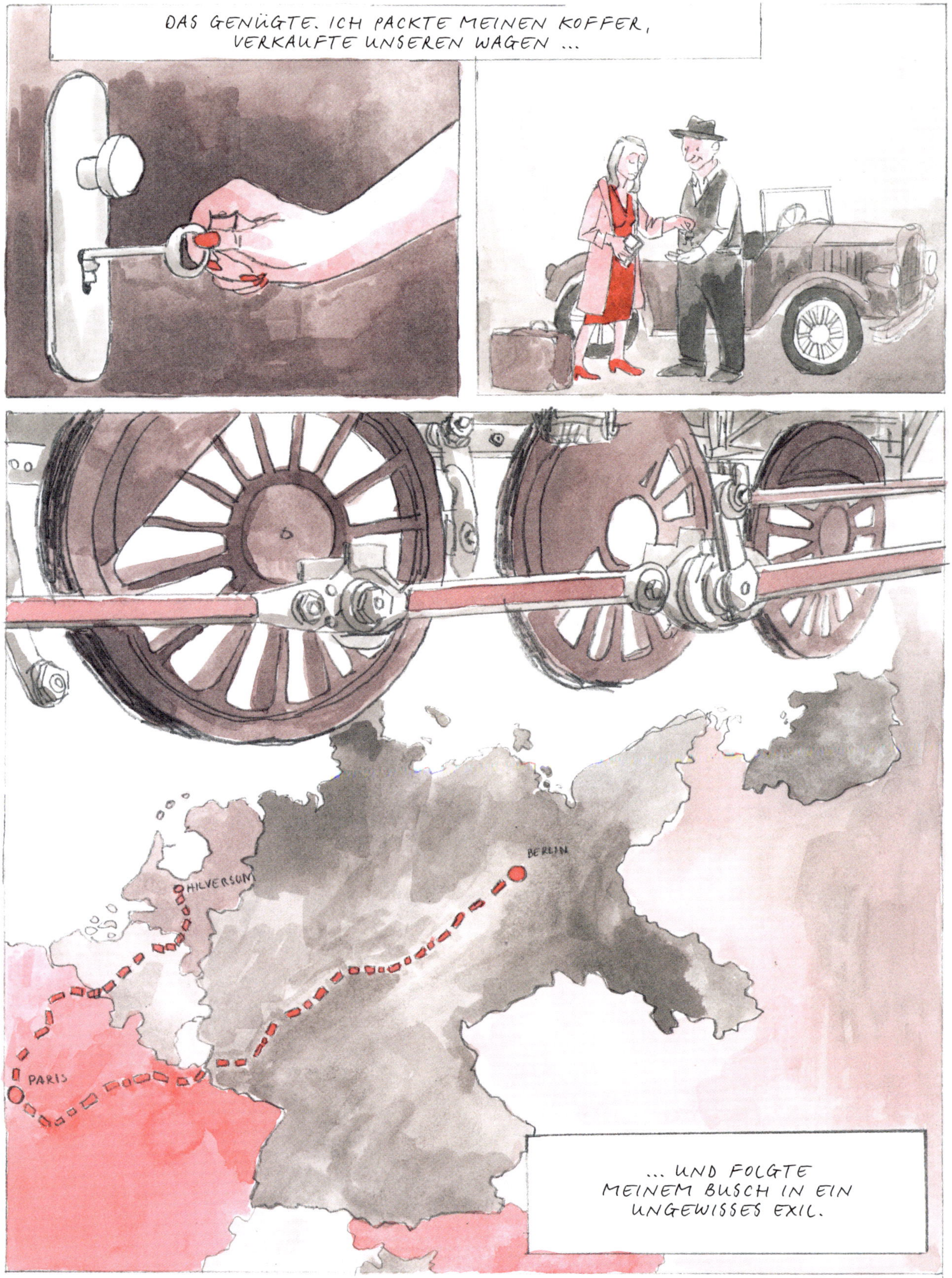

DAS GENÜGTE. ICH PACKTE MEINEN KOFFER,
VERKAUFTE UNSEREN WAGEN ...

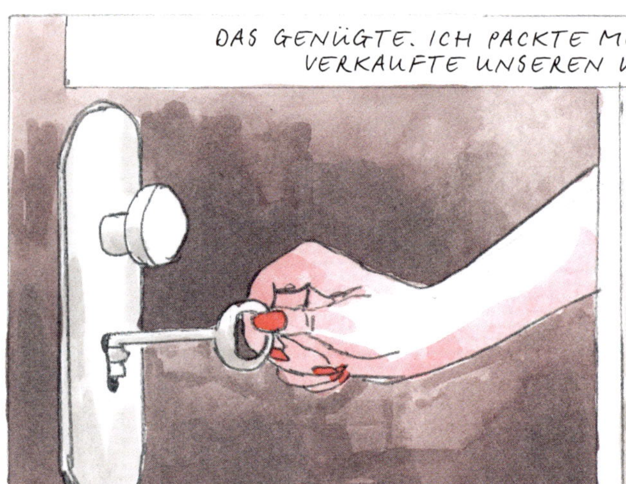

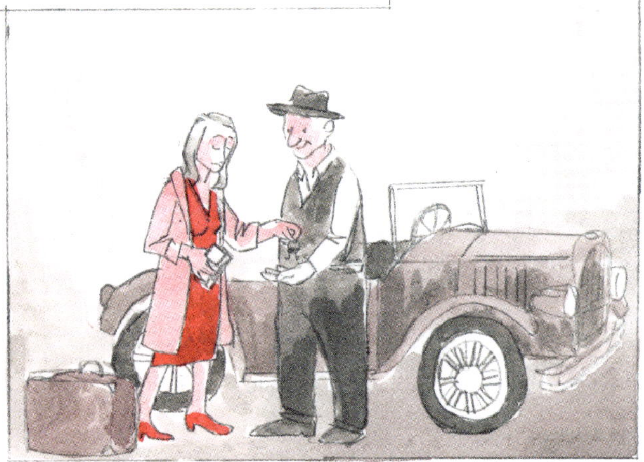

BERLIN
HILVERSUM
PARIS

... UND FOLGTE
MEINEM BUSCH IN EIN
UNGEWISSES EXIL.

ZWISCHENSPIEL OST-BERLIN 1971

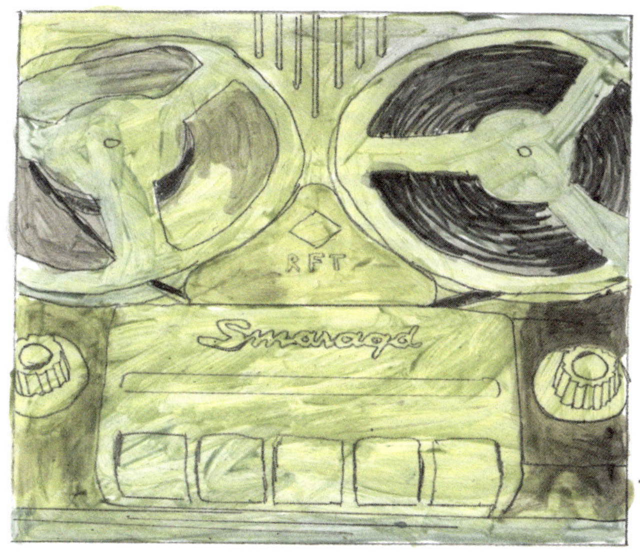

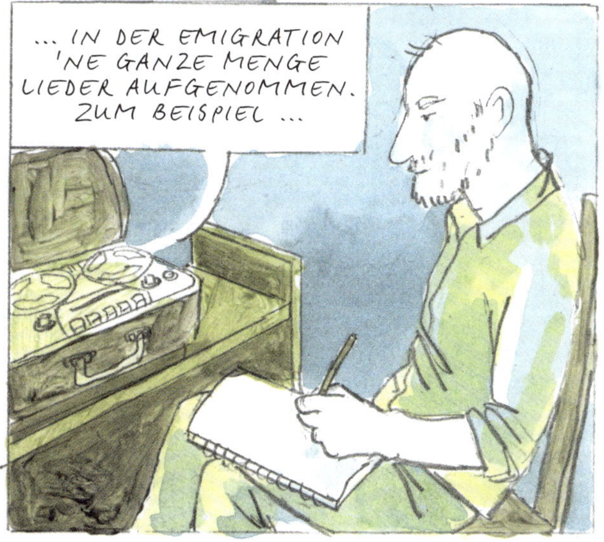

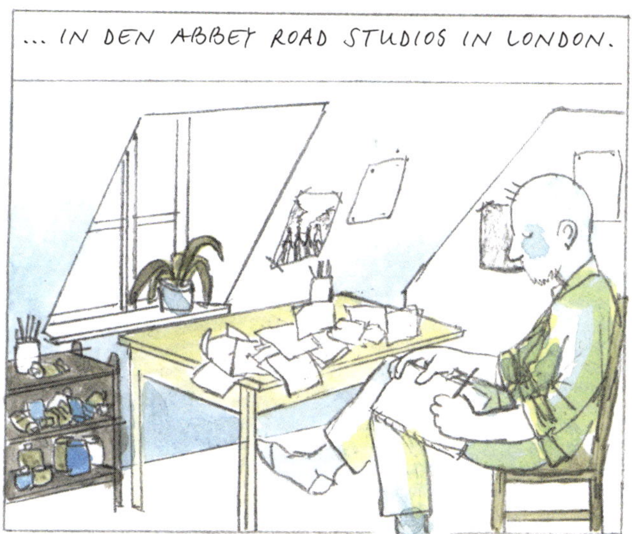

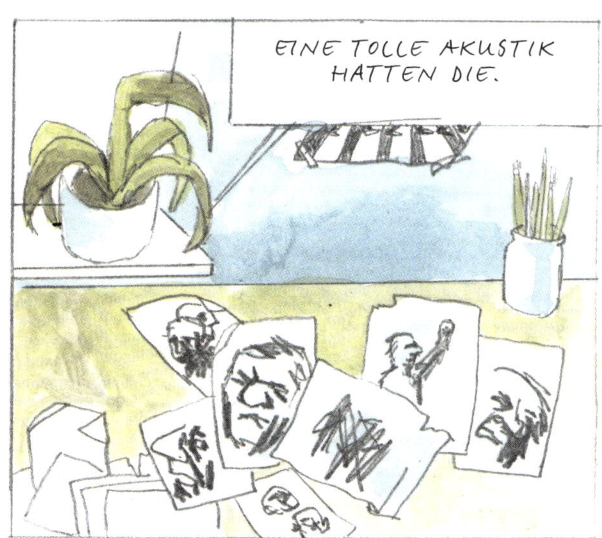

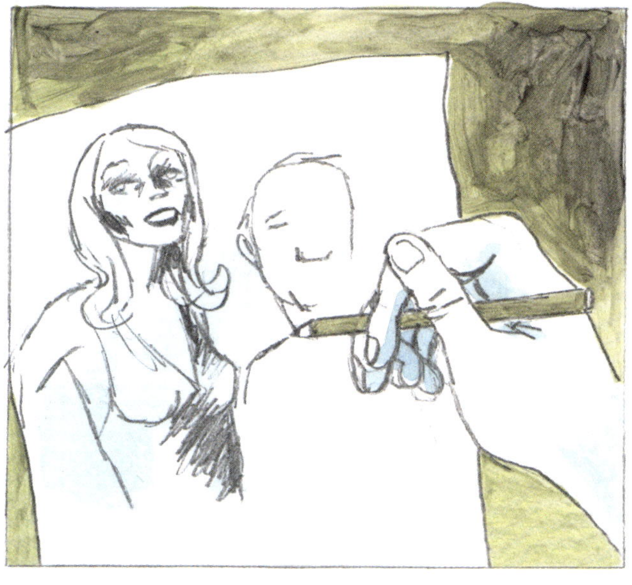

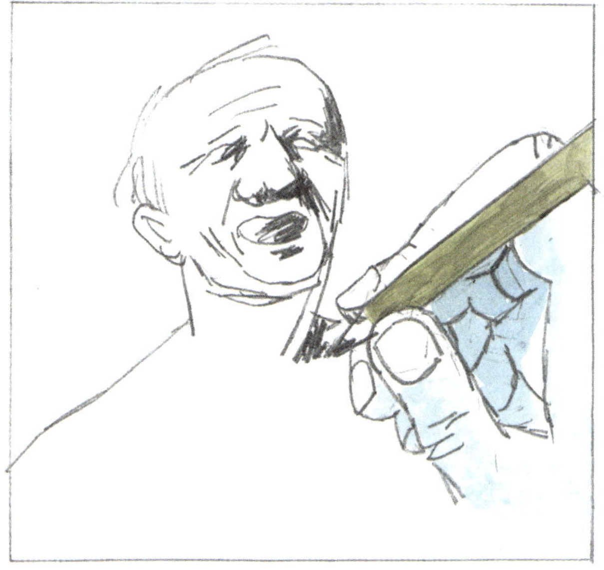

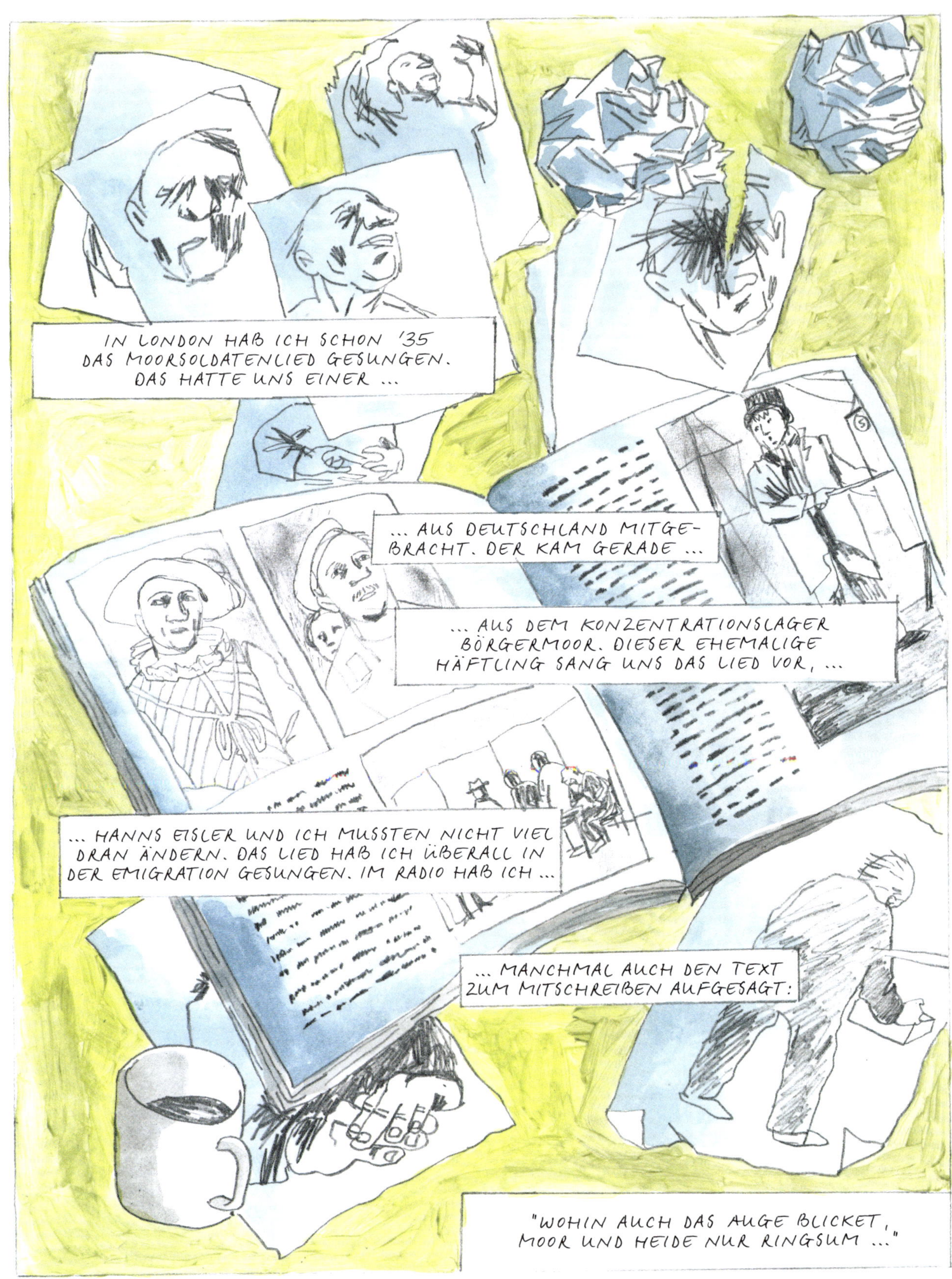
IN LONDON HAB ICH SCHON '35 DAS MOORSOLDATENLIED GESUNGEN. DAS HATTE UNS EINER ...
... AUS DEUTSCHLAND MITGEBRACHT. DER KAM GERADE ...
... AUS DEM KONZENTRATIONSLAGER BÖRGERMOOR. DIESER EHEMALIGE HÄFTLING SANG UNS DAS LIED VOR, ...
... HANNS EISLER UND ICH MUSSTEN NICHT VIEL DRAN ÄNDERN. DAS LIED HAB ICH ÜBERALL IN DER EMIGRATION GESUNGEN. IM RADIO HAB ICH ...
... MANCHMAL AUCH DEN TEXT ZUM MITSCHREIBEN AUFGESAGT:
"WOHIN AUCH DAS AUGE BLICKET, MOOR UND HEIDE NUR RINGSUM ..."

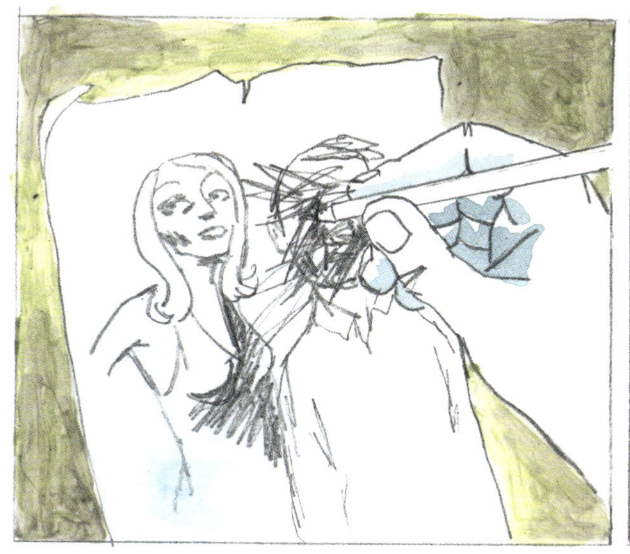

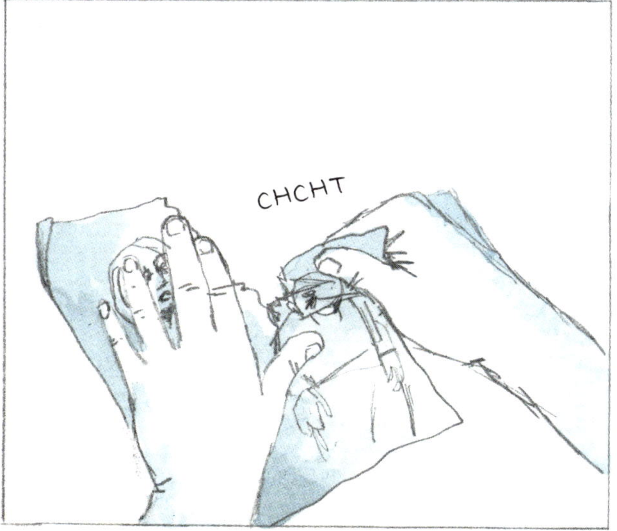
CHCHT

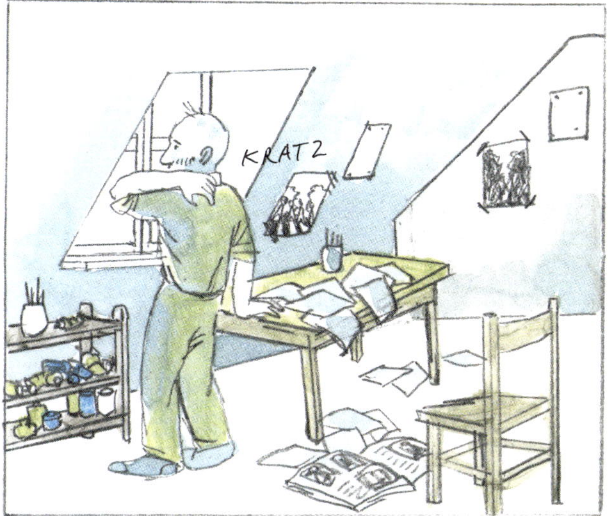
KRATZ

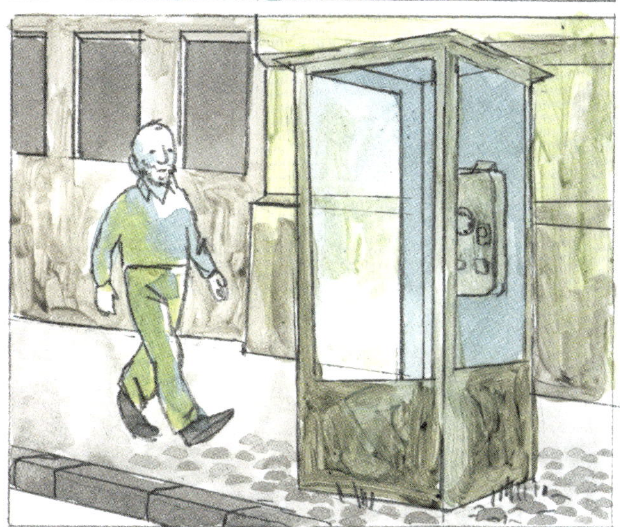

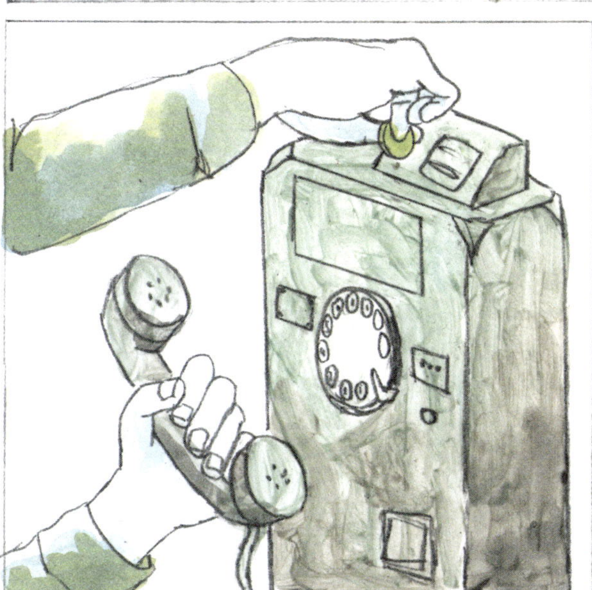

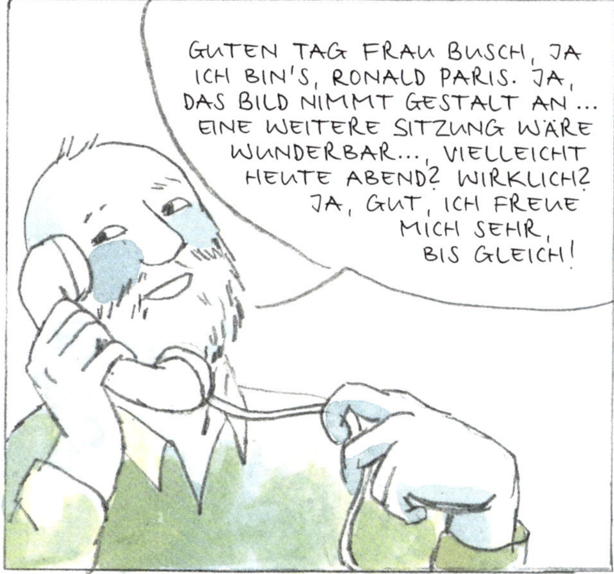
GUTEN TAG FRAU BUSCH, JA ICH BIN'S, RONALD PARIS. JA, DAS BILD NIMMT GESTALT AN ... EINE WEITERE SITZUNG WÄRE WUNDERBAR..., VIELLEICHT HEUTE ABEND? WIRKLICH? JA, GUT, ICH FREUE MICH SEHR, BIS GLEICH!

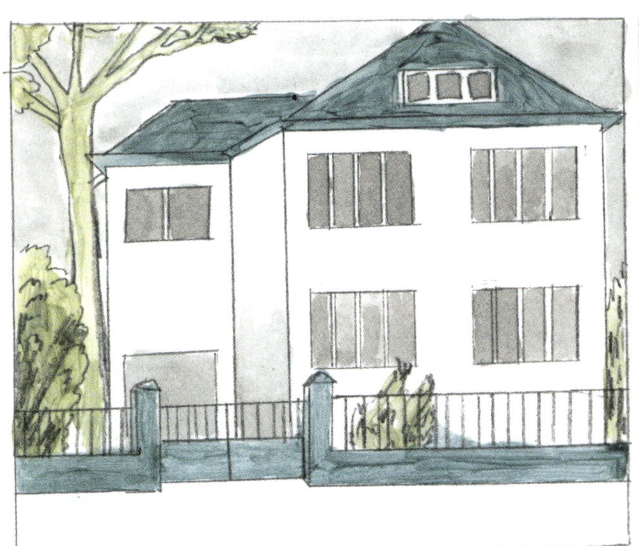

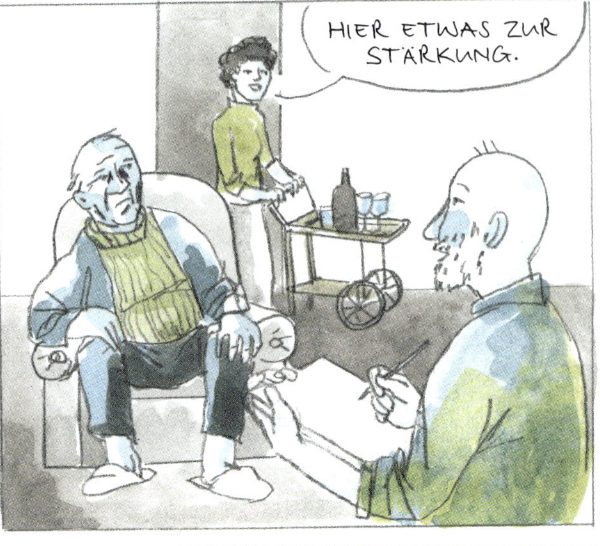
HIER ETWAS ZUR STÄRKUNG.

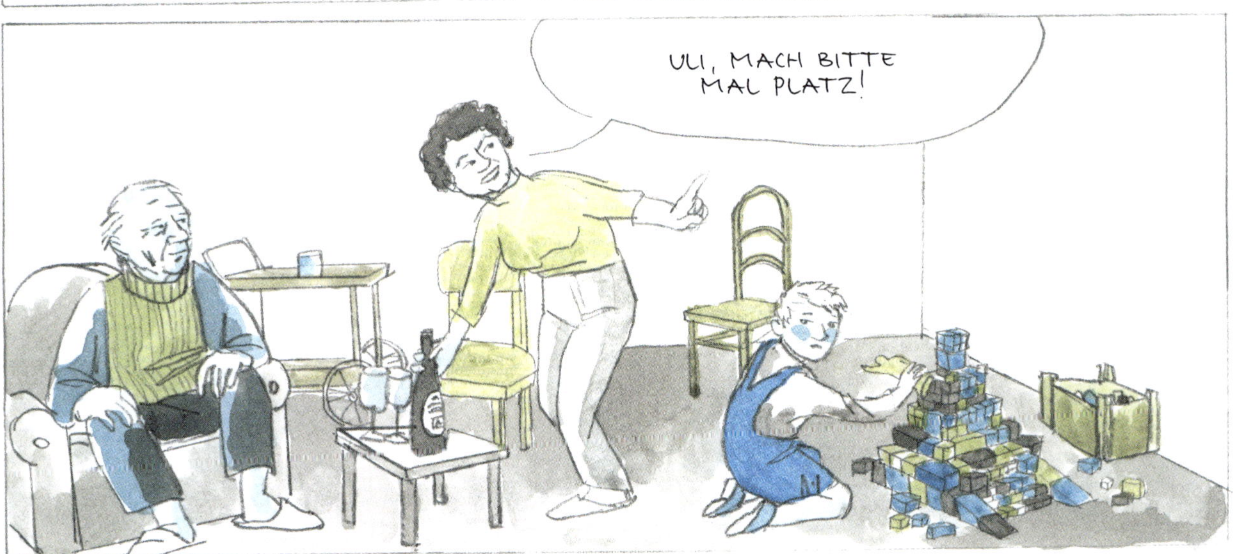
ULI, MACH BITTE MAL PLATZ!

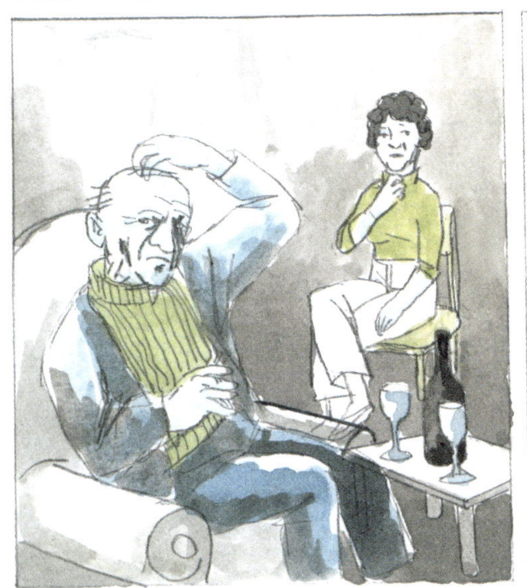

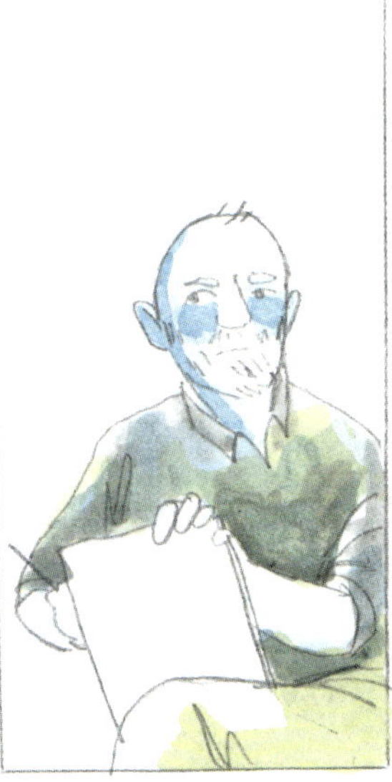

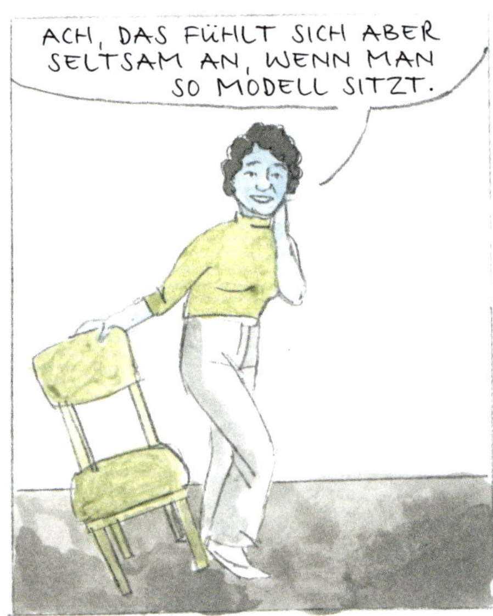
ACH, DAS FÜHLT SICH ABER SELTSAM AN, WENN MAN SO MODELL SITZT.

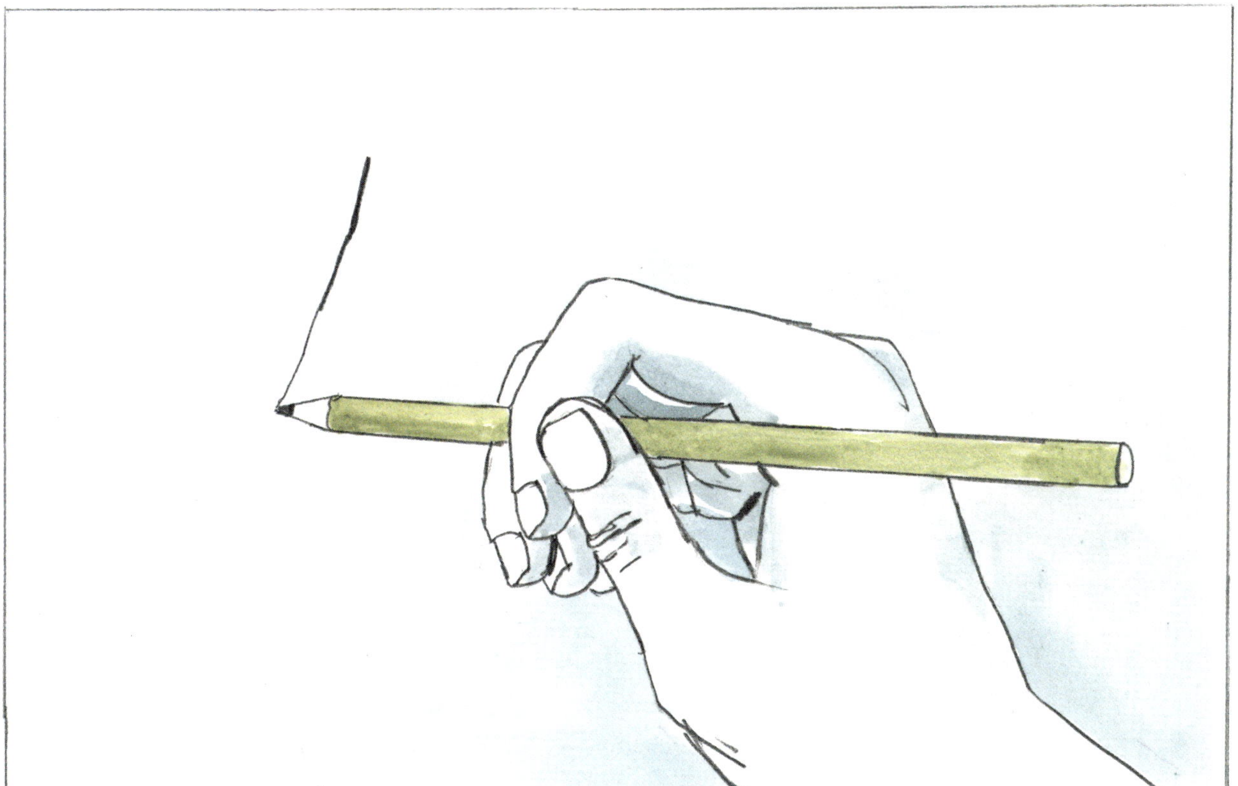

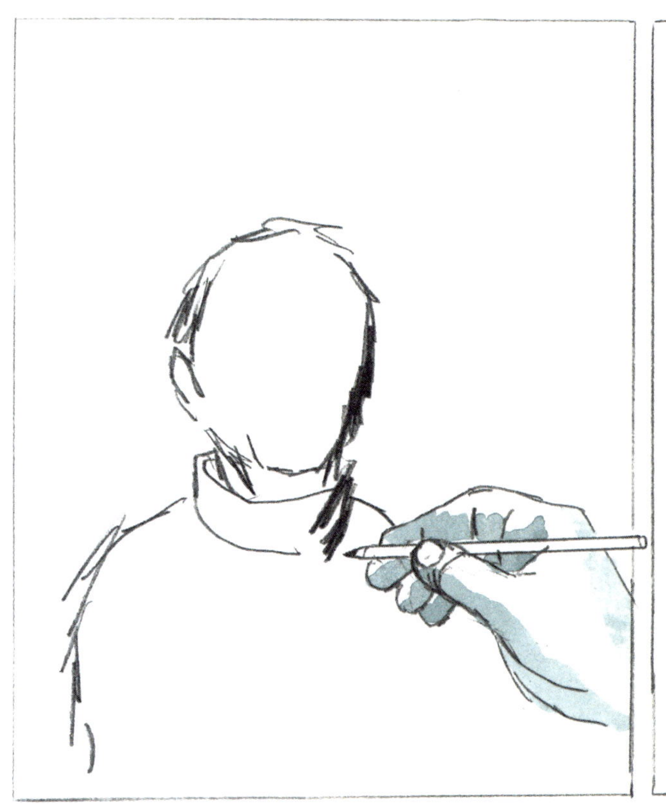
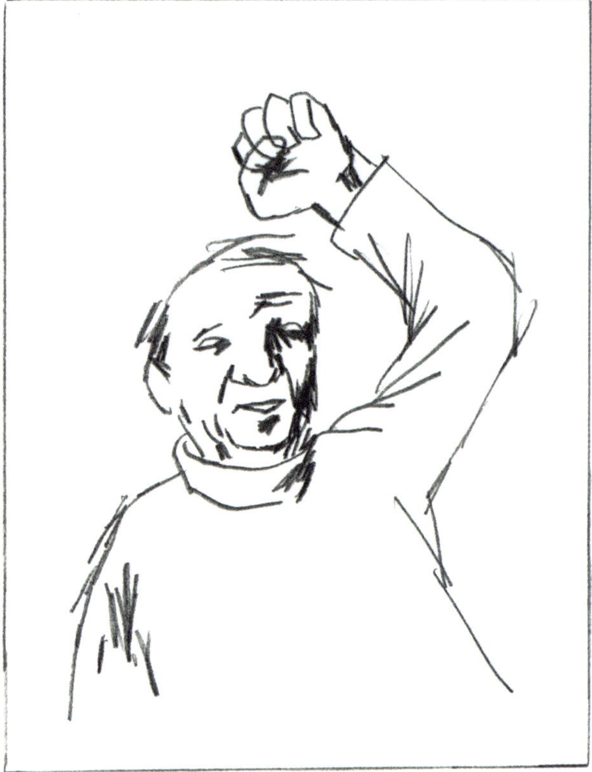
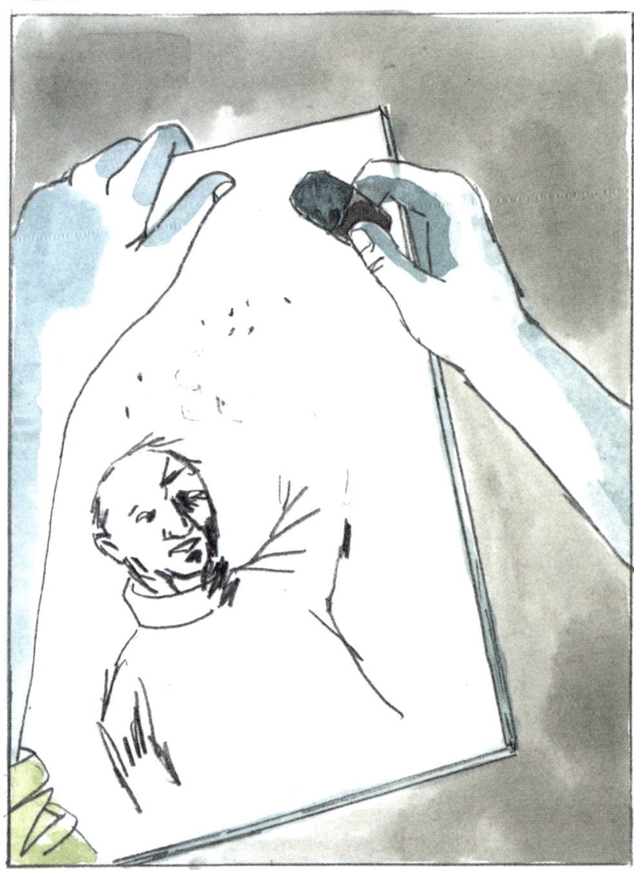
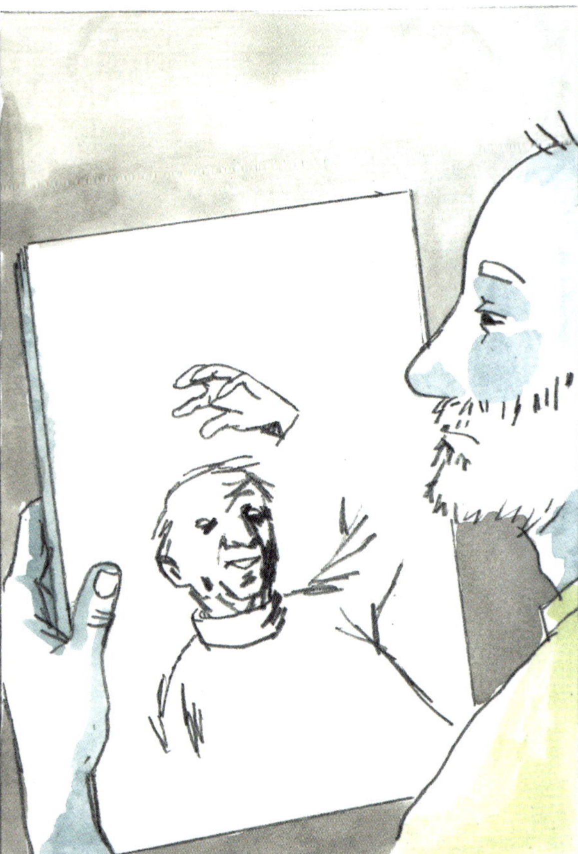

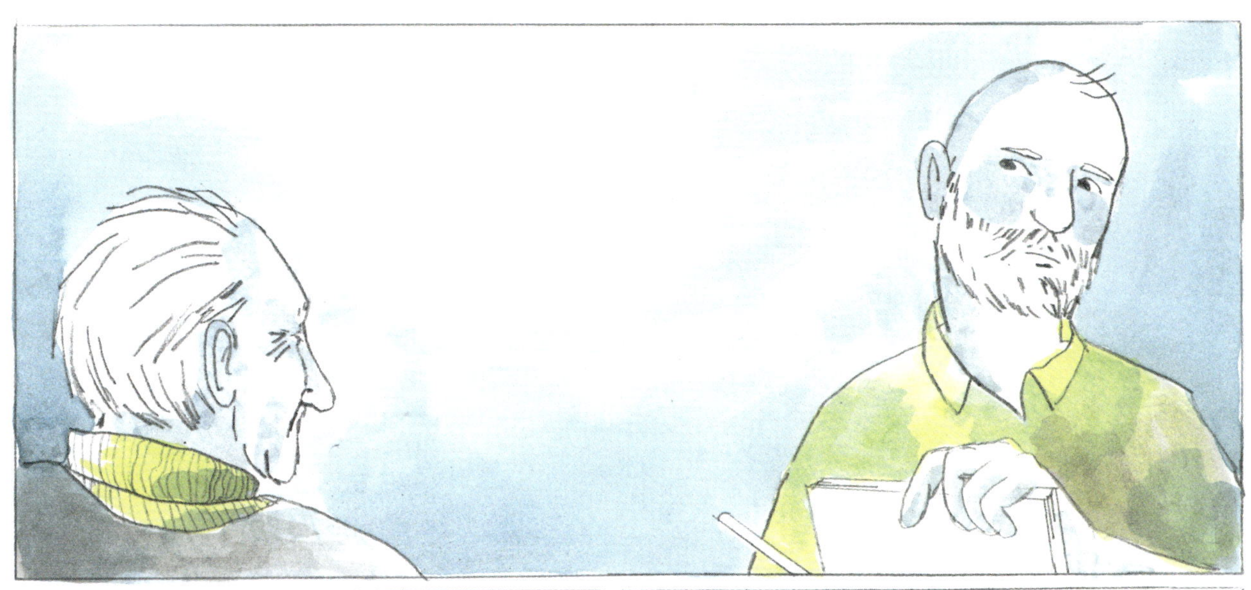

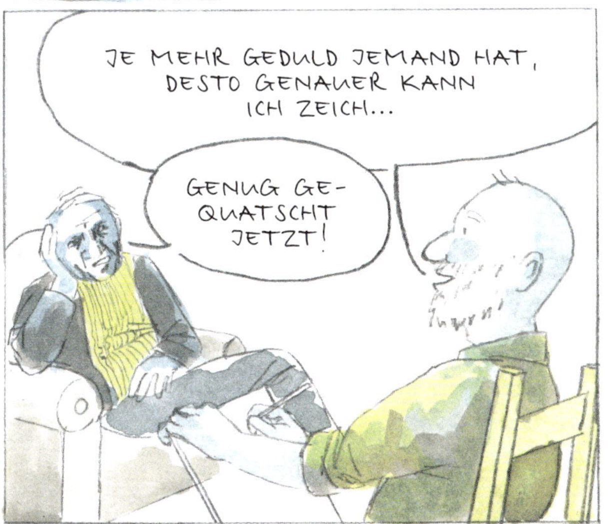
JE MEHR GEDULD JEMAND HAT, DESTO GENAUER KANN ICH ZEICH...
GENUG GE-QUATSCHT JETZT!

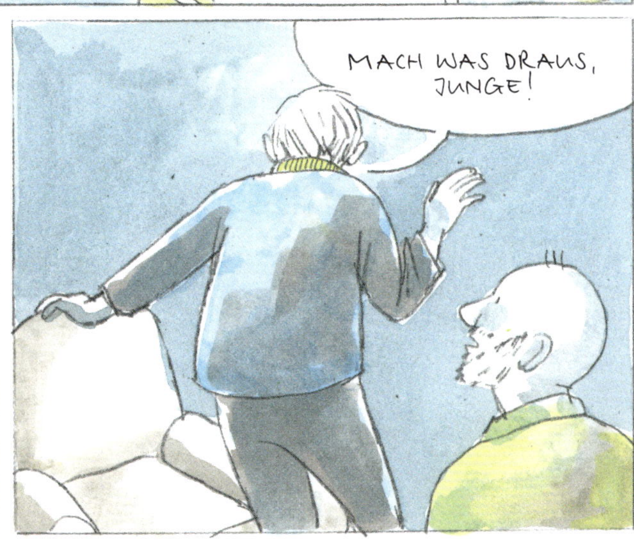
MACH WAS DRAUS, JUNGE!

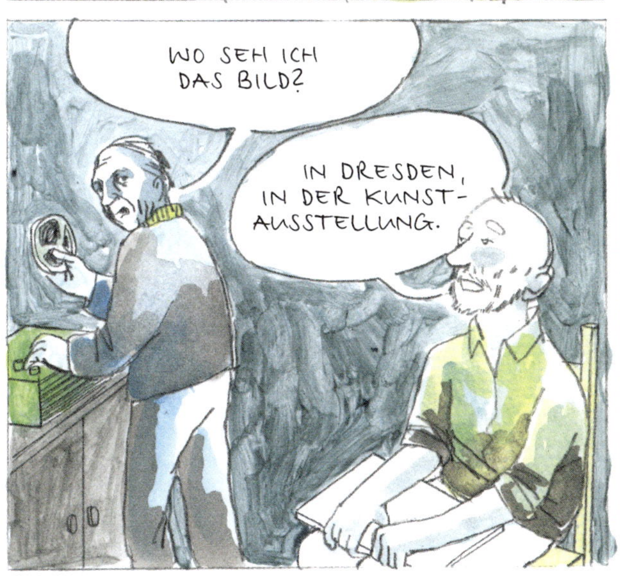
WO SEH ICH DAS BILD?
IN DRESDEN, IN DER KUNST-AUSSTELLUNG.

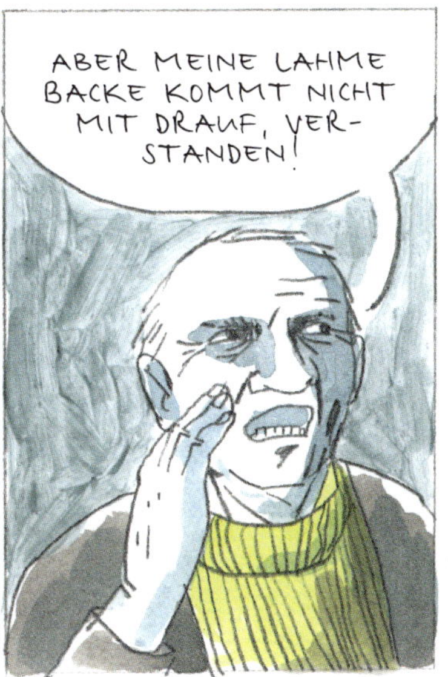
ABER MEINE LAHME BACKE KOMMT NICHT MIT DRAUF, VER-STANDEN!

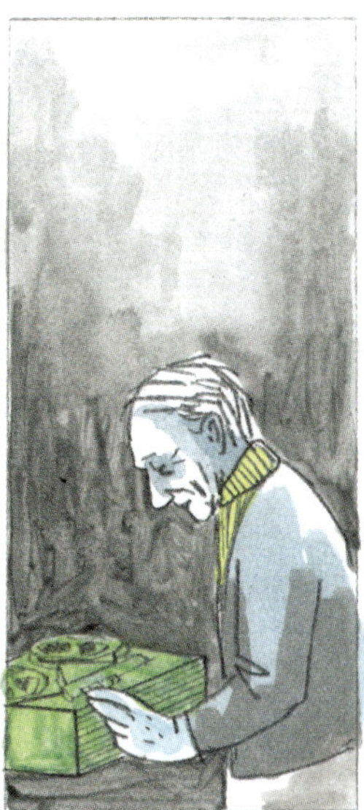

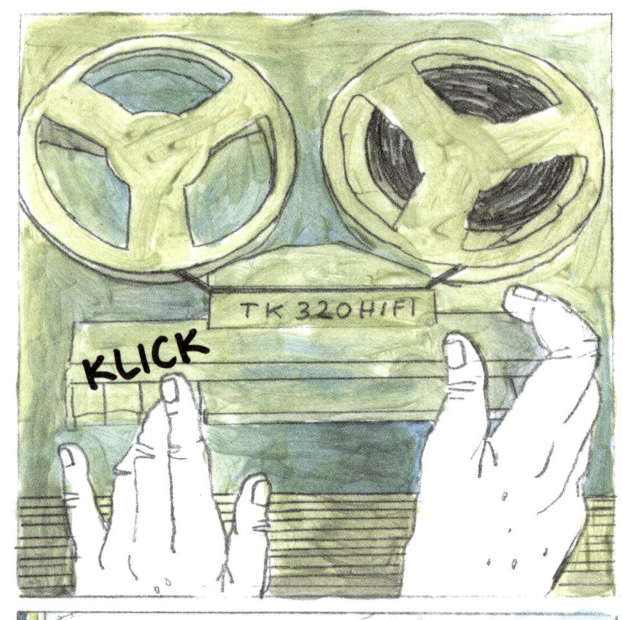
TK 320 HIFI
KLICK

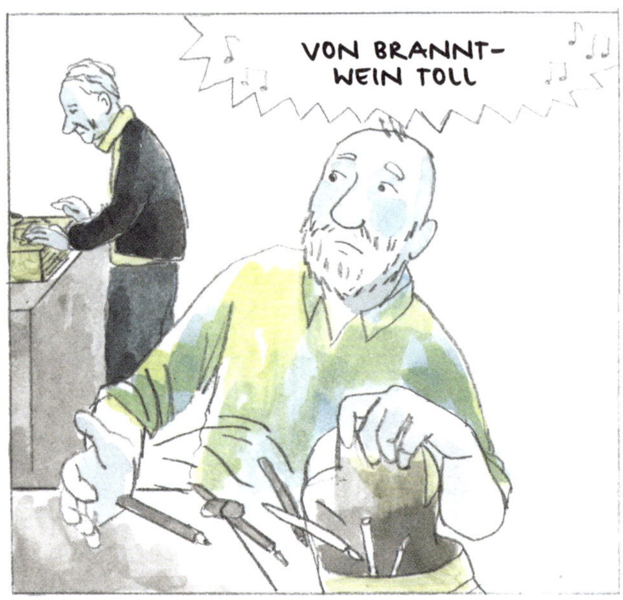
VON BRANNT-WEIN TOLL

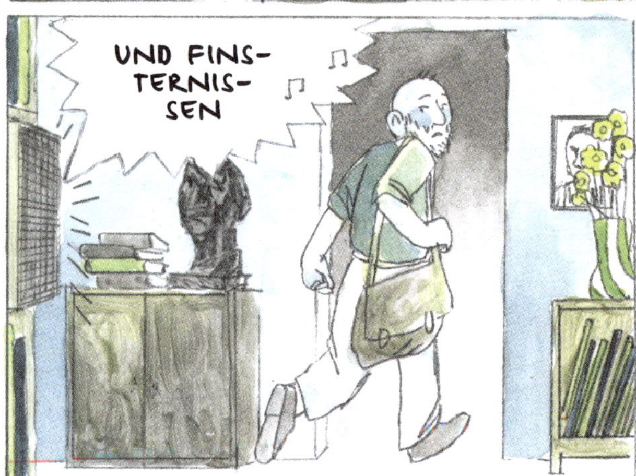
UND FINS-TERNIS-SEN

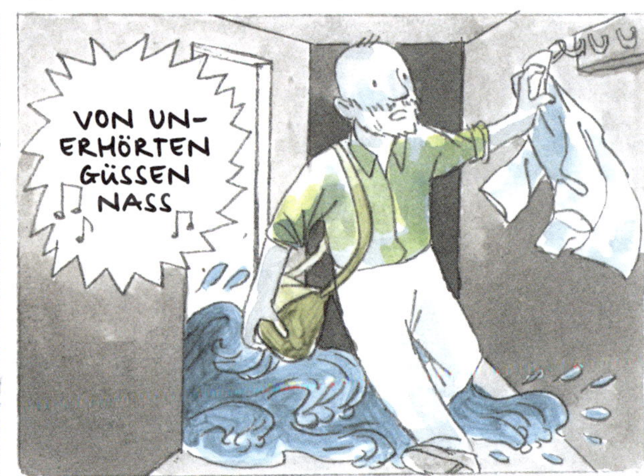
VON UN-ERHÖRTEN GÜSSEN NASS

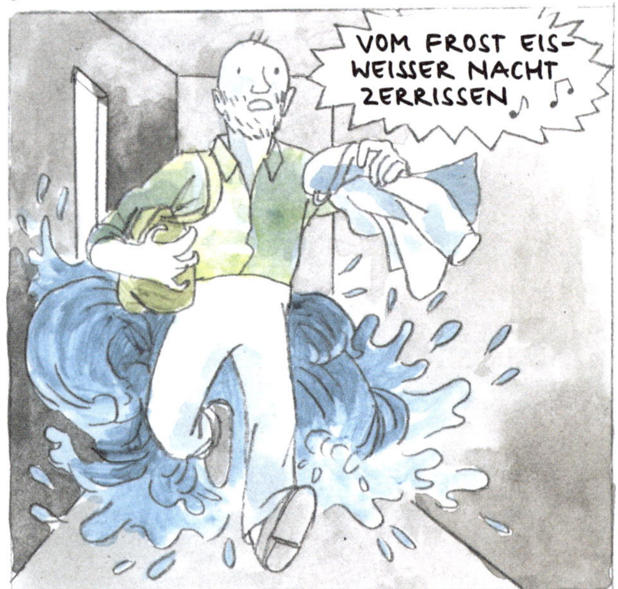
VOM FROST EIS-WEISSER NACHT ZERRISSEN

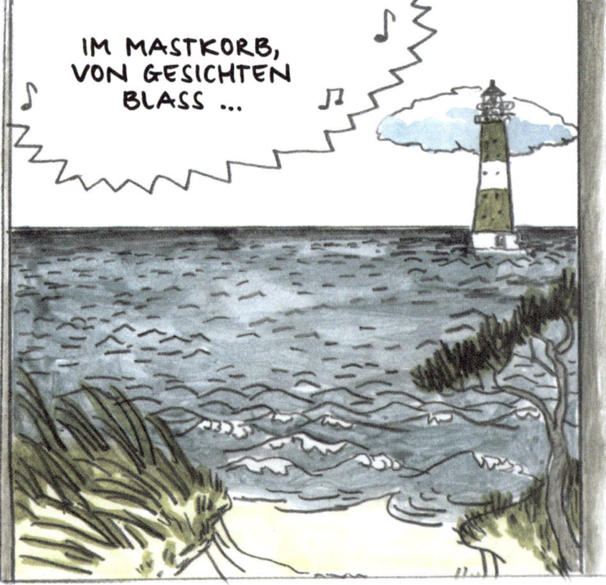
IM MASTKORB, VON GESICHTEN BLASS ...

2. AKT
(1934-1945)

HEIN
–
MARIA
–
PETE
–
GUSTAF
–
EVA K.

Hein

HILVERSUM NIEDERLANDE 1933

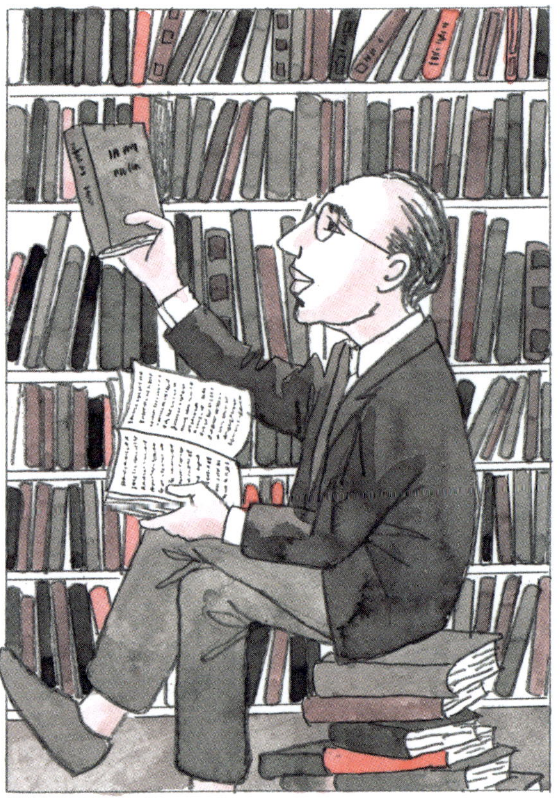

ICH BIN DER BUCHHÄNDLER SEINES VERTRAUENS.

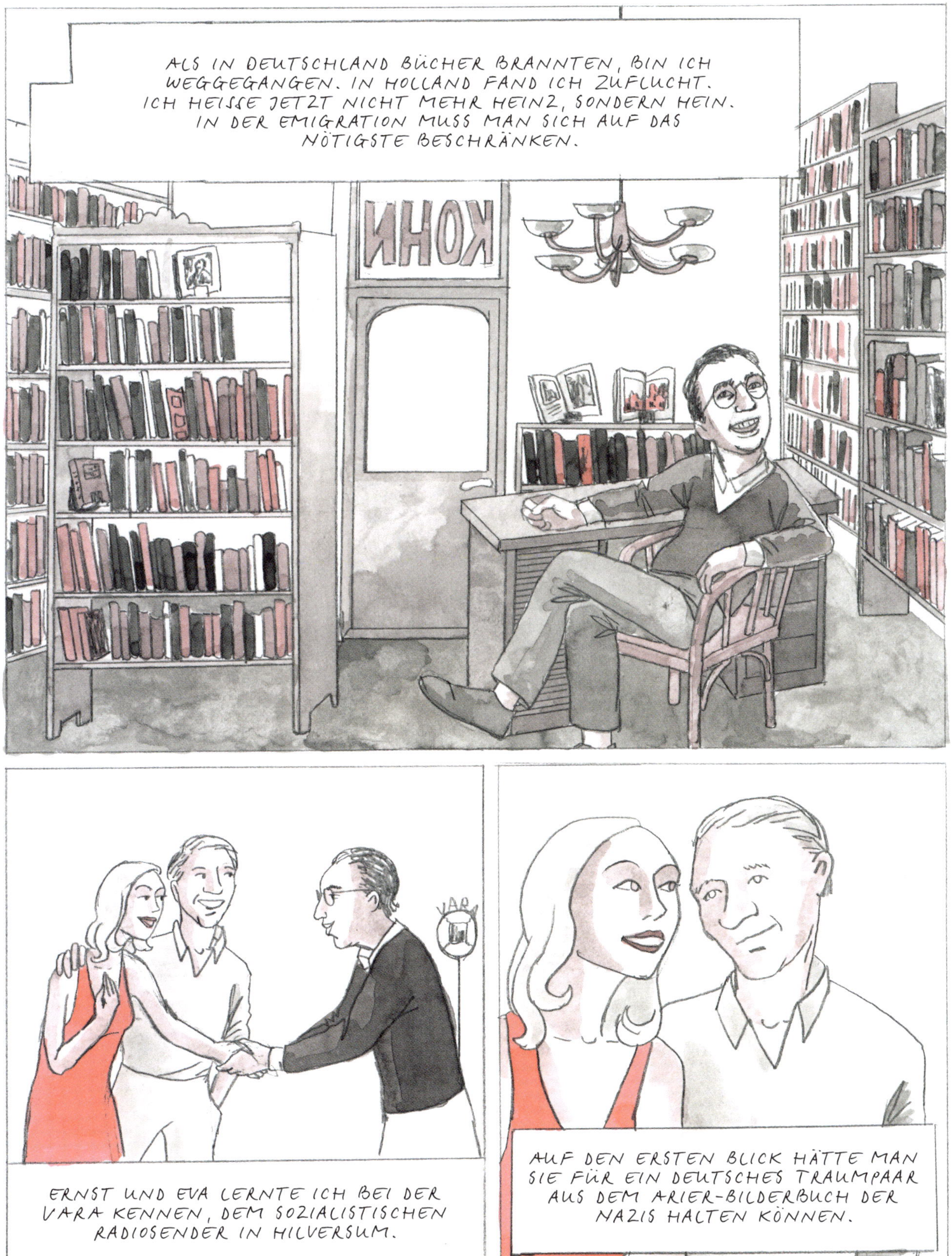

ALS IN DEUTSCHLAND BÜCHER BRANNTEN, BIN ICH WEGGEGANGEN. IN HOLLAND FAND ICH ZUFLUCHT. ICH HEISSE JETZT NICHT MEHR HEINZ, SONDERN HEIN. IN DER EMIGRATION MUSS MAN SICH AUF DAS NÖTIGSTE BESCHRÄNKEN.

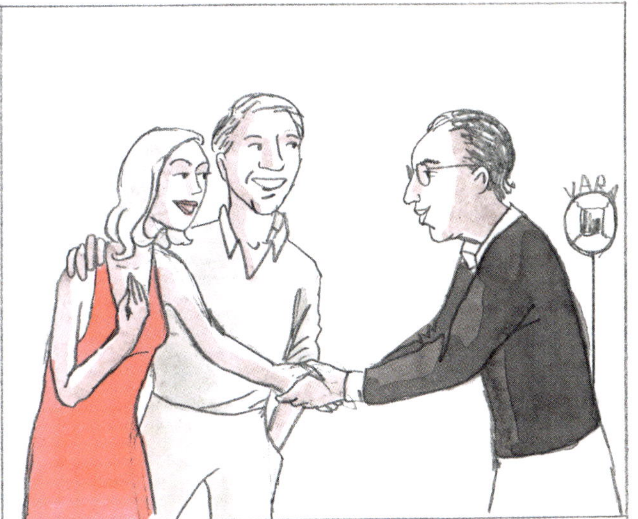

ERNST UND EVA LERNTE ICH BEI DER VARA KENNEN, DEM SOZIALISTISCHEN RADIOSENDER IN HILVERSUM.

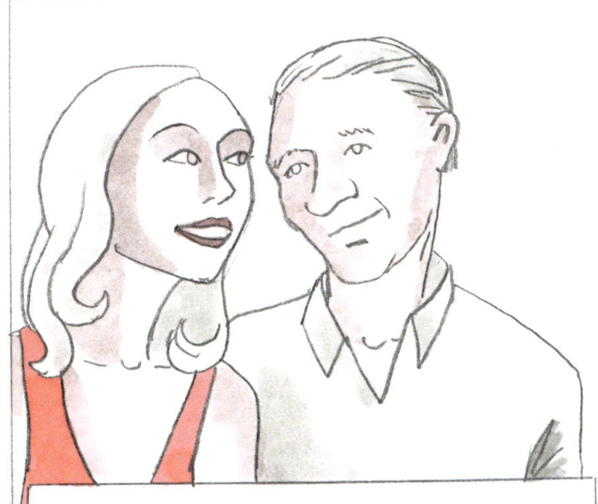

AUF DEN ERSTEN BLICK HÄTTE MAN SIE FÜR EIN DEUTSCHES TRAUMPAAR AUS DEM ARIER-BILDERBUCH DER NAZIS HALTEN KÖNNEN.

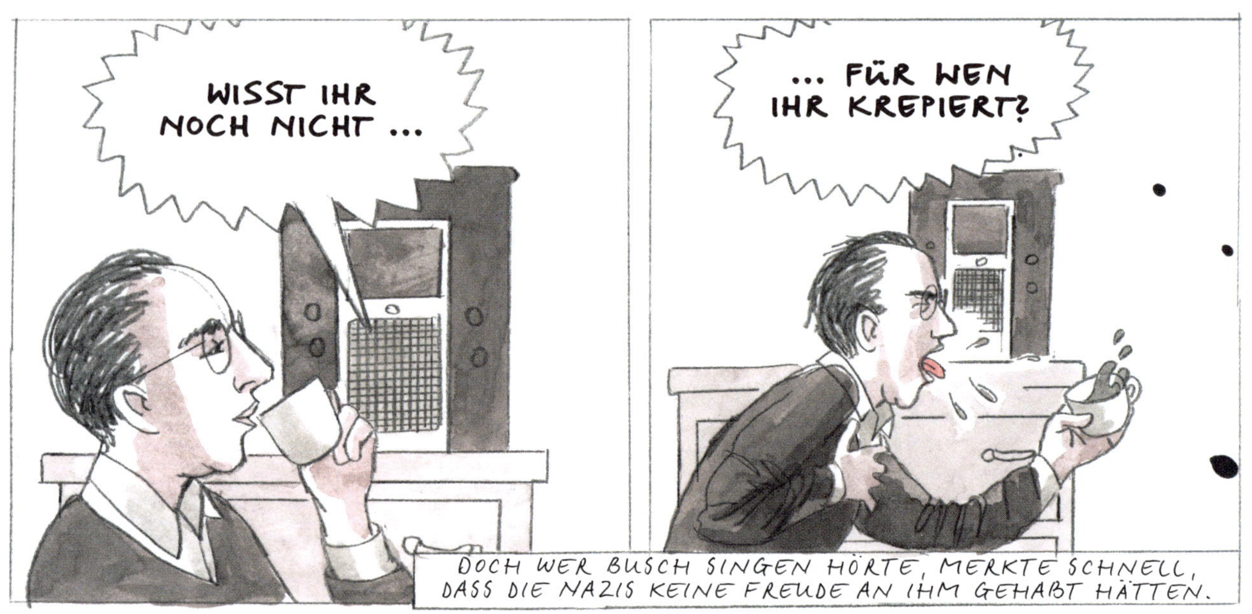
WISST IHR NOCH NICHT ...
... FÜR WEN IHR KREPIERT?
DOCH WER BUSCH SINGEN HÖRTE, MERKTE SCHNELL, DASS DIE NAZIS KEINE FREUDE AN IHM GEHABT HÄTTEN.

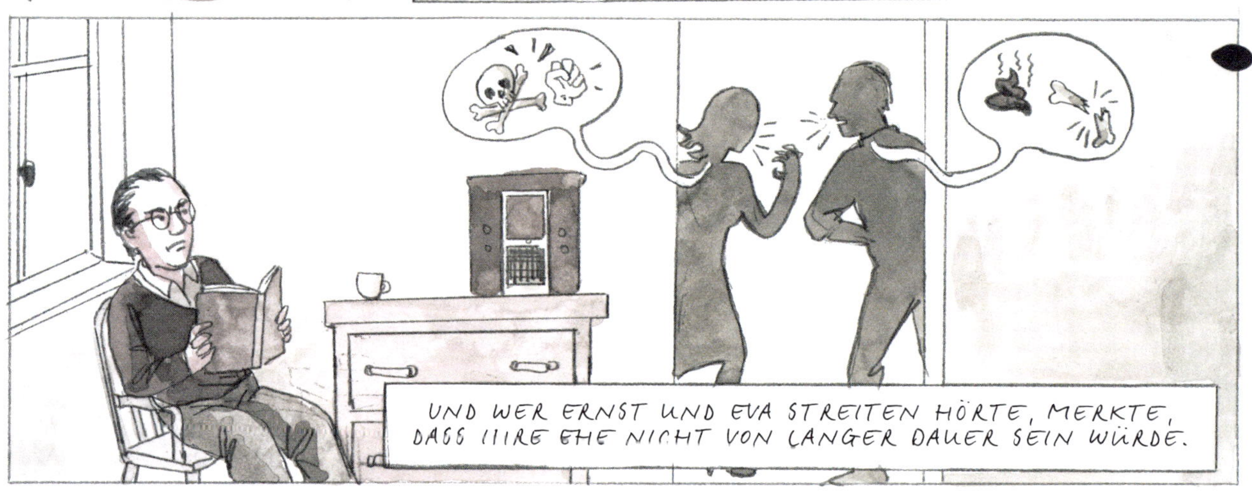
UND WER ERNST UND EVA STREITEN HÖRTE, MERKTE, DASS IHRE EHE NICHT VON LANGER DAUER SEIN WÜRDE.

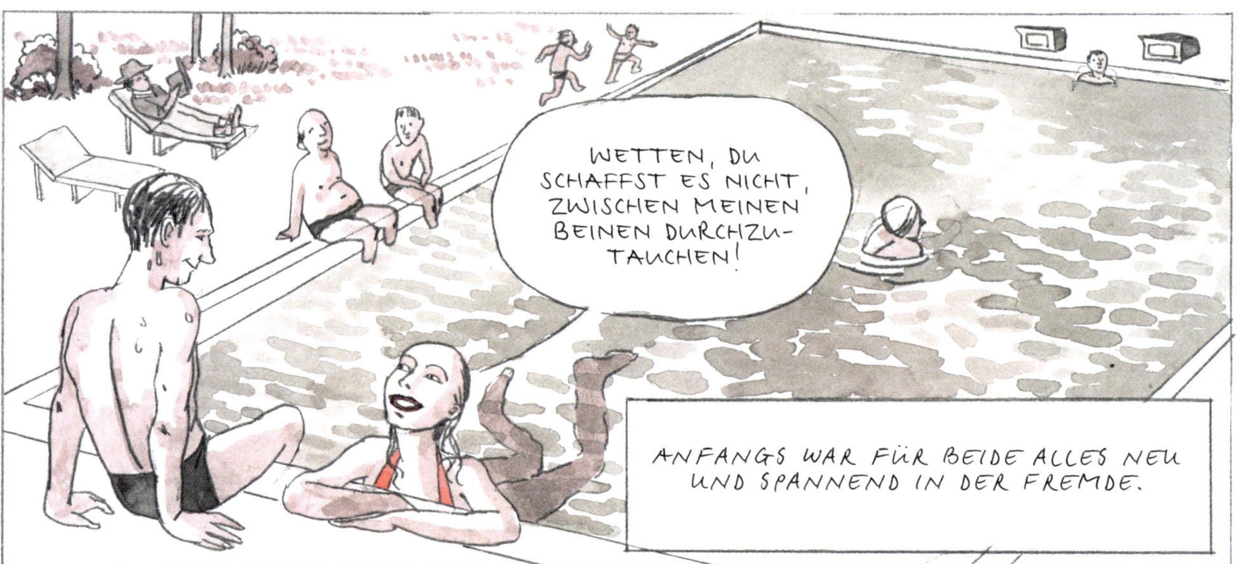
WETTEN, DU SCHAFFST ES NICHT, ZWISCHEN MEINEN BEINEN DURCHZUTAUCHEN!
ANFANGS WAR FÜR BEIDE ALLES NEU UND SPANNEND IN DER FREMDE.

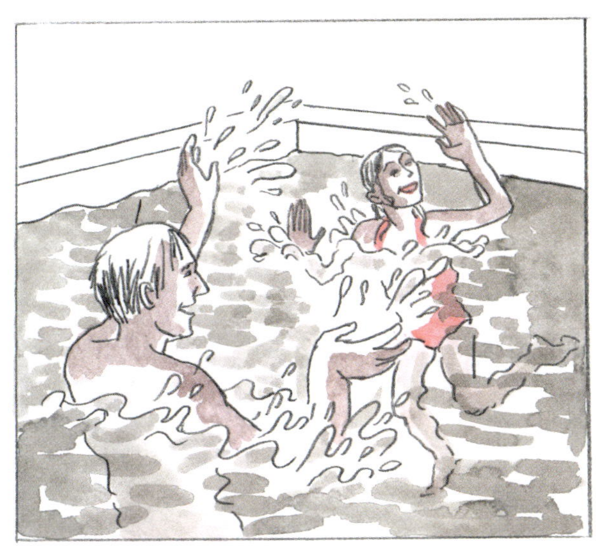
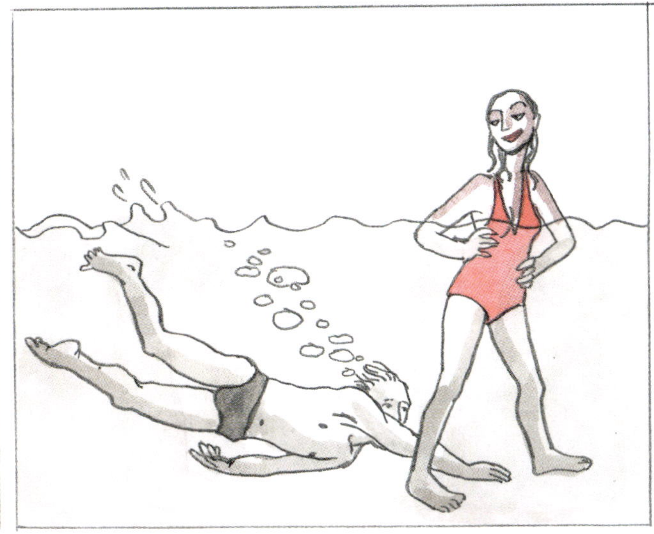
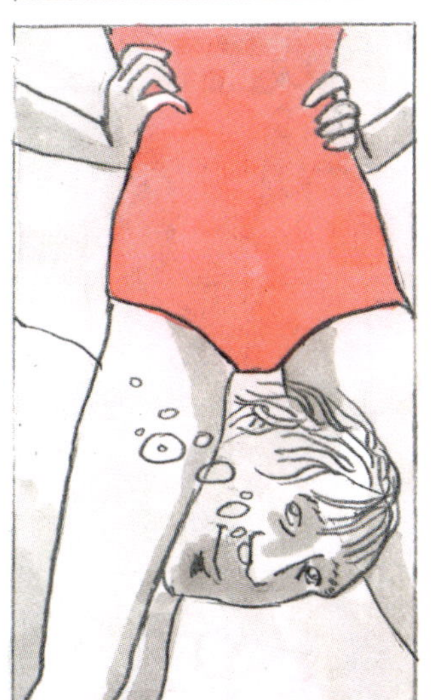
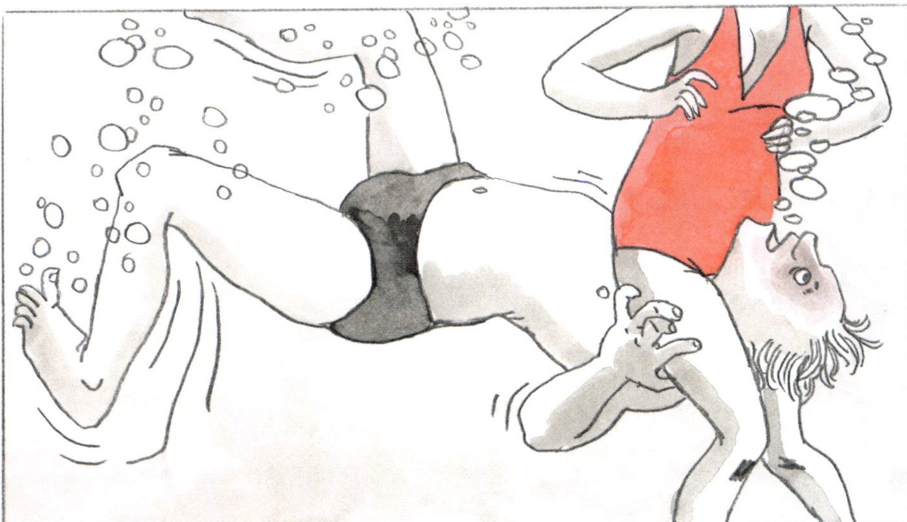
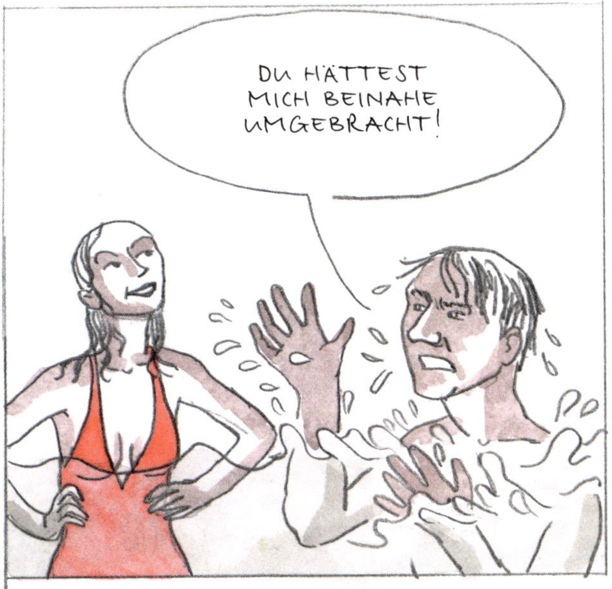
DU HÄTTEST MICH BEINAHE UMGEBRACHT!
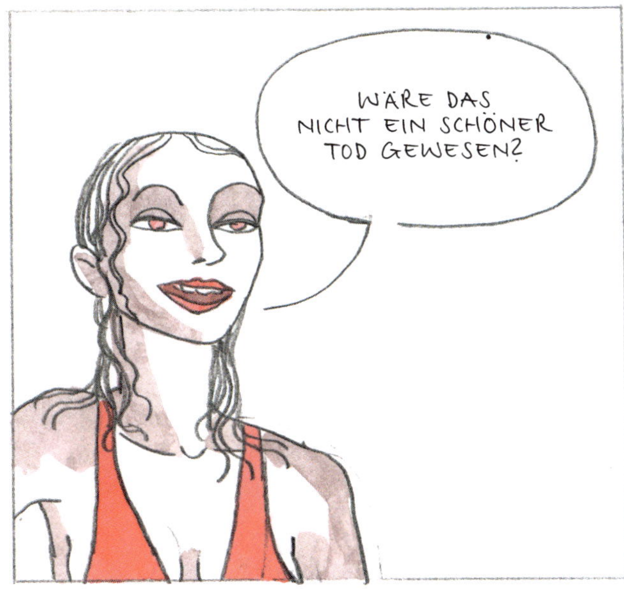
WÄRE DAS NICHT EIN SCHÖNER TOD GEWESEN?

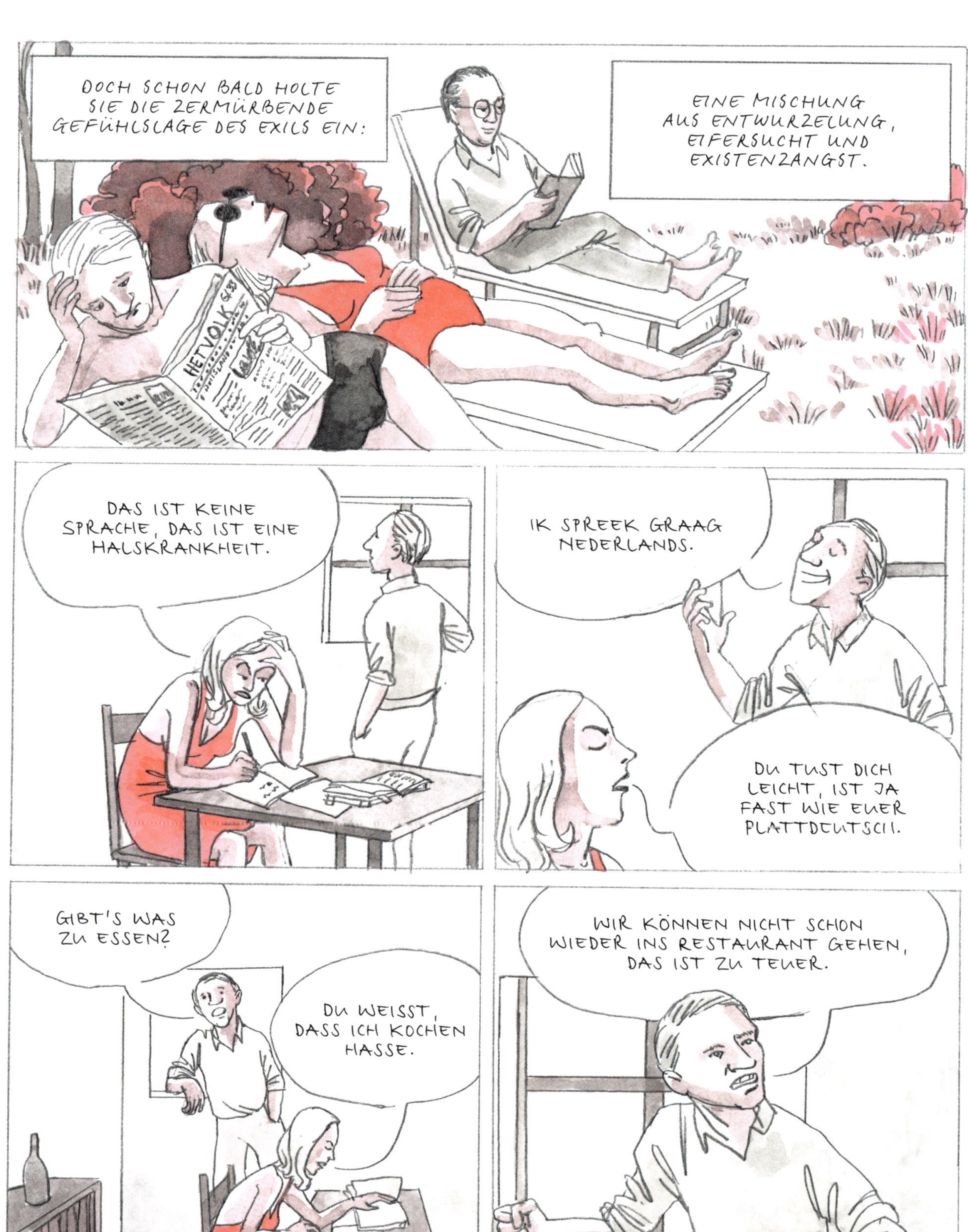
DOCH SCHON BALD HOLTE SIE DIE ZERMÜRBENDE GEFÜHLSLAGE DES EXILS EIN:
EINE MISCHUNG AUS ENTWURZELUNG, EIFERSUCHT UND EXISTENZANGST.
HET VOLK
DAS IST KEINE SPRACHE, DAS IST EINE HALSKRANKHEIT.
IK SPREEK GRAAG NEDERLANDS.
DU TUST DICH LEICHT, IST JA FAST WIE EUER PLATTDEUTSCH.
GIBT'S WAS ZU ESSEN?
DU WEISST, DASS ICH KOCHEN HASSE.
WIR KÖNNEN NICHT SCHON WIEDER INS RESTAURANT GEHEN, DAS IST ZU TEUER.

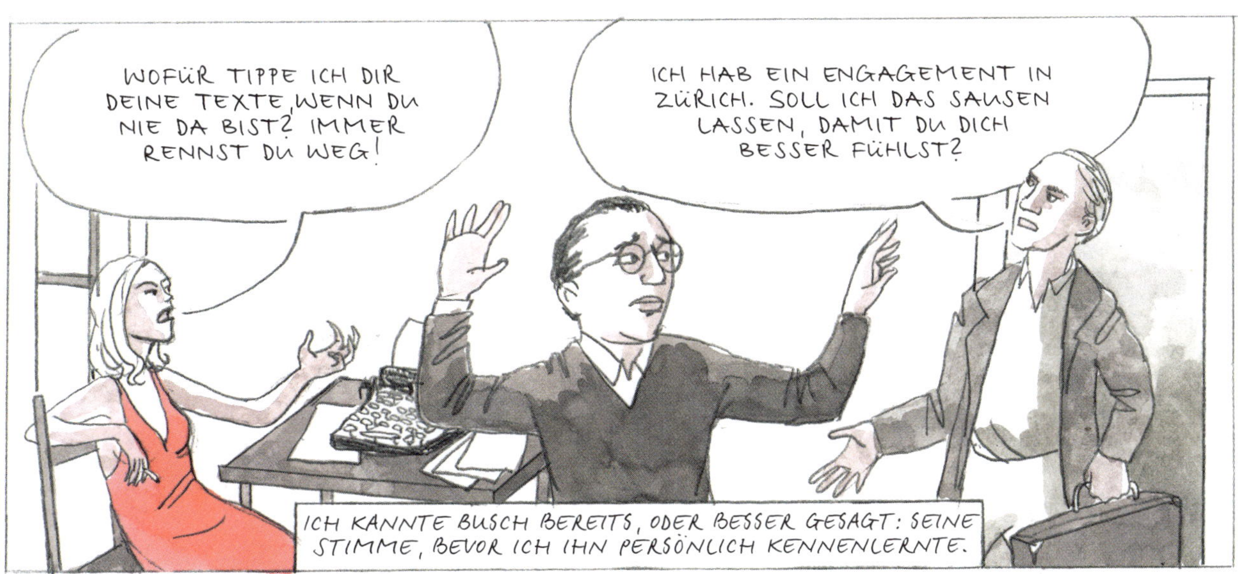
WOFÜR TIPPE ICH DIR DEINE TEXTE, WENN DU NIE DA BIST? IMMER RENNST DU WEG!
ICH HAB EIN ENGAGEMENT IN ZÜRICH. SOLL ICH DAS SAUSEN LASSEN, DAMIT DU DICH BESSER FÜHLST?
ICH KANNTE BUSCH BEREITS, ODER BESSER GESAGT: SEINE STIMME, BEVOR ICH IHN PERSÖNLICH KENNENLERNTE.

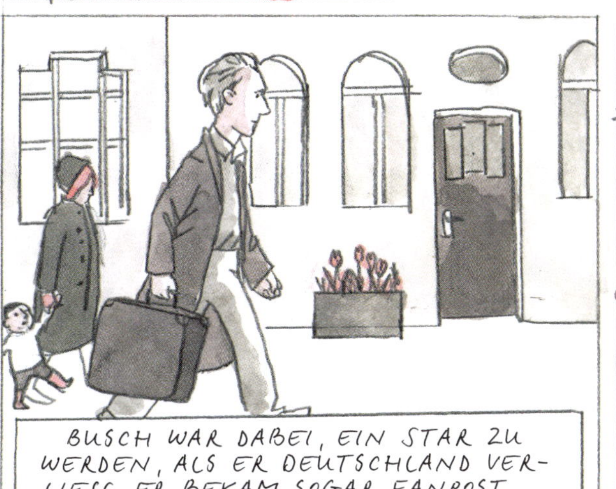
BUSCH WAR DABEI, EIN STAR ZU WERDEN, ALS ER DEUTSCHLAND VERLIESS. ER BEKAM SOGAR FANPOST …

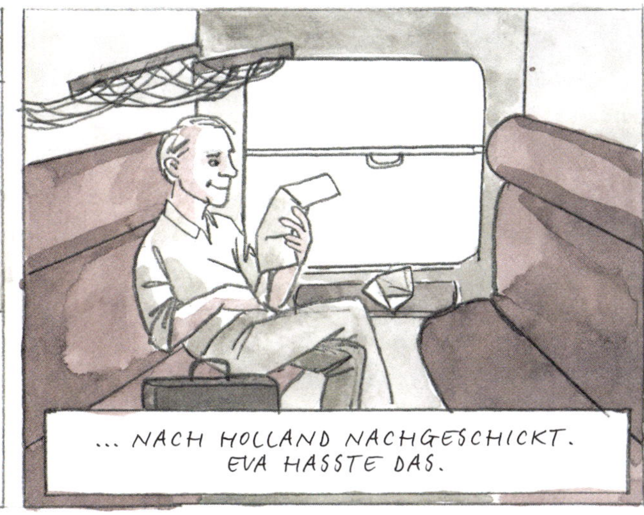
… NACH HOLLAND NACHGESCHICKT. EVA HASSTE DAS.

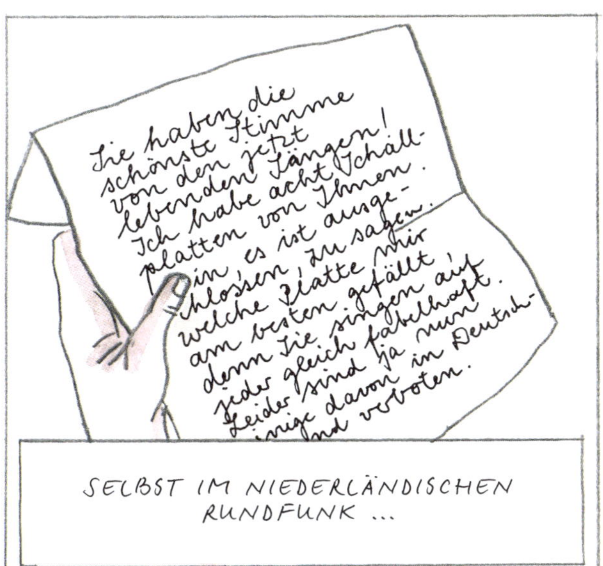
Sie haben die
schönste Stimme
von den jetzt
lebenden Sängern!
Ich habe acht Schall-
platten von Ihnen
in, es ist ausge-
schlossen, zu sagen,
welche Platte mir
am besten gefällt
denn Sie singen auf
jeder gleich fabelhaft.
Leider sind ja nun
inige davon in Deutsch-
nd verboten.
SELBST IM NIEDERLÄNDISCHEN RUNDFUNK …

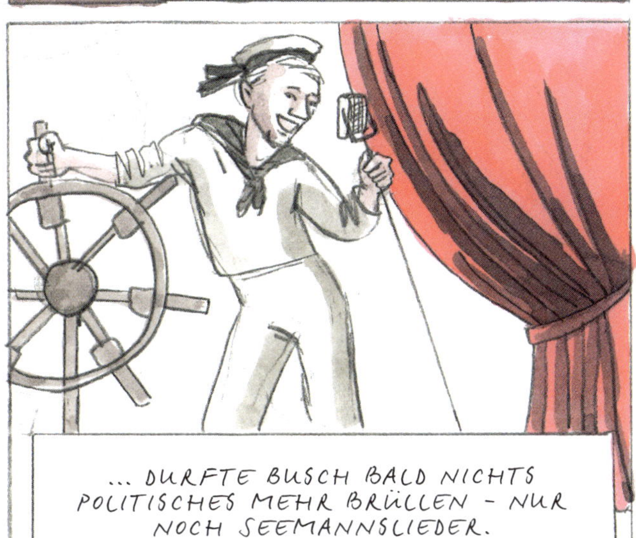
… DURFTE BUSCH BALD NICHTS POLITISCHES MEHR BRÜLLEN – NUR NOCH SEEMANNSLIEDER.

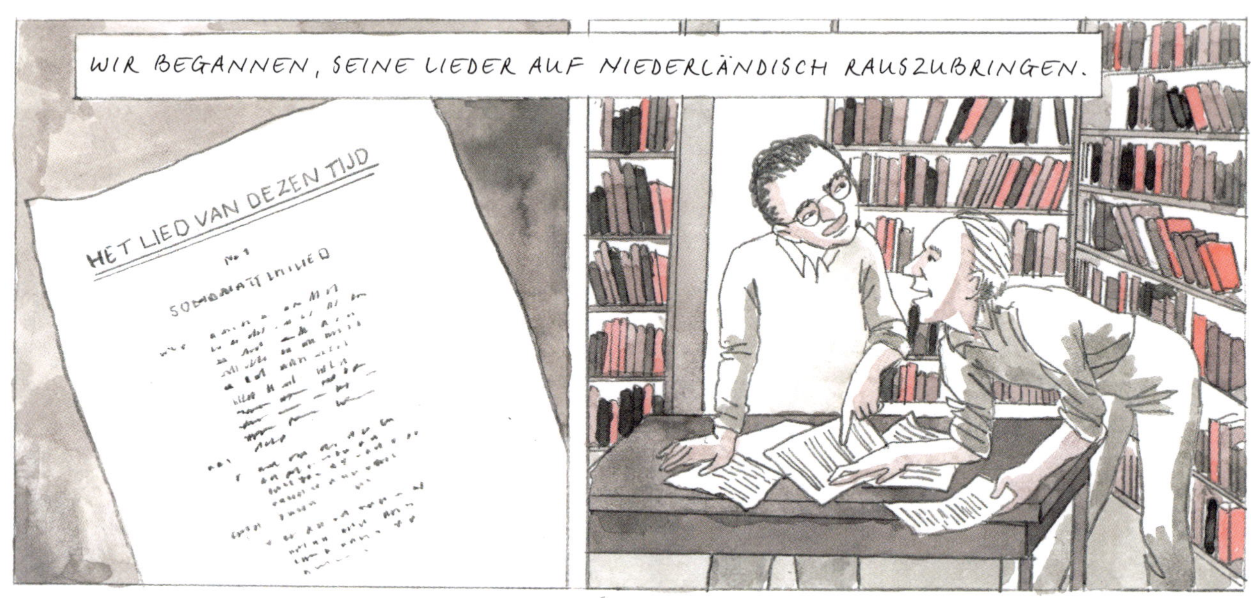
WIR BEGANNEN, SEINE LIEDER AUF NIEDERLÄNDISCH RAUSZUBRINGEN.
HET LIED VAN DEZEN TIJD

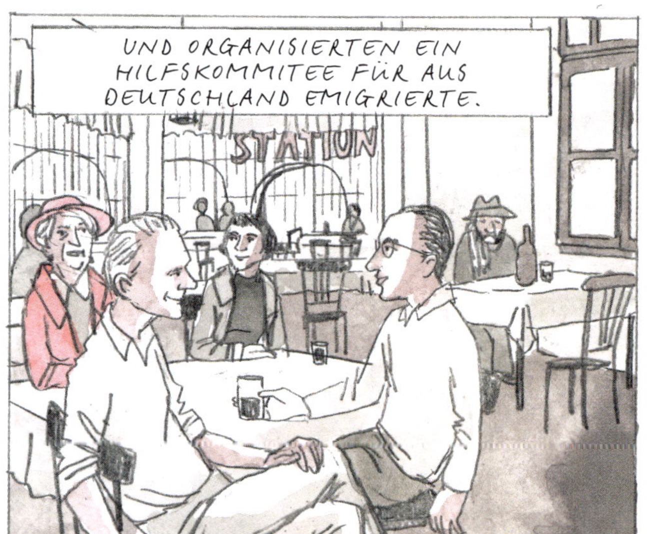
UND ORGANISIERTEN EIN HILFSKOMMITEE FÜR AUS DEUTSCHLAND EMIGRIERTE.
STATION

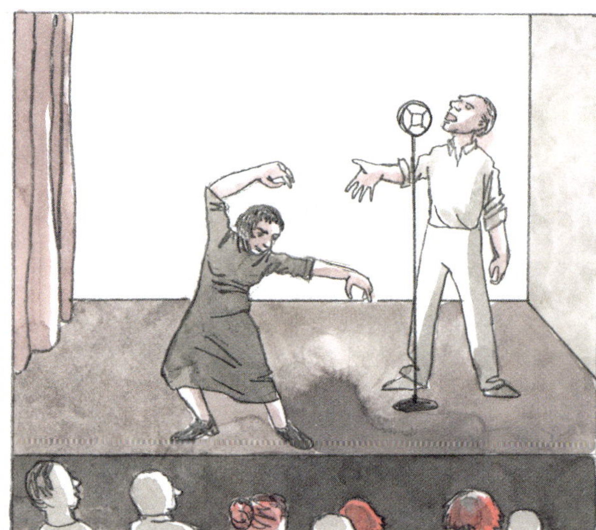

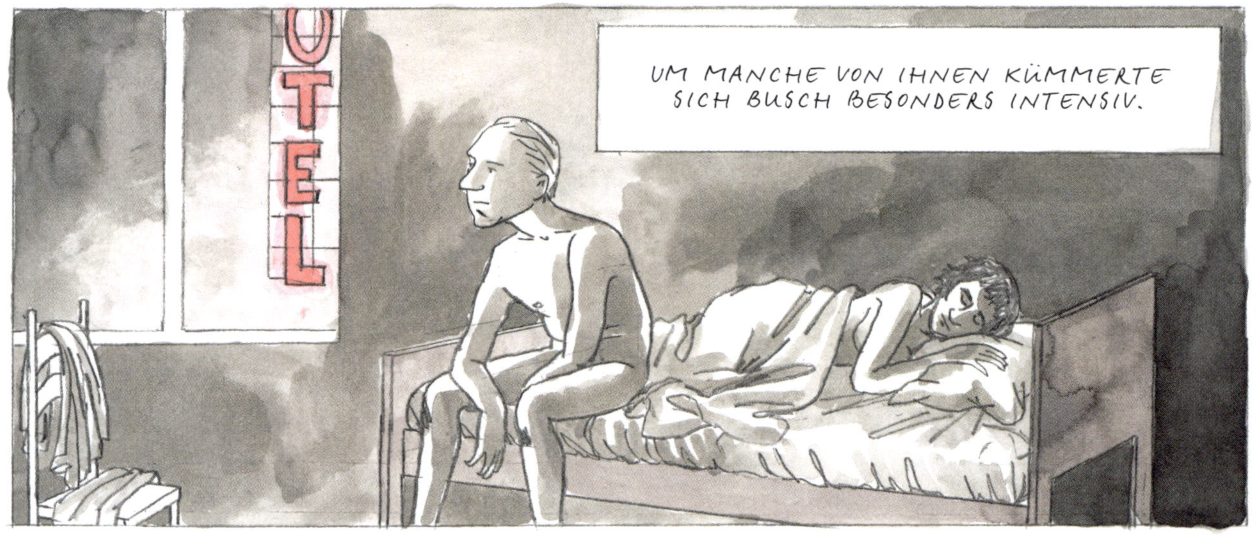
UM MANCHE VON IHNEN KÜMMERTE SICH BUSCH BESONDERS INTENSIV.
OTEL

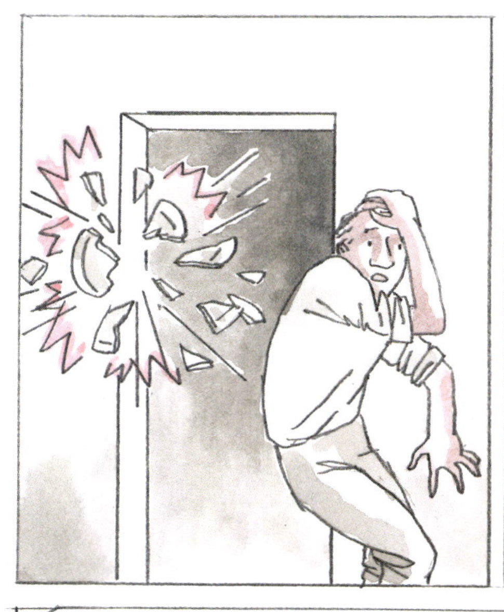

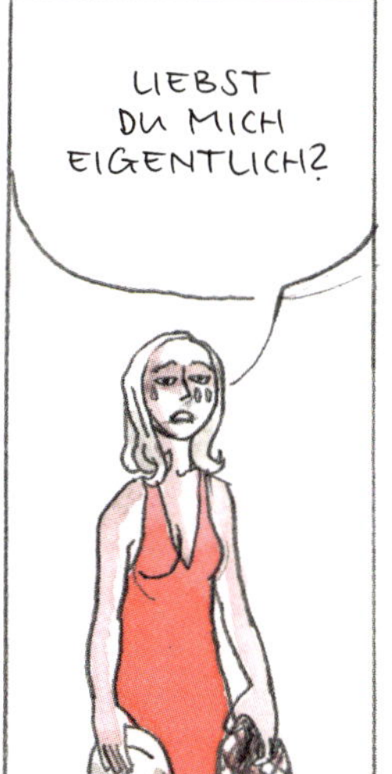
LIEBST DU MICH EIGENTLICH?

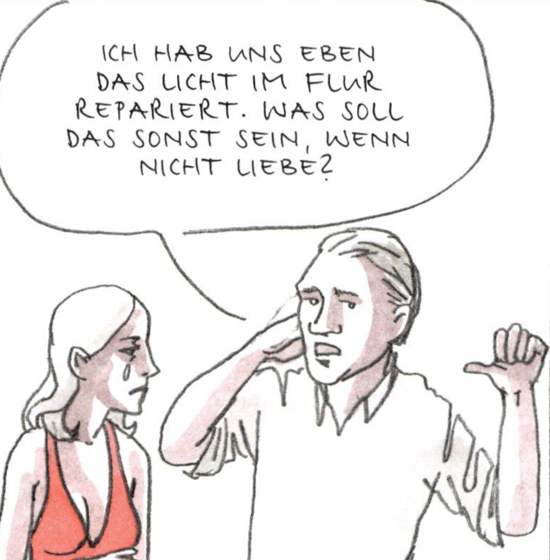
ICH HAB UNS EBEN DAS LICHT IM FLUR REPARIERT. WAS SOLL DAS SONST SEIN, WENN NICHT LIEBE?

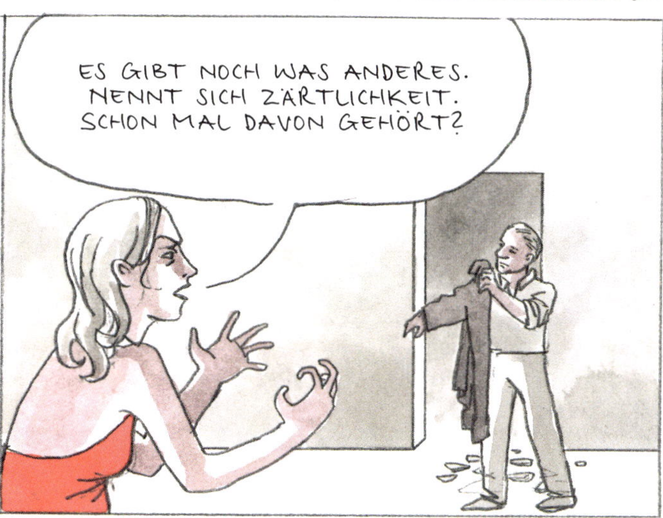
ES GIBT NOCH WAS ANDERES. NENNT SICH ZÄRTLICHKEIT. SCHON MAL DAVON GEHÖRT?

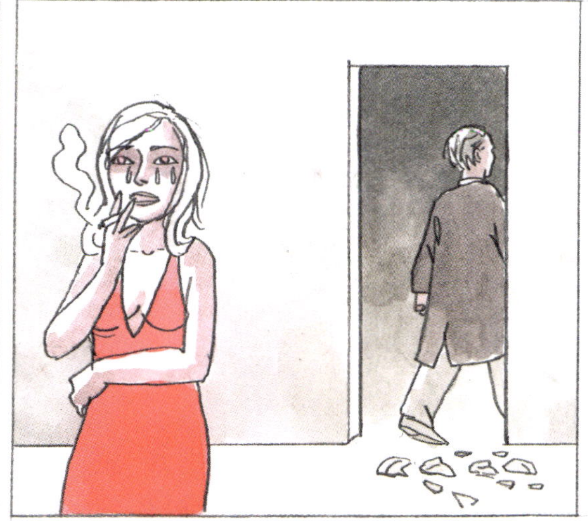

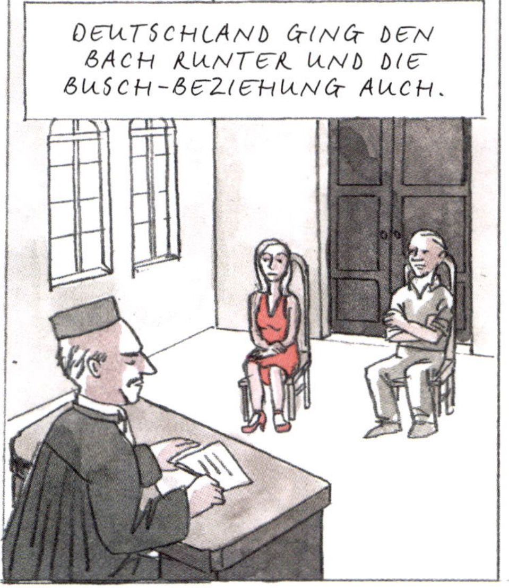
DEUTSCHLAND GING DEN BACH RUNTER UND DIE BUSCH-BEZIEHUNG AUCH.

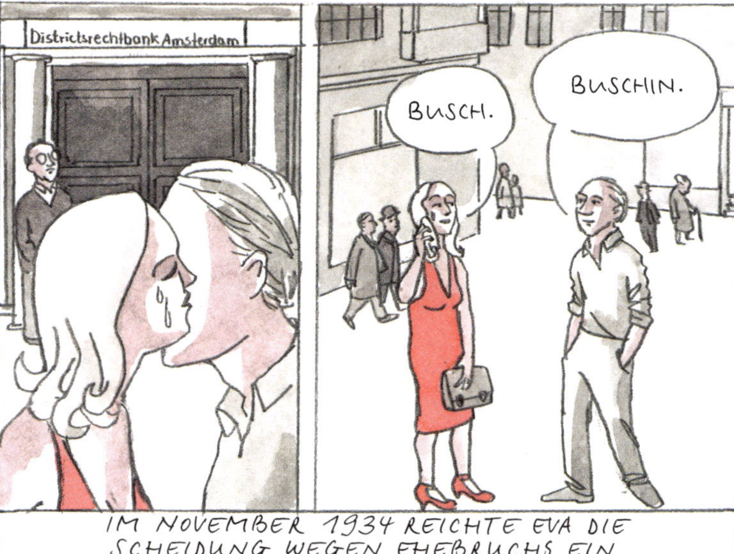
Districtsrechtbank Amsterdam
BUSCH.
BUSCHIN.
IM NOVEMBER 1934 REICHTE EVA DIE SCHEIDUNG WEGEN EHEBRUCHS EIN.

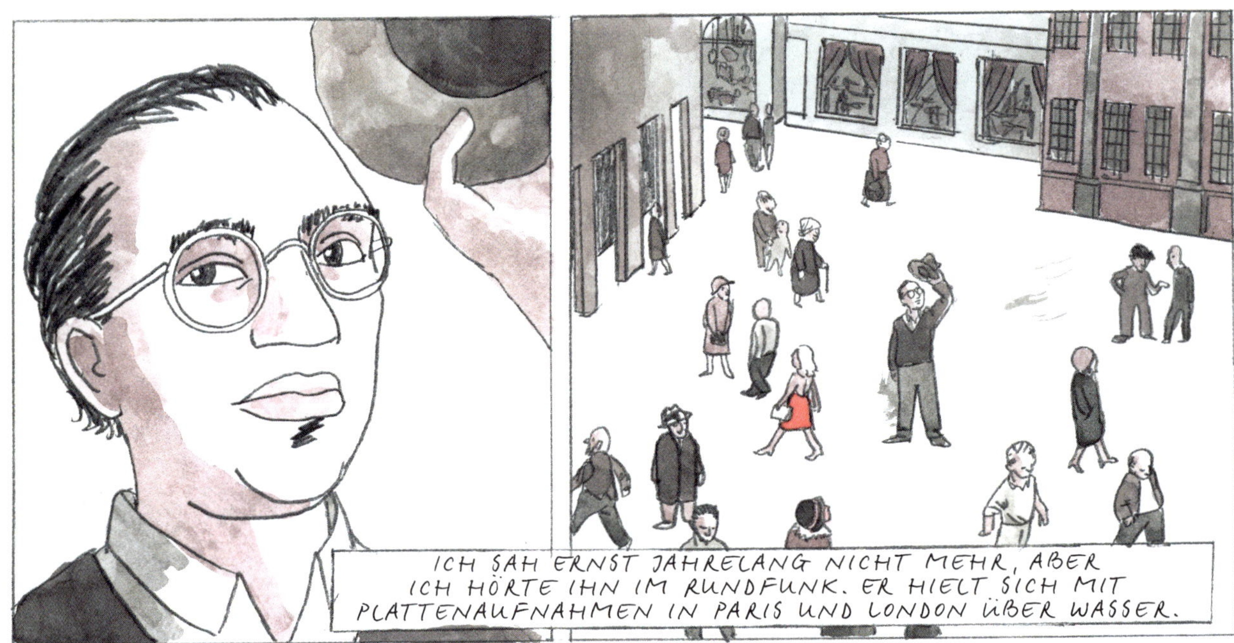

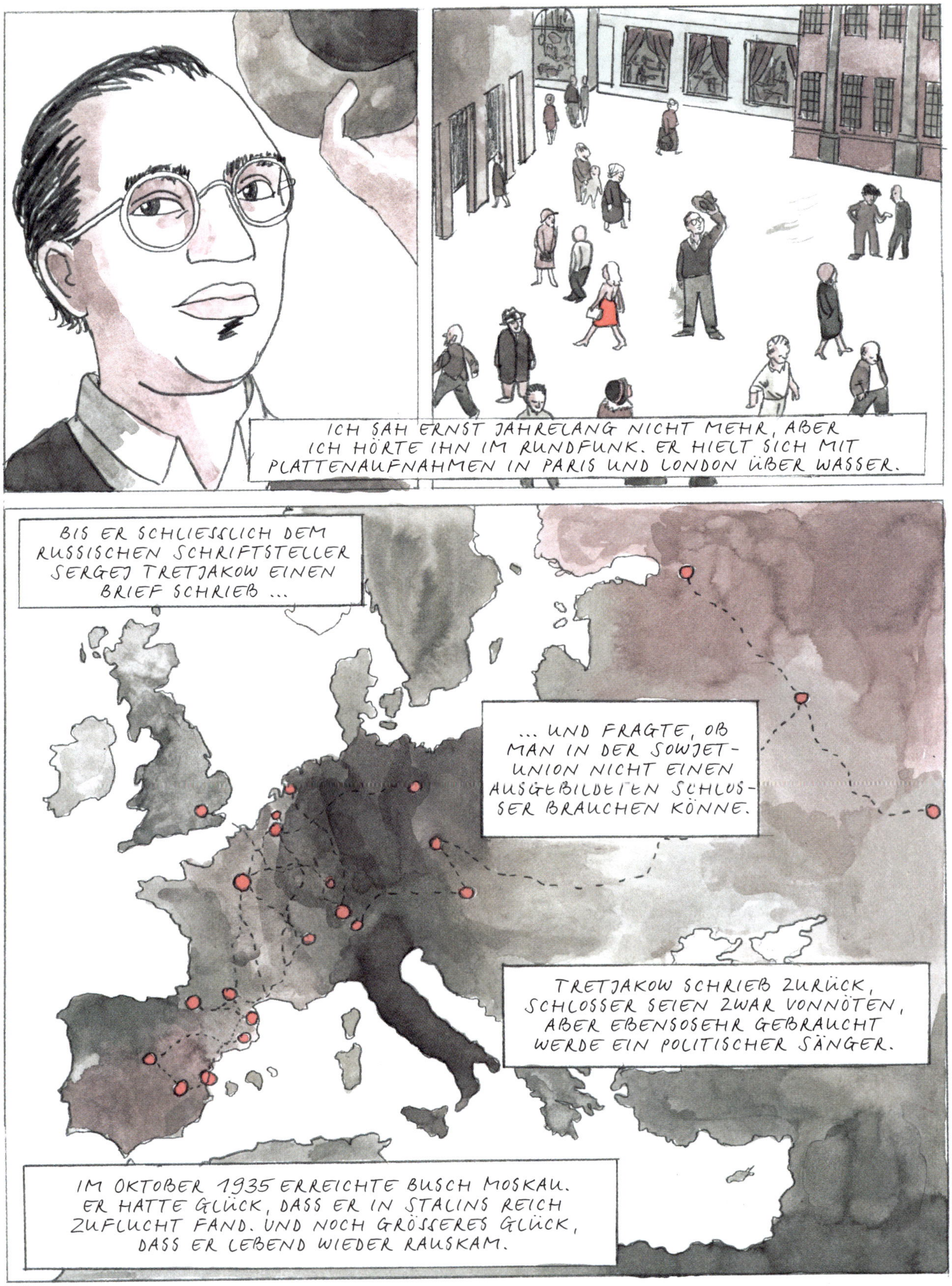

BIS ER SCHLIESSLICH DEM RUSSISCHEN SCHRIFTSTELLER SERGEJ TRETJAKOW EINEN BRIEF SCHRIEB ...

... UND FRAGTE, OB MAN IN DER SOWJETUNION NICHT EINEN AUSGEBILDETEN SCHLOSSER BRAUCHEN KÖNNE.

TRETJAKOW SCHRIEB ZURÜCK, SCHLOSSER SEIEN ZWAR VONNÖTEN, ABER EBENSOSEHR GEBRAUCHT WERDE EIN POLITISCHER SÄNGER.

IM OKTOBER 1935 ERREICHTE BUSCH MOSKAU. ER HATTE GLÜCK, DASS ER IN STALINS REICH ZUFLUCHT FAND. UND NOCH GRÖSSERES GLÜCK, DASS ER LEBEND WIEDER RAUSKAM.

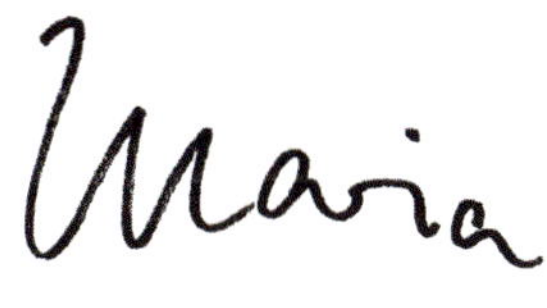

MOSKAU 1935

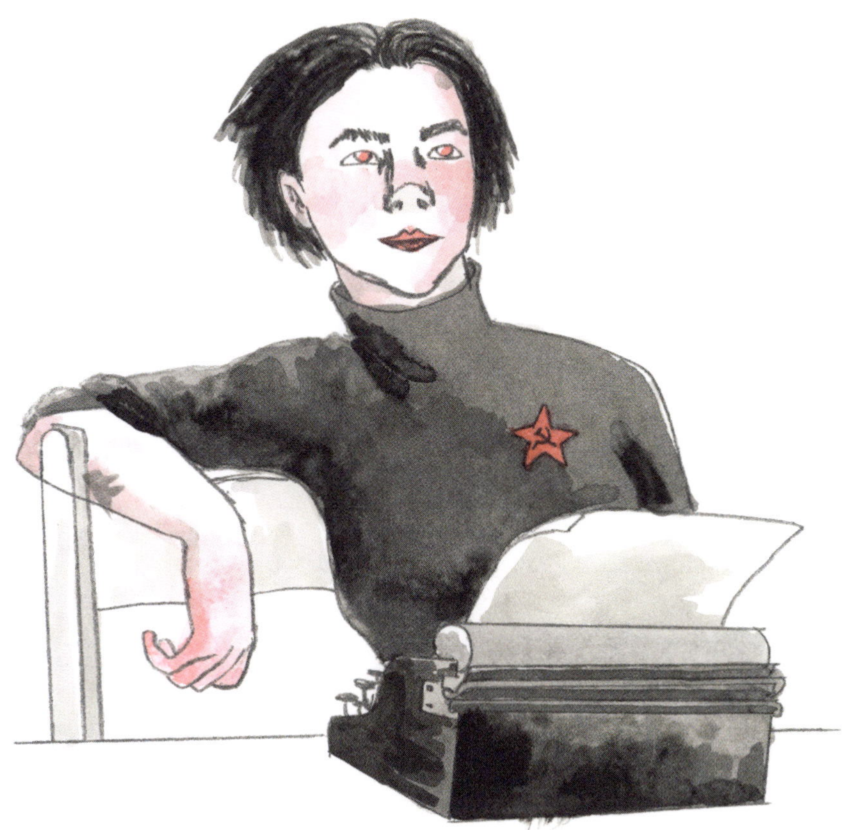

ICH WAR SEINE ~~LIEBSTE~~ REPORTERIN.

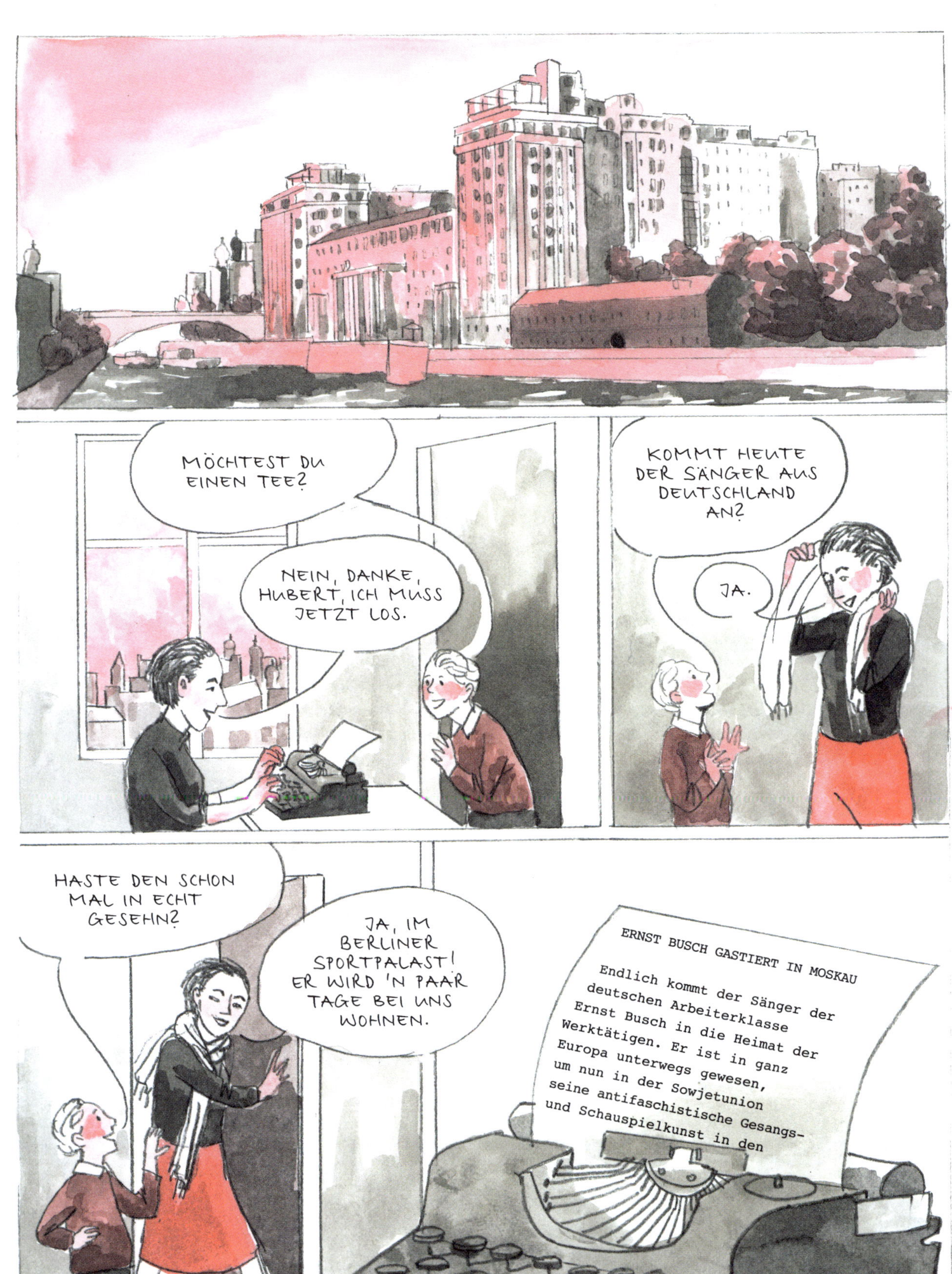
MÖCHTEST DU EINEN TEE?
NEIN, DANKE, HUBERT, ICH MUSS JETZT LOS.
KOMMT HEUTE DER SÄNGER AUS DEUTSCHLAND AN?
JA.
HASTE DEN SCHON MAL IN ECHT GESEHN?
JA, IM BERLINER SPORTPALAST! ER WIRD 'N PAAR TAGE BEI UNS WOHNEN.
ERNST BUSCH GASTIERT IN MOSKAU
Endlich kommt der Sänger der deutschen Arbeiterklasse Ernst Busch in die Heimat der Werktätigen. Er ist in ganz Europa unterwegs gewesen, um nun in der Sowjetunion seine antifaschistische Gesangs- und Schauspielkunst in den

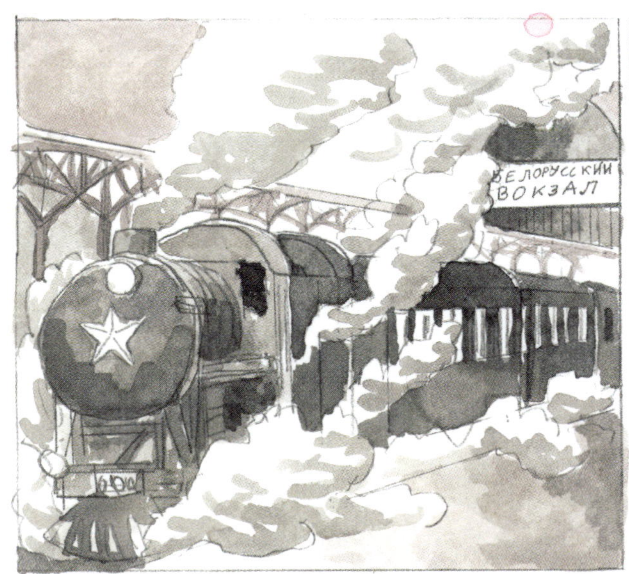
БЕЛОРУССКИЙ
ВОКЗАЛ
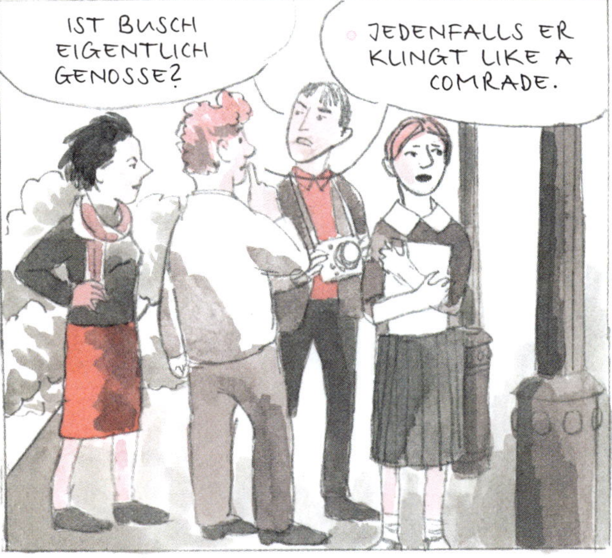
IST BUSCH EIGENTLICH GENOSSE?
JEDENFALLS ER KLINGT LIKE A COMRADE.
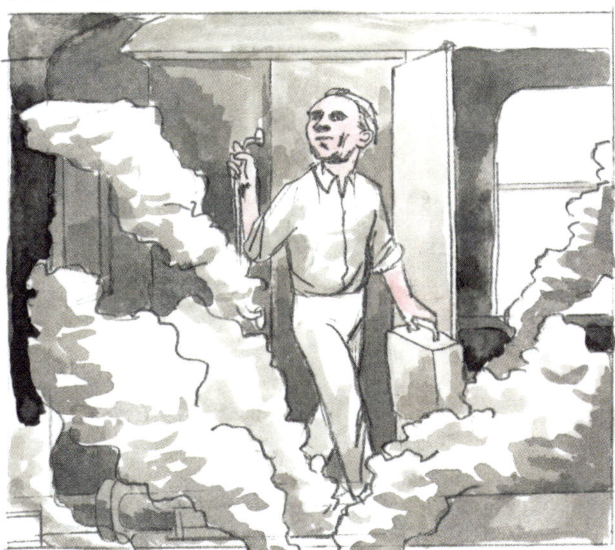
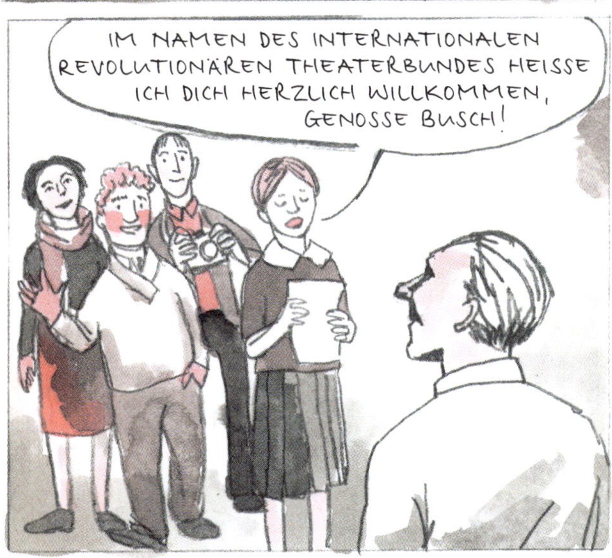
IM NAMEN DES INTERNATIONALEN REVOLUTIONÄREN THEATERBUNDES HEISSE ICH DICH HERZLICH WILLKOMMEN, GENOSSE BUSCH!
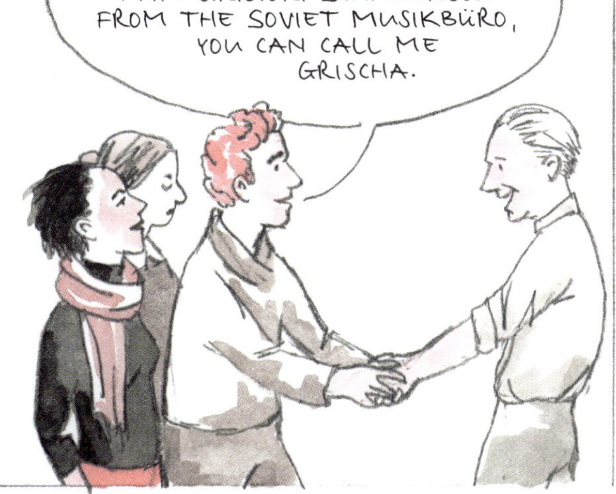
I AM GRIGORI SCHNEERSON FROM THE SOVIET MUSIKBÜRO, YOU CAN CALL ME GRISCHA.
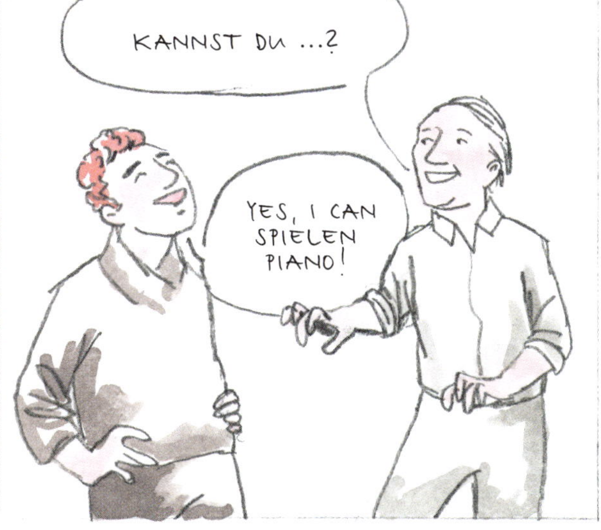
KANNST DU …?
YES, I CAN SPIELEN PIANO!

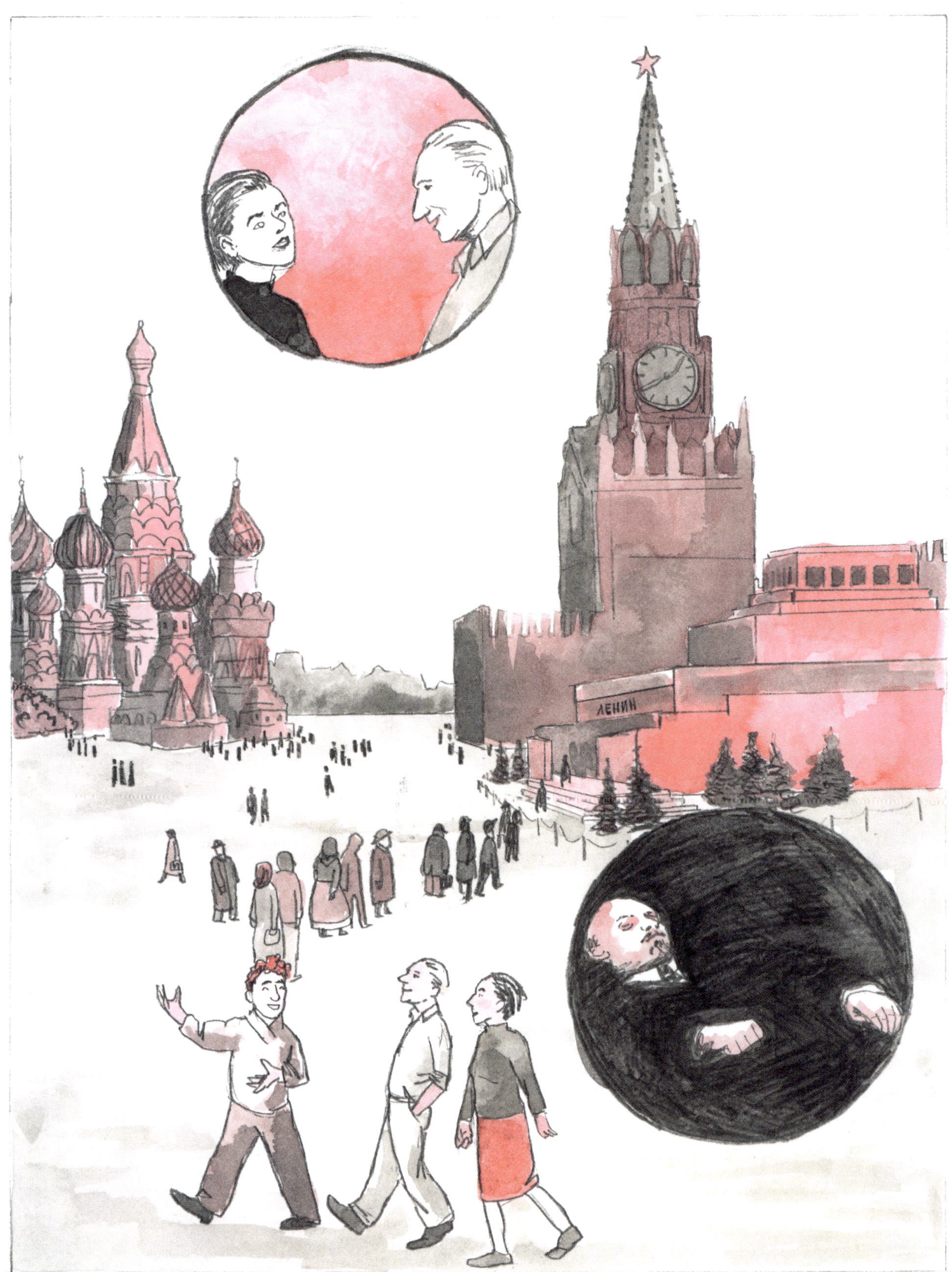
ЛЕНИН

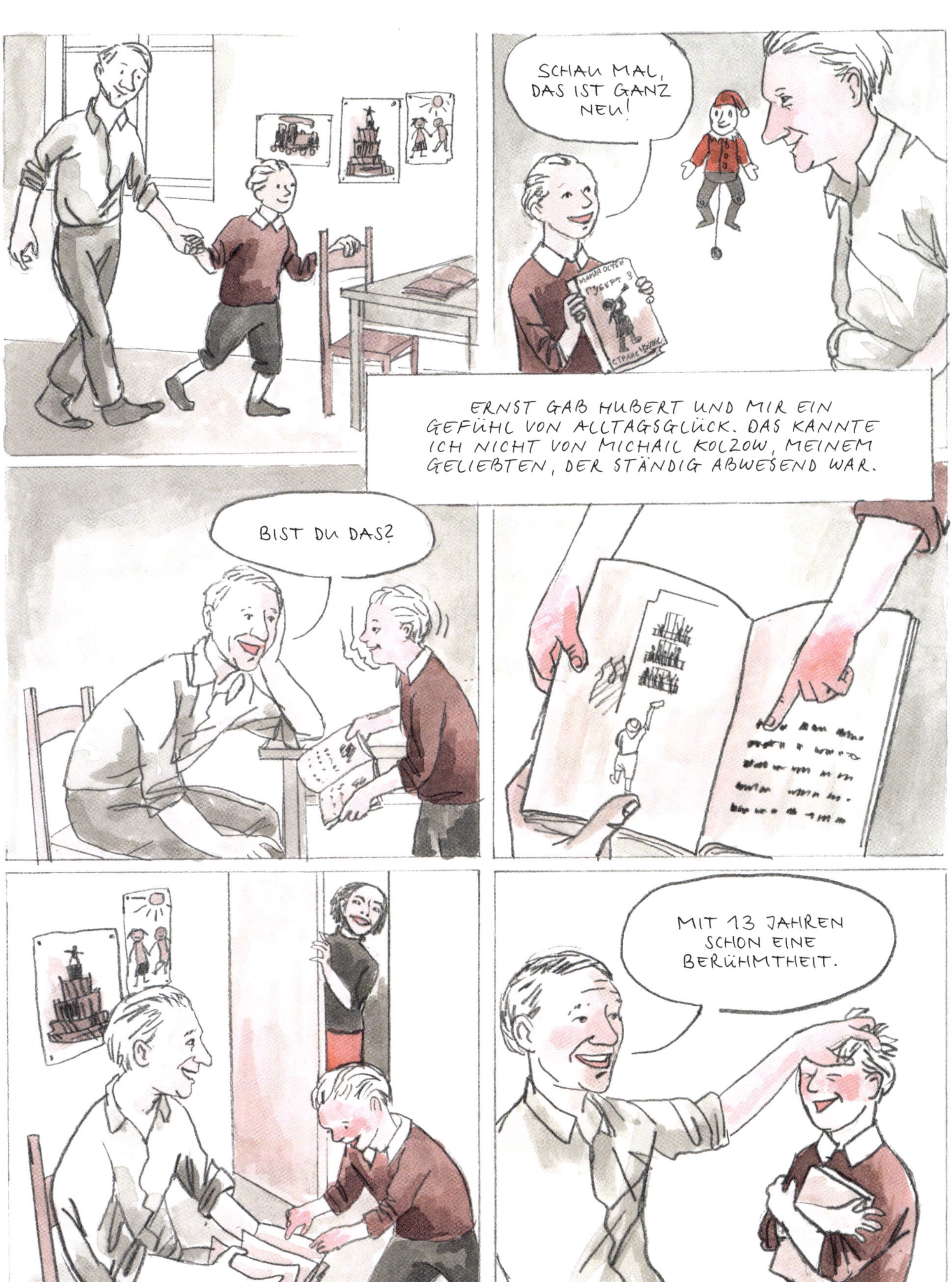
SCHAU MAL, DAS IST GANZ NEU!
ERNST GAB HUBERT UND MIR EIN GEFÜHL VON ALLTAGSGLÜCK. DAS KANNTE ICH NICHT VON MICHAIL KOLZOW, MEINEM GELIEBTEN, DER STÄNDIG ABWESEND WAR.
BIST DU DAS?
MIT 13 JAHREN SCHON EINE BERÜHMTHEIT.

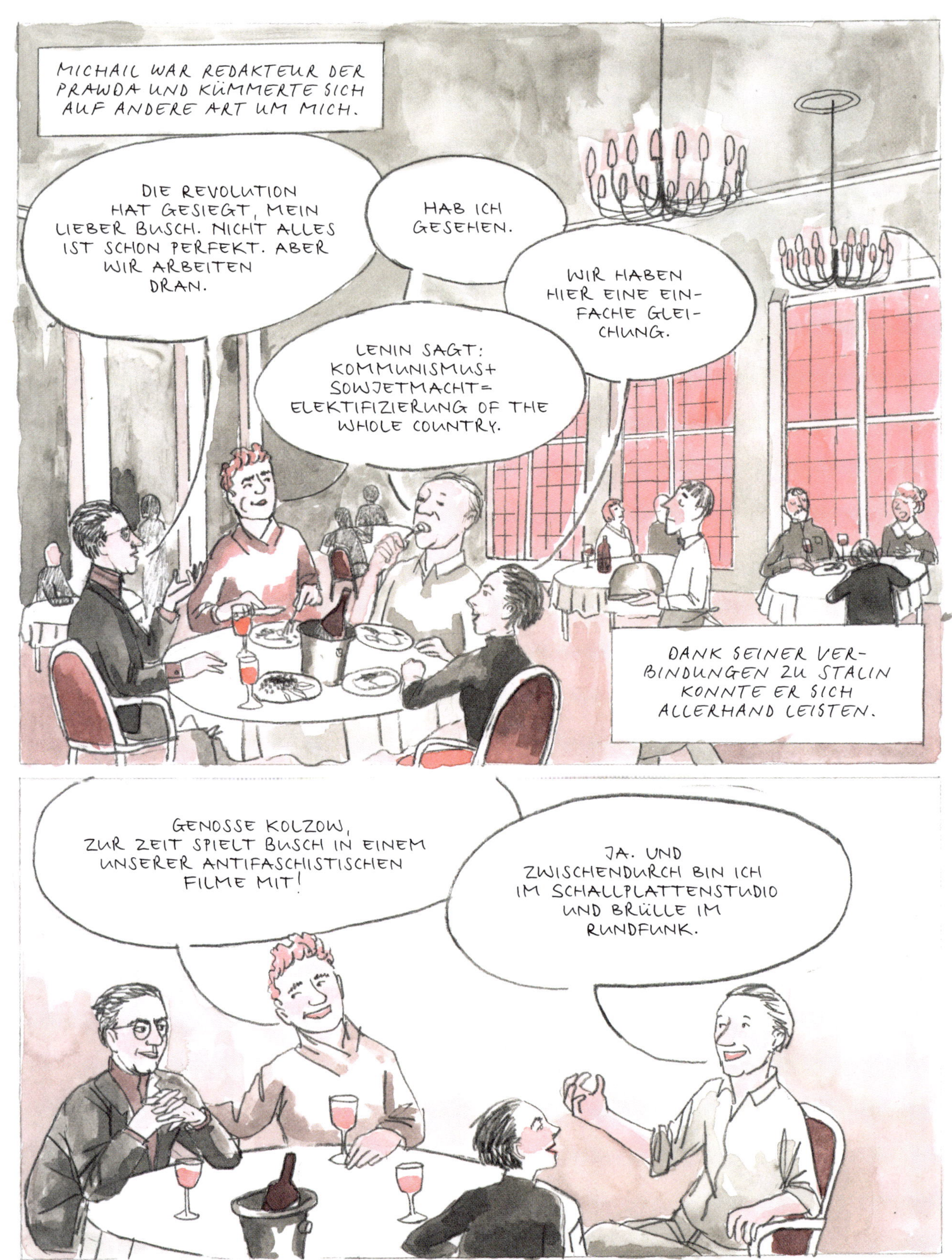
MICHAIL WAR REDAKTEUR DER PRAWDA UND KÜMMERTE SICH AUF ANDERE ART UM MICH.
DIE REVOLUTION HAT GESIEGT, MEIN LIEBER BUSCH. NICHT ALLES IST SCHON PERFEKT. ABER WIR ARBEITEN DRAN.
HAB ICH GESEHEN.
WIR HABEN HIER EINE EIN-FACHE GLEI-CHUNG.
LENIN SAGT: KOMMUNISMUS+ SOWJETMACHT= ELEKTIFIZIERUNG OF THE WHOLE COUNTRY.
DANK SEINER VER-BINDUNGEN ZU STALIN KONNTE ER SICH ALLERHAND LEISTEN.
GENOSSE KOLZOW, ZUR ZEIT SPIELT BUSCH IN EINEM UNSERER ANTIFASCHISTISCHEN FILME MIT!
JA. UND ZWISCHENDURCH BIN ICH IM SCHALLPLATTENSTUDIO UND BRÜLLE IM RUNDFUNK.

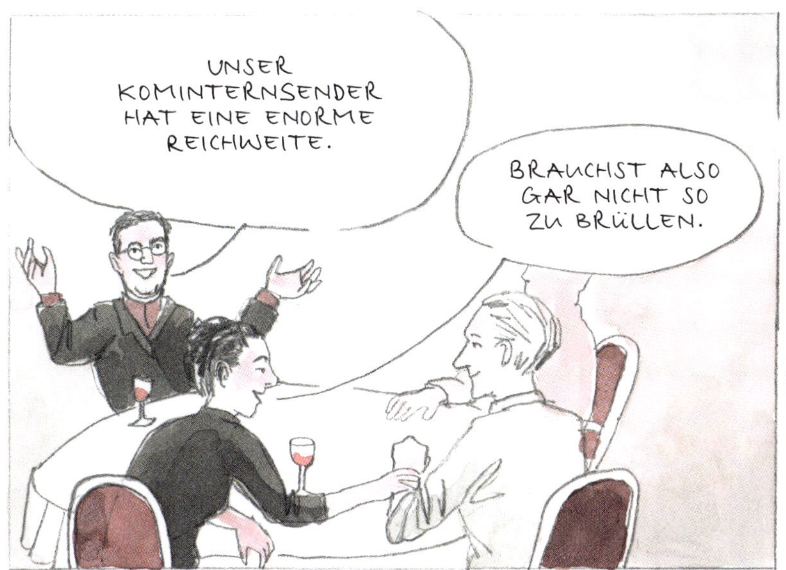
UNSER KOMINTERNSENDER HAT EINE ENORME REICHWEITE.
BRAUCHST ALSO GAR NICHT SO ZU BRÜLLEN.

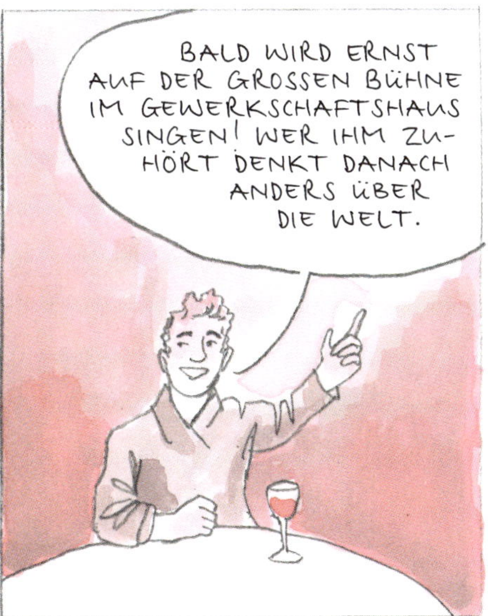
BALD WIRD ERNST AUF DER GROSSEN BÜHNE IM GEWERKSCHAFTSHAUS SINGEN! WER IHM ZU-HÖRT DENKT DANACH ANDERS ÜBER DIE WELT.

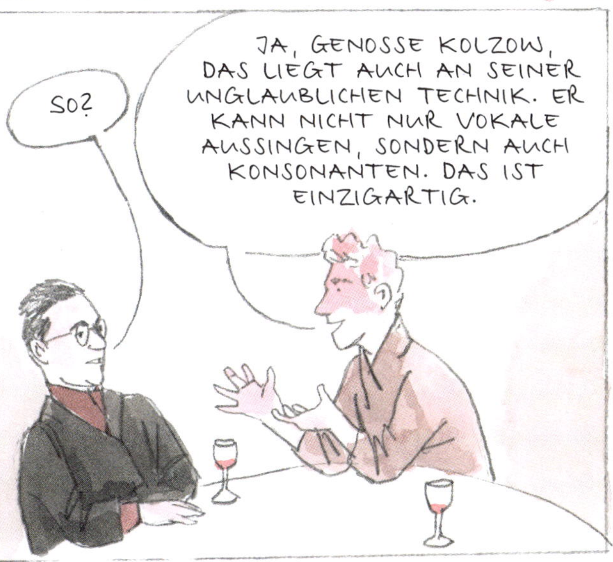
SO?
JA, GENOSSE KOLZOW, DAS LIEGT AUCH AN SEINER UNGLAUBLICHEN TECHNIK. ER KANN NICHT NUR VOKALE AUSSINGEN, SONDERN AUCH KONSONANTEN. DAS IST EINZIGARTIG.

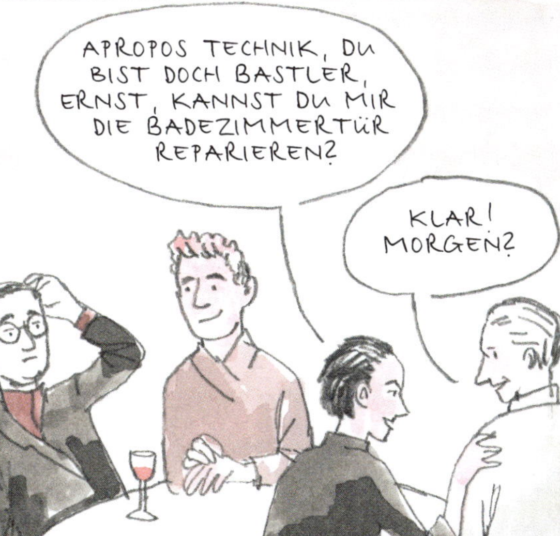
APROPOS TECHNIK, DU BIST DOCH BASTLER, ERNST, KANNST DU MIR DIE BADEZIMMERTÜR REPARIEREN?
KLAR! MORGEN?

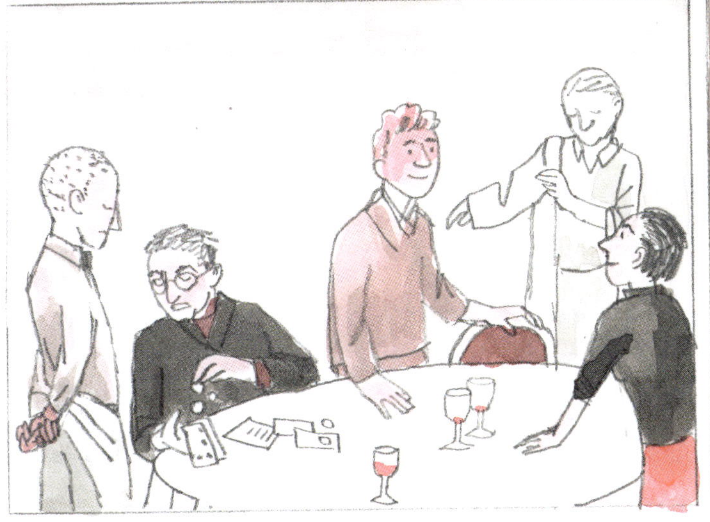

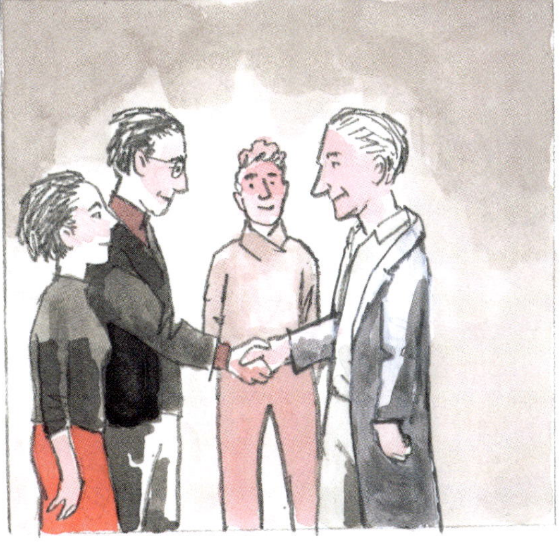

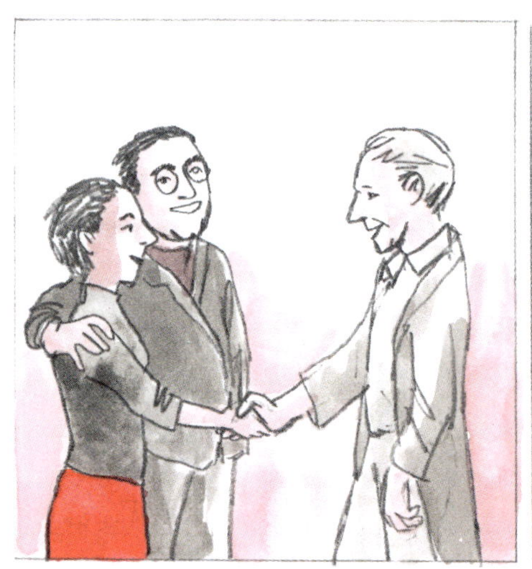

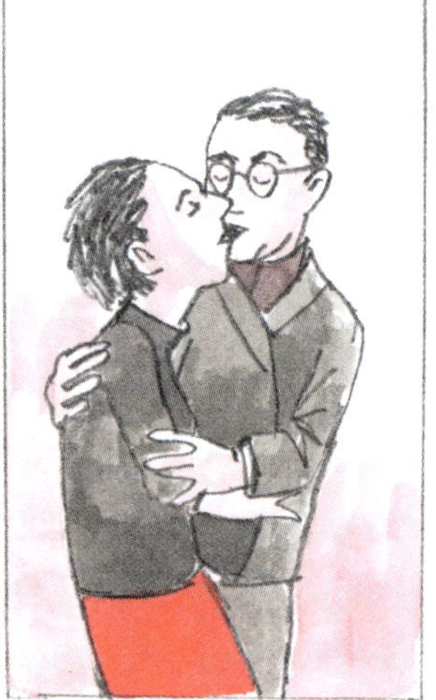

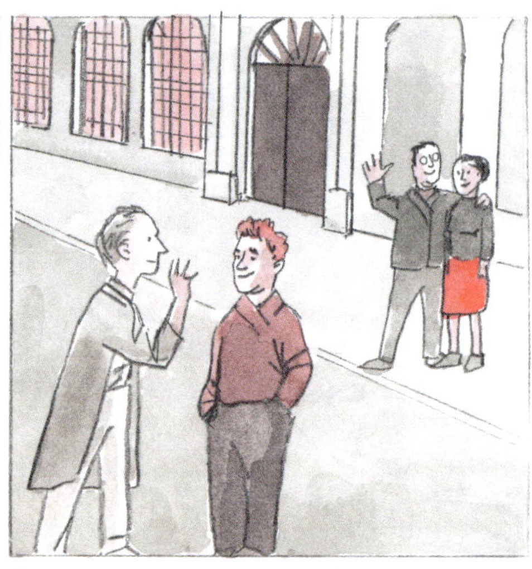

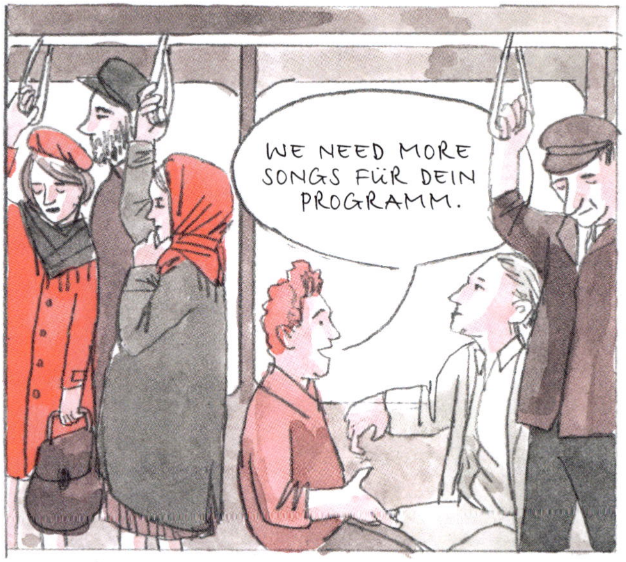
WE NEED MORE SONGS FÜR DEIN PROGRAMM.

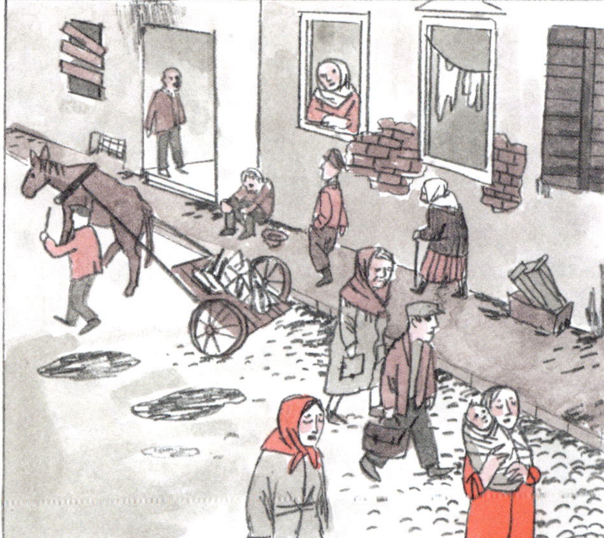

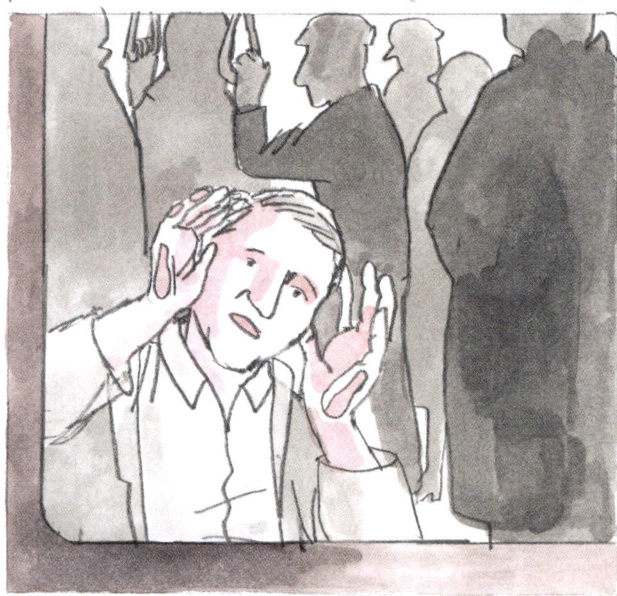

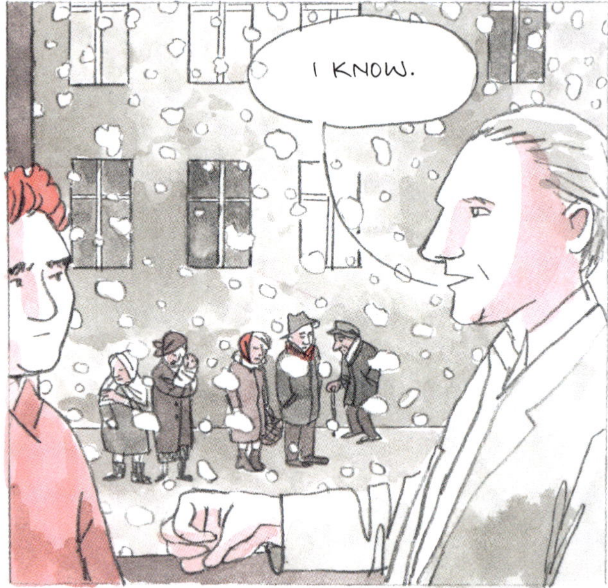
I KNOW.

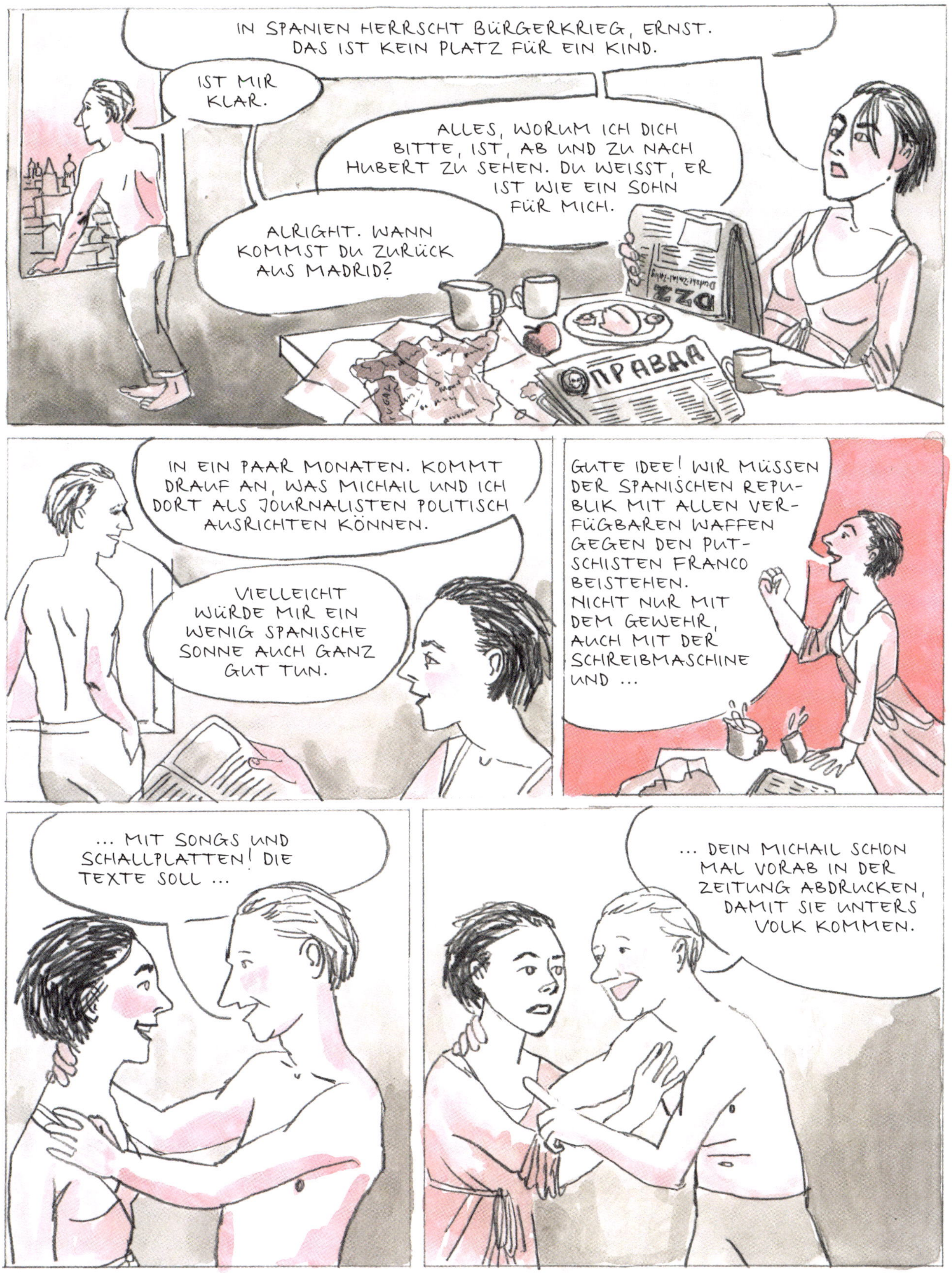

IN SPANIEN HERRSCHT BÜRGERKRIEG, ERNST. DAS IST KEIN PLATZ FÜR EIN KIND.

IST MIR KLAR.

ALLES, WORUM ICH DICH BITTE, IST, AB UND ZU NACH HUBERT ZU SEHEN. DU WEISST, ER IST WIE EIN SOHN FÜR MICH.

ALRIGHT. WANN KOMMST DU ZURÜCK AUS MADRID?

IN EIN PAAR MONATEN. KOMMT DRAUF AN, WAS MICHAIL UND ICH DORT ALS JOURNALISTEN POLITISCH AUSRICHTEN KÖNNEN.

VIELLEICHT WÜRDE MIR EIN WENIG SPANISCHE SONNE AUCH GANZ GUT TUN.

GUTE IDEE! WIR MÜSSEN DER SPANISCHEN REPUBLIK MIT ALLEN VERFÜGBAREN WAFFEN GEGEN DEN PUTSCHISTEN FRANCO BEISTEHEN.
NICHT NUR MIT DEM GEWEHR, AUCH MIT DER SCHREIBMASCHINE UND …

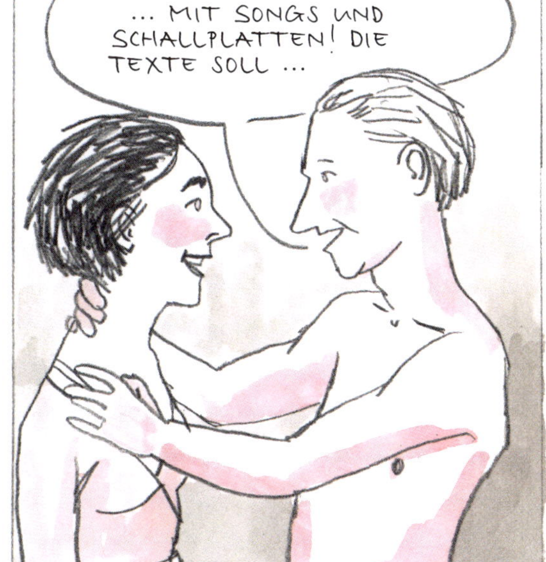

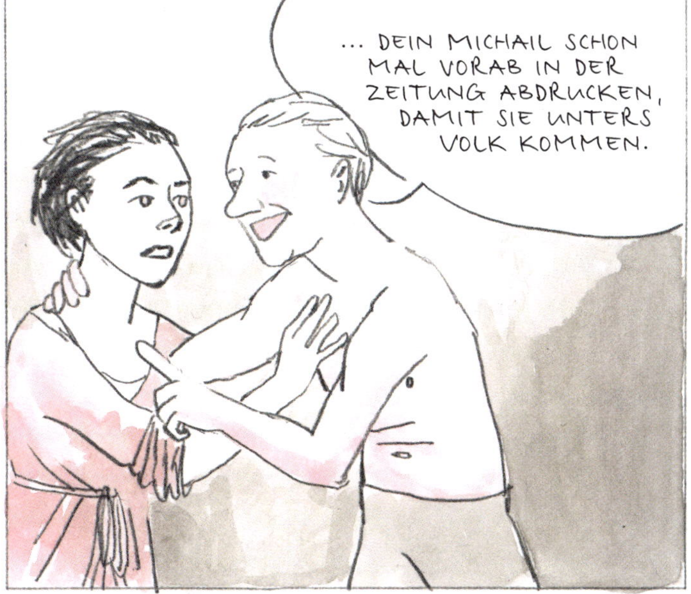

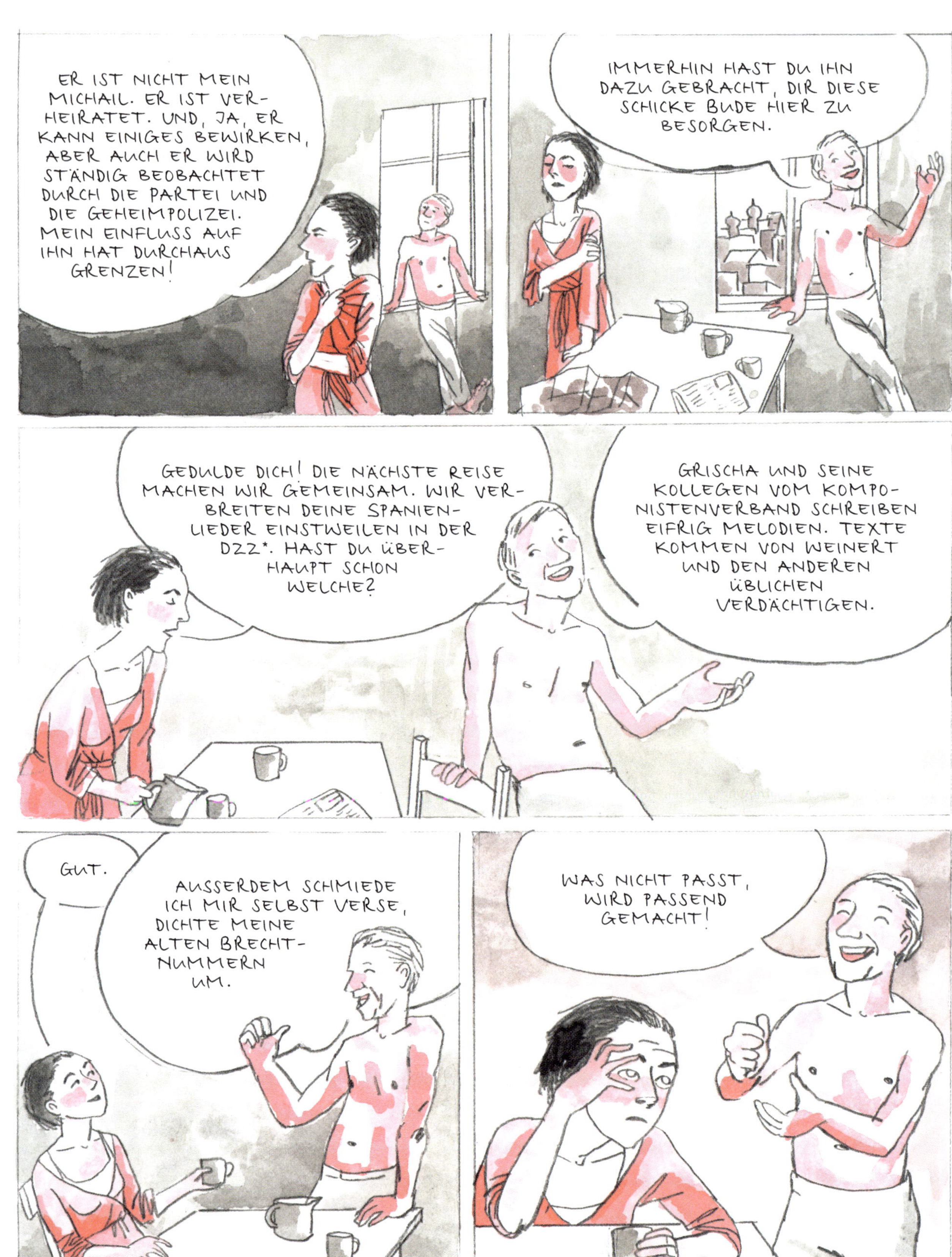

* DZZ: DIE IN MOSKAU ERSCHEINENDE DEUTSCHSPRACHIGE KOMMUNISTISCHE ZEITUNG.

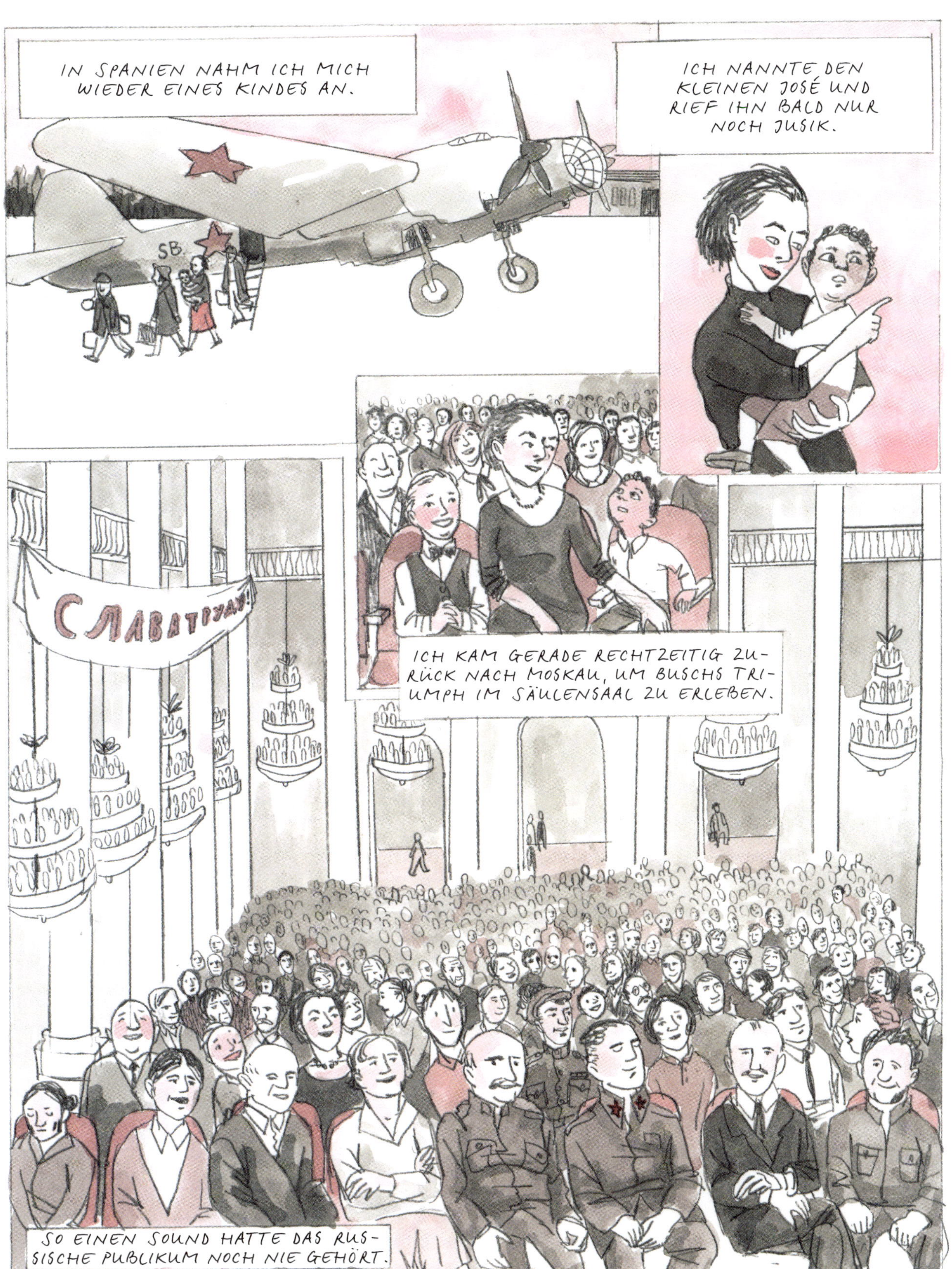
IN SPANIEN NAHM ICH MICH WIEDER EINES KINDES AN.
SB.
ICH NANNTE DEN KLEINEN JOSÉ UND RIEF IHN BALD NUR NOCH JUSIK.
СЛАВАТРУДУ!
ICH KAM GERADE RECHTZEITIG ZURÜCK NACH MOSKAU, UM BUSCHS TRIUMPH IM SÄULENSAAL ZU ERLEBEN.
SO EINEN SOUND HATTE DAS RUSSISCHE PUBLIKUM NOCH NIE GEHÖRT.

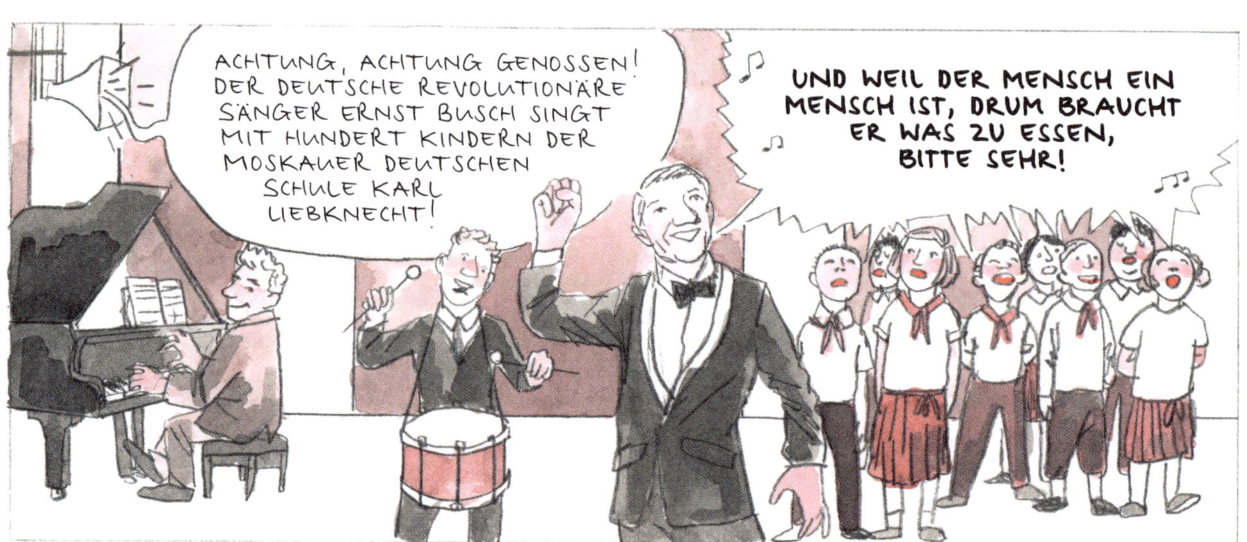
ACHTUNG, ACHTUNG GENOSSEN! DER DEUTSCHE REVOLUTIONÄRE SÄNGER ERNST BUSCH SINGT MIT HUNDERT KINDERN DER MOSKAUER DEUTSCHEN SCHULE KARL LIEBKNECHT!
UND WEIL DER MENSCH EIN MENSCH IST, DRUM BRAUCHT ER WAS ZU ESSEN, BITTE SEHR!

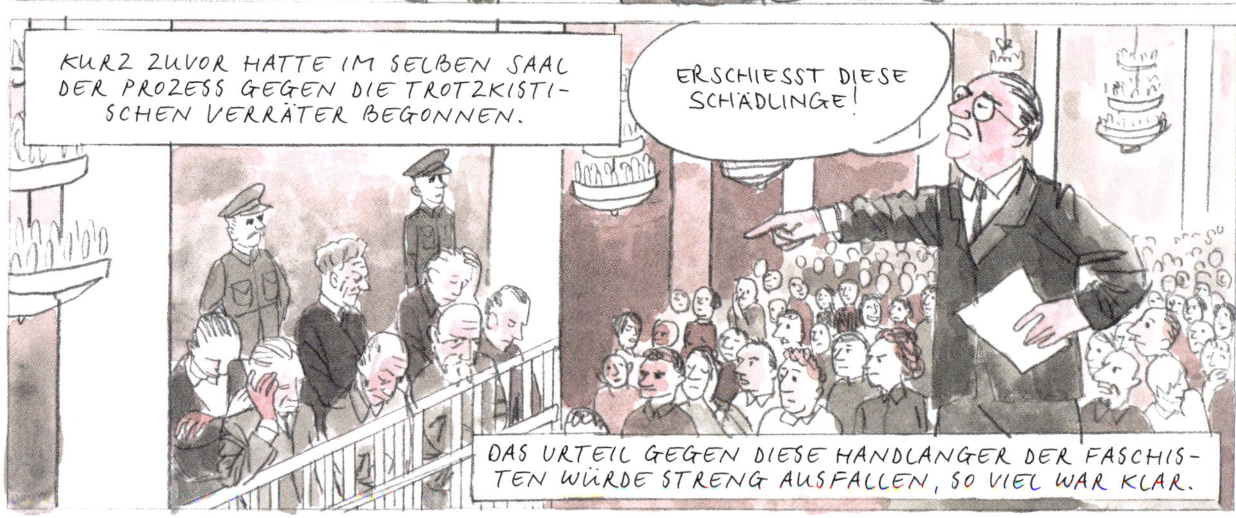
KURZ ZUVOR HATTE IM SELBEN SAAL DER PROZESS GEGEN DIE TROTZKISTISCHEN VERRÄTER BEGONNEN.
ERSCHIESST DIESE SCHÄDLINGE!
DAS URTEIL GEGEN DIESE HANDLANGER DER FASCHISTEN WÜRDE STRENG AUSFALLEN, SO VIEL WAR KLAR.

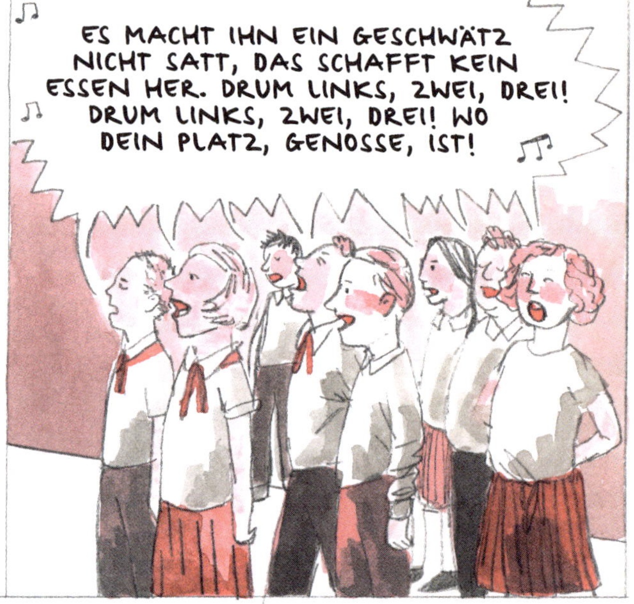
ES MACHT IHN EIN GESCHWÄTZ NICHT SATT, DAS SCHAFFT KEIN ESSEN HER. DRUM LINKS, ZWEI, DREI! DRUM LINKS, ZWEI, DREI! WO DEIN PLATZ, GENOSSE, IST!

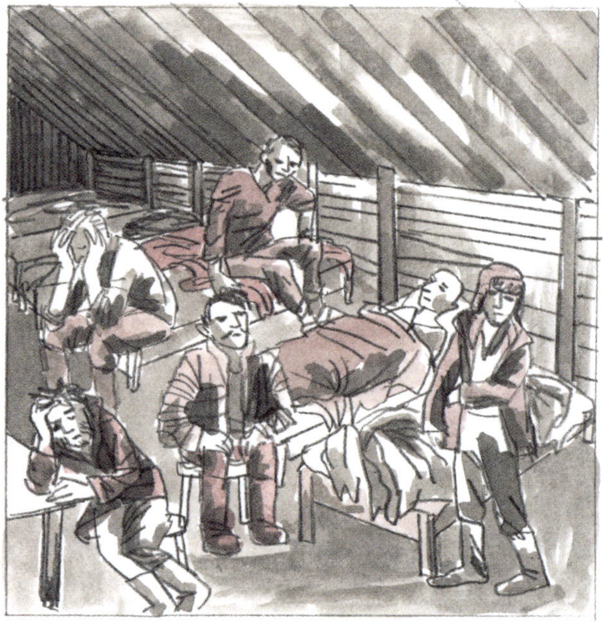

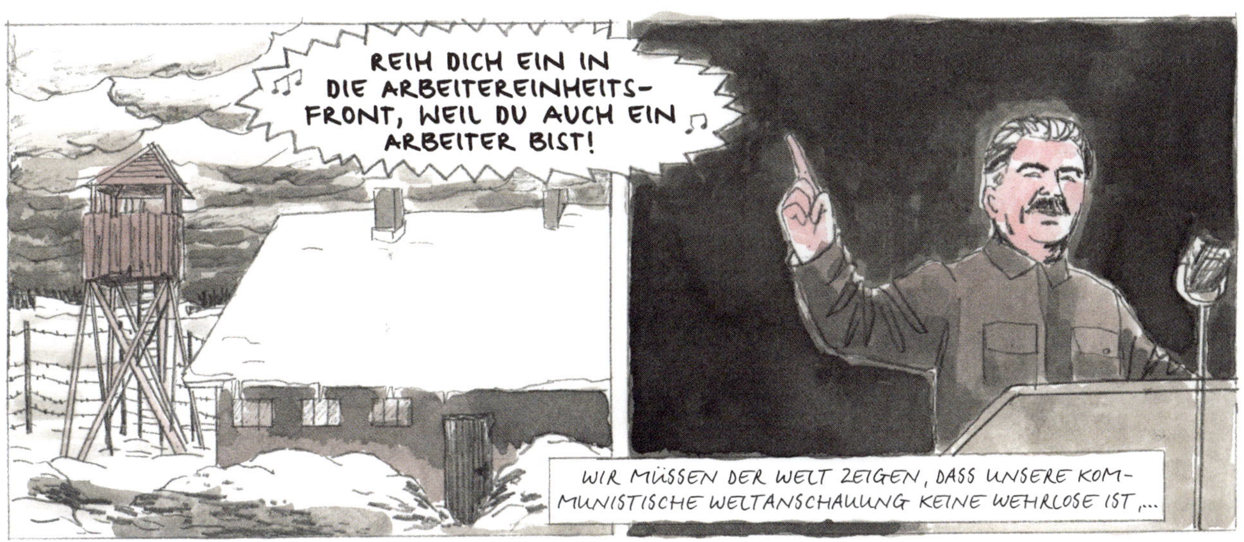
REIH DICH EIN IN DIE ARBEITEREINHEITS-FRONT, WEIL DU AUCH EIN ARBEITER BIST!
WIR MÜSSEN DER WELT ZEIGEN, DASS UNSERE KOMMUNISTISCHE WELTANSCHAUUNG KEINE WEHRLOSE IST, ...

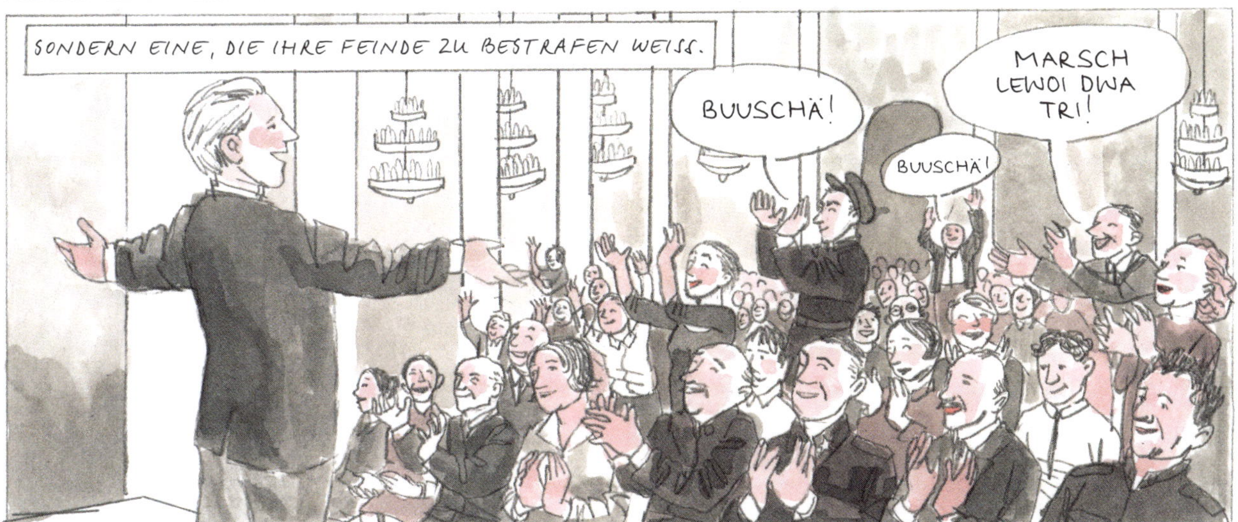
SONDERN EINE, DIE IHRE FEINDE ZU BESTRAFEN WEISS.
BUUSCHÄ!
BUUSCHÄ!
MARSCH LEWOI DWA TRI!

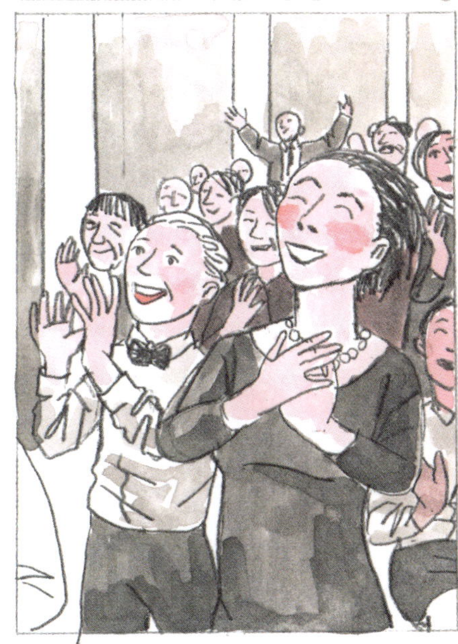

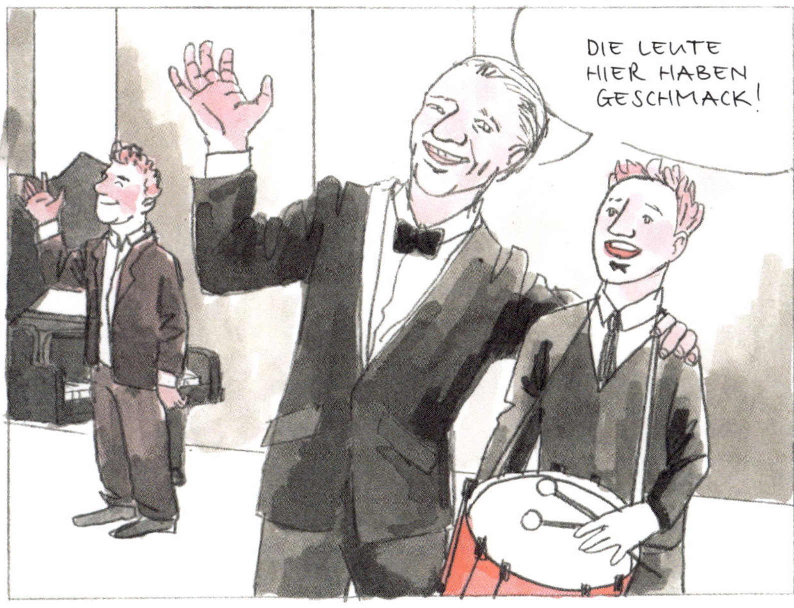
DIE LEUTE HIER HABEN GESCHMACK!

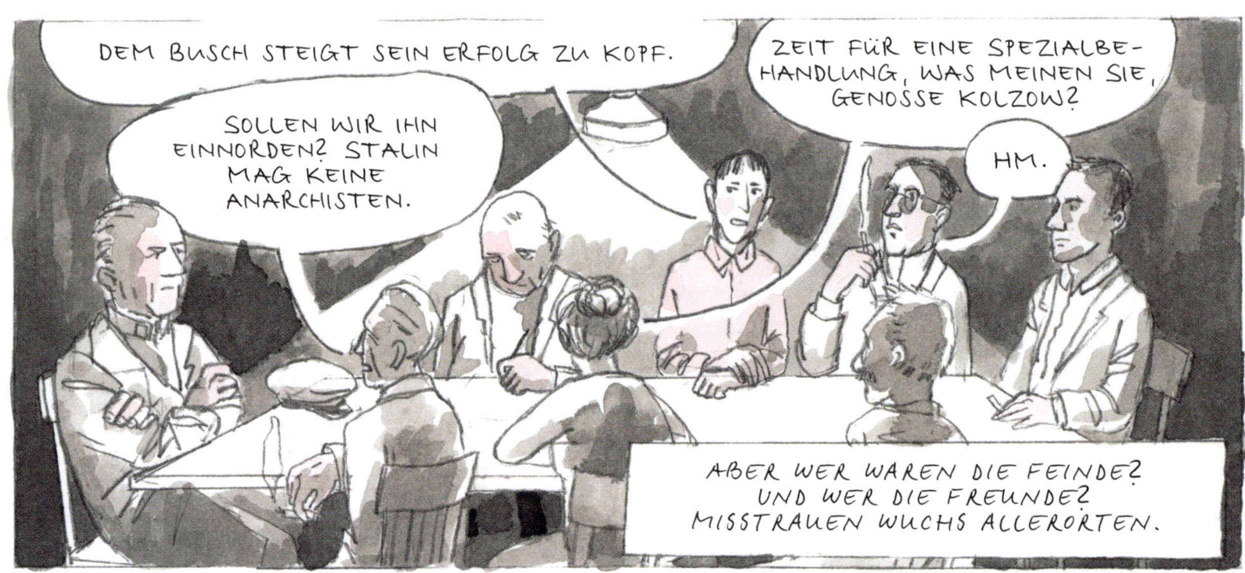
DEM BUSCH STEIGT SEIN ERFOLG ZU KOPF.
SOLLEN WIR IHN EINNORDEN? STALIN MAG KEINE ANARCHISTEN.
ZEIT FÜR EINE SPEZIALBEHANDLUNG, WAS MEINEN SIE, GENOSSE KOLZOW?
HM.
ABER WER WAREN DIE FEINDE? UND WER DIE FREUNDE? MISSTRAUEN WUCHS ALLERORTEN.

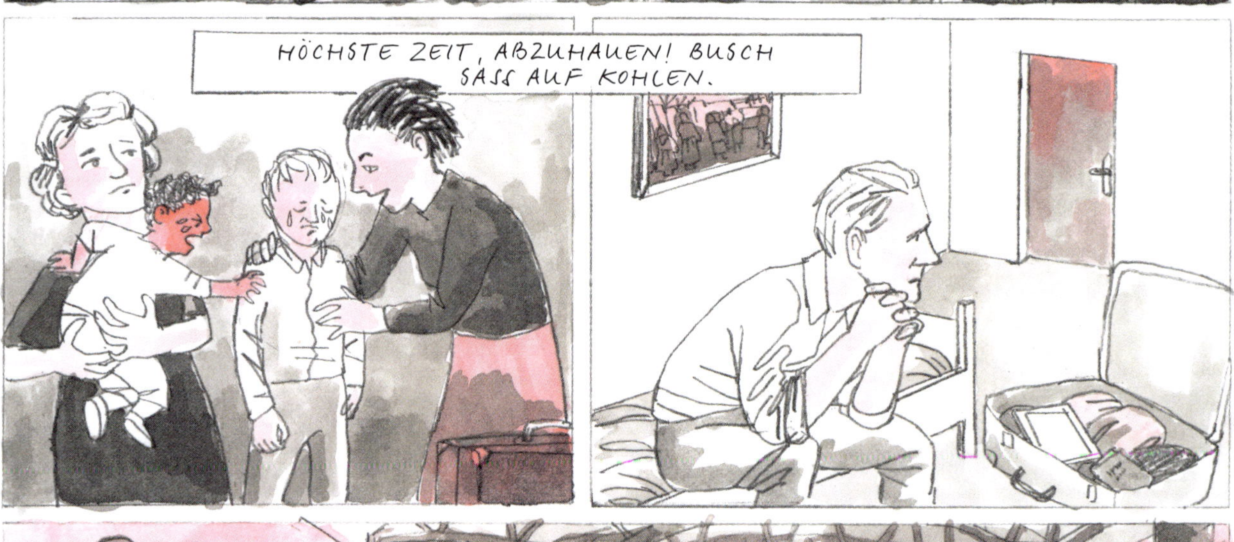
HÖCHSTE ZEIT, ABZUHAUEN! BUSCH SASS AUF KOHLEN.

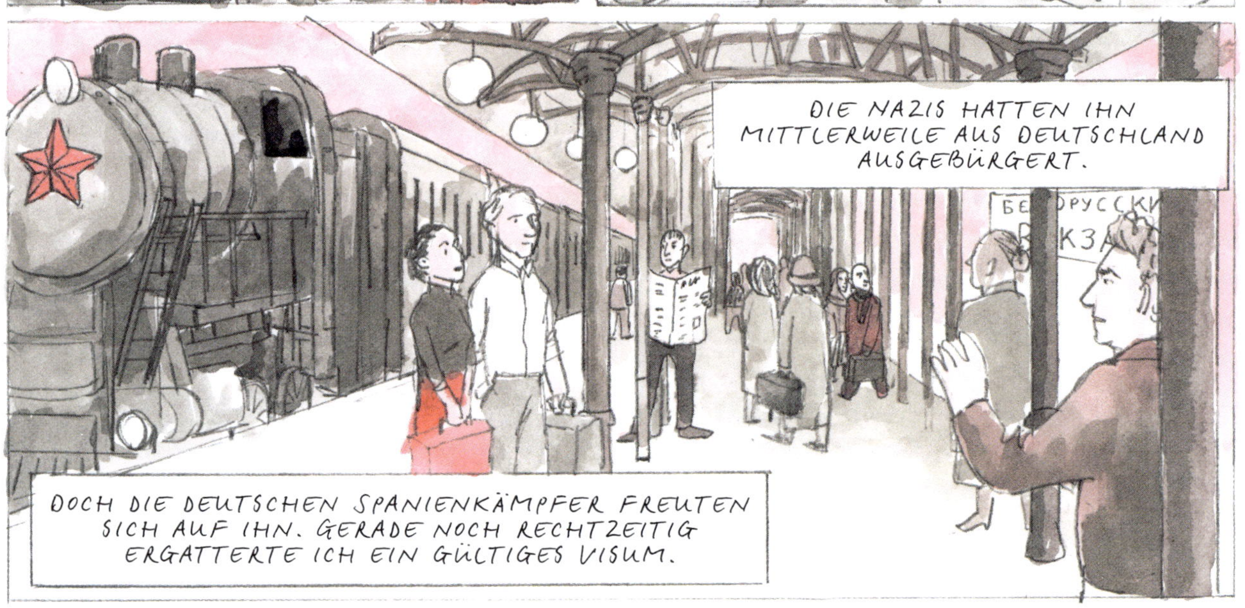
DIE NAZIS HATTEN IHN MITTLERWEILE AUS DEUTSCHLAND AUSGEBÜRGERT.
DOCH DIE DEUTSCHEN SPANIENKÄMPFER FREUTEN SICH AUF IHN. GERADE NOCH RECHTZEITIG ERGATTERTE ICH EIN GÜLTIGES VISUM.

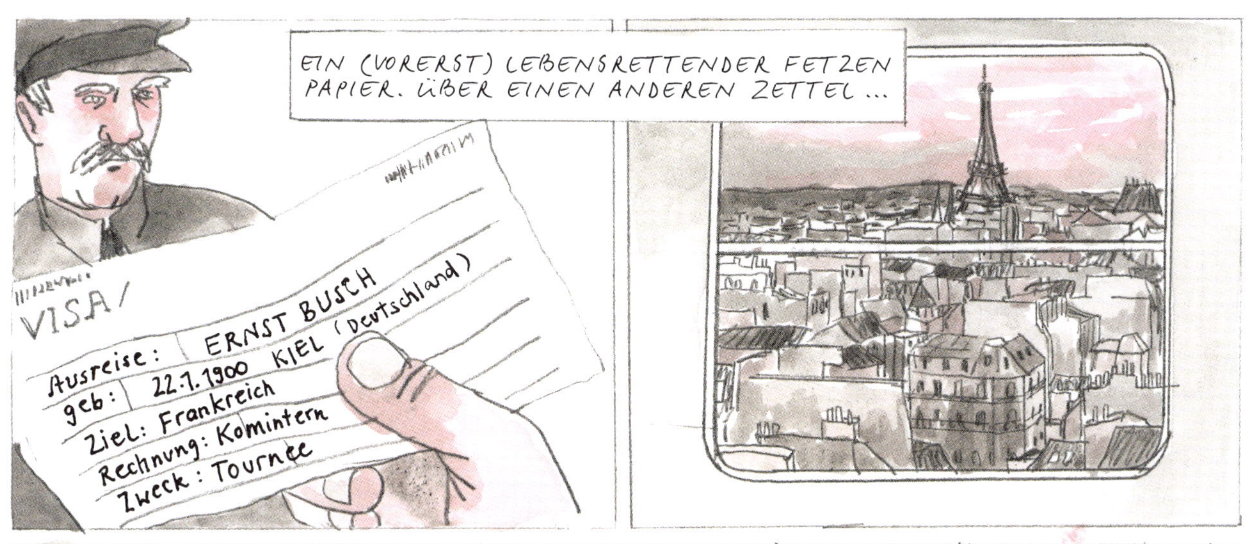
EIN (VORERST) LEBENSRETTENDER FETZEN PAPIER. ÜBER EINEN ANDEREN ZETTEL ...
VISA/
Ausreise: ERNST BUSCH
geb: 22.1.1900 KIEL (Deutschland)
Ziel: Frankreich
Rechnung: Komintern
Zweck: Tournee

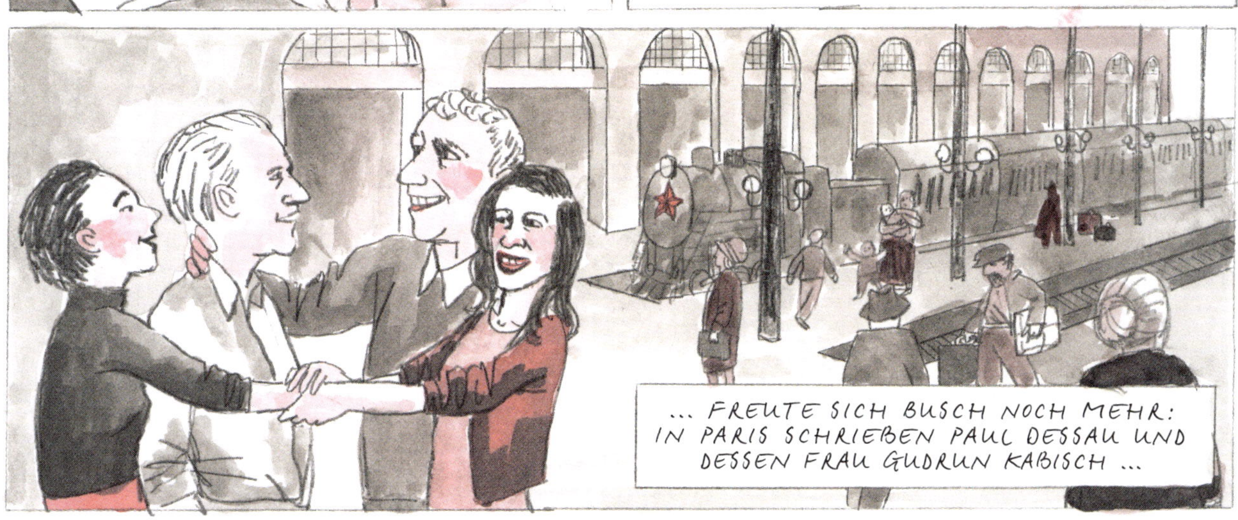
... FREUTE SICH BUSCH NOCH MEHR: IN PARIS SCHRIEBEN PAUL DESSAU UND DESSEN FRAU GUDRUN KABISCH ...

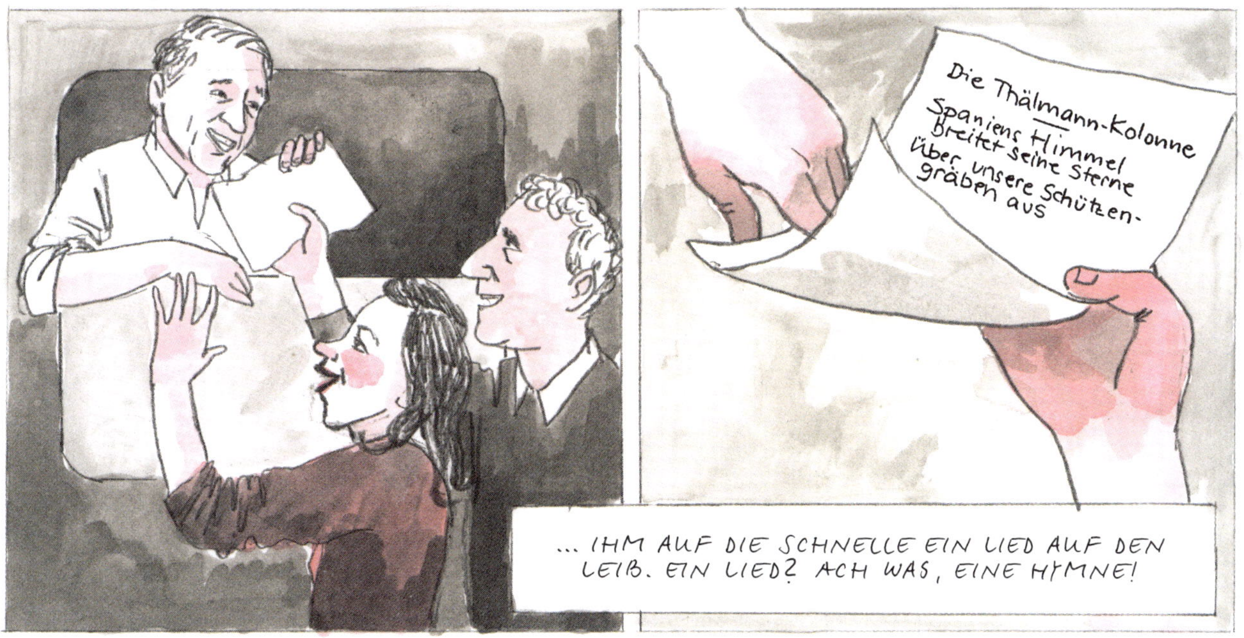
Die Thälmann-Kolonne
Spaniens Himmel
Breitet seine Sterne
Über unsere Schützen-
gräben aus
... IHM AUF DIE SCHNELLE EIN LIED AUF DEN LEIB. EIN LIED? ACH WAS, EINE HYMNE!

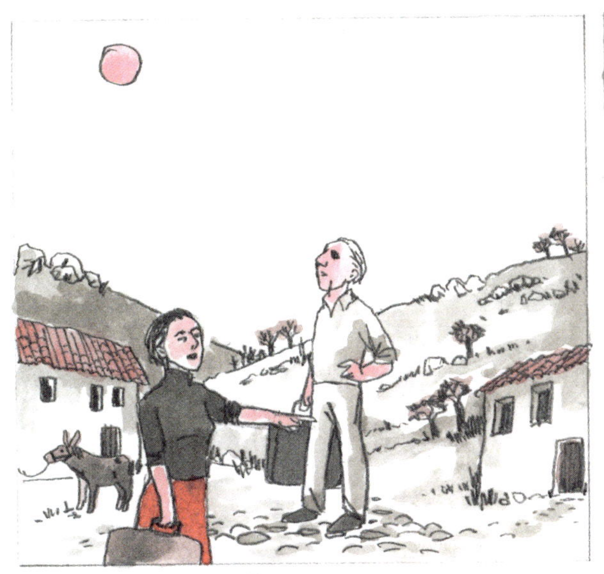

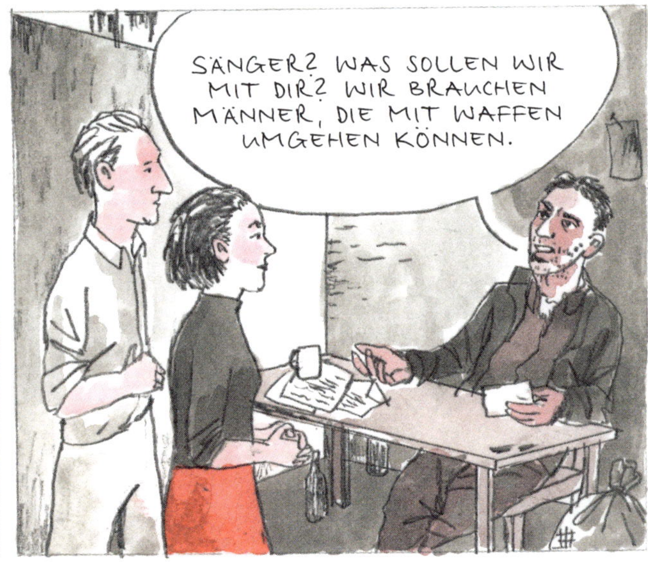
SÄNGER? WAS SOLLEN WIR MIT DIR? WIR BRAUCHEN MÄNNER, DIE MIT WAFFEN UMGEHEN KÖNNEN.

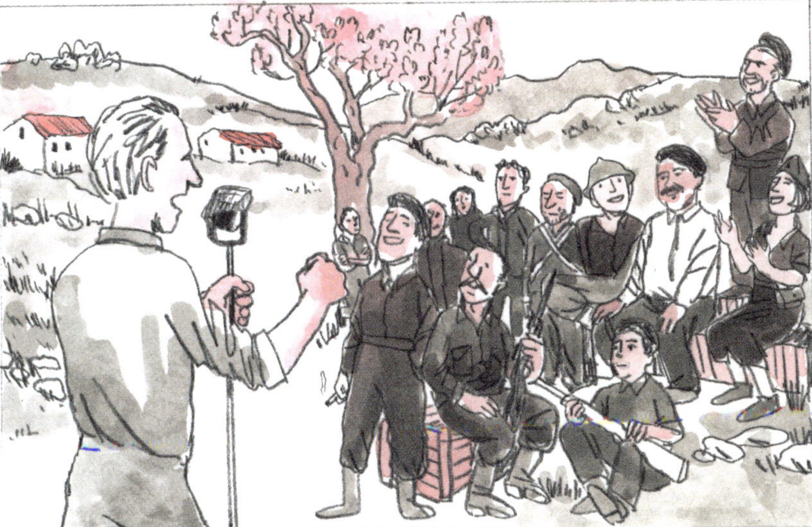

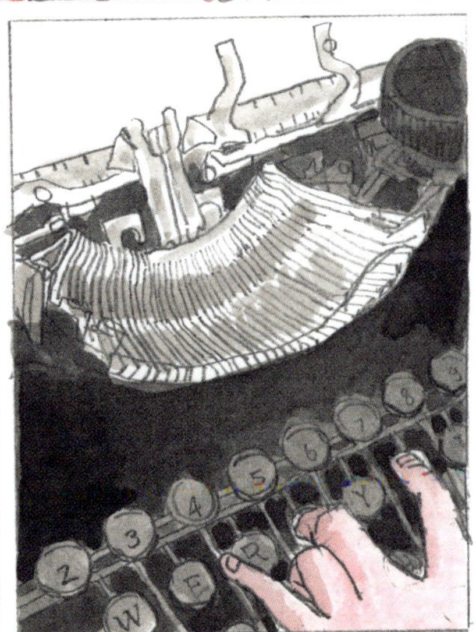

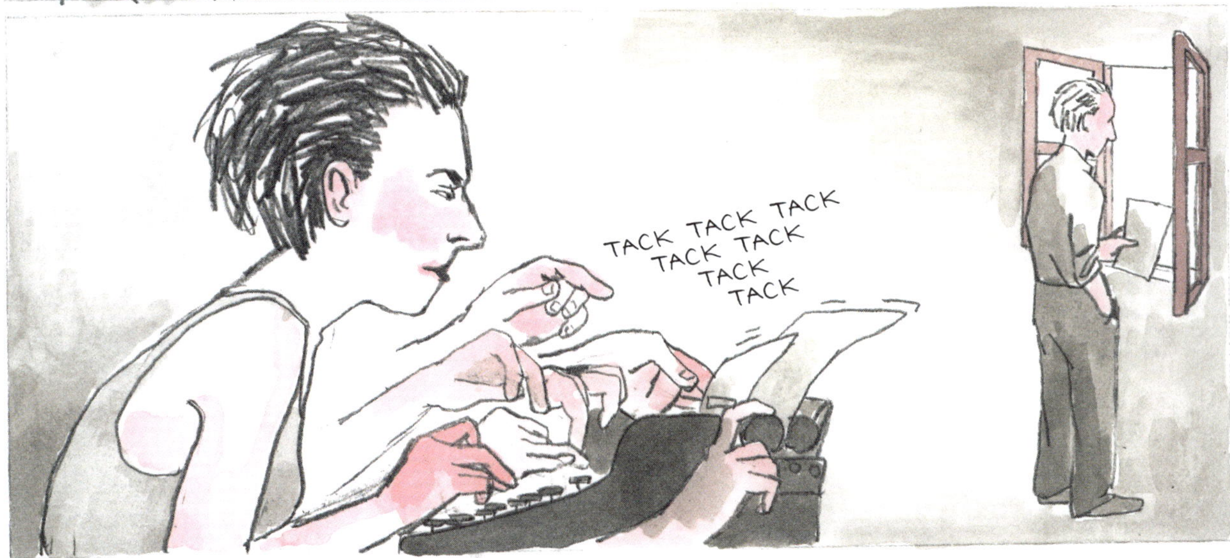
TACK TACK TACK
TACK TACK
TACK
TACK

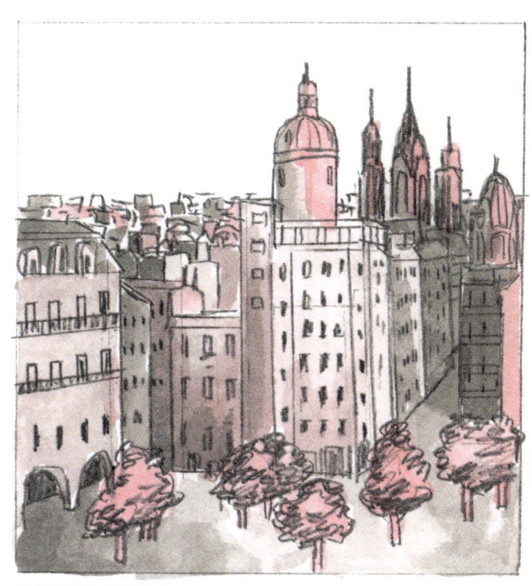

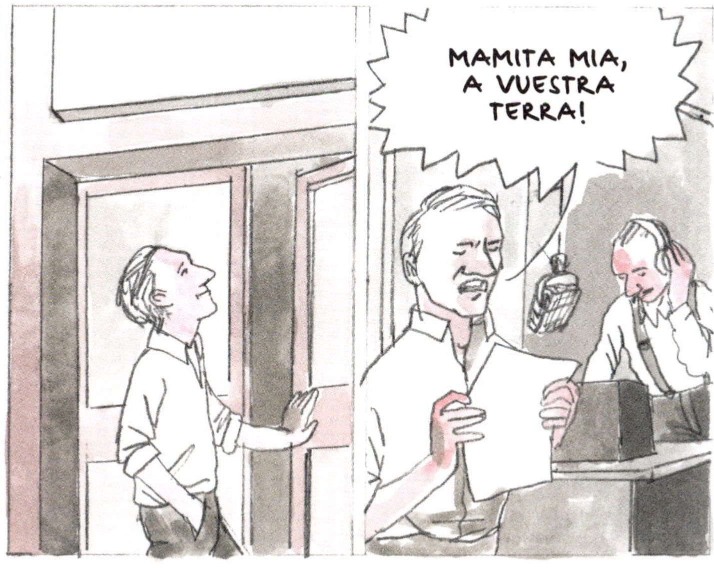
MAMITA MIA,
A VUESTRA
TERRA!

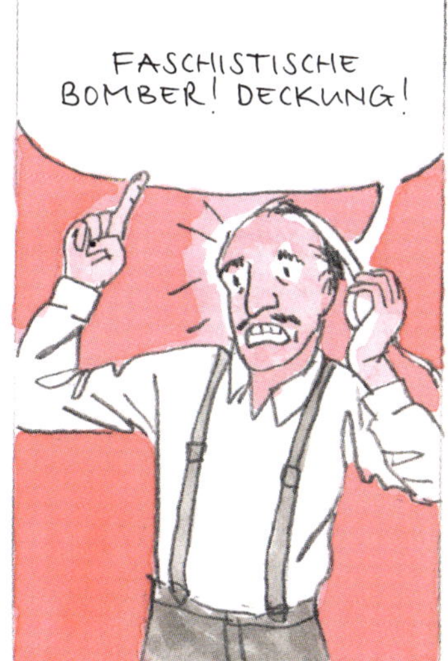
FASCHISTISCHE
BOMBER! DECKUNG!

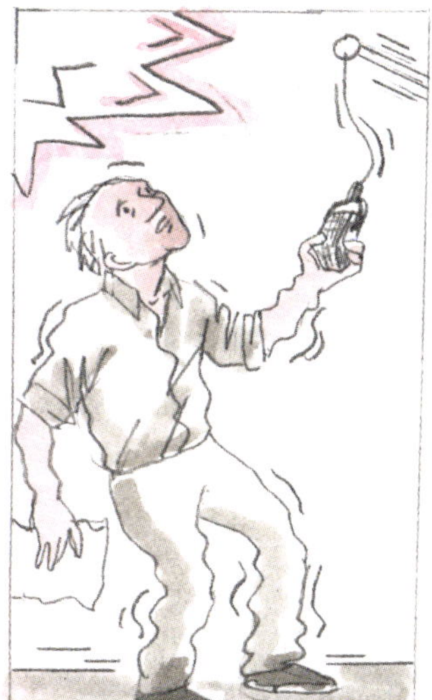

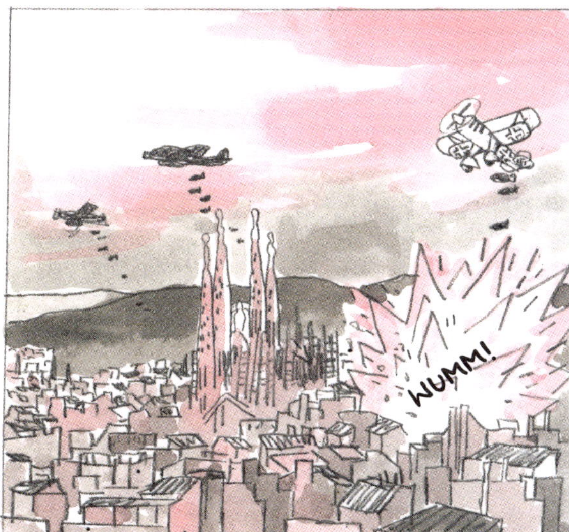
WUMM!

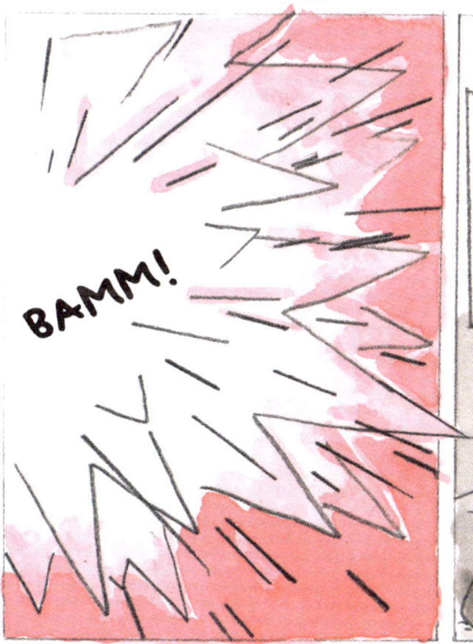
BAMM!

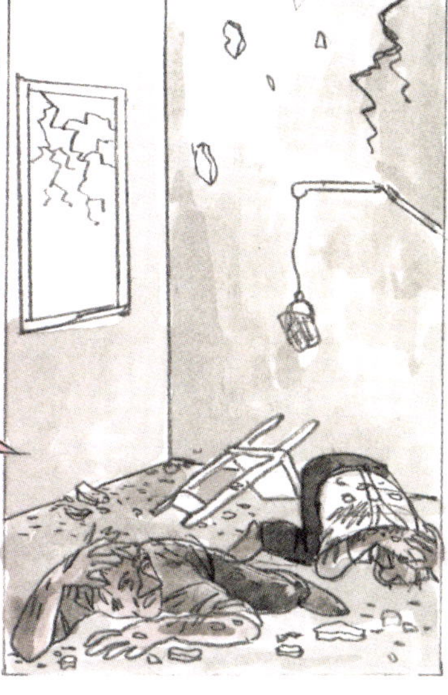

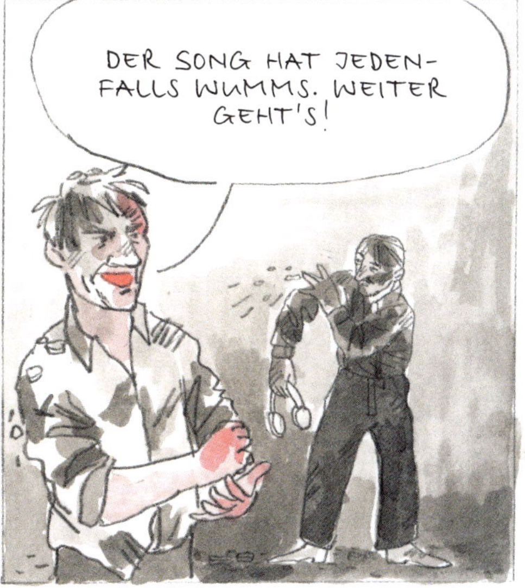
DER SONG HAT JEDEN-
FALLS WUMMS. WEITER
GEHT'S!

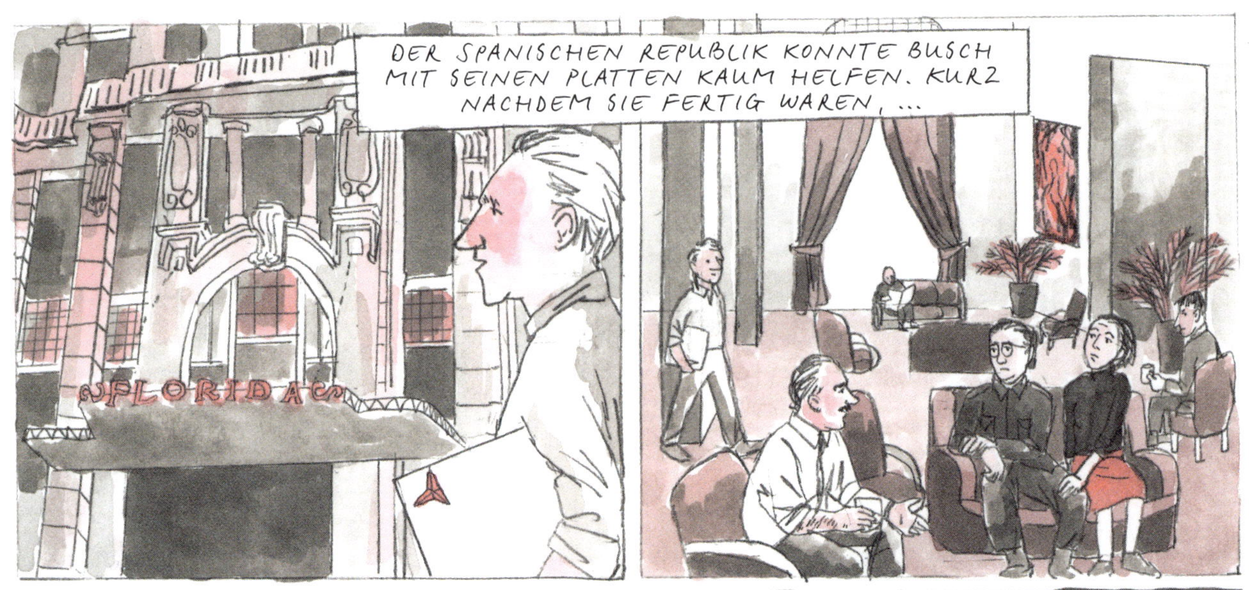
DER SPANISCHEN REPUBLIK KONNTE BUSCH MIT SEINEN PLATTEN KAUM HELFEN. KURZ NACHDEM SIE FERTIG WAREN, ...
FLORIDA

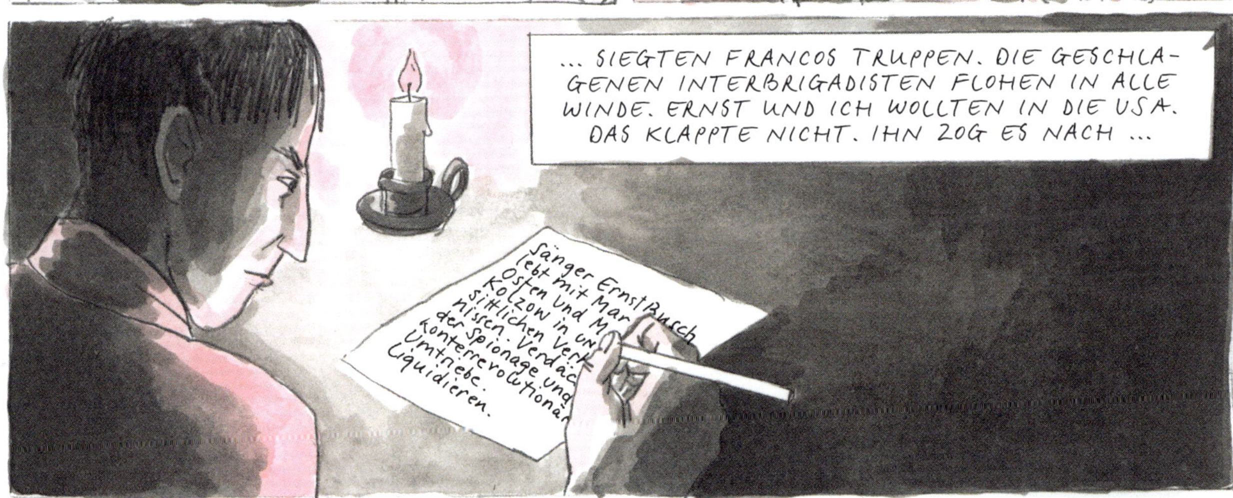
... SIEGTEN FRANCOS TRUPPEN. DIE GESCHLAGENEN INTERBRIGADISTEN FLOHEN IN ALLE WINDE. ERNST UND ICH WOLLTEN IN DIE USA. DAS KLAPPTE NICHT. IHN ZOG ES NACH ...
Sänger Ernst Busch
lebt mit Mar
Osten und M
Kolzow in un
sittlichen Verh
nissen. Verdac
der Spionage und
konterrevolutionär
Umtriebe.
Liquidieren.

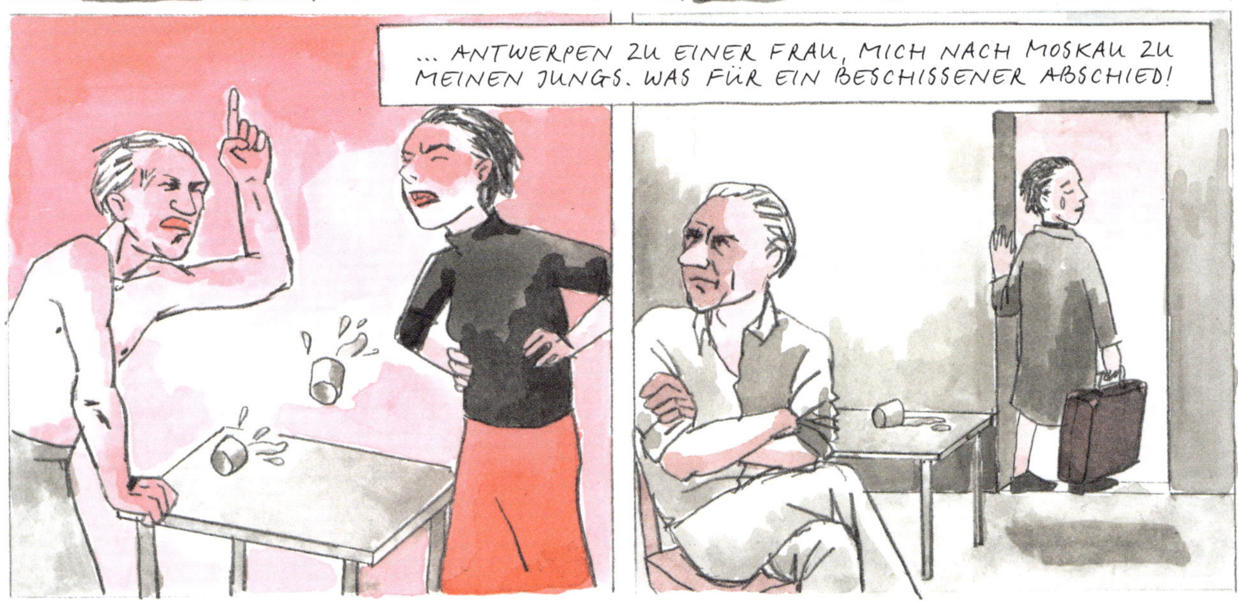
... ANTWERPEN ZU EINER FRAU, MICH NACH MOSKAU ZU MEINEN JUNGS. WAS FÜR EIN BESCHISSENER ABSCHIED!

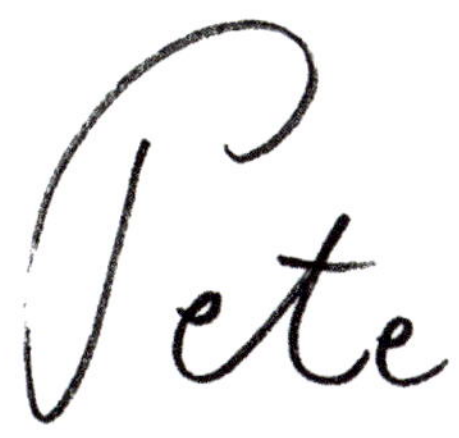

NEW YORK 1941

MIT BUSCH TRÄUMTE
ICH MICH NACH SPANIEN!

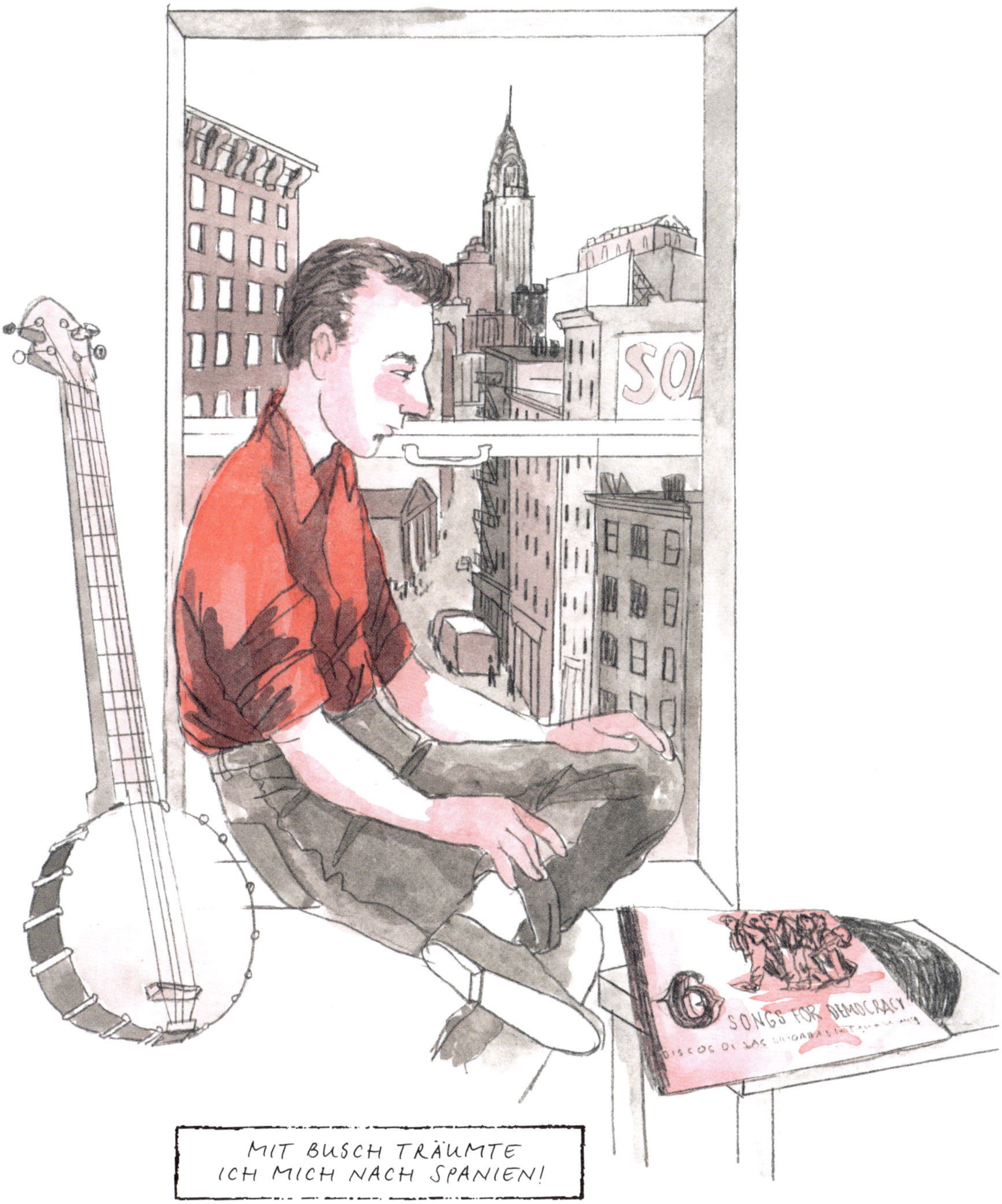

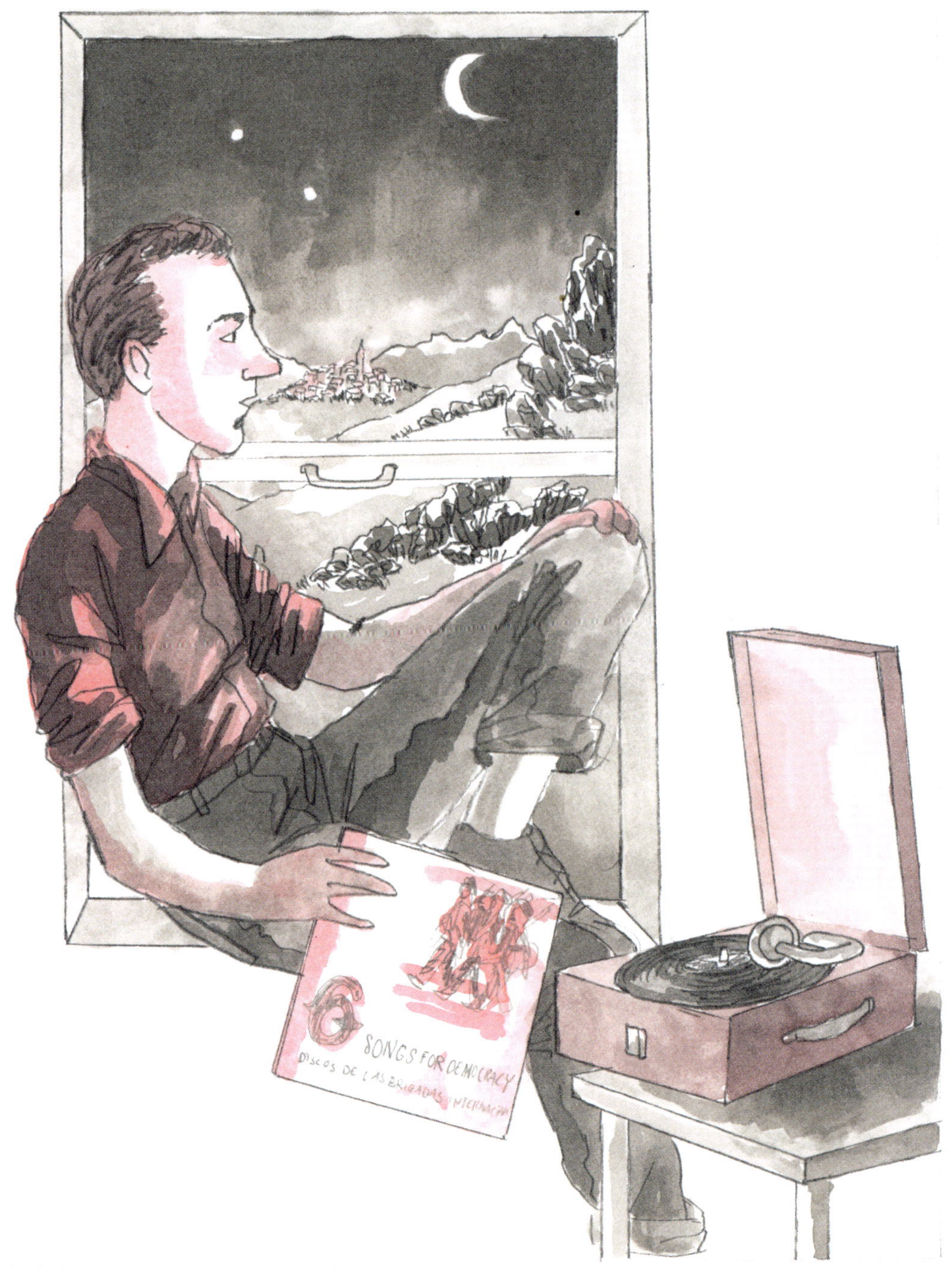
6
SONGS FOR DEMOCRACY
DISCOS DE LAS BRIGADAS

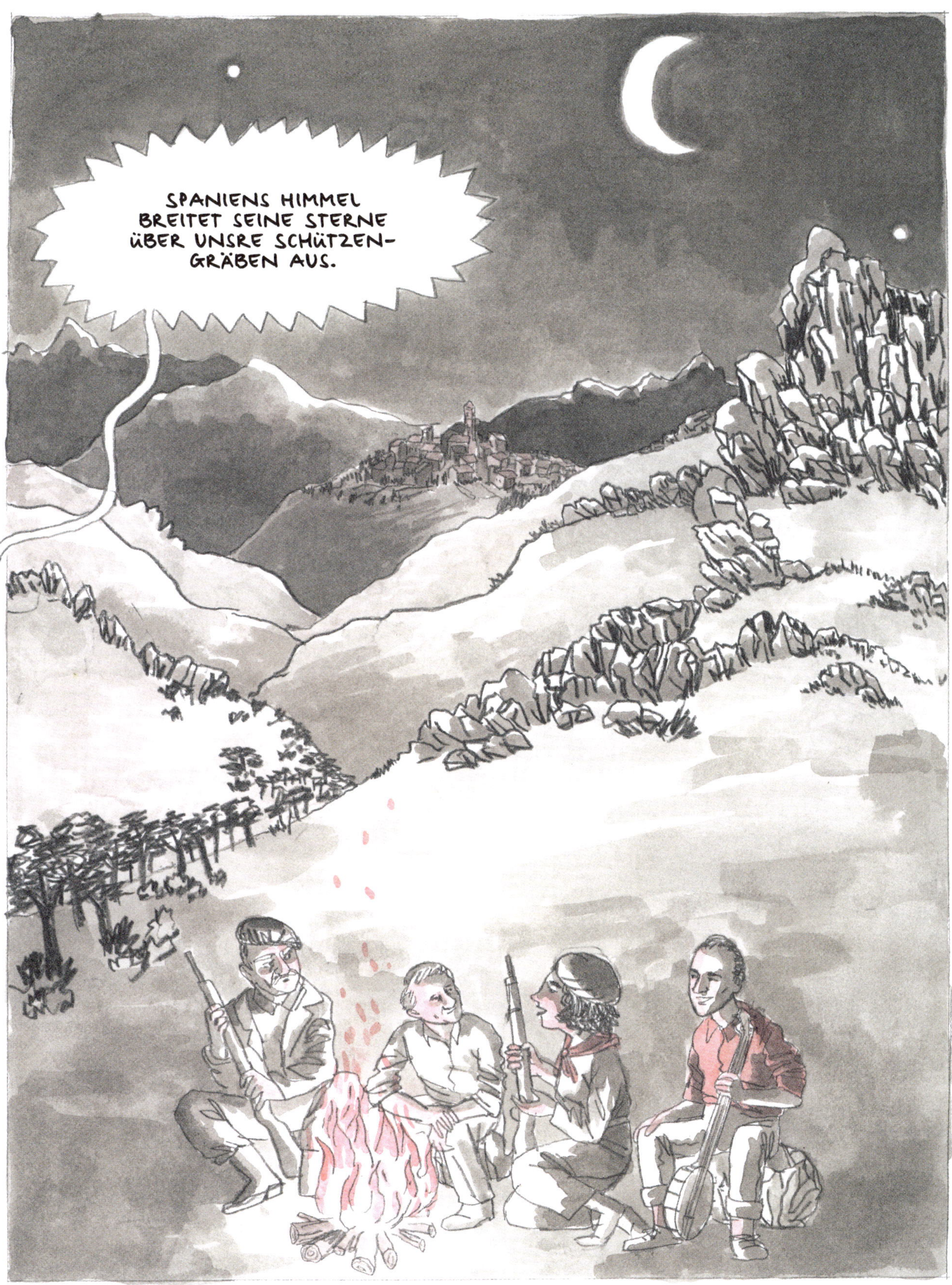
SPANIENS HIMMEL BREITET SEINE STERNE ÜBER UNSRE SCHÜTZEN-GRÄBEN AUS.

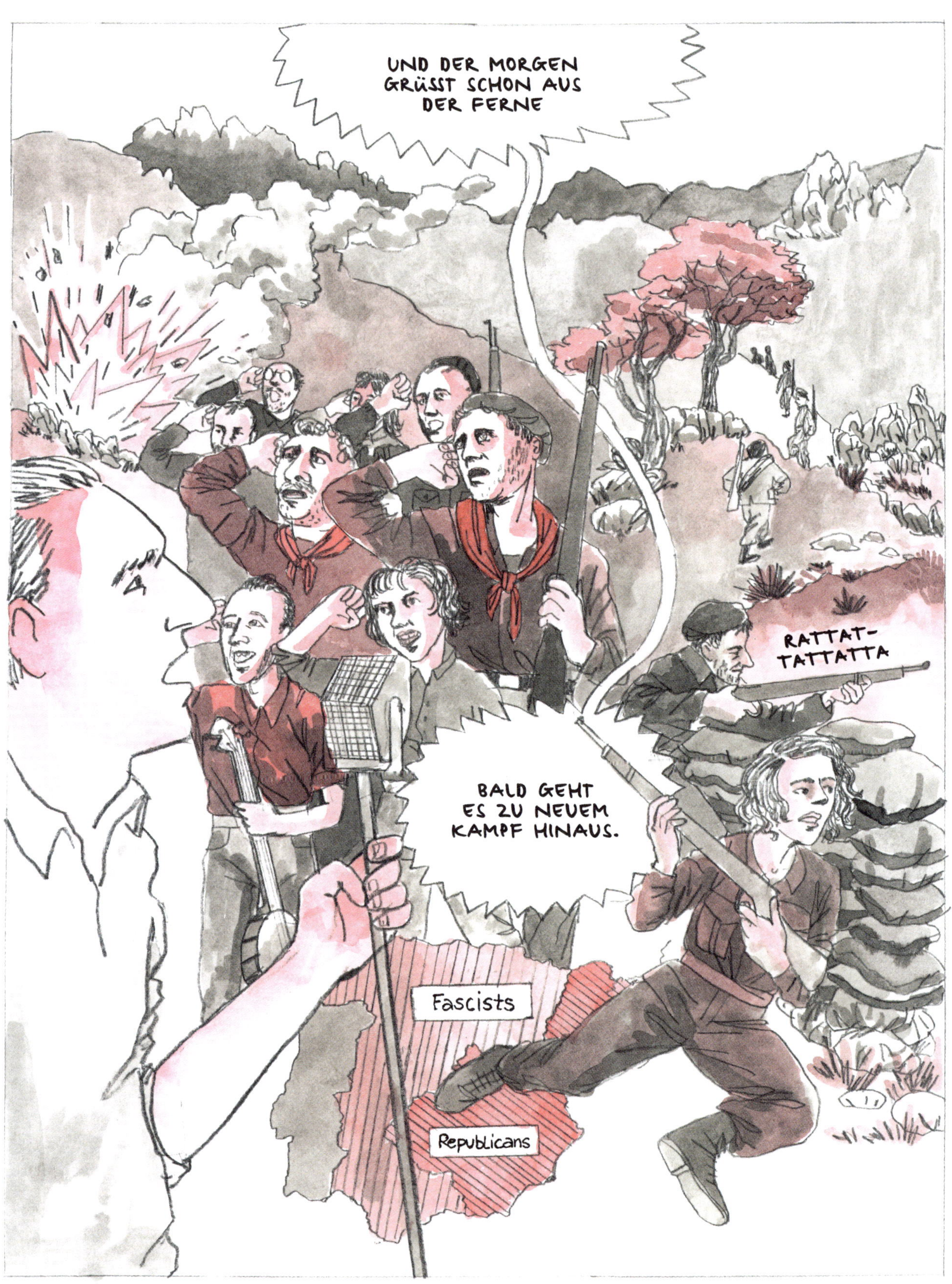
UND DER MORGEN GRÜSST SCHON AUS DER FERNE
RATTAT-TATTATTA
BALD GEHT ES ZU NEUEM KAMPF HINAUS.
Fascists
Republicans

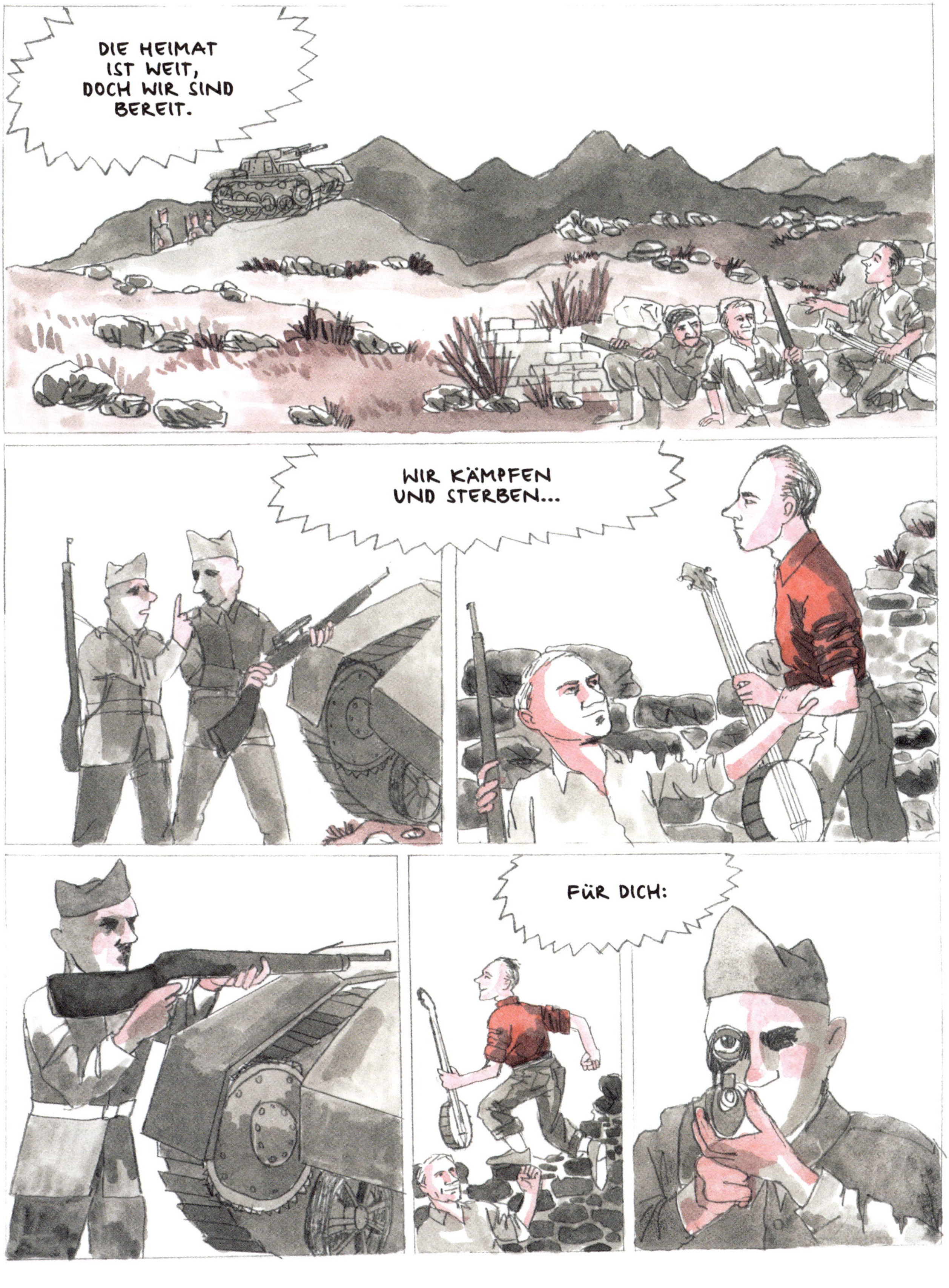

DIE HEIMAT IST WEIT, DOCH WIR SIND BEREIT.

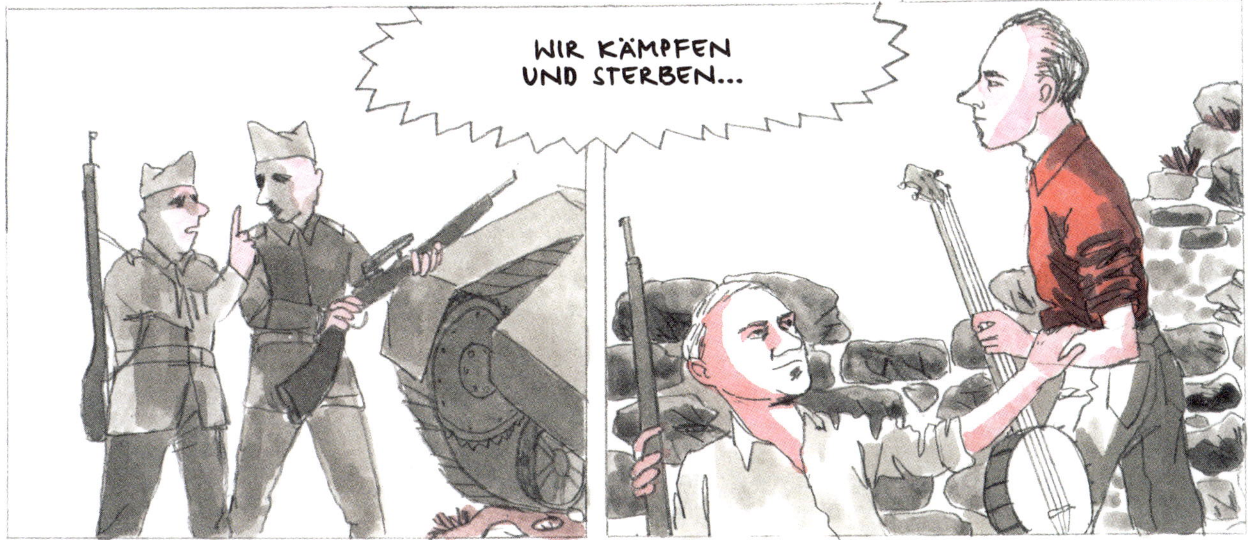

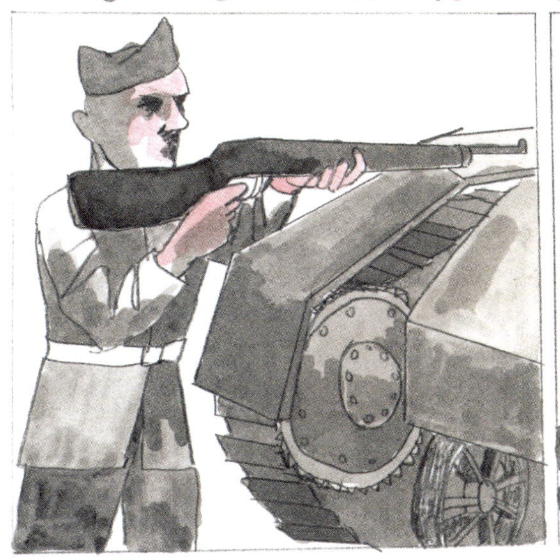

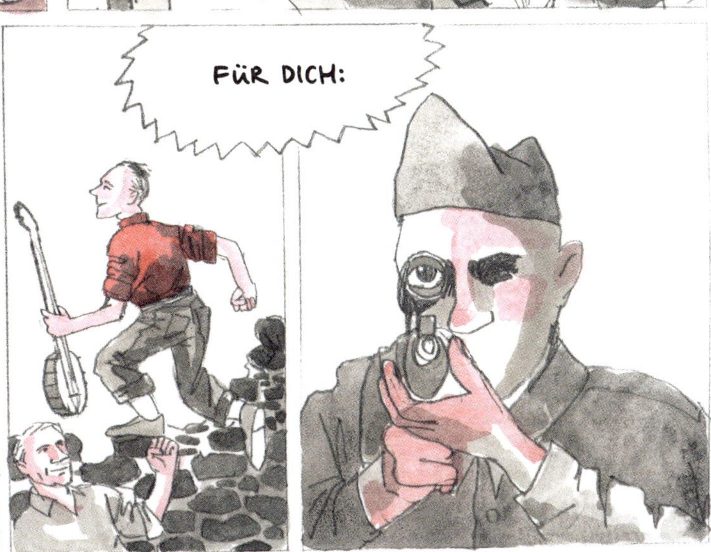

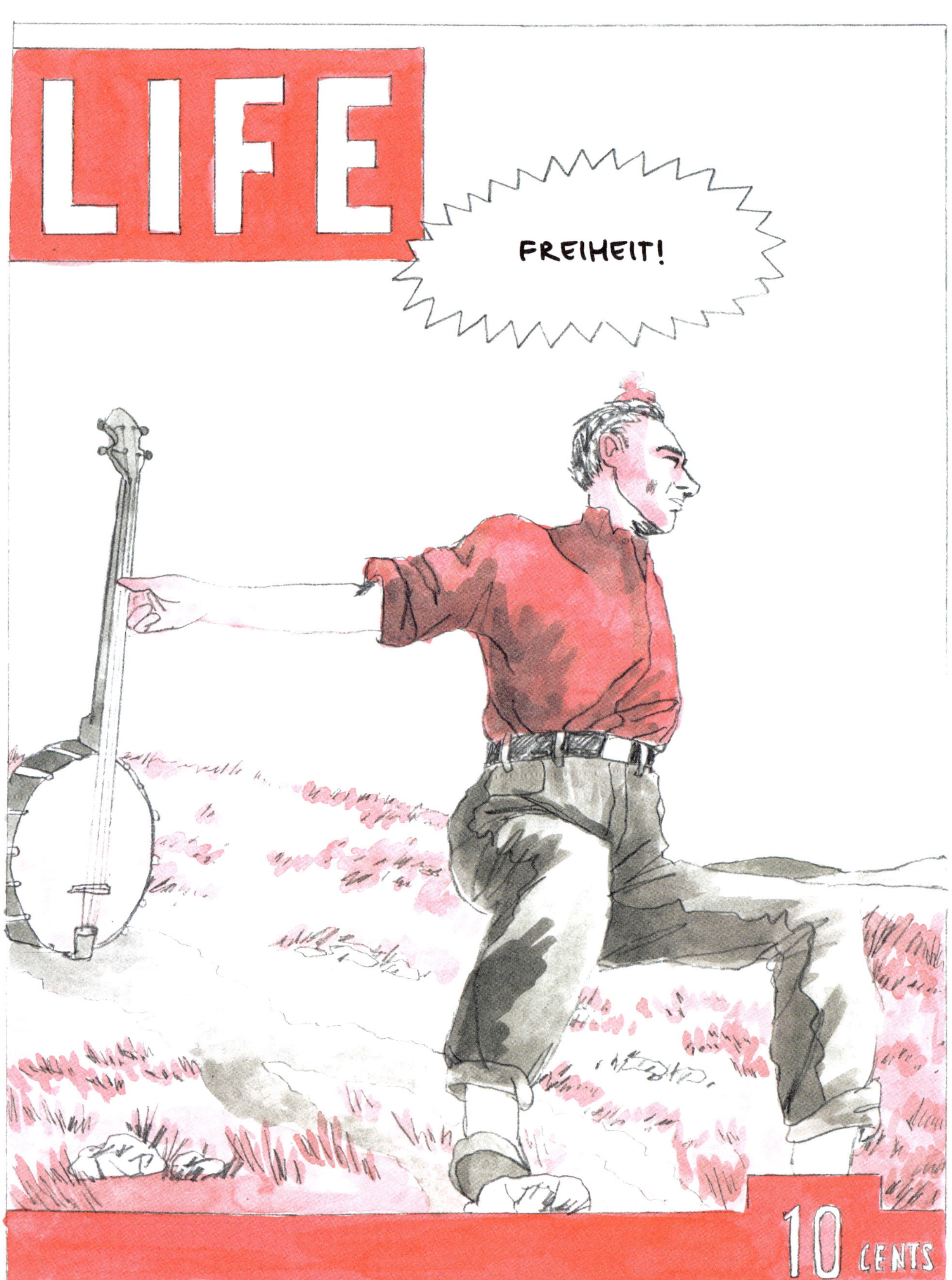
LIFE
FREIHEIT!
10 CENTS

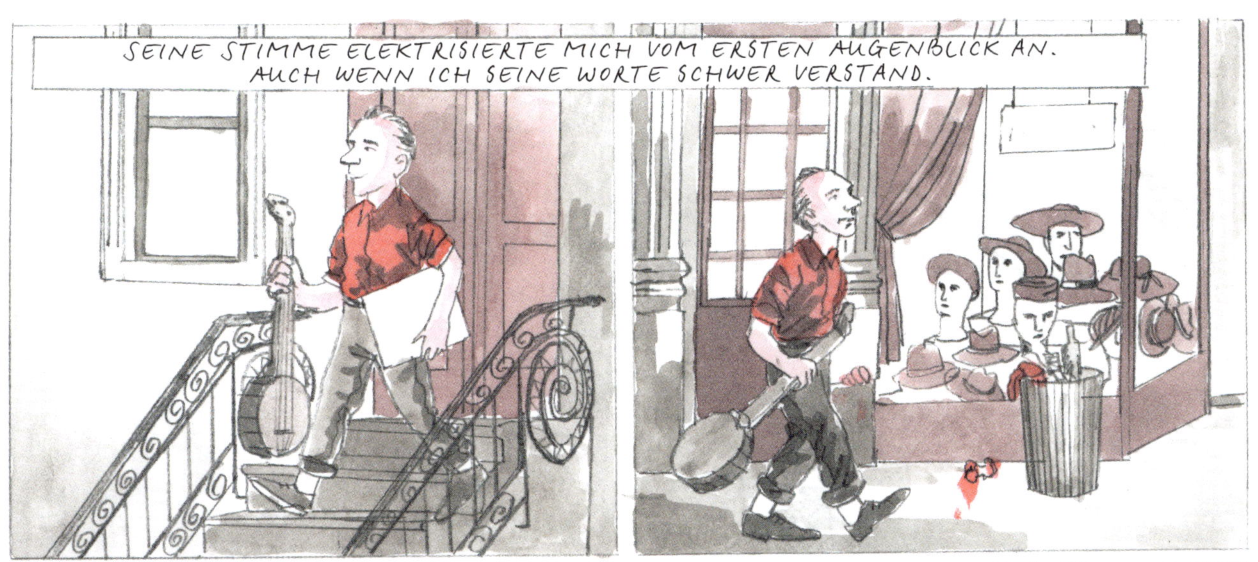
SEINE STIMME ELEKTRISIERTE MICH VOM ERSTEN AUGENBLICK AN.
AUCH WENN ICH SEINE WORTE SCHWER VERSTAND.

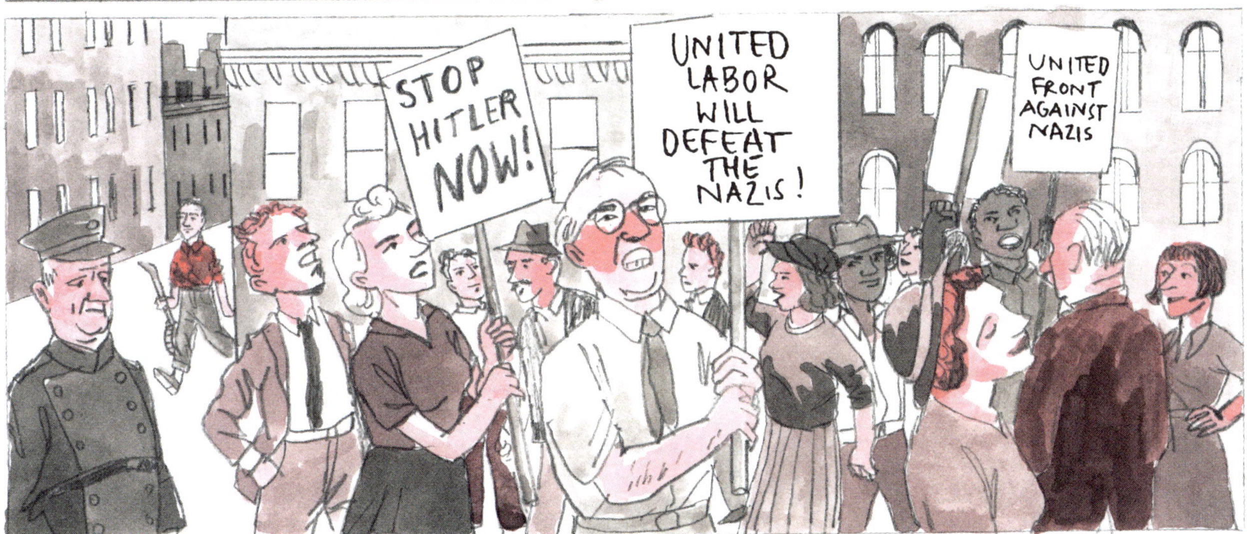
STOP HITLER NOW!
UNITED LABOR WILL DEFEAT THE NAZIS!
UNITED FRONT AGAINST NAZIS

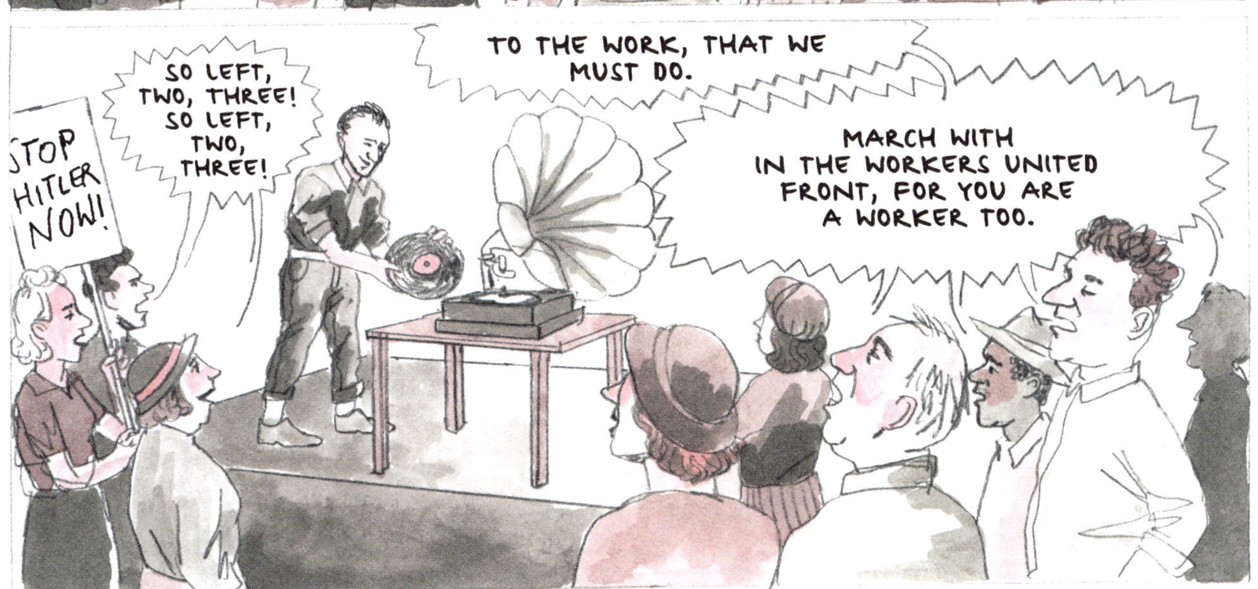
STOP HITLER NOW!
SO LEFT, TWO, THREE! SO LEFT, TWO, THREE!
TO THE WORK, THAT WE MUST DO.
MARCH WITH IN THE WORKERS UNITED FRONT, FOR YOU ARE A WORKER TOO.

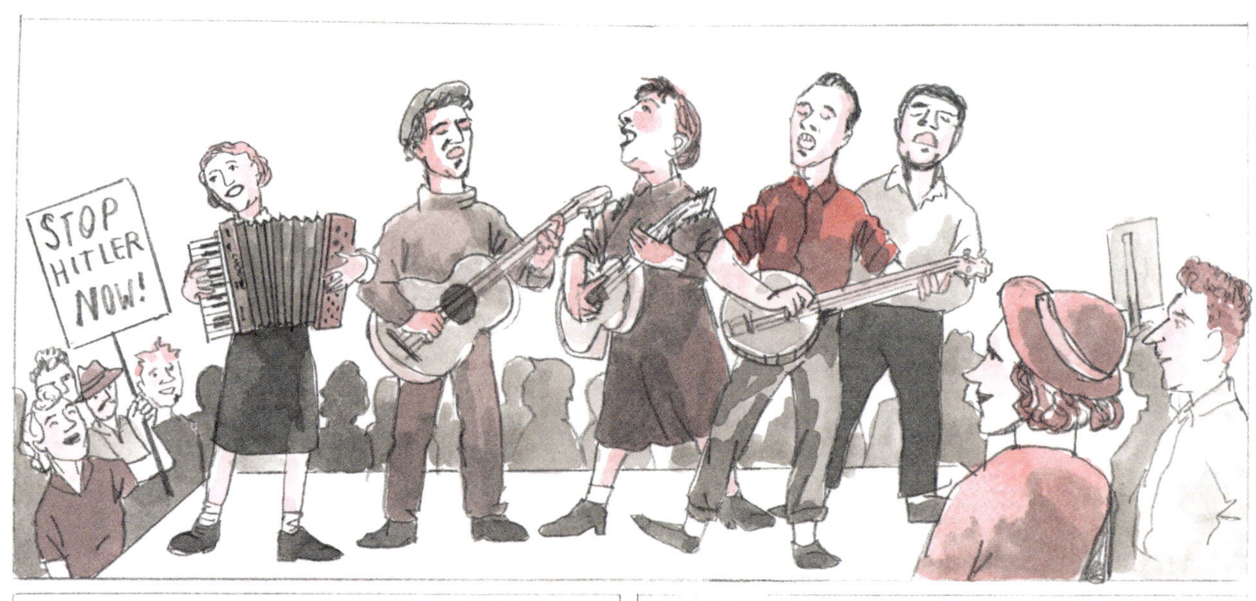

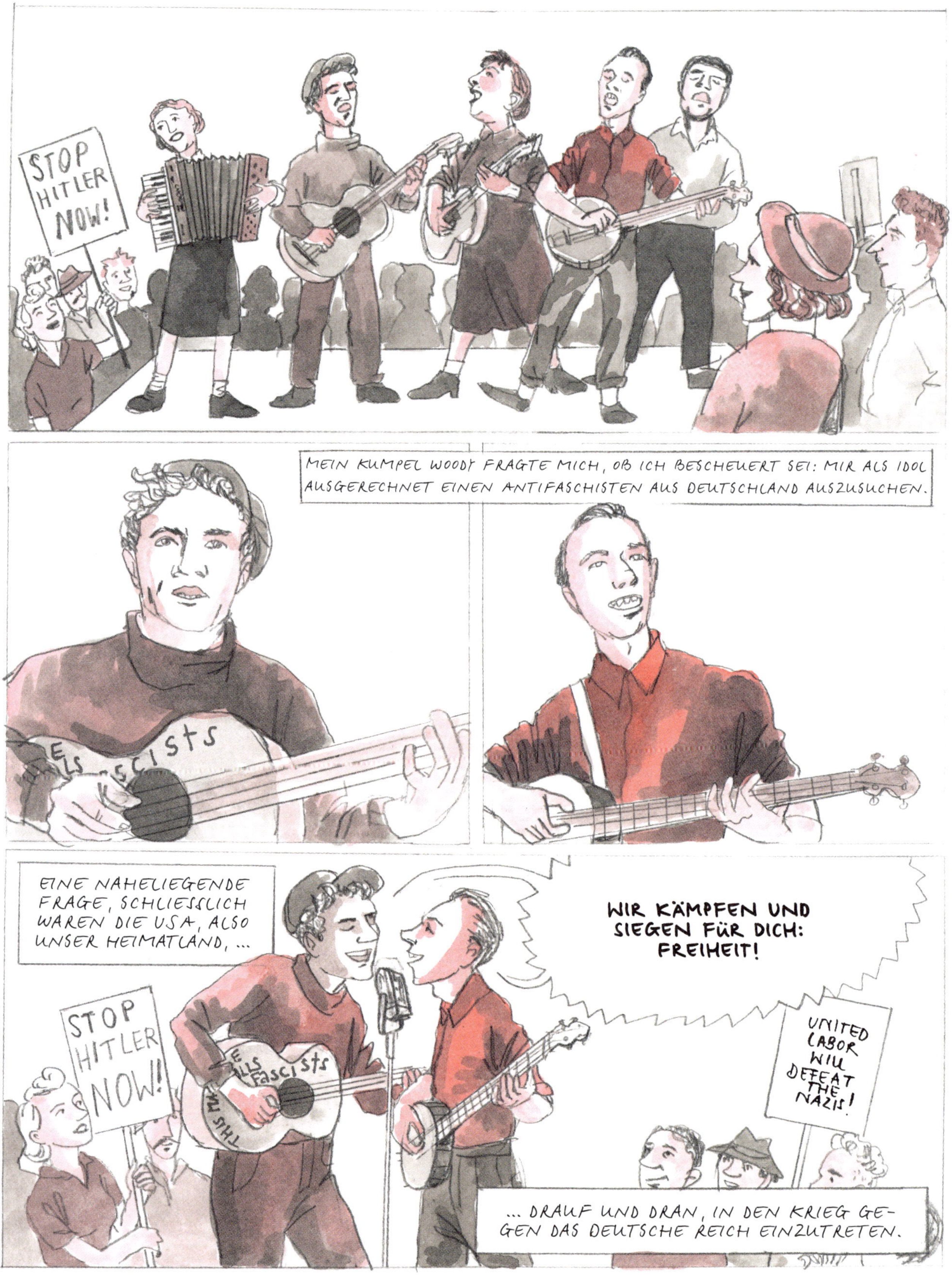

MEIN KUMPEL WOODY FRAGTE MICH, OB ICH BESCHEUERT SEI: MIR ALS IDOL AUSGERECHNET EINEN ANTIFASCHISTEN AUS DEUTSCHLAND AUSZUSUCHEN.

EINE NAHELIEGENDE FRAGE, SCHLIESSLICH WAREN DIE USA, ALSO UNSER HEIMATLAND, ...

WIR KÄMPFEN UND SIEGEN FÜR DICH: FREIHEIT!

STOP HITLER NOW!

UNITED LABOR WILL DEFEAT THE NAZIS!

... DRAUF UND DRAN, IN DEN KRIEG GEGEN DAS DEUTSCHE REICH EINZUTRETEN.

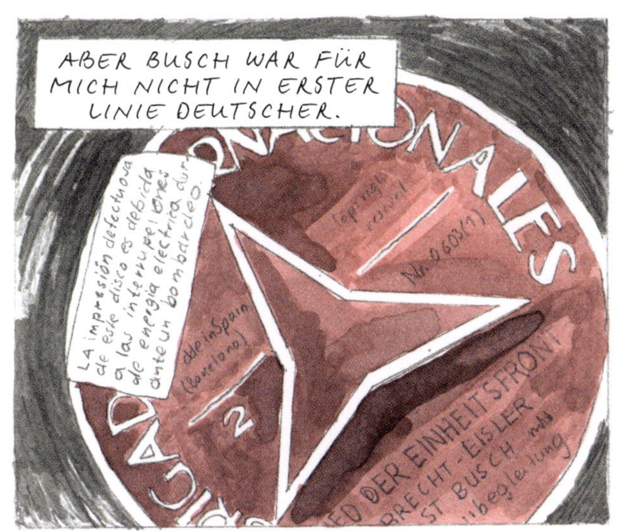
ABER BUSCH WAR FÜR MICH NICHT IN ERSTER LINIE DEUTSCHER.

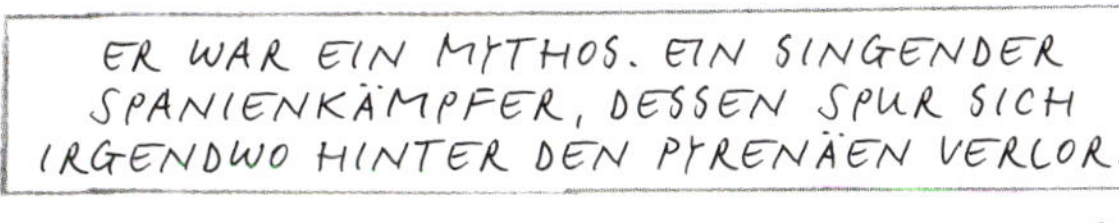
ER WAR EIN MYTHOS. EIN SINGENDER SPANIENKÄMPFER, DESSEN SPUR SICH IRGENDWO HINTER DEN PYRENÄEN VERLOR.

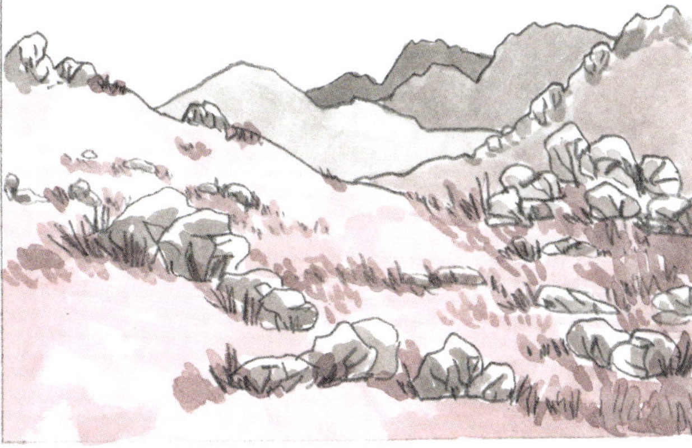

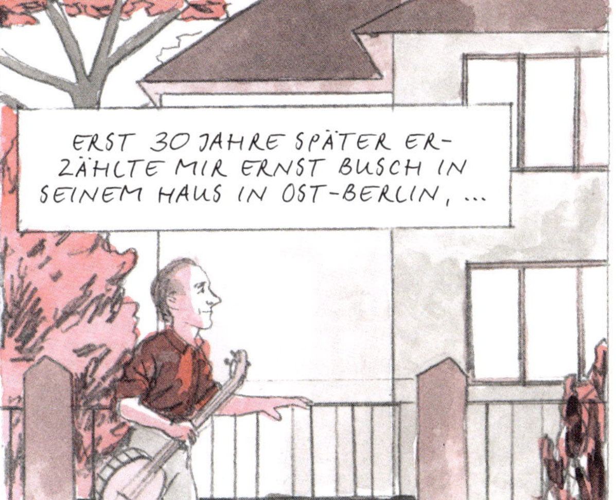
ERST 30 JAHRE SPÄTER ERZÄHLTE MIR ERNST BUSCH IN SEINEM HAUS IN OST-BERLIN, ...

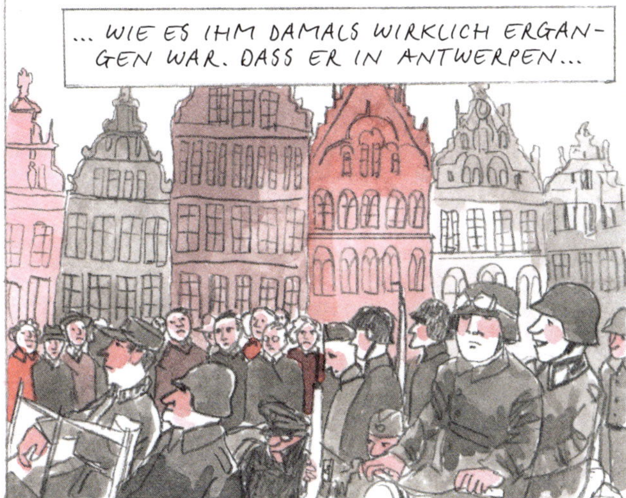
... WIE ES IHM DAMALS WIRKLICH ERGANGEN WAR. DASS ER IN ANTWERPEN ...

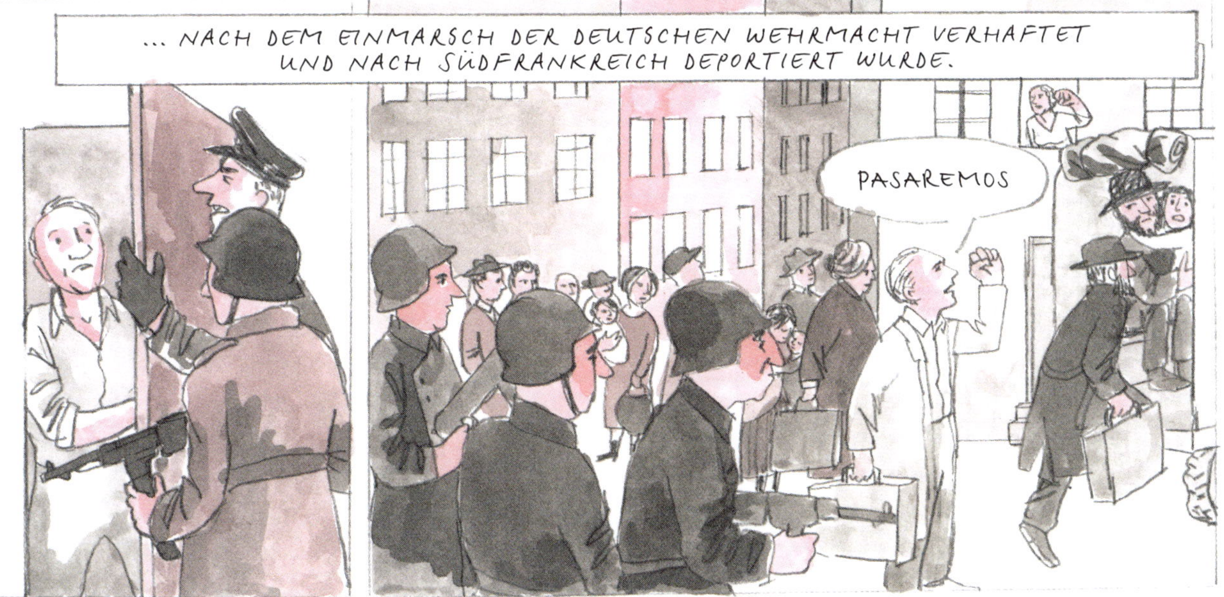
... NACH DEM EINMARSCH DER DEUTSCHEN WEHRMACHT VERHAFTET UND NACH SÜDFRANKREICH DEPORTIERT WURDE.
PASAREMOS

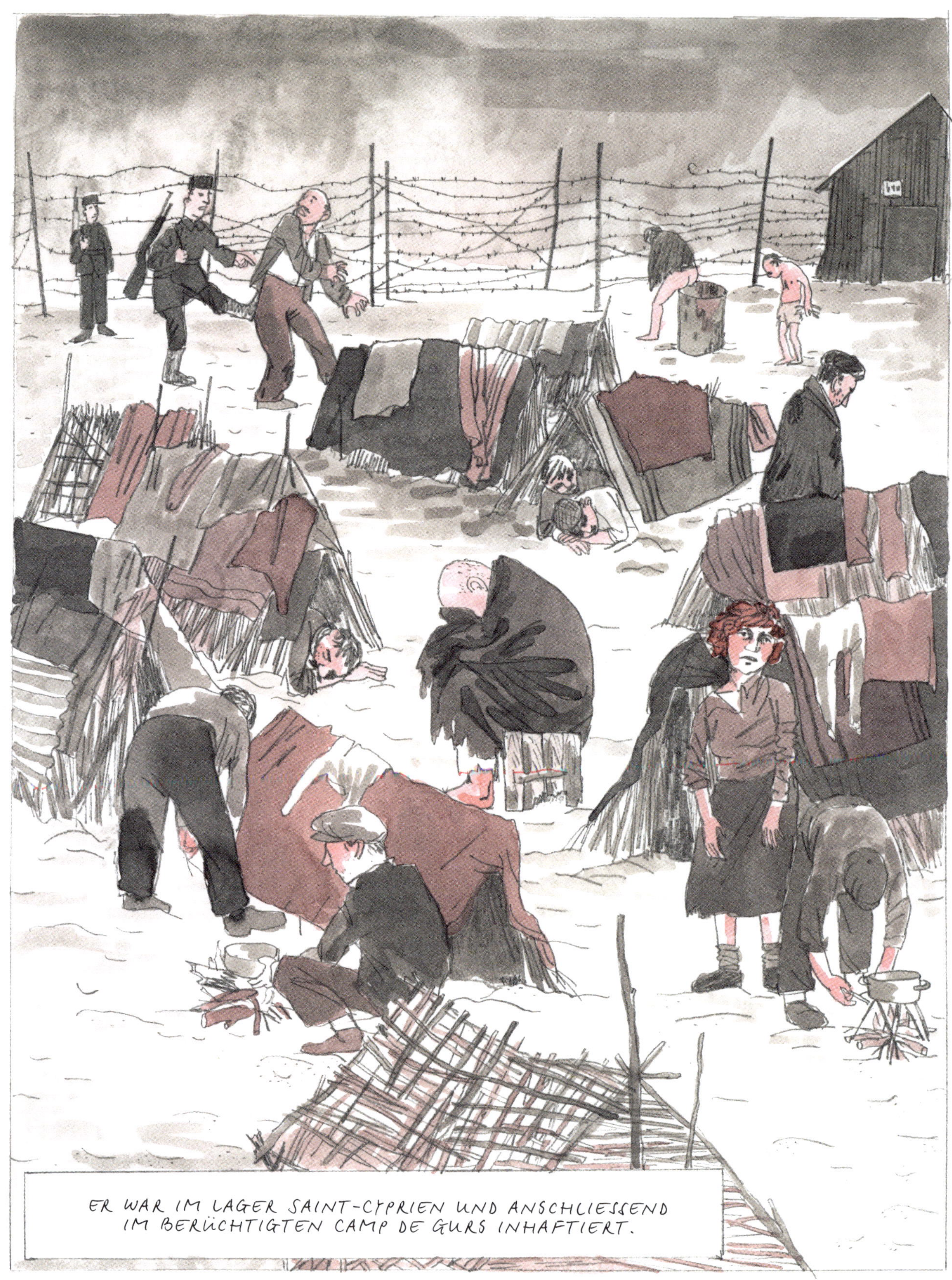
ER WAR IM LAGER SAINT-CYPRIEN UND ANSCHLIESSEND IM BERÜCHTIGTEN CAMP DE GURS INHAFTIERT.

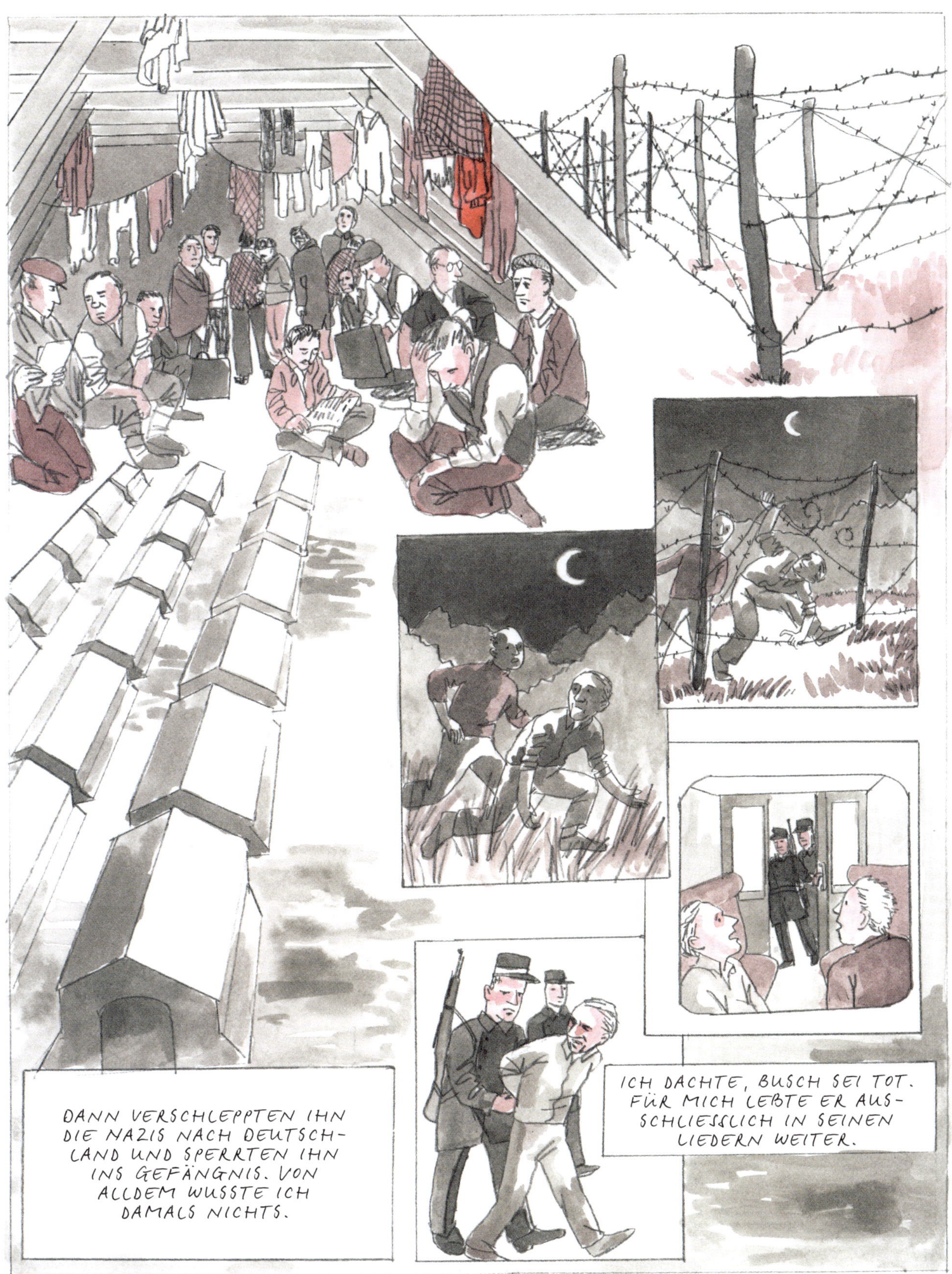
DANN VERSCHLEPPTEN IHN DIE NAZIS NACH DEUTSCHLAND UND SPERRTEN IHN INS GEFÄNGNIS. VON ALLDEM WUSSTE ICH DAMALS NICHTS.
ICH DACHTE, BUSCH SEI TOT. FÜR MICH LEBTE ER AUSSCHLIESSLICH IN SEINEN LIEDERN WEITER.

Gustaf

BERLIN 1943

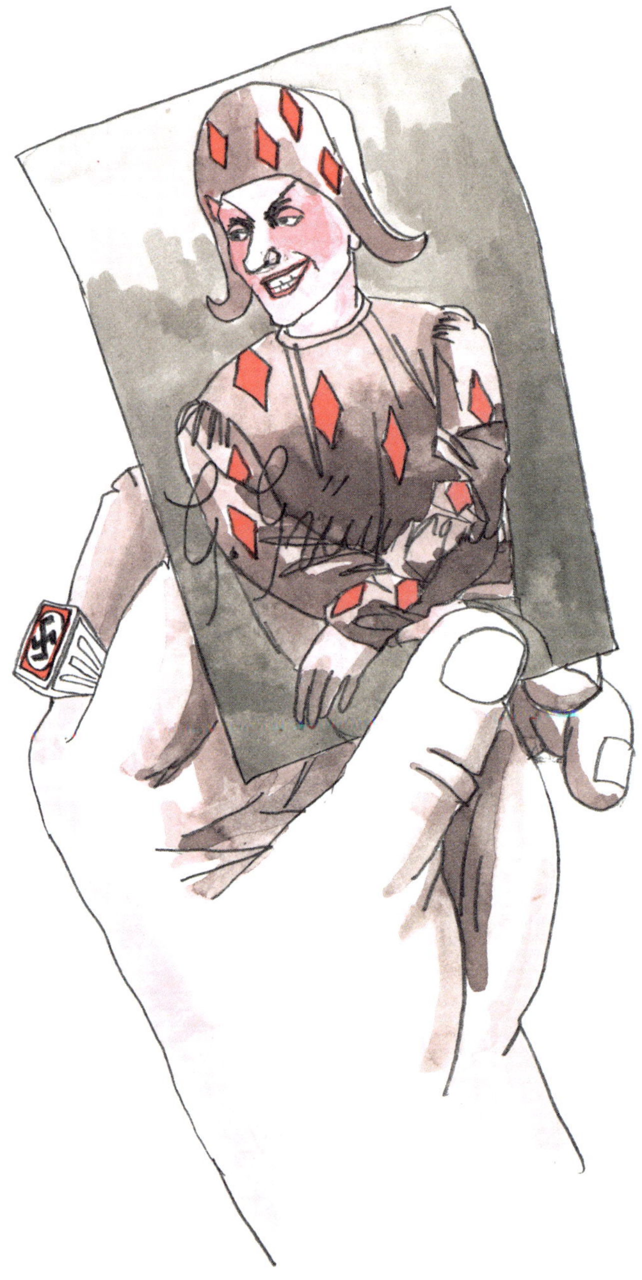

WOZU HAT MAN FREUNDE?

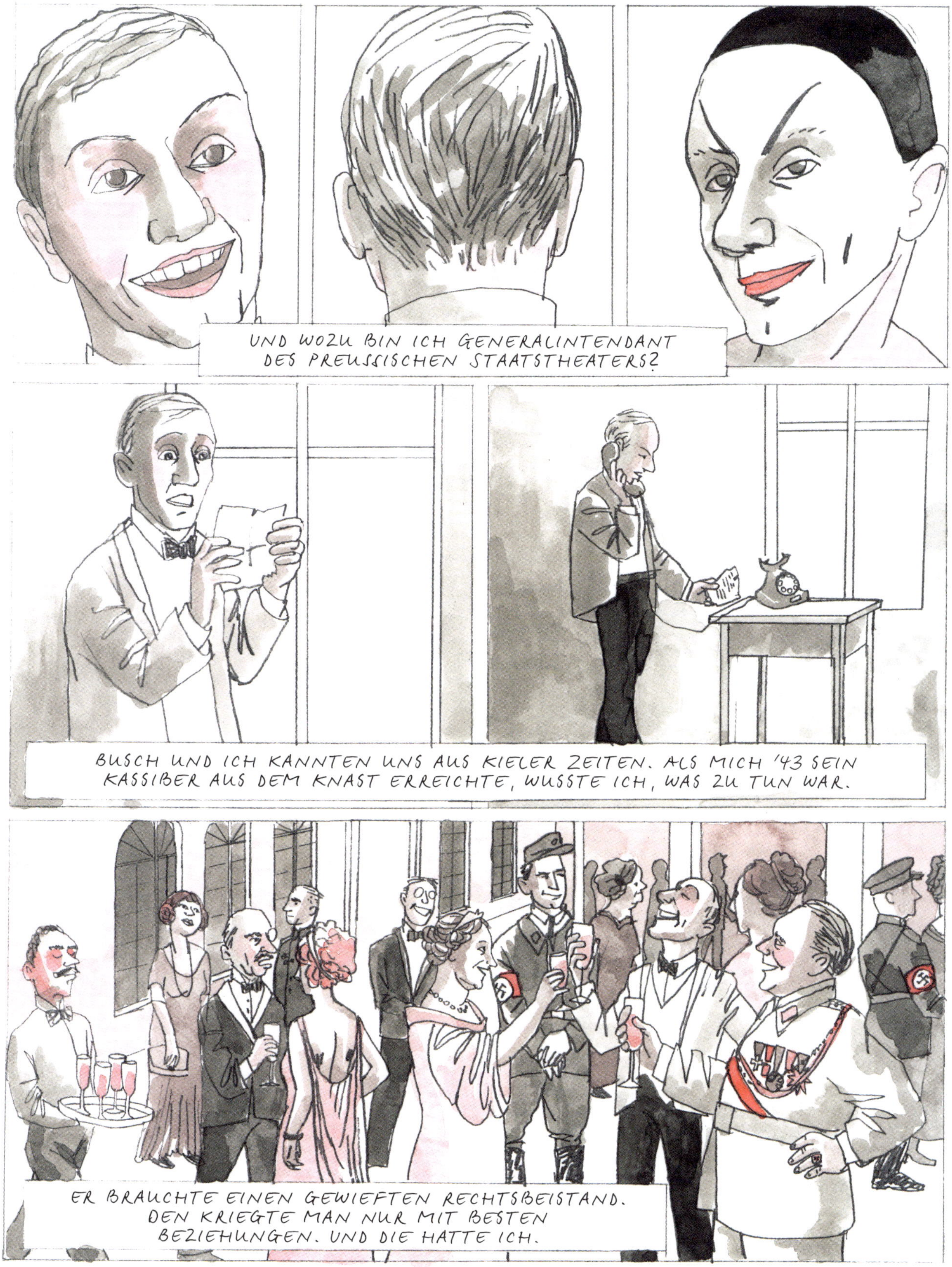

UND WOZU BIN ICH GENERALINTENDANT
DES PREUSSISCHEN STAATSTHEATERS?

BUSCH UND ICH KANNTEN UNS AUS KIELER ZEITEN. ALS MICH '43 SEIN
KASSIBER AUS DEM KNAST ERREICHTE, WUSSTE ICH, WAS ZU TUN WAR.

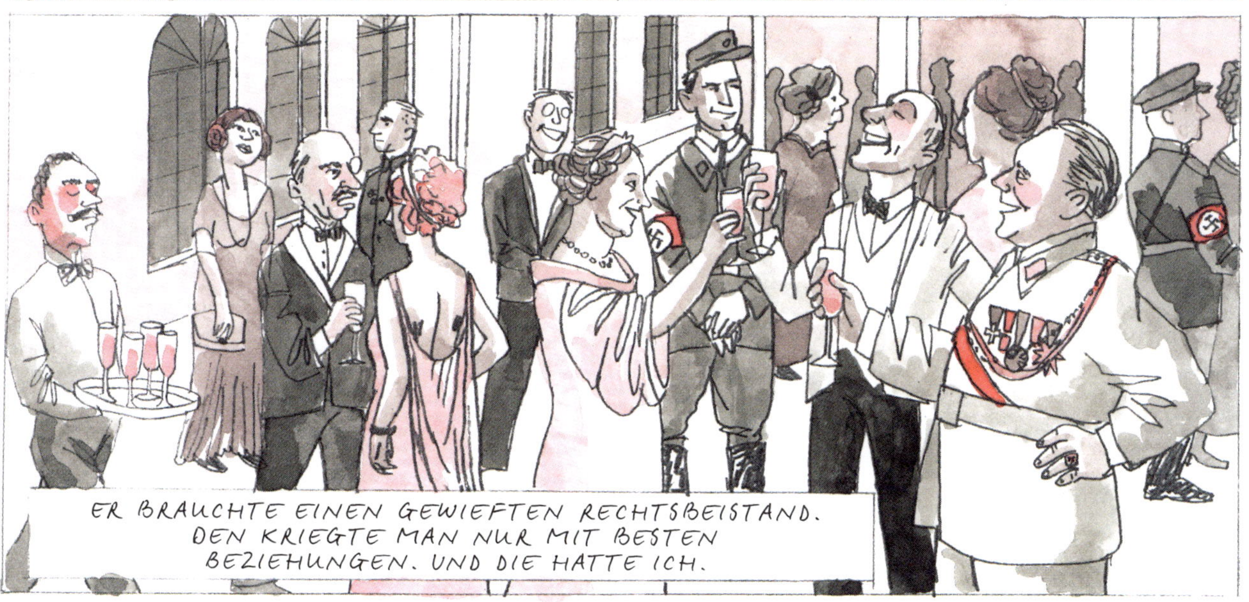

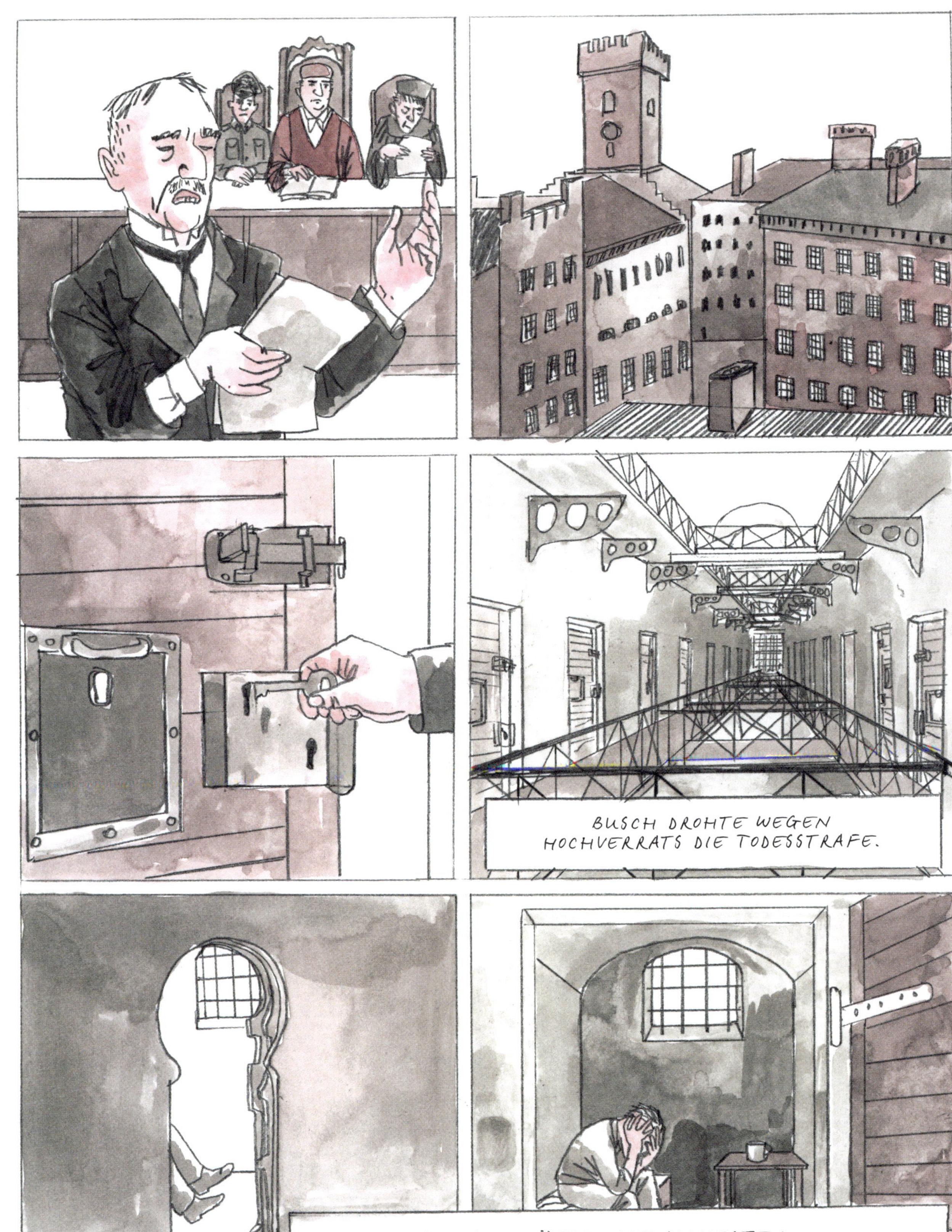
BUSCH DROHTE WEGEN
HOCHVERRATS DIE TODESSTRAFE.
BEINAHE HÄTTEN DIE ALLIIERTEN ...

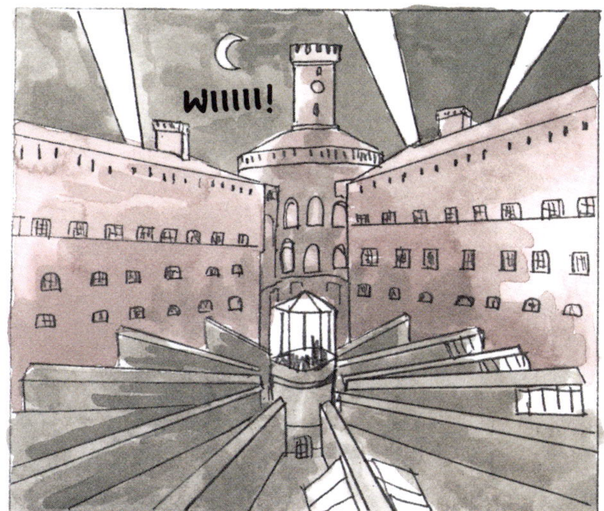
WIIIII!

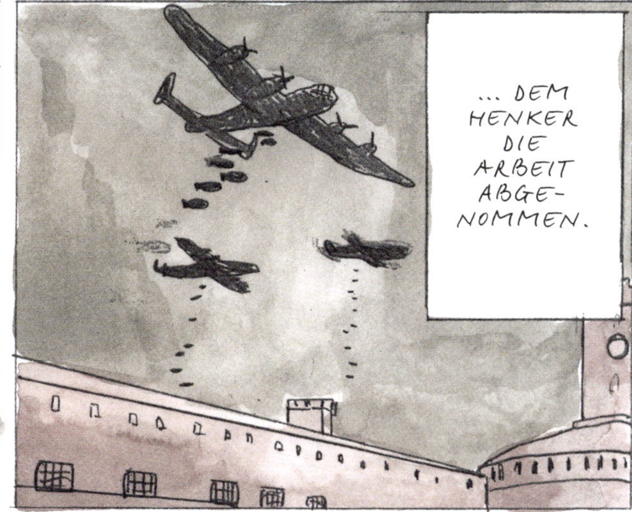
... DEM HENKER DIE ARBEIT ABGE-NOMMEN.

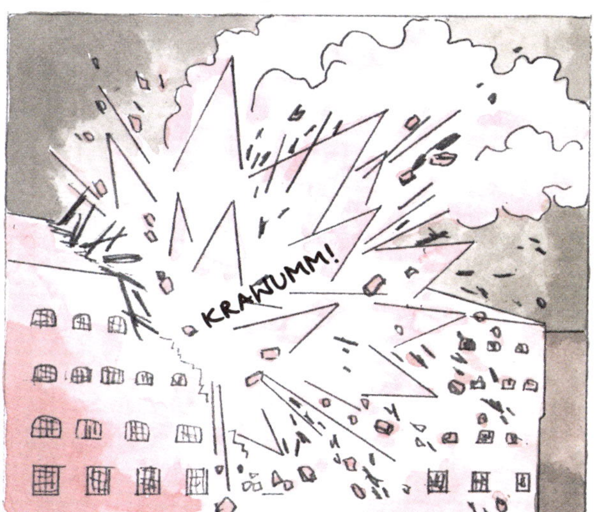
KRAWUMM!

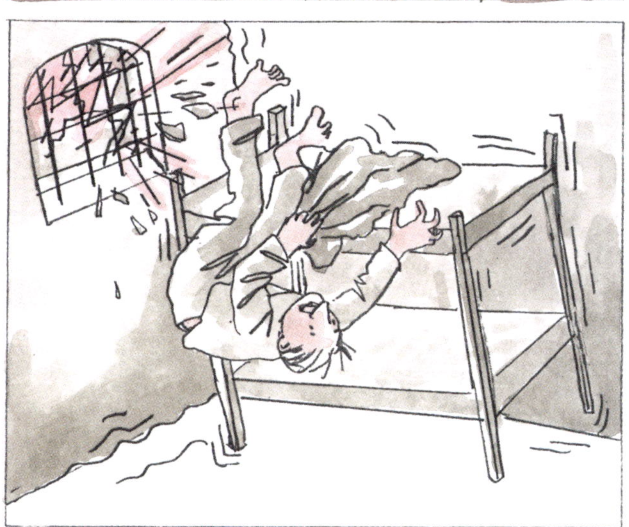

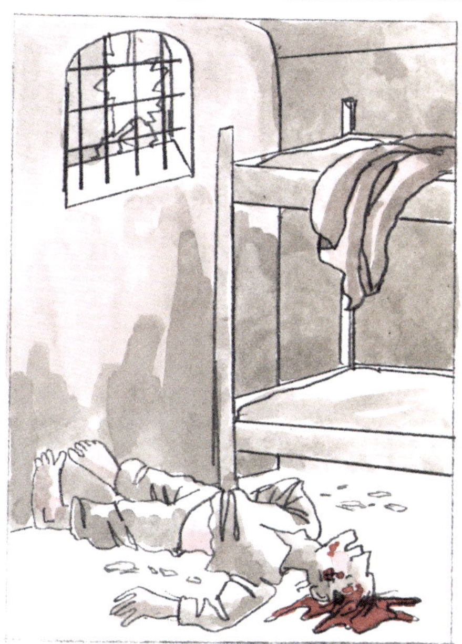

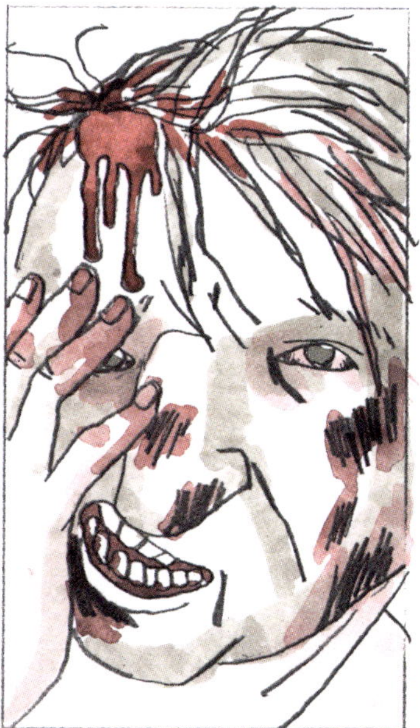

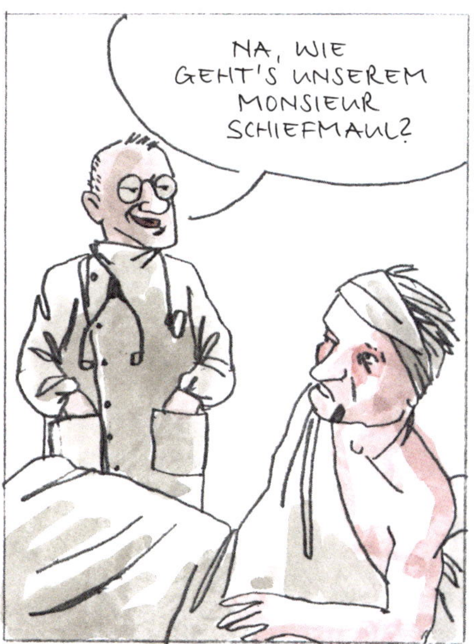
NA, WIE GEHT'S UNSEREM MONSIEUR SCHIEFMAUL?

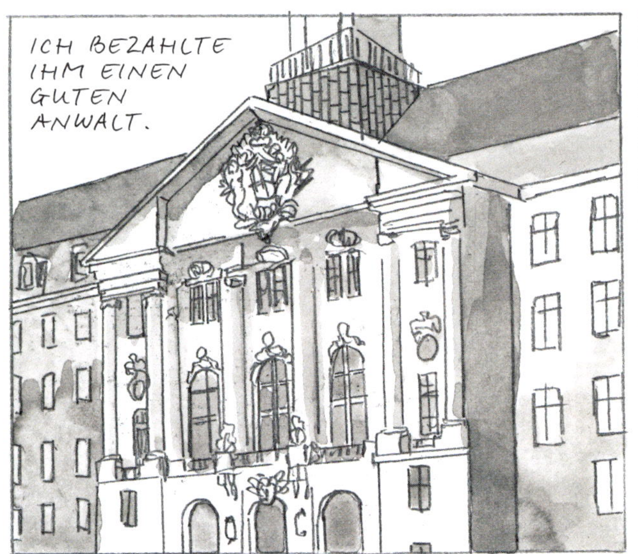
ICH BEZAHLTE IHM EINEN GUTEN ANWALT.

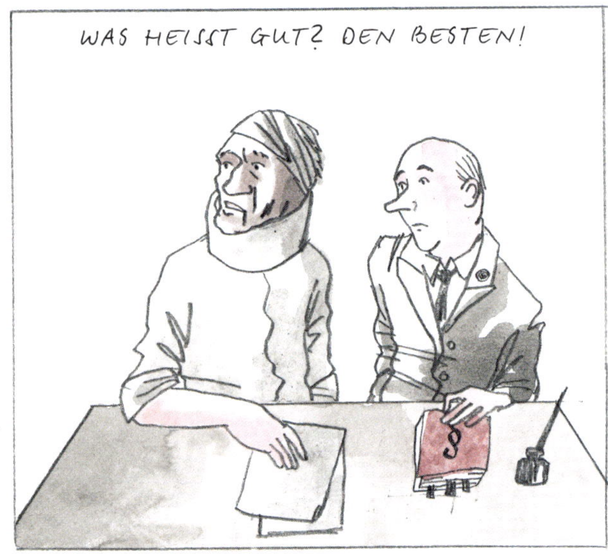
WAS HEISST GUT? DEN BESTEN!

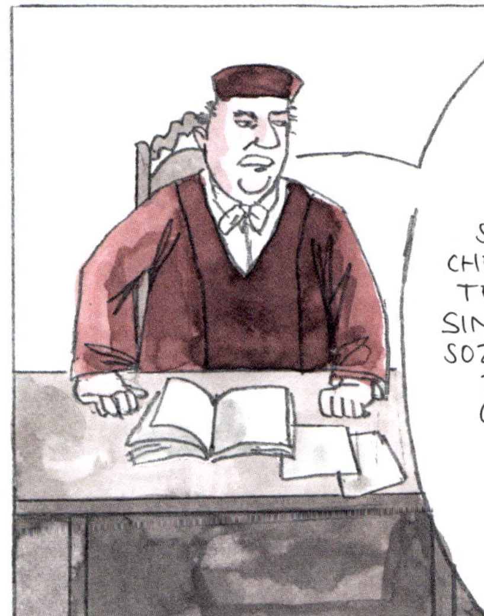
HEIL HITLER! ANGEKLAGTER, SIE HABEN SICH HIER WEGEN EINES SCHWEREN VERBRECHENS ZU VERANTWORTEN: IHNEN WIRD DAS SINGEN ANTINATIONALSOZIALISTISCHER LIEDER ZUR LAST GELEGT. GEBEN SIE UNS EINE KOSTPROBE DIESES GESCHMACKLOSEN REPERTOIRES!

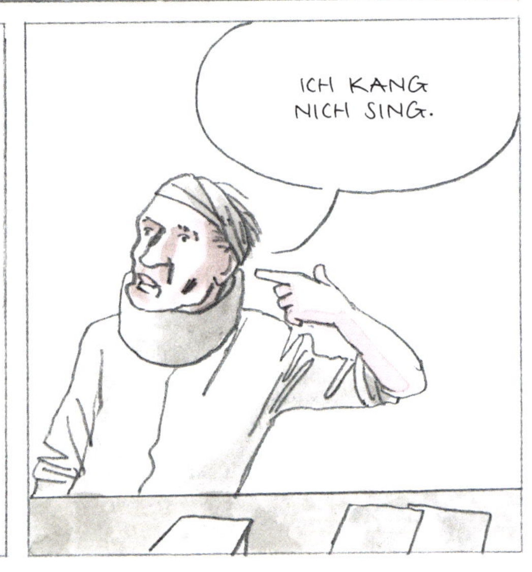
ICH KANG NICH SING.

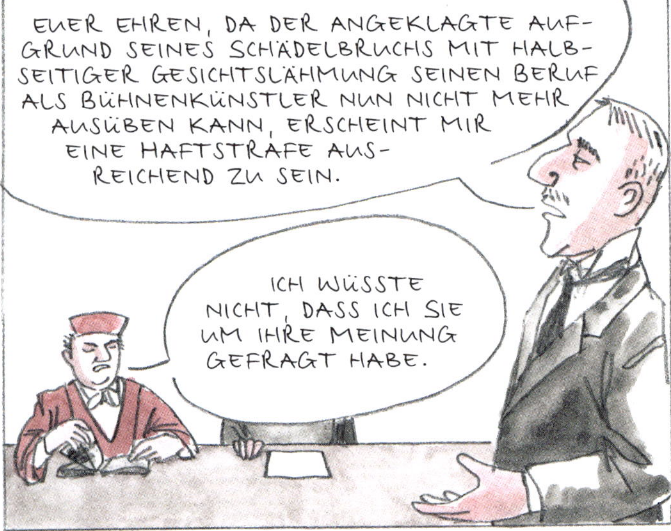
EUER EHREN, DA DER ANGEKLAGTE AUFGRUND SEINES SCHÄDELBRUCHS MIT HALBSEITIGER GESICHTSLÄHMUNG SEINEN BERUF ALS BÜHNENKÜNSTLER NUN NICHT MEHR AUSÜBEN KANN, ERSCHEINT MIR EINE HAFTSTRAFE AUSREICHEND ZU SEIN.
ICH WÜSSTE NICHT, DASS ICH SIE UM IHRE MEINUNG GEFRAGT HABE.

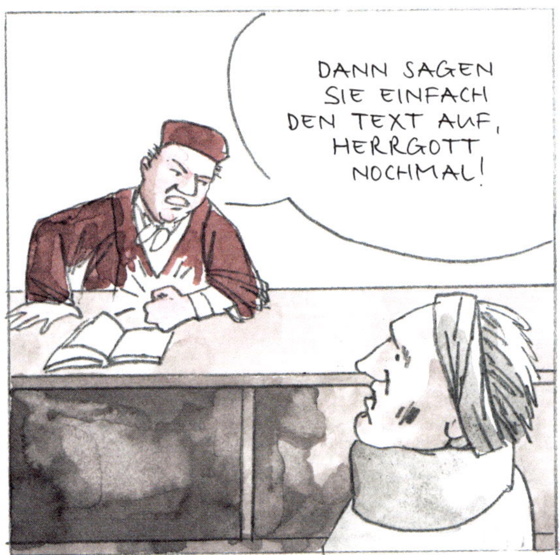
DANN SAGEN SIE EINFACH DEN TEXT AUF, HERRGOTT NOCHMAL!

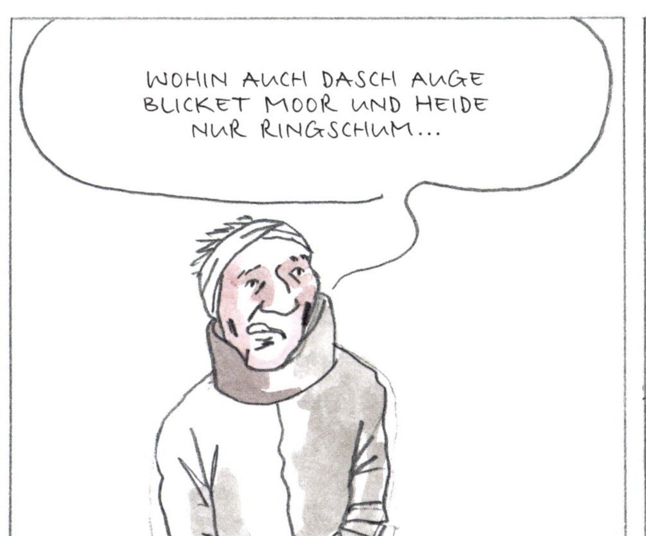
WOHIN AUCH DASCH AUGE BLICKET MOOR UND HEIDE NUR RINGSCHUM...

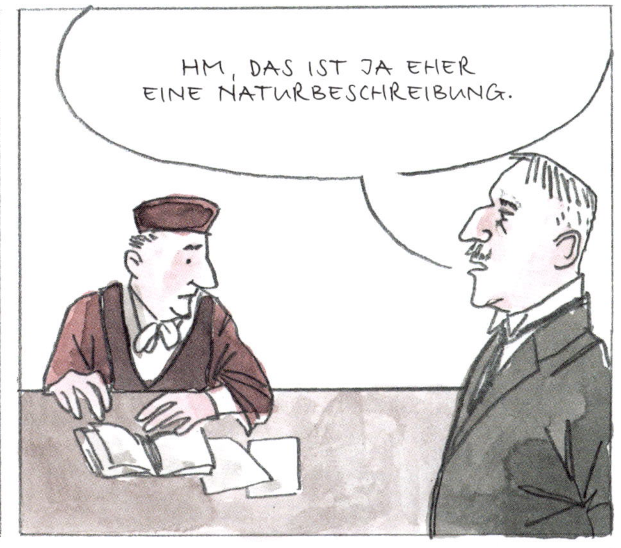
HM, DAS IST JA EHER EINE NATURBESCHREIBUNG.

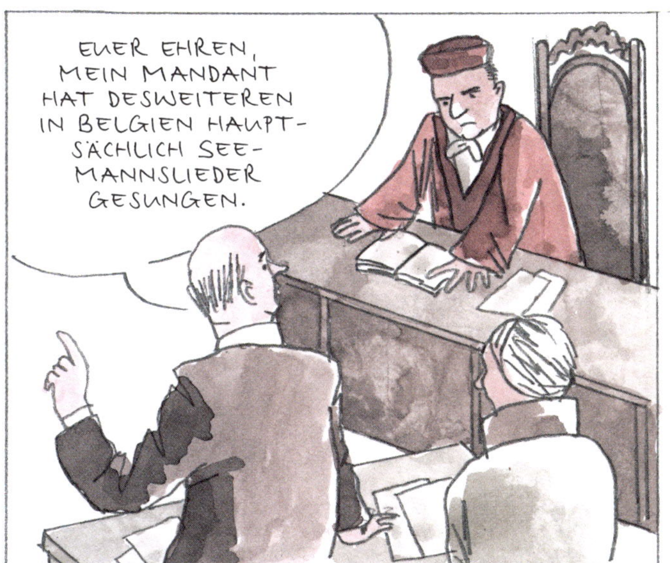
EUER EHREN, MEIN MANDANT HAT DESWEITEREN IN BELGIEN HAUPTSÄCHLICH SEEMANNSLIEDER GESUNGEN.

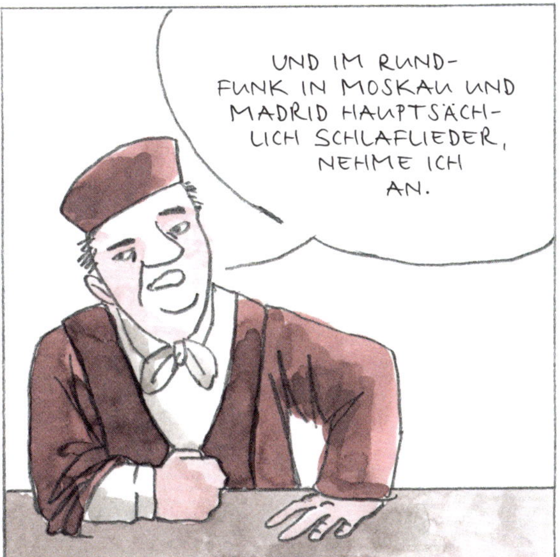
UND IM RUNDFUNK IN MOSKAU UND MADRID HAUPTSÄCHLICH SCHLAFLIEDER, NEHME ICH AN.

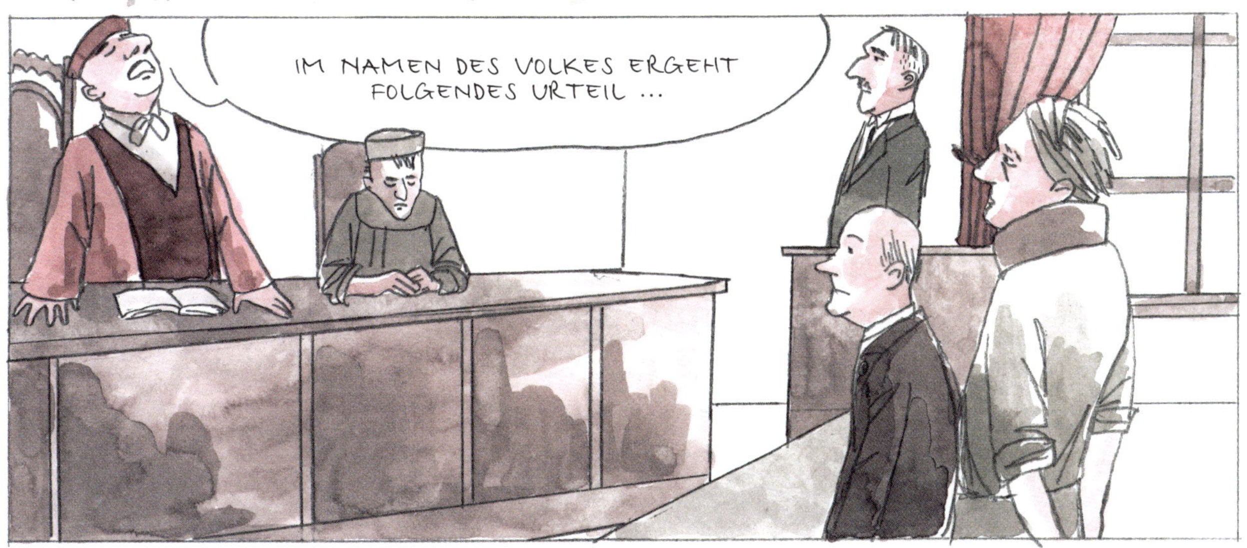
IM NAMEN DES VOLKES ERGEHT FOLGENDES URTEIL ...

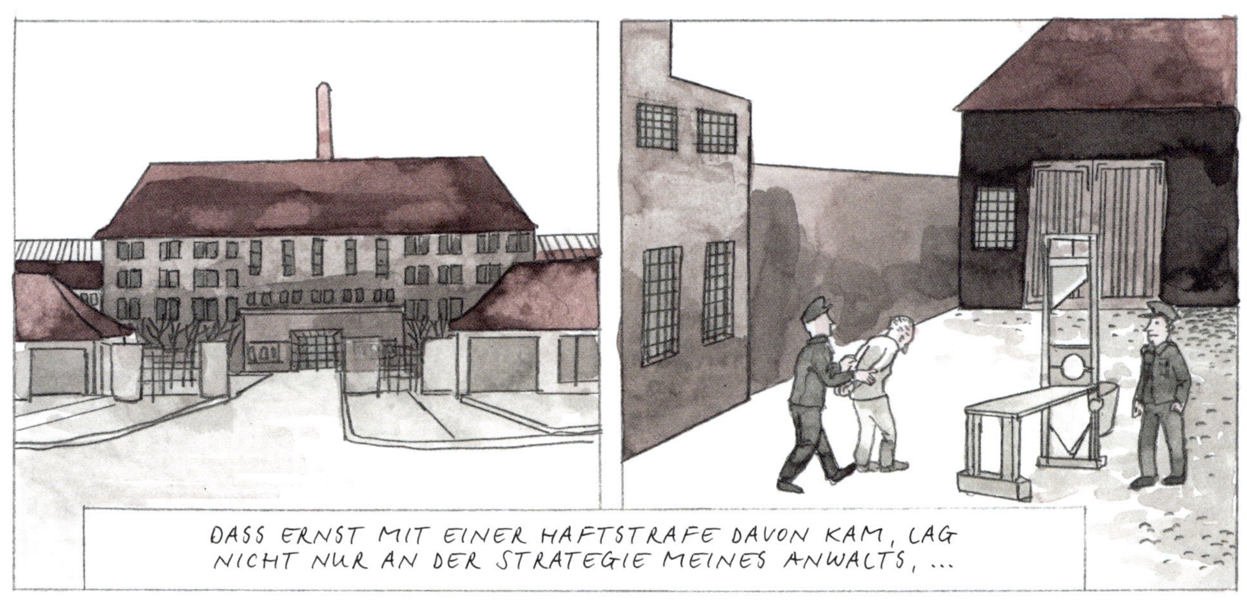
DASS ERNST MIT EINER HAFTSTRAFE DAVON KAM, LAG NICHT NUR AN DER STRATEGIE MEINES ANWALTS, ...

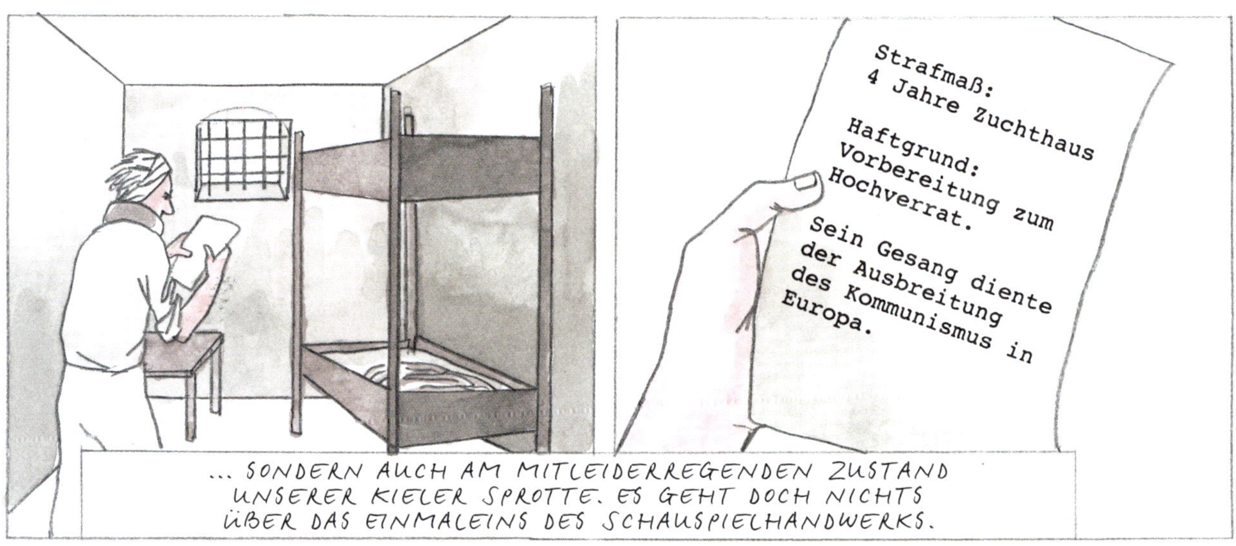
Strafmaß:
4 Jahre Zuchthaus
Haftgrund:
Vorbereitung zum
Hochverrat.
Sein Gesang diente
der Ausbreitung
des Kommunismus in
Europa.
... SONDERN AUCH AM MITLEIDERREGENDEN ZUSTAND UNSERER KIELER SPROTTE. ES GEHT DOCH NICHTS ÜBER DAS EINMALEINS DES SCHAUSPIELHANDWERKS.

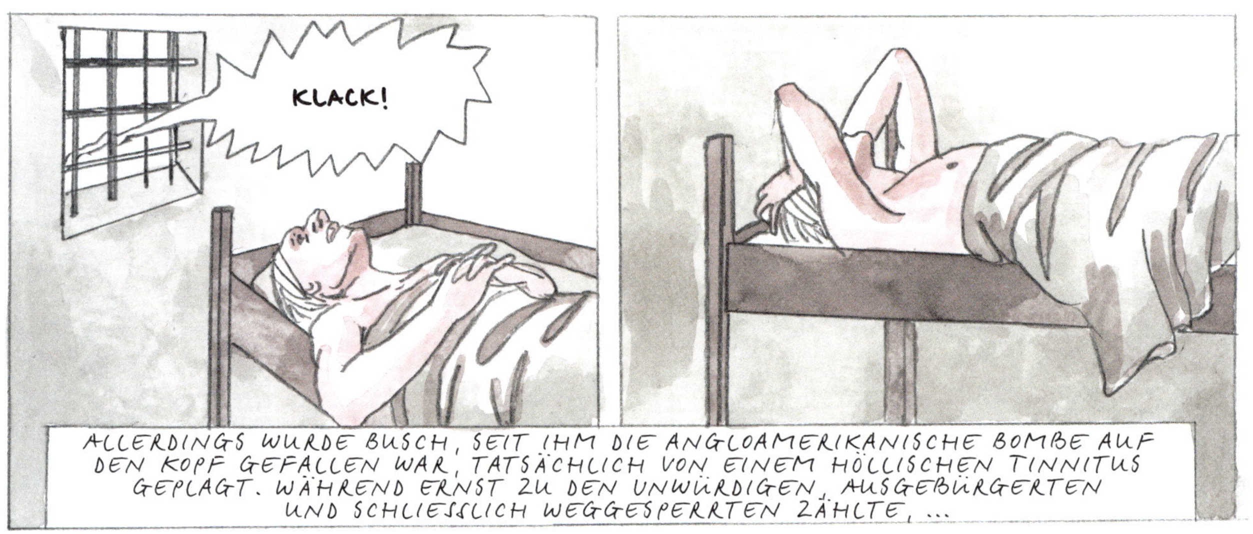
KLACK!
ALLERDINGS WURDE BUSCH, SEIT IHM DIE ANGLOAMERIKANISCHE BOMBE AUF DEN KOPF GEFALLEN WAR, TATSÄCHLICH VON EINEM HÖLLISCHEN TINNITUS GEPLAGT. WÄHREND ERNST ZU DEN UNWÜRDIGEN, AUSGEBÜRGERTEN UND SCHLIESSLICH WEGGESPERRTEN ZÄHLTE, ...

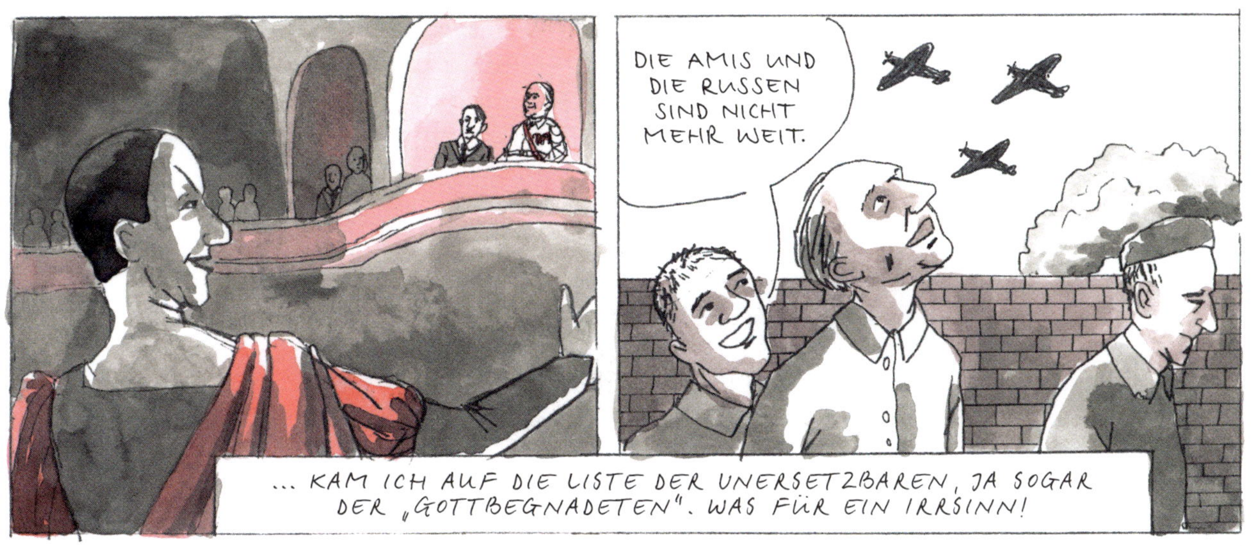
DIE AMIS UND DIE RUSSEN SIND NICHT MEHR WEIT.
... KAM ICH AUF DIE LISTE DER UNERSETZBAREN, JA SOGAR DER „GOTTBEGNADETEN". WAS FÜR EIN IRRSINN!

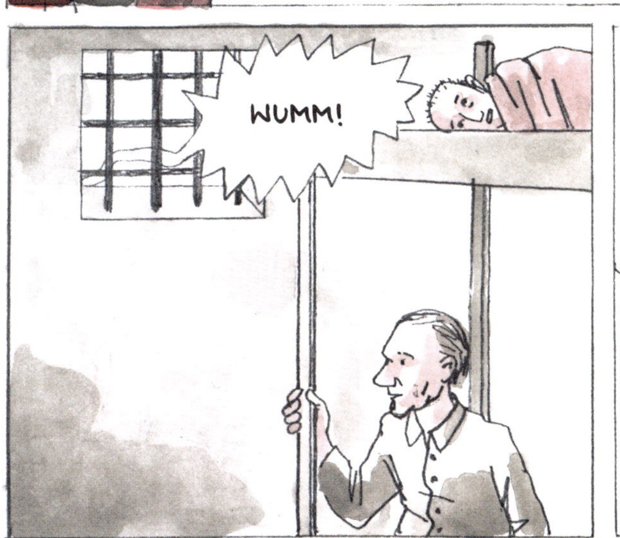
WUMM!

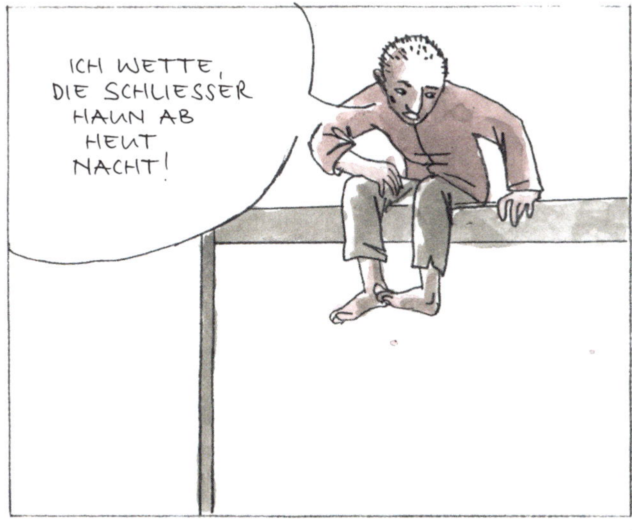
ICH WETTE, DIE SCHLIESSER HAUN AB HEUT NACHT!

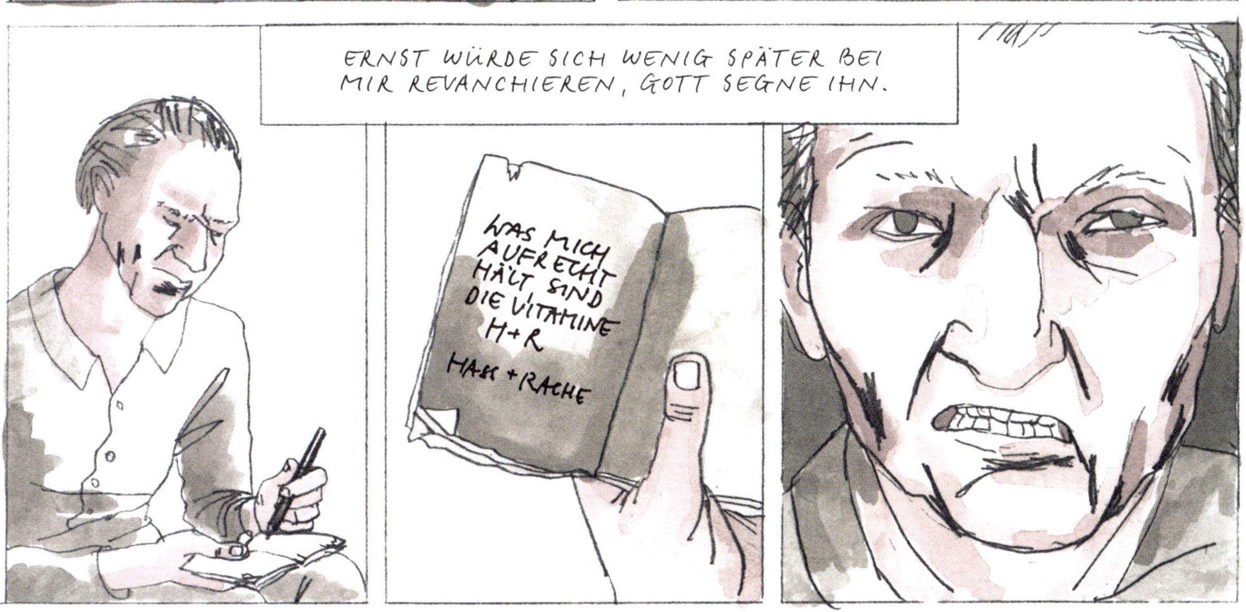
ERNST WÜRDE SICH WENIG SPÄTER BEI MIR REVANCHIEREN, GOTT SEGNE IHN.
WAS MICH AUFRECHT HÄLT SIND DIE VITAMINE H+R
HASS + RACHE

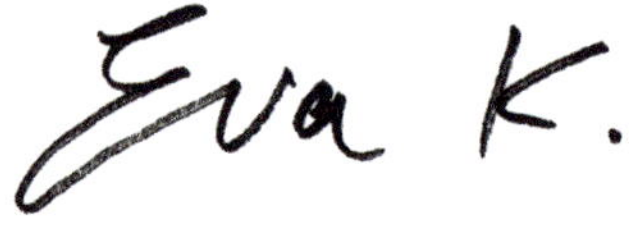

BERLIN 1945

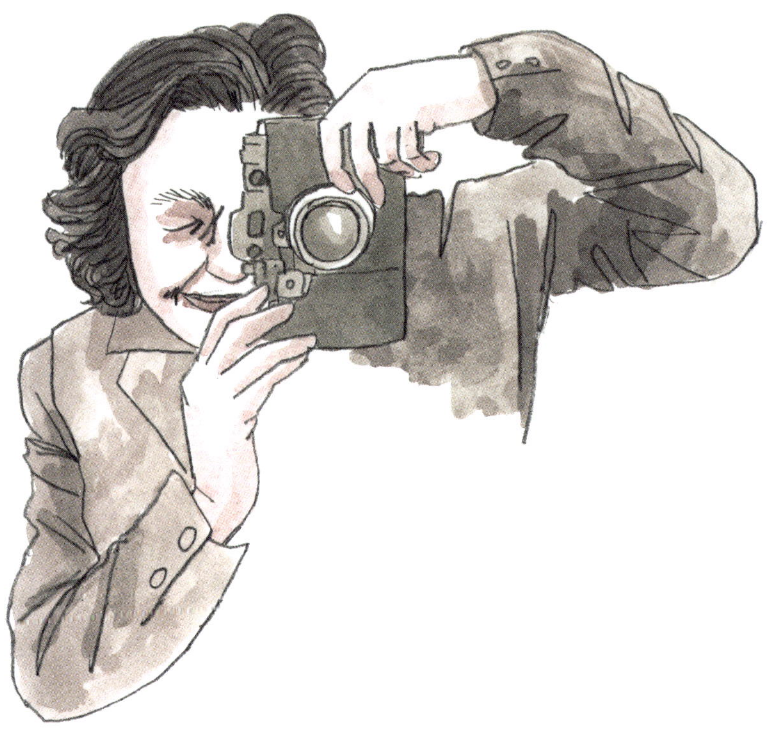

ICH HAB NACH DEM KRIEG DIE ERSTEN FOTOS VON IHM GEMACHT.

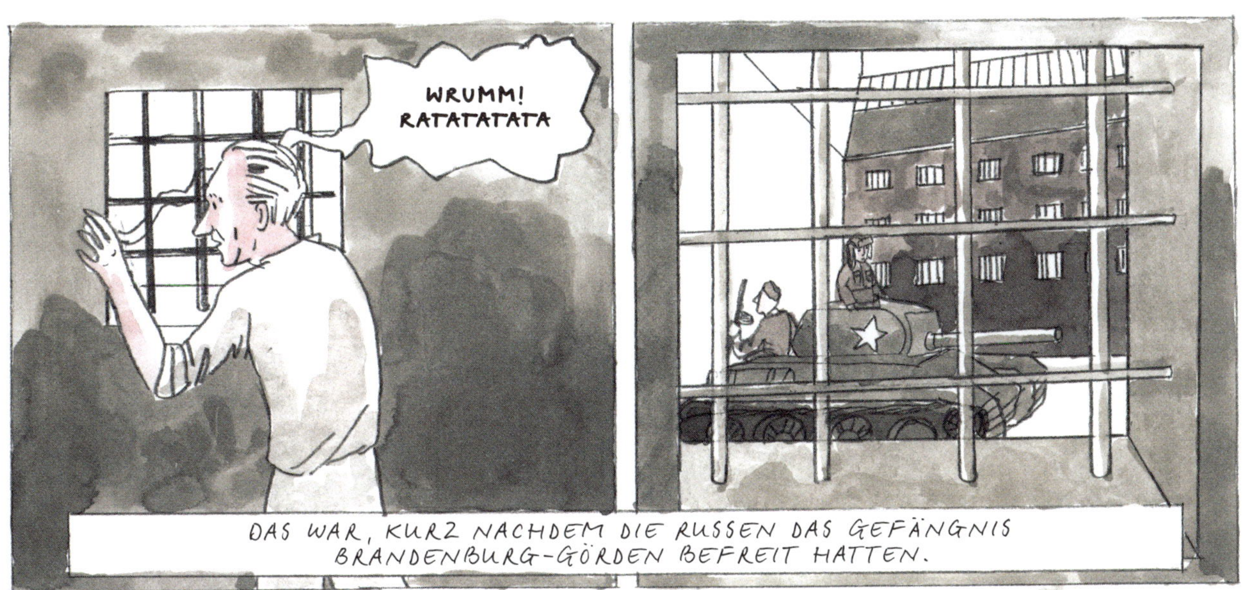
WRUMM!
RATATATATA
DAS WAR, KURZ NACHDEM DIE RUSSEN DAS GEFÄNGNIS
BRANDENBURG-GÖRDEN BEFREIT HATTEN.

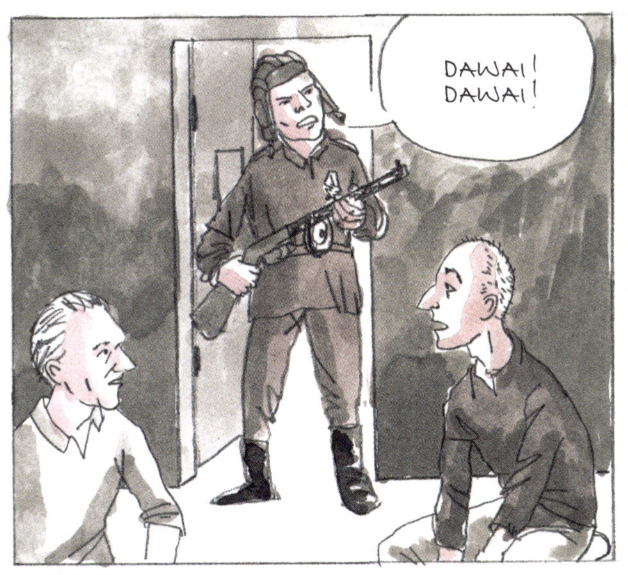
DAWAI!
DAWAI!

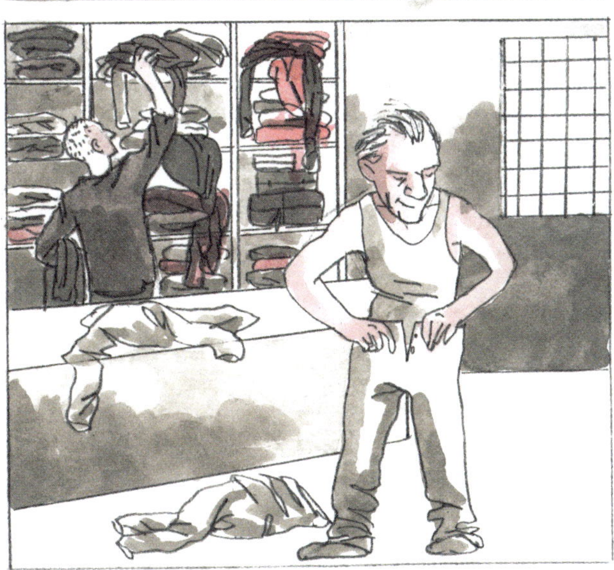

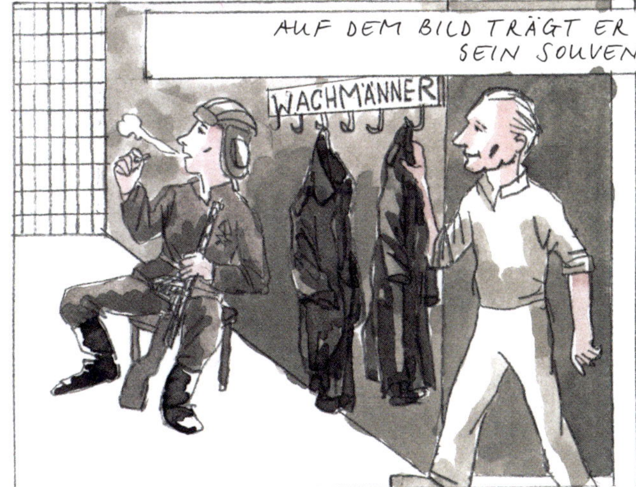
AUF DEM BILD TRÄGT ER DIESEN MILITÄRISCHEN MANTEL,
SEIN SOUVENIR AUS DEM KNAST.
WACHMÄNNER

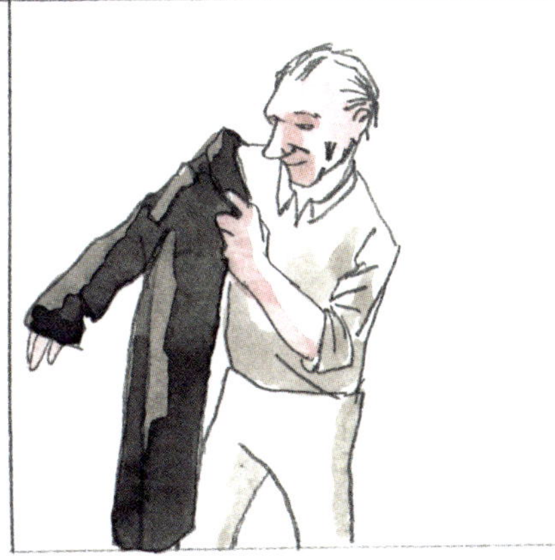

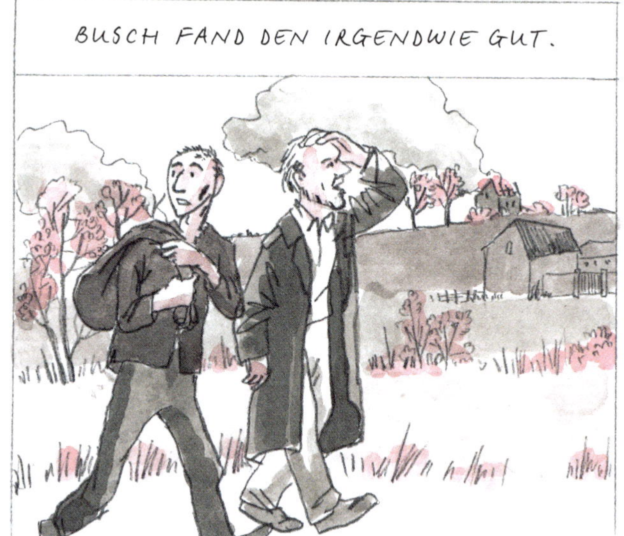
BUSCH FAND DEN IRGENDWIE GUT.

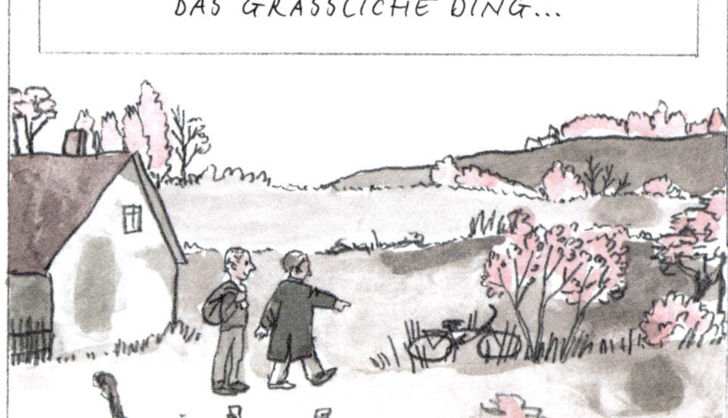
DABEI HÄTTE IHN
DAS GRÄSSLICHE DING...

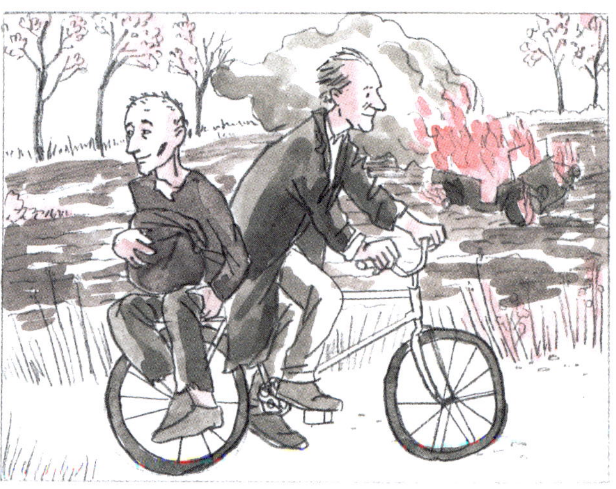

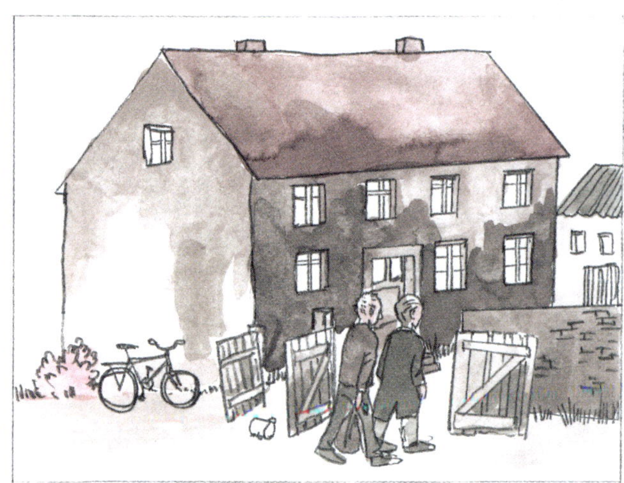

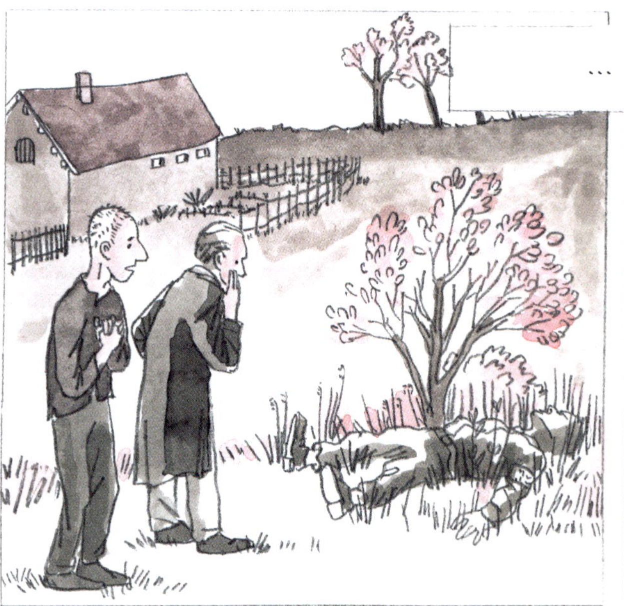

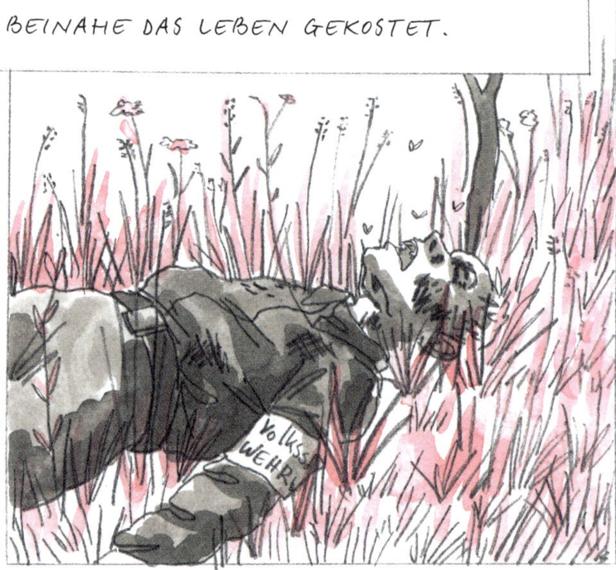
... BEINAHE DAS LEBEN GEKOSTET.
VOLKSSTURM
WEHR

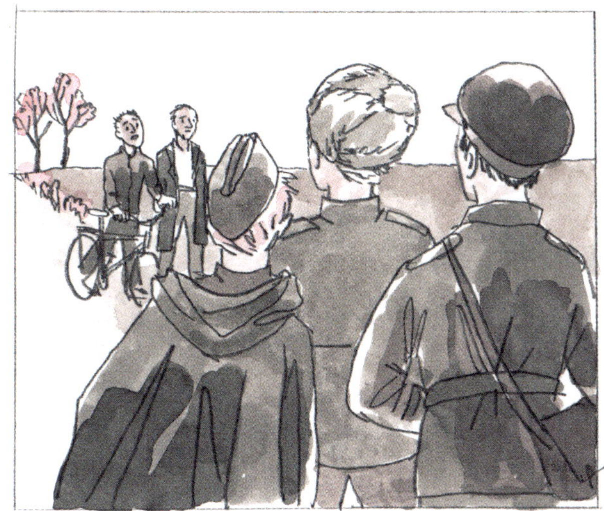

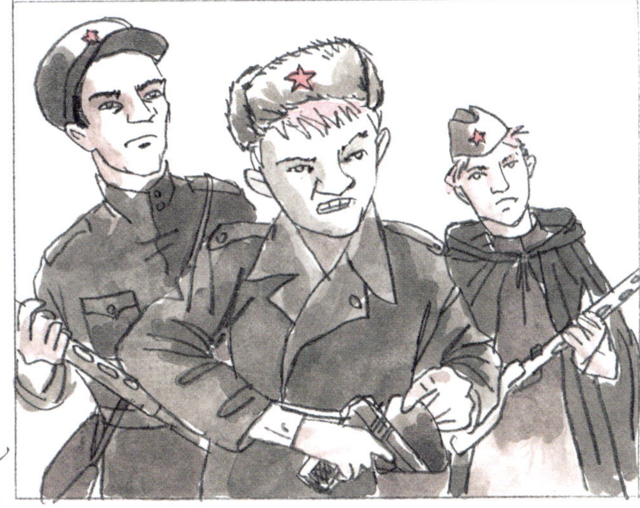

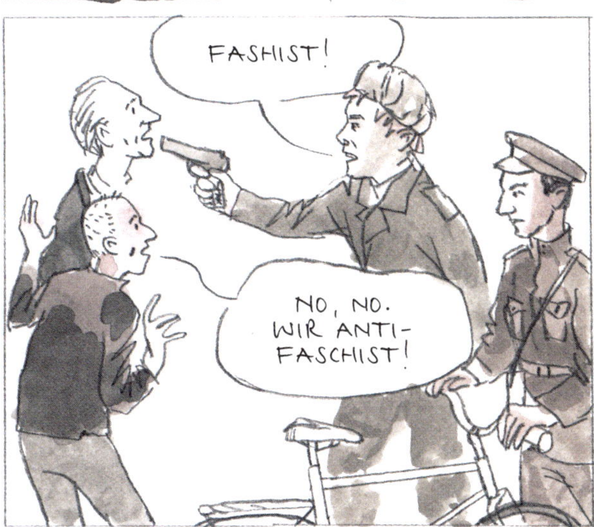
FASHIST!
NO, NO.
WIR ANTI-
FASCHIST!

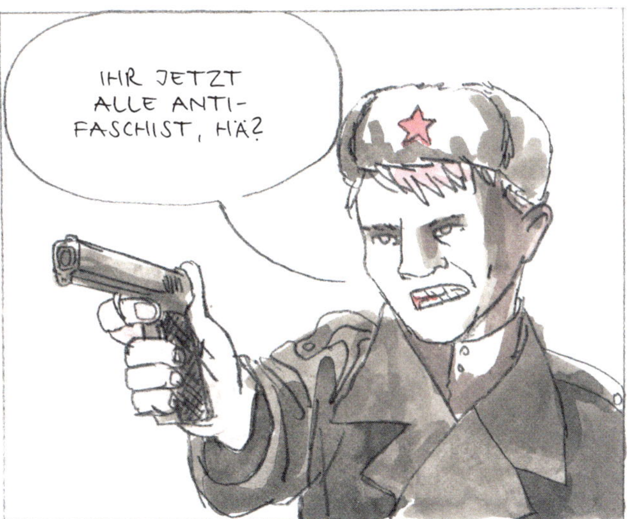
IHR JETZT
ALLE ANTI-
FASCHIST, HÄ?

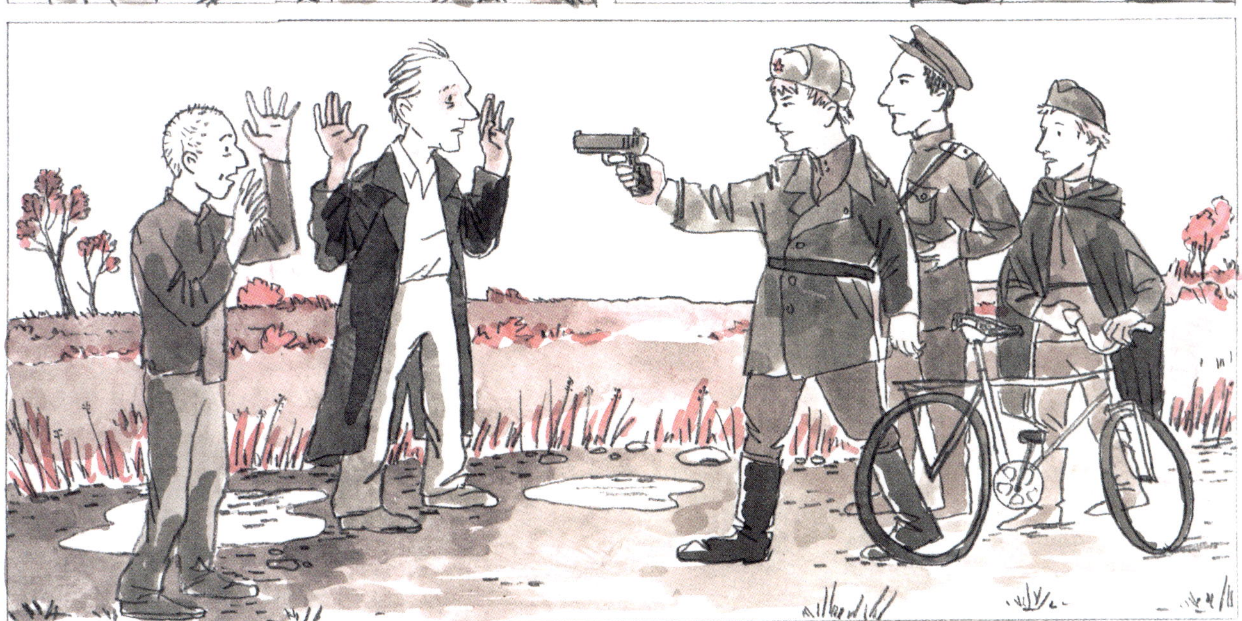

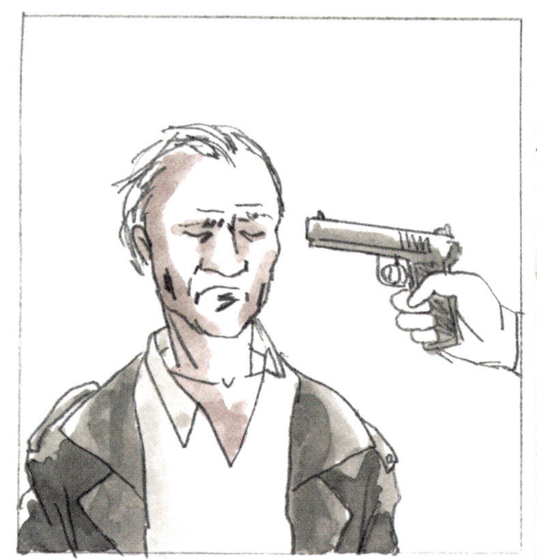

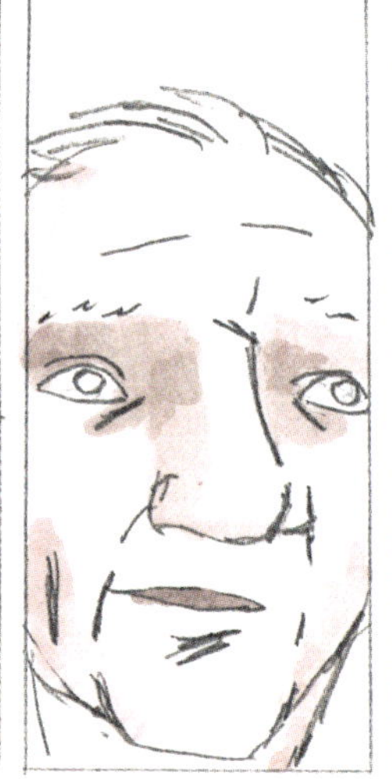

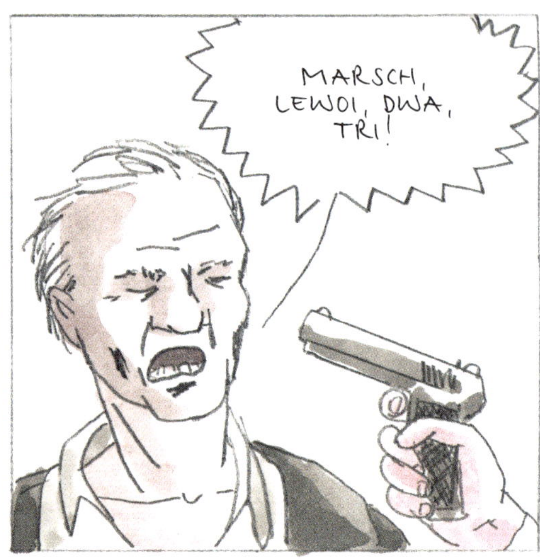
MARSCH,
LEWOI, DWA,
TRI!

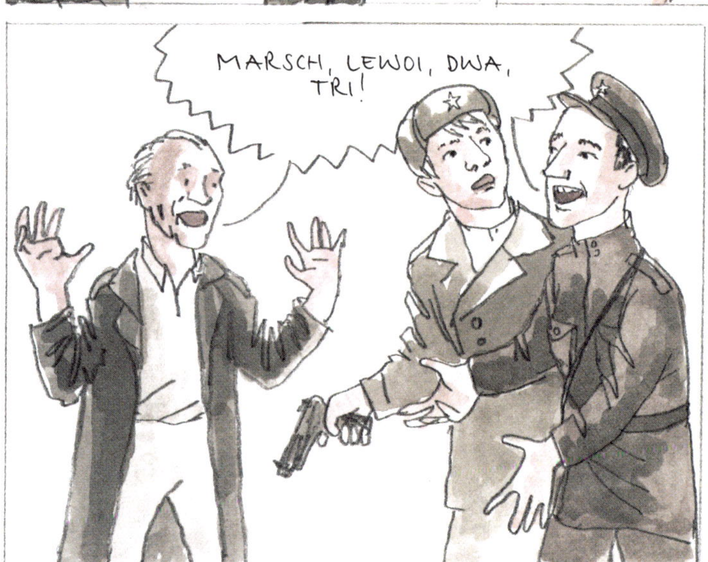
MARSCH, LEWOI, DWA,
TRI!

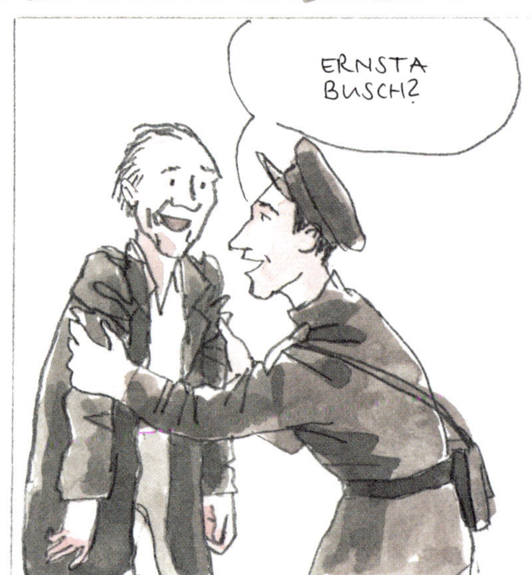
ERNSTA
BUSCH?

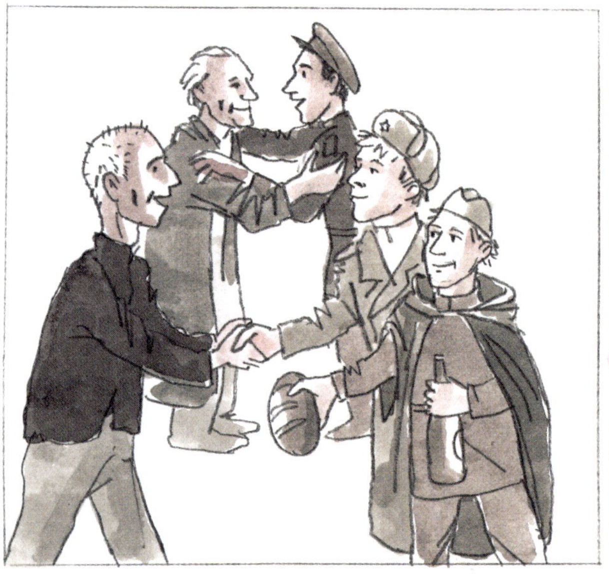

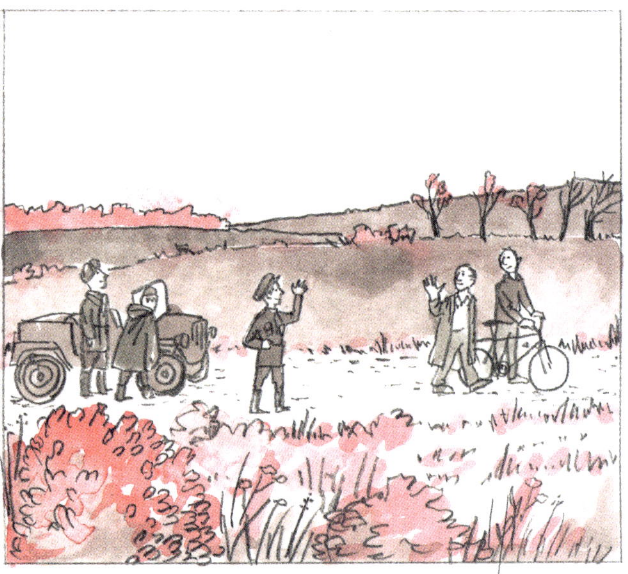

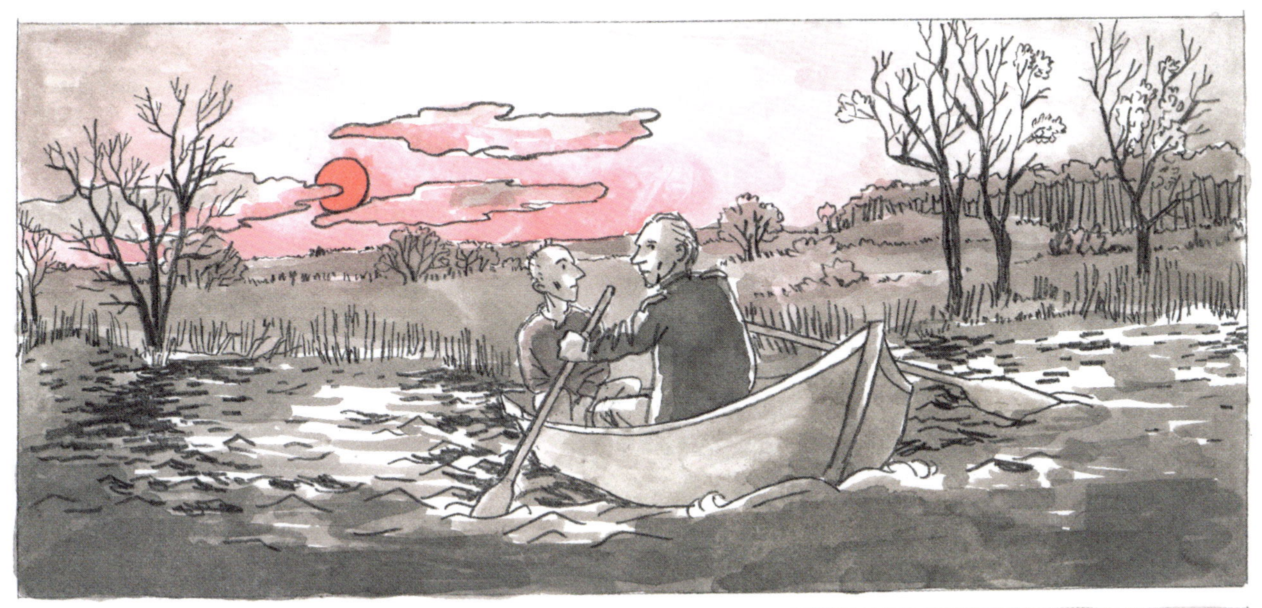

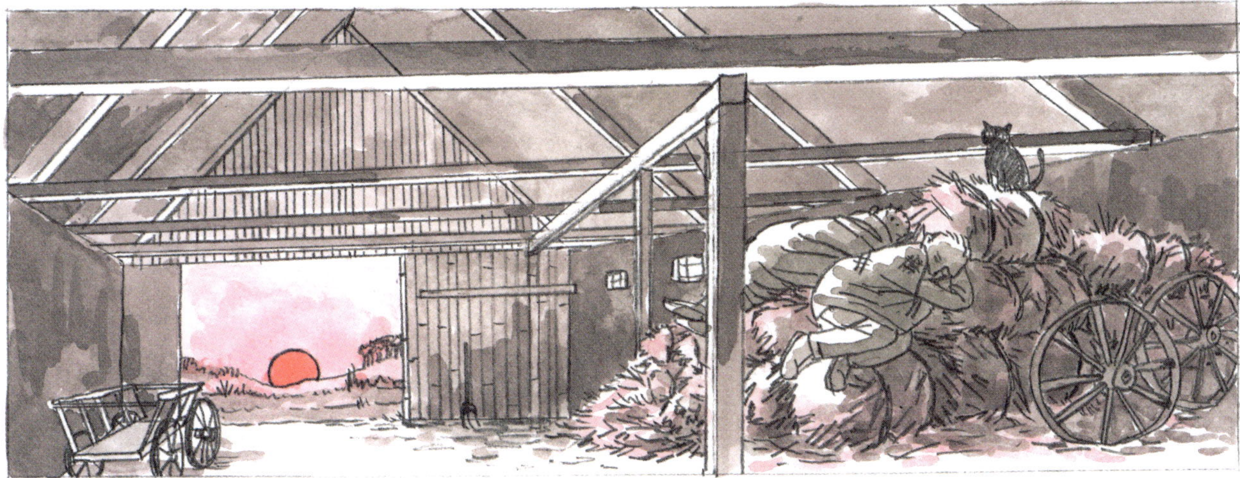

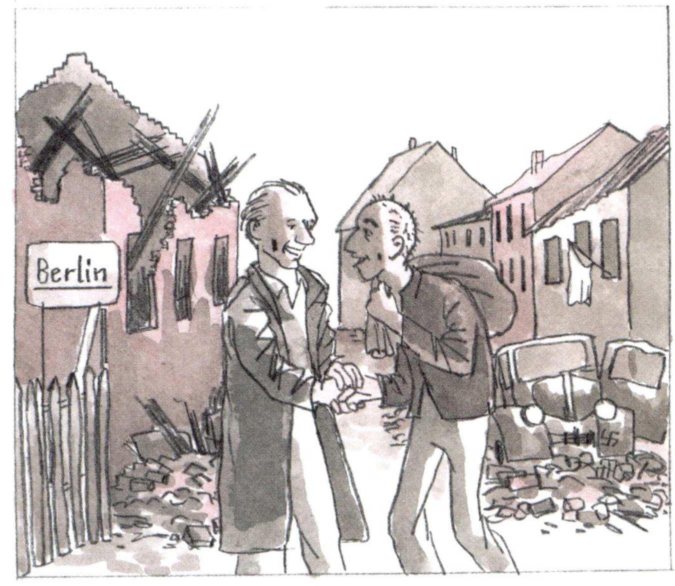
Berlin

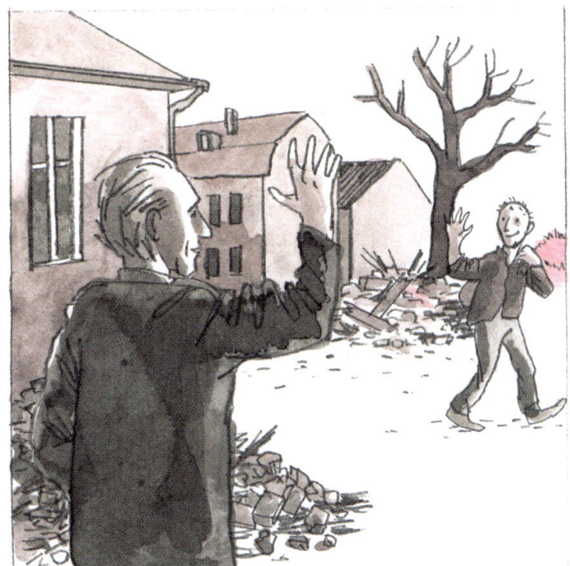

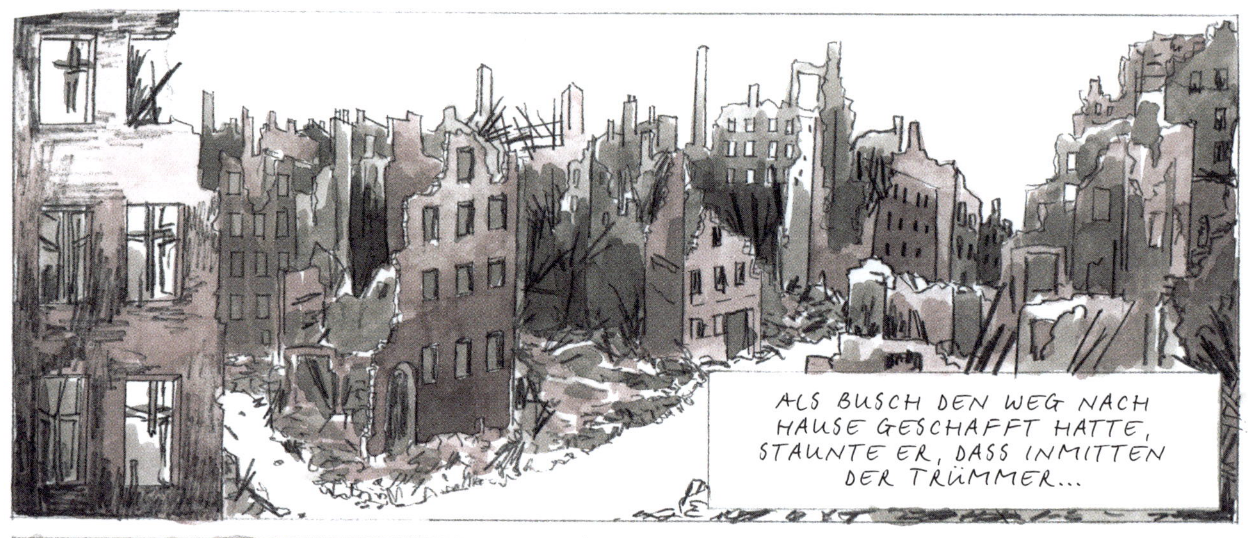
ALS BUSCH DEN WEG NACH HAUSE GESCHAFFT HATTE, STAUNTE ER, DASS INMITTEN DER TRÜMMER...

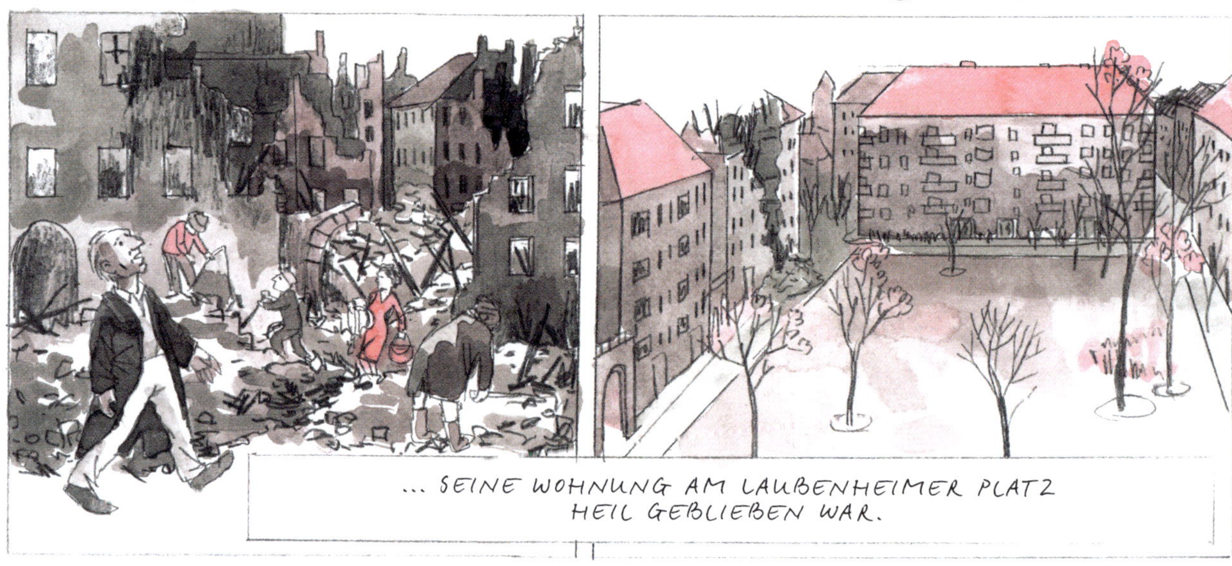
... SEINE WOHNUNG AM LAUBENHEIMER PLATZ HEIL GEBLIEBEN WAR.

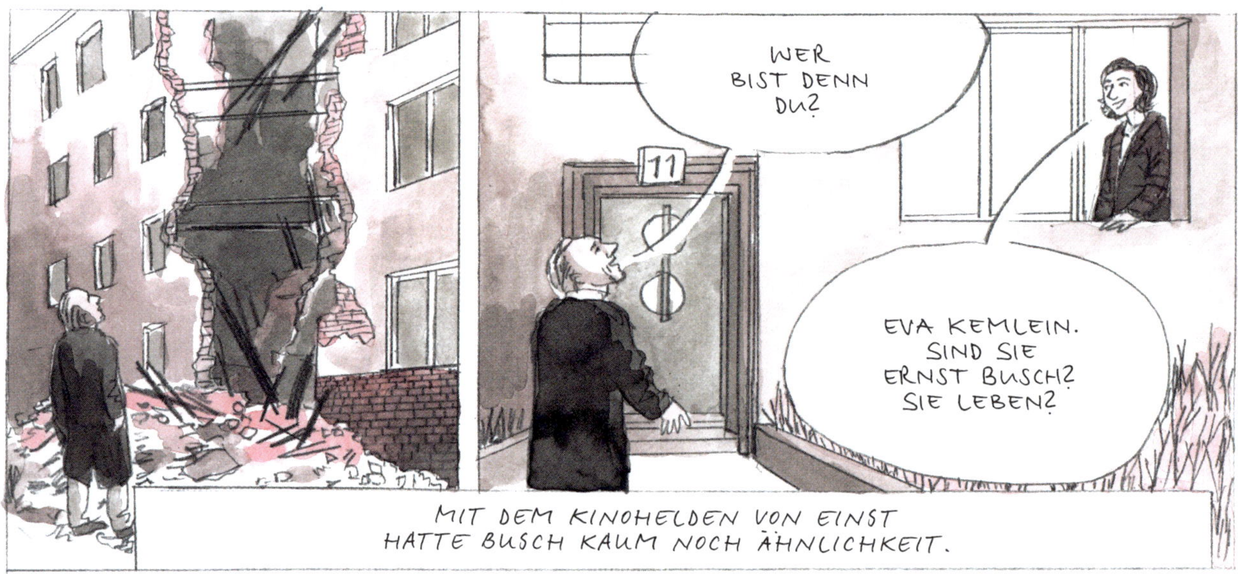
11
WER BIST DENN DU?
EVA KEMLEIN. SIND SIE ERNST BUSCH? SIE LEBEN?
MIT DEM KINOHELDEN VON EINST HATTE BUSCH KAUM NOCH ÄHNLICHKEIT.

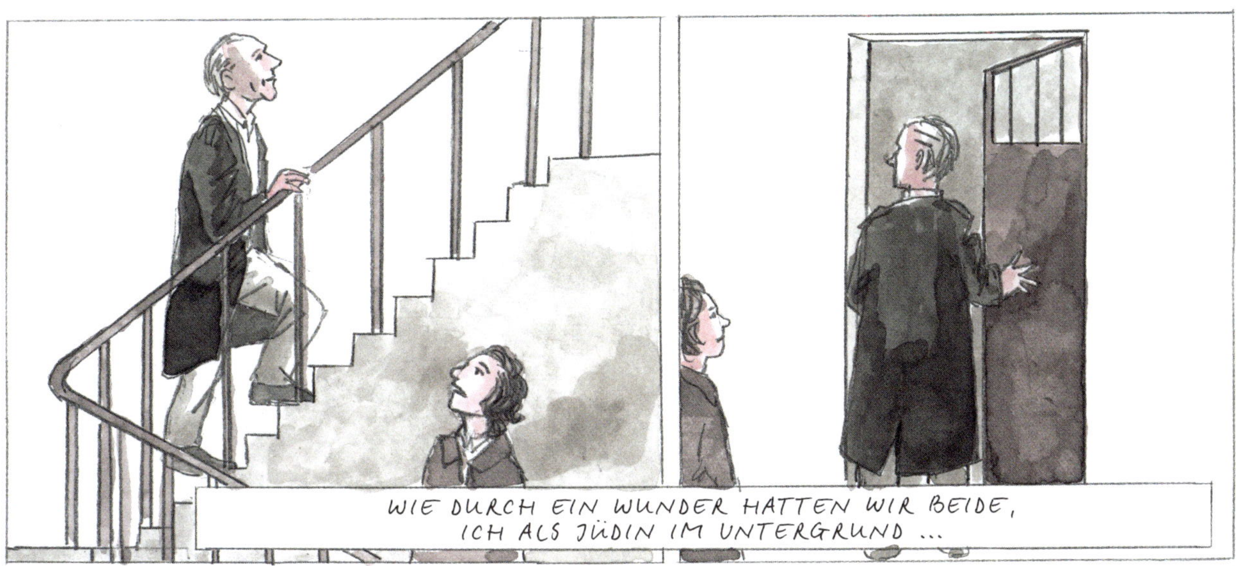
WIE DURCH EIN WUNDER HATTEN WIR BEIDE,
ICH ALS JÜDIN IM UNTERGRUND ...

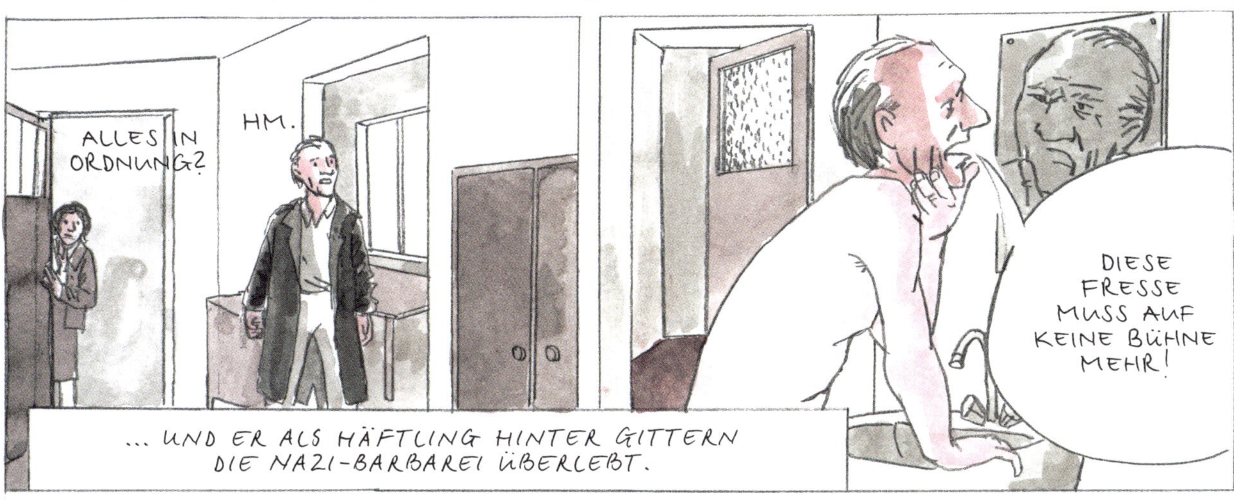
ALLES IN ORDNUNG?
HM.
... UND ER ALS HÄFTLING HINTER GITTERN
DIE NAZI-BARBAREI ÜBERLEBT.
DIESE FRESSE MUSS AUF KEINE BÜHNE MEHR!

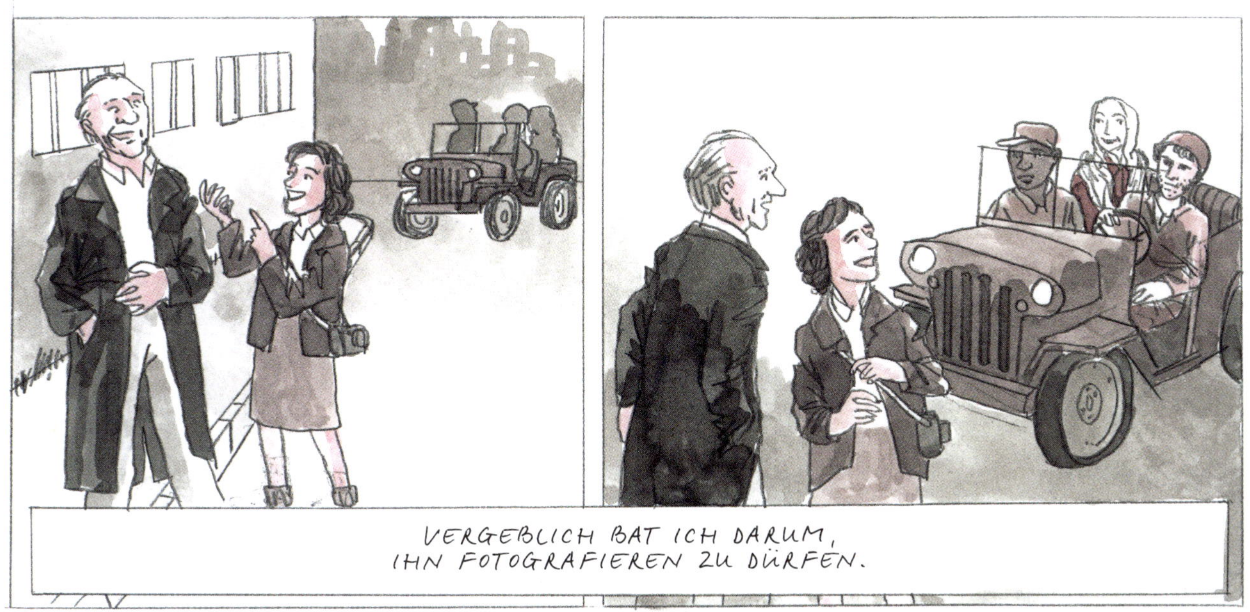
VERGEBLICH BAT ICH DARUM,
IHN FOTOGRAFIEREN ZU DÜRFEN.

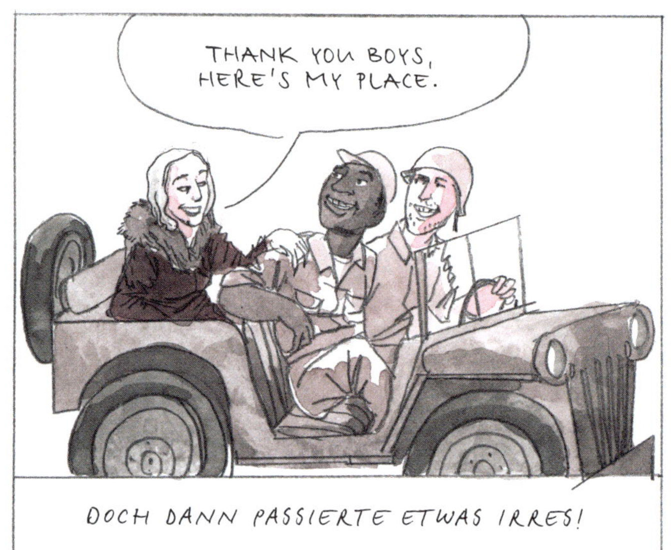
THANK YOU BOYS, HERE'S MY PLACE.
DOCH DANN PASSIERTE ETWAS IRRES!

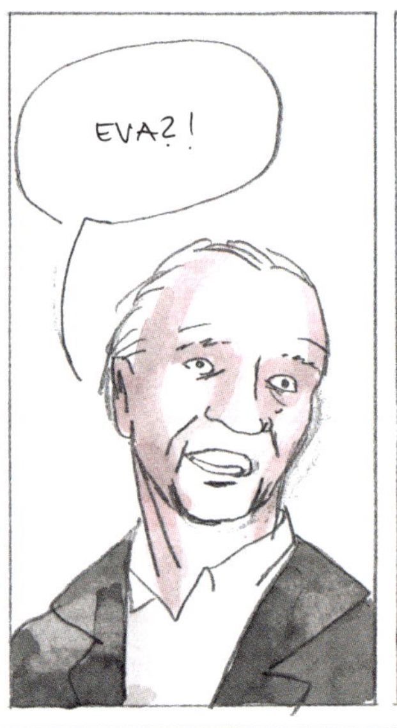
EVA?!

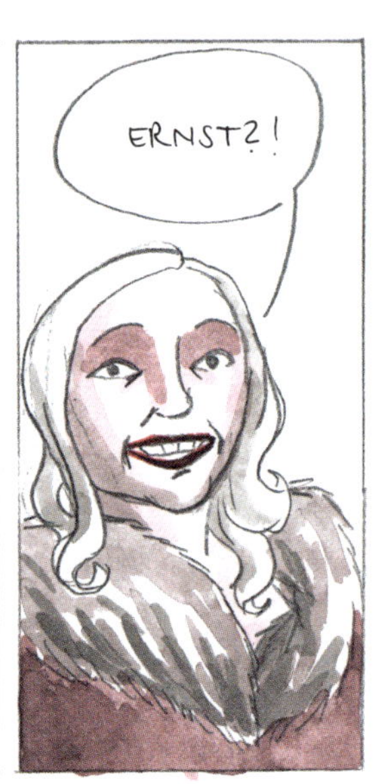
ERNST?!

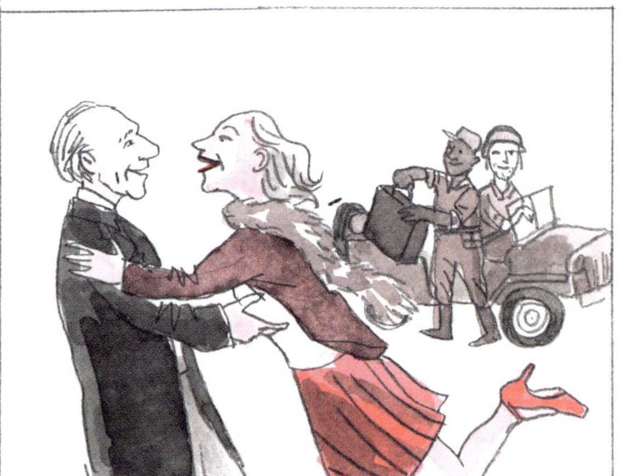

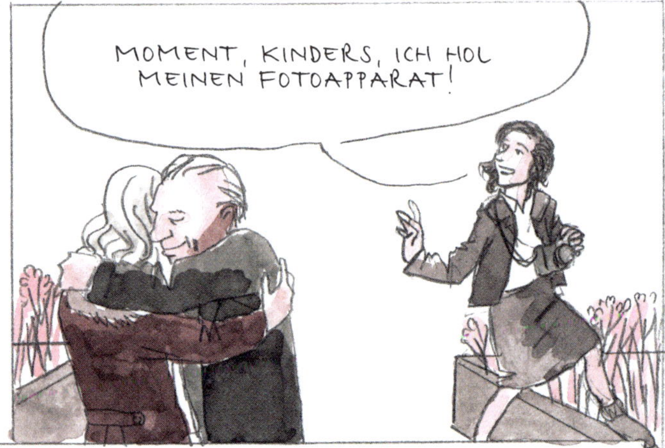
MOMENT, KINDERS, ICH HOL MEINEN FOTOAPPARAT!
ICH WAR DABEI, ALS ER "SEINE" EVA WIEDERTRAF. EIN UNVERGESSLICHER MOMENT ...

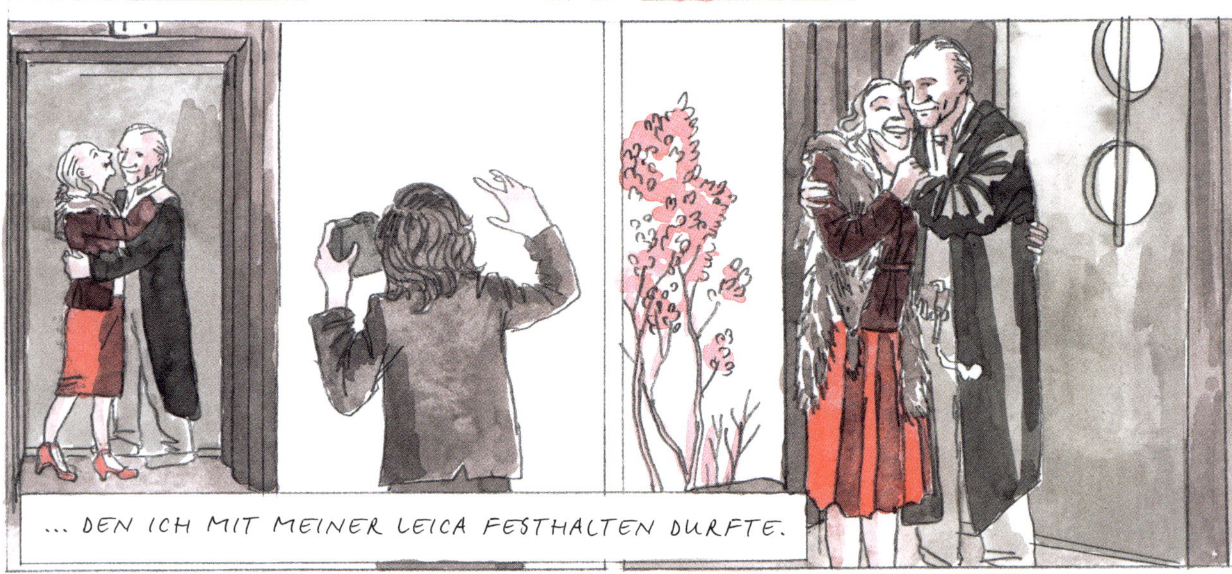
... DEN ICH MIT MEINER LEICA FESTHALTEN DURFTE.

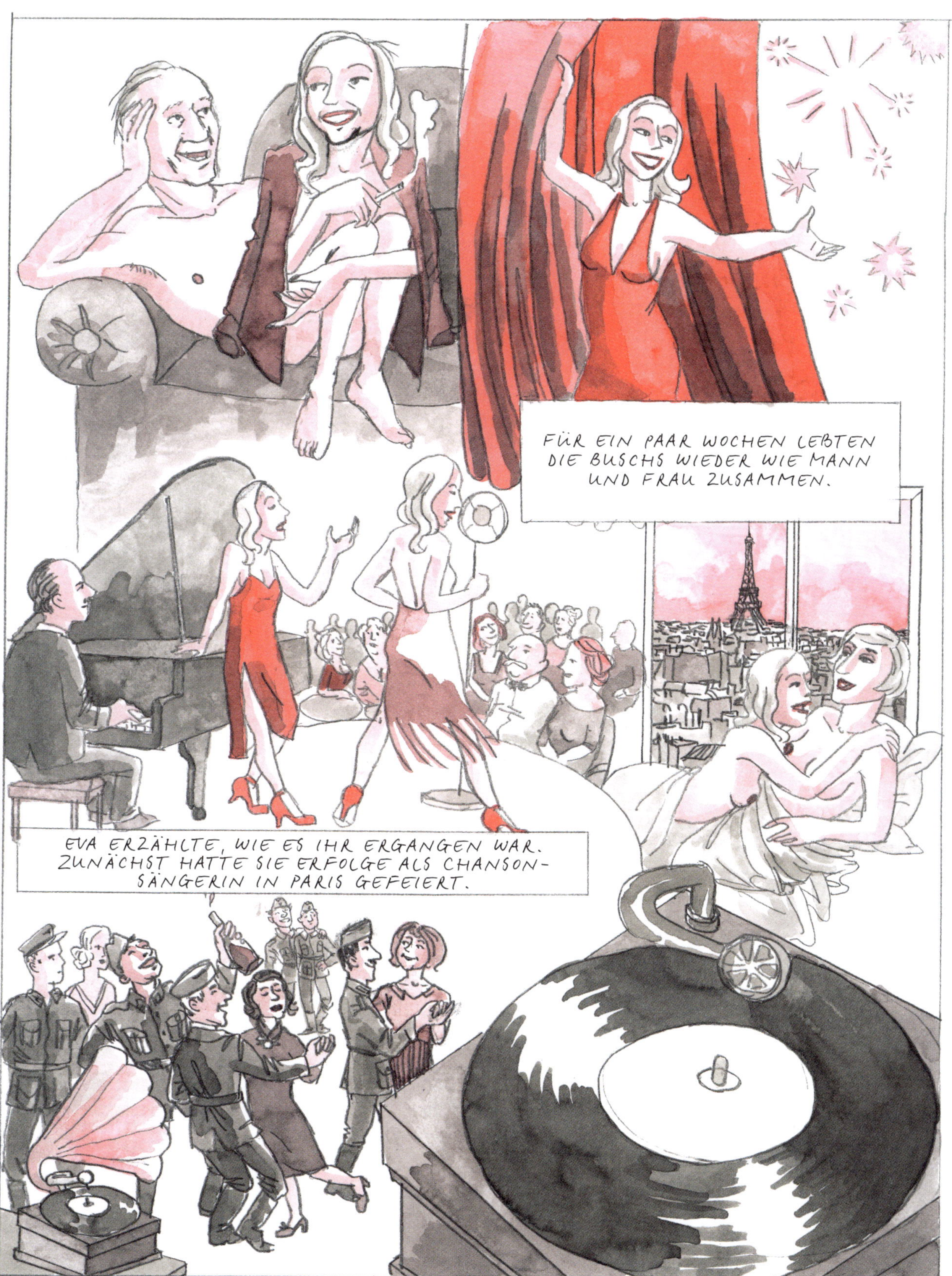
FÜR EIN PAAR WOCHEN LEBTEN DIE BUSCHS WIEDER WIE MANN UND FRAU ZUSAMMEN.
EVA ERZÄHLTE, WIE ES IHR ERGANGEN WAR. ZUNÄCHST HATTE SIE ERFOLGE ALS CHANSON-SÄNGERIN IN PARIS GEFEIERT.

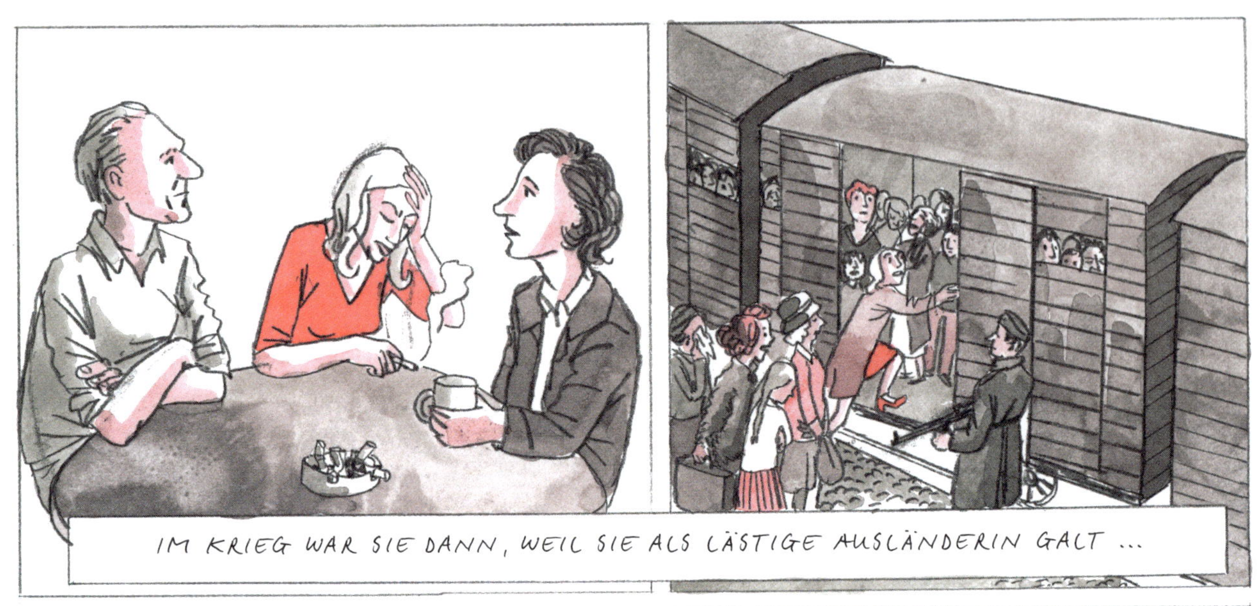
IM KRIEG WAR SIE DANN, WEIL SIE ALS LÄSTIGE AUSLÄNDERIN GALT ...

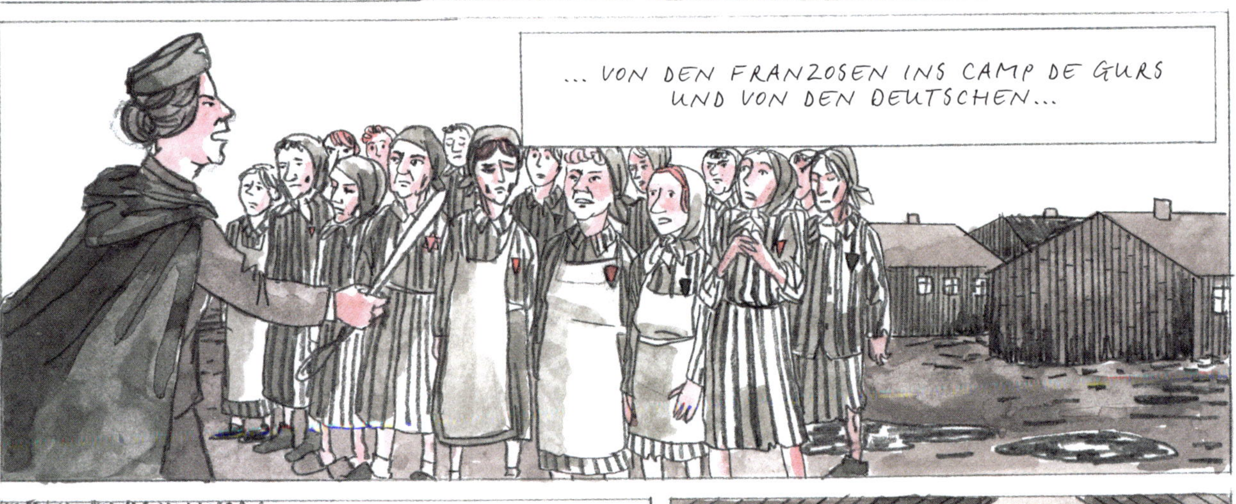
... VON DEN FRANZOSEN INS CAMP DE GURS UND VON DEN DEUTSCHEN...

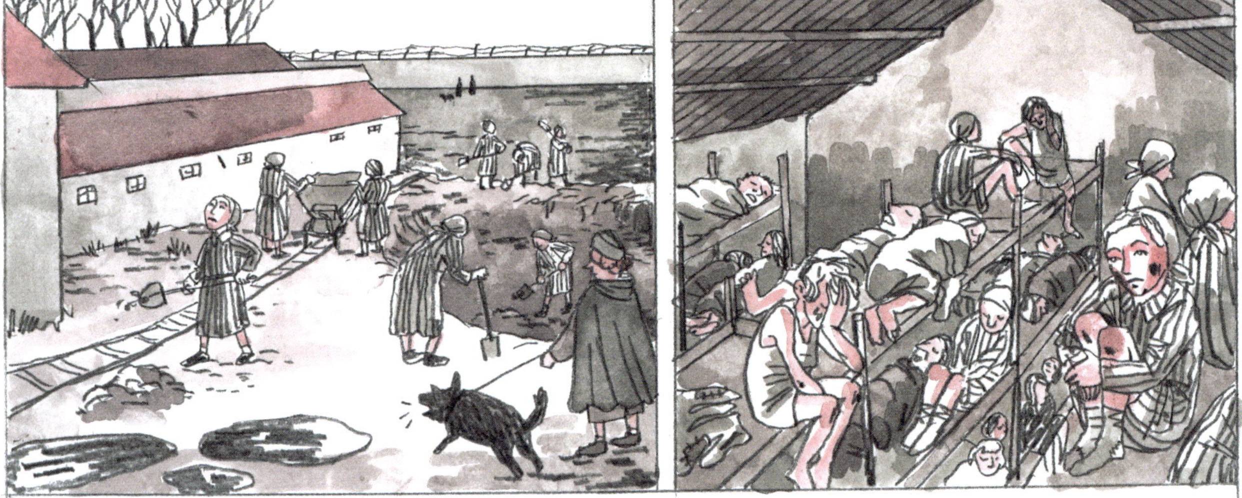
... INS KONZENTRATIONSLAGER RAVENSBRÜCK EINGESPERRT WORDEN.

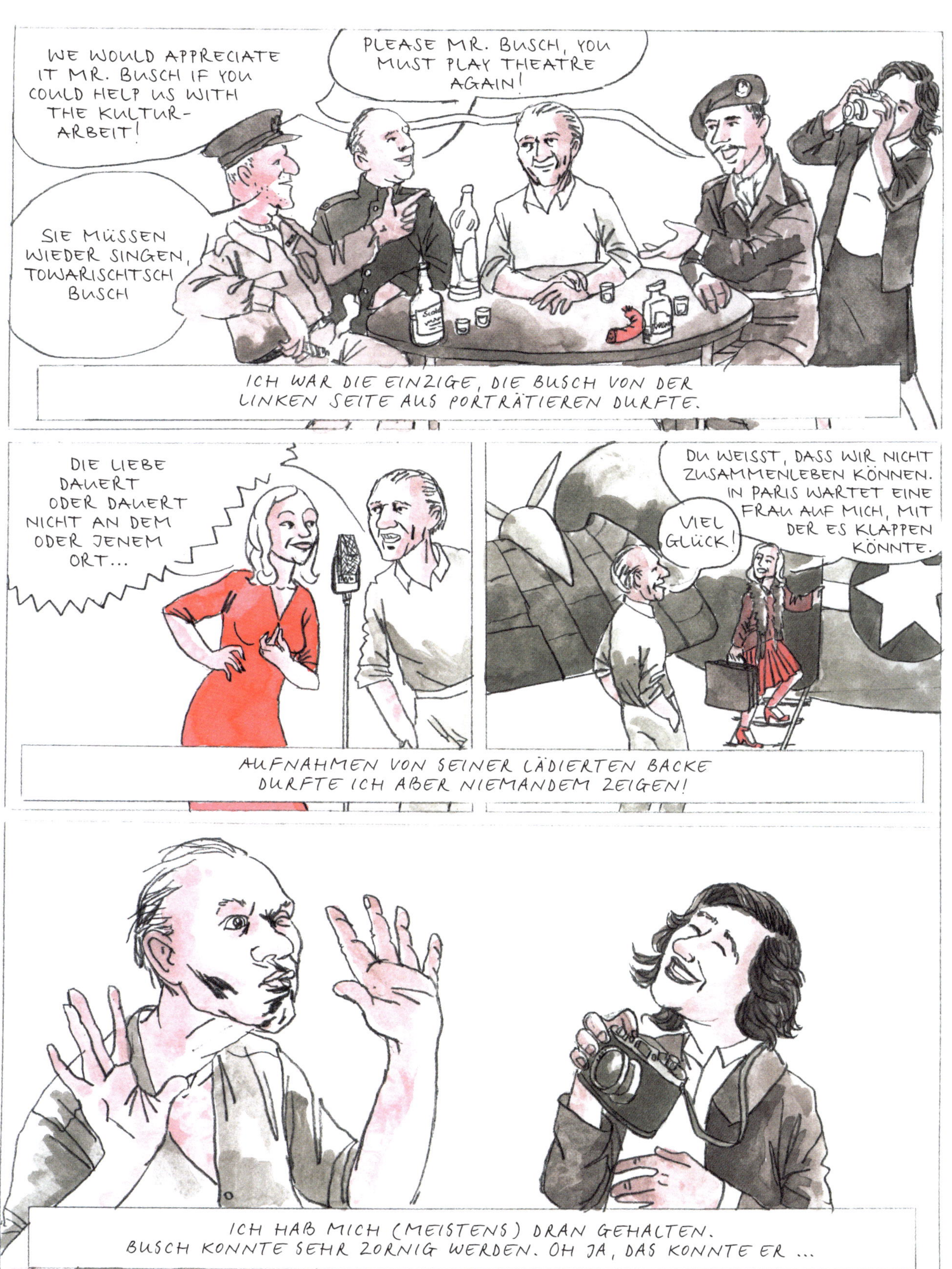
WE WOULD APPRECIATE IT MR. BUSCH IF YOU COULD HELP US WITH THE KULTURARBEIT!
PLEASE MR. BUSCH, YOU MUST PLAY THEATRE AGAIN!
SIE MÜSSEN WIEDER SINGEN, TOWARISCHTSCH BUSCH
ICH WAR DIE EINZIGE, DIE BUSCH VON DER LINKEN SEITE AUS PORTRÄTIEREN DURFTE.
DIE LIEBE DAUERT ODER DAUERT NICHT AN DEM ODER JENEM ORT …
DU WEISST, DASS WIR NICHT ZUSAMMENLEBEN KÖNNEN. IN PARIS WARTET EINE FRAU AUF MICH, MIT DER ES KLAPPEN KÖNNTE.
VIEL GLÜCK!
AUFNAHMEN VON SEINER LÄDIERTEN BACKE DURFTE ICH ABER NIEMANDEM ZEIGEN!
ICH HAB MICH (MEISTENS) DRAN GEHALTEN. BUSCH KONNTE SEHR ZORNIG WERDEN. OH JA, DAS KONNTE ER …

ENDSPIEL OST-BERLIN 1972

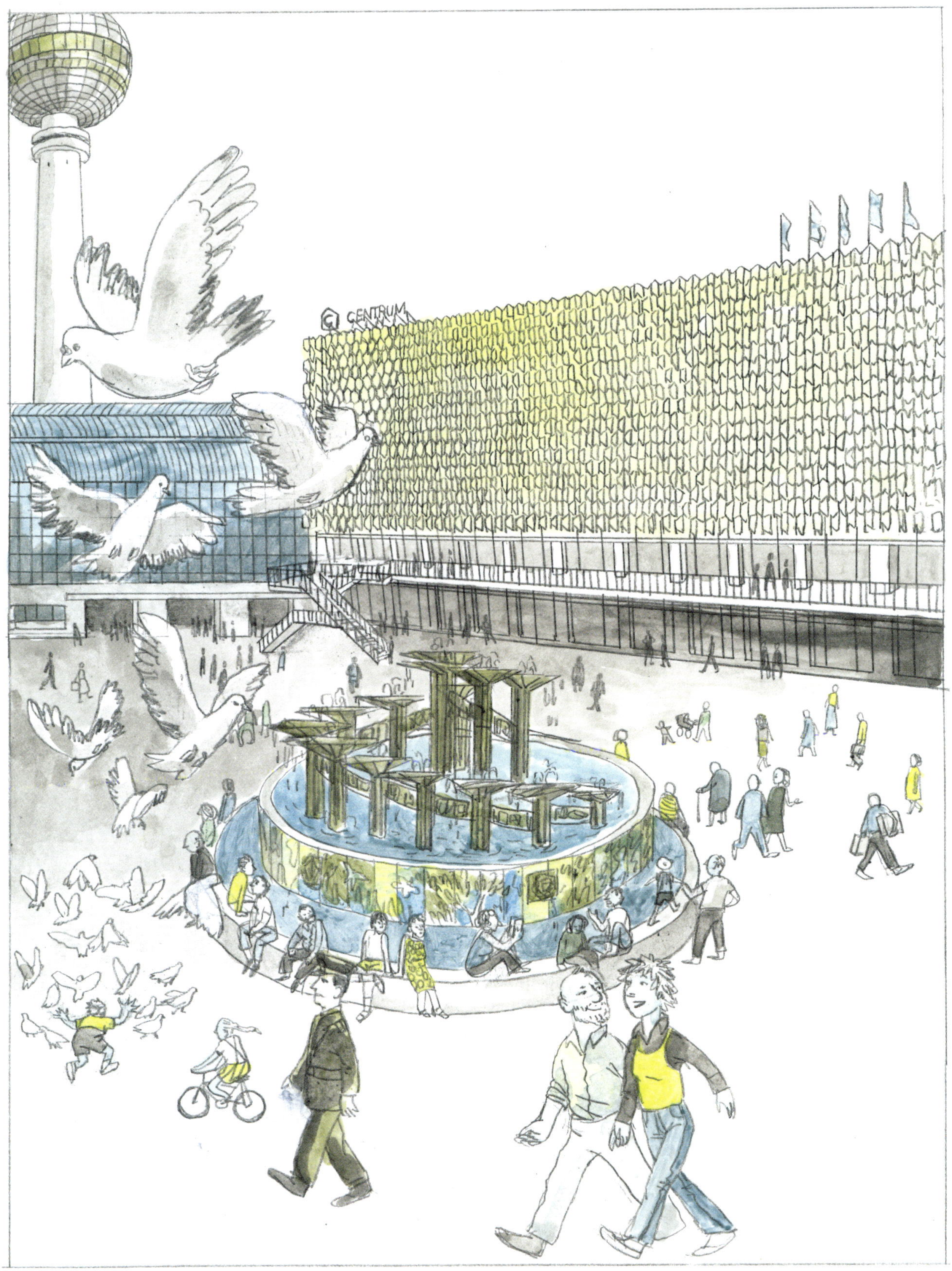

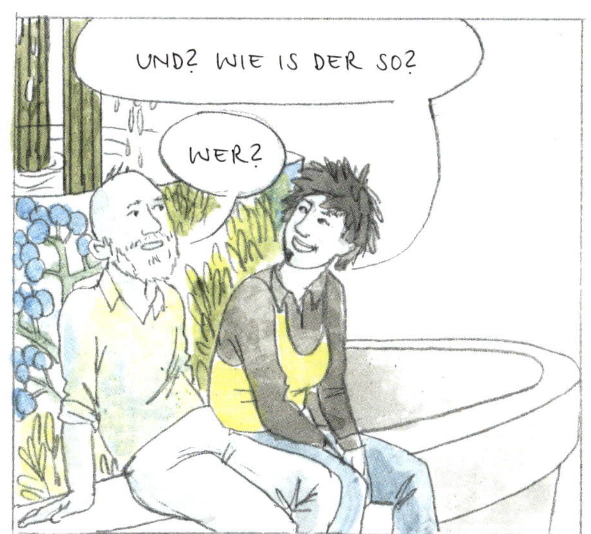
UND? WIE IS DER SO?
WER?

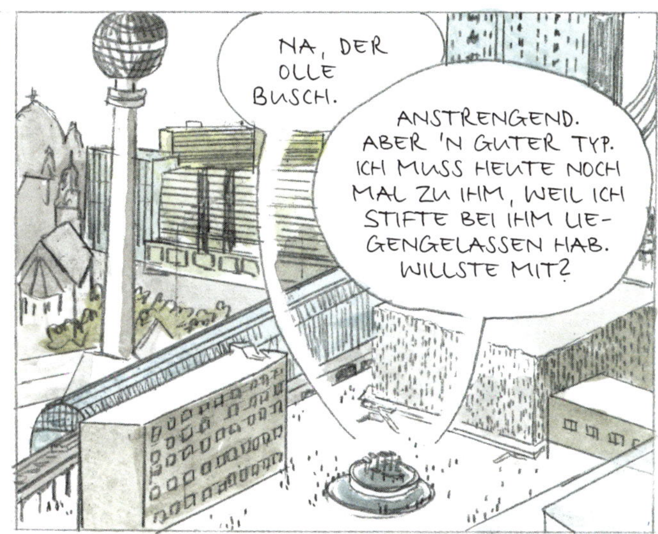
NA, DER OLLE BUSCH.
ANSTRENGEND. ABER 'N GUTER TYP. ICH MUSS HEUTE NOCH MAL ZU IHM, WEIL ICH STIFTE BEI IHM LIEGENGELASSEN HAB. WILLSTE MIT?

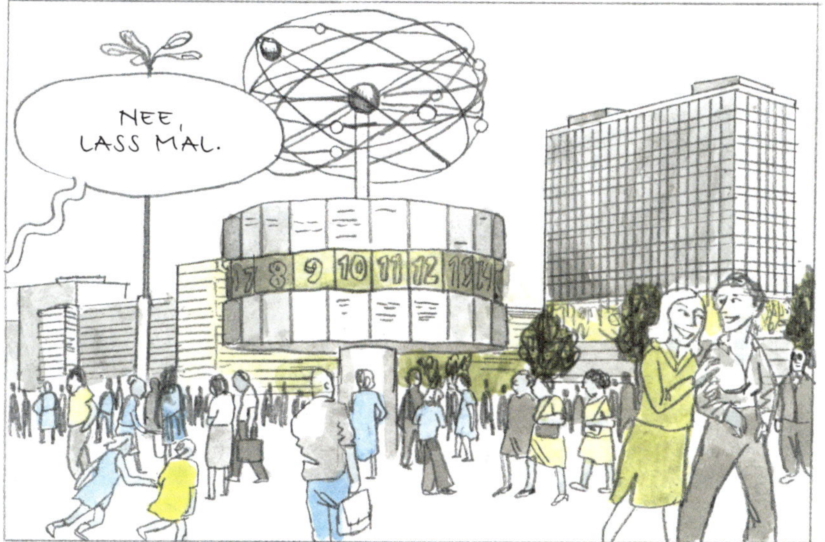
NEE, LASS MAL.

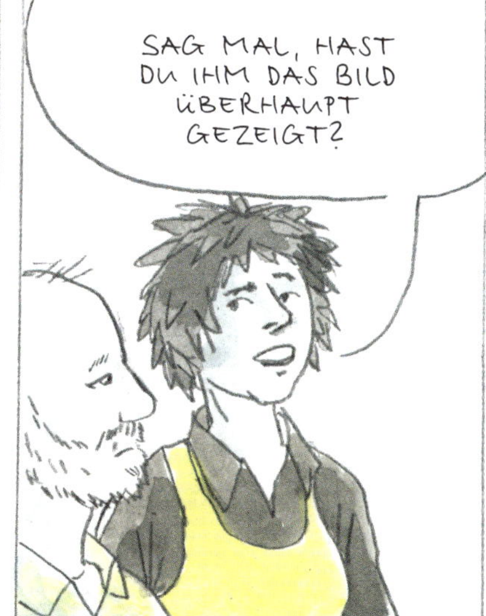
SAG MAL, HAST DU IHM DAS BILD ÜBERHAUPT GEZEIGT?

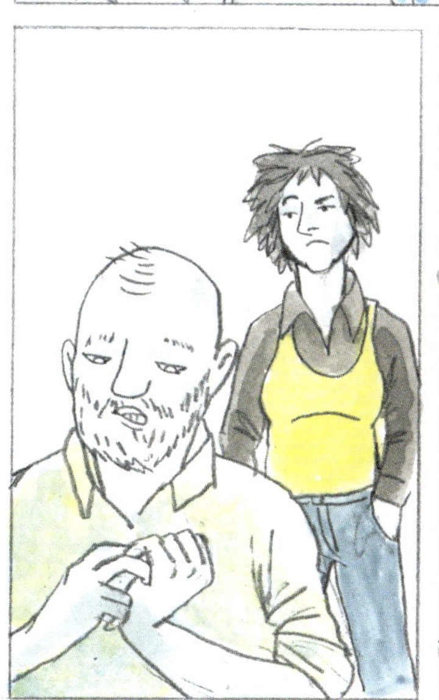

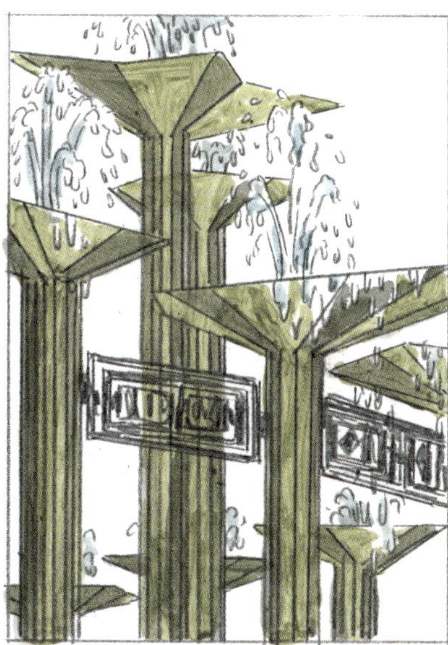

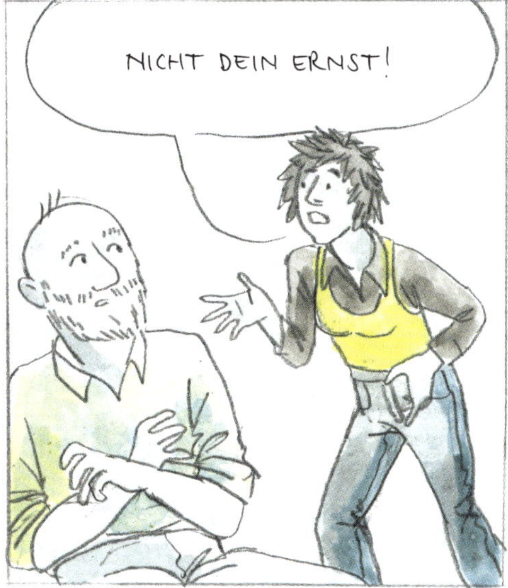
NICHT DEIN ERNST!

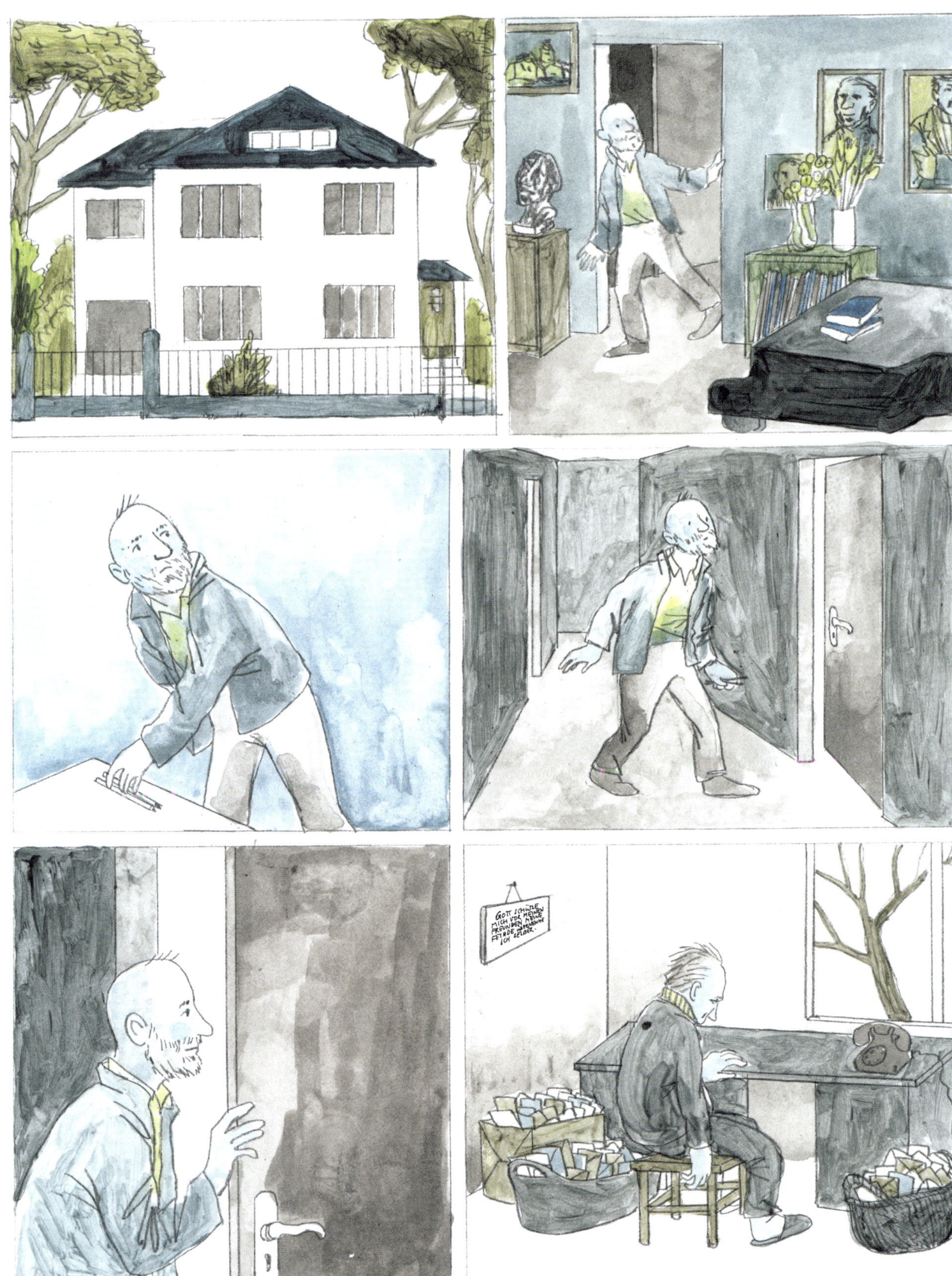
GOTT SCHÜTZE MICH VOR MEINEN FREUNDEN MEINE FEINDE ÜBERNEHME ICH SELBER.

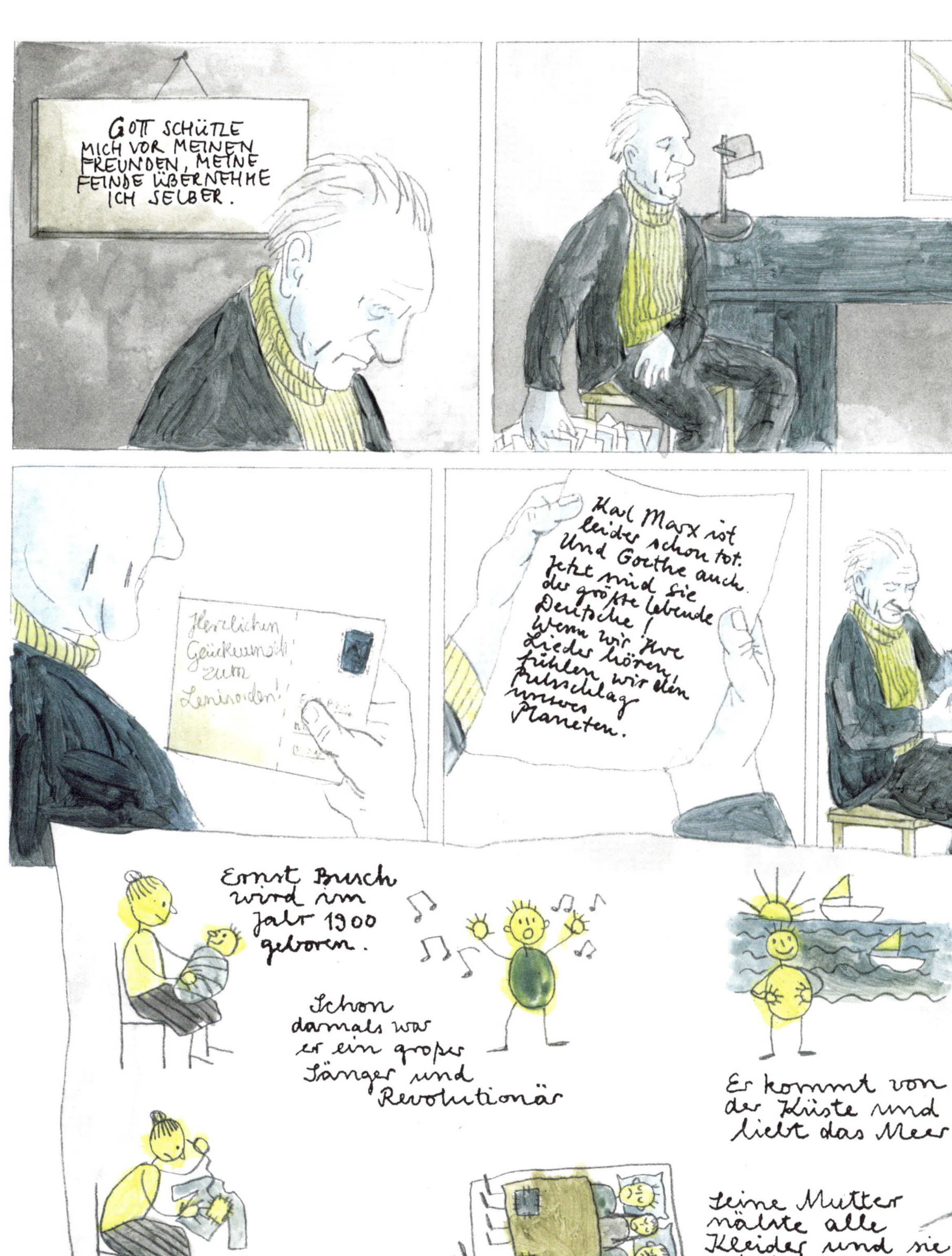
GOTT SCHÜTZE MICH VOR MEINEN FREUNDEN, MEINE FEINDE ÜBERNEHME ICH SELBER.
Herzlichen Glückwunsch zum Leninorden!
Karl Marx ist leider schon tot. Und Goethe auch. Jetzt sind Sie der größte lebende Deutsche! Wenn wir Ihre Lieder hören, fühlen wir den Pulsschlag unseres Planeten.
Ernst Busch wird im Jahr 1900 geboren.
Schon damals war er ein großer Sänger und Revolutionär
Er kommt von der Küste und liebt das Meer.
Seine Familie war sehr arm.
Seine Mutter nähte alle Kleider und sie schliefen zu fünft in einem Zimmer.

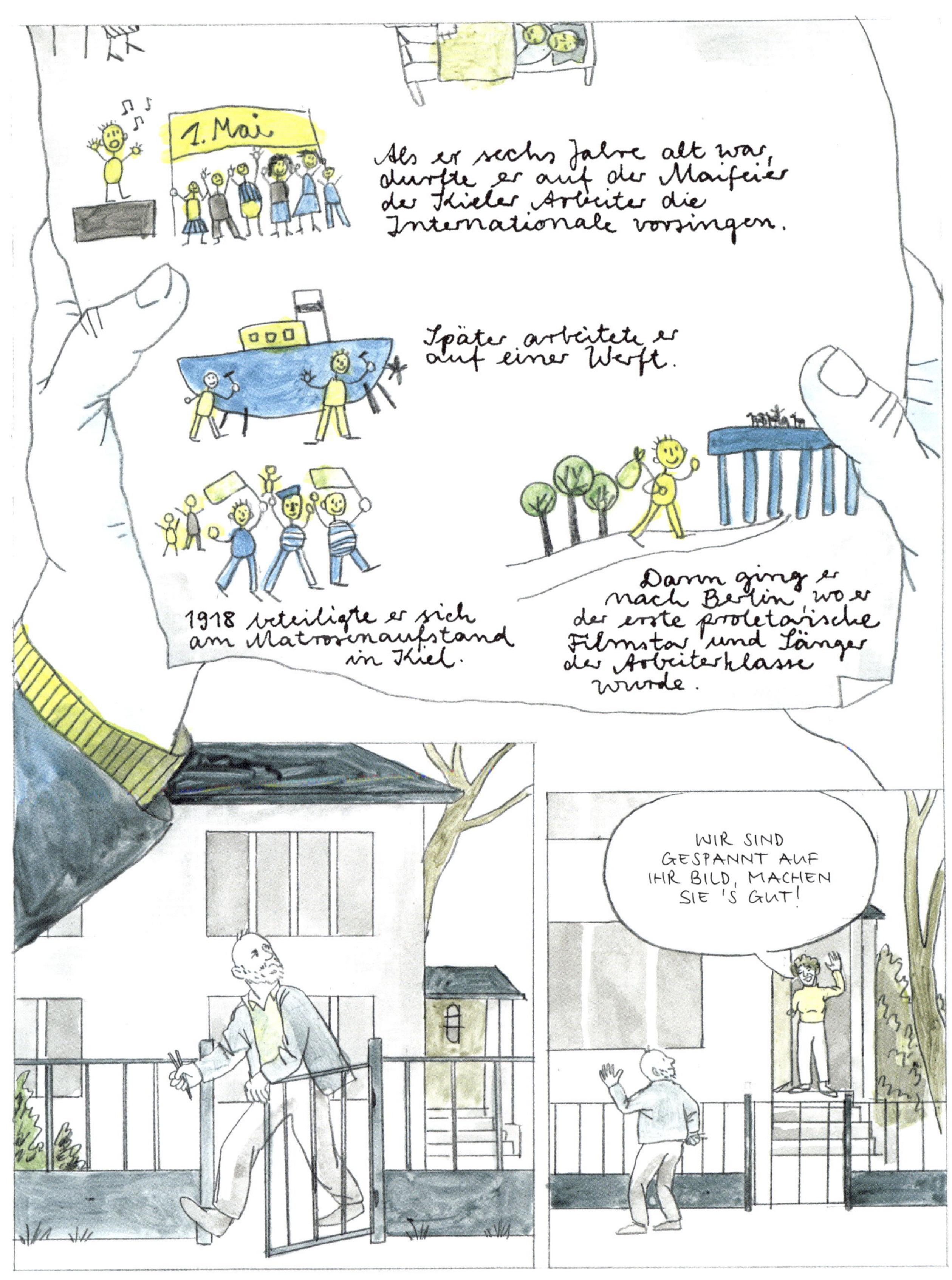
1. Mai
Als er sechs Jahre alt war, durfte er auf der Maifeier der Kieler Arbeiter die Internationale vorsingen.
Später arbeitete er auf einer Werft.
1918 beteiligte er sich am Matrosenaufstand in Kiel.
Dann ging er nach Berlin, wo er der erste proletarische Filmstar und Sänger der Arbeiterklasse wurde.
WIR SIND GESPANNT AUF IHR BILD, MACHEN SIE 'S GUT!

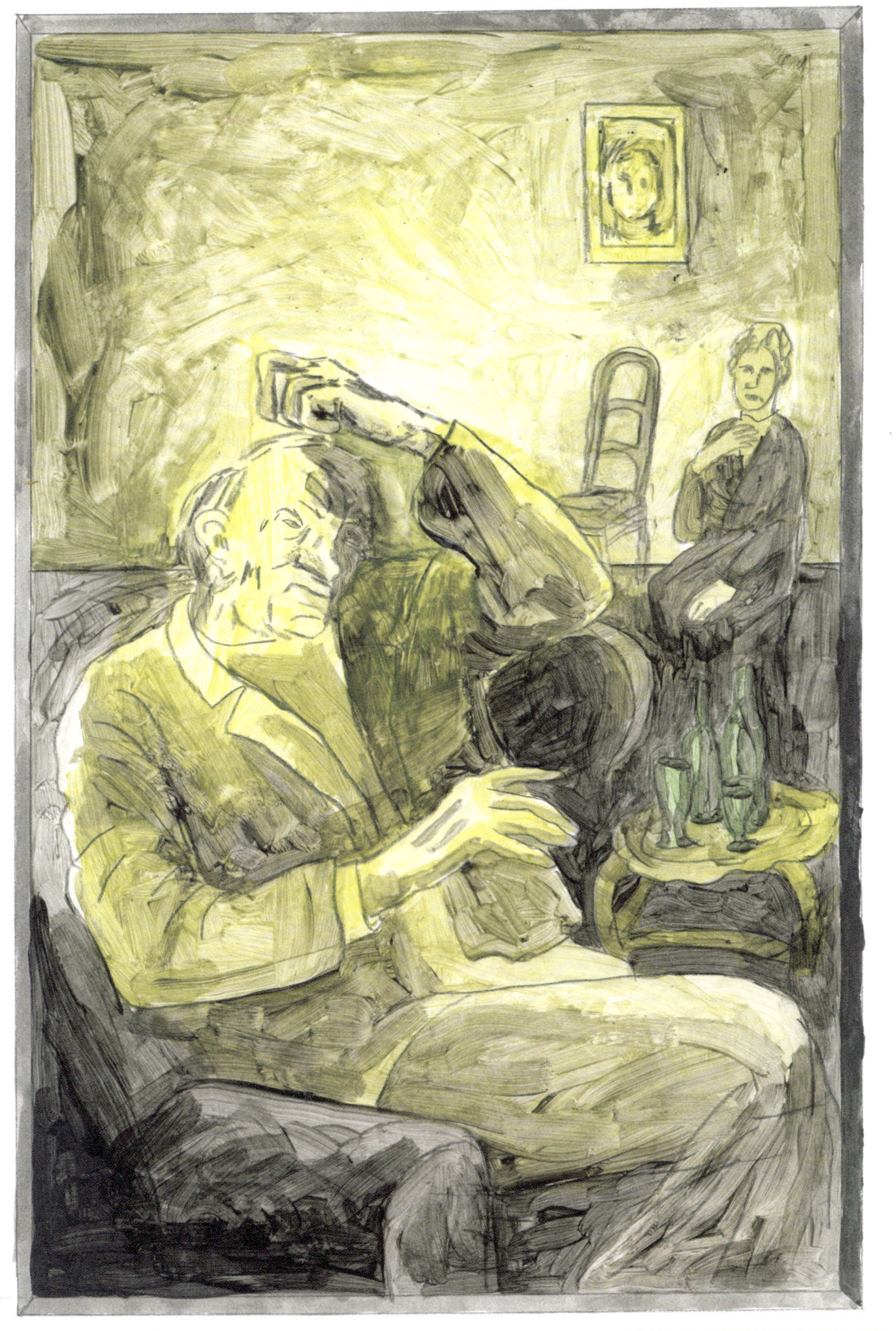

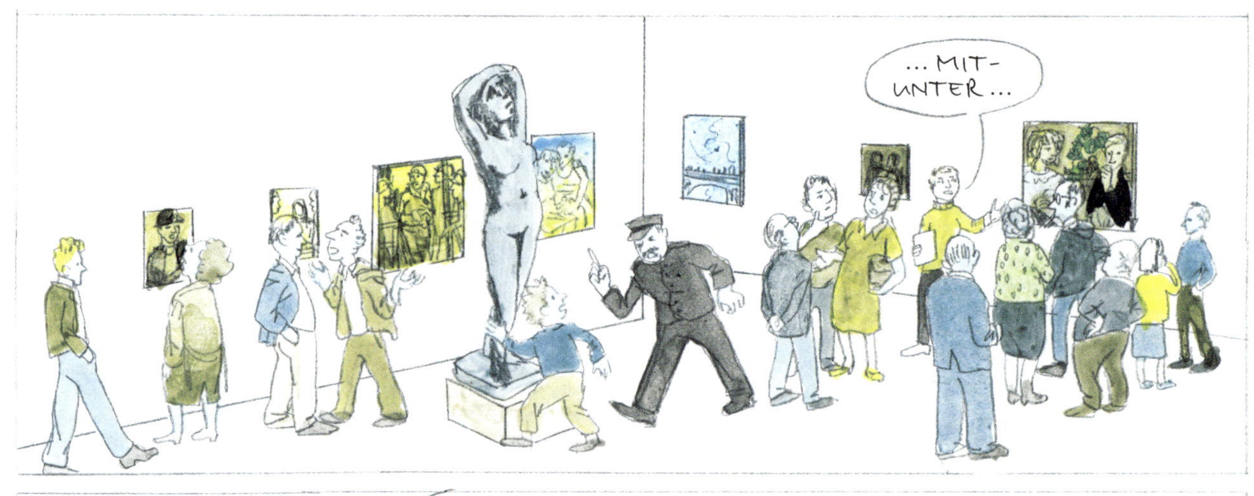
... MIT-
UNTER ...

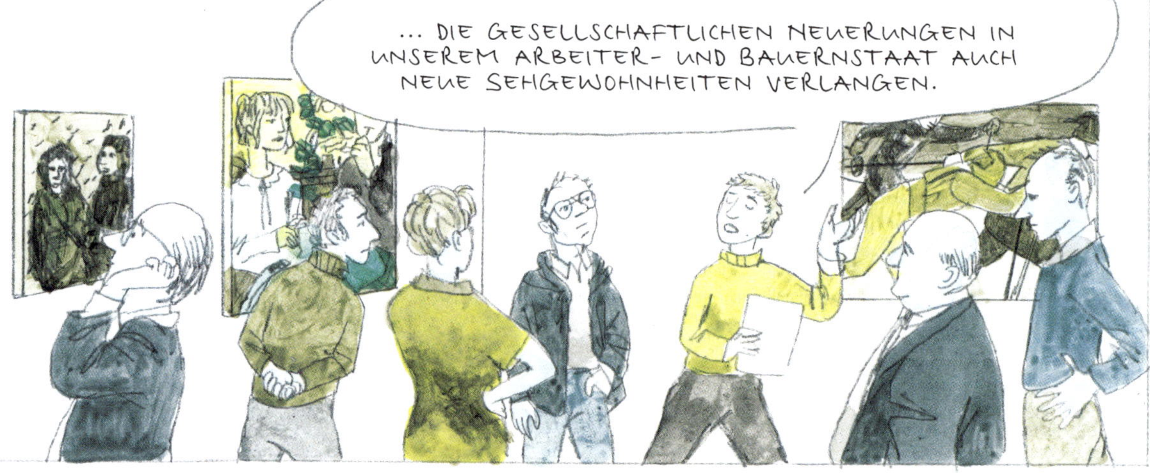
... DIE GESELLSCHAFTLICHEN NEUERUNGEN IN UNSEREM ARBEITER- UND BAUERNSTAAT AUCH NEUE SEHGEWOHNHEITEN VERLANGEN.

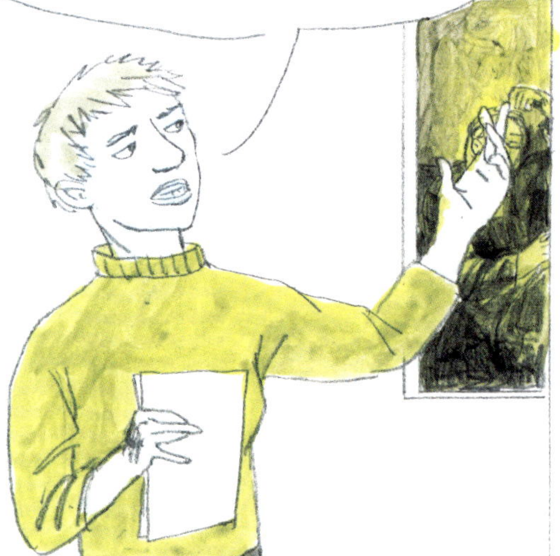
HIER EIN BILDNIS DES BEKANNTEN ARBEITERSÄNGERS UND SCHAUSPIELERS ERNST BUSCH, DER HIER ...

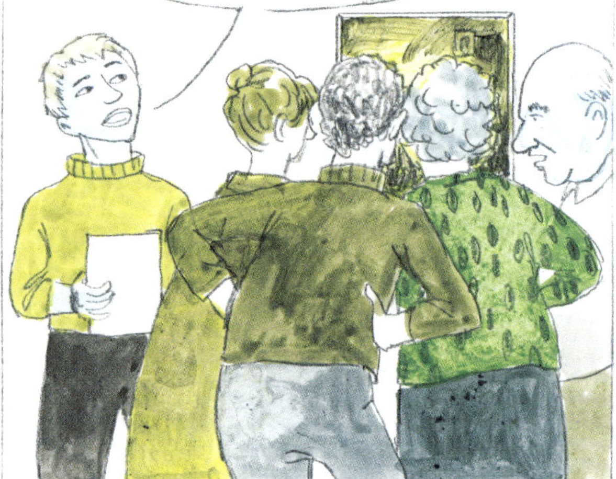
... NICHT WIE SONST IN DER POSE DES SELBSTBEWUSSTEN BÜHNENMENSCHEN UND KLASSENKÄMPFERS DARGESTELLT IST, SONDERN ALS ...

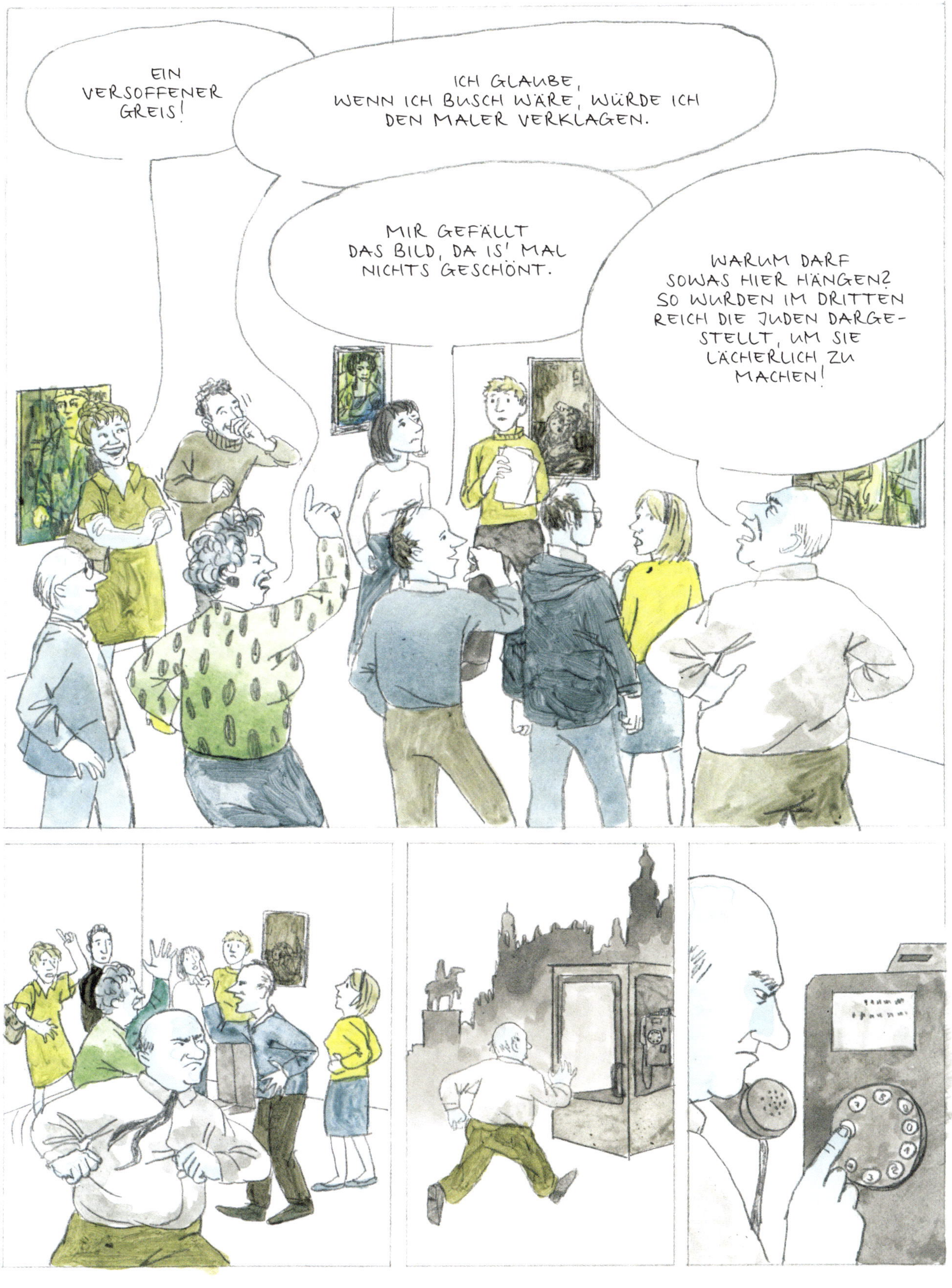

EIN VERSOFFENER GREIS!

ICH GLAUBE, WENN ICH BUSCH WÄRE, WÜRDE ICH DEN MALER VERKLAGEN.

MIR GEFÄLLT DAS BILD, DA IS' MAL NICHTS GESCHÖNT.

WARUM DARF SOWAS HIER HÄNGEN? SO WURDEN IM DRITTEN REICH DIE JUDEN DARGE-STELLT, UM SIE LÄCHERLICH ZU MACHEN!

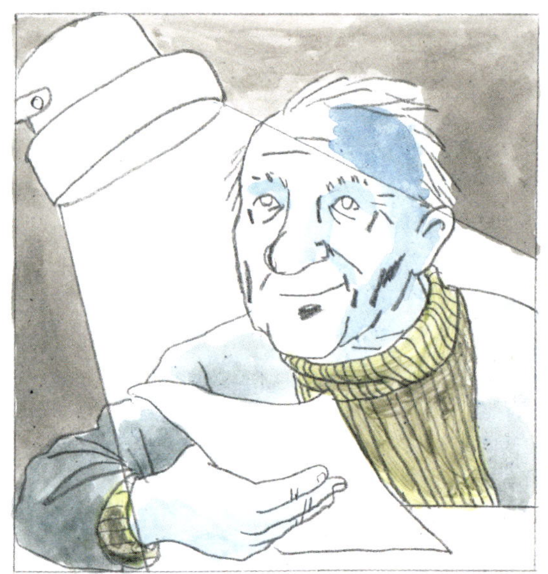

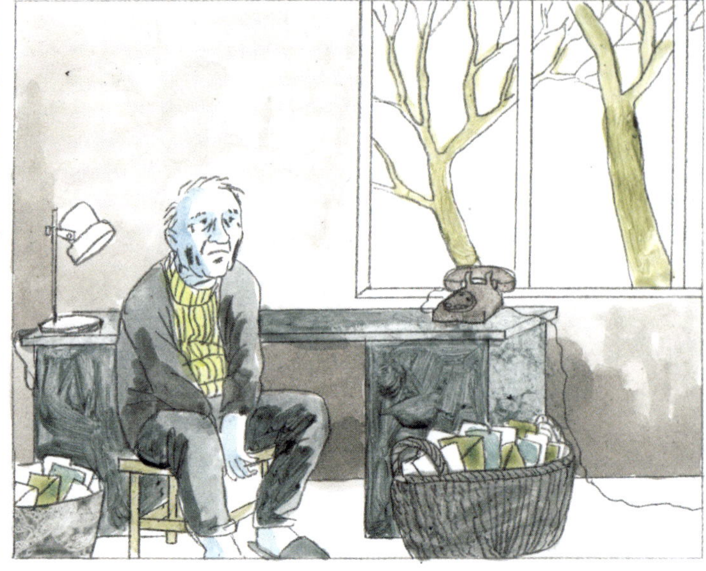

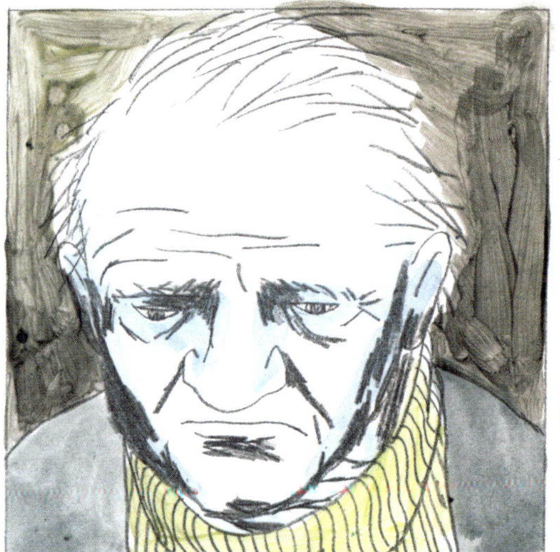

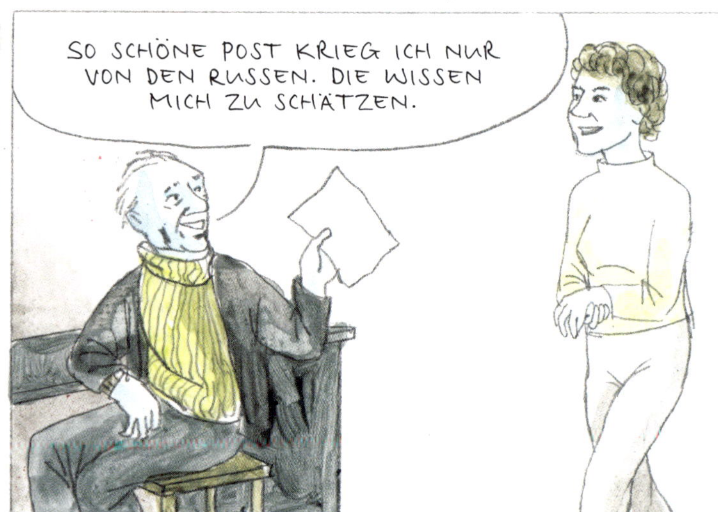
SO SCHÖNE POST KRIEG ICH NUR VON DEN RUSSEN. DIE WISSEN MICH ZU SCHÄTZEN.

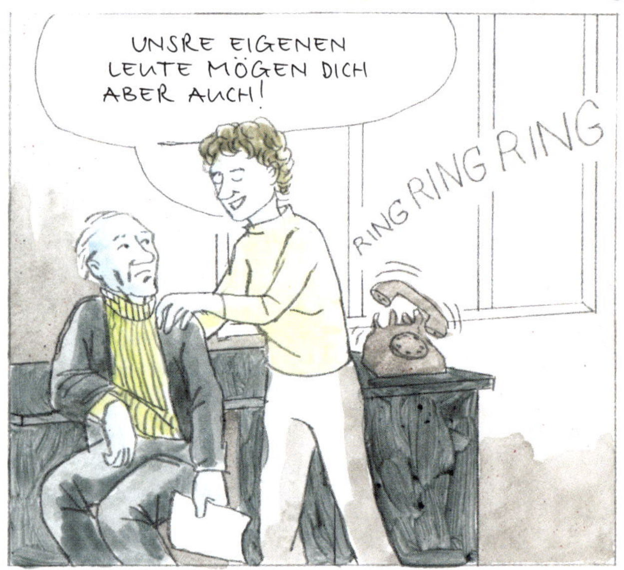
UNSRE EIGENEN LEUTE MÖGEN DICH ABER AUCH!
RING RING RING

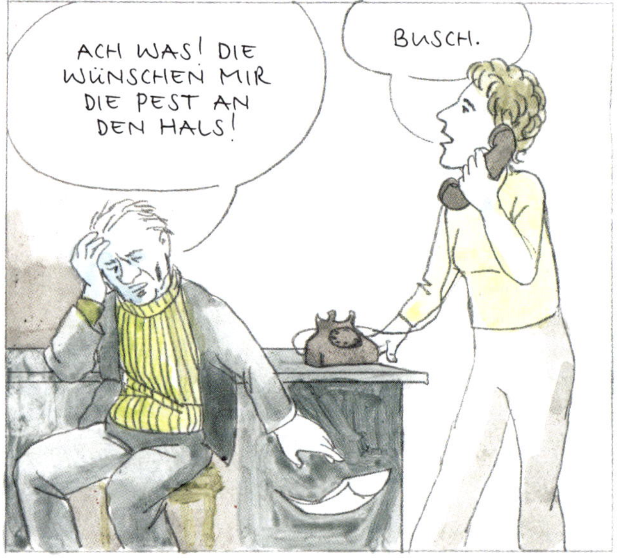
ACH WAS! DIE WÜNSCHEN MIR DIE PEST AN DEN HALS!
BUSCH.

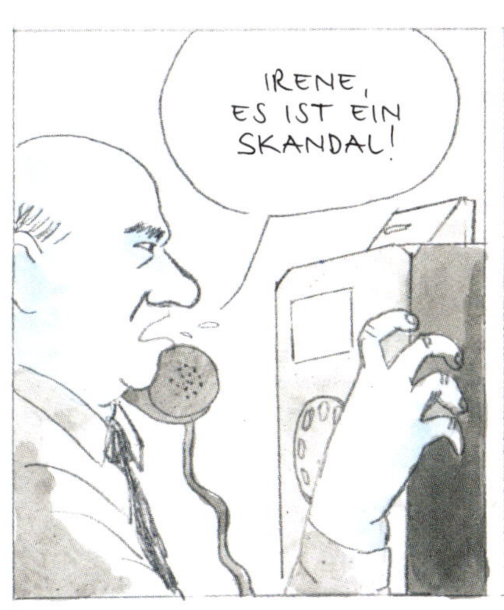
IRENE,
ES IST EIN
SKANDAL!

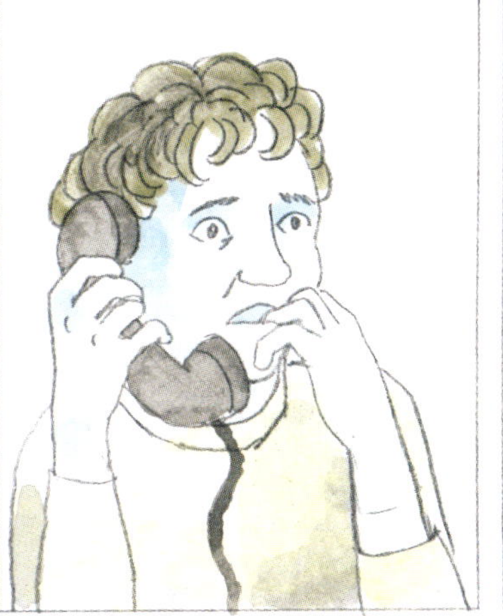

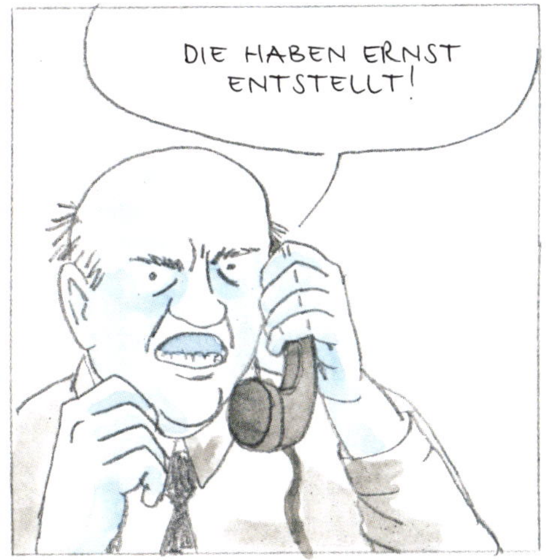
DIE HABEN ERNST
ENTSTELLT!

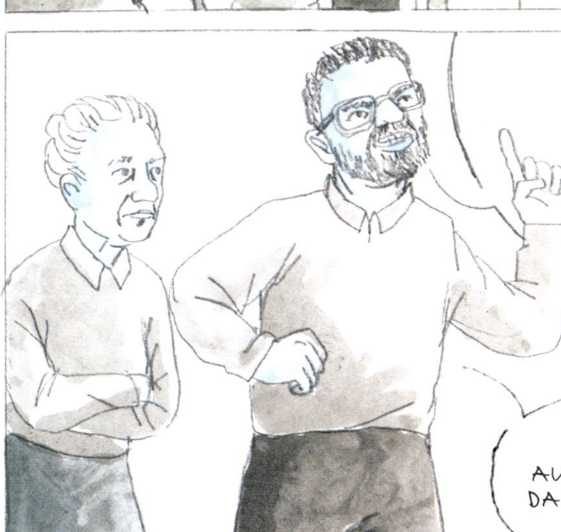
MAN MÜSSTE SICH
DIREKT AN HONECKER
WENDEN, DAMIT DAS
SCHANDBILD AUS DEM
VERKEHR GEZOGEN
WIRD.
ERNST, DU,
ALS LETZTER
AUFRECHTER PROLET,
DARFST DIR DAS NICHT
BIETEN LASSEN!

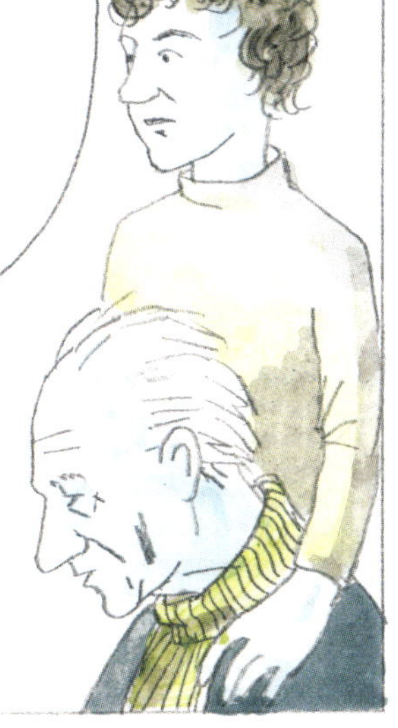

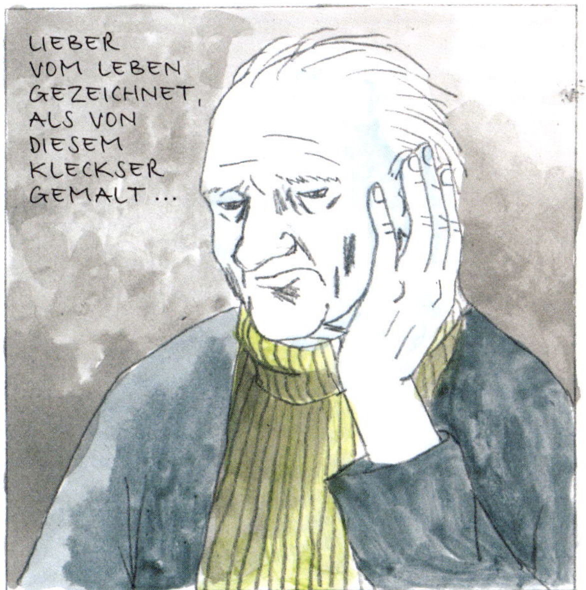
LIEBER
VOM LEBEN
GEZEICHNET,
ALS VON
DIESEM
KLECKSER
GEMALT ...

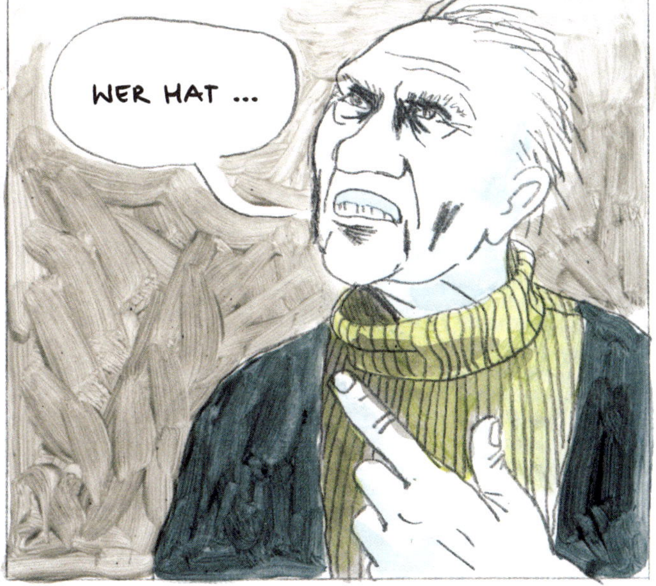
WER HAT ...

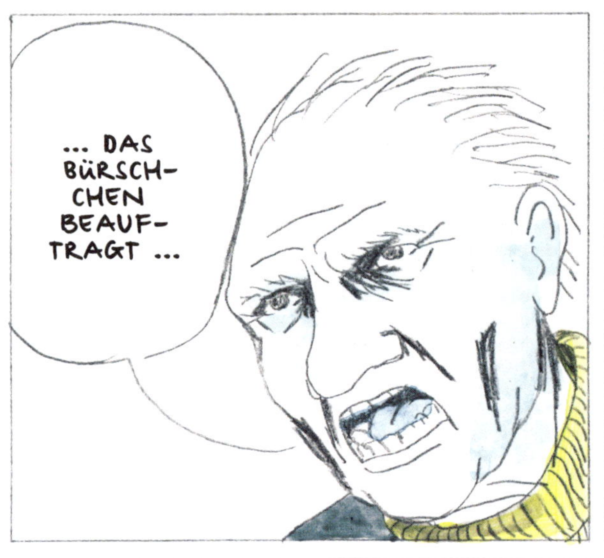
... DAS BÜRSCH-CHEN BEAUF-TRAGT ...

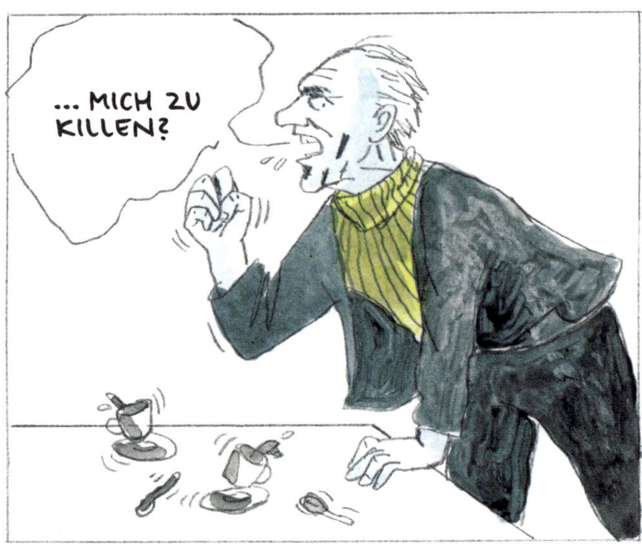
... MICH ZU KILLEN?

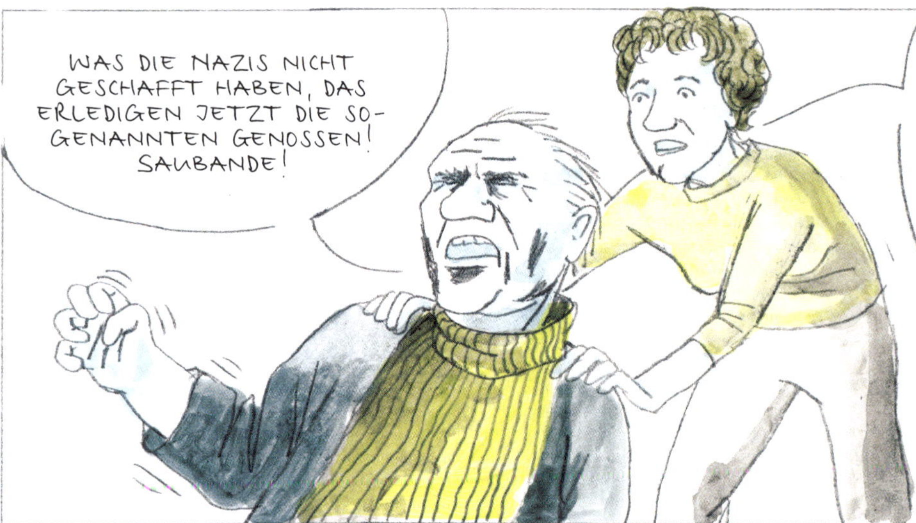
WAS DIE NAZIS NICHT GESCHAFFT HABEN, DAS ERLEDIGEN JETZT DIE SO-GENANNTEN GENOSSEN! SAUBANDE!
ERNST, BERUHIGE DICH. WENN DAS BILD ERST MAL IM DEPOT HÄNGT, KANN ES KEINEN SCHADEN MEHR AN-RICHTEN.

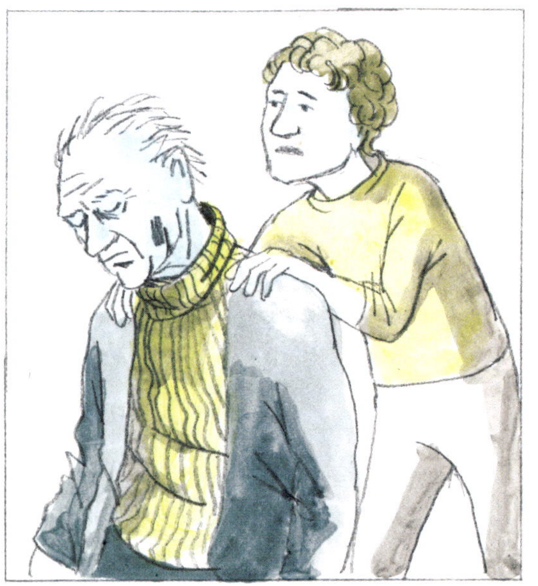

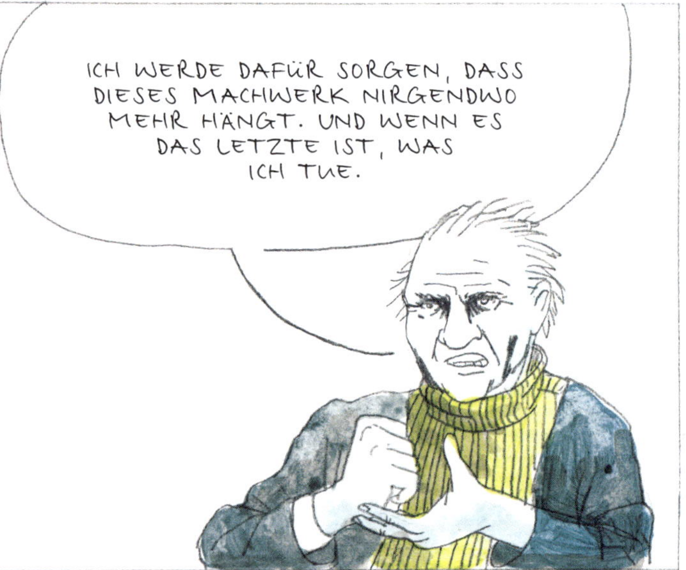
ICH WERDE DAFÜR SORGEN, DASS DIESES MACHWERK NIRGENDWO MEHR HÄNGT. UND WENN ES DAS LETZTE IST, WAS ICH TUE.

3. AKT
(1946-1980)

ALEXANDER

-

RUDOLF

-

JOCHEN

-

ULRIKE

-

GRISCHA

Alexander

BERLIN 1946

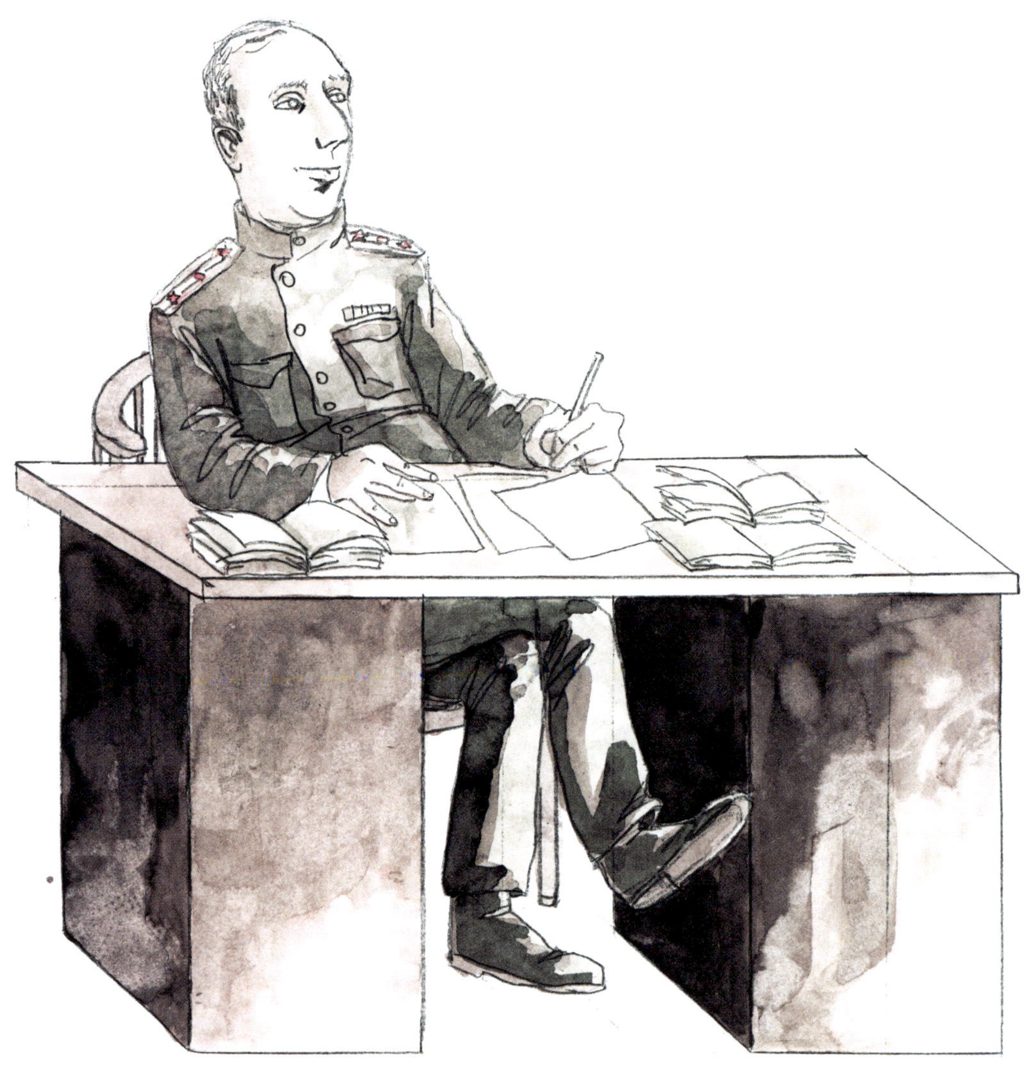

ICH LIEBE DIE DEUTSCHE KULTUR – BESONDERS GOETHES GEDICHTE UND DIE STIMME VON ERNST BUSCH!

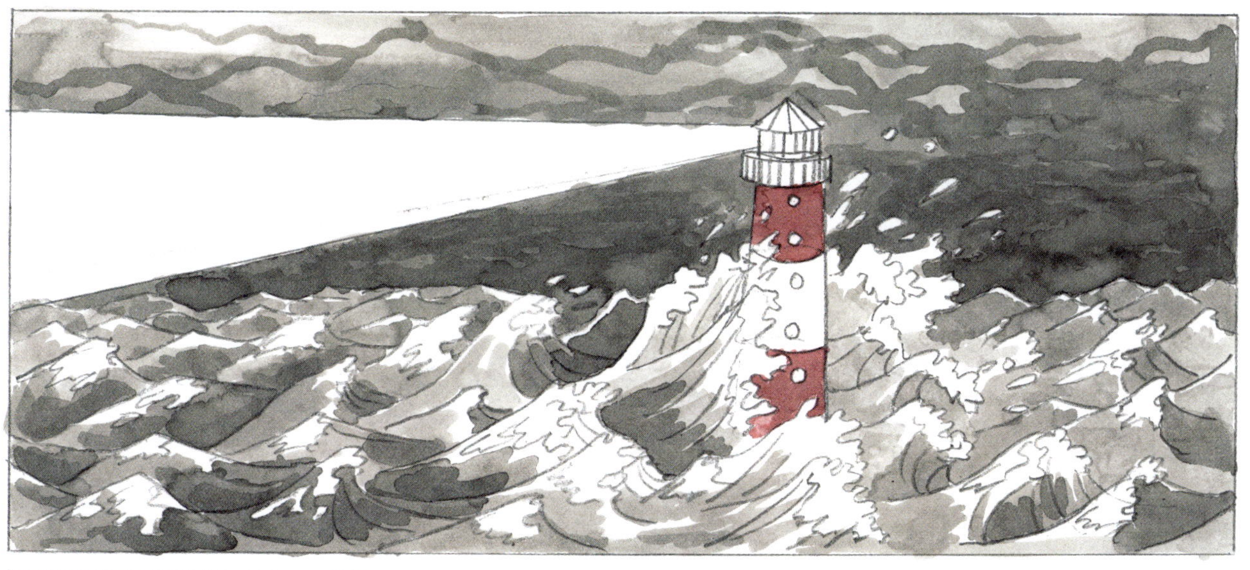

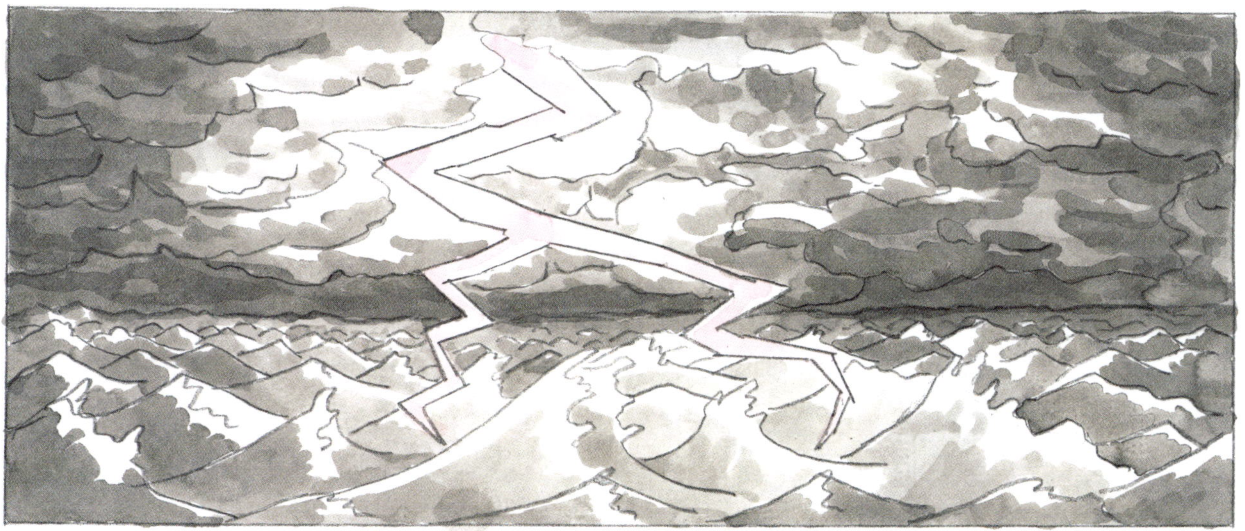

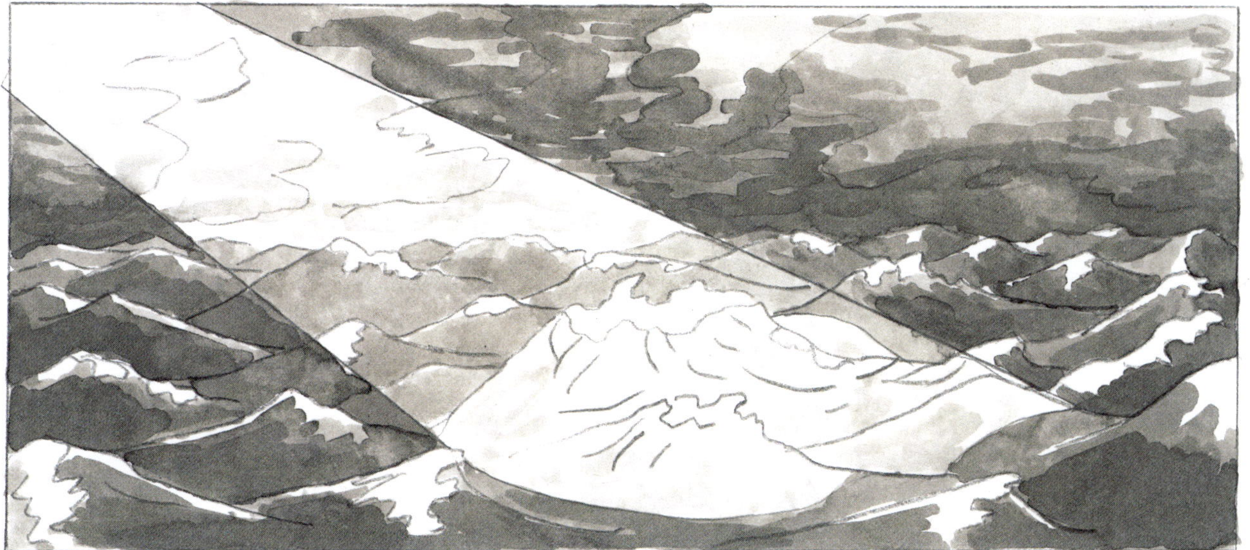

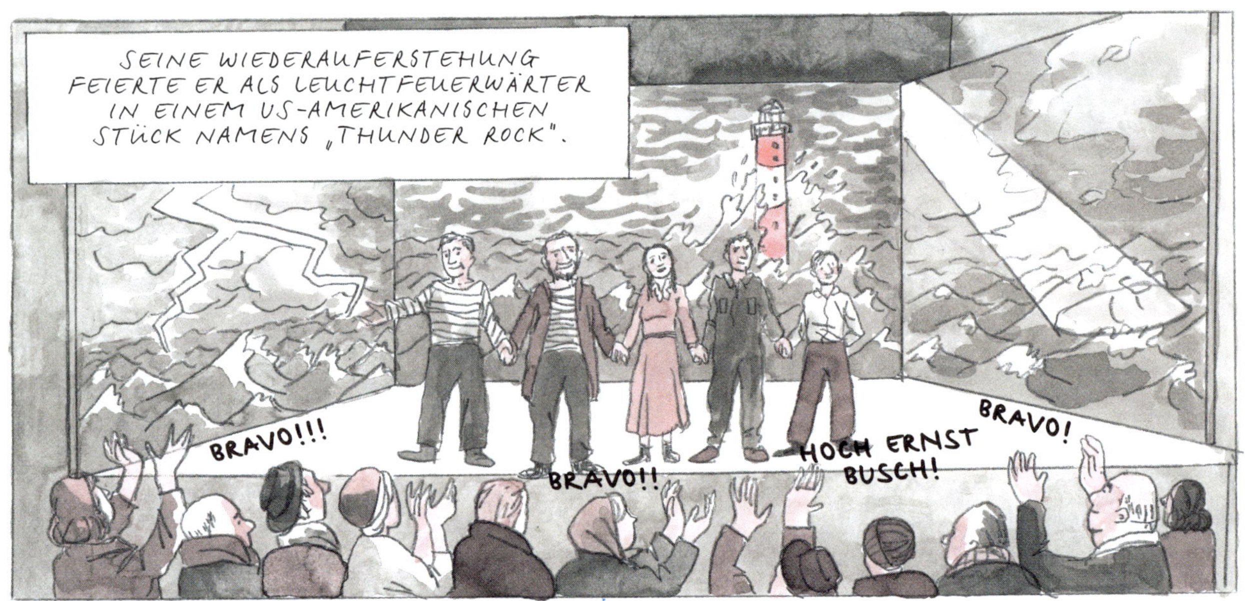

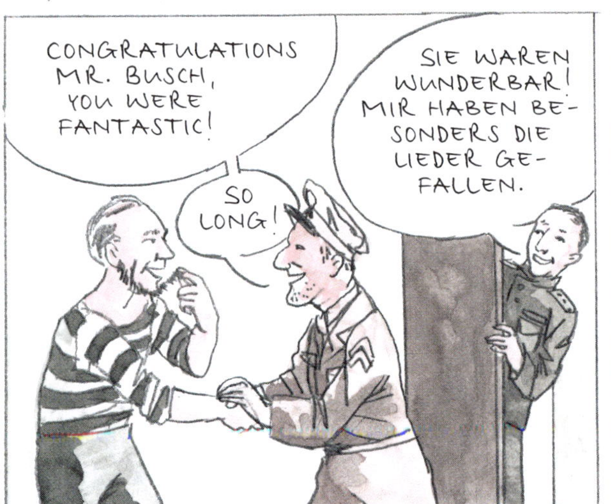

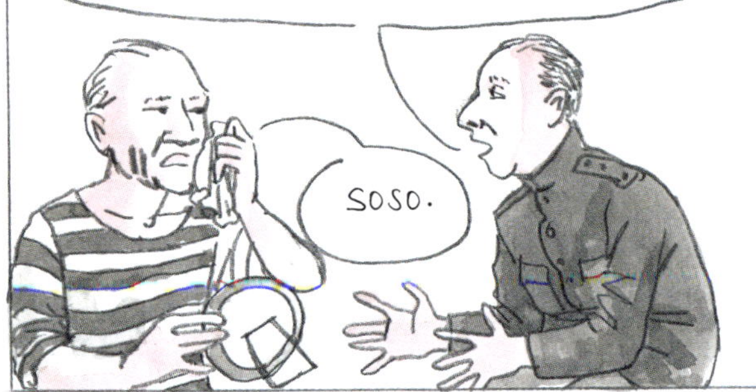

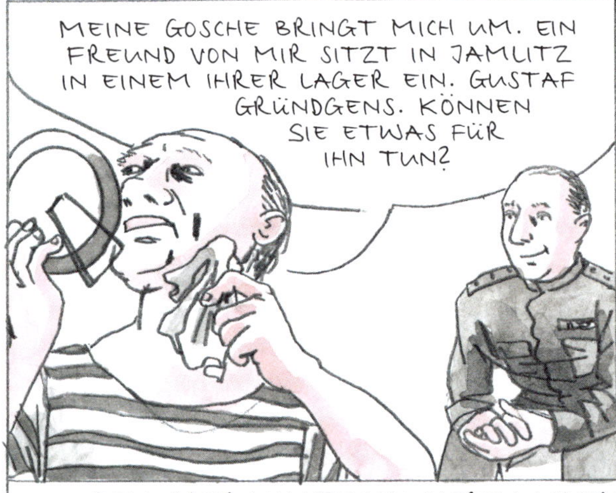

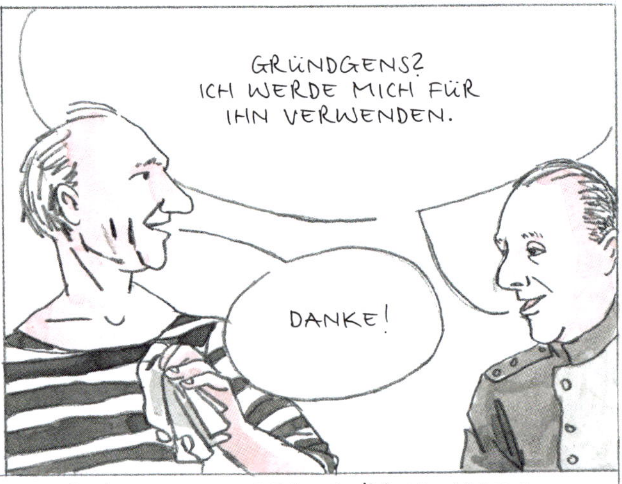

DEN AMIS WOLLTE ICH DIESEN LODERNDEN BUSCH KEINESFALLS ÜBERLASSEN. ICH MUSSTE IHN FÜR UNSERE SEITE GEWINNEN.

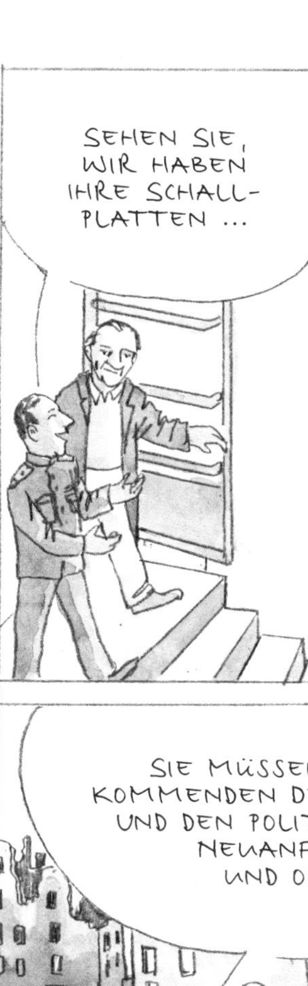
SEHEN SIE, WIR HABEN IHRE SCHALL-PLATTEN ...

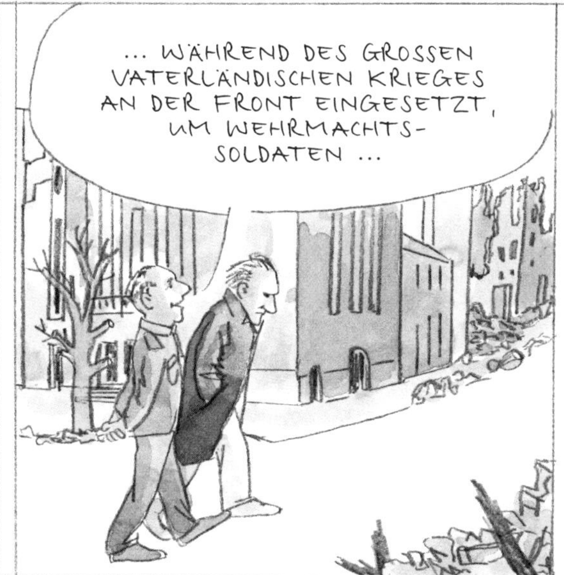
... WÄHREND DES GROSSEN VATERLÄNDISCHEN KRIEGES AN DER FRONT EINGESETZT, UM WEHRMACHTS-SOLDATEN ...

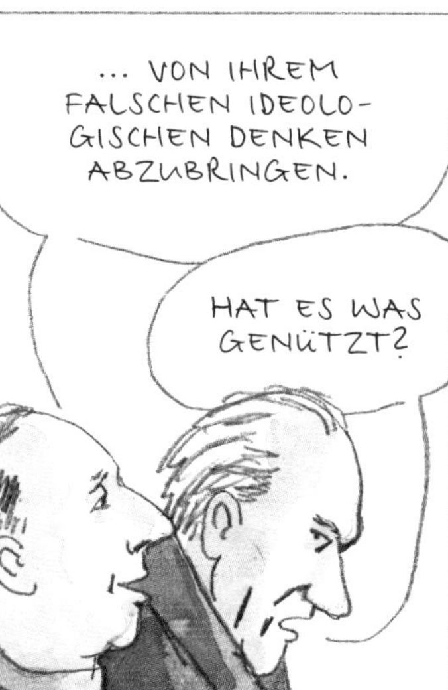
... VON IHREM FALSCHEN IDEOLO-GISCHEN DENKEN ABZUBRINGEN.
HAT ES WAS GENÜTZT?

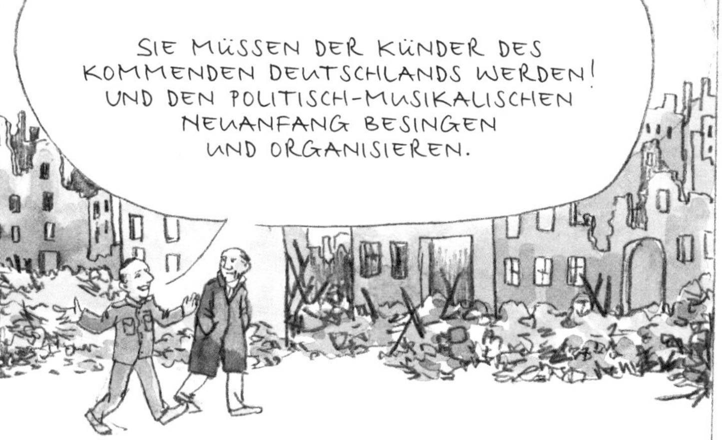
SIE MÜSSEN DER KÜNDER DES KOMMENDEN DEUTSCHLANDS WERDEN! UND DEN POLITISCH-MUSIKALISCHEN NEUANFANG BESINGEN UND ORGANISIEREN.

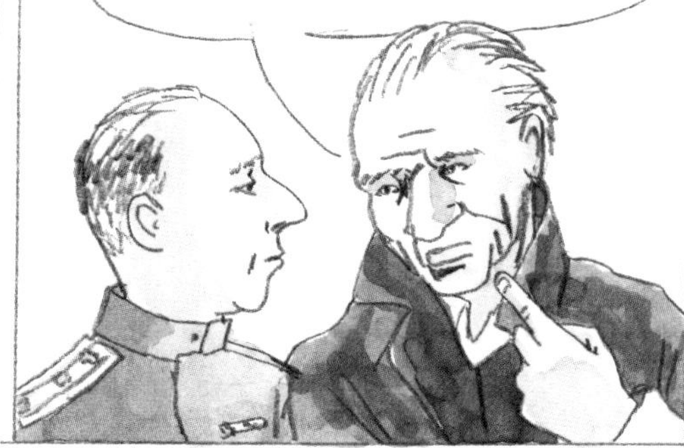
ICH? MIT MEINER LAHMEN BACKE UND DEM HALBEN MUND?

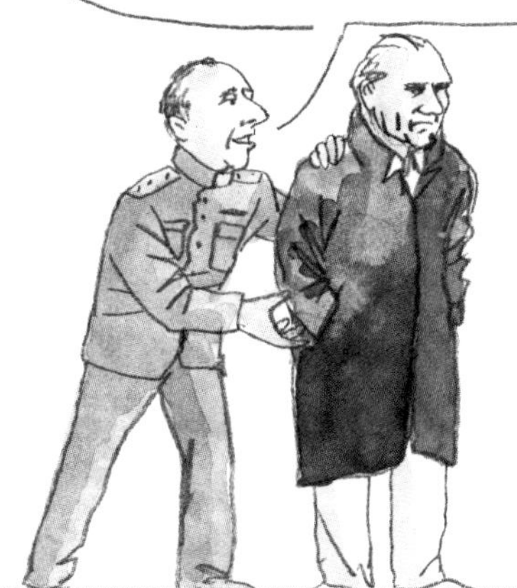
SIE ERHALTEN AN MATERIAL, WAS IMMER SIE BRAUCHEN: INSTRUMENTE, MIKROFONE, SCHELLACK.

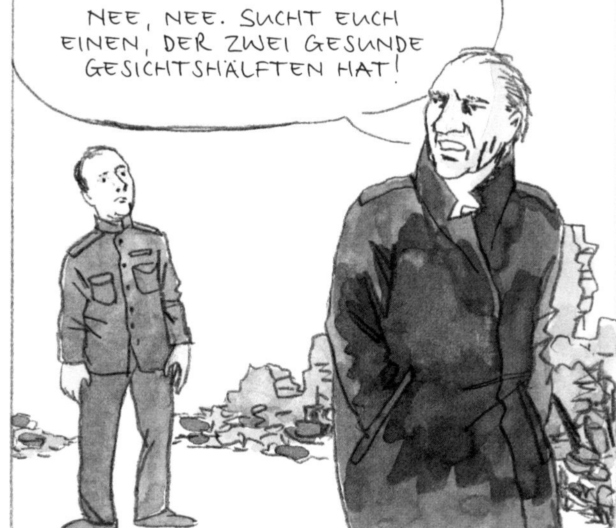
NEE, NEE. SUCHT EUCH EINEN, DER ZWEI GESUNDE GESICHTSHÄLFTEN HAT!

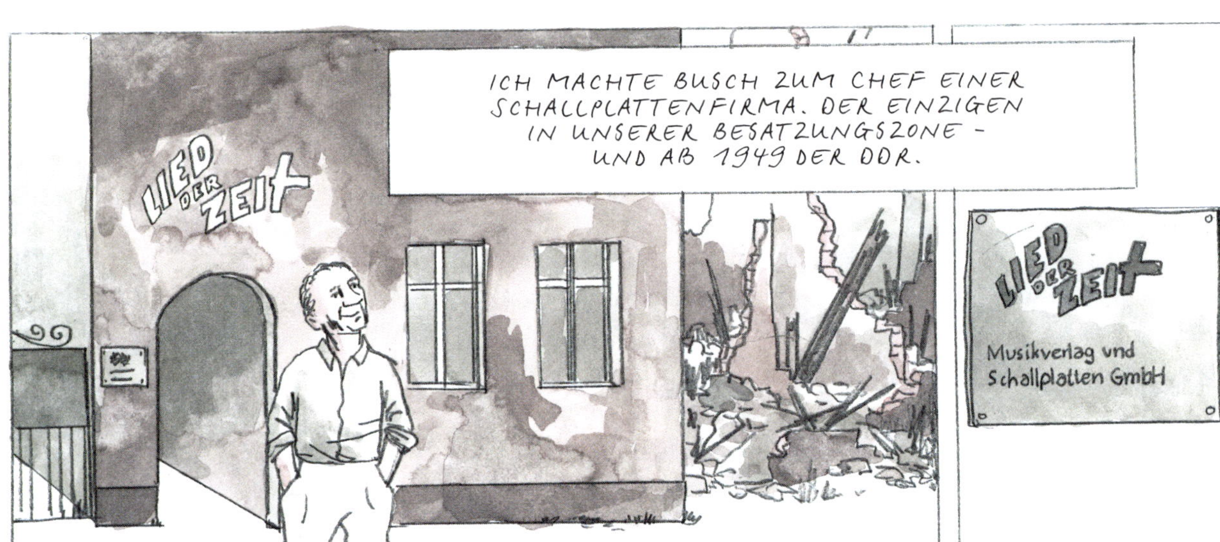
ICH MACHTE BUSCH ZUM CHEF EINER SCHALLPLATTENFIRMA. DER EINZIGEN IN UNSERER BESATZUNGSZONE – UND AB 1949 DER DDR.
LIED DER ZEIT
LIED DER ZEIT
Musikverlag und Schallplatten GmbH

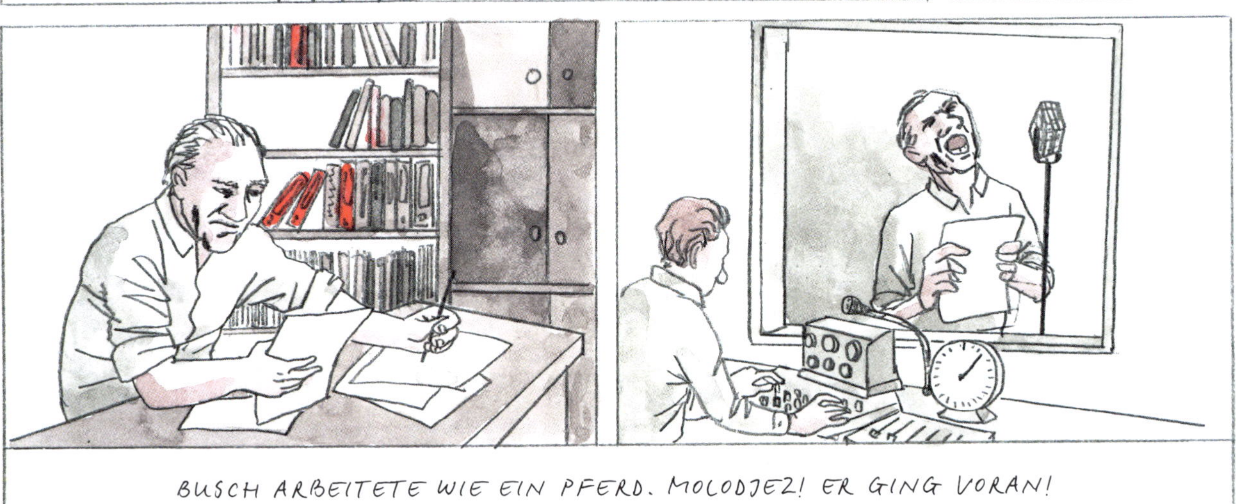
BUSCH ARBEITETE WIE EIN PFERD. MOLODJEZ! ER GING VORAN!

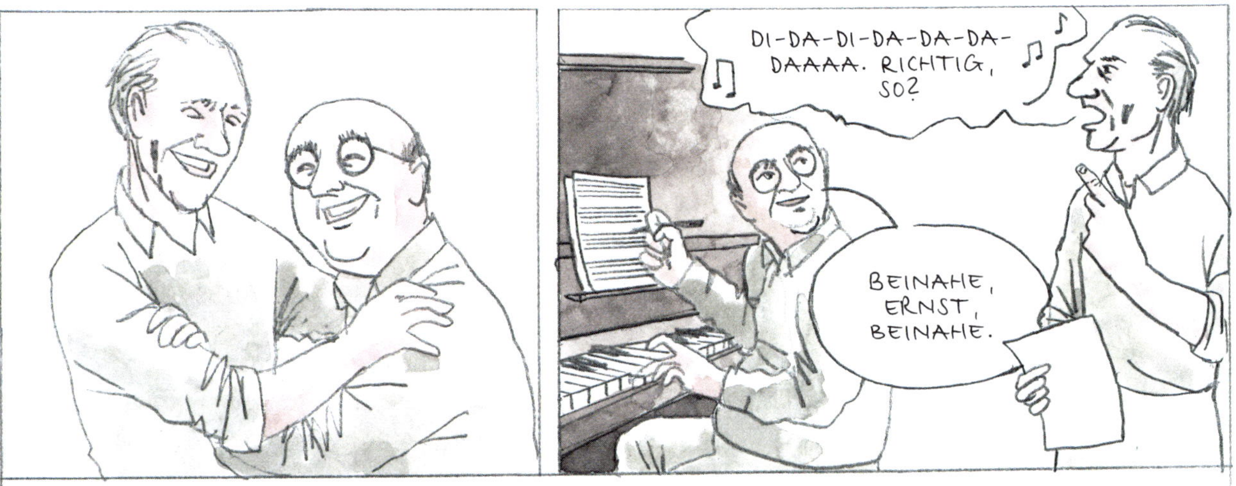
DI-DA-DI-DA-DA-DA-DAAAA. RICHTIG, SO?
BEINAHE, ERNST, BEINAHE.
1949 KAM HANNS EISLER AUS DEM US-AMERIKANISCHEN EXIL ZURÜCK UND KOMPONIERTE GLEICH EIN PAAR SCHLAGER FÜR DIE JUNGE DDR.

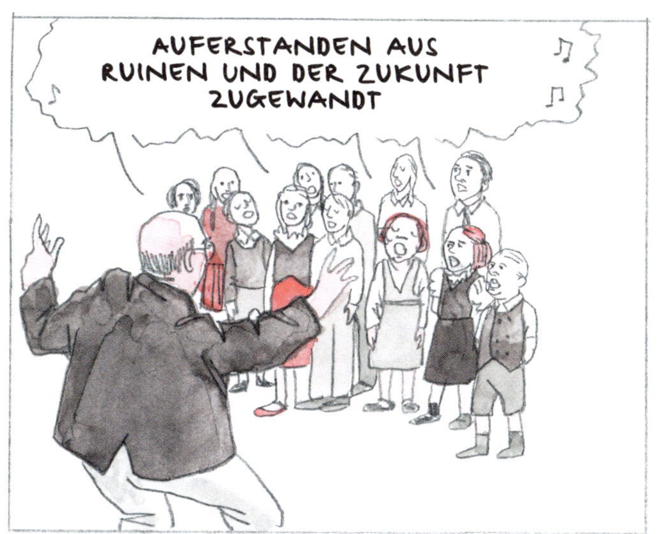

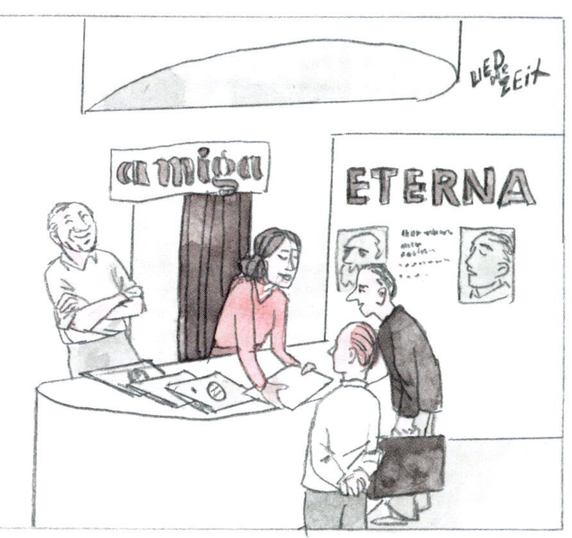

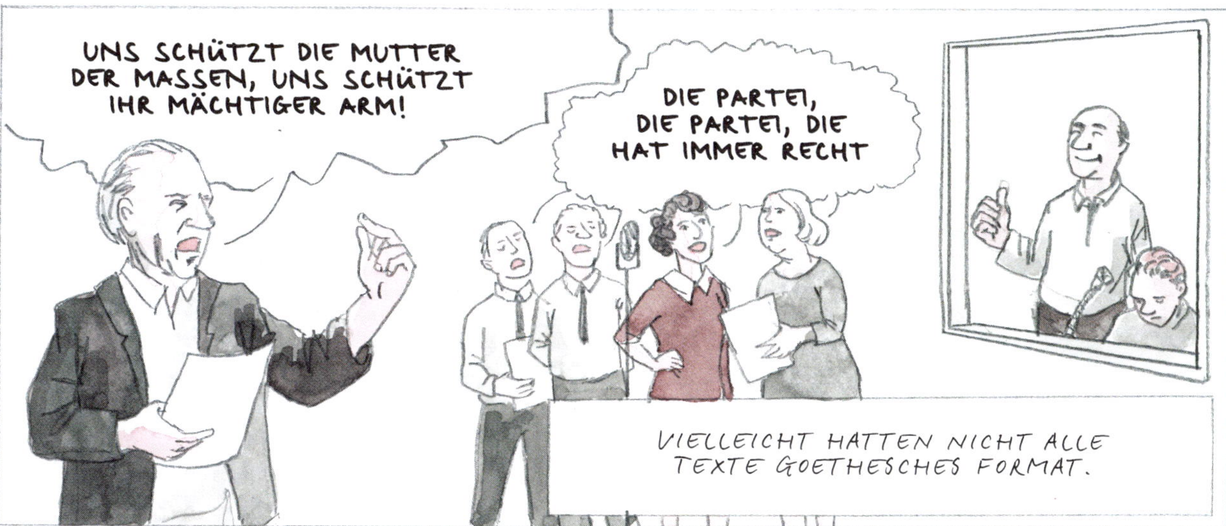

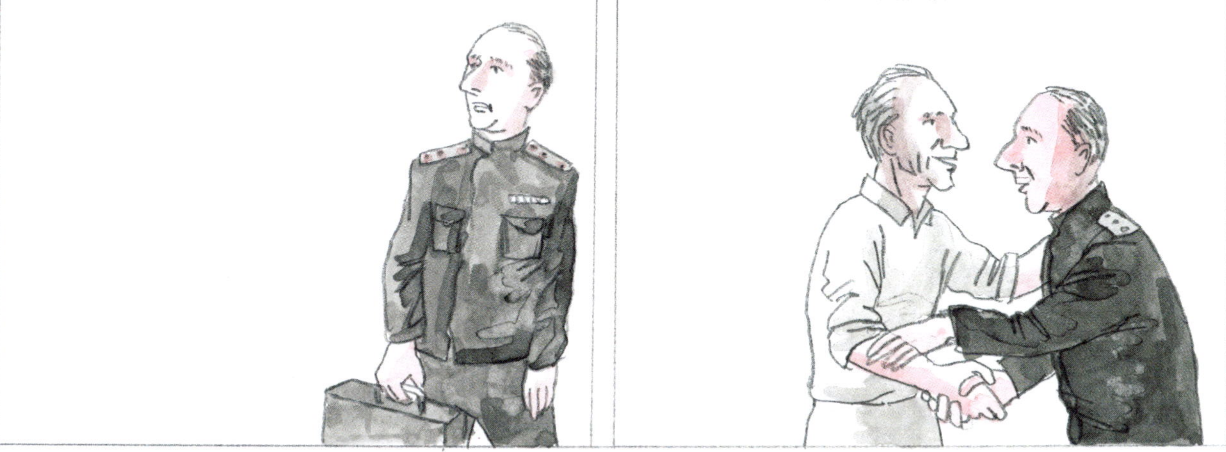

VIELLEICHT HÄTTE AUCH ICH MEINE TEXTE BESSER BEDENKEN SOLLEN. ICH WURDE WEGEN EINIGER UNBEDACHTER ÄUSSERUNGEN NACH MOSKAU ABBERUFEN, ABER BUSCH UND ICH BLIEBEN IN KONTAKT.

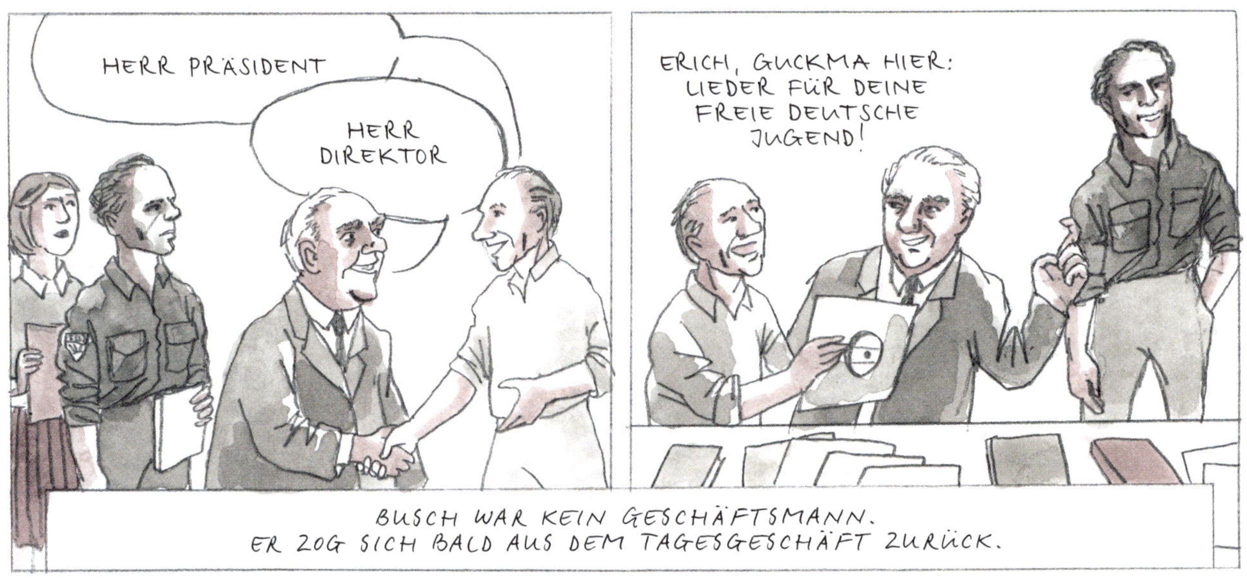
HERR PRÄSIDENT
HERR DIREKTOR
ERICH, GUCKMA HIER: LIEDER FÜR DEINE FREIE DEUTSCHE JUGEND!
BUSCH WAR KEIN GESCHÄFTSMANN. ER ZOG SICH BALD AUS DEM TAGESGESCHÄFT ZURÜCK.

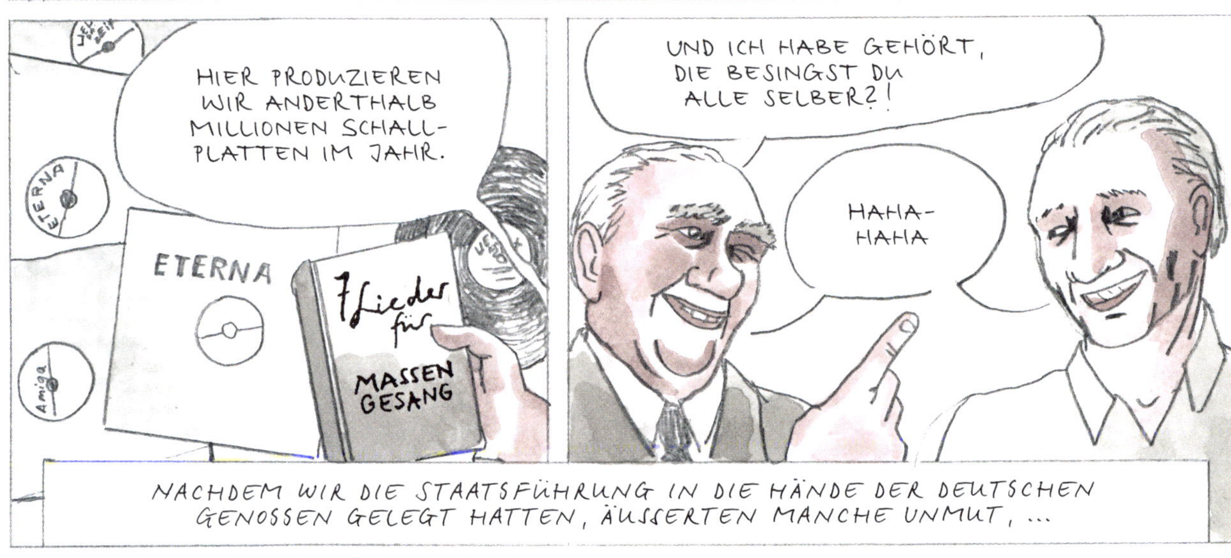
HIER PRODUZIEREN WIR ANDERTHALB MILLIONEN SCHALLPLATTEN IM JAHR.
ETERNA
7 Lieder für MASSEN GESANG
UND ICH HABE GEHÖRT, DIE BESINGST DU ALLE SELBER?!
HAHA-HAHA
NACHDEM WIR DIE STAATSFÜHRUNG IN DIE HÄNDE DER DEUTSCHEN GENOSSEN GELEGT HATTEN, ÄUSSERTEN MANCHE UNMUT, ...

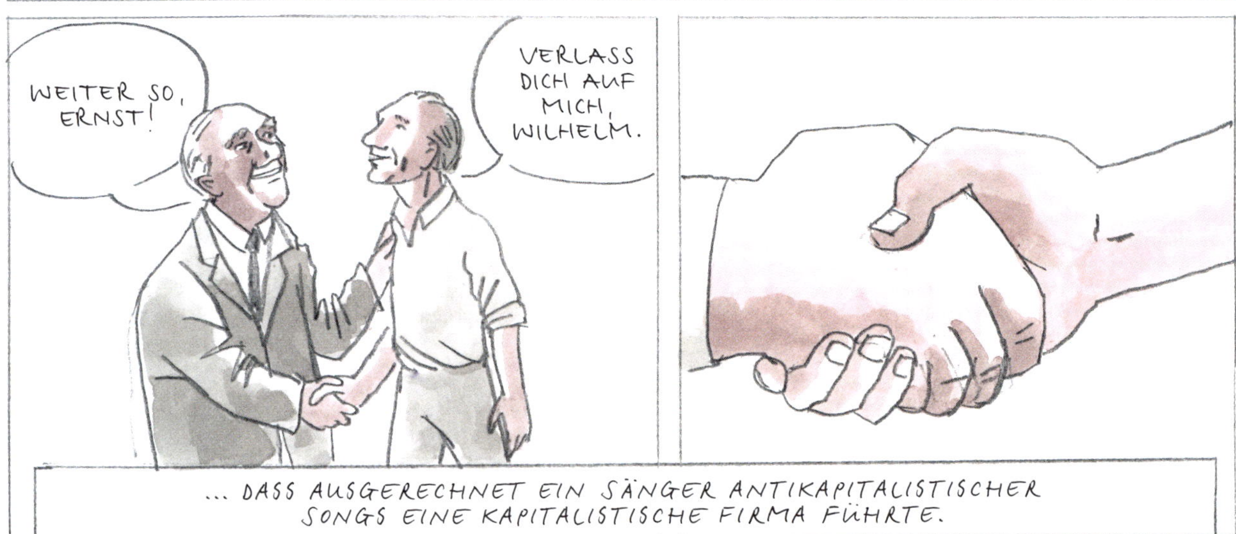
WEITER SO, ERNST!
VERLASS DICH AUF MICH, WILHELM.
... DASS AUSGERECHNET EIN SÄNGER ANTIKAPITALISTISCHER SONGS EINE KAPITALISTISCHE FIRMA FÜHRTE.

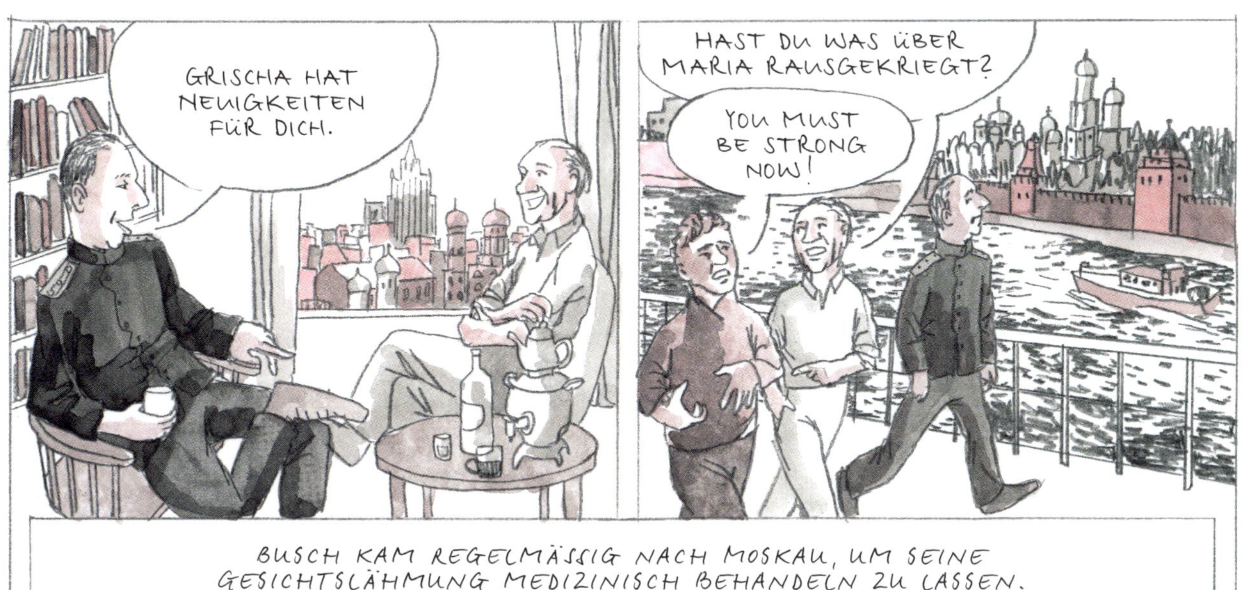
GRISCHA HAT NEUIGKEITEN FÜR DICH.
HAST DU WAS ÜBER MARIA RAUSGEKRIEGT?
YOU MUST BE STRONG NOW!
BUSCH KAM REGELMÄSSIG NACH MOSKAU, UM SEINE GESICHTSLÄHMUNG MEDIZINISCH BEHANDELN ZU LASSEN.

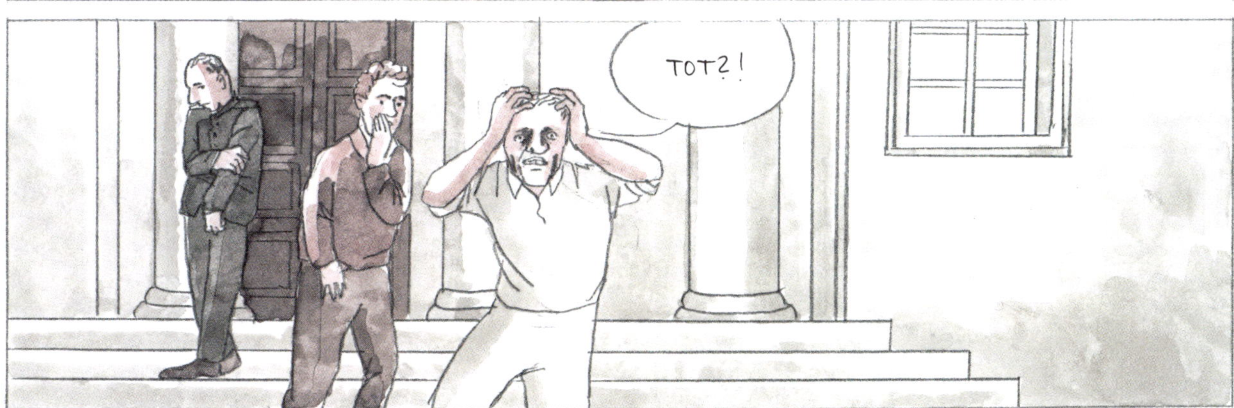
TOT?!

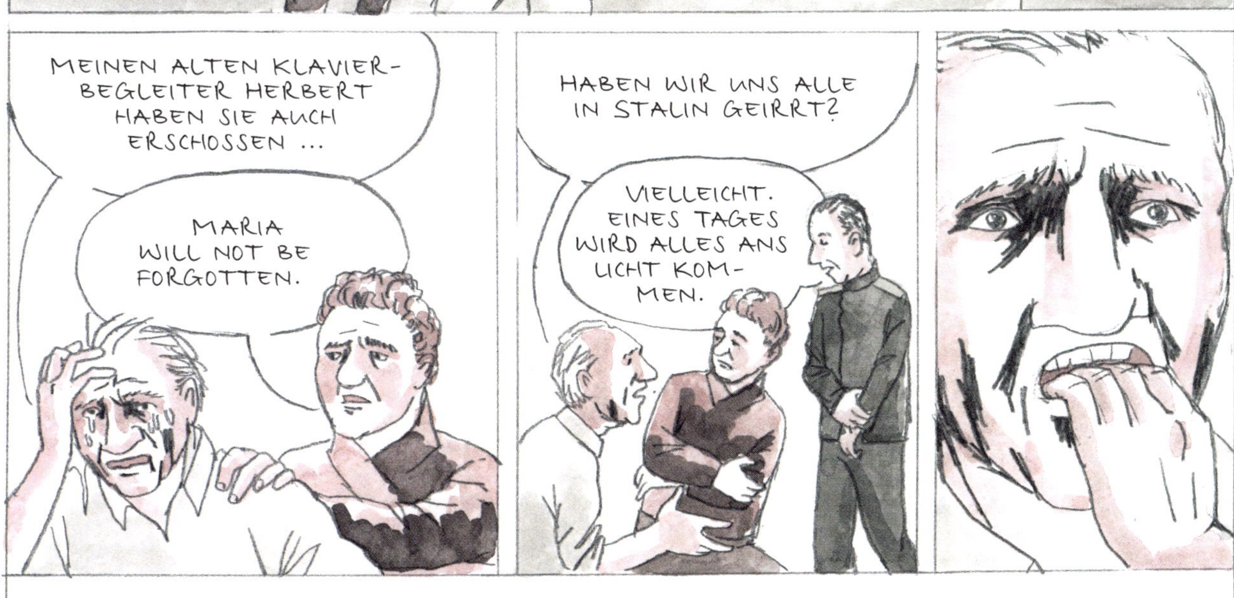
MEINEN ALTEN KLAVIER-BEGLEITER HERBERT HABEN SIE AUCH ERSCHOSSEN …
MARIA WILL NOT BE FORGOTTEN.
HABEN WIR UNS ALLE IN STALIN GEIRRT?
VIELLEICHT. EINES TAGES WIRD ALLES ANS LICHT KOM-MEN.
MANCHMAL GING ES IHM DANACH SCHLECHTER ALS VORHER.

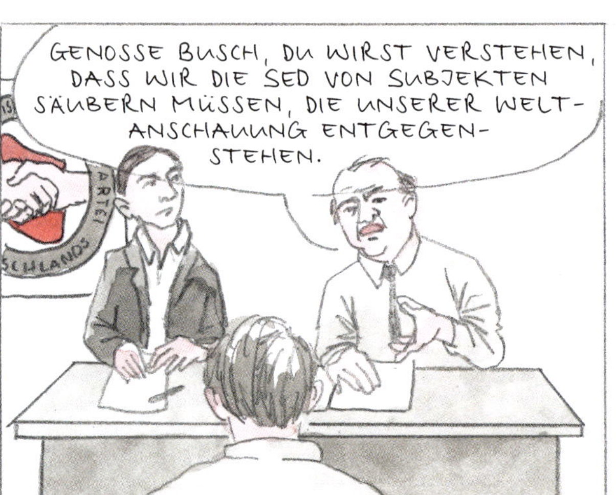
GENOSSE BUSCH, DU WIRST VERSTEHEN, DASS WIR DIE SED VON SUBJEKTEN SÄUBERN MÜSSEN, DIE UNSERER WELTANSCHAUUNG ENTGEGENSTEHEN.

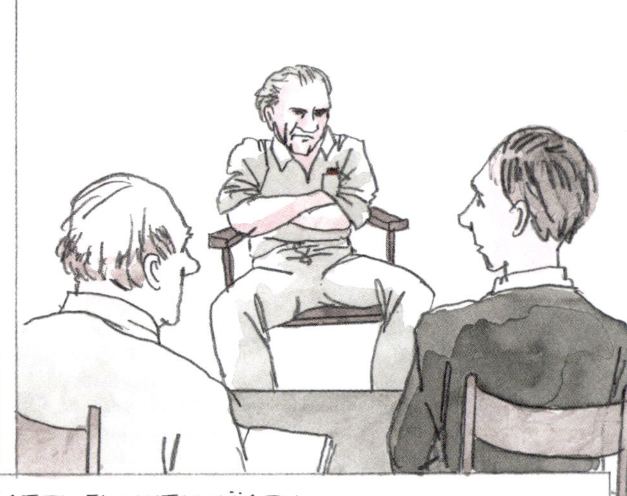
VON DEUTSCHEN PARTEI-FUNKTIONÄREN LIESS SICH BUSCH GRUNDSÄTZLICH WENIG SAGEN.

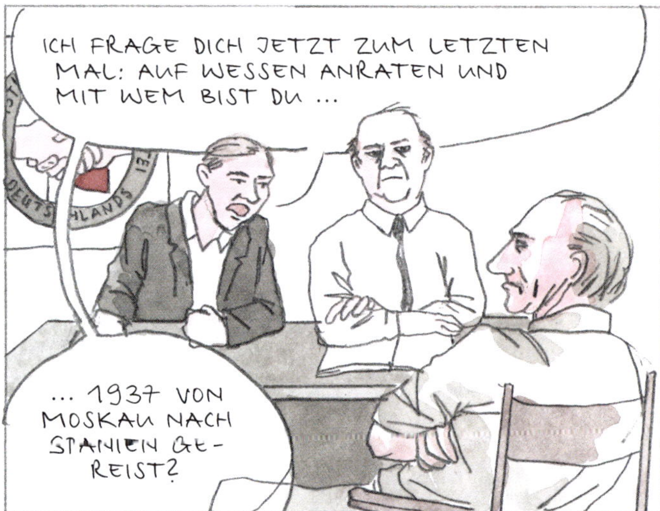
ICH FRAGE DICH JETZT ZUM LETZTEN MAL: AUF WESSEN ANRATEN UND MIT WEM BIST DU ...
... 1937 VON MOSKAU NACH SPANIEN GEREIST?

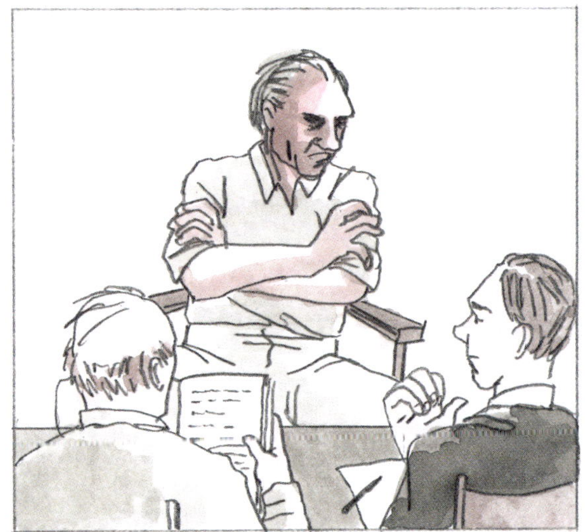

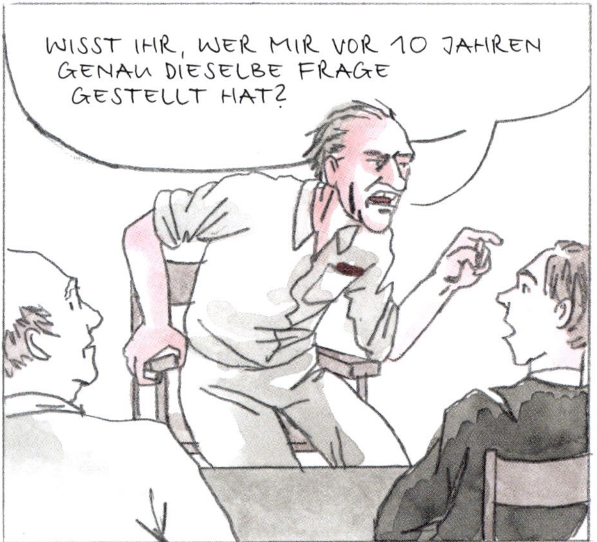
WISST IHR, WER MIR VOR 10 JAHREN GENAU DIESELBE FRAGE GESTELLT HAT?

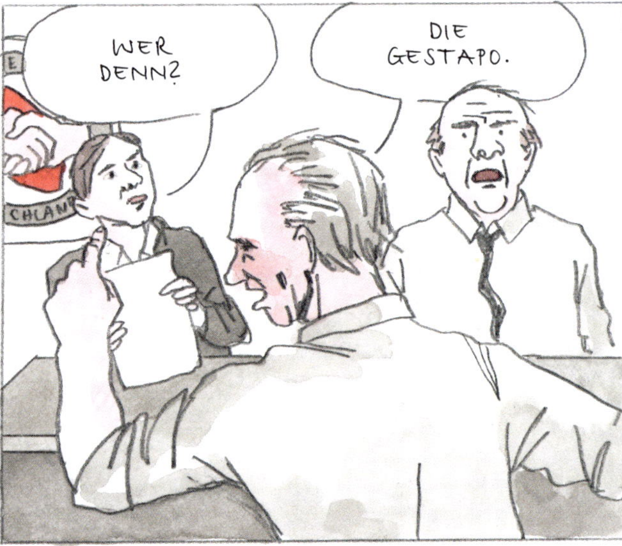
WER DENN?
DIE GESTAPO.

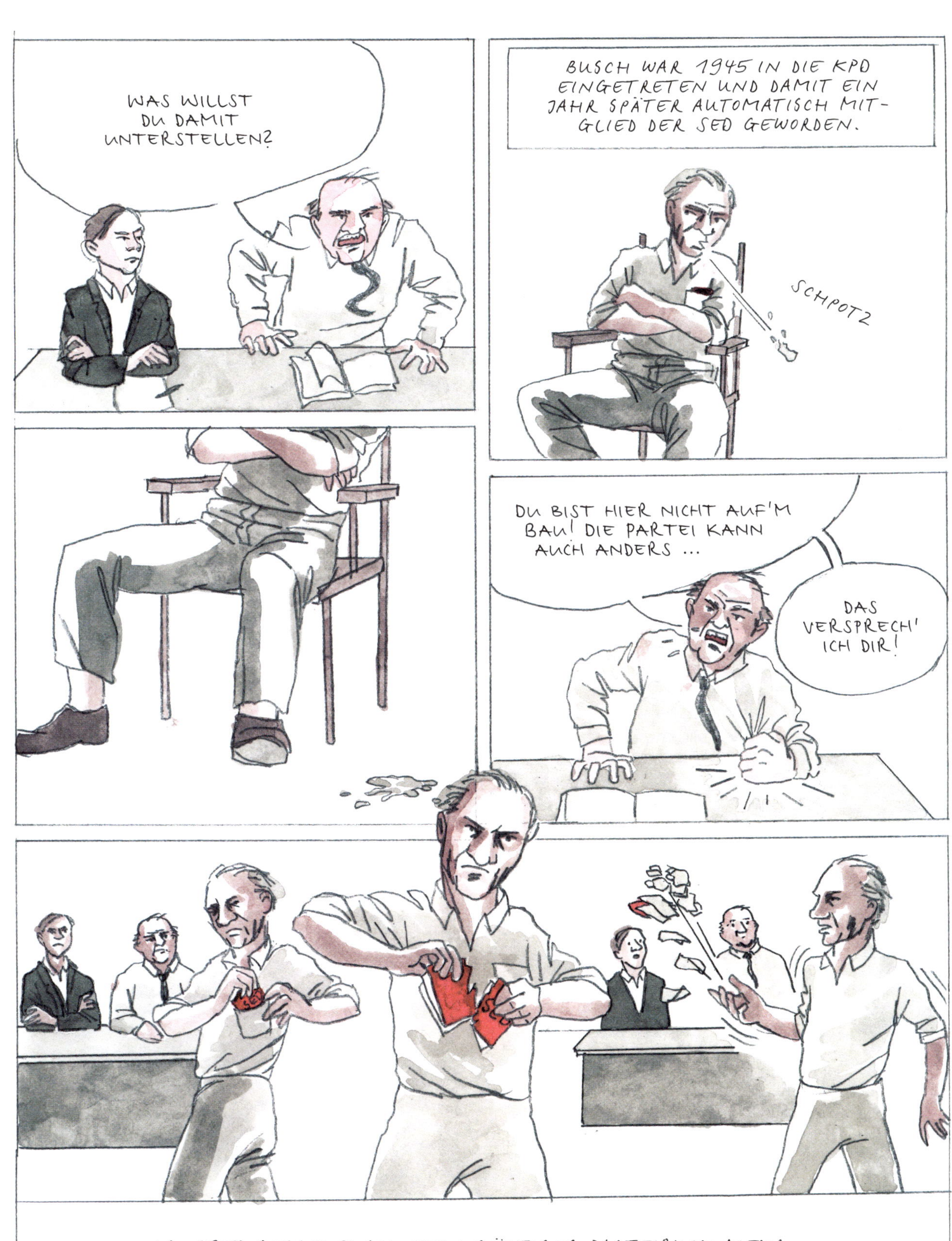
WAS WILLST DU DAMIT UNTERSTELLEN?
BUSCH WAR 1945 IN DIE KPD EINGETRETEN UND DAMIT EIN JAHR SPÄTER AUTOMATISCH MITGLIED DER SED GEWORDEN.
SCHPOTZ
DU BIST HIER NICHT AUF'M BAU! DIE PARTEI KANN AUCH ANDERS ...
DAS VERSPRECH' ICH DIR!
AB 1952 BESASS BUSCH KEIN GÜLTIGES PARTEIBUCH MEHR.

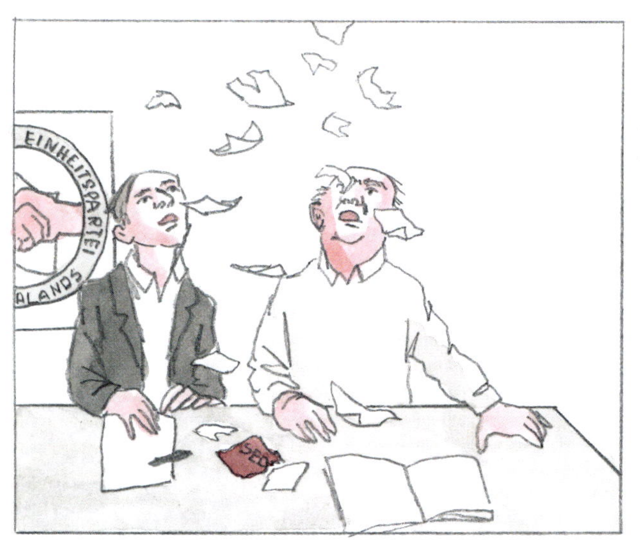
EINHEITSPARTEI
SED

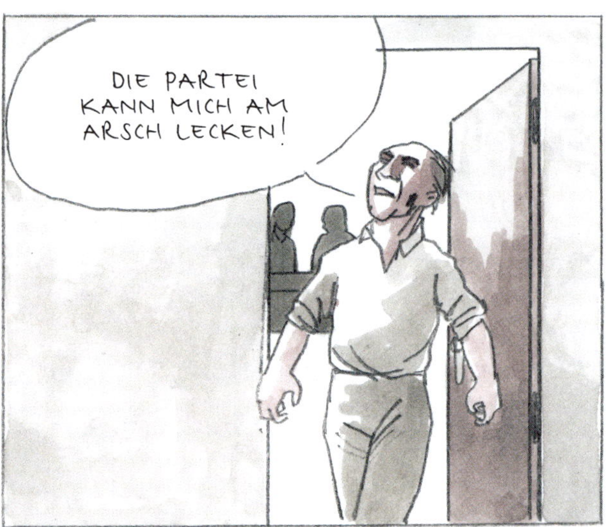
DIE PARTEI KANN MICH AM ARSCH LECKEN!

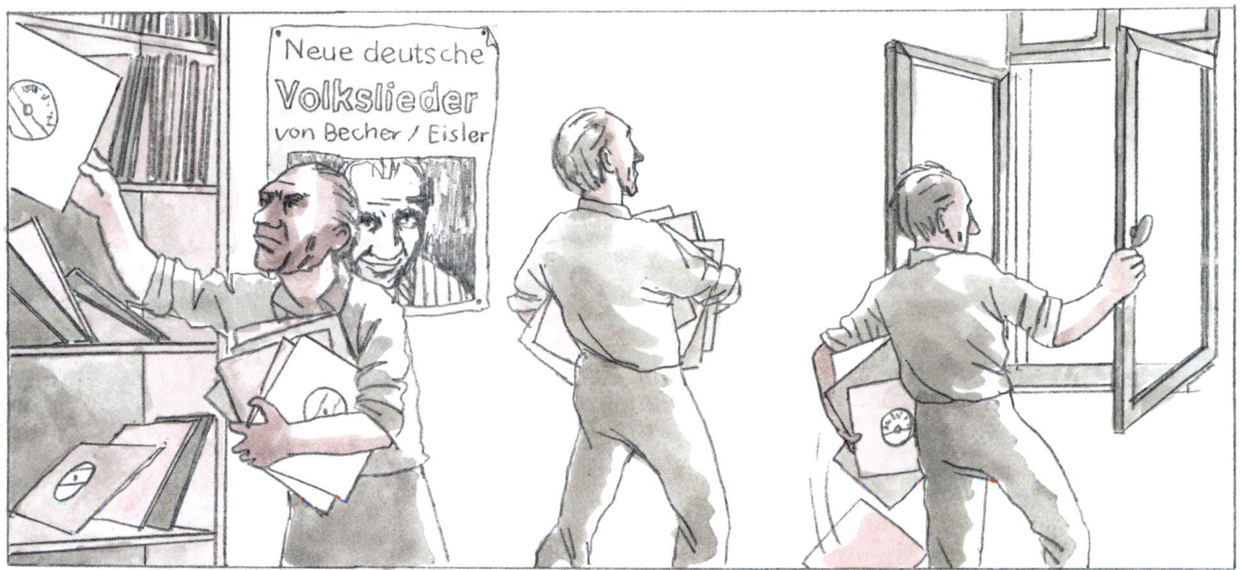
Neue deutsche
Volkslieder
von Becher / Eisler

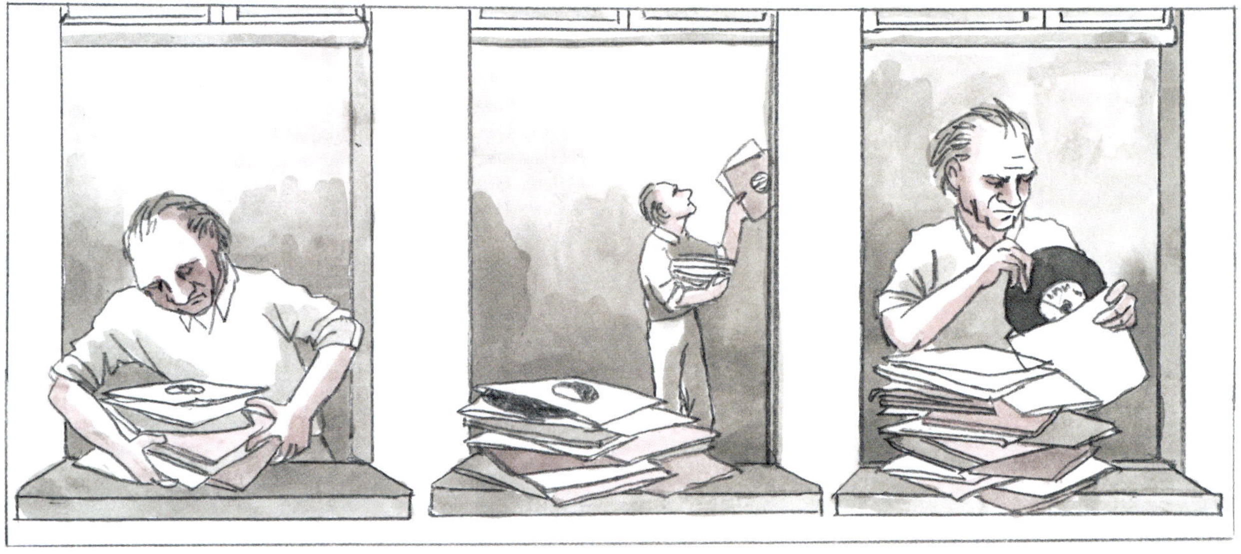

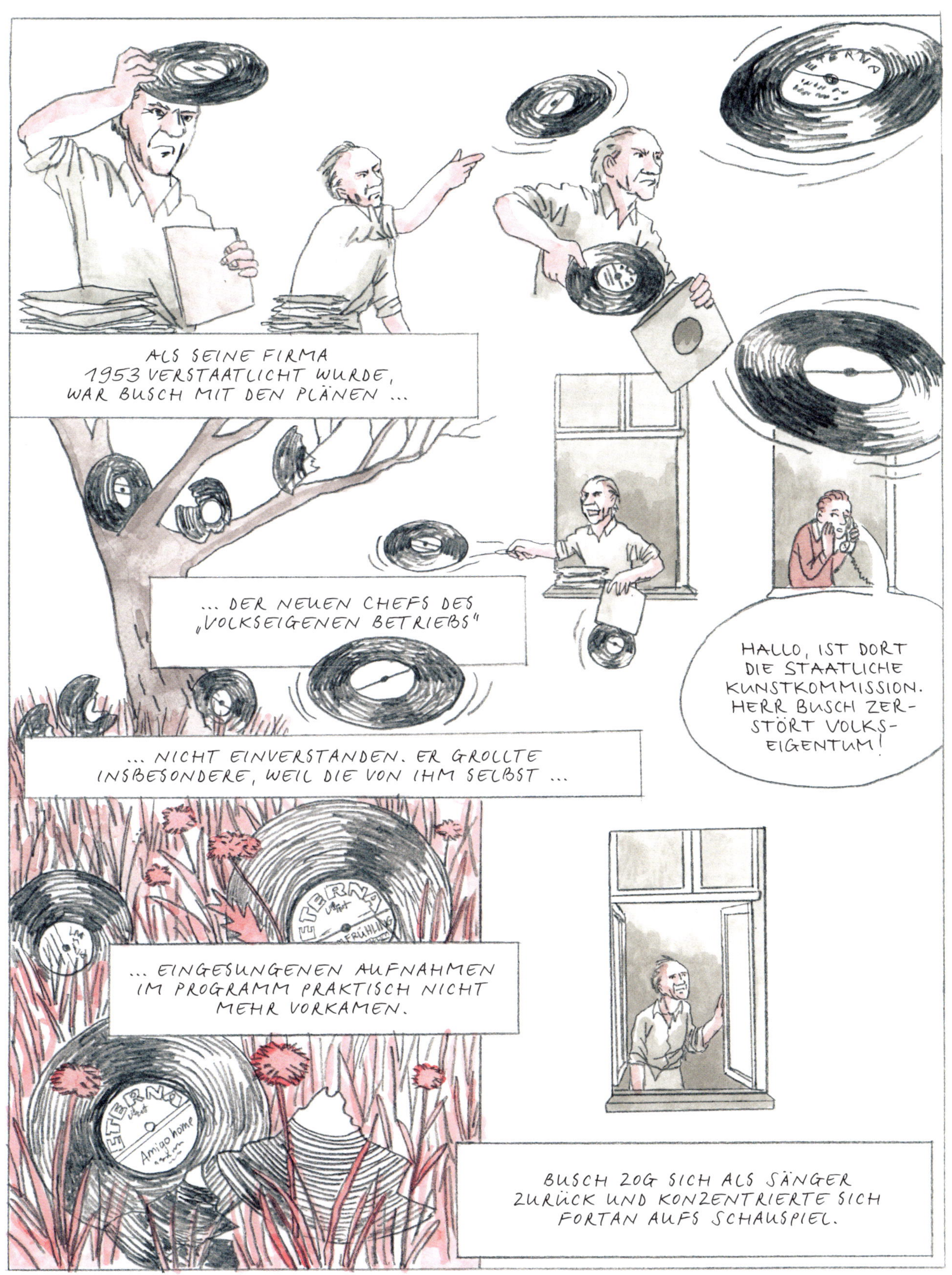
ALS SEINE FIRMA 1953 VERSTAATLICHT WURDE, WAR BUSCH MIT DEN PLÄNEN ...
... DER NEUEN CHEFS DES „VOLKSEIGENEN BETRIEBS"
... NICHT EINVERSTANDEN. ER GROLLTE INSBESONDERE, WEIL DIE VON IHM SELBST ...
... EINGESUNGENEN AUFNAHMEN IM PROGRAMM PRAKTISCH NICHT MEHR VORKAMEN.
HALLO, IST DORT DIE STAATLICHE KUNSTKOMMISSION. HERR BUSCH ZERSTÖRT VOLKSEIGENTUM!
BUSCH ZOG SICH ALS SÄNGER ZURÜCK UND KONZENTRIERTE SICH FORTAN AUFS SCHAUSPIEL.

Rudolf

OST-BERLIN KLINIK IN BUCH 1961

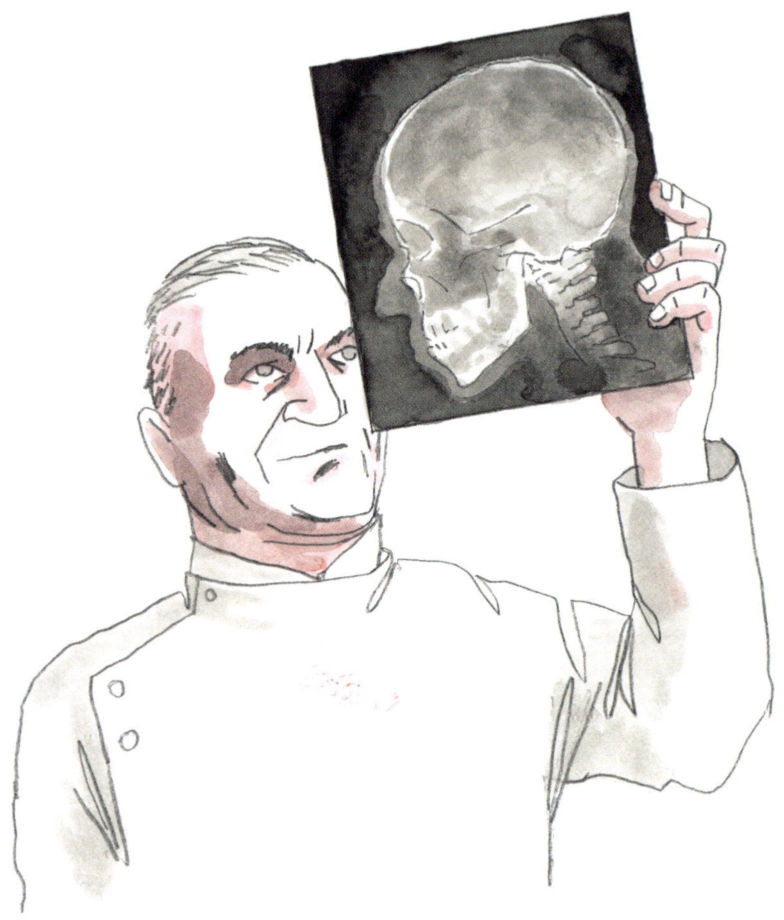

ICH BIN SEIN ARZT.

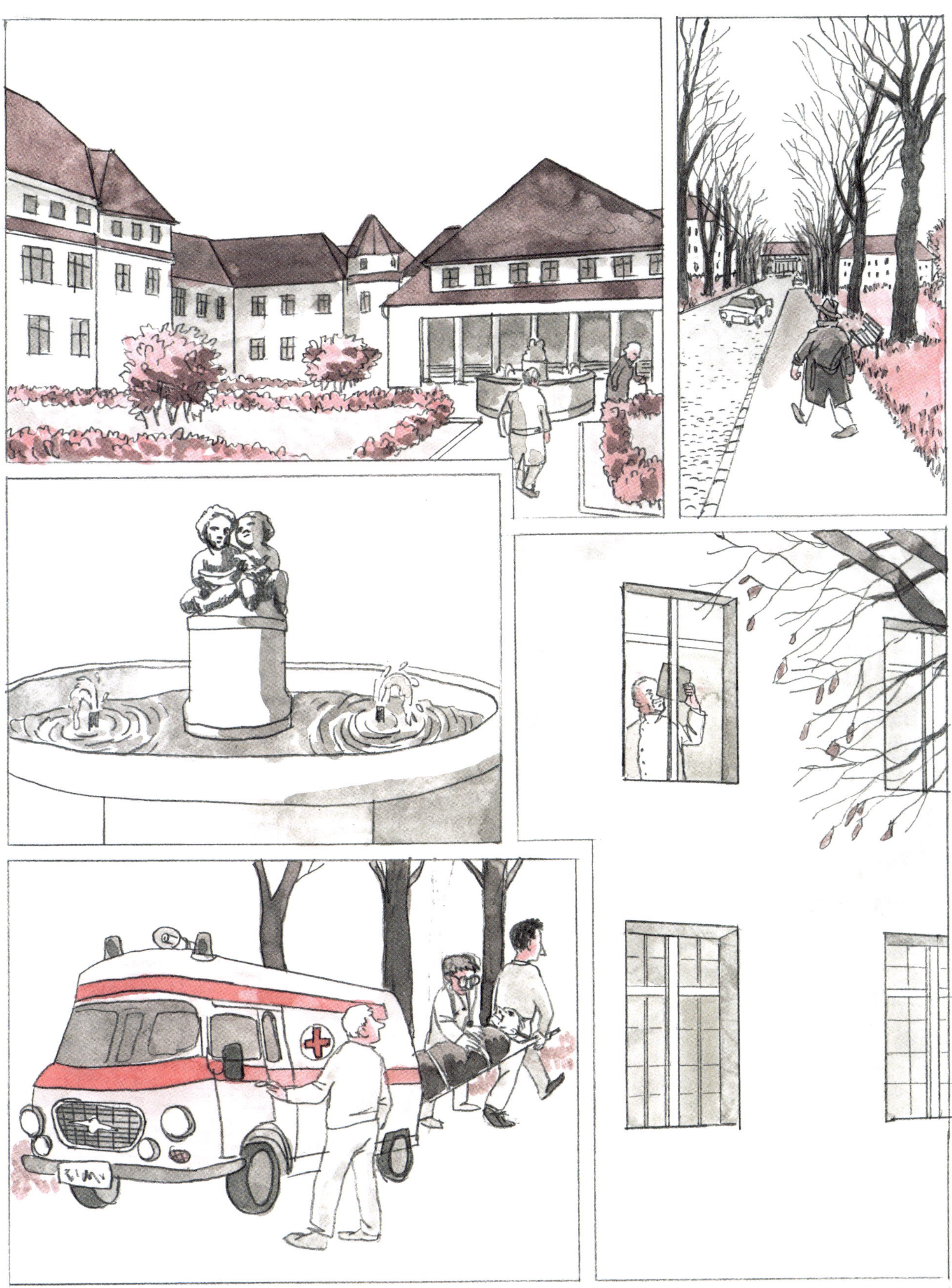

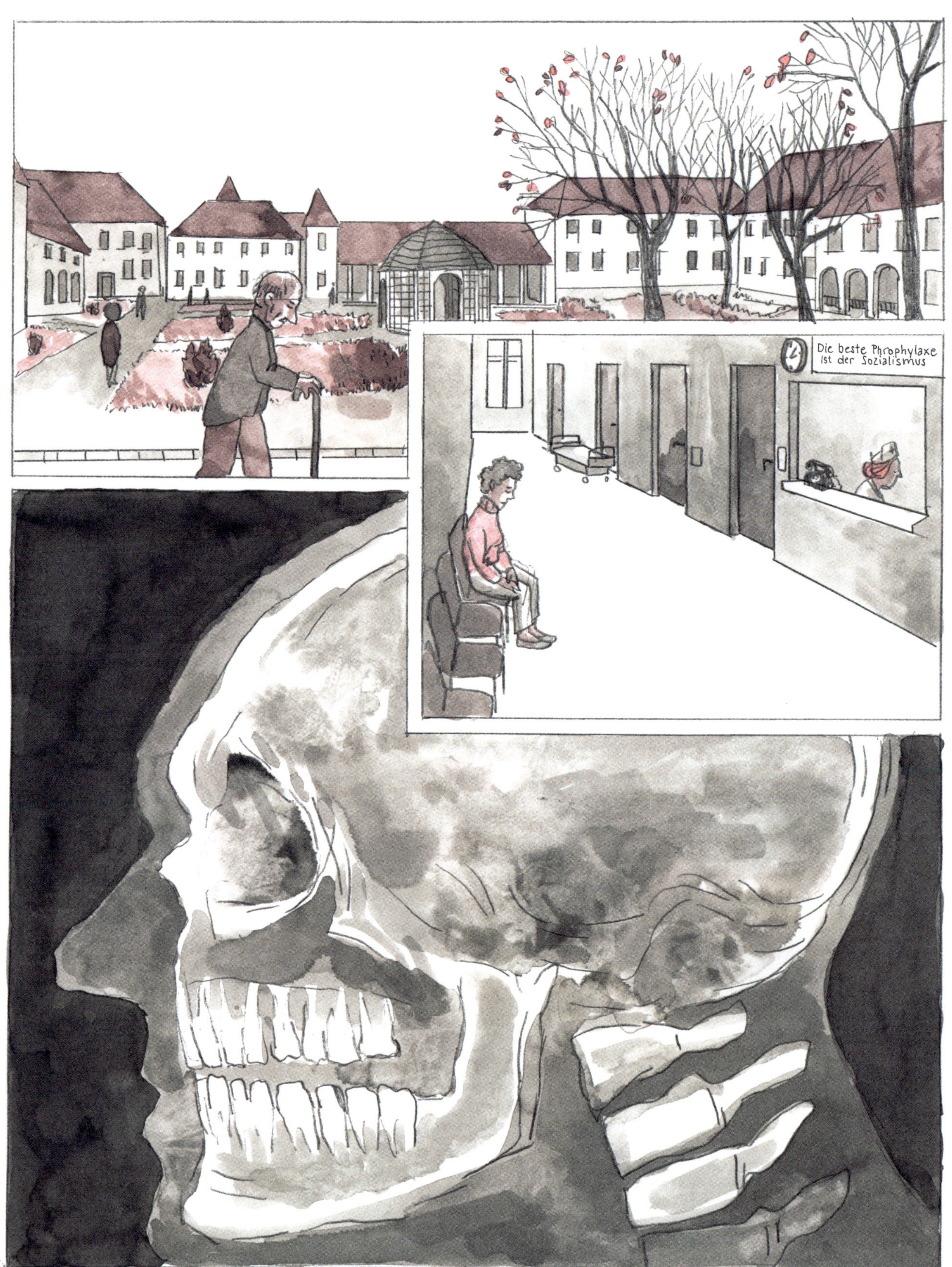
Die beste Phrophylaxe
Ist der Sozialismus

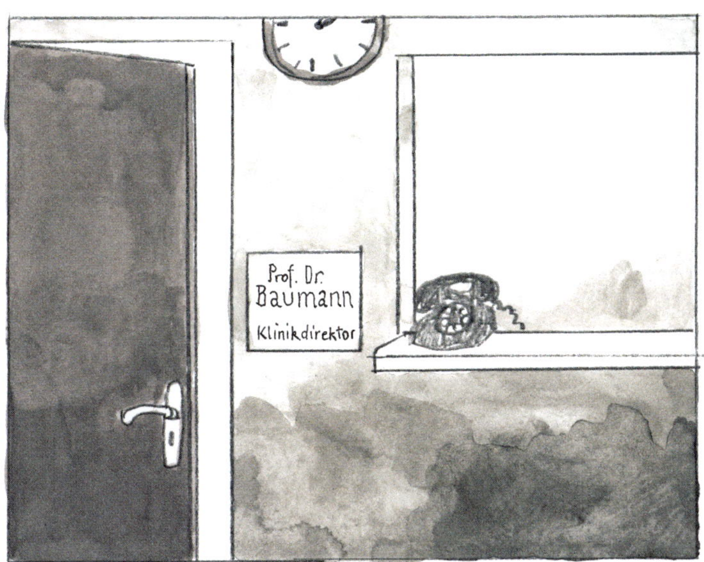
Prof. Dr.
Baumann
Klinikdirektor

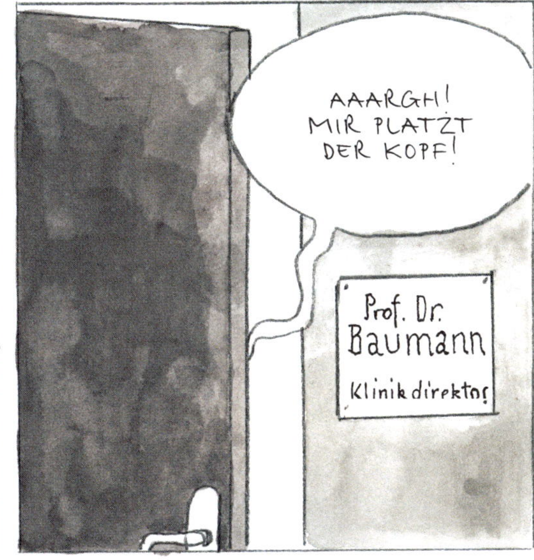
AAARGH! MIR PLATZT DER KOPF!
Prof. Dr.
Baumann
Klinikdirektor

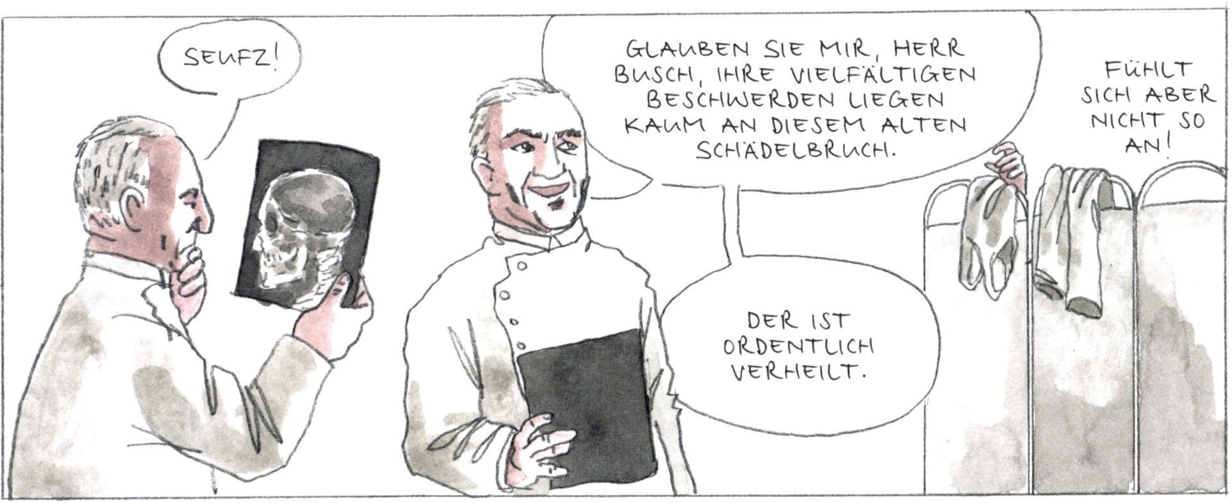
SEUFZ!
GLAUBEN SIE MIR, HERR BUSCH, IHRE VIELFÄLTIGEN BESCHWERDEN LIEGEN KAUM AN DIESEM ALTEN SCHÄDELBRUCH.
DER IST ORDENTLICH VERHEILT.
FÜHLT SICH ABER NICHT SO AN!

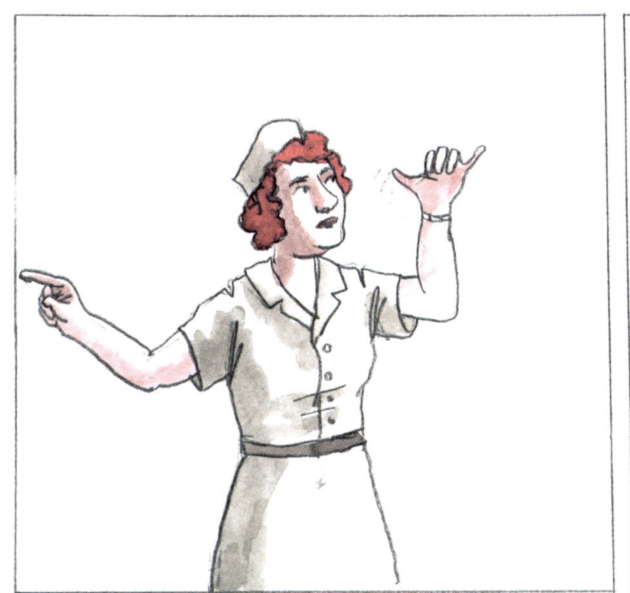

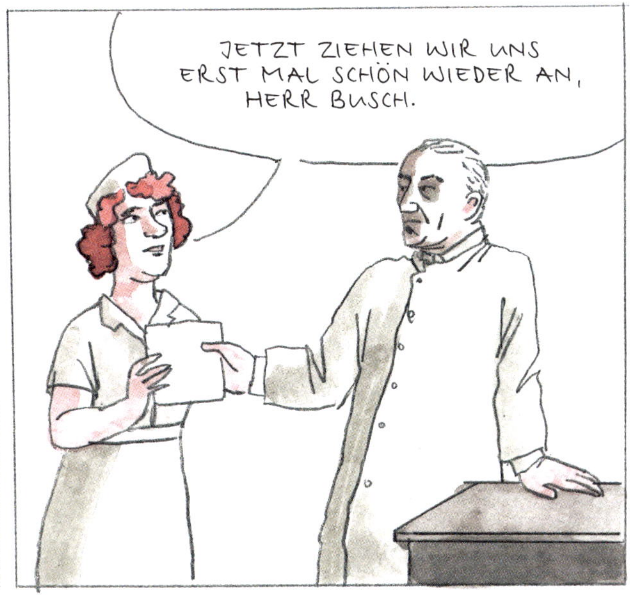
JETZT ZIEHEN WIR UNS ERST MAL SCHÖN WIEDER AN, HERR BUSCH.

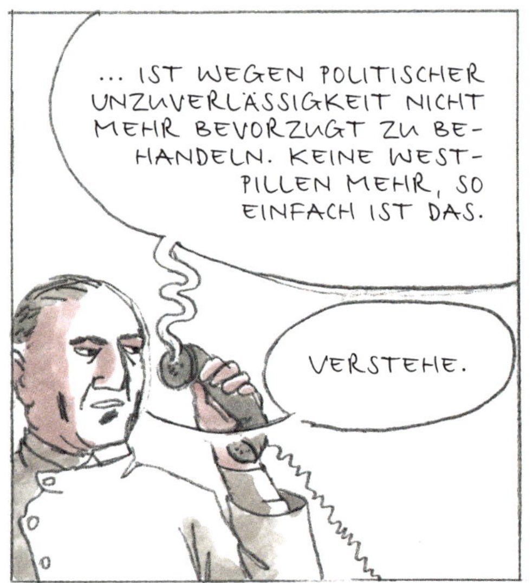

Busch, Ernst

Beruf: Schauspieler u. Sänger

Diagnose: Tachykardie, traumatische Fazialisparese linksseitig infolge Schädelfraktur, Durchblutungsstörungen im Gehirn, Hörverschlechterung und Tinnitus linksseitig, psychische Instabilität, schleichende Psychose mit beginnendem Verfolgungswahn, Agressionen, pathologischer Sarkasmus, cholerische

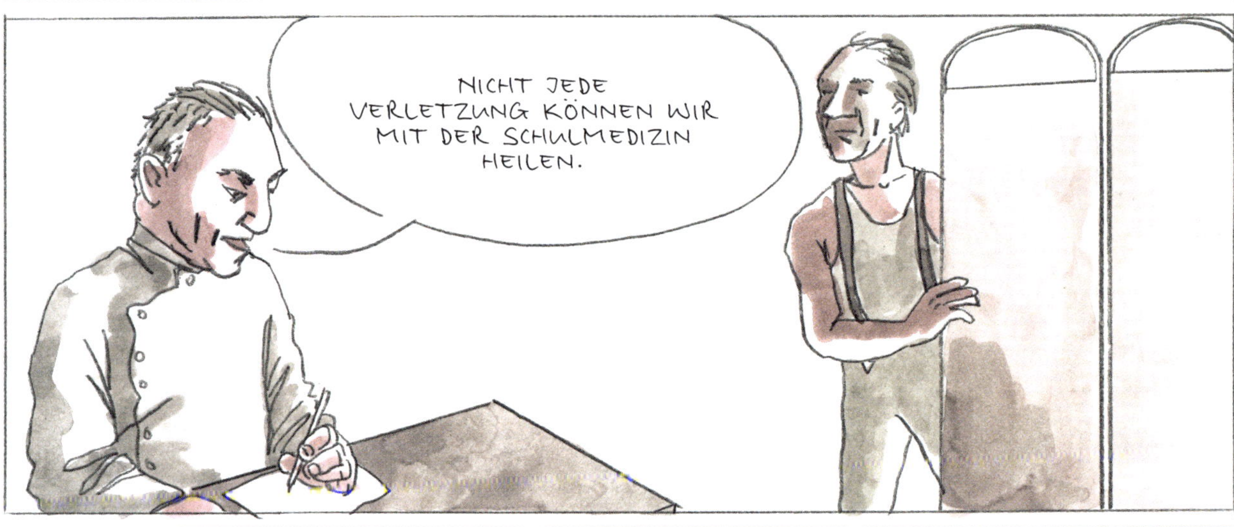

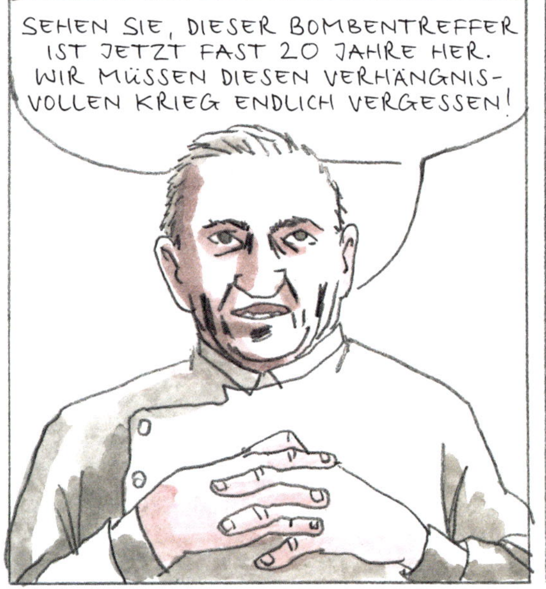

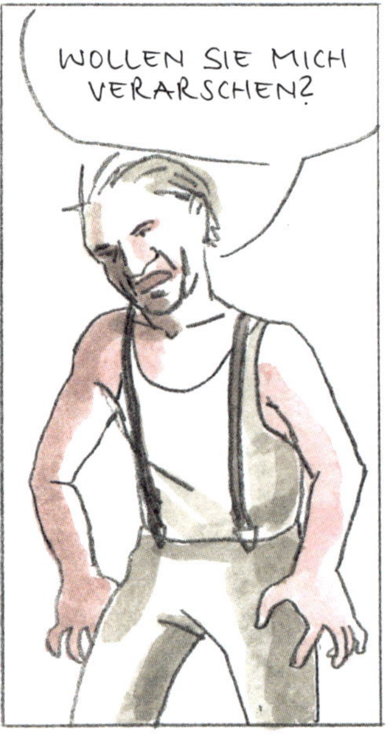

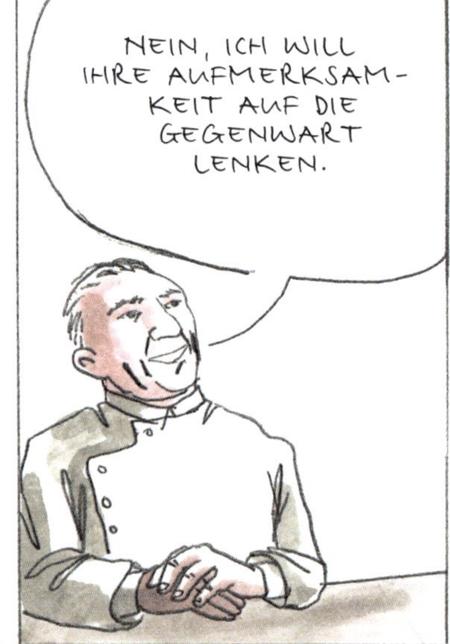

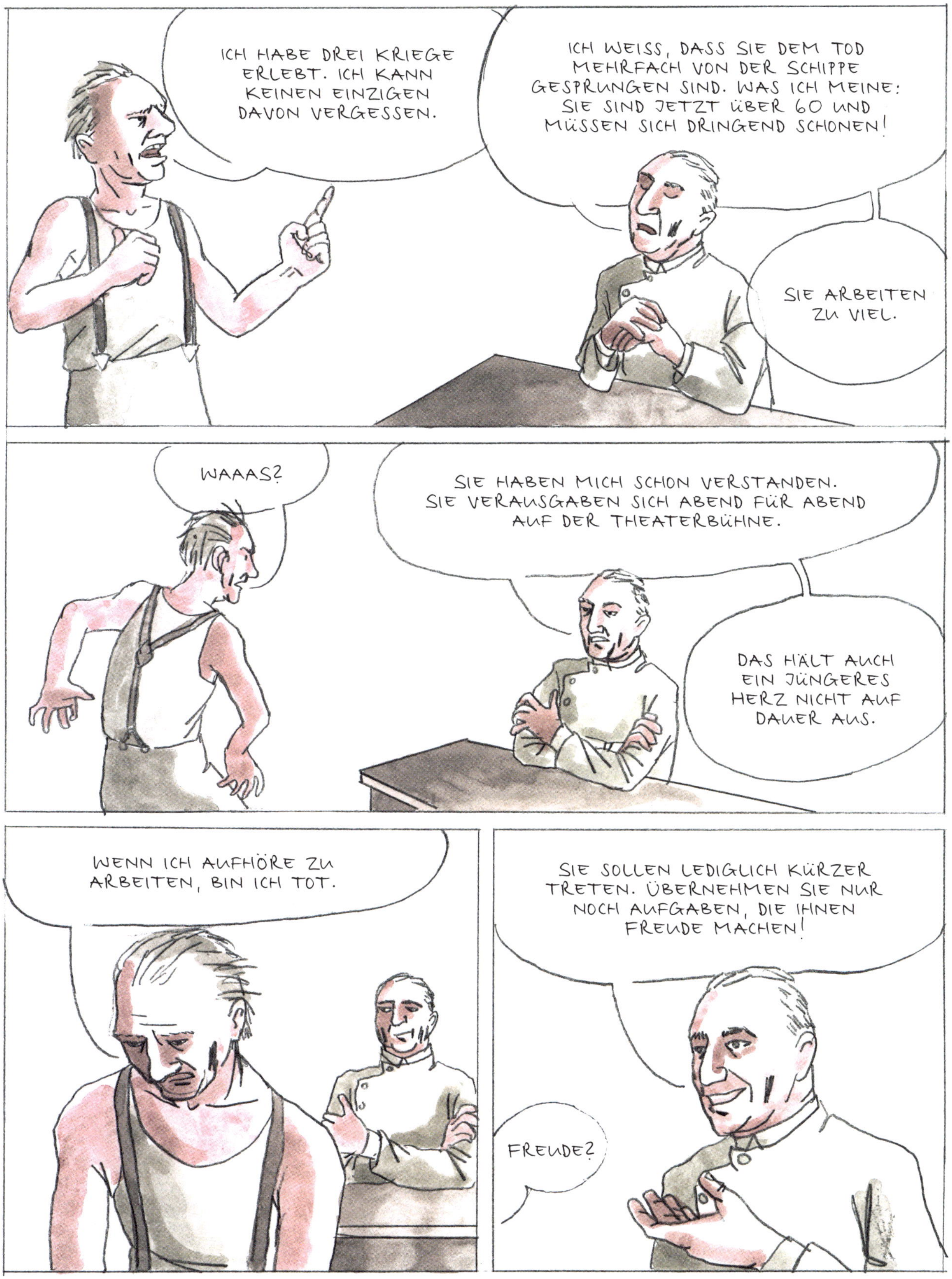

ICH HABE DREI KRIEGE ERLEBT. ICH KANN KEINEN EINZIGEN DAVON VERGESSEN.

ICH WEISS, DASS SIE DEM TOD MEHRFACH VON DER SCHIPPE GESPRUNGEN SIND. WAS ICH MEINE: SIE SIND JETZT ÜBER 60 UND MÜSSEN SICH DRINGEND SCHONEN!

SIE ARBEITEN ZU VIEL.

WAAAS?

SIE HABEN MICH SCHON VERSTANDEN. SIE VERAUSGABEN SICH ABEND FÜR ABEND AUF DER THEATERBÜHNE.

DAS HÄLT AUCH EIN JÜNGERES HERZ NICHT AUF DAUER AUS.

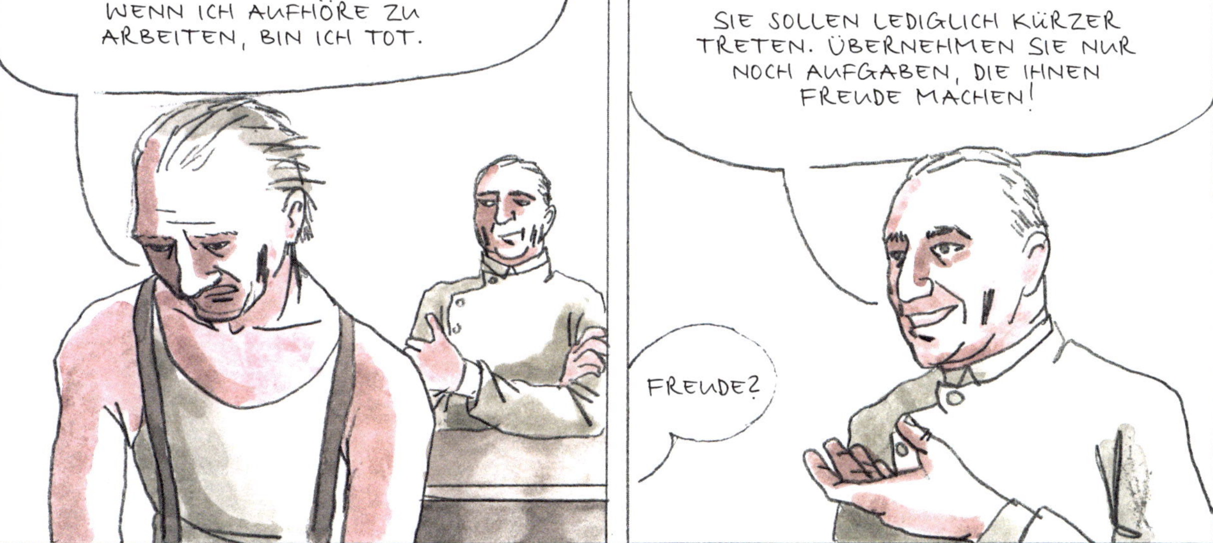

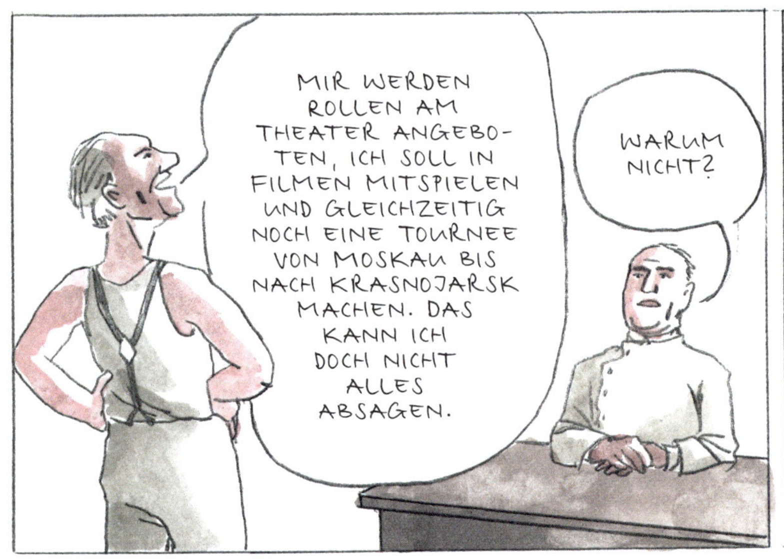
MIR WERDEN ROLLEN AM THEATER ANGEBOTEN, ICH SOLL IN FILMEN MITSPIELEN UND GLEICHZEITIG NOCH EINE TOURNEE VON MOSKAU BIS NACH KRASNOJARSK MACHEN. DAS KANN ICH DOCH NICHT ALLES ABSAGEN.
WARUM NICHT?

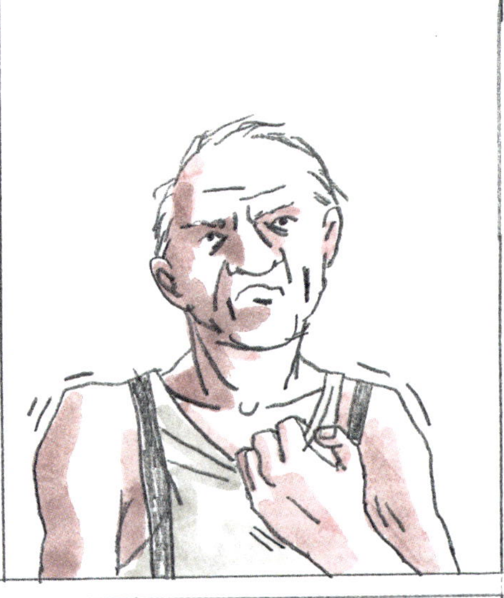

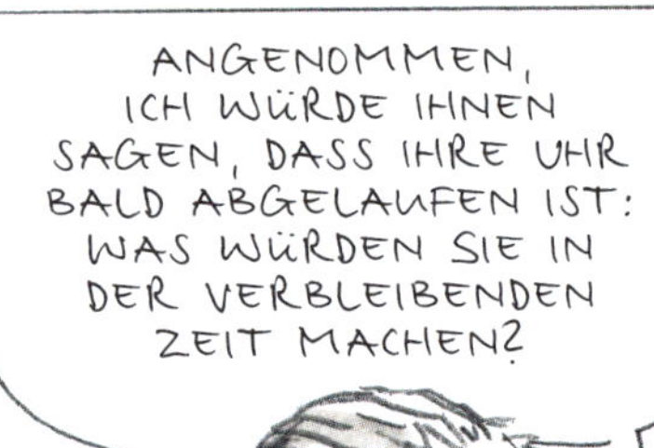
ANGENOMMEN, ICH WÜRDE IHNEN SAGEN, DASS IHRE UHR BALD ABGELAUFEN IST: WAS WÜRDEN SIE IN DER VERBLEIBENDEN ZEIT MACHEN?

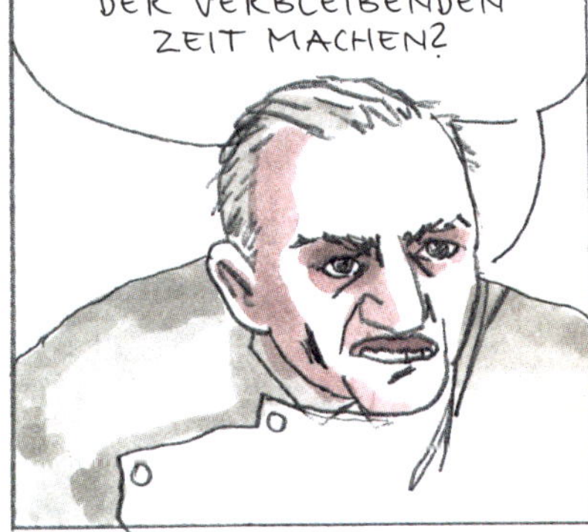

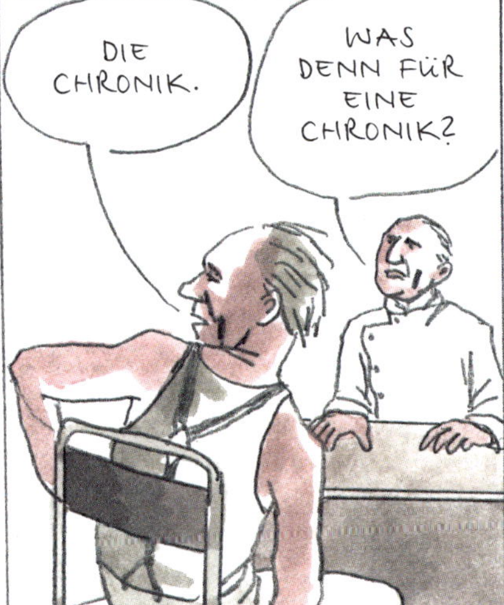
DIE CHRONIK.
WAS DENN FÜR EINE CHRONIK?

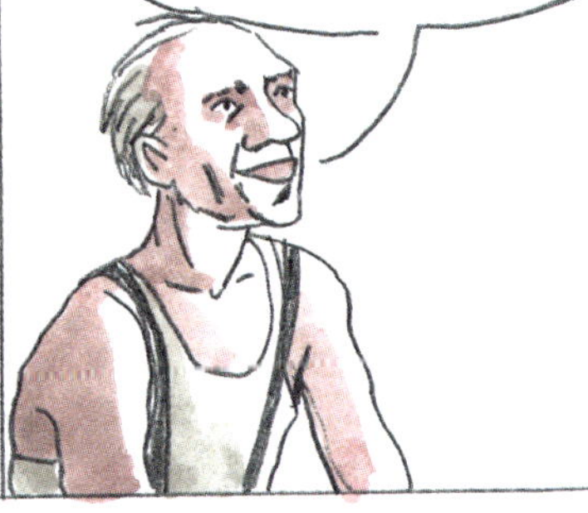
NA, DIE CHRONIK LINKER LIEDER DES 20. JAHRHUNDERTS. DARAN ARBEITE ICH, SEIT ICH DENKEN KANN.

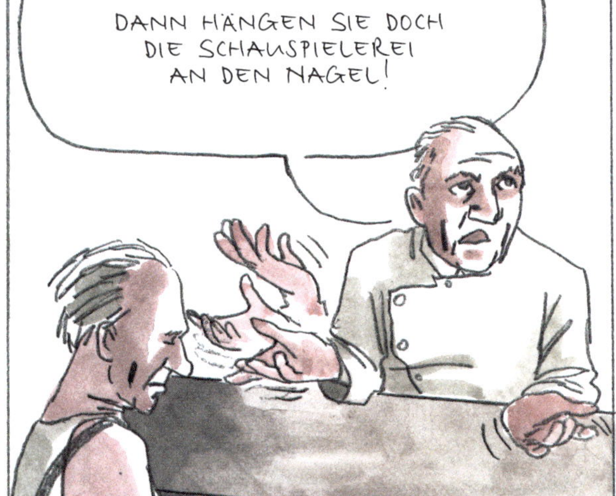
DANN HÄNGEN SIE DOCH DIE SCHAUSPIELEREI AN DEN NAGEL!

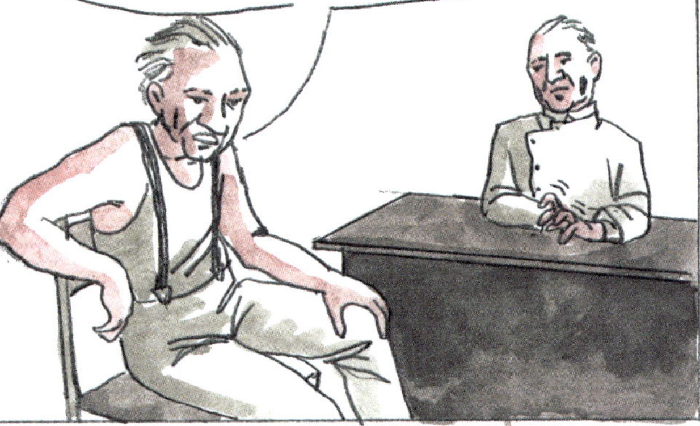
ICH HAB SCHON EWIG KEINE SCHALLPLATTE MEHR GEMACHT. WEIL UNSRE REGIERUNG MICH UND DAS DEUTSCHE ARBEITERLIED FÜR ÜBERFLÜSSIG HÄLT.

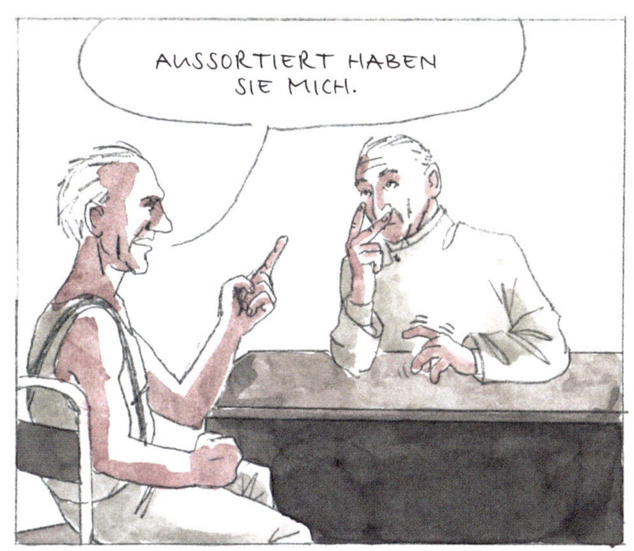
AUSSORTIERT HABEN
SIE MICH.

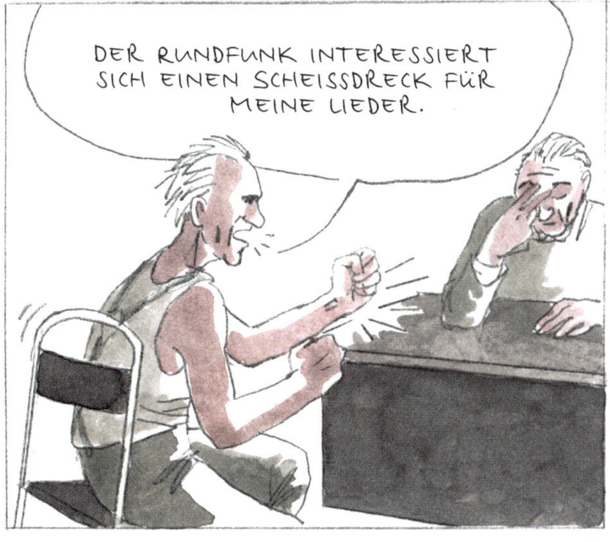
DER RUNDFUNK INTERESSIERT
SICH EINEN SCHEISSDRECK FÜR
MEINE LIEDER.

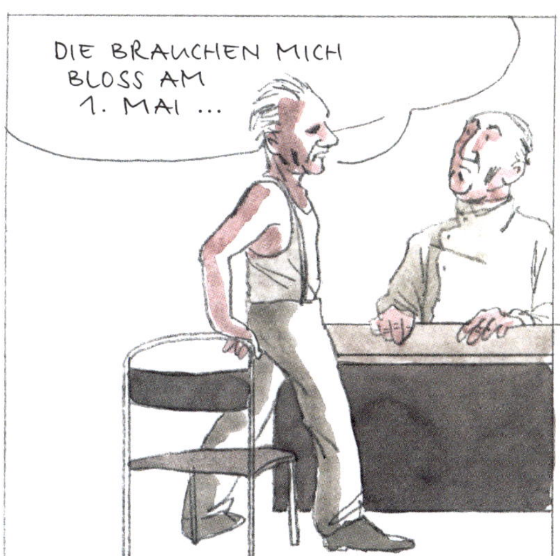
DIE BRAUCHEN MICH
BLOSS AM
1. MAI ...

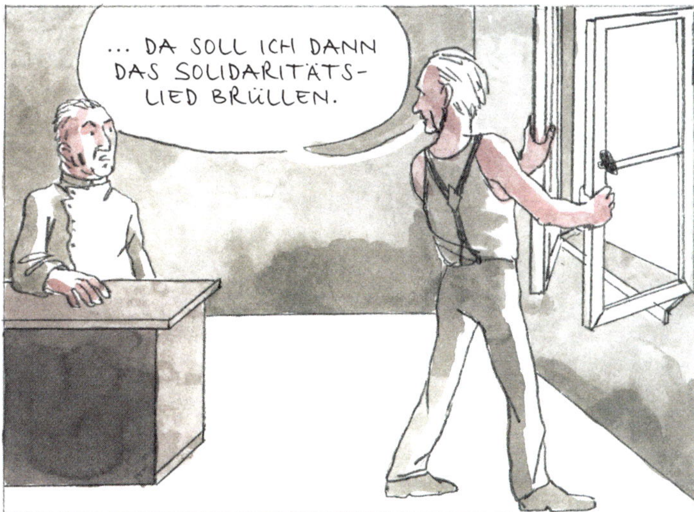
... DA SOLL ICH DANN
DAS SOLIDARITÄTS-
LIED BRÜLLEN.

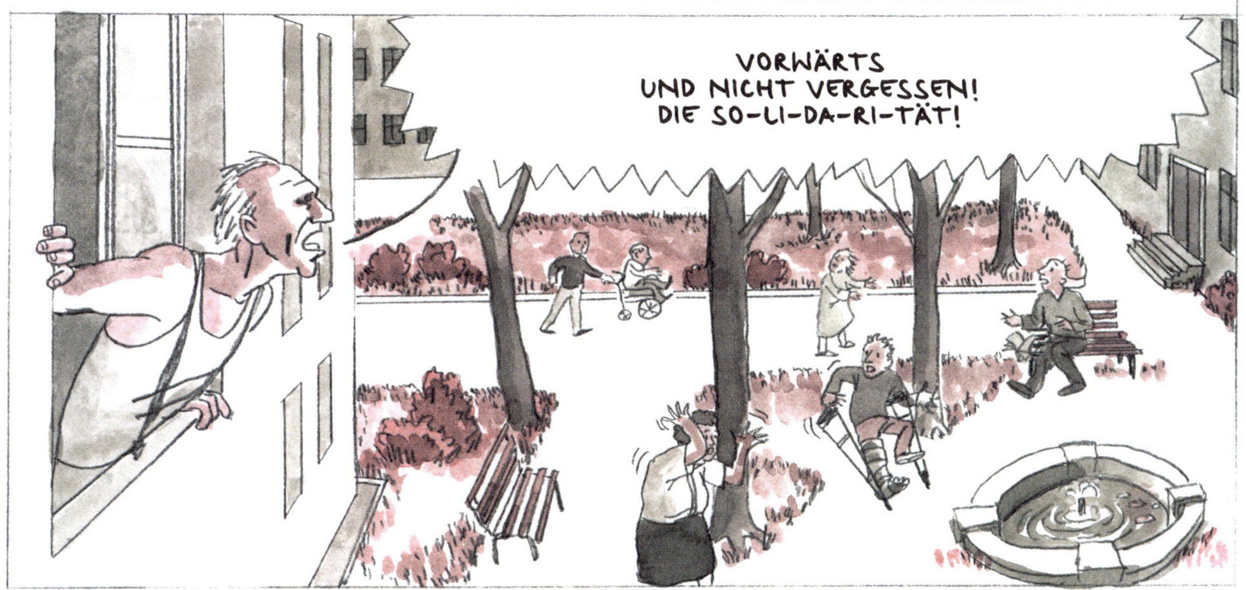
VORWÄRTS
UND NICHT VERGESSEN!
DIE SO-LI-DA-RI-TÄT!

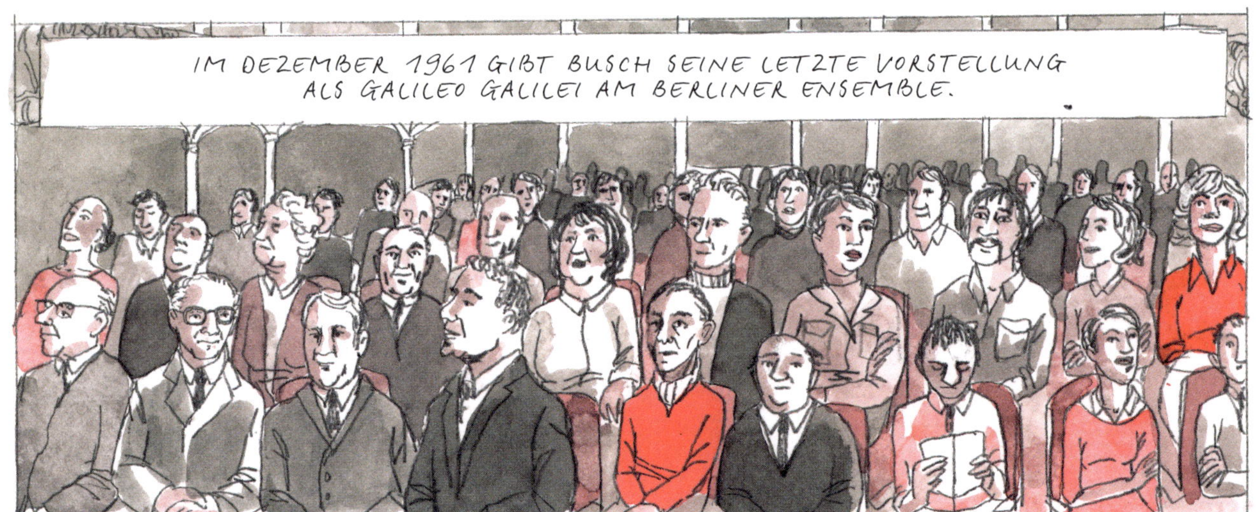
IM DEZEMBER 1961 GIBT BUSCH SEINE LETZTE VORSTELLUNG
ALS GALILEO GALILEI AM BERLINER ENSEMBLE.

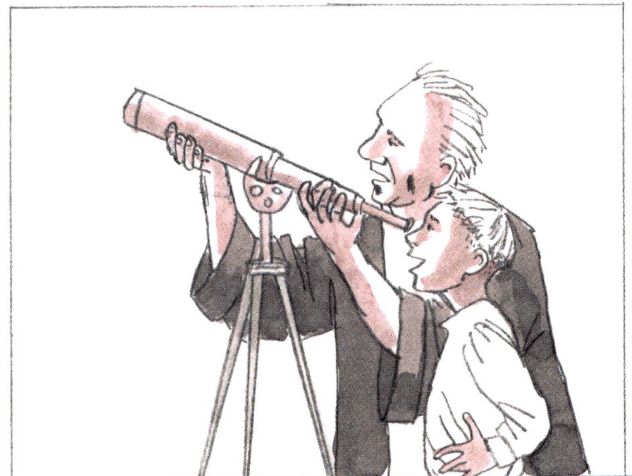

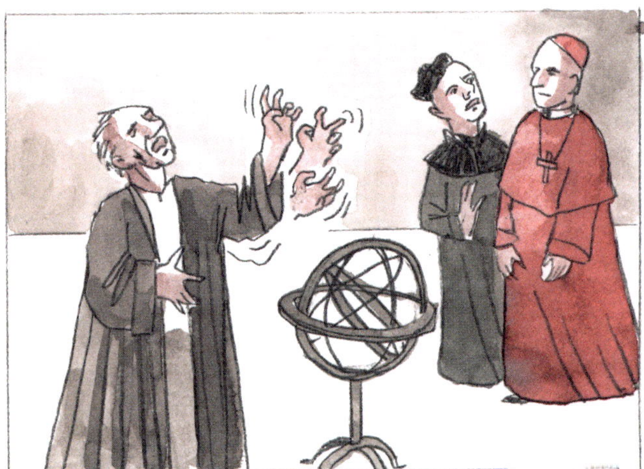
ES IST DER LETZTE THEATERAUFTRITT SEINES LEBENS.
DIE DDR-STAATSFÜHRUNG IST DA.

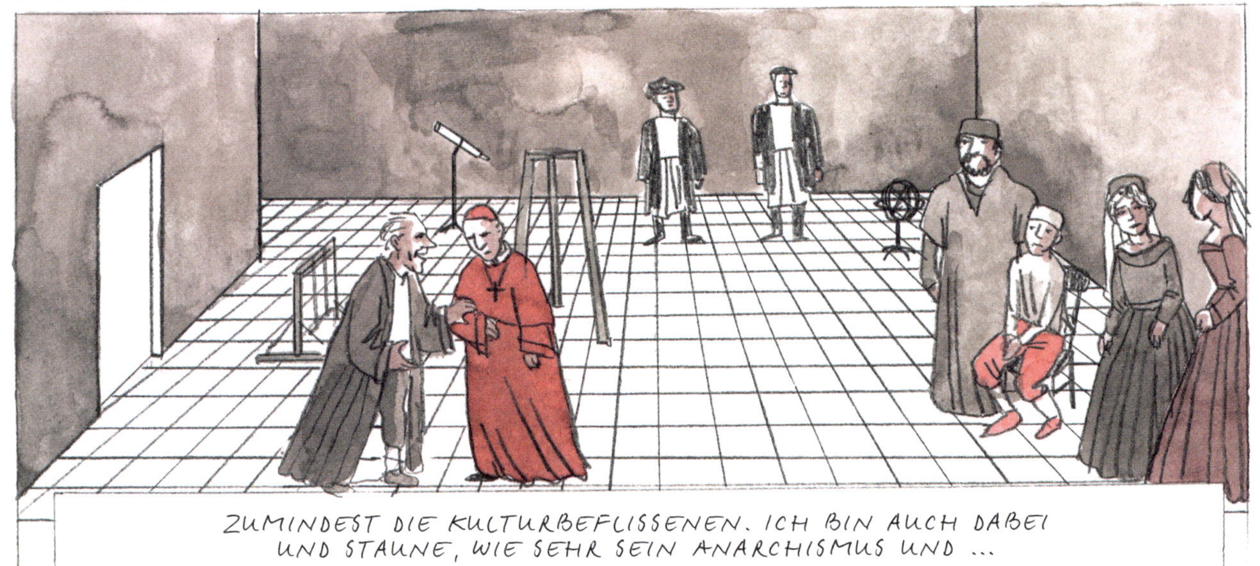
ZUMINDEST DIE KULTURBEFLISSENEN. ICH BIN AUCH DABEI
UND STAUNE, WIE SEHR SEIN ANARCHISMUS UND ...

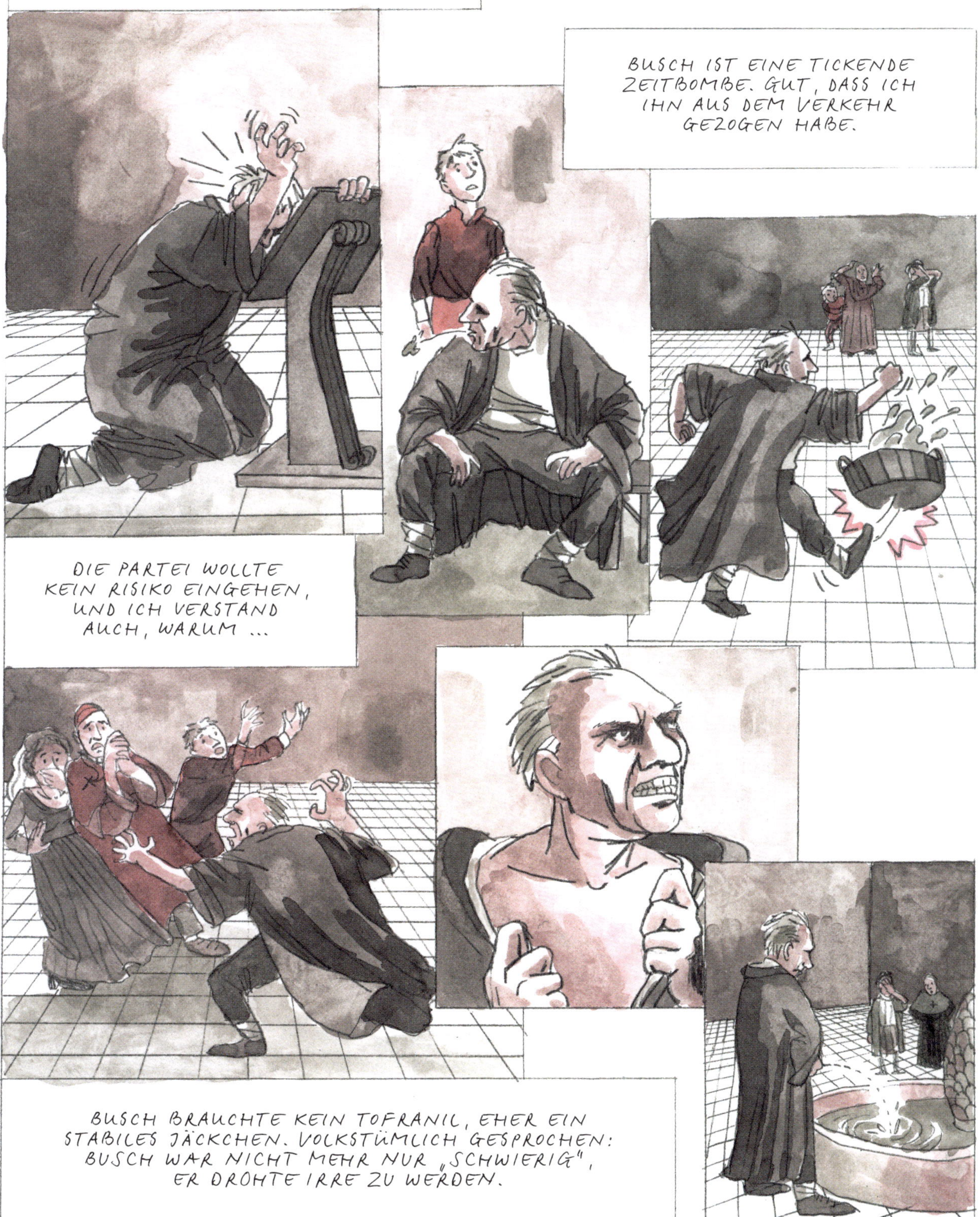
... SEINE EXZENTRIK TEIL DER AUFFÜHRUNG SIND.
BUSCH IST EINE TICKENDE ZEITBOMBE. GUT, DASS ICH IHN AUS DEM VERKEHR GEZOGEN HABE.
DIE PARTEI WOLLTE KEIN RISIKO EINGEHEN, UND ICH VERSTAND AUCH, WARUM ...
BUSCH BRAUCHTE KEIN TOFRANIL, EHER EIN STABILES JÄCKCHEN. VOLKSTÜMLICH GESPROCHEN: BUSCH WAR NICHT MEHR NUR „SCHWIERIG", ER DROHTE IRRE ZU WERDEN.

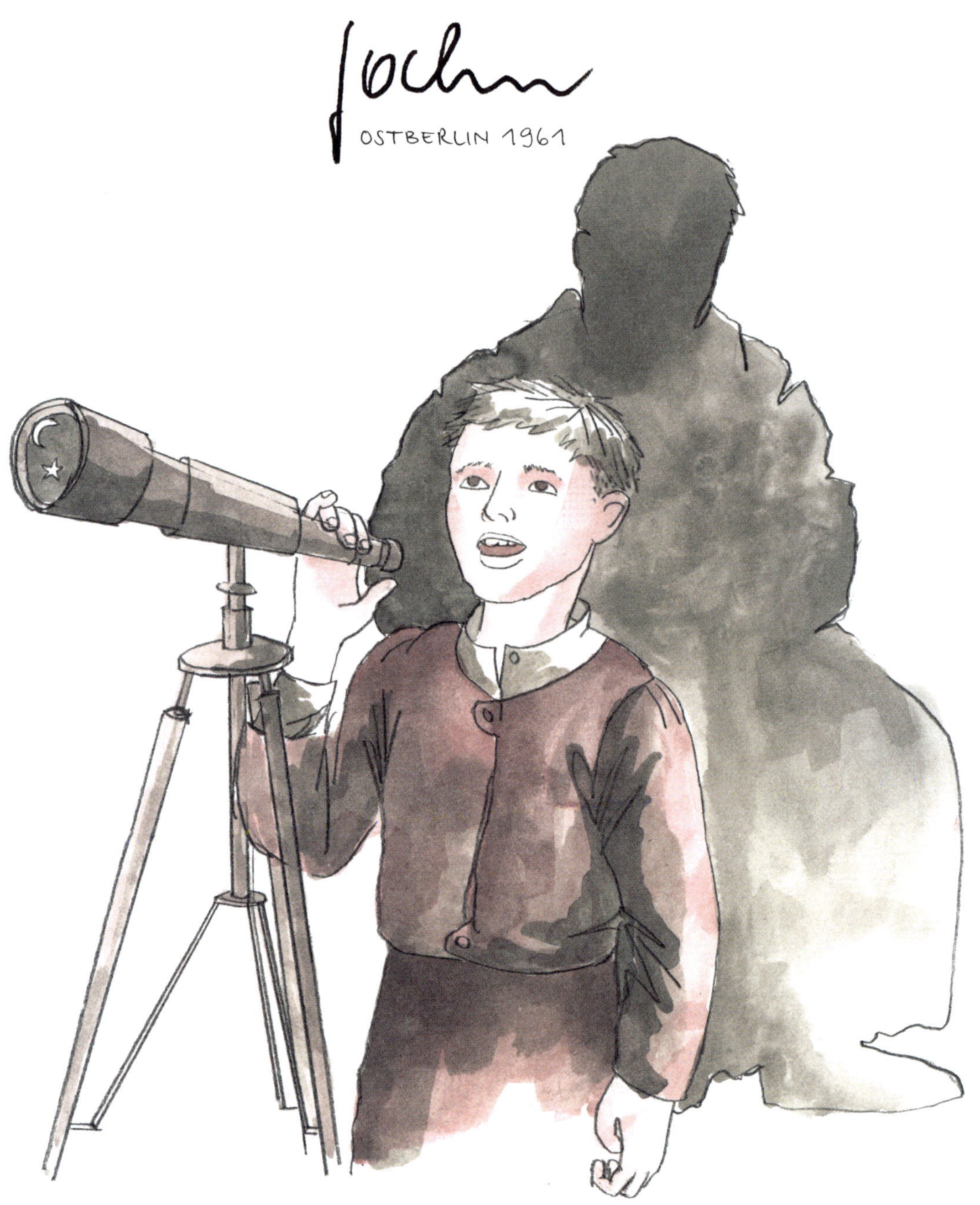

FÜR MICH WAR BUSCH EIN VORBILD. ICH FAND IHN GENIAL.

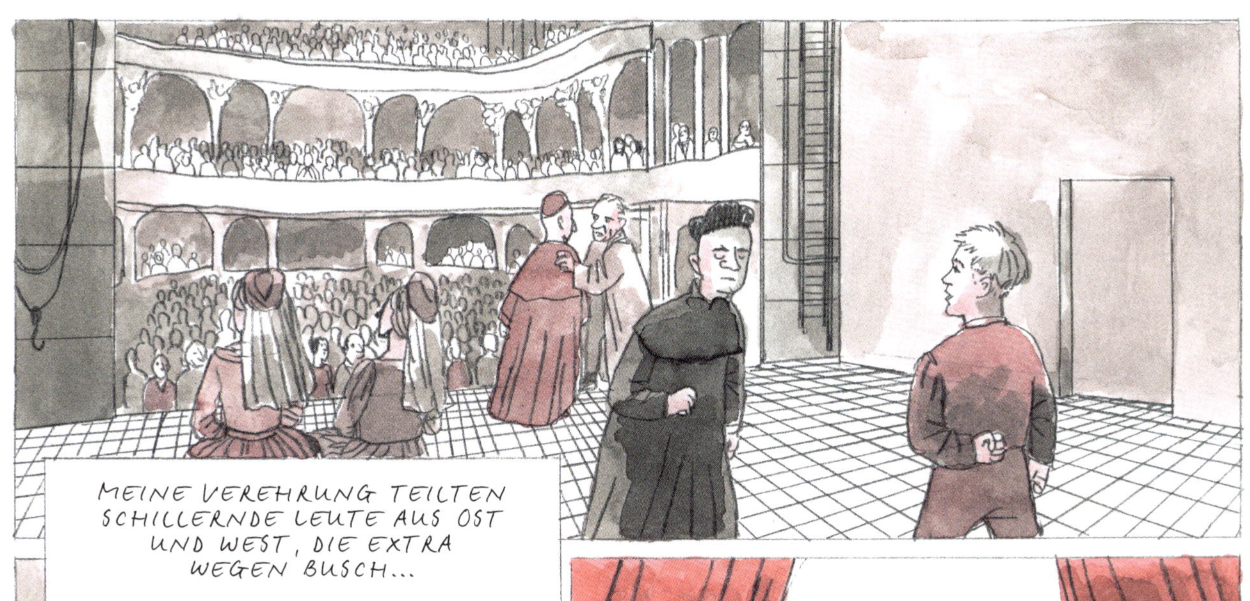
MEINE VEREHRUNG TEILTEN SCHILLERNDE LEUTE AUS OST UND WEST, DIE EXTRA WEGEN BUSCH...

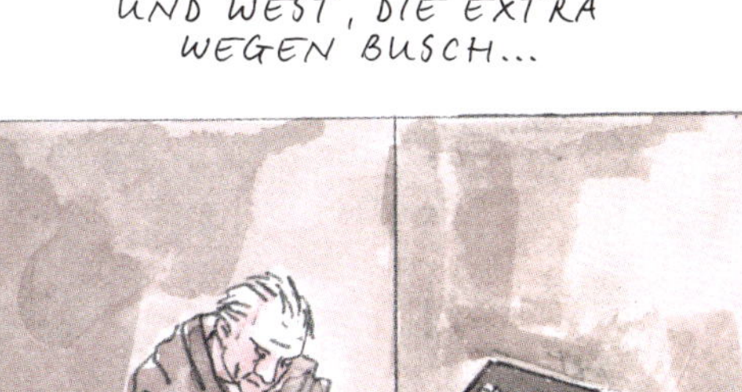

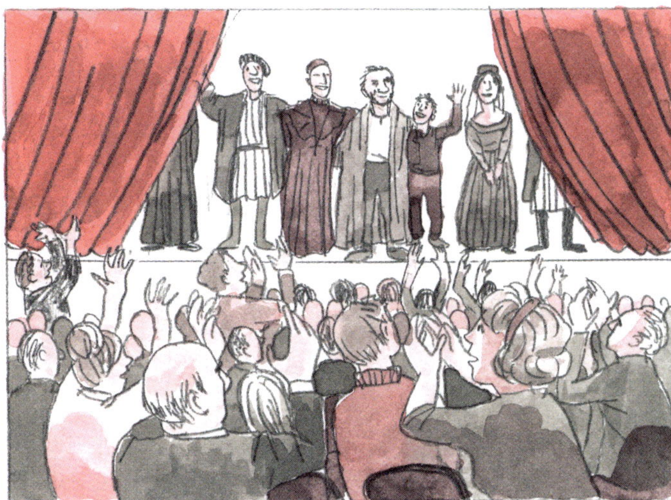

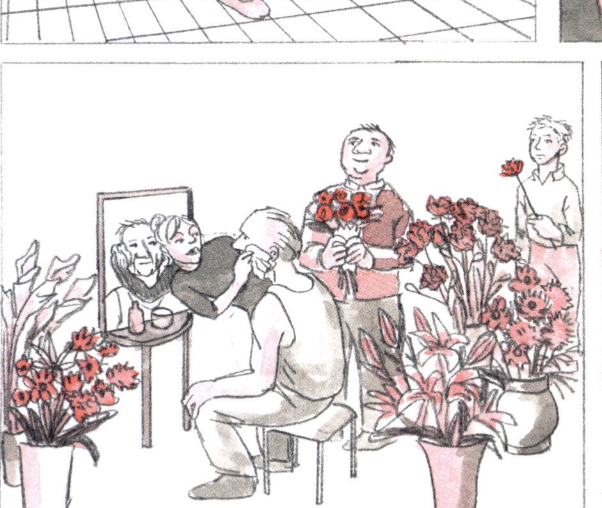

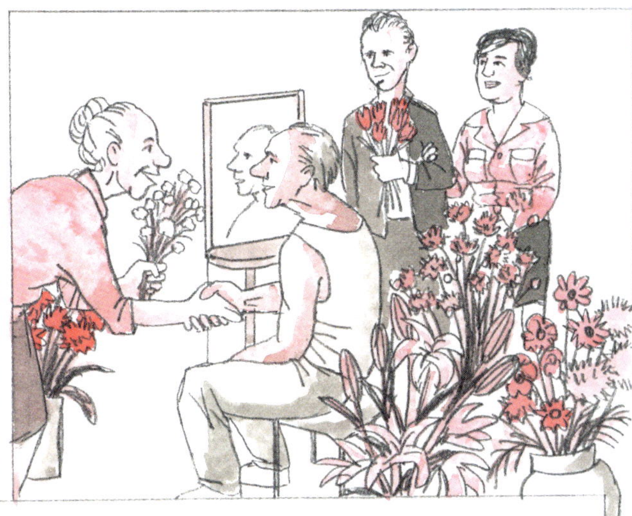
... INS BERLINER ENSEMBLE KAMEN UND DEREN NAMEN ICH DAMALS NOCH NICHT KANNTE.

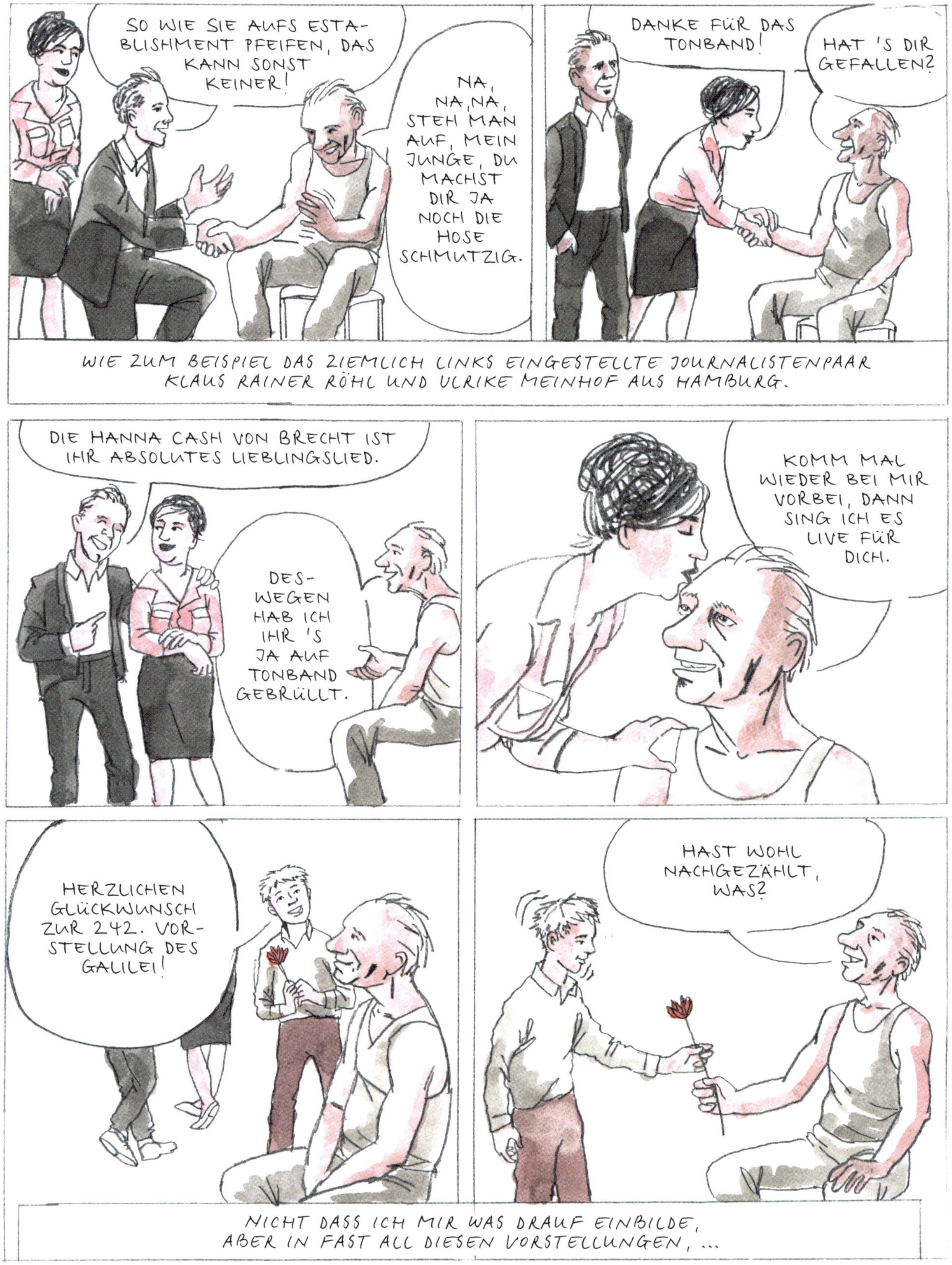

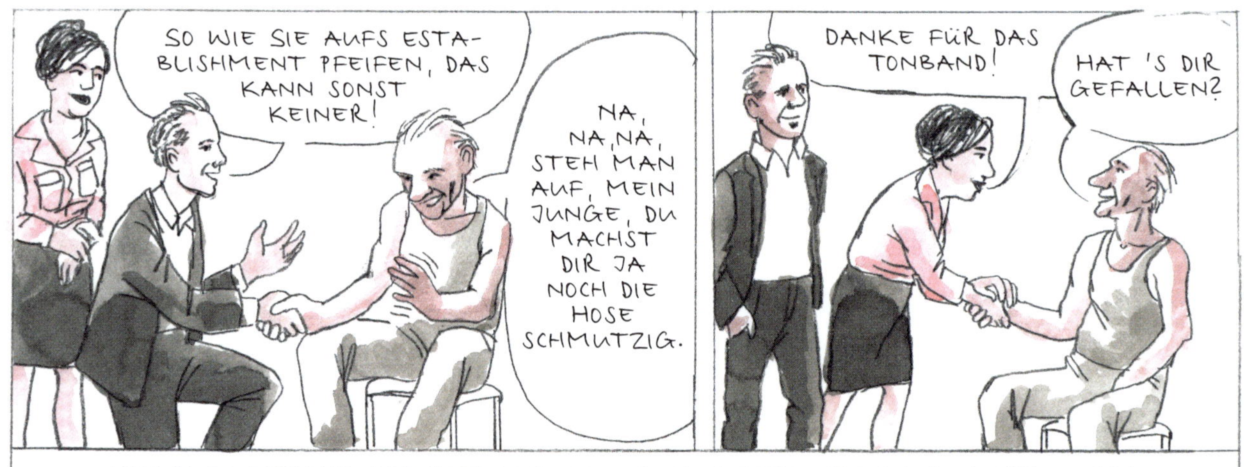

WIE ZUM BEISPIEL DAS ZIEMLICH LINKS EINGESTELLTE JOURNALISTENPAAR KLAUS RAINER RÖHL UND ULRIKE MEINHOF AUS HAMBURG.

DIE HANNA CASH VON BRECHT IST IHR ABSOLUTES LIEBLINGSLIED.

DESWEGEN HAB ICH IHR 'S JA AUF TONBAND GEBRÜLLT.

KOMM MAL WIEDER BEI MIR VORBEI, DANN SING ICH ES LIVE FÜR DICH.

HERZLICHEN GLÜCKWUNSCH ZUR 242. VORSTELLUNG DES GALILEI!

HAST WOHL NACHGEZÄHLT, WAS?

NICHT DASS ICH MIR WAS DRAUF EINBILDE, ABER IN FAST ALL DIESEN VORSTELLUNGEN, ...

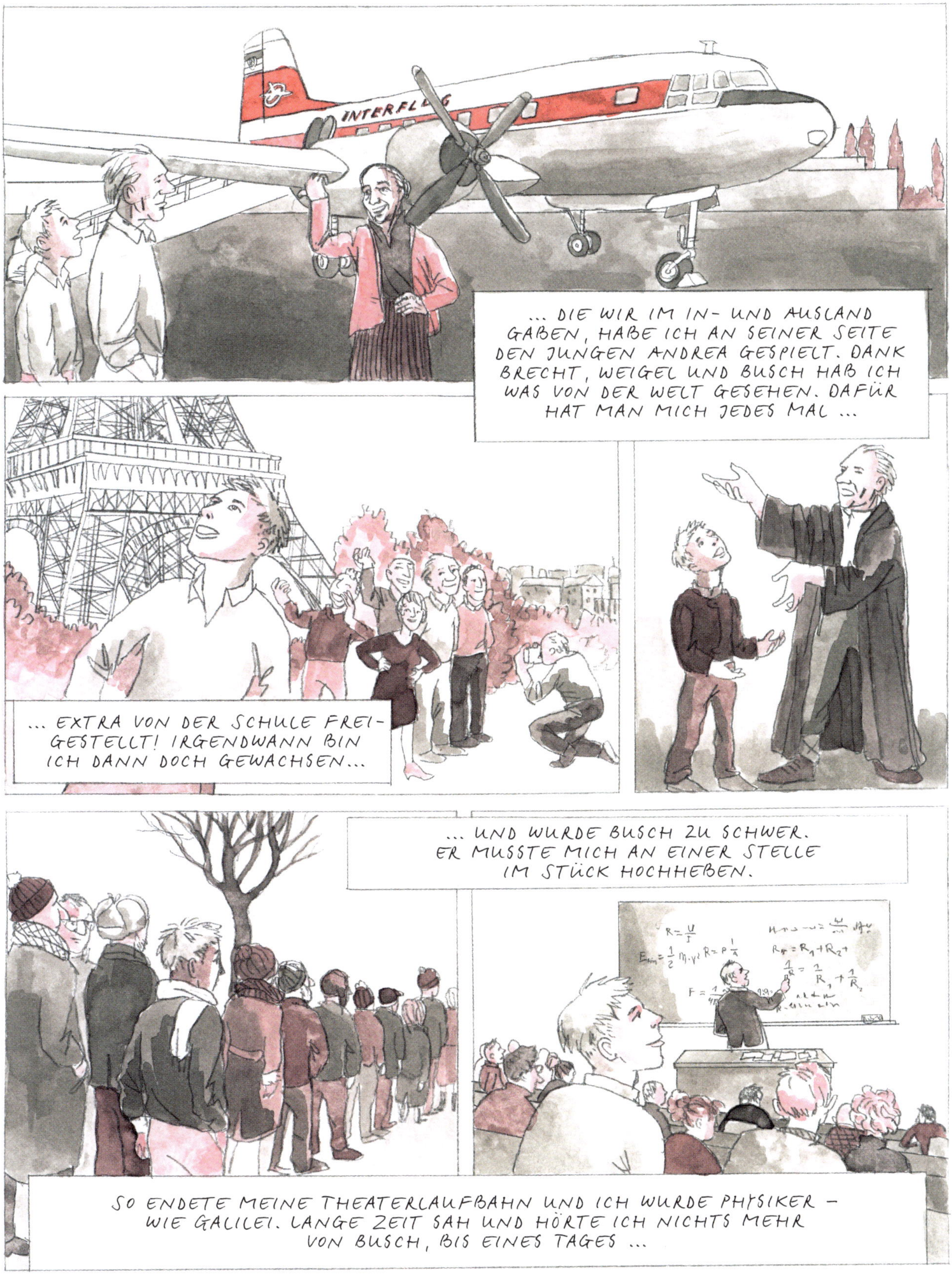

... DIE WIR IM IN- UND AUSLAND GABEN, HABE ICH AN SEINER SEITE DEN JUNGEN ANDREA GESPIELT. DANK BRECHT, WEIGEL UND BUSCH HAB ICH WAS VON DER WELT GESEHEN. DAFÜR HAT MAN MICH JEDES MAL ...

... EXTRA VON DER SCHULE FREIGESTELLT! IRGENDWANN BIN ICH DANN DOCH GEWACHSEN ...

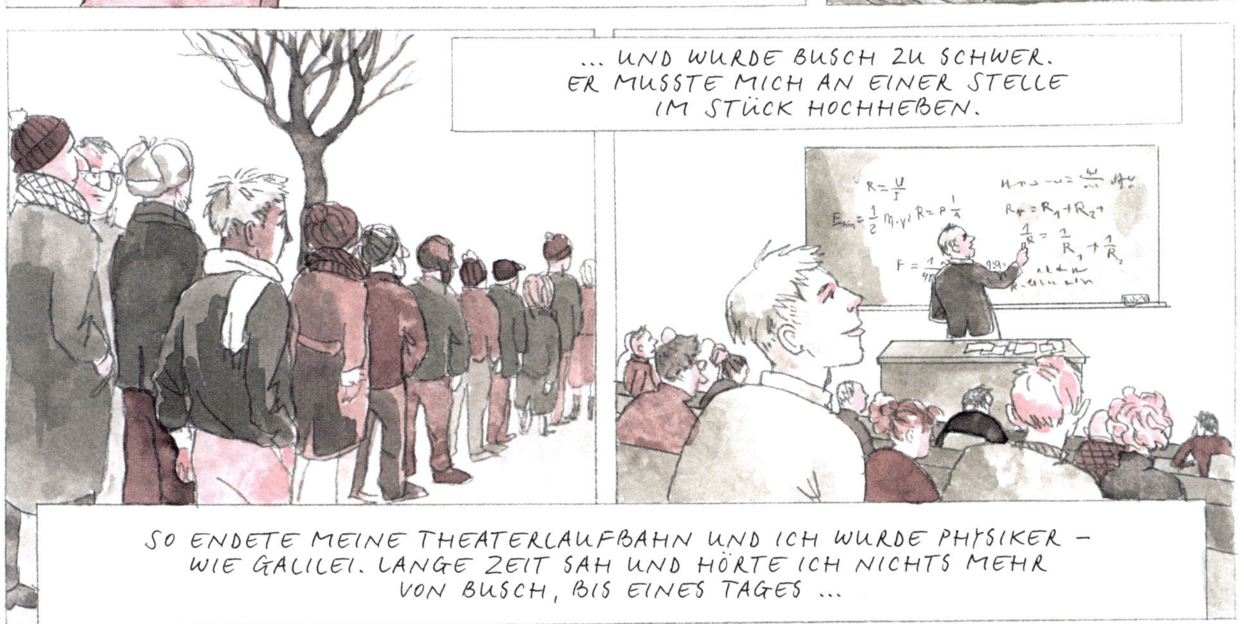

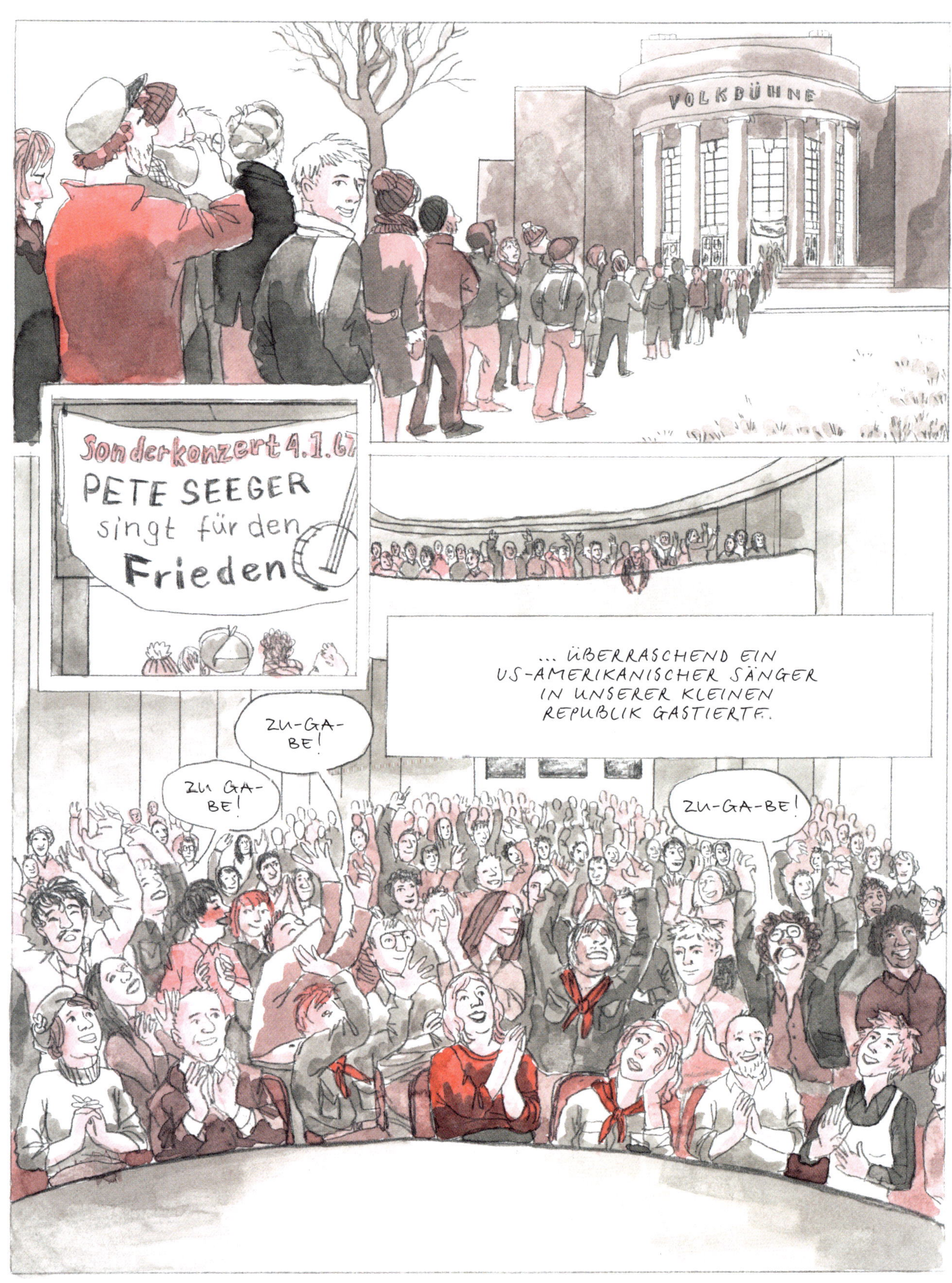
VOLKSBÜHNE
Sonderkonzert 4.1.67
PETE SEEGER
singt für den
Frieden
... ÜBERRASCHEND EIN US-AMERIKANISCHER SÄNGER IN UNSERER KLEINEN REPUBLIK GASTIERTE.
ZU-GA-BE!
ZU GA-BE!
ZU-GA-BE!

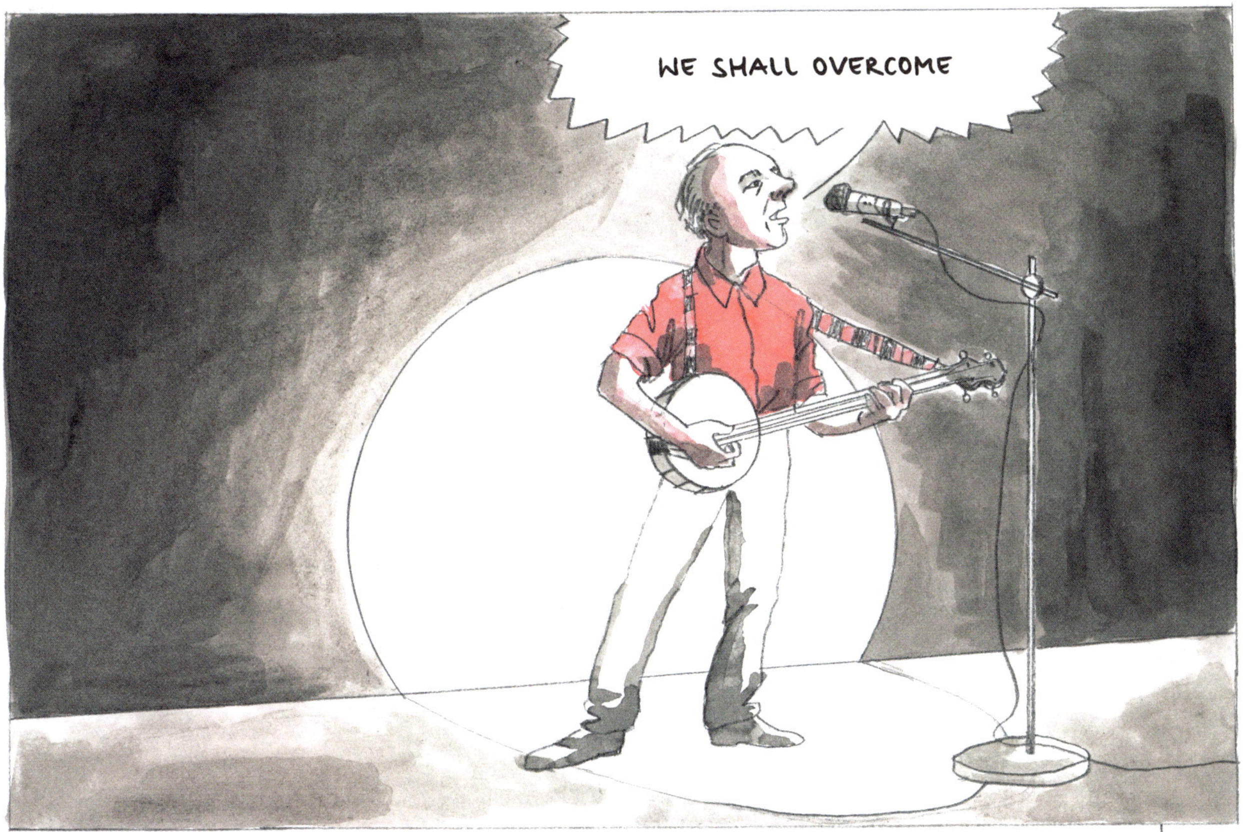

WE SHALL OVERCOME
WE SHALL OVERCOME 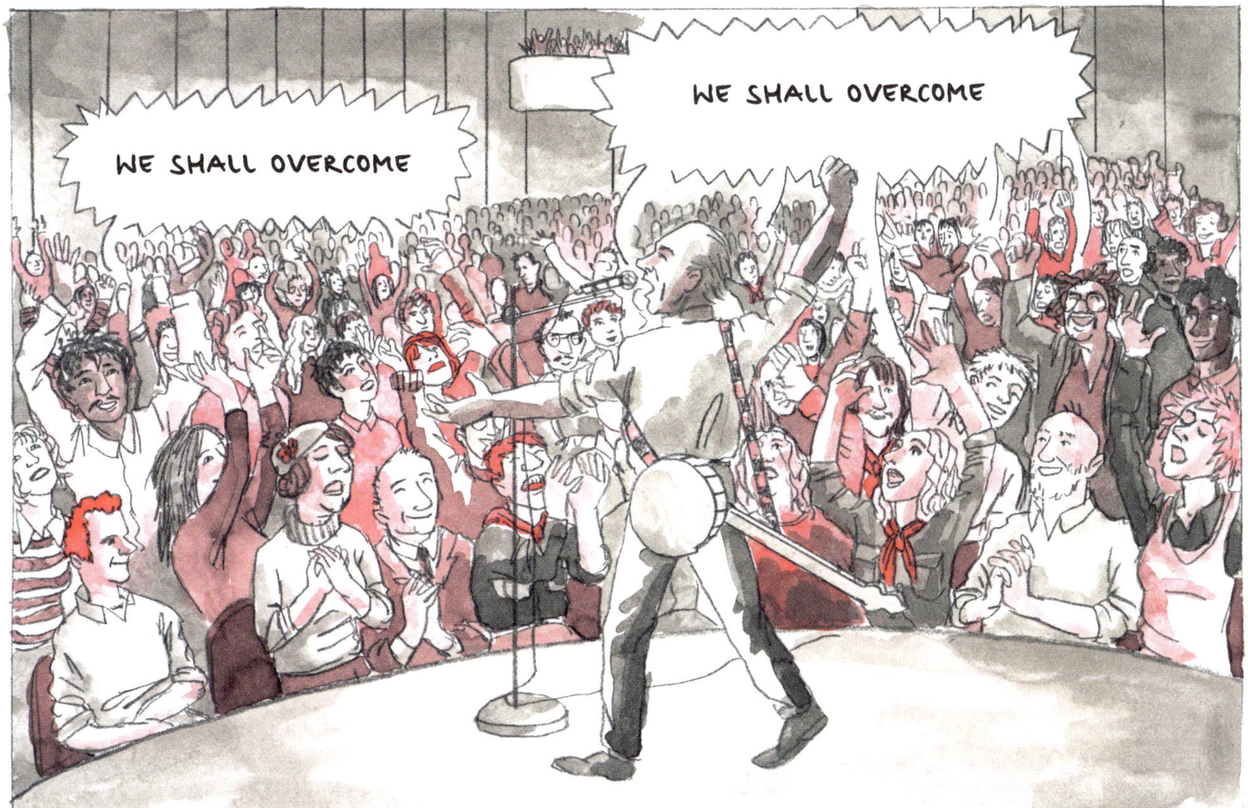
WE SHALL OVERCOME

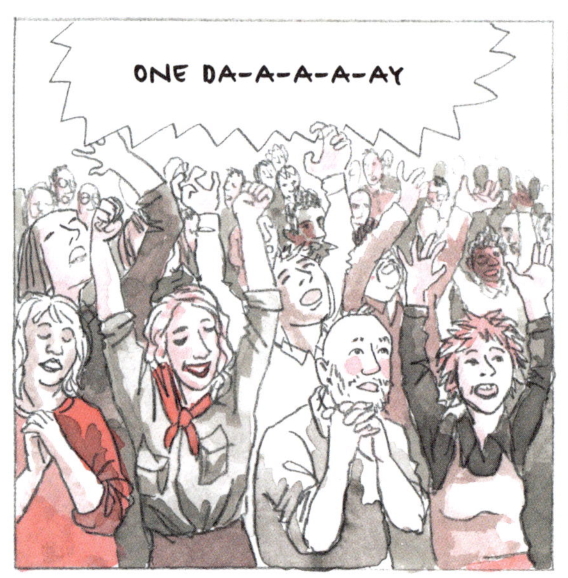
ONE DA-A-A-A-AY

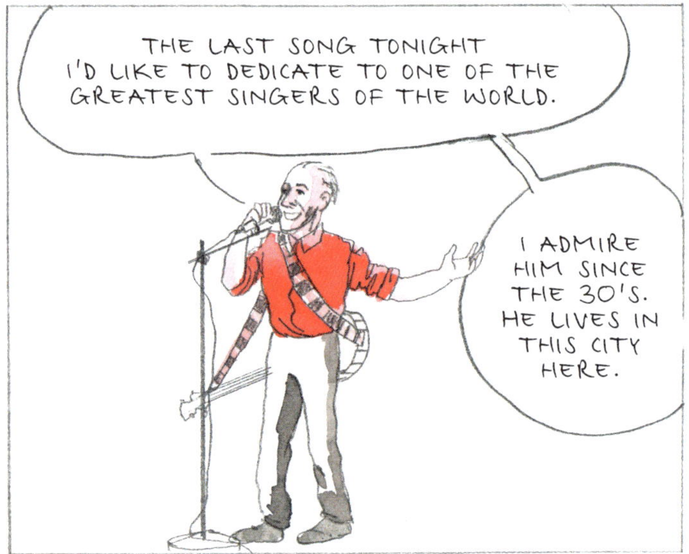
THE LAST SONG TONIGHT I'D LIKE TO DEDICATE TO ONE OF THE GREATEST SINGERS OF THE WORLD.
I ADMIRE HIM SINCE THE 30'S. HE LIVES IN THIS CITY HERE.

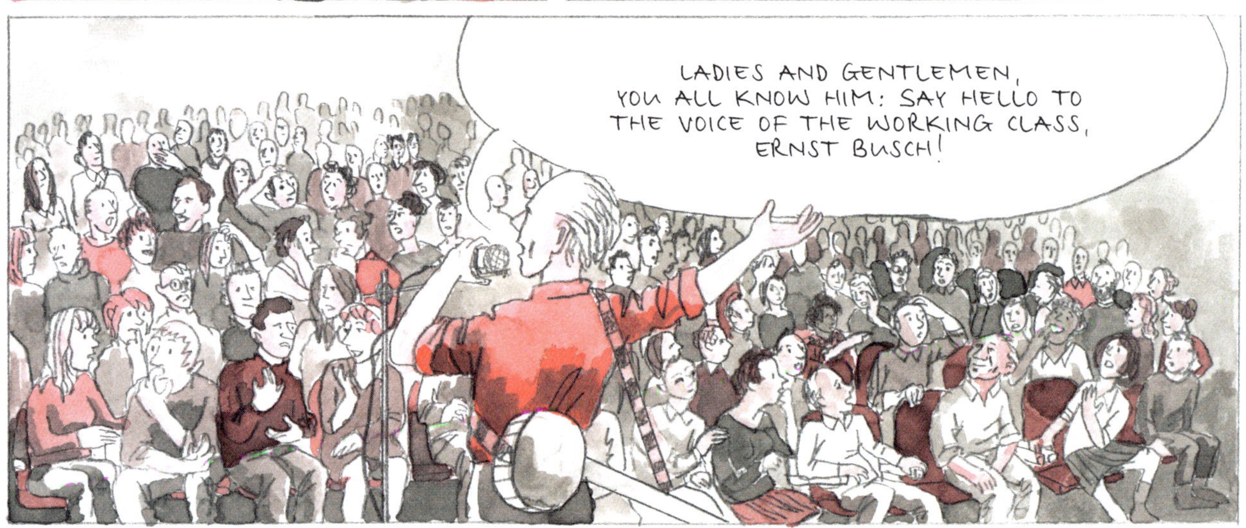
LADIES AND GENTLEMEN, YOU ALL KNOW HIM: SAY HELLO TO THE VOICE OF THE WORKING CLASS, ERNST BUSCH!

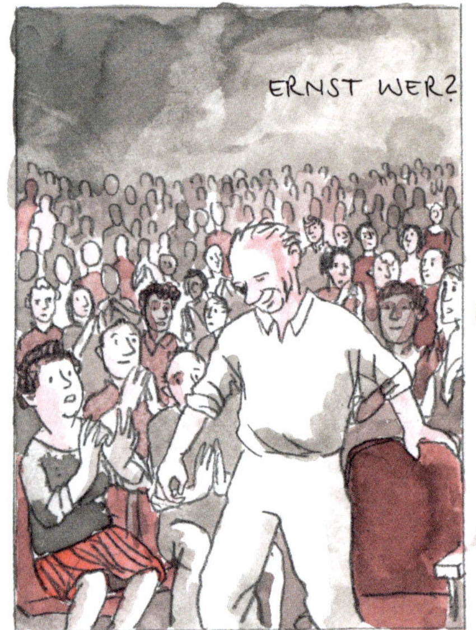
ERNST WER?

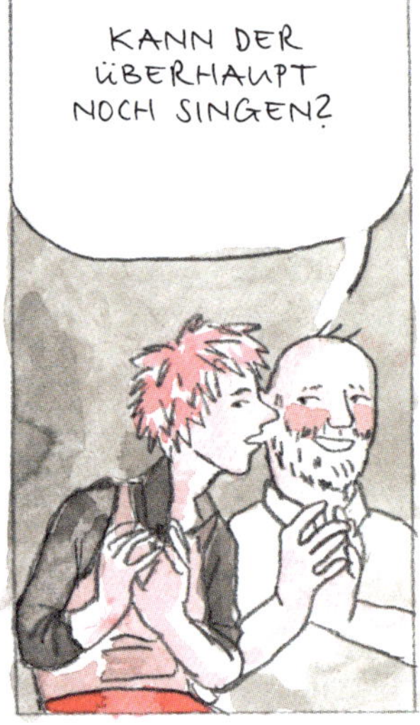
KANN DER ÜBERHAUPT NOCH SINGEN?

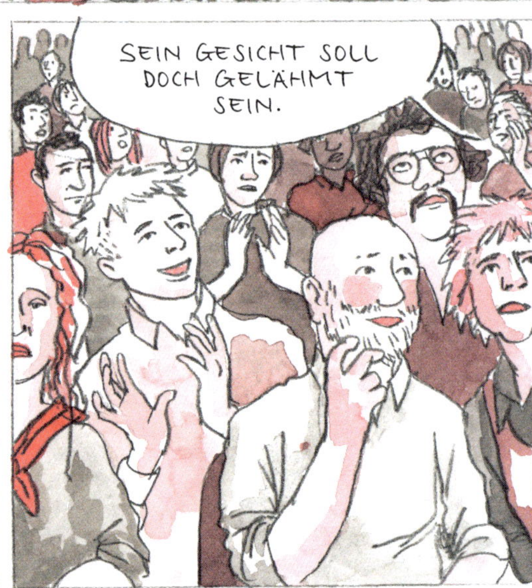
SEIN GESICHT SOLL DOCH GELÄHMT SEIN.

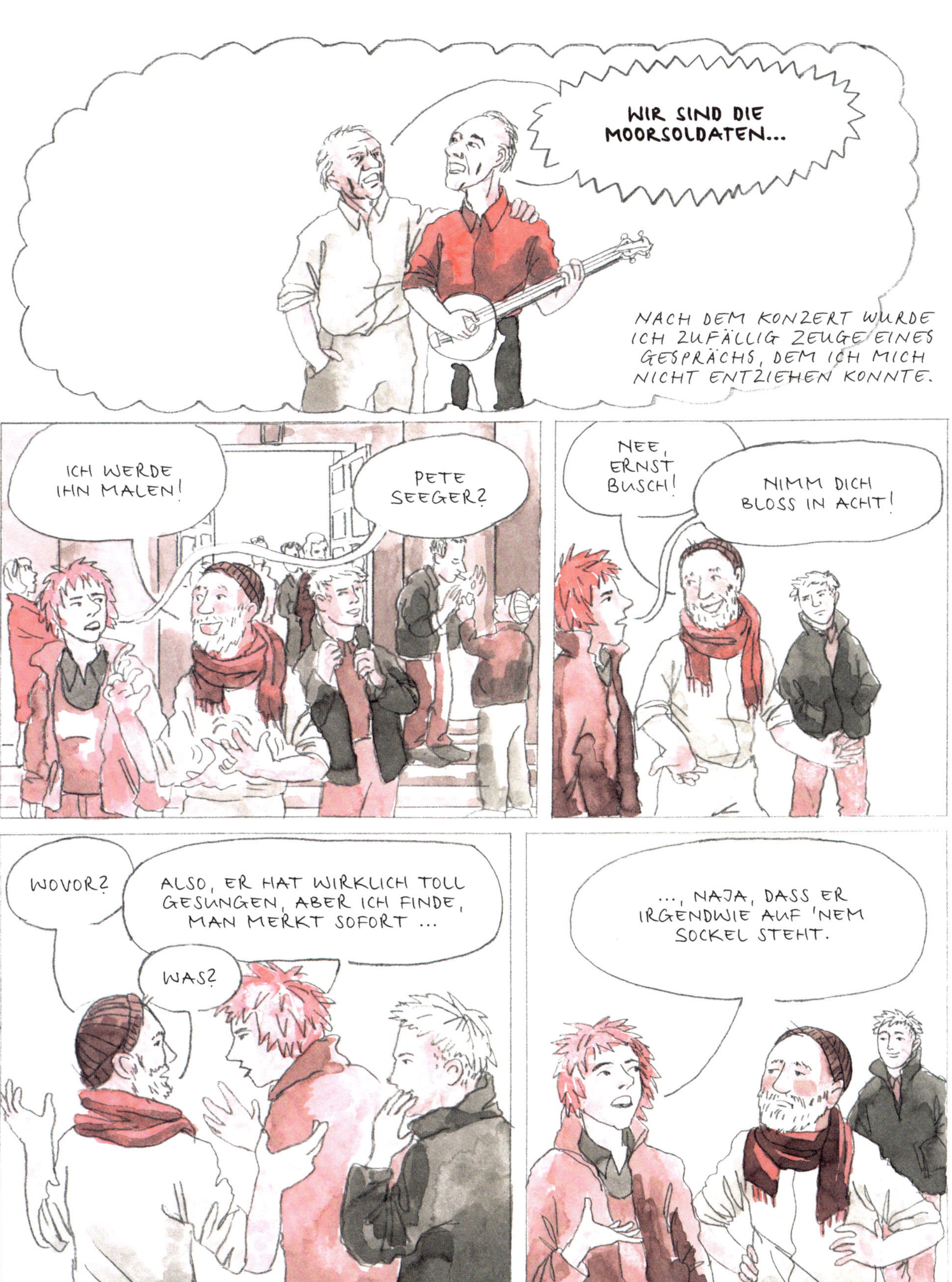
WIR SIND DIE MOORSOLDATEN...
NACH DEM KONZERT WURDE ICH ZUFÄLLIG ZEUGE EINES GESPRÄCHS, DEM ICH MICH NICHT ENTZIEHEN KONNTE.
ICH WERDE IHN MALEN!
PETE SEEGER?
NEE, ERNST BUSCH!
NIMM DICH BLOSS IN ACHT!
WOVOR?
ALSO, ER HAT WIRKLICH TOLL GESUNGEN, ABER ICH FINDE, MAN MERKT SOFORT ...
WAS?
..., NAJA, DASS ER IRGENDWIE AUF 'NEM SOCKEL STEHT.

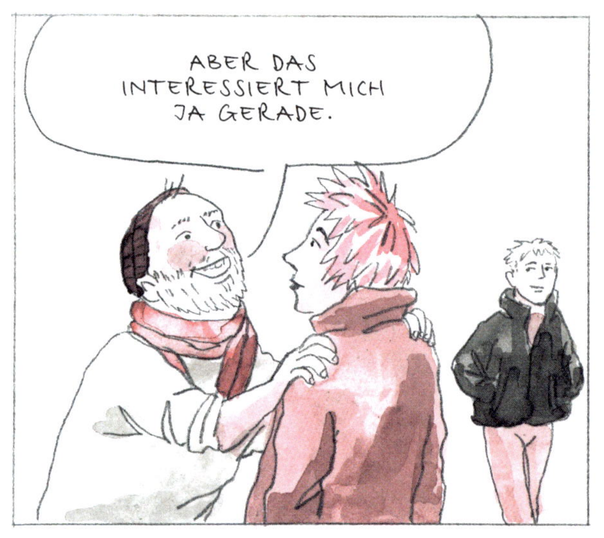
ABER DAS INTERESSIERT MICH JA GERADE.

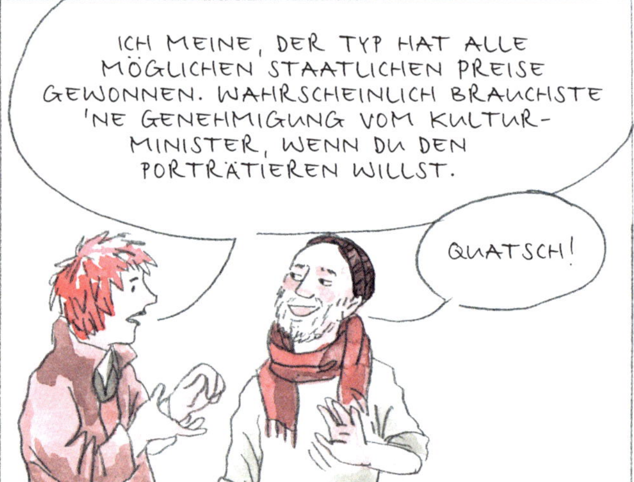
ICH MEINE, DER TYP HAT ALLE MÖGLICHEN STAATLICHEN PREISE GEWONNEN. WAHRSCHEINLICH BRAUCHSTE 'NE GENEHMIGUNG VOM KULTURMINISTER, WENN DU DEN PORTRÄTIEREN WILLST.
QUATSCH!

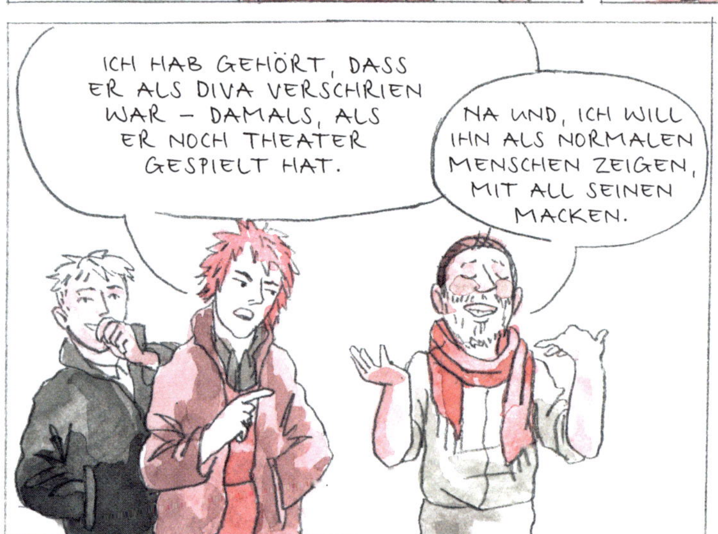
ICH HAB GEHÖRT, DASS ER ALS DIVA VERSCHRIEN WAR – DAMALS, ALS ER NOCH THEATER GESPIELT HAT.
NA UND, ICH WILL IHN ALS NORMALEN MENSCHEN ZEIGEN, MIT ALL SEINEN MACKEN.

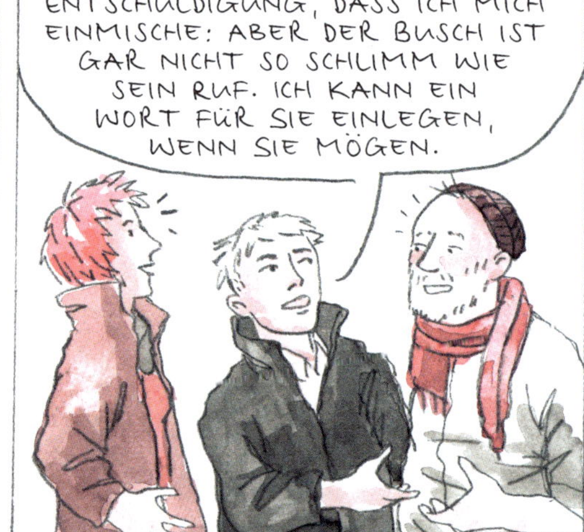
ENTSCHULDIGUNG, DASS ICH MICH EINMISCHE: ABER DER BUSCH IST GAR NICHT SO SCHLIMM WIE SEIN RUF. ICH KANN EIN WORT FÜR SIE EINLEGEN, WENN SIE MÖGEN.

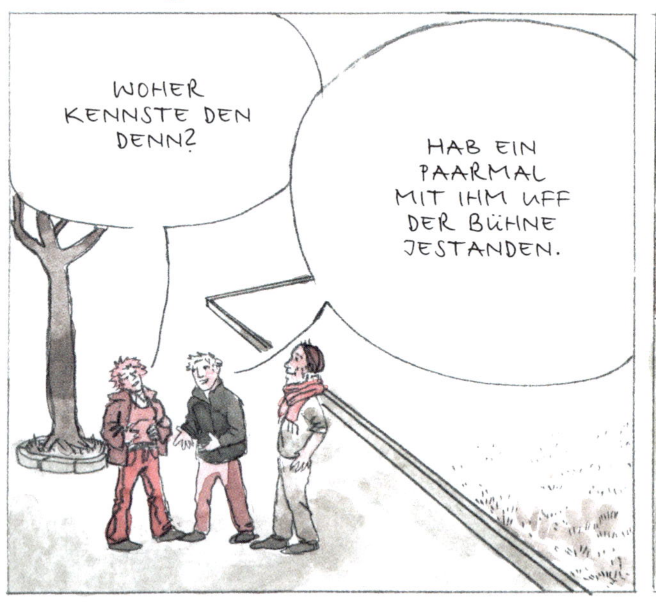
WOHER KENNSTE DEN DENN?
HAB EIN PAARMAL MIT IHM UFF DER BÜHNE JESTANDEN.

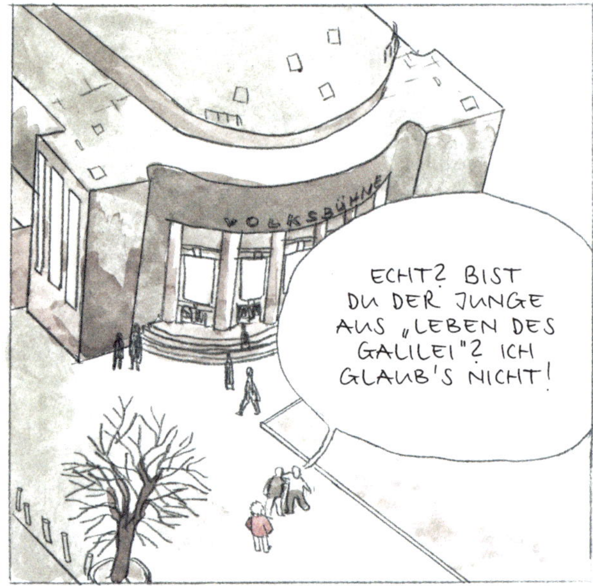
VOLKSBÜHNE
ECHT? BIST DU DER JUNGE AUS „LEBEN DES GALILEI"? ICH GLAUB'S NICHT!

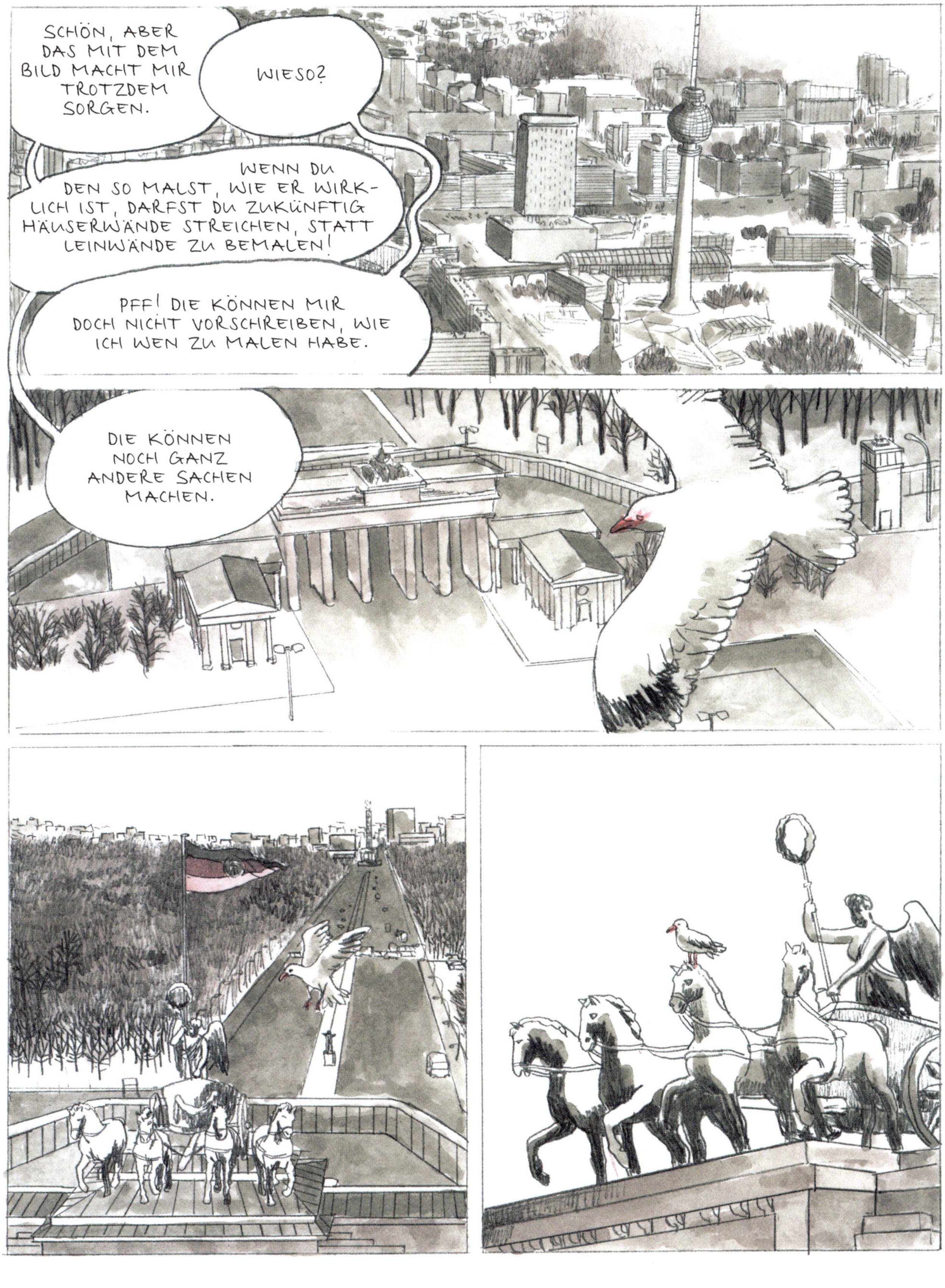

SCHÖN, ABER DAS MIT DEM BILD MACHT MIR TROTZDEM SORGEN.

WIESO?

WENN DU DEN SO MALST, WIE ER WIRKLICH IST, DARFST DU ZUKÜNFTIG HÄUSERWÄNDE STREICHEN, STATT LEINWÄNDE ZU BEMALEN!

PFF! DIE KÖNNEN MIR DOCH NICHT VORSCHREIBEN, WIE ICH WEN ZU MALEN HABE.

DIE KÖNNEN NOCH GANZ ANDERE SACHEN MACHEN.

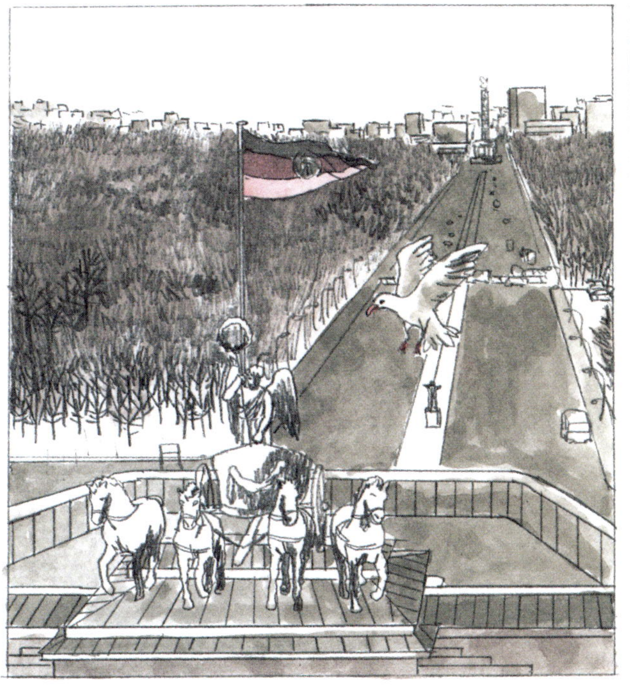

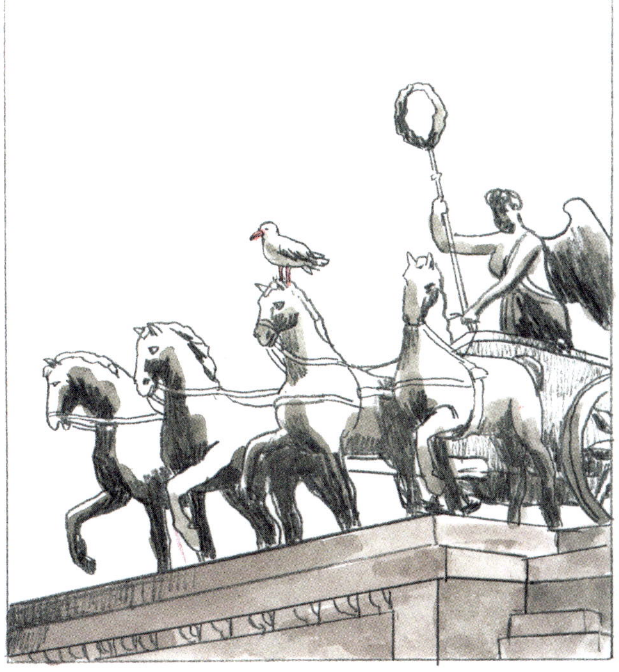

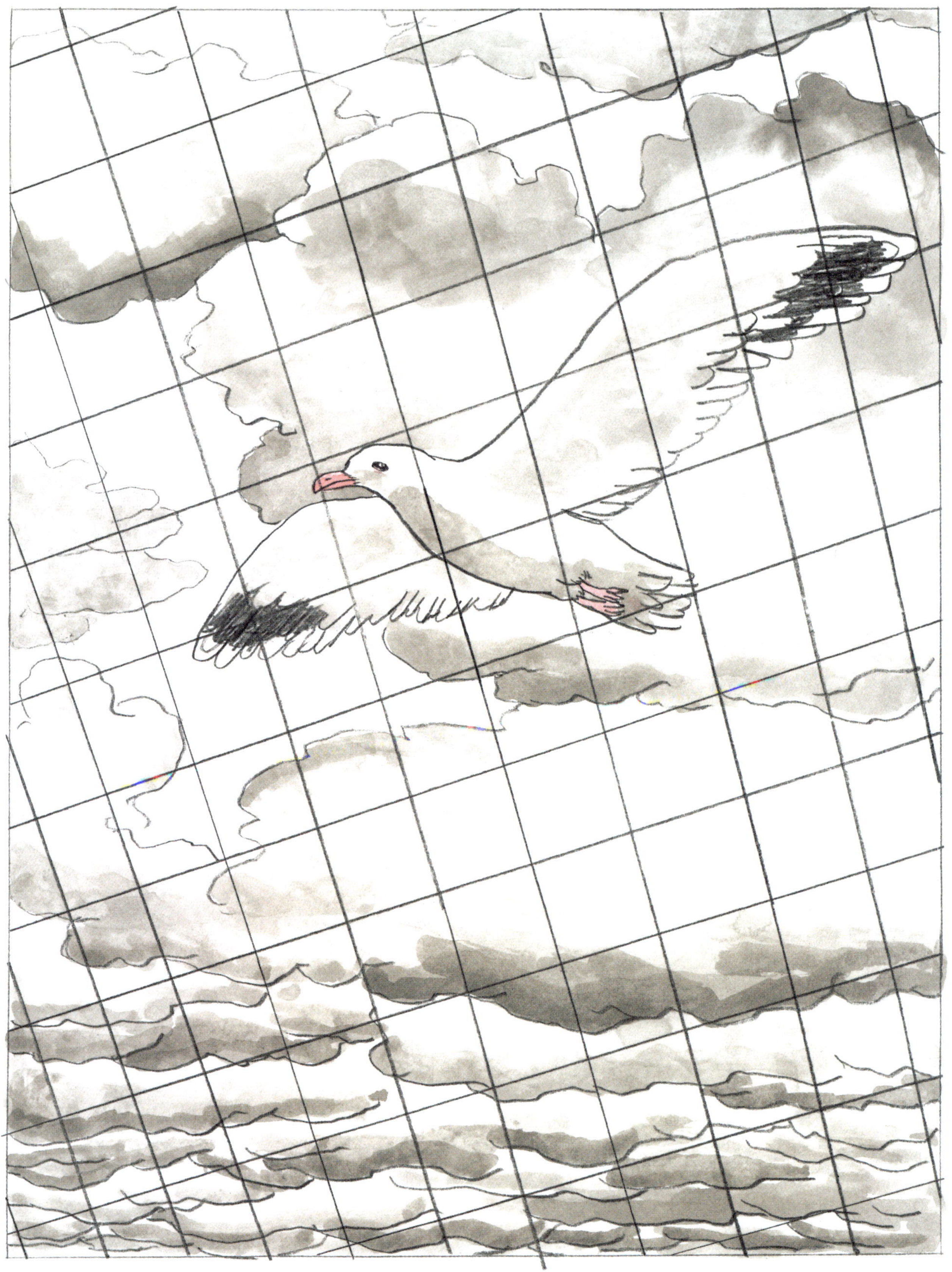

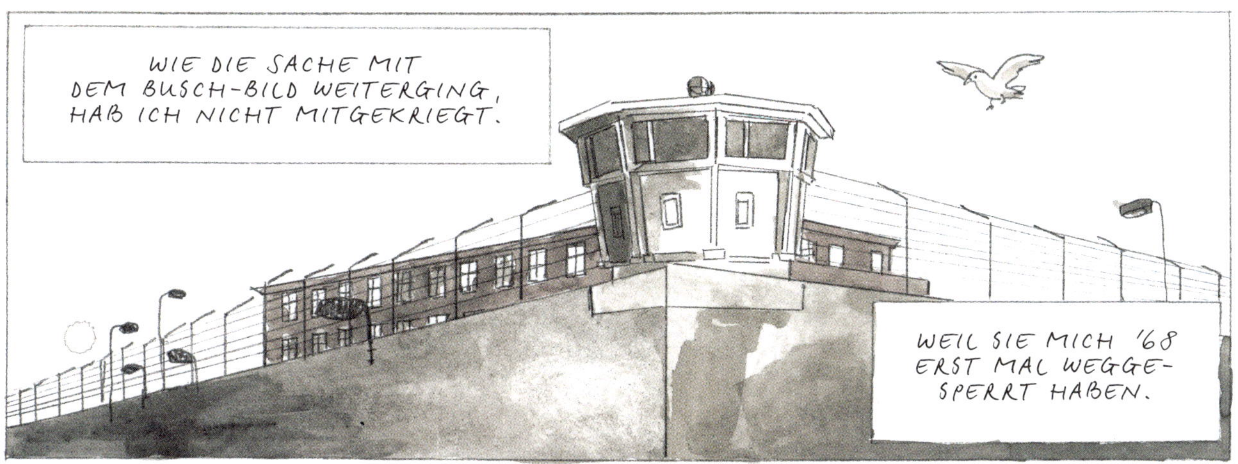

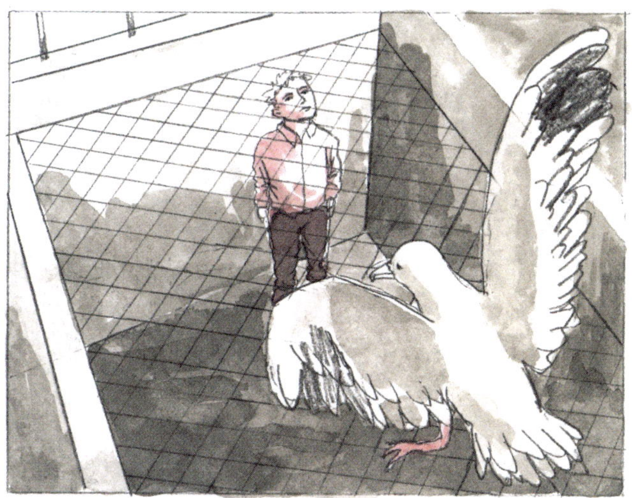

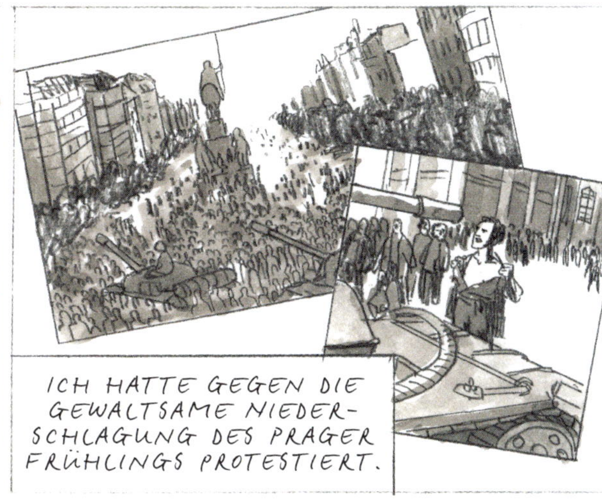

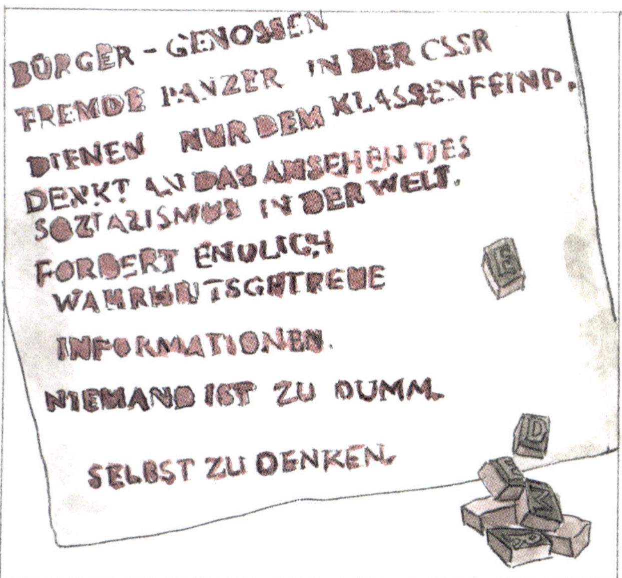

MIT HILFE DER STEMPEL AUS MEINER KINDERPOST.

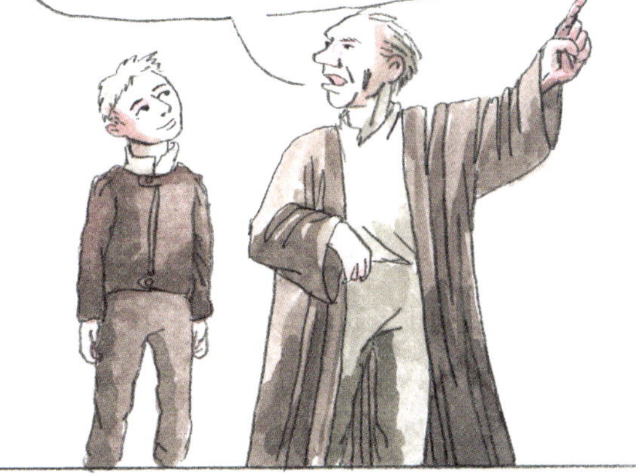

UND DABEI AN BUSCH GEDACHT UND SEINEN WIDERSPENSTIGEN GALILEI.

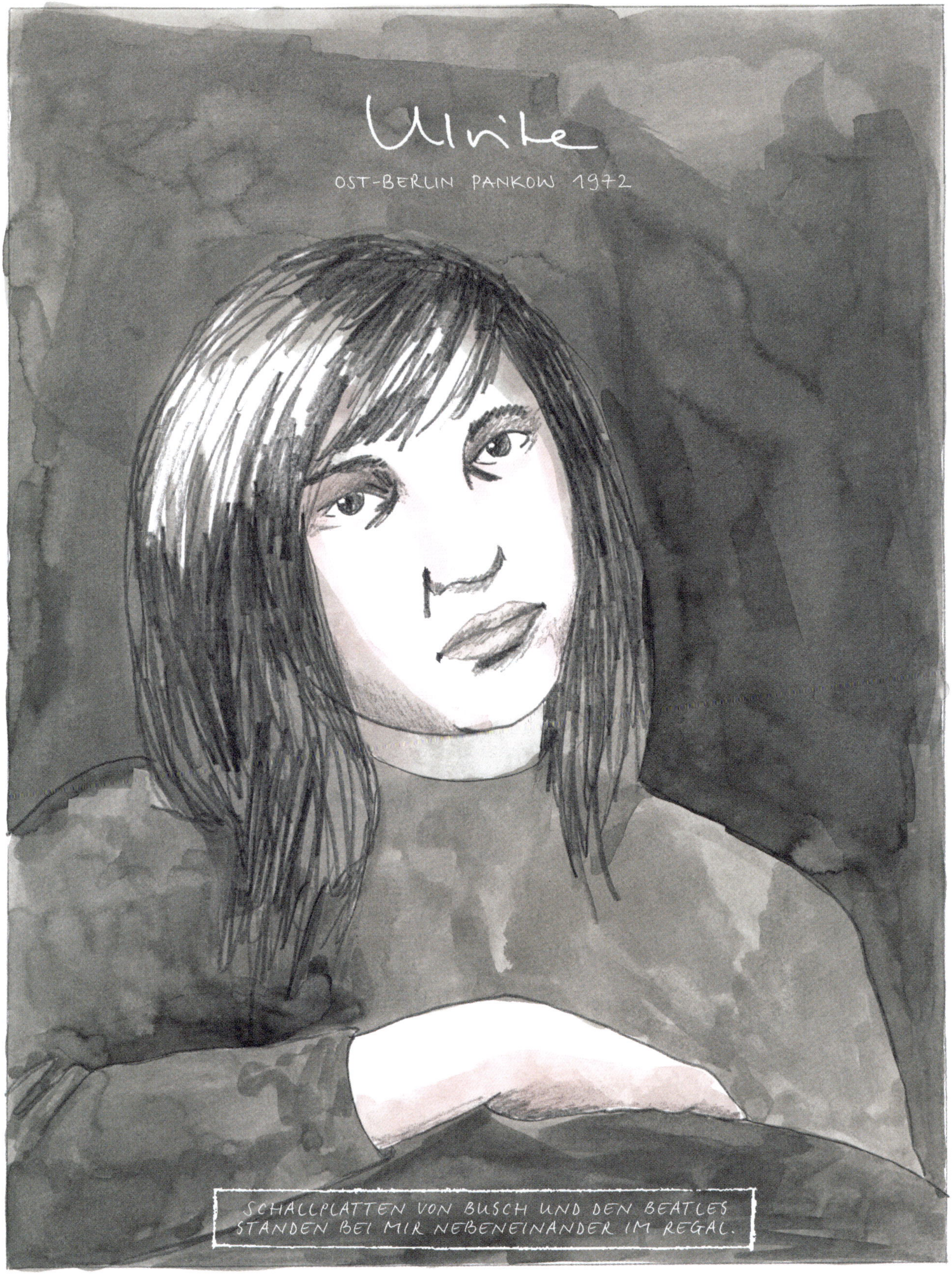

Ulrike

OST-BERLIN PANKOW 1972

SCHALLPLATTEN VON BUSCH UND DEN BEATLES
STANDEN BEI MIR NEBENEINANDER IM REGAL.

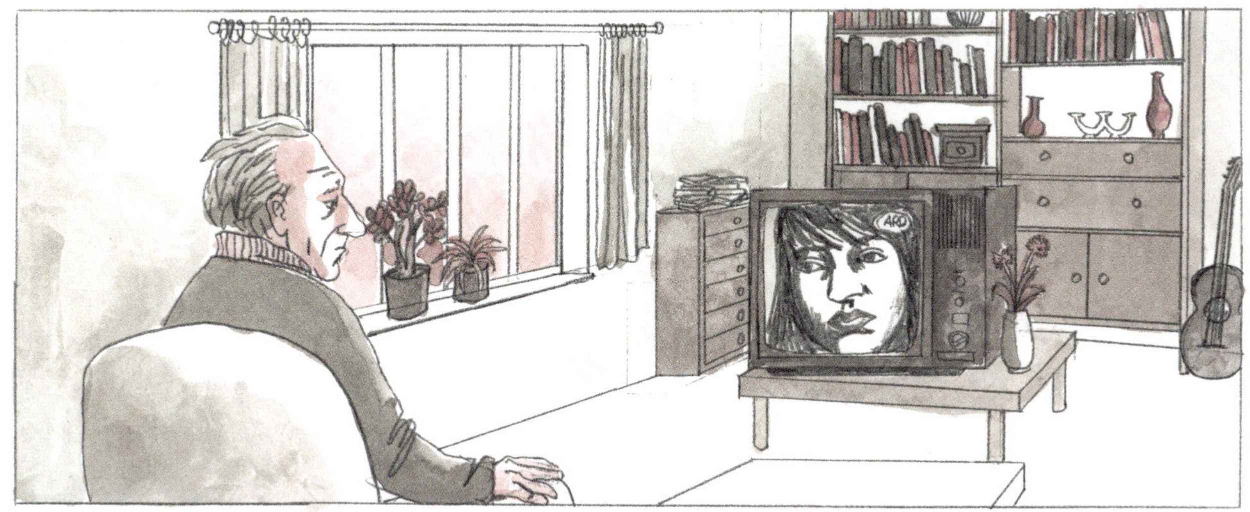
ARD

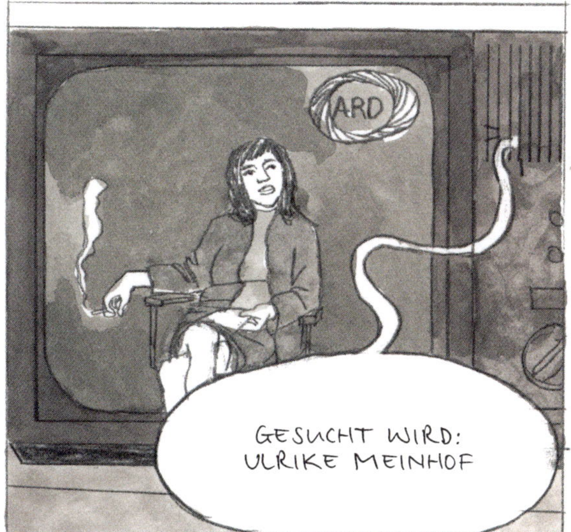
ARD
GESUCHT WIRD:
ULRIKE MEINHOF

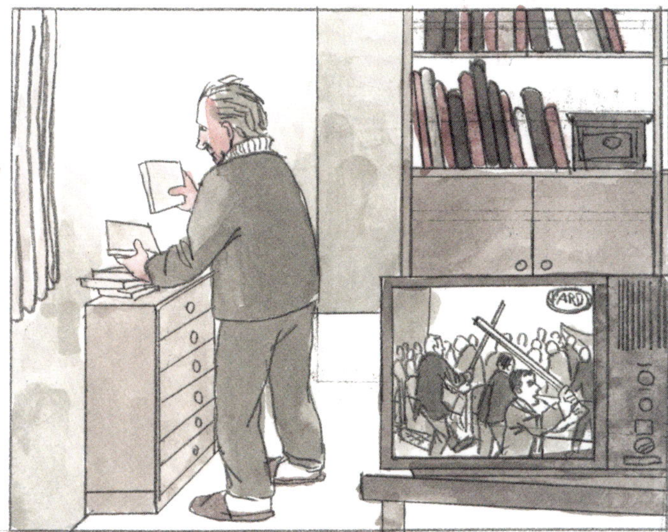
ARD

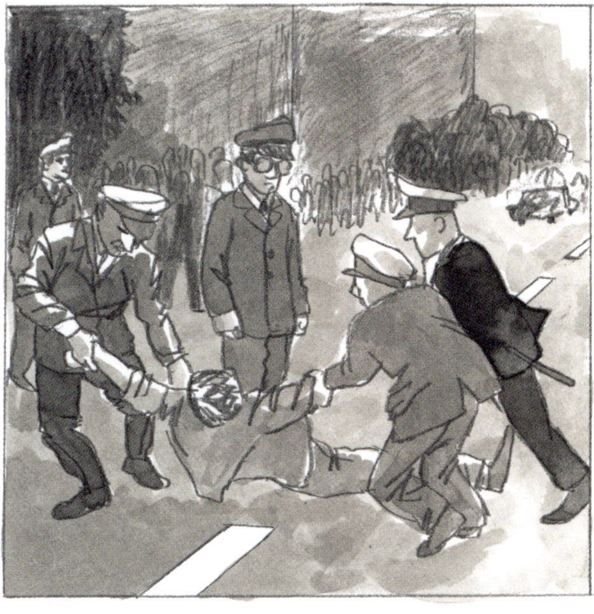

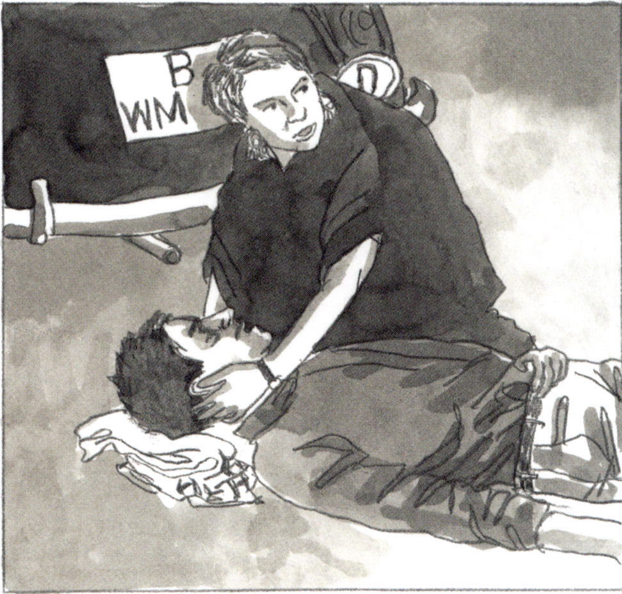
B
WM
D

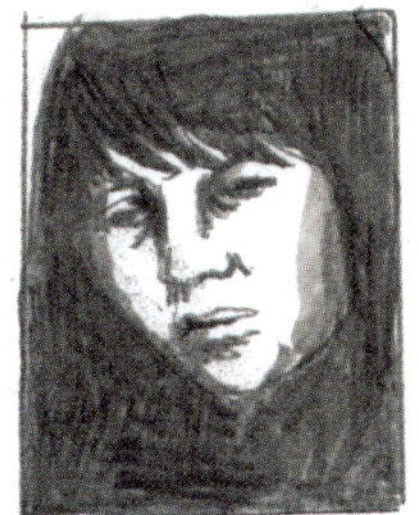
MORDVERSUCH
In Berlin
10.000 DM BELOHNUNG
Ulrike Meinhof

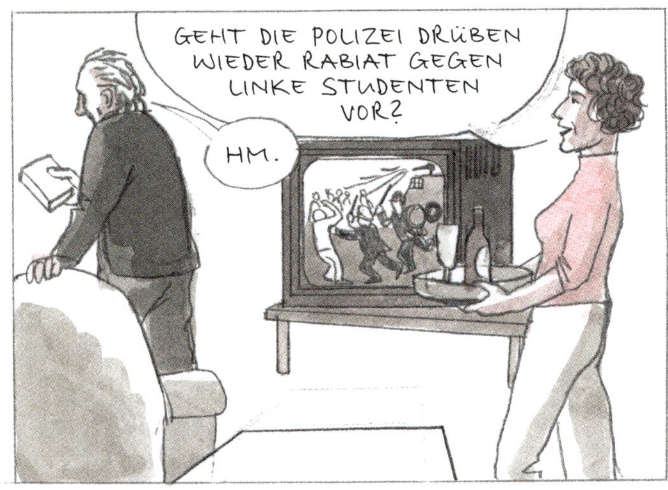
GEHT DIE POLIZEI DRÜBEN WIEDER RABIAT GEGEN LINKE STUDENTEN VOR?
HM.

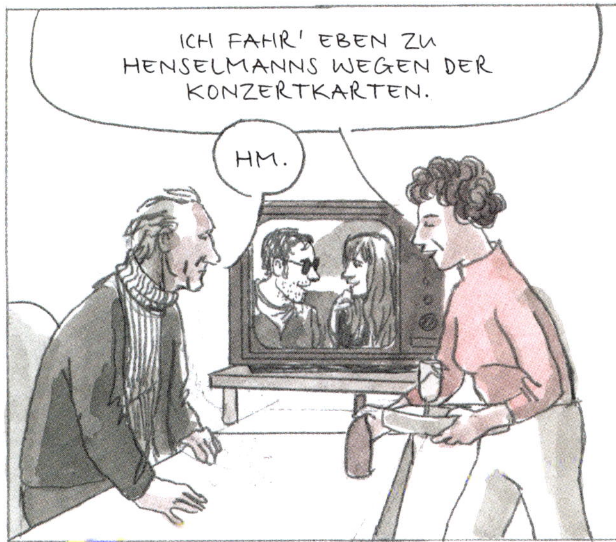
ICH FAHR' EBEN ZU HENSELMANNS WEGEN DER KONZERTKARTEN.
HM.

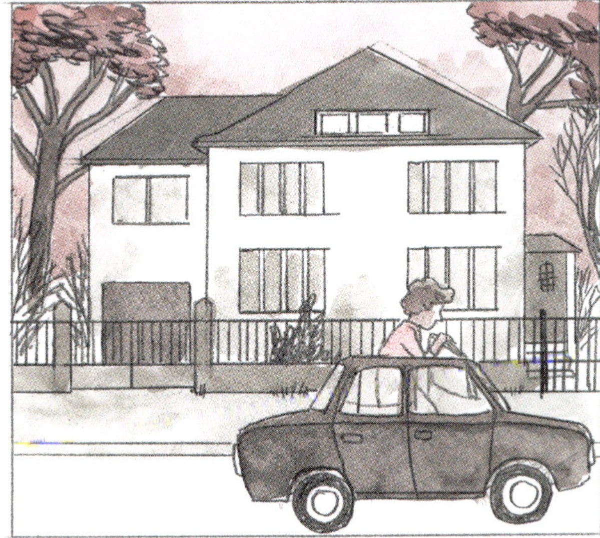

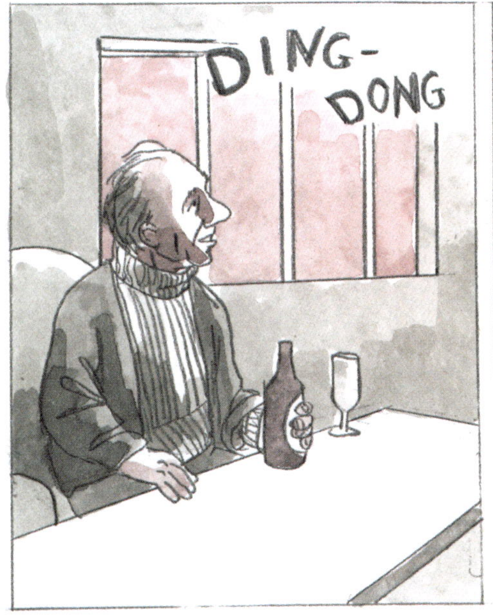
DING-
DONG

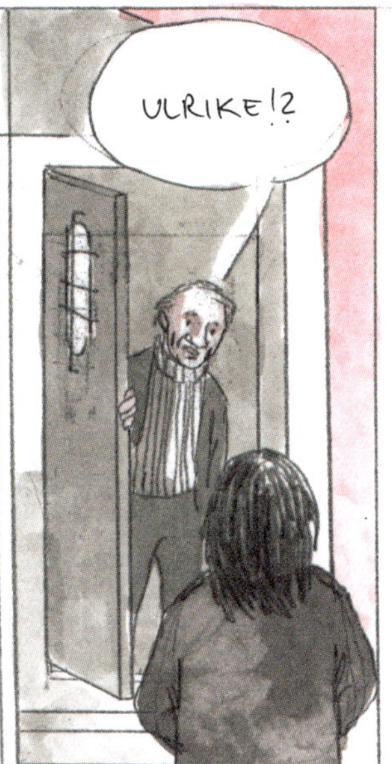
ULRIKE!?

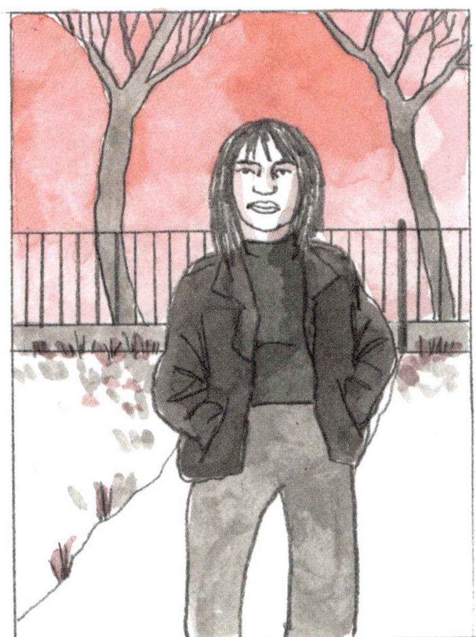

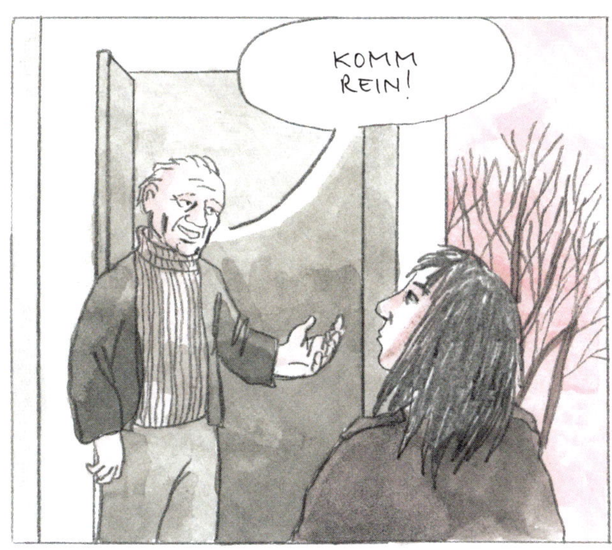
KOMM REIN!

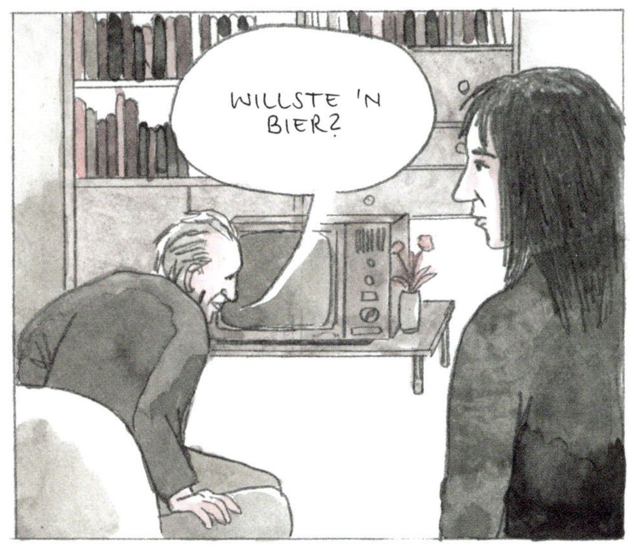
WILLSTE 'N BIER?

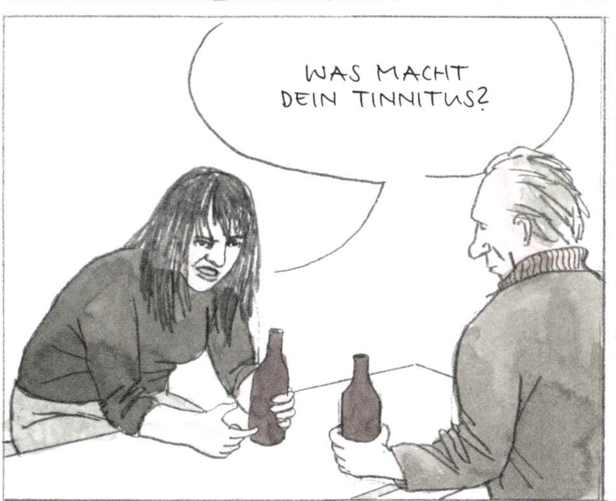
WAS MACHT DEIN TINNITUS?

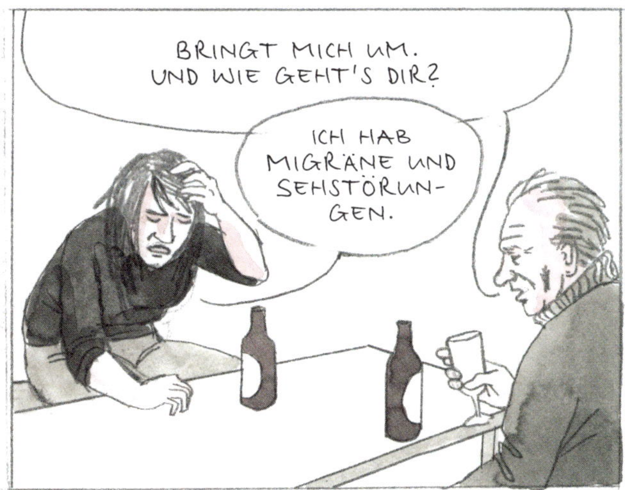
BRINGT MICH UM. UND WIE GEHT'S DIR?
ICH HAB MIGRÄNE UND SEHSTÖRUNGEN.

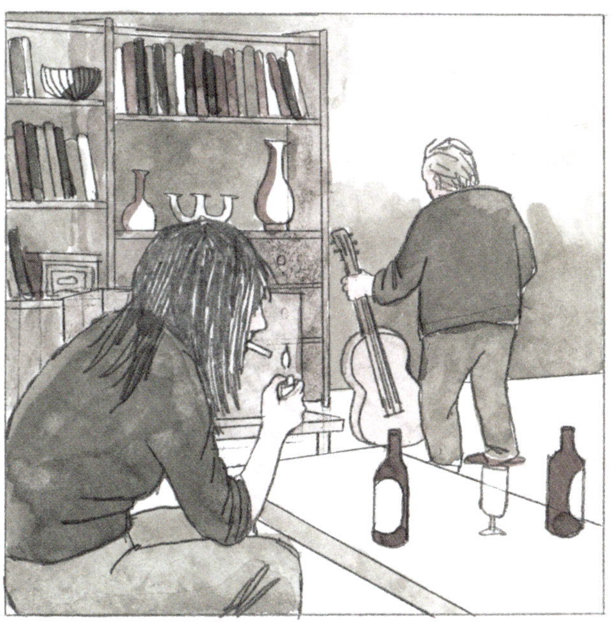

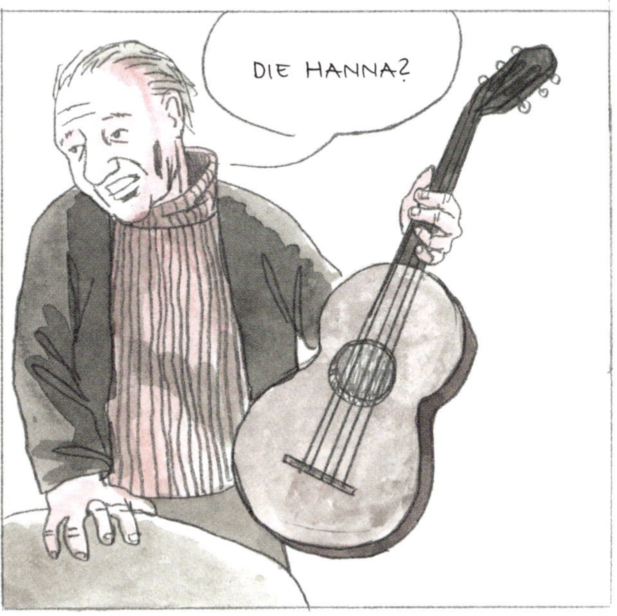
DIE HANNA?

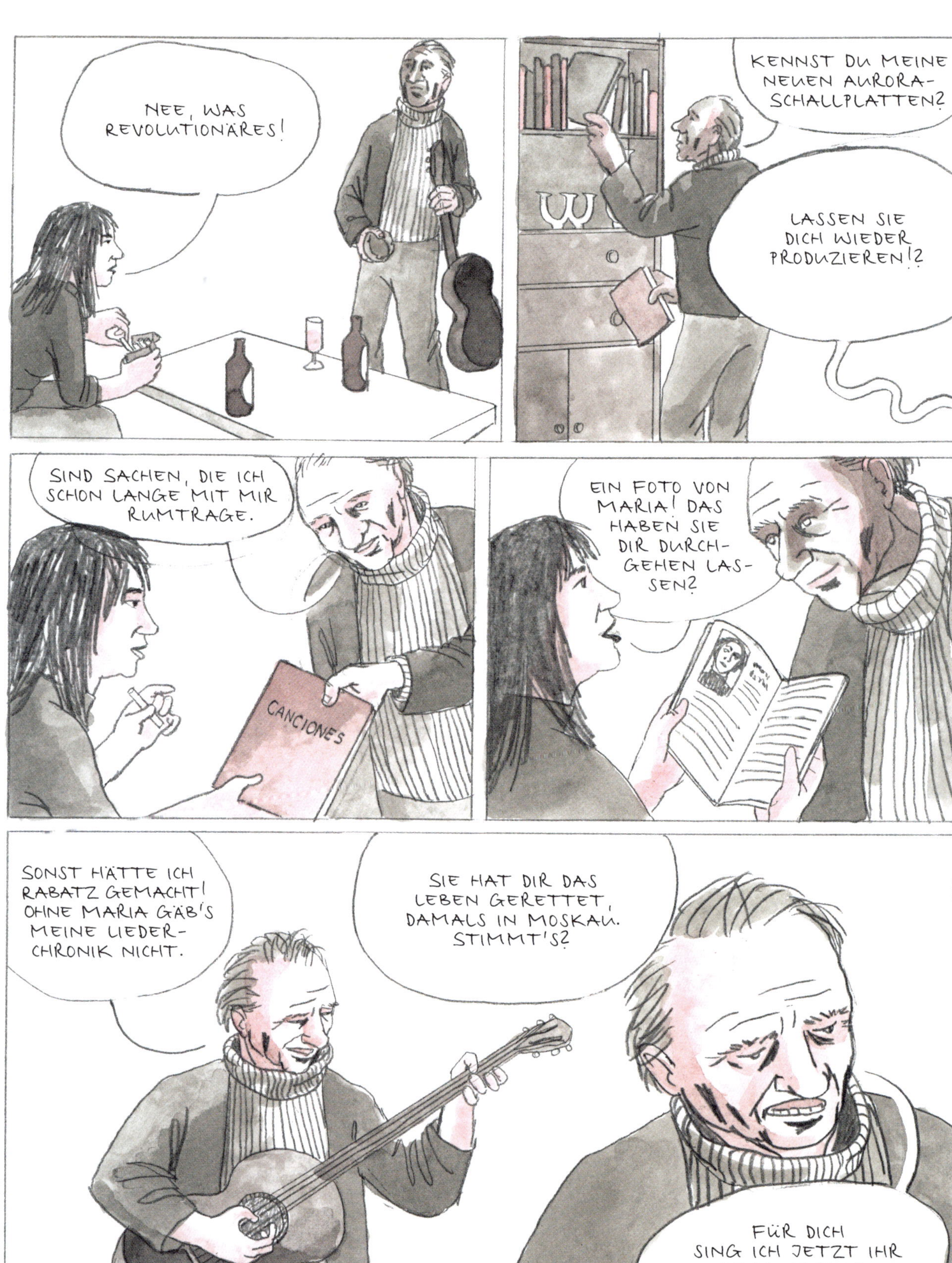
NEE, WAS REVOLUTIONÄRES!
KENNST DU MEINE NEUEN AURORA-SCHALLPLATTEN?
LASSEN SIE DICH WIEDER PRODUZIEREN!?
SIND SACHEN, DIE ICH SCHON LANGE MIT MIR RUMTRAGE.
CANCIONES
EIN FOTO VON MARIA! DAS HABEN SIE DIR DURCH-GEHEN LAS-SEN?
SONST HÄTTE ICH RABATZ GEMACHT! OHNE MARIA GÄB'S MEINE LIEDER-CHRONIK NICHT.
SIE HAT DIR DAS LEBEN GERETTET, DAMALS IN MOSKAU. STIMMT'S?
FÜR DICH SING ICH JETZT IHR LIEBLINGSLIED.

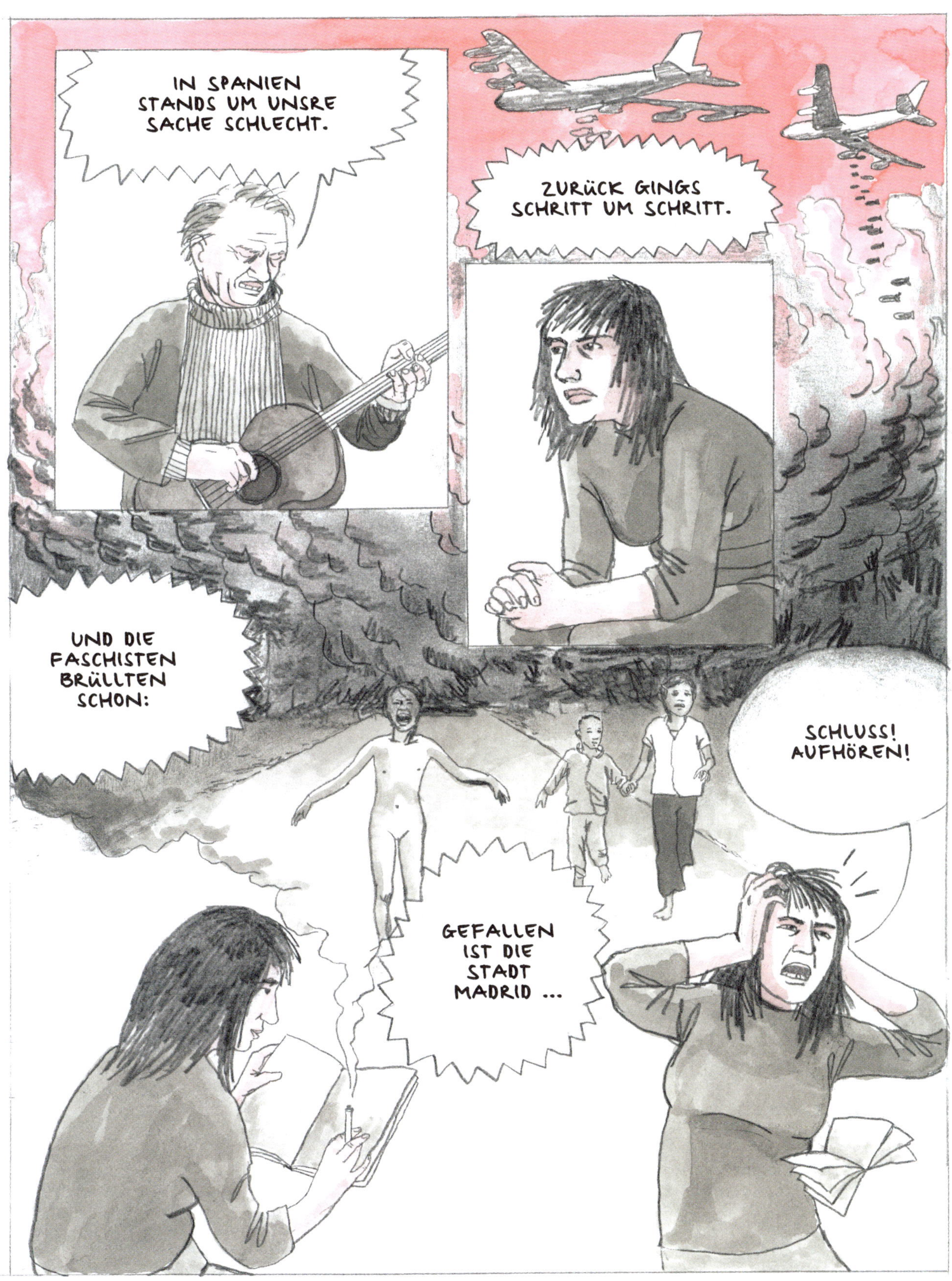
IN SPANIEN STANDS UM UNSRE SACHE SCHLECHT.
ZURÜCK GINGS SCHRITT UM SCHRITT.
UND DIE FASCHISTEN BRÜLLTEN SCHON:
GEFALLEN IST DIE STADT MADRID ...
SCHLUSS! AUFHÖREN!

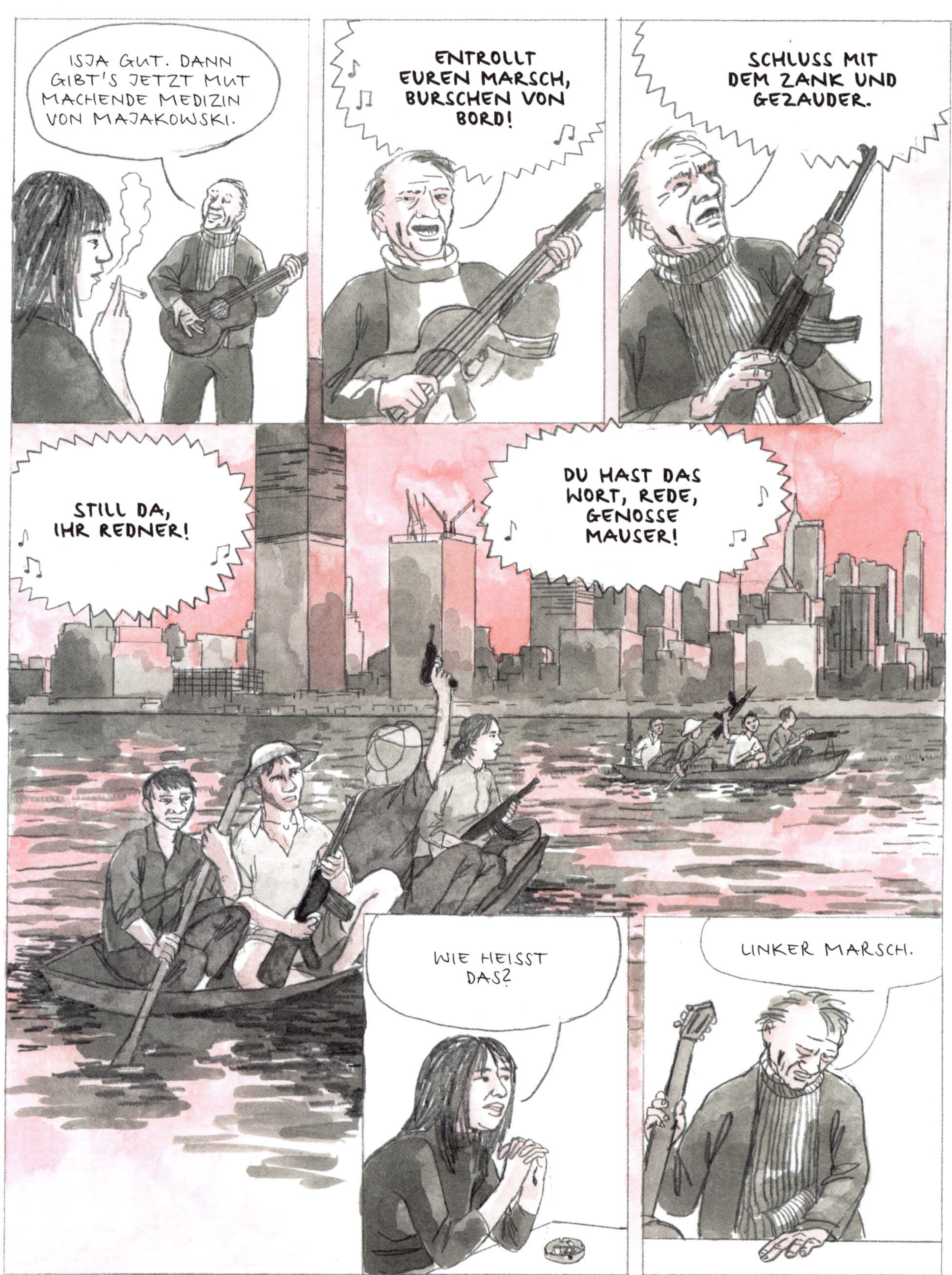

ISJA GUT. DANN GIBT'S JETZT MUT MACHENDE MEDIZIN VON MAJAKOWSKI.
ENTROLLT EUREN MARSCH, BURSCHEN VON BORD!
SCHLUSS MIT DEM ZANK UND GEZAUDER.
STILL DA, IHR REDNER!
DU HAST DAS WORT, REDE, GENOSSE MAUSER!
WIE HEISST DAS?
LINKER MARSCH.

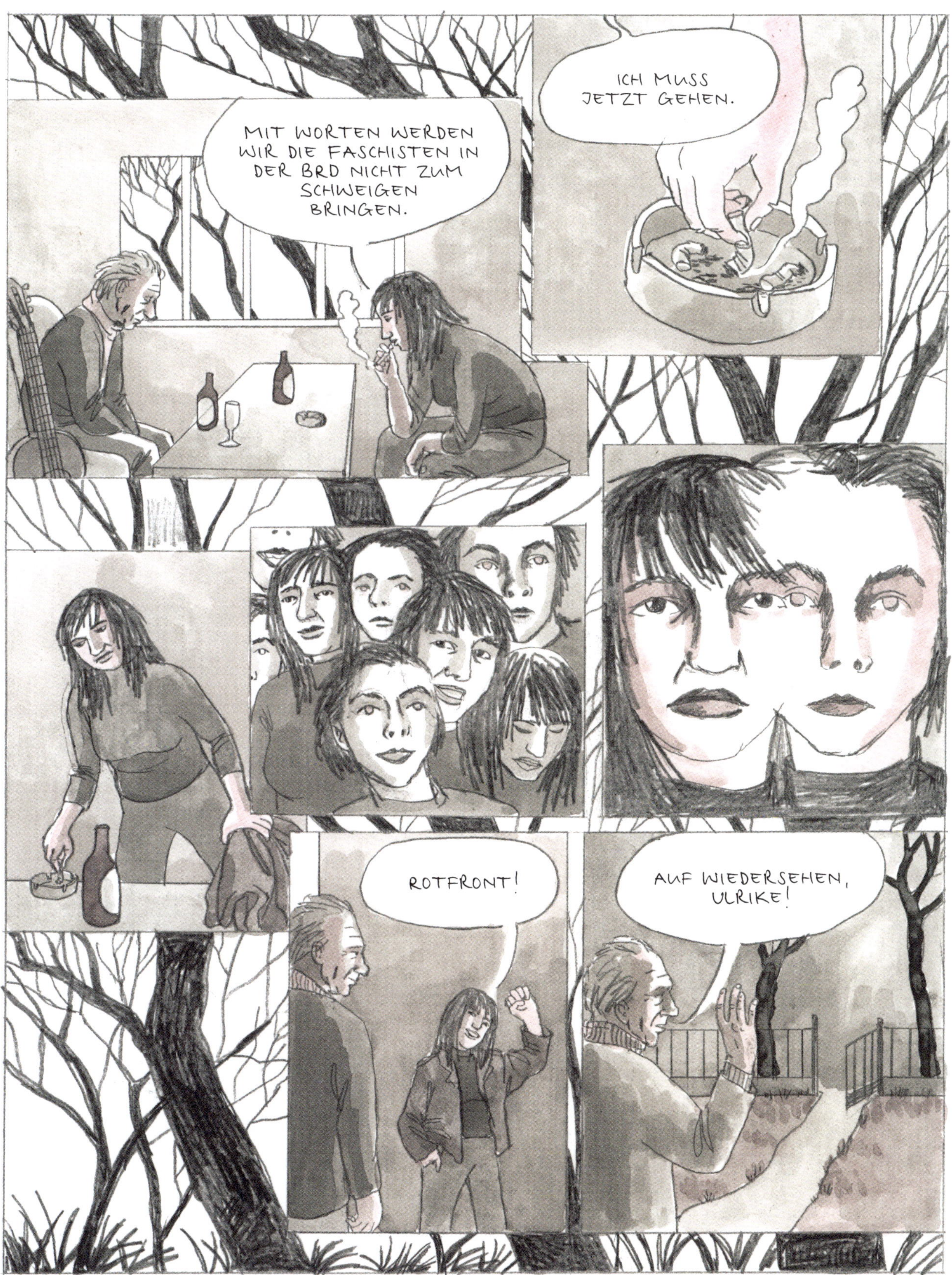
MIT WORTEN WERDEN WIR DIE FASCHISTEN IN DER BRD NICHT ZUM SCHWEIGEN BRINGEN.
ICH MUSS JETZT GEHEN.
ROTFRONT!
AUF WIEDERSEHEN, ULRIKE!

Grischa

OST-BERLIN PANKOW 1975

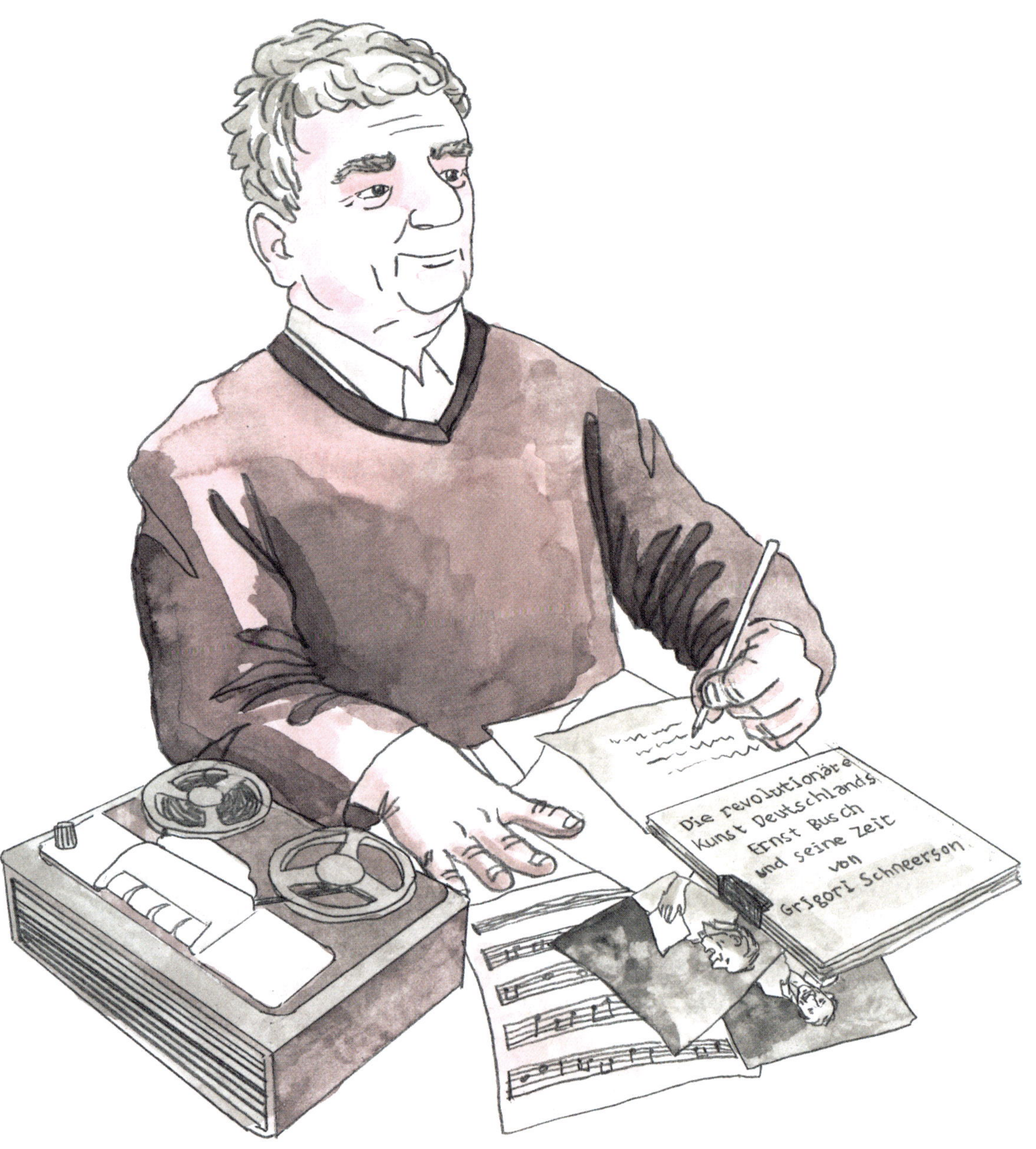

ICH BIN SEIN LETZTER FREUND.

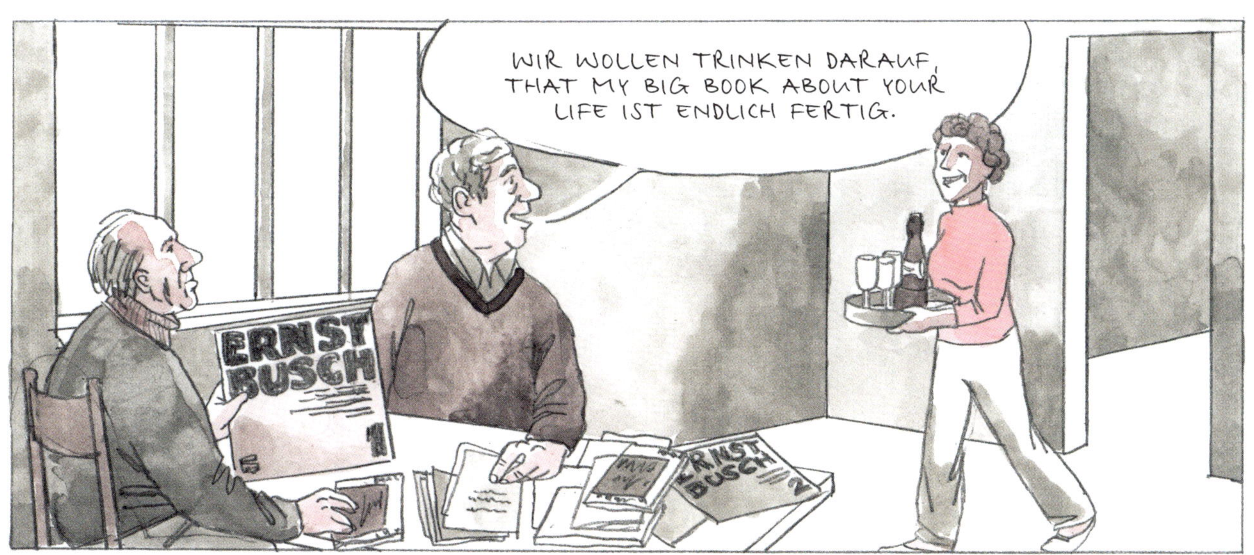
WIR WOLLEN TRINKEN DARAUF, THAT MY BIG BOOK ABOUT YOUR LIFE IST ENDLICH FERTIG.
ERNST BUSCH
ERNST BUSCH

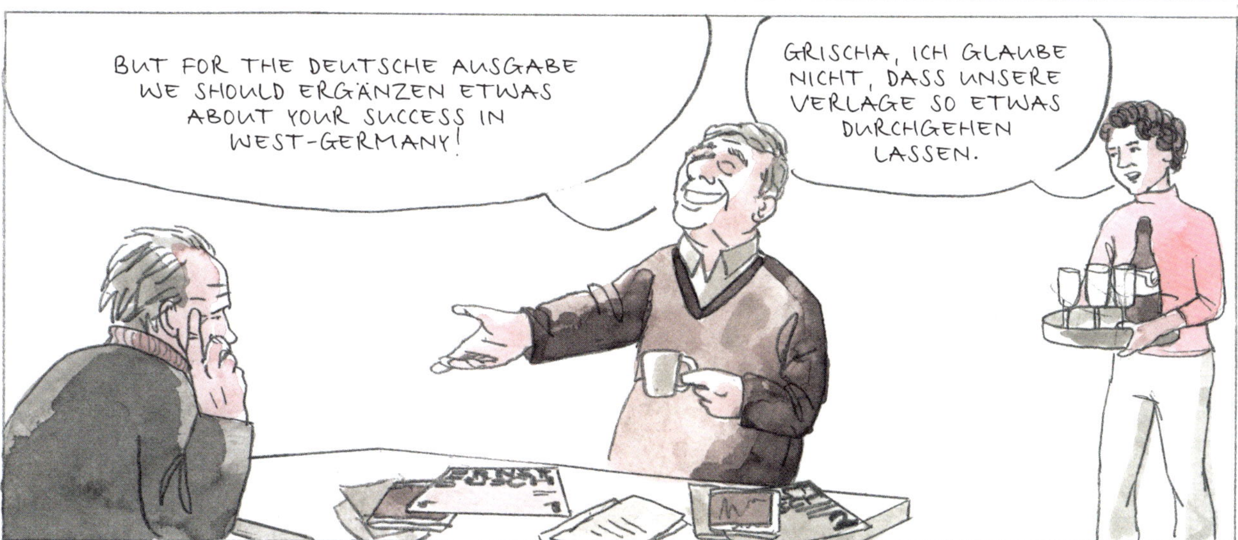
BUT FOR THE DEUTSCHE AUSGABE WE SHOULD ERGÄNZEN ETWAS ABOUT YOUR SUCCESS IN WEST-GERMANY!
GRISCHA, ICH GLAUBE NICHT, DASS UNSERE VERLAGE SO ETWAS DURCHGEHEN LASSEN.

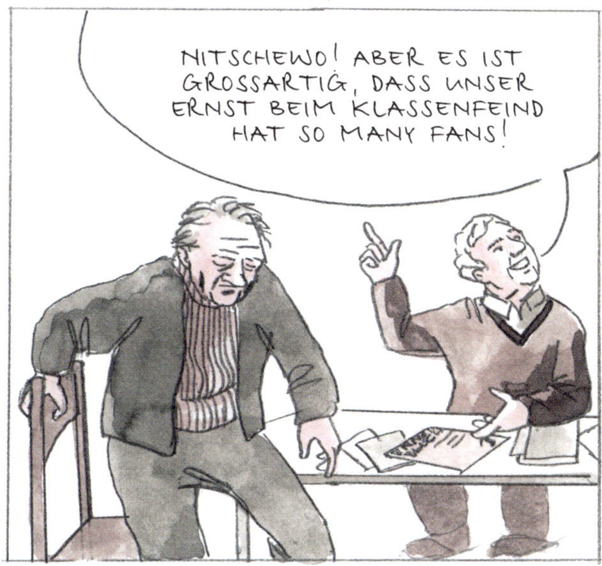
NITSCHEWO! ABER ES IST GROSSARTIG, DASS UNSER ERNST BEIM KLASSENFEIND HAT SO MANY FANS!

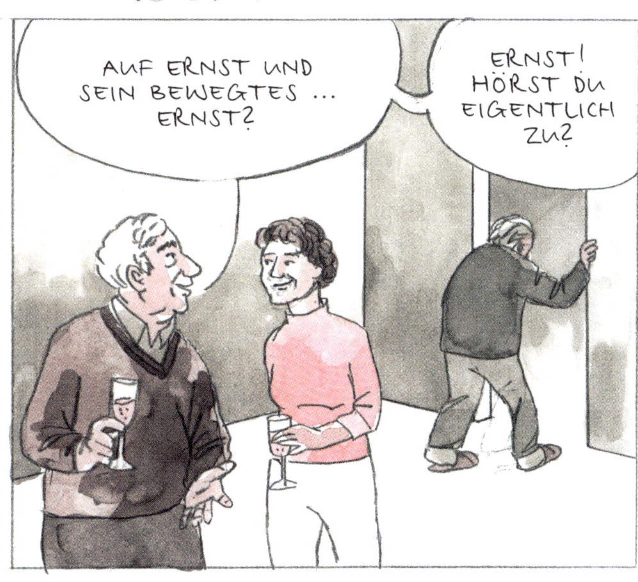
AUF ERNST UND SEIN BEWEGTES ... ERNST?
ERNST! HÖRST DU EIGENTLICH ZU?

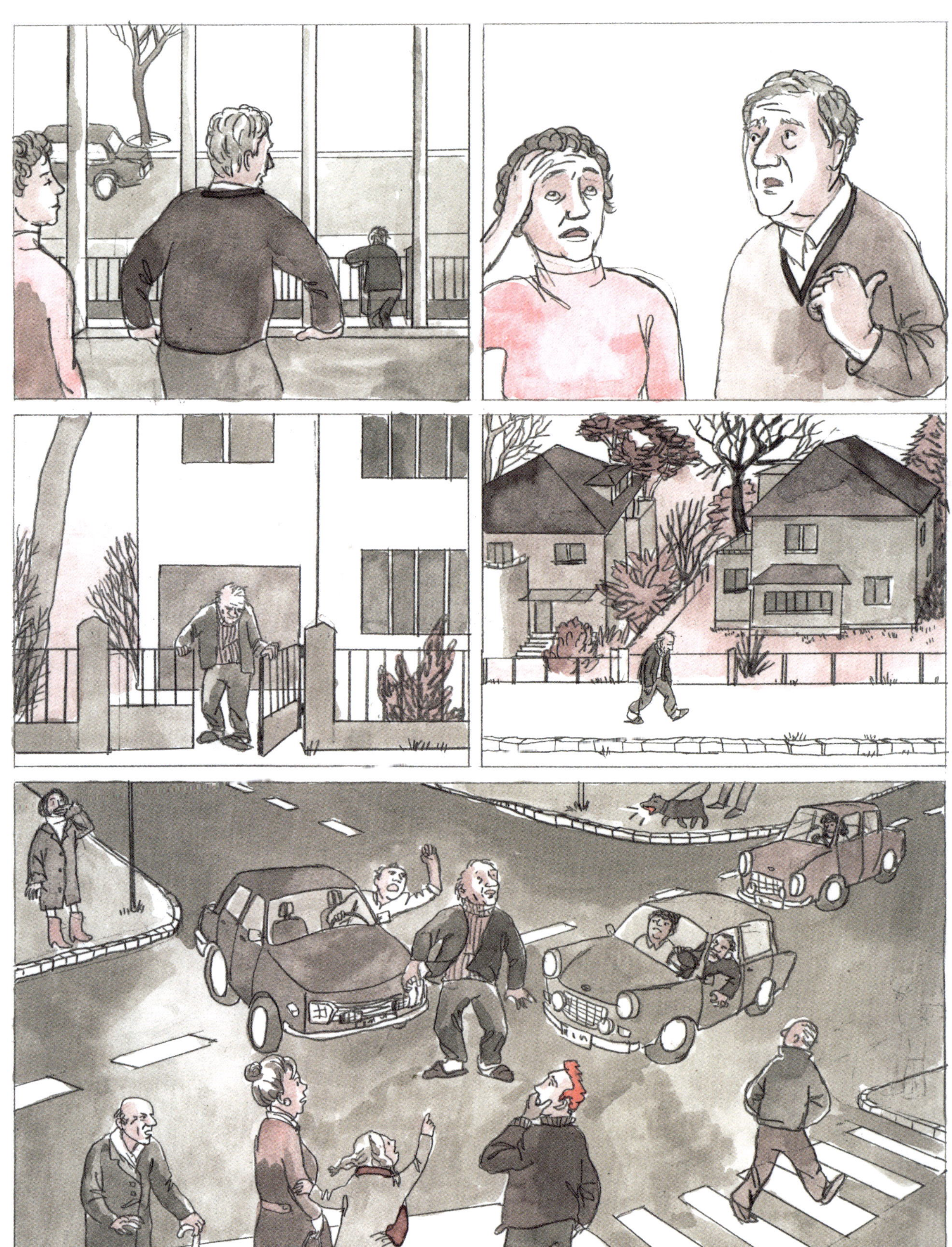

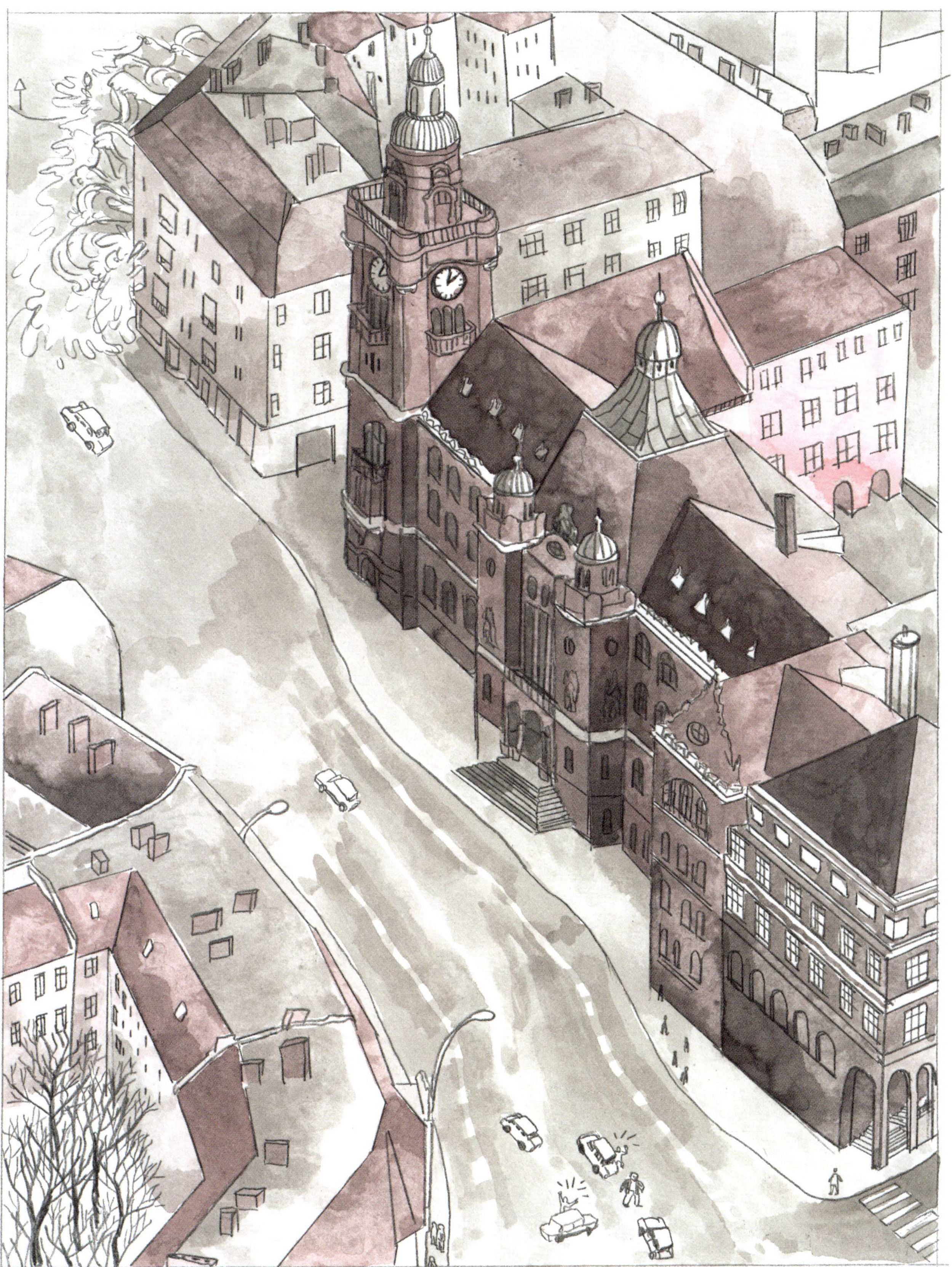

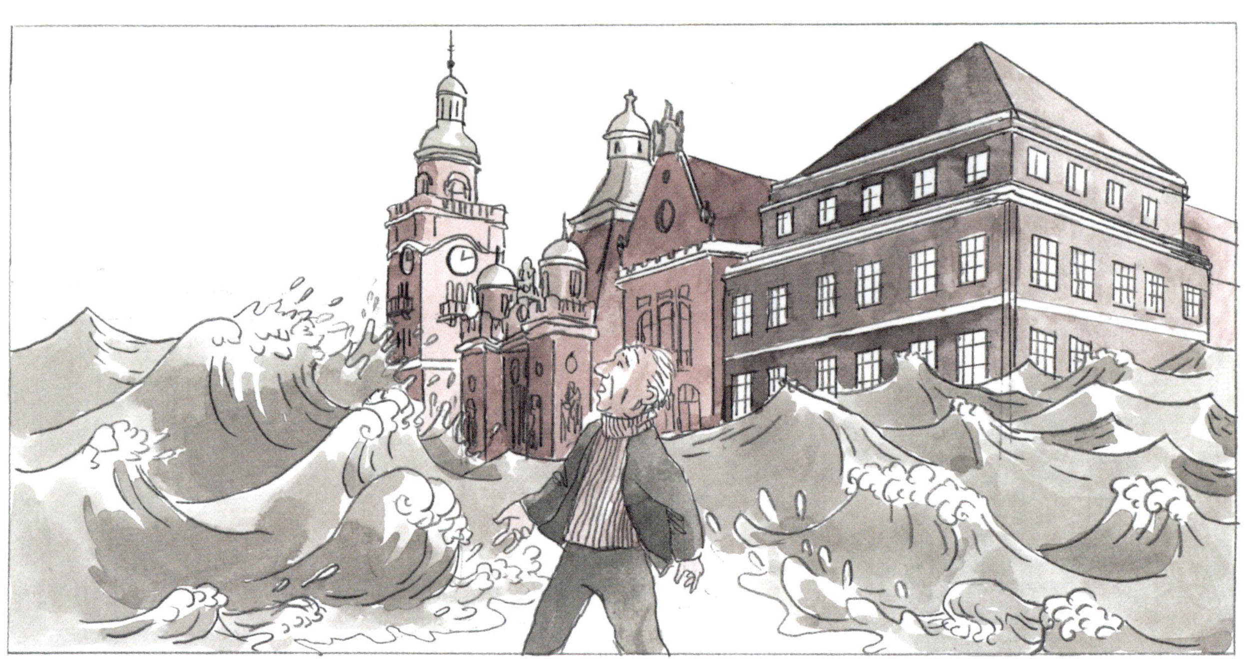

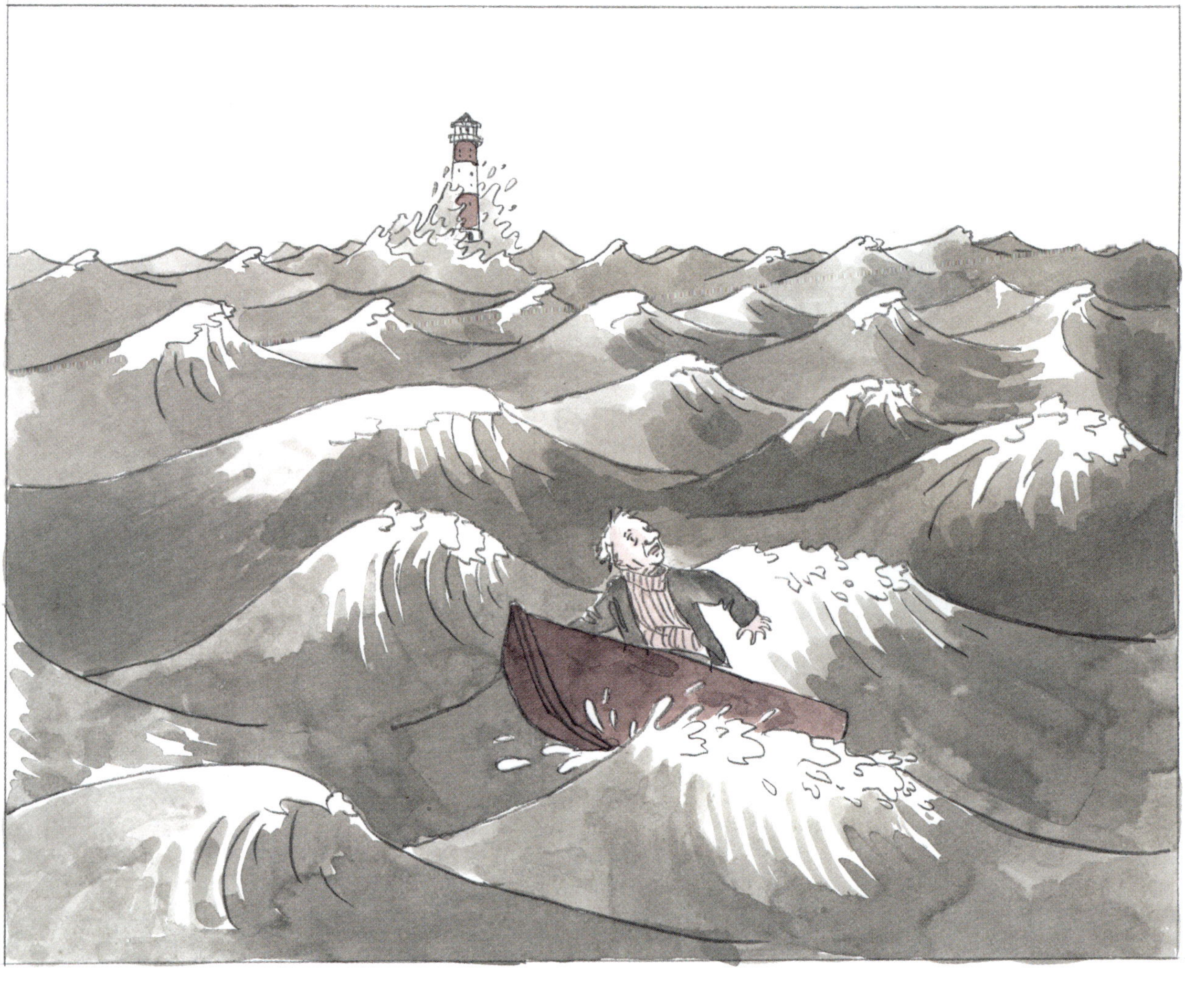

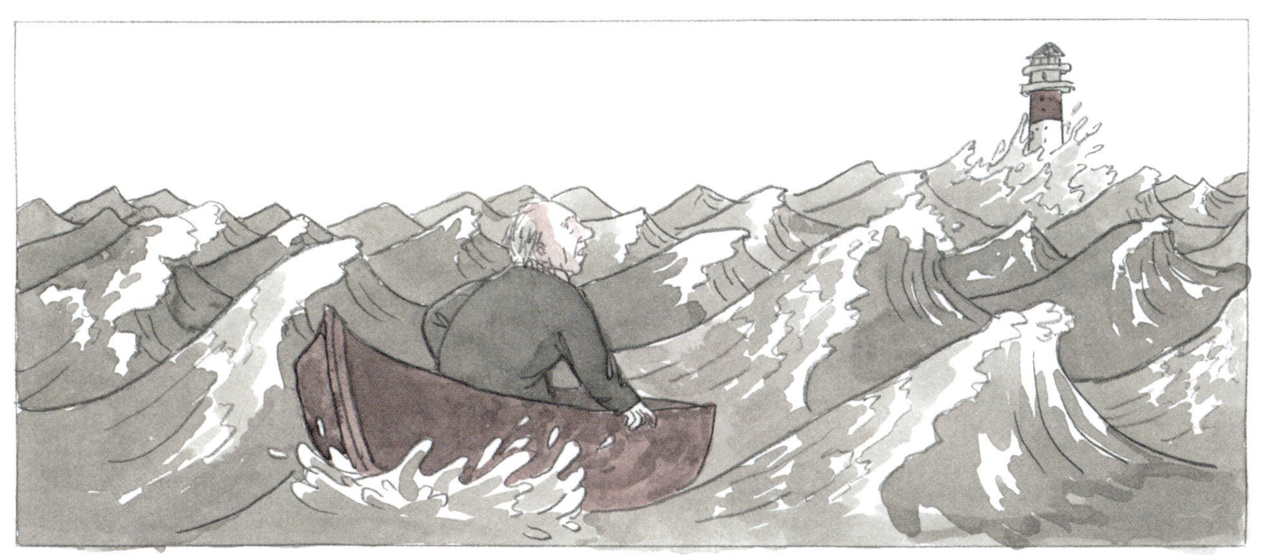

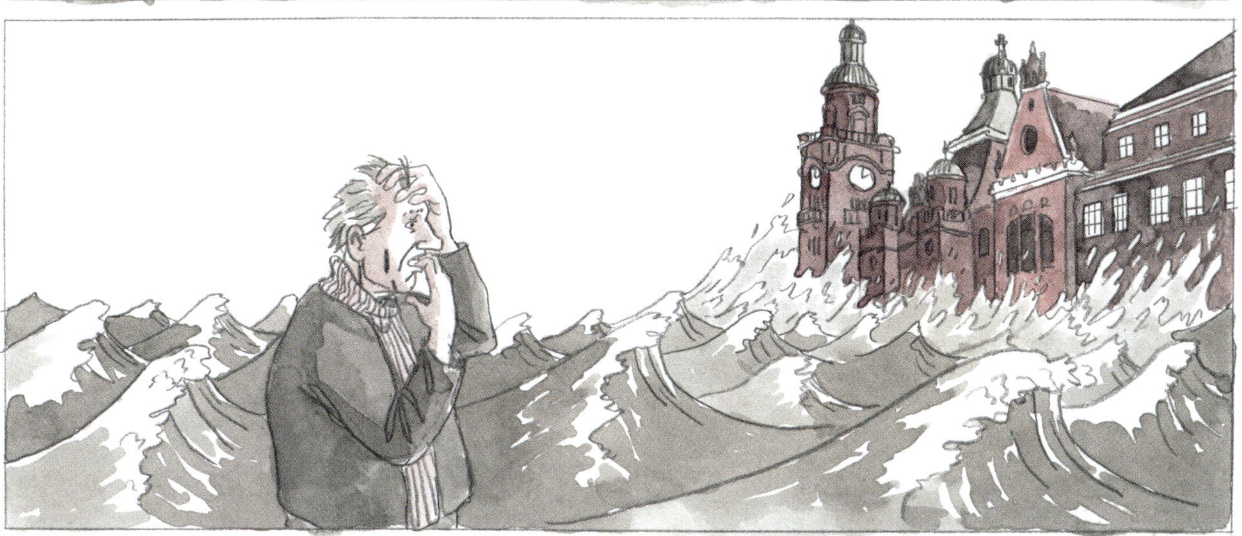

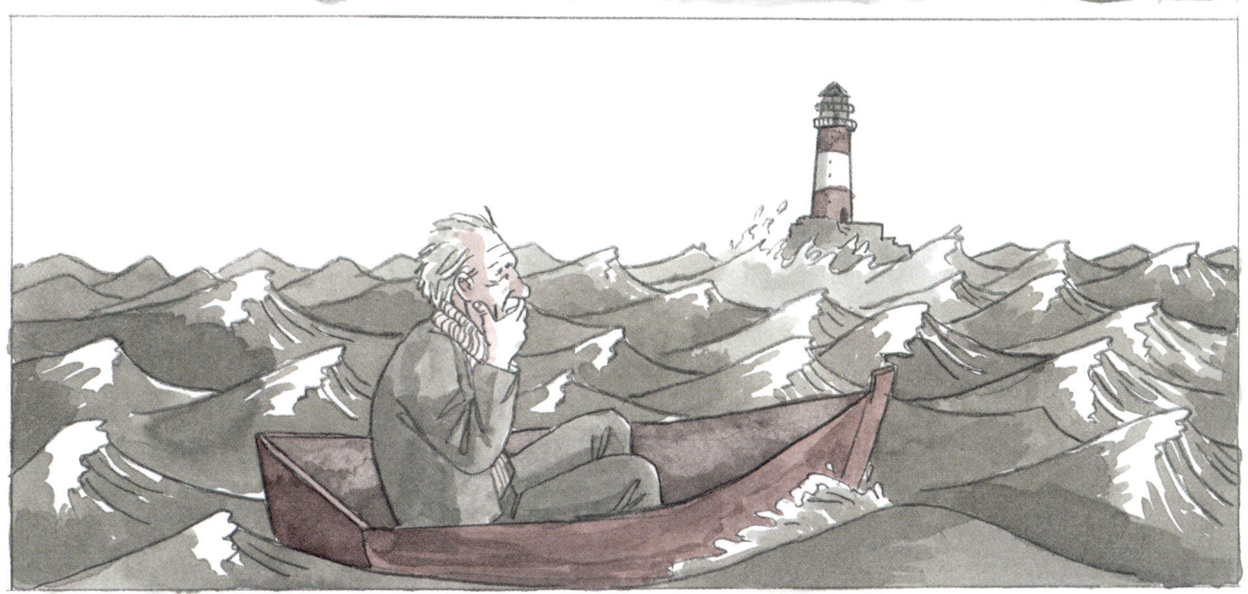

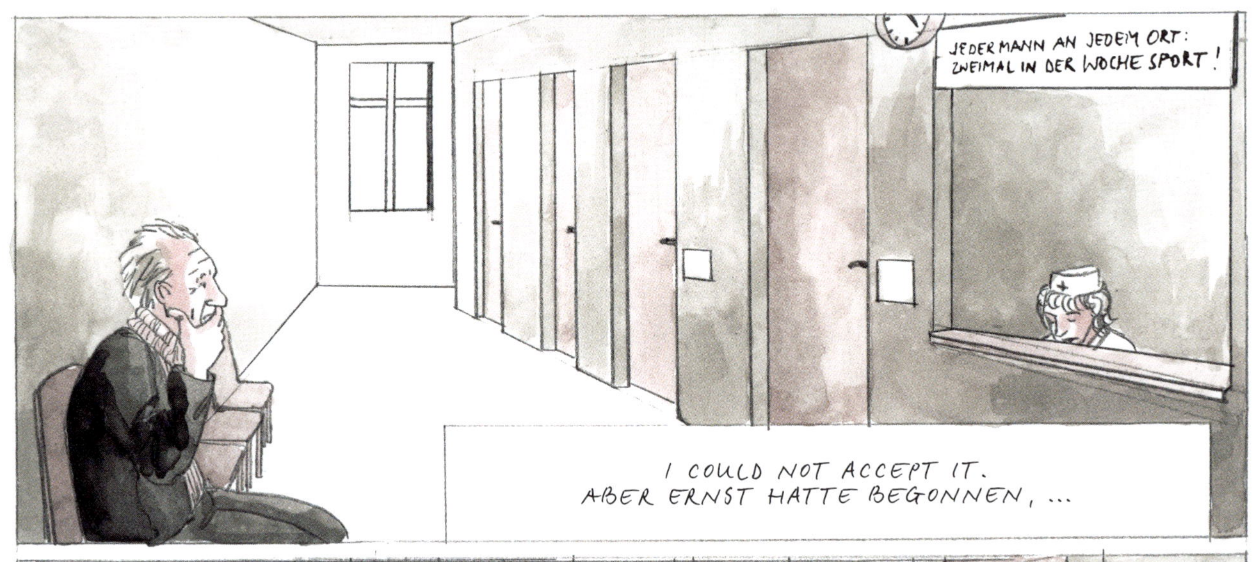
JEDERMANN AN JEDEM ORT:
ZWEIMAL IN DER WOCHE SPORT!
I COULD NOT ACCEPT IT.
ABER ERNST HATTE BEGONNEN, ...

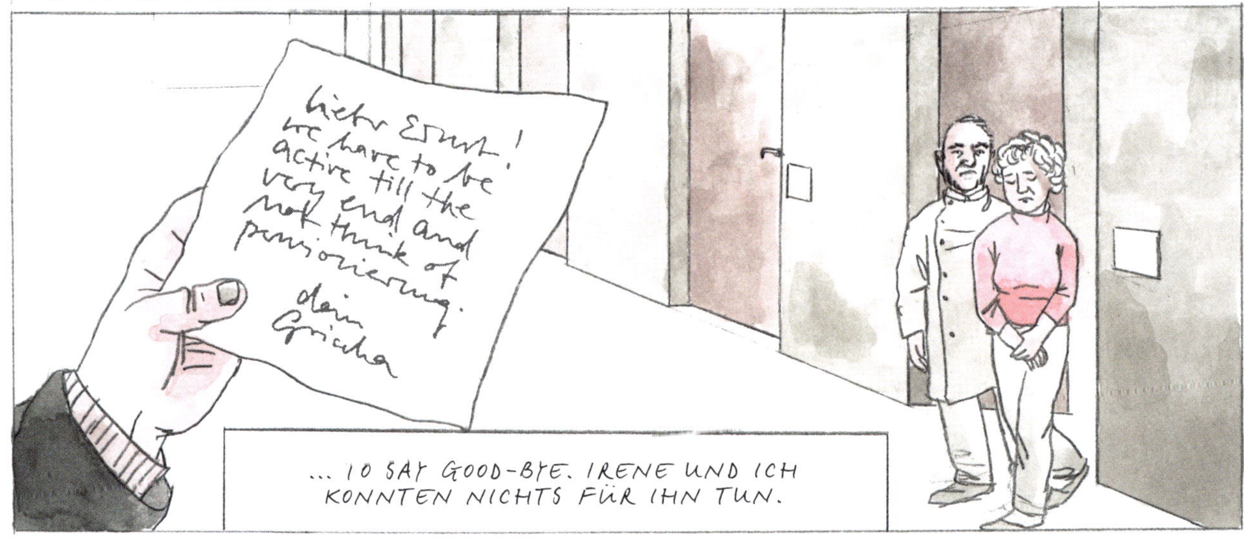
Liebe Ernst!
we have to be
active till the
very end and
not think of
pensionierung.
dein
Grischa
... TO SAY GOOD-BYE. IRENE UND ICH
KONNTEN NICHTS FÜR IHN TUN.

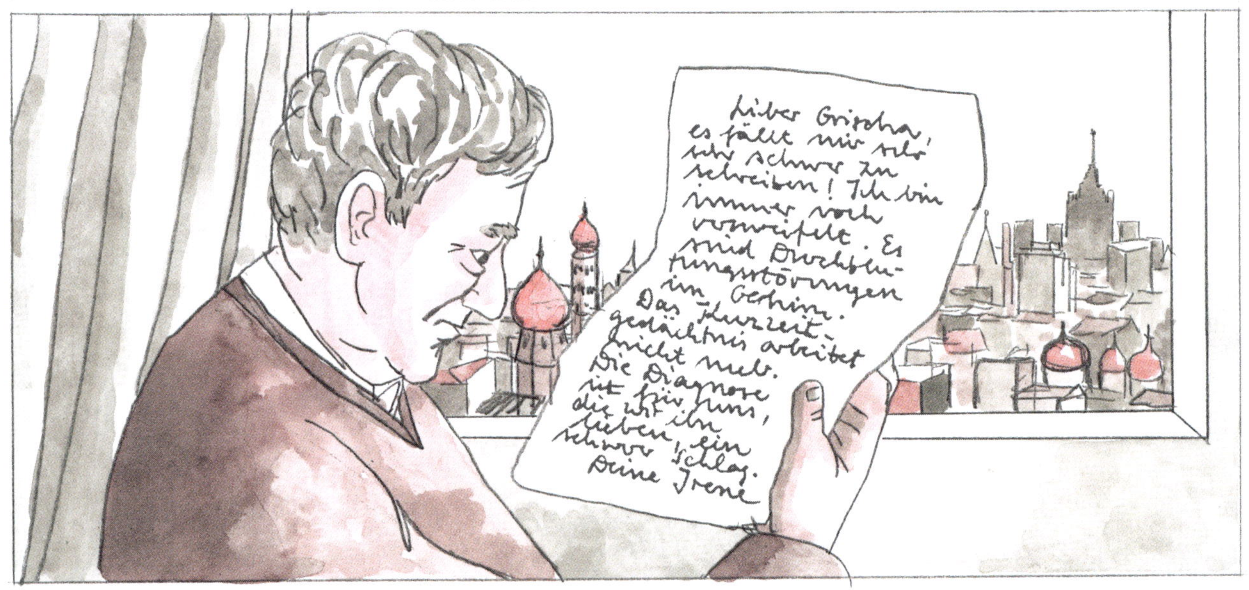
Lieber Grischa,
es fällt mir sehr
sehr schwer zu
schreiben! Ich bin
immer noch
verzweifelt. Es
sind Durchblu-
tungsstörungen
im Gehirn.
Das Kurzzeit-
gedächtnis arbeitet
nicht mehr.
Die Diagnose
ist für uns,
die wir ihn
lieben, ein
schwerer Schlag.
Deine Irene

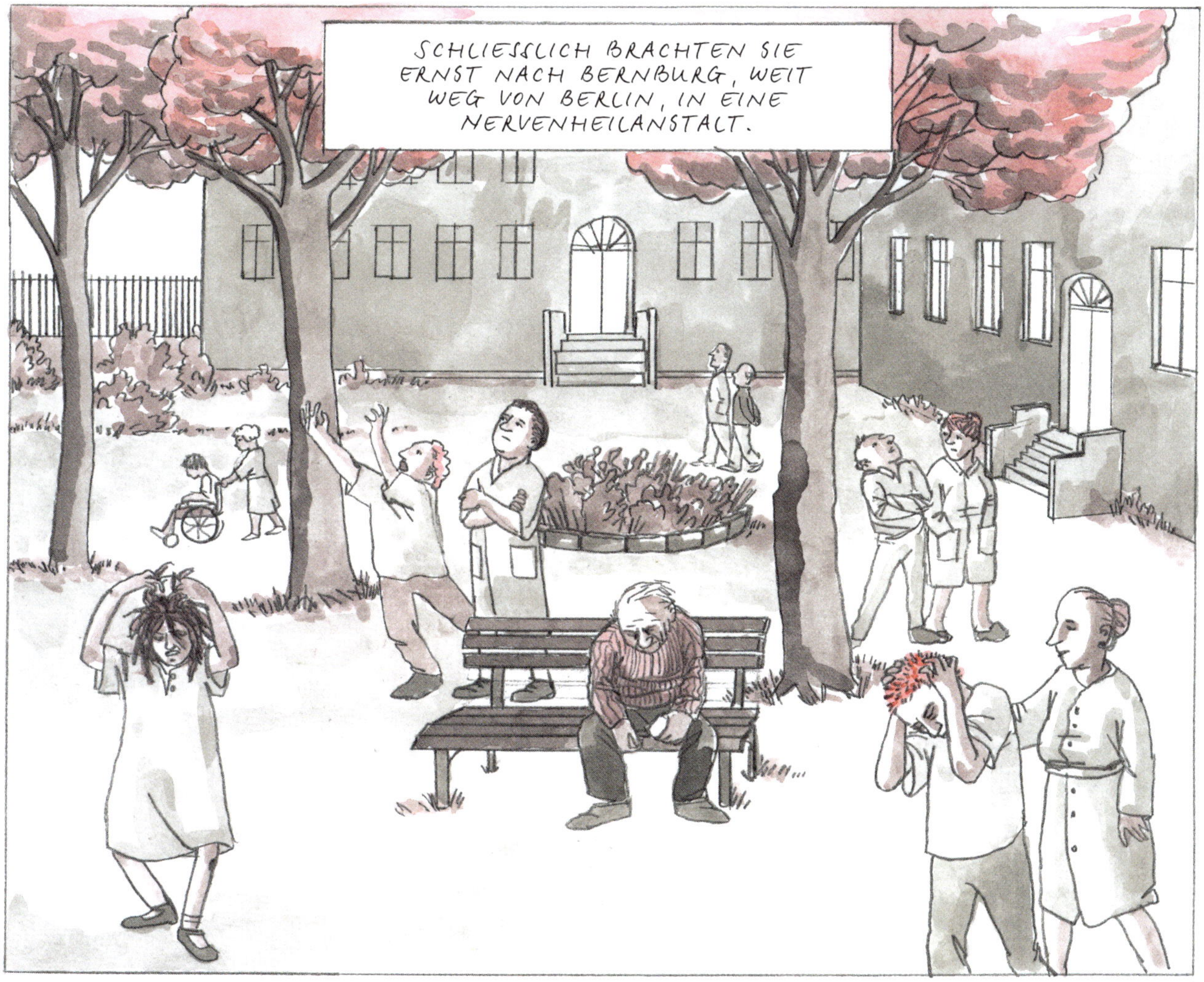

SCHLIESSLICH BRACHTEN SIE ERNST NACH BERNBURG, WEIT WEG VON BERLIN, IN EINE NERVENHEILANSTALT.

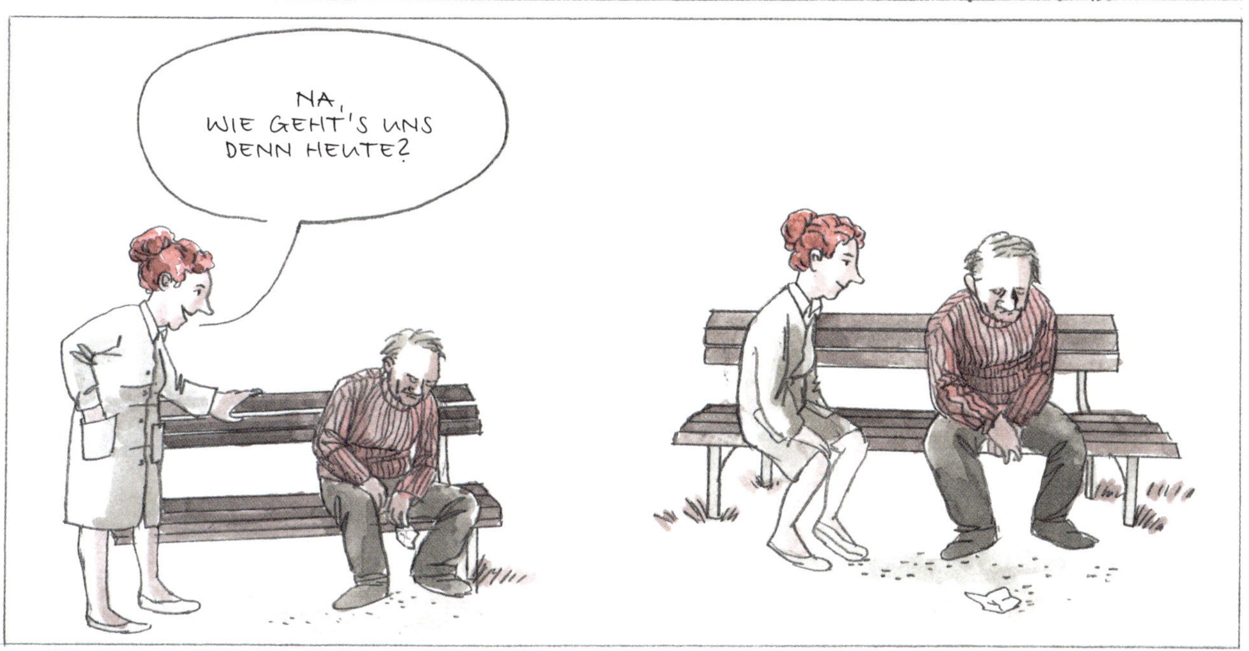

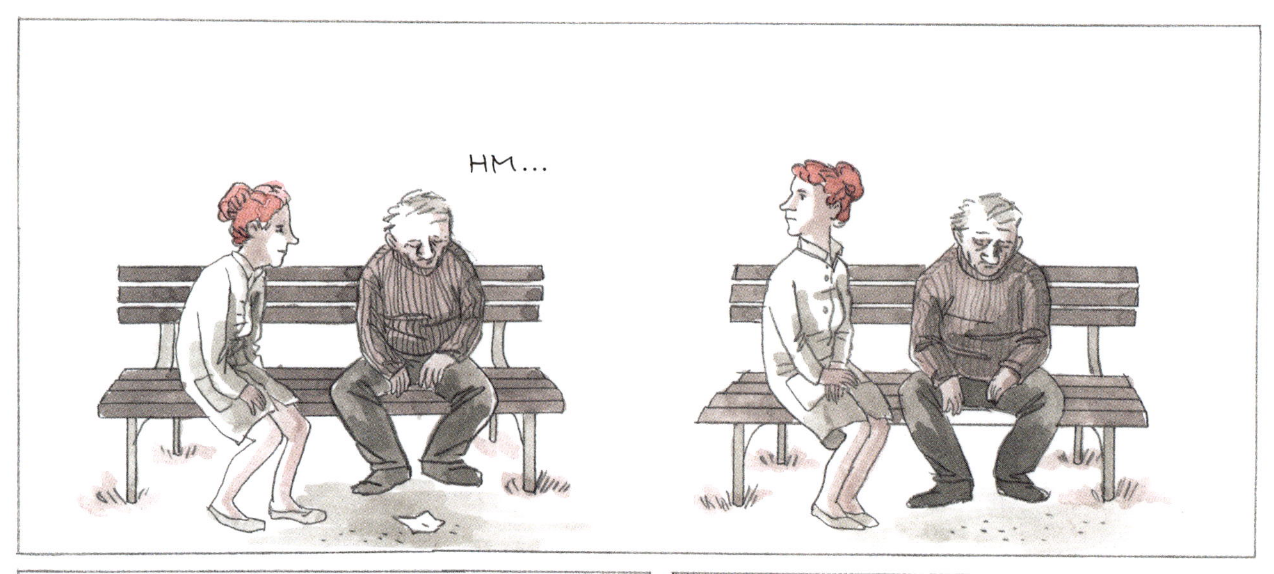
HM...

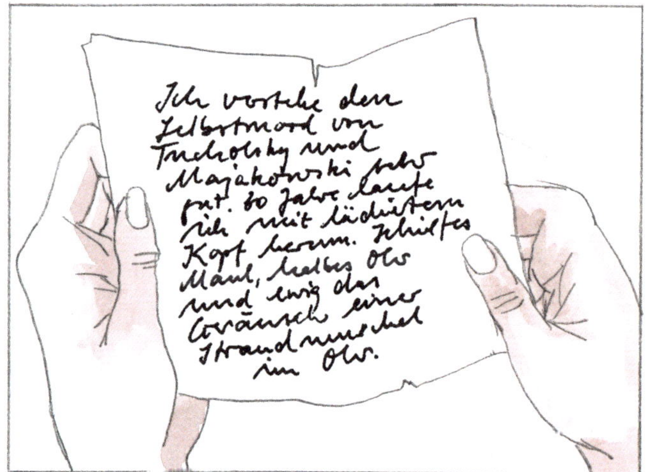
Ich verstehe den
Selbstmord von
Tucholsky und
Majakowski sehr
gut. 80 Jahre laufe
ich mit lädiertem
Kopf herum. Schiefes
Maul, halbes Ohr
und ewig das
Geräusch einer
Strandmuschel
im Ohr.

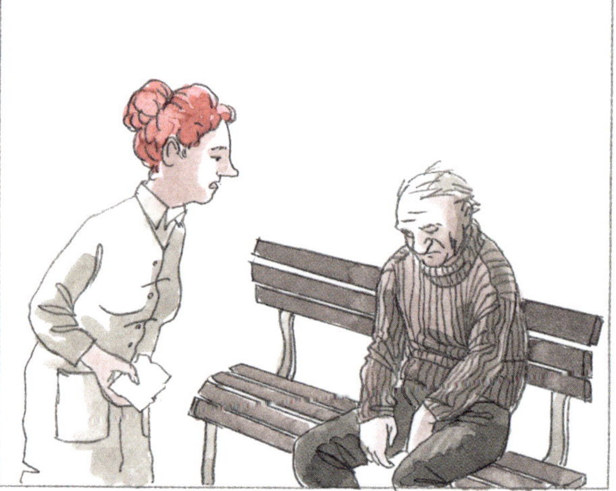

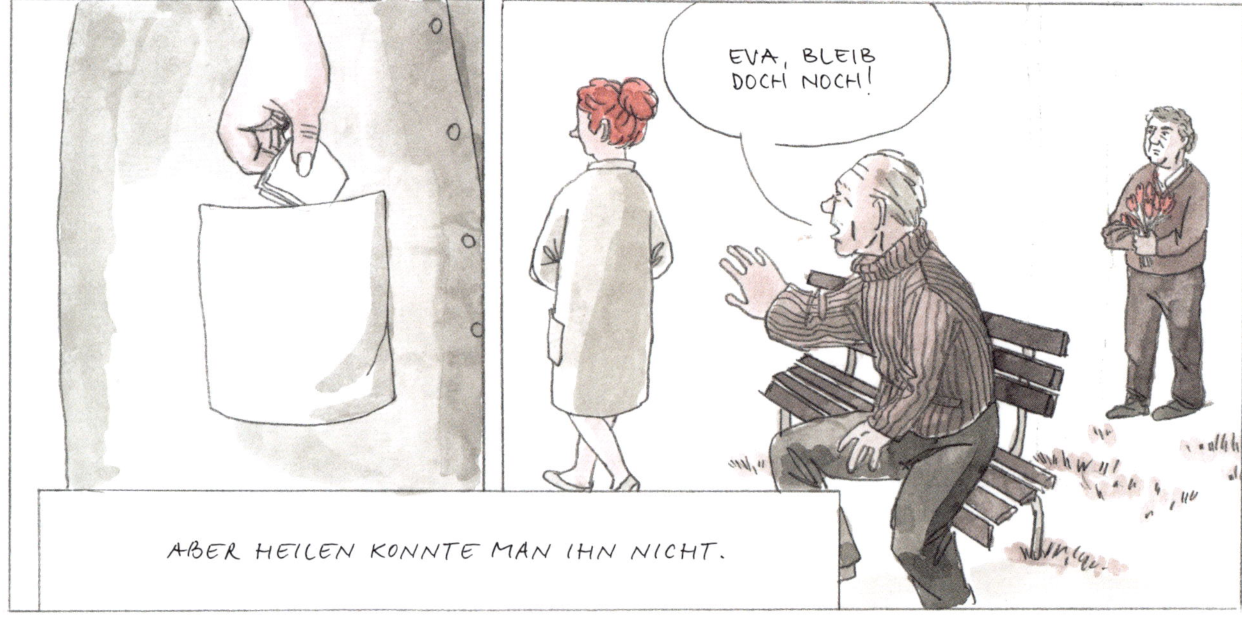
EVA, BLEIB
DOCH NOCH!
ABER HEILEN KONNTE MAN IHN NICHT.

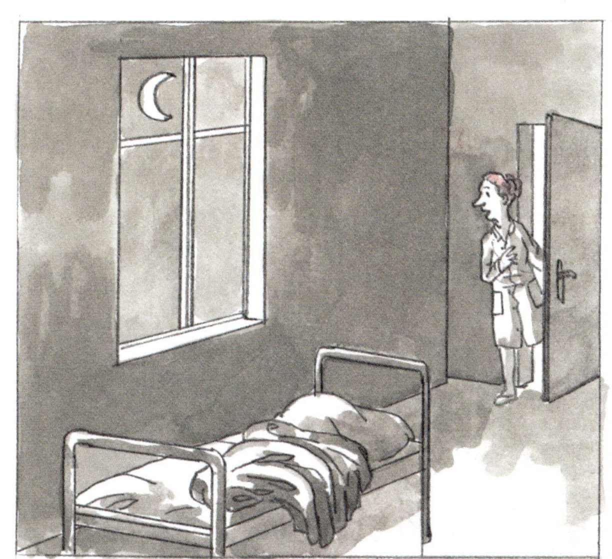

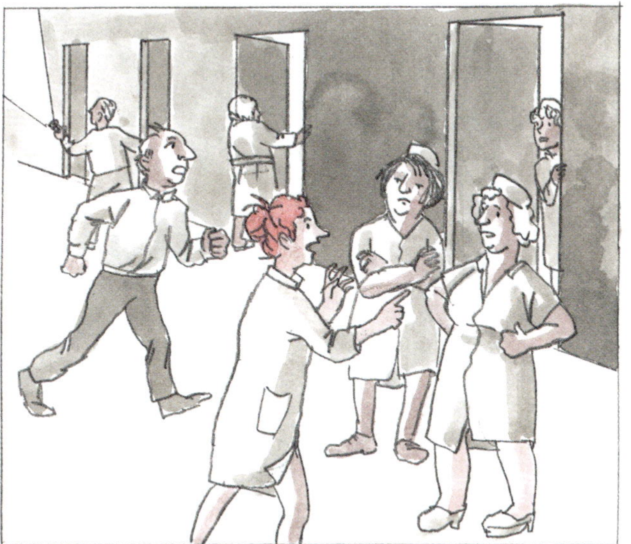

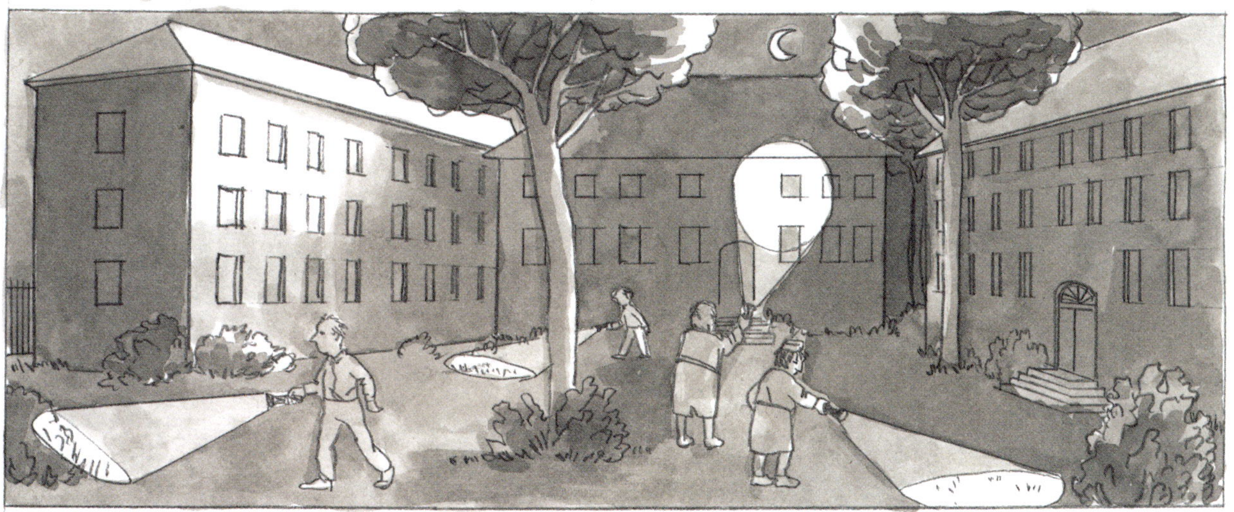

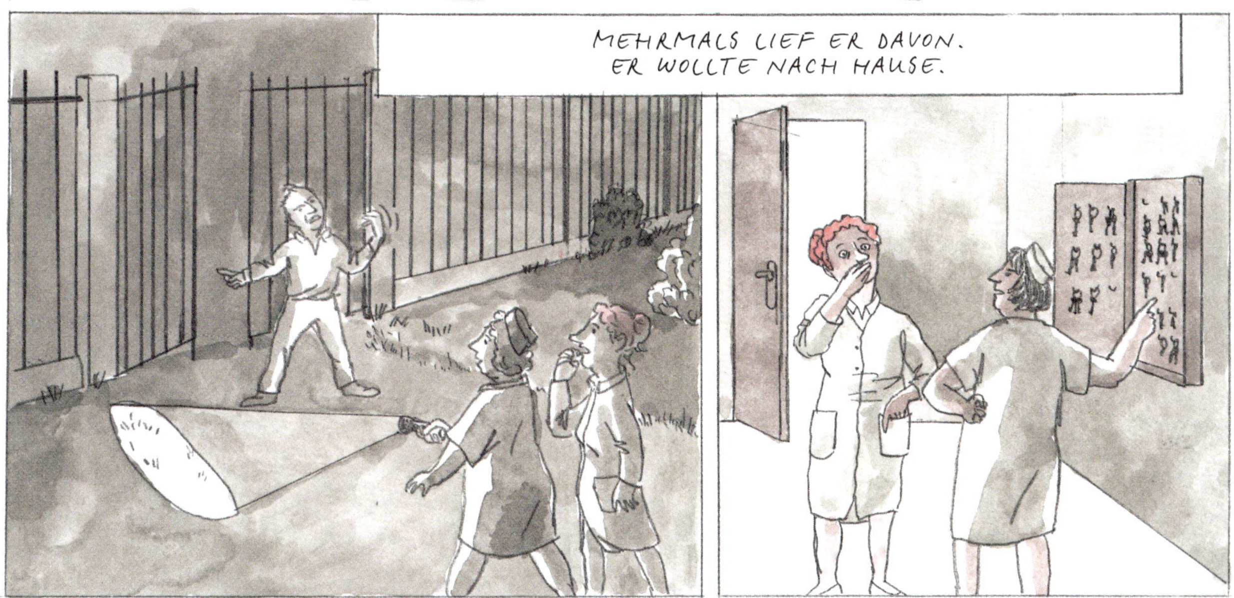
MEHRMALS LIEF ER DAVON.
ER WOLLTE NACH HAUSE.

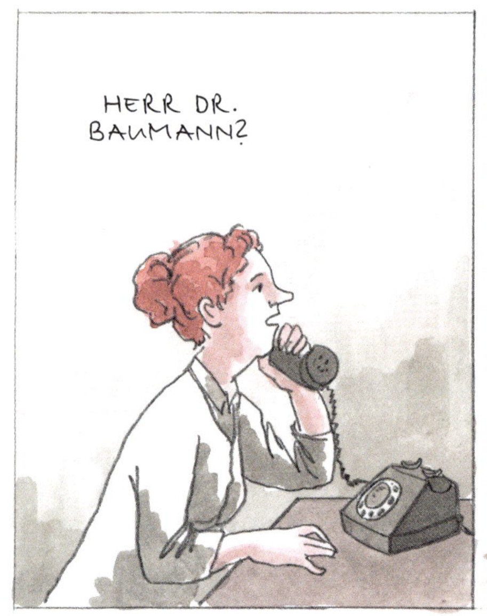
HERR DR.
BAUMANN?

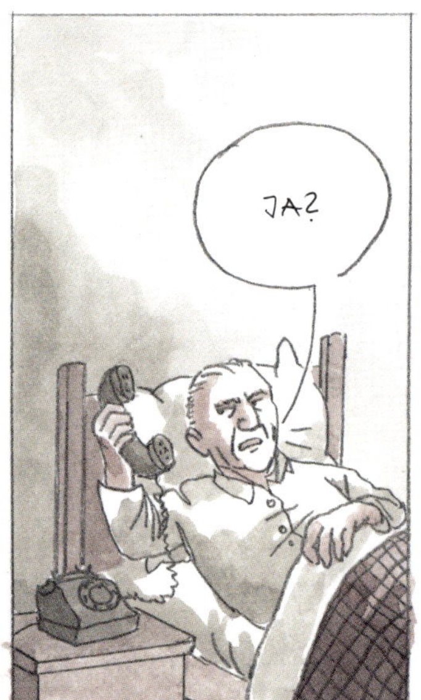
JA?

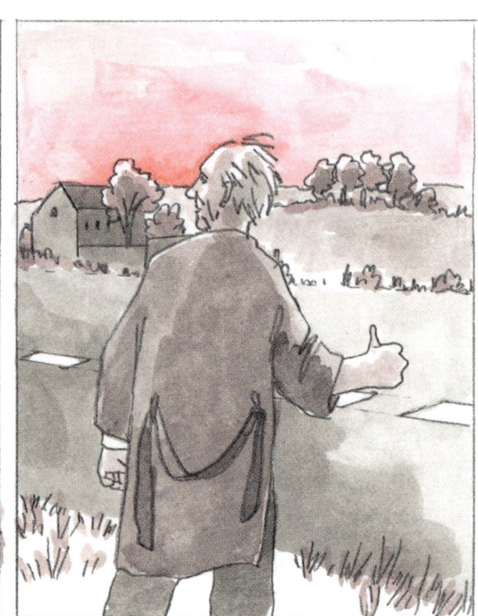

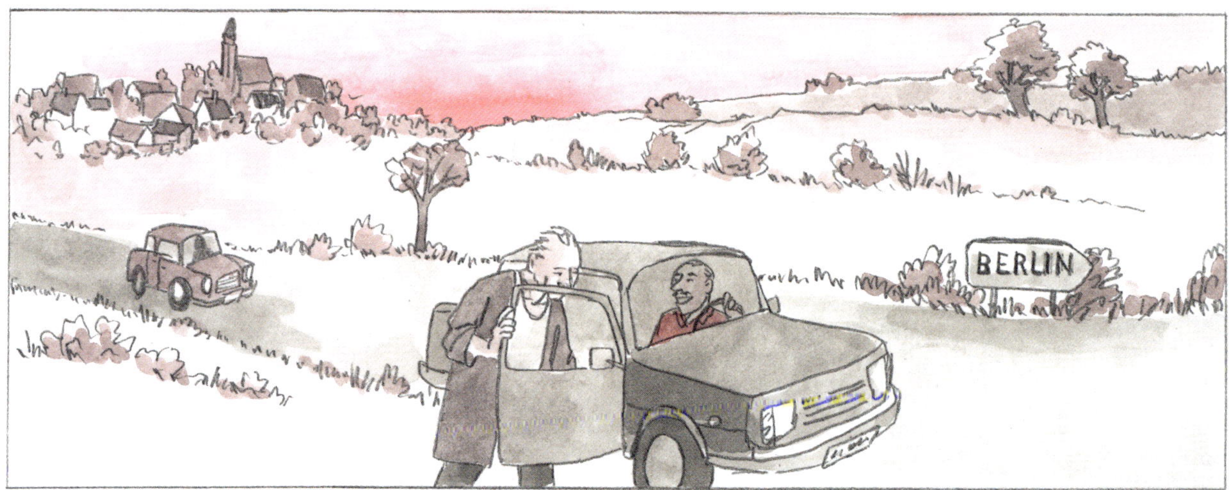
BERLIN

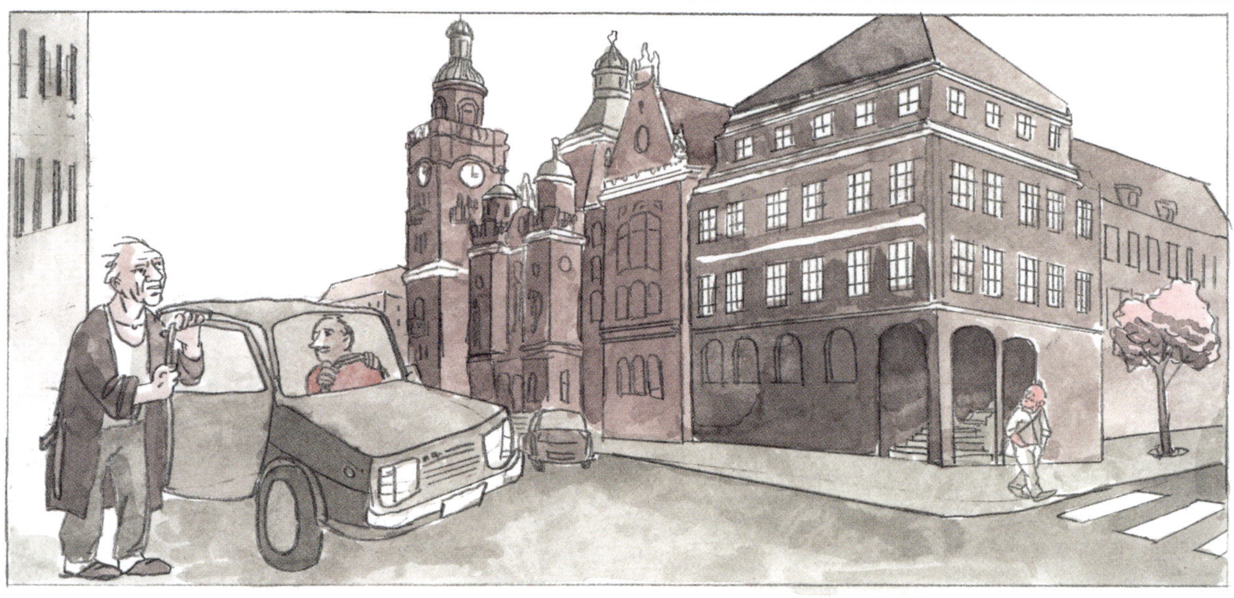

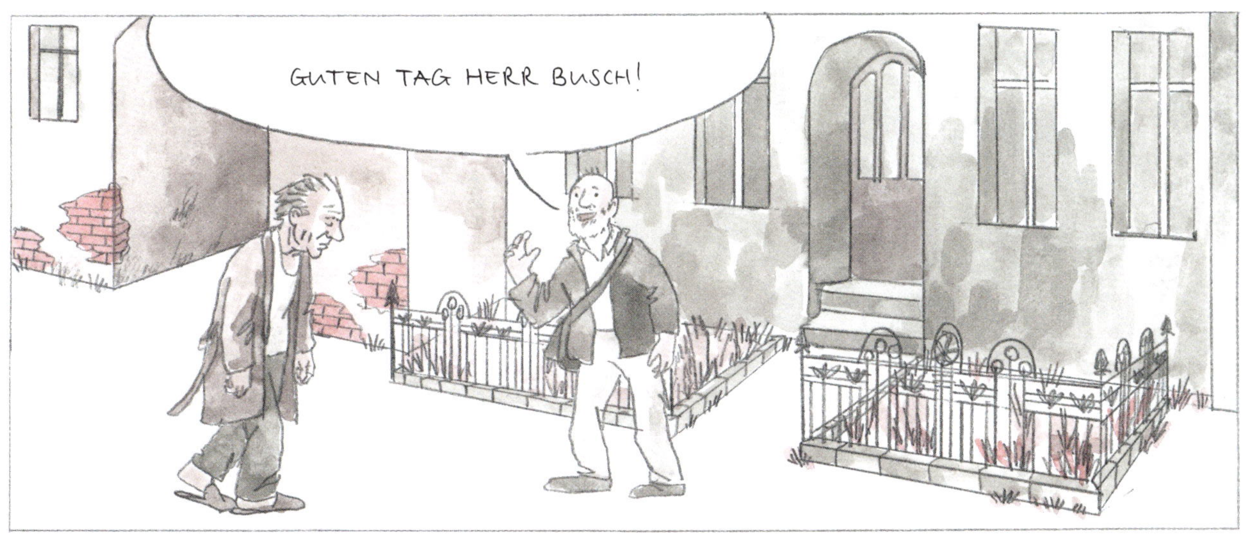
GUTEN TAG HERR BUSCH!

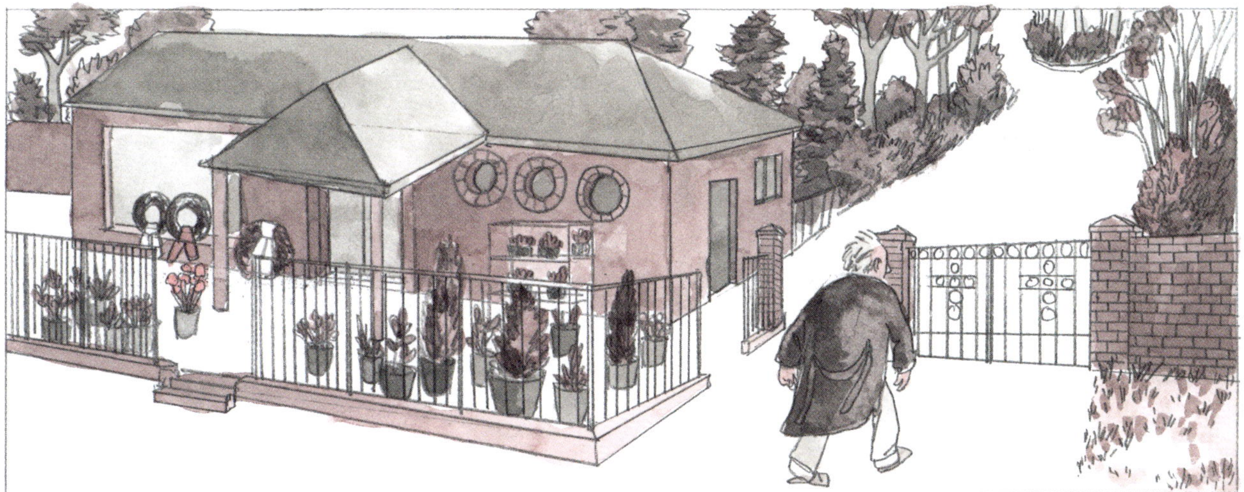

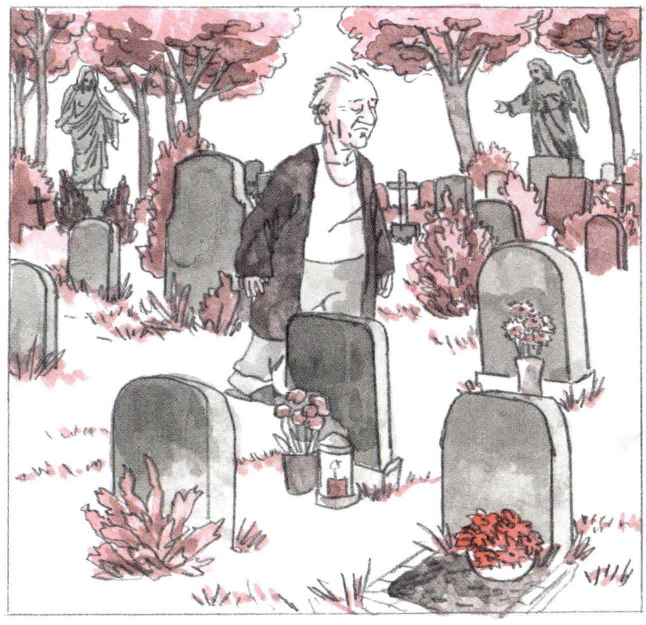

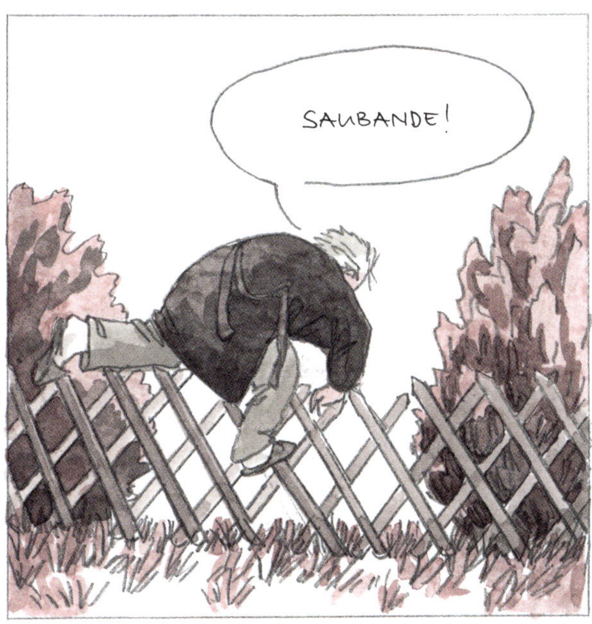
SAUBANDE!

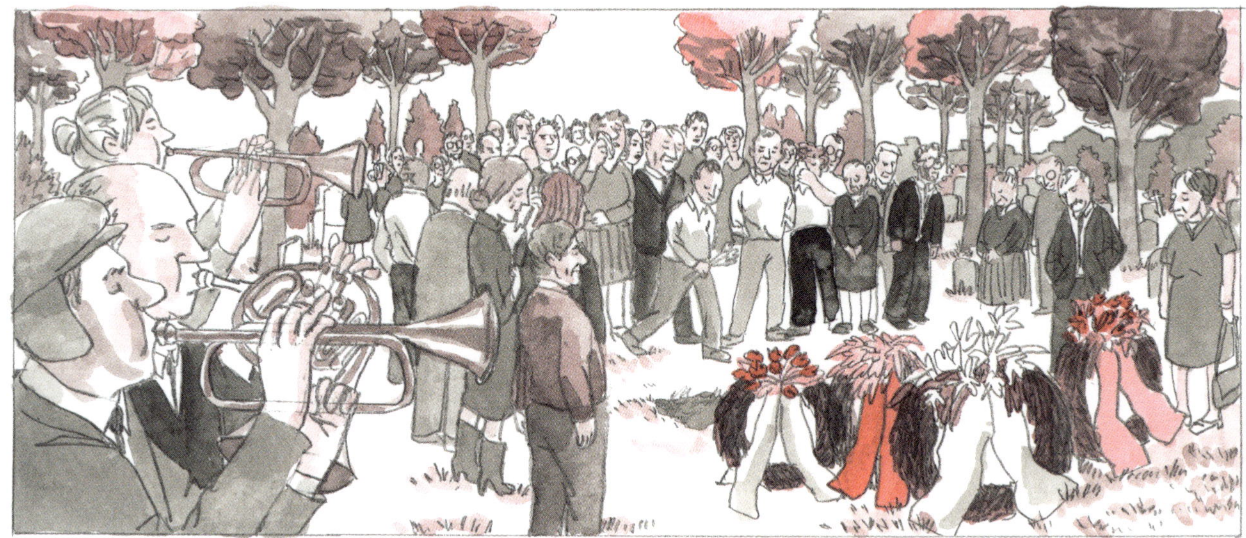

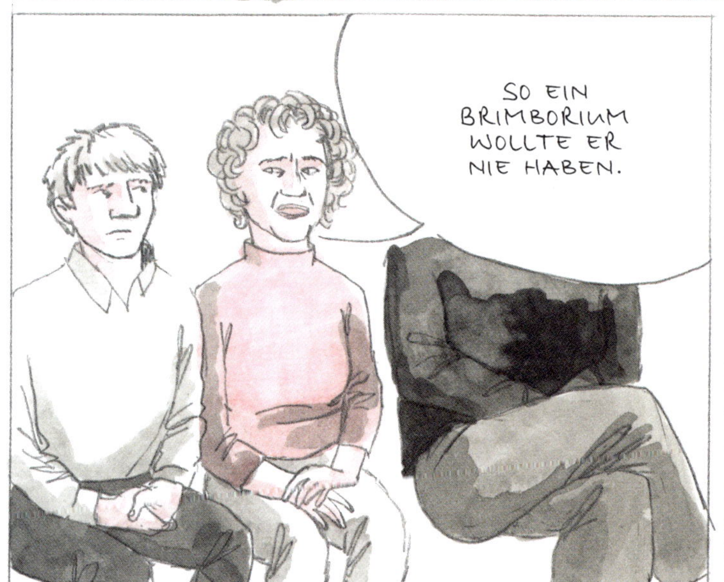
SO EIN BRIMBORIUM WOLLTE ER NIE HABEN.

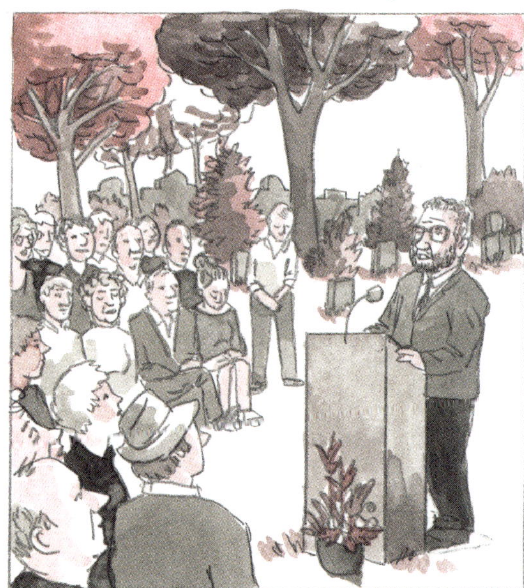

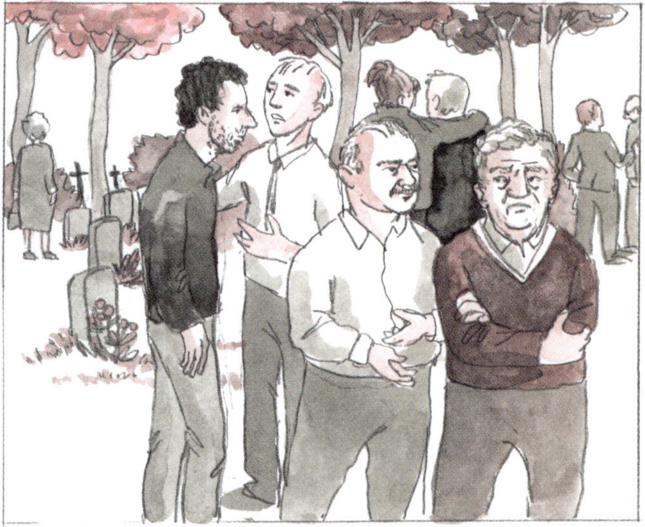

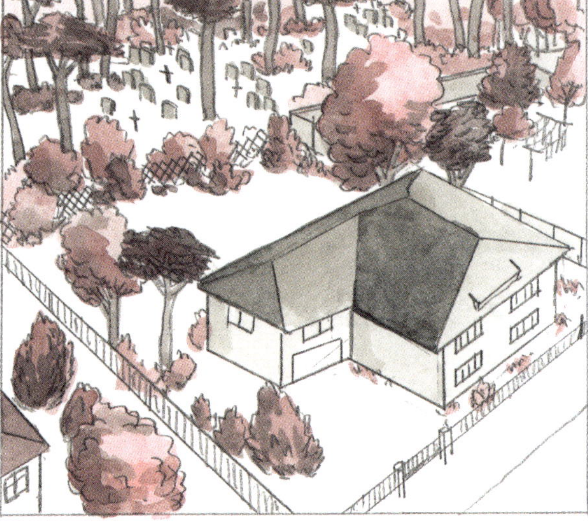

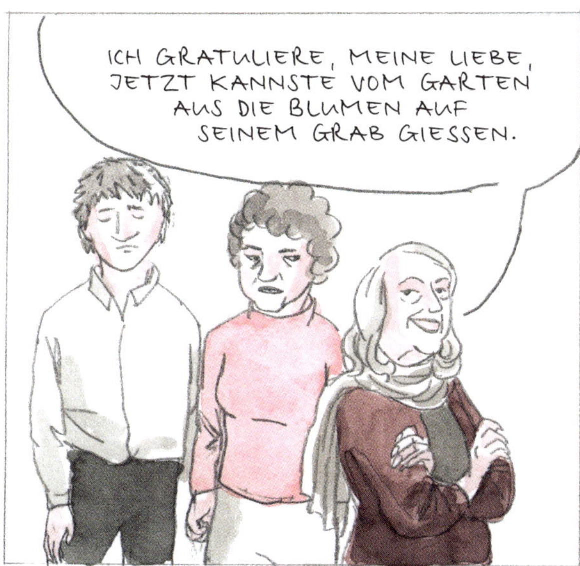
ICH GRATULIERE, MEINE LIEBE, JETZT KANNSTE VOM GARTEN AUS DIE BLUMEN AUF SEINEM GRAB GIESSEN.

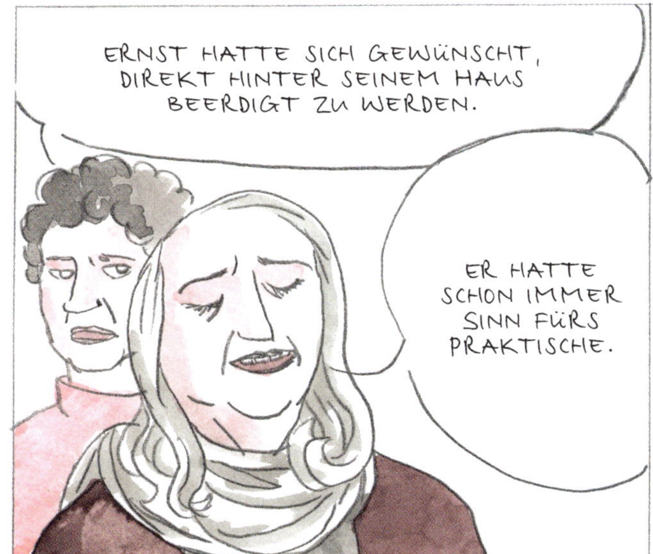
ERNST HATTE SICH GEWÜNSCHT, DIREKT HINTER SEINEM HAUS BEERDIGT ZU WERDEN.
ER HATTE SCHON IMMER SINN FÜRS PRAKTISCHE.

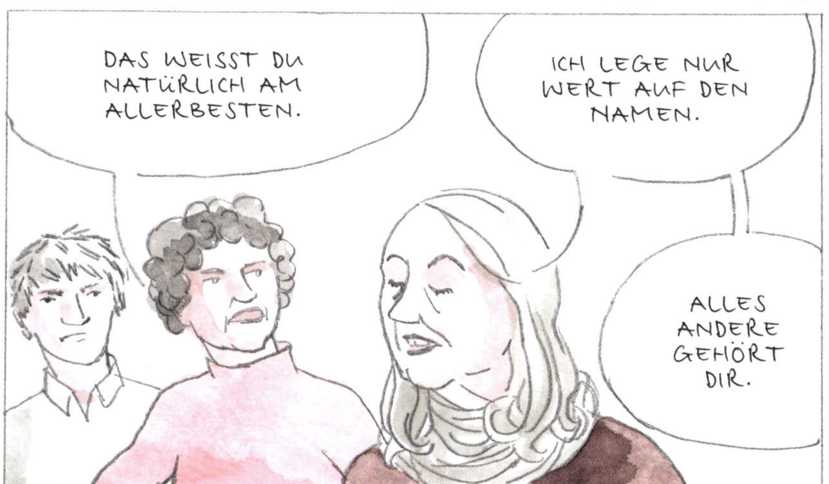
DAS WEISST DU NATÜRLICH AM ALLERBESTEN.
ICH LEGE NUR WERT AUF DEN NAMEN.
ALLES ANDERE GEHÖRT DIR.

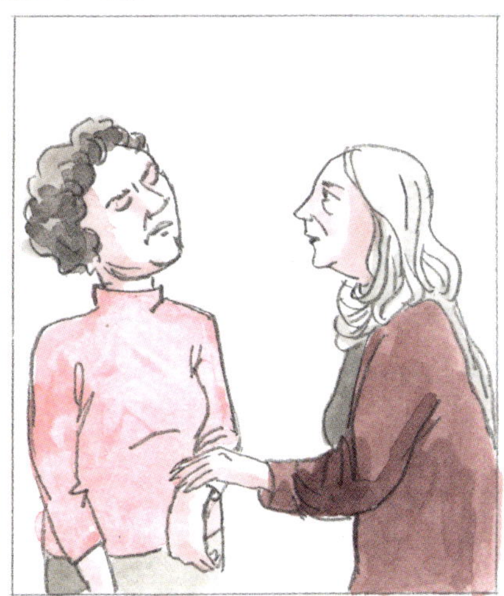

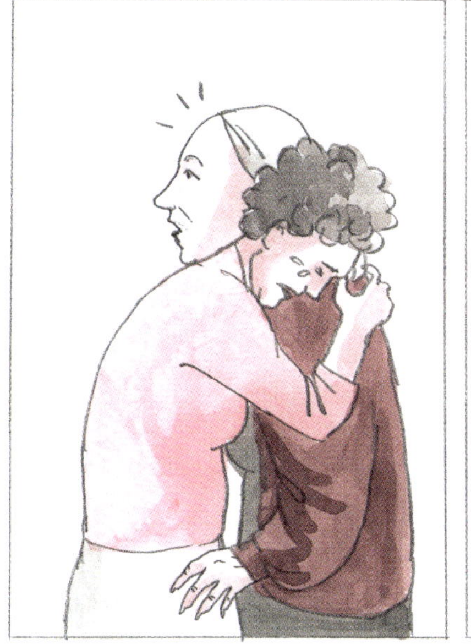

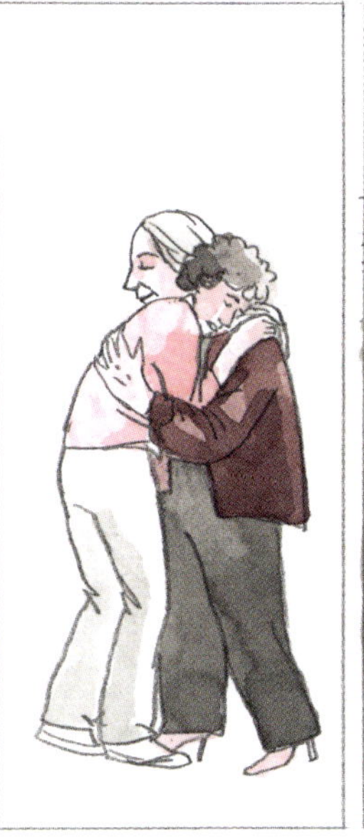

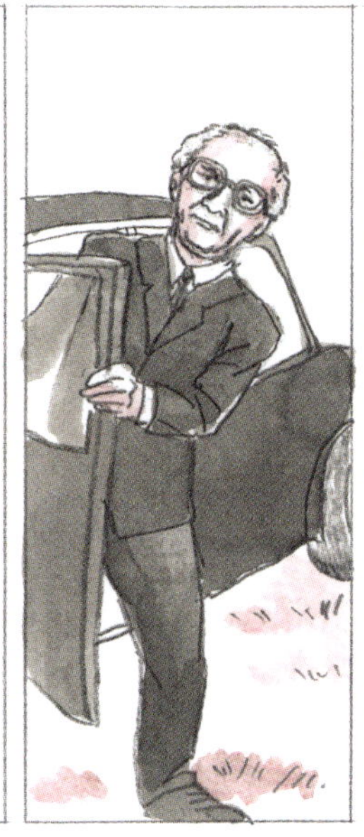

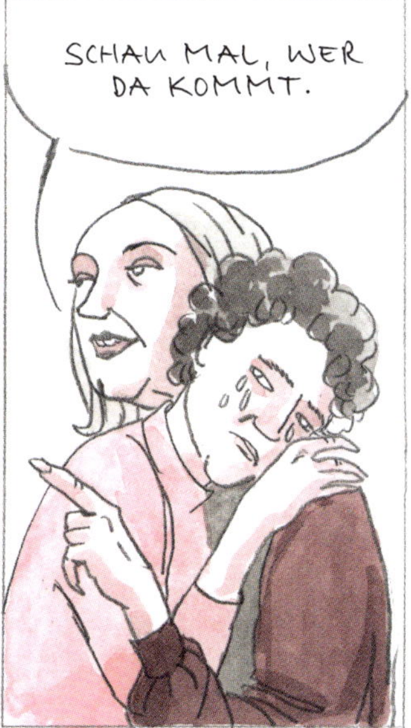
SCHAU MAL, WER DA KOMMT.

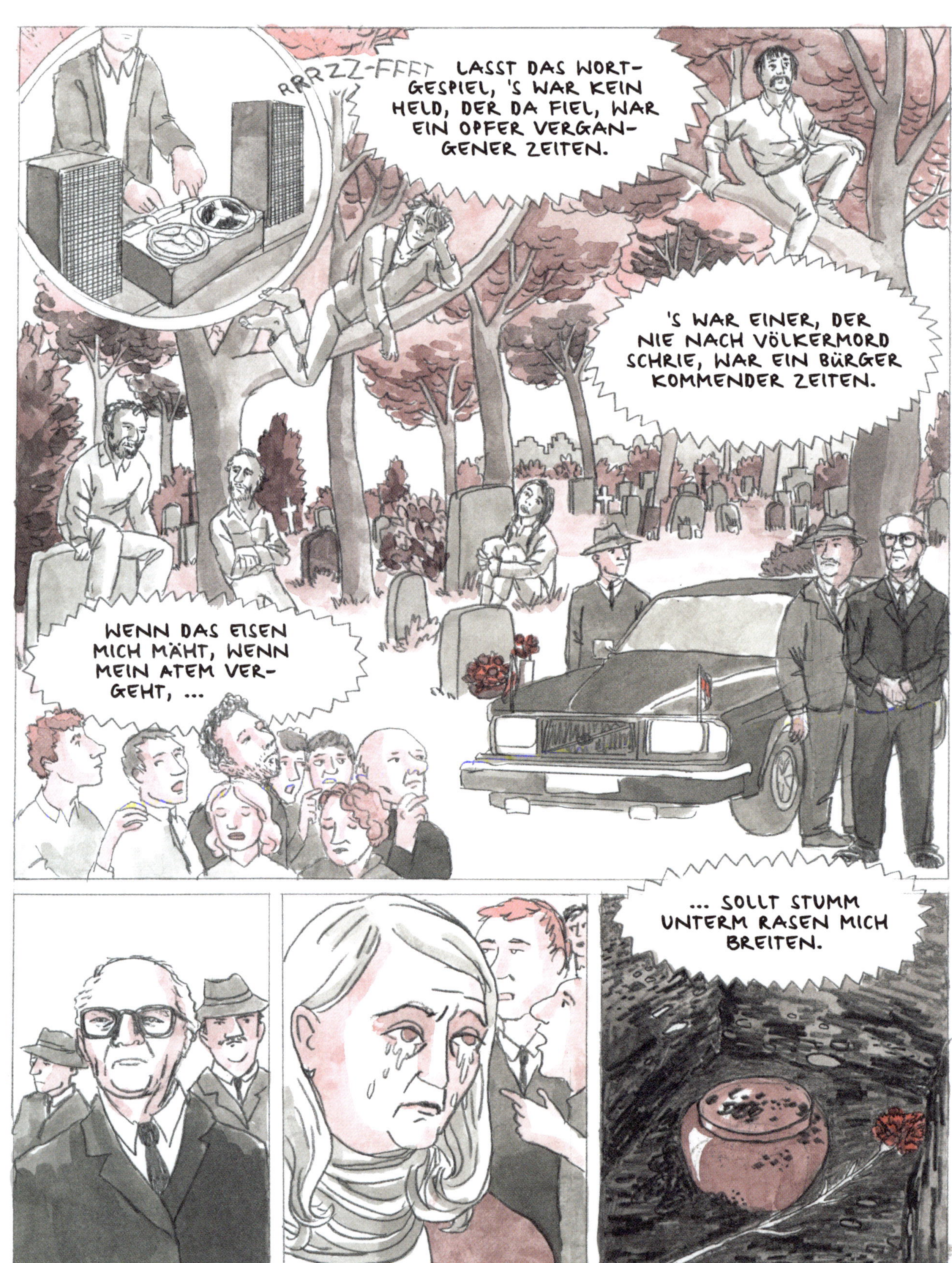
RRRZZ-FFFT
LASST DAS WORTGESPIEL, 'S WAR KEIN HELD, DER DA FIEL, WAR EIN OPFER VERGANGENER ZEITEN.
'S WAR EINER, DER NIE NACH VÖLKERMORD SCHRIE, WAR EIN BÜRGER KOMMENDER ZEITEN.
WENN DAS EISEN MICH MÄHT, WENN MEIN ATEM VERGEHT, ...
... SOLLT STUMM UNTERM RASEN MICH BREITEN.

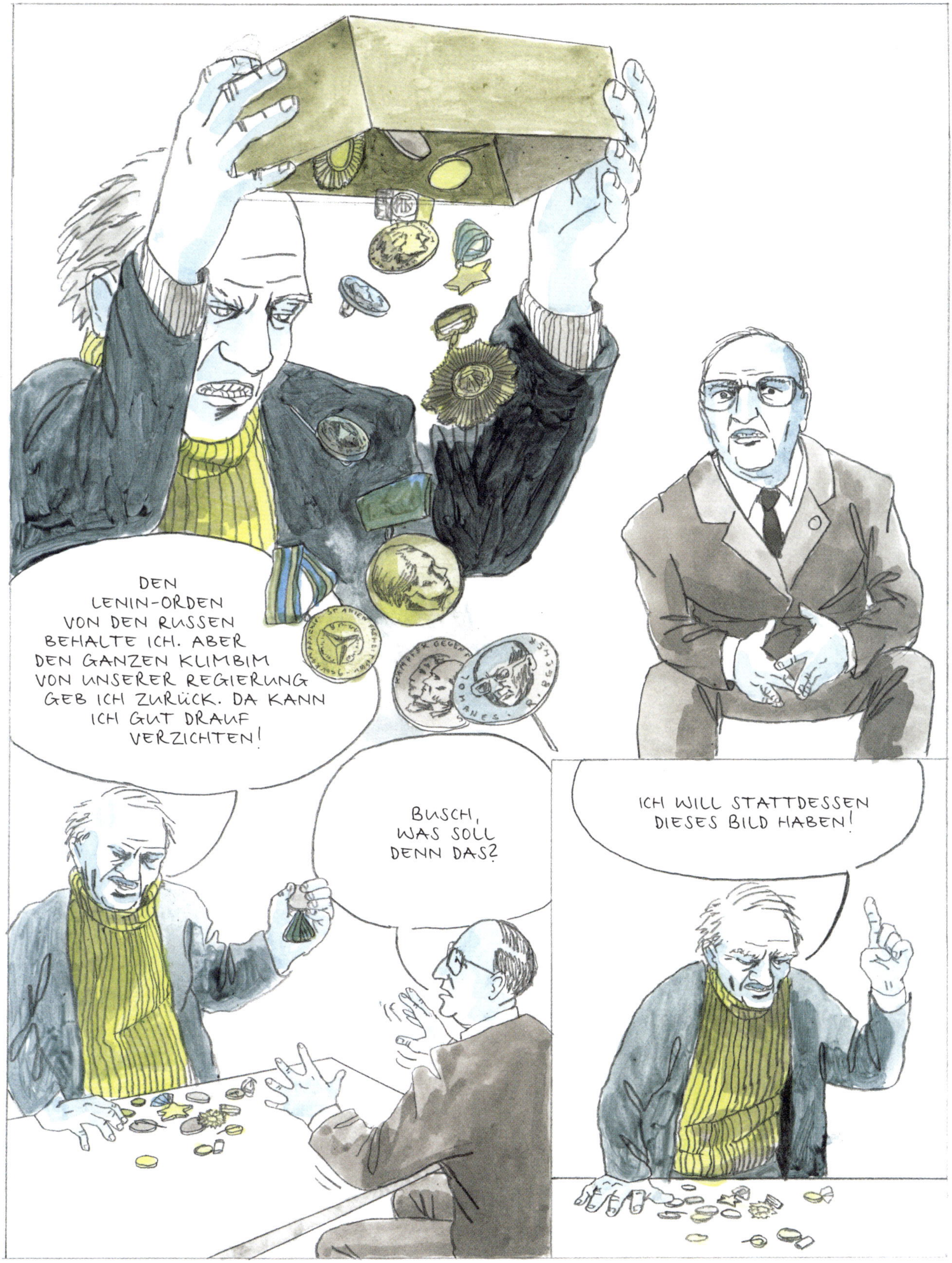
DEN LENIN-ORDEN VON DEN RUSSEN BEHALTE ICH. ABER DEN GANZEN KLIMBIM VON UNSERER REGIERUNG GEB ICH ZURÜCK. DA KANN ICH GUT DRAUF VERZICHTEN!
BUSCH, WAS SOLL DENN DAS?
ICH WILL STATTDESSEN DIESES BILD HABEN!

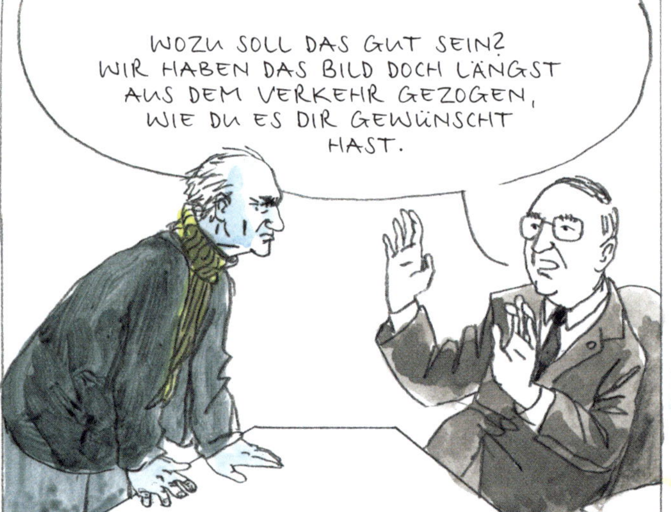
WOZU SOLL DAS GUT SEIN? WIR HABEN DAS BILD DOCH LÄNGST AUS DEM VERKEHR GEZOGEN, WIE DU ES DIR GEWÜNSCHT HAST.
PFFF, ICH GLAUB EUCH KEIN WORT! IHR VERSTECKT DAS DING IRGENDWO IM KELLER DES MINISTERIUMS, DAMIT IHR ES JEDERZEIT HERVORHOLEN KÖNNT, WENN ICH NICHT SO SPURE, WIE DIE PARTEI ES WILL.

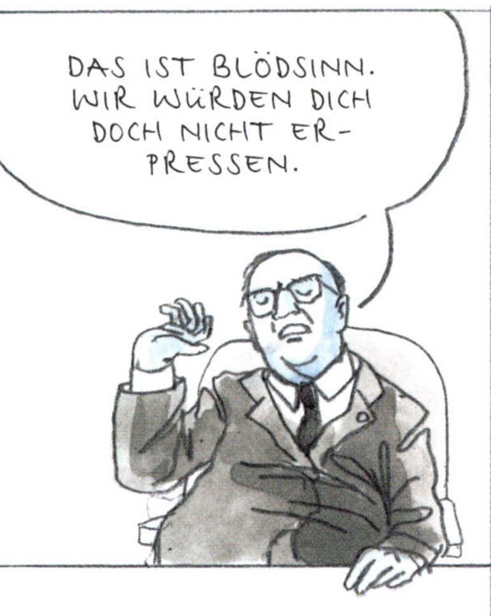
DAS IST BLÖDSINN. WIR WÜRDEN DICH DOCH NICHT ERPRESSEN.

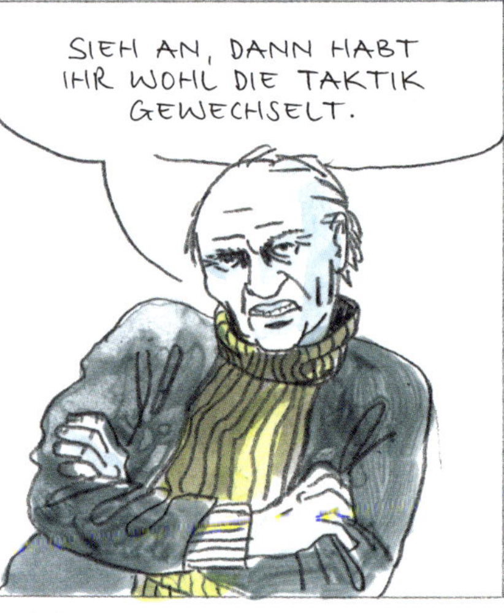
SIEH AN, DANN HABT IHR WOHL DIE TAKTIK GEWECHSELT.

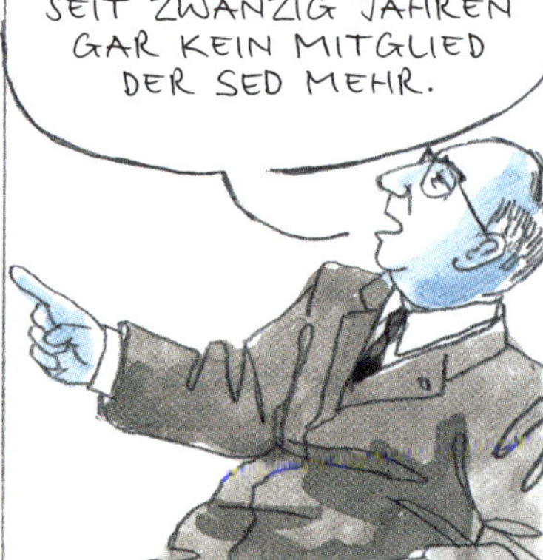
AUSSERDEM BIST DU SEIT ZWANZIG JAHREN GAR KEIN MITGLIED DER SED MEHR.

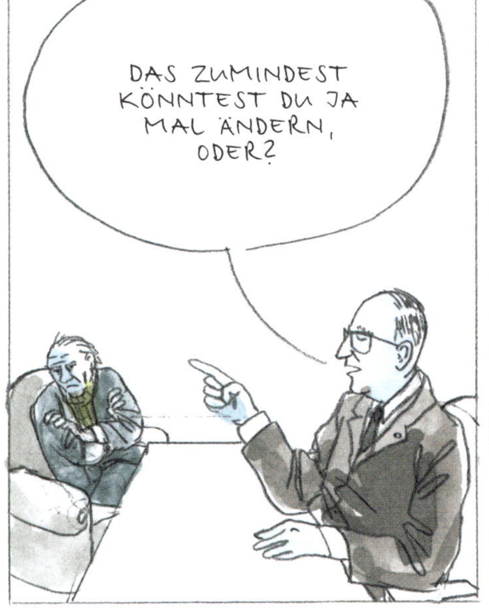
DAS ZUMINDEST KÖNNTEST DU JA MAL ÄNDERN, ODER?

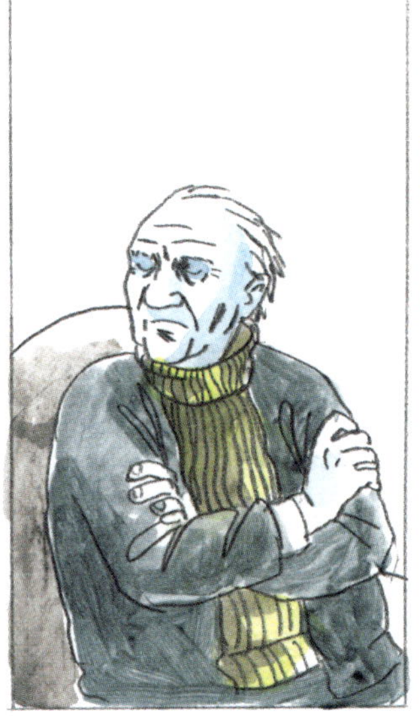

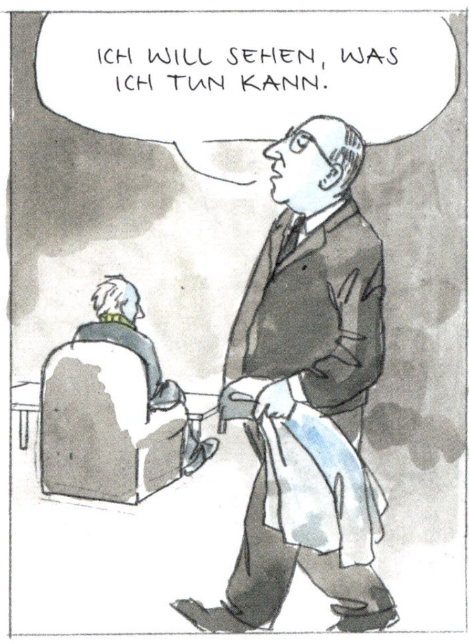
ICH WILL SEHEN, WAS ICH TUN KANN.

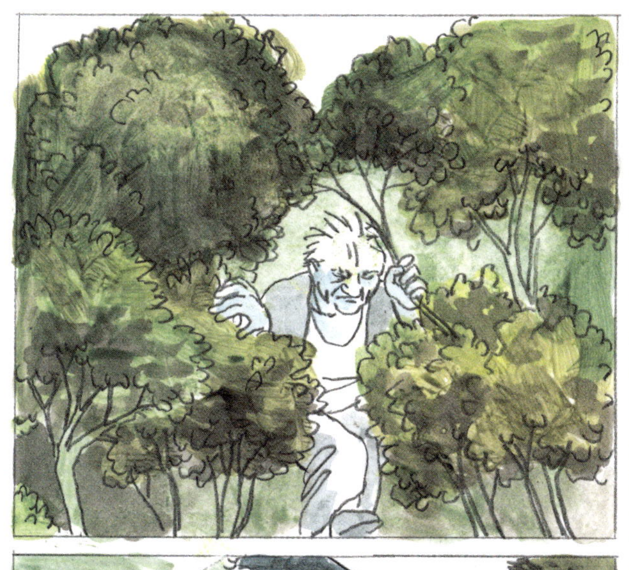
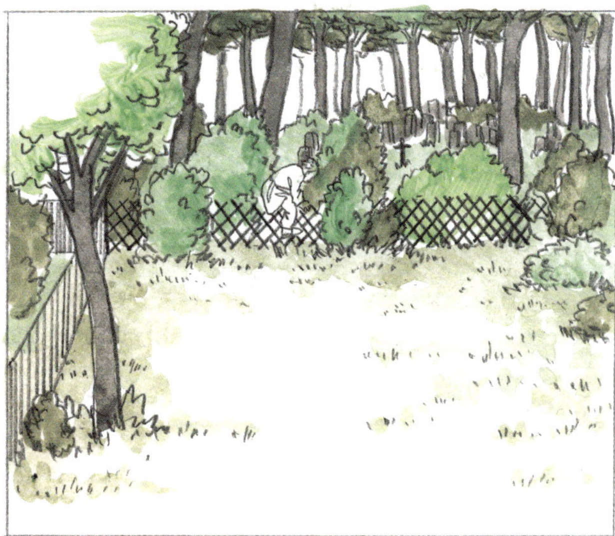
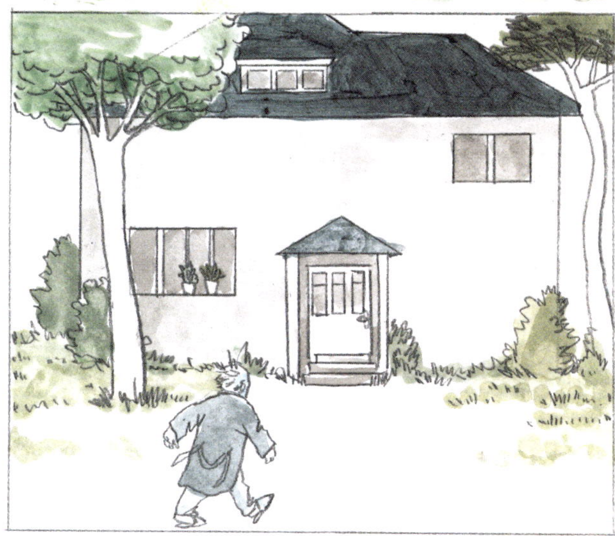
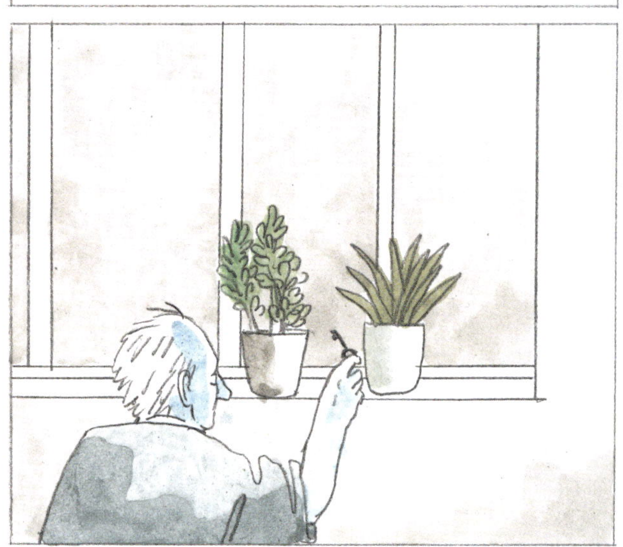
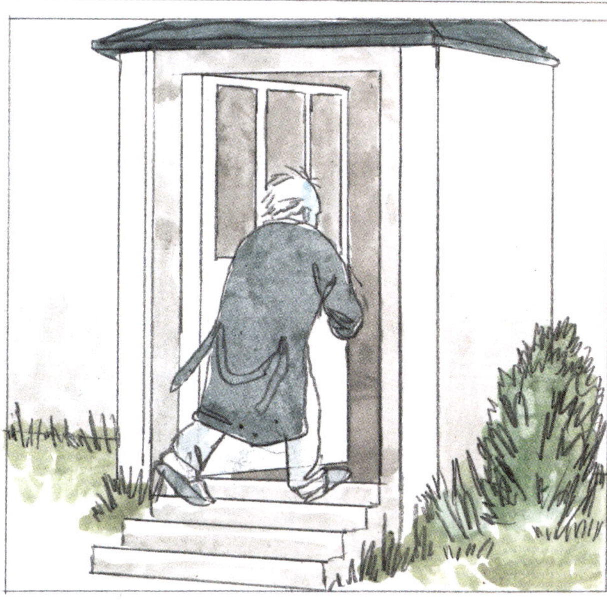
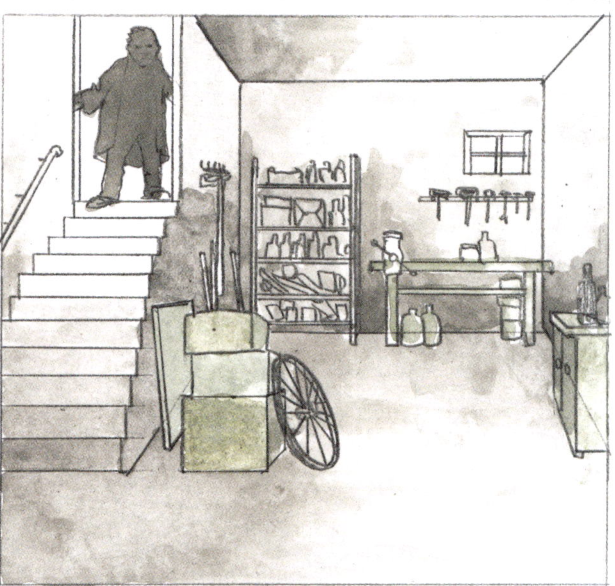

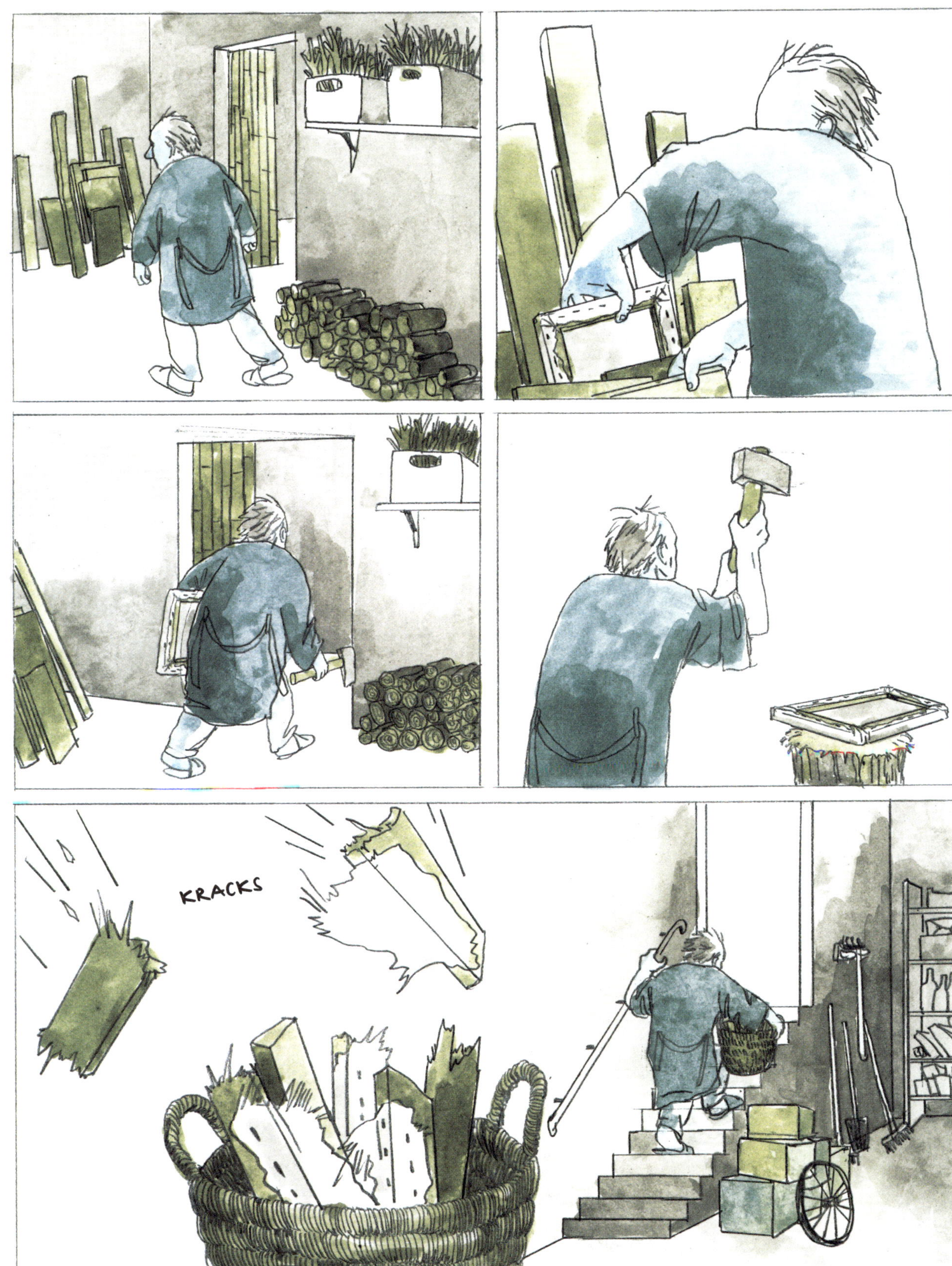
KRACKS

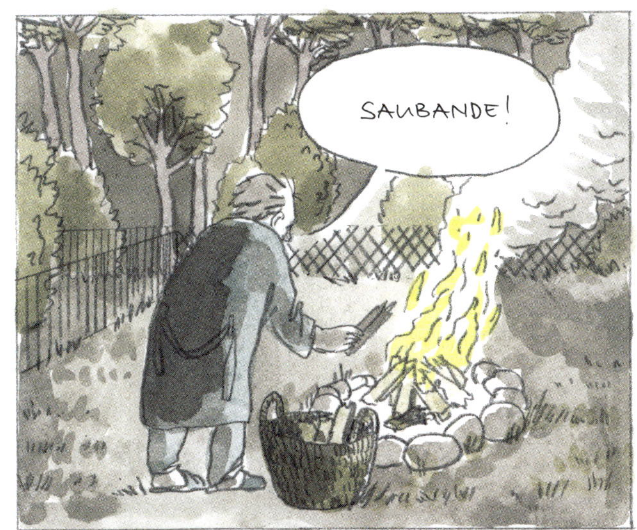
SAUBANDE!
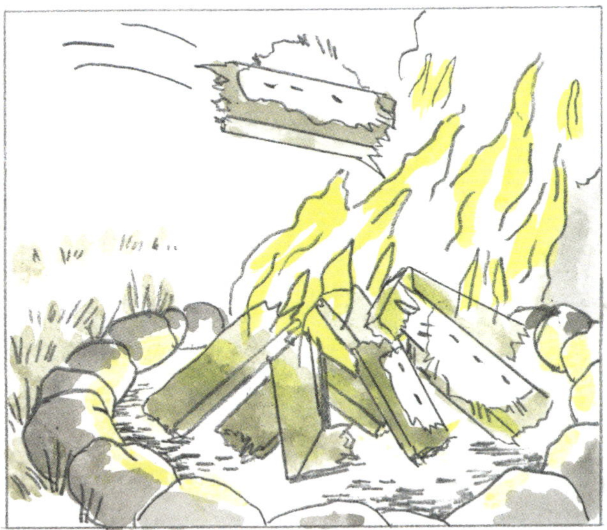
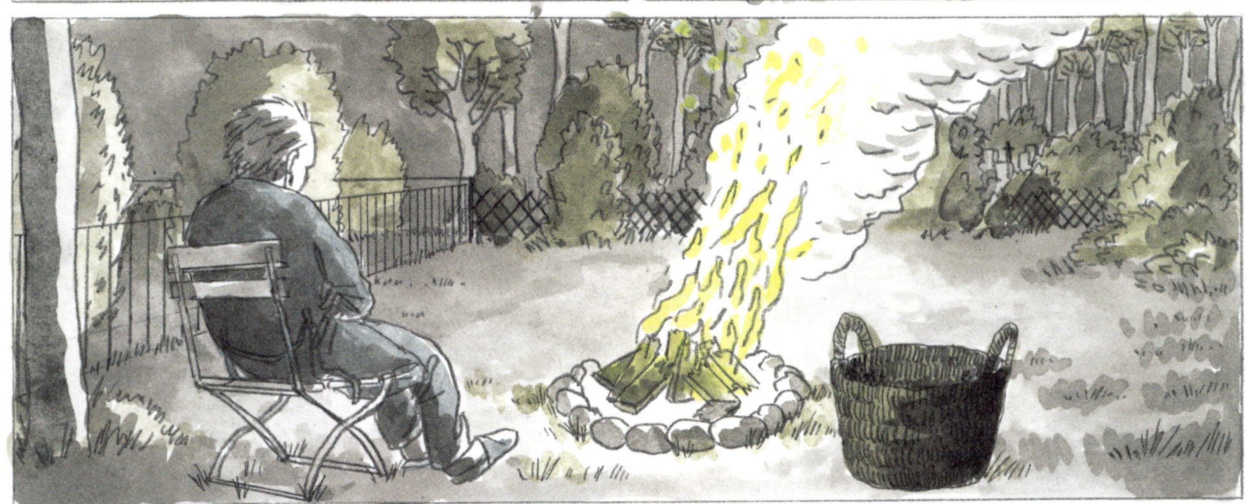
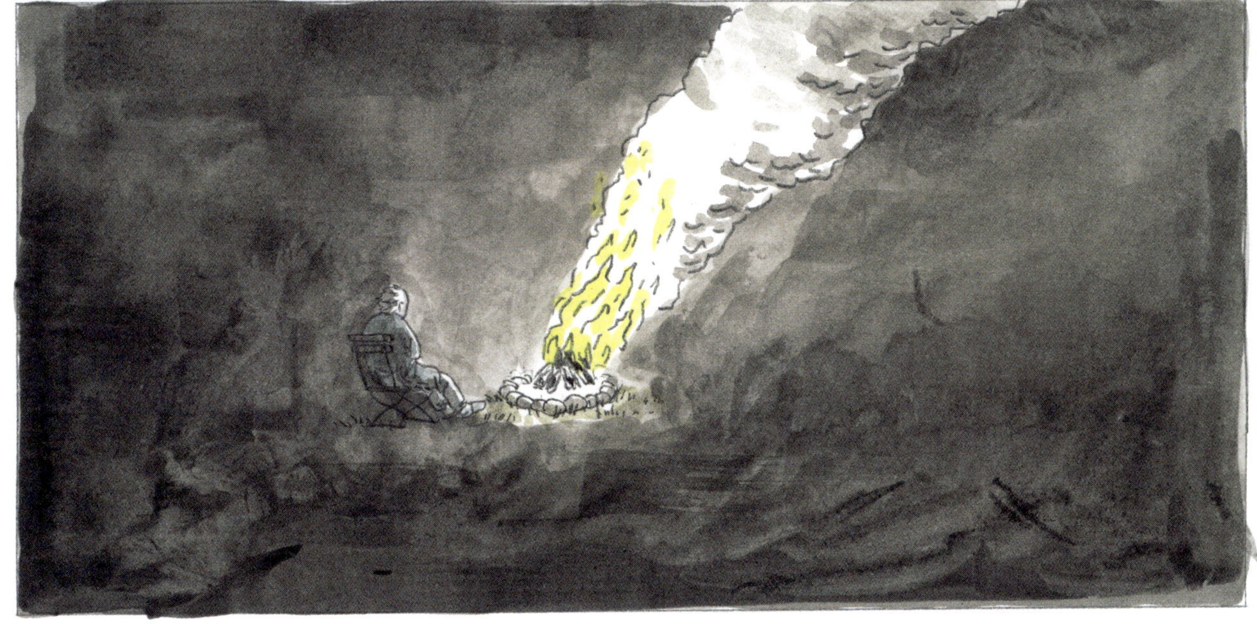

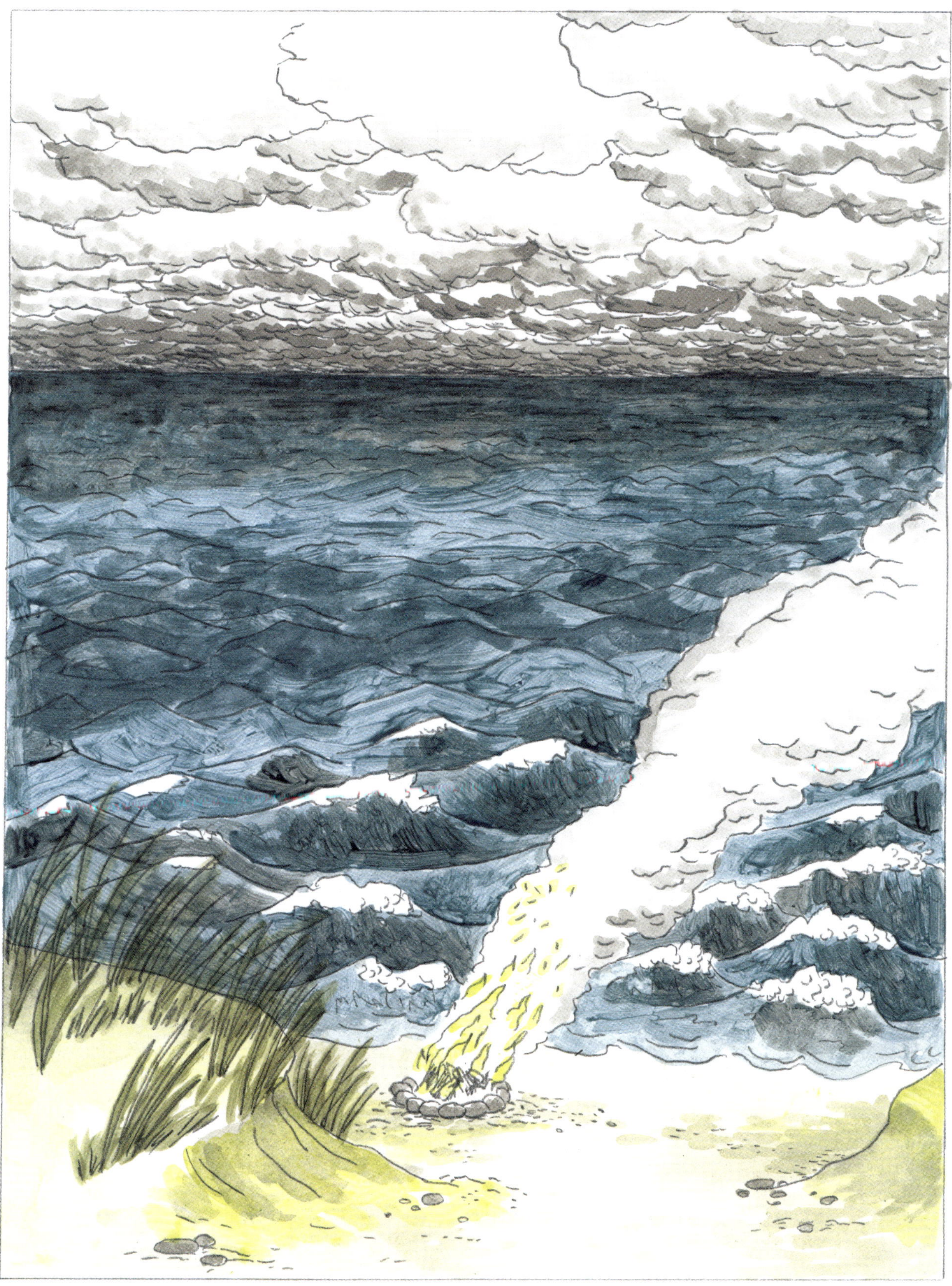

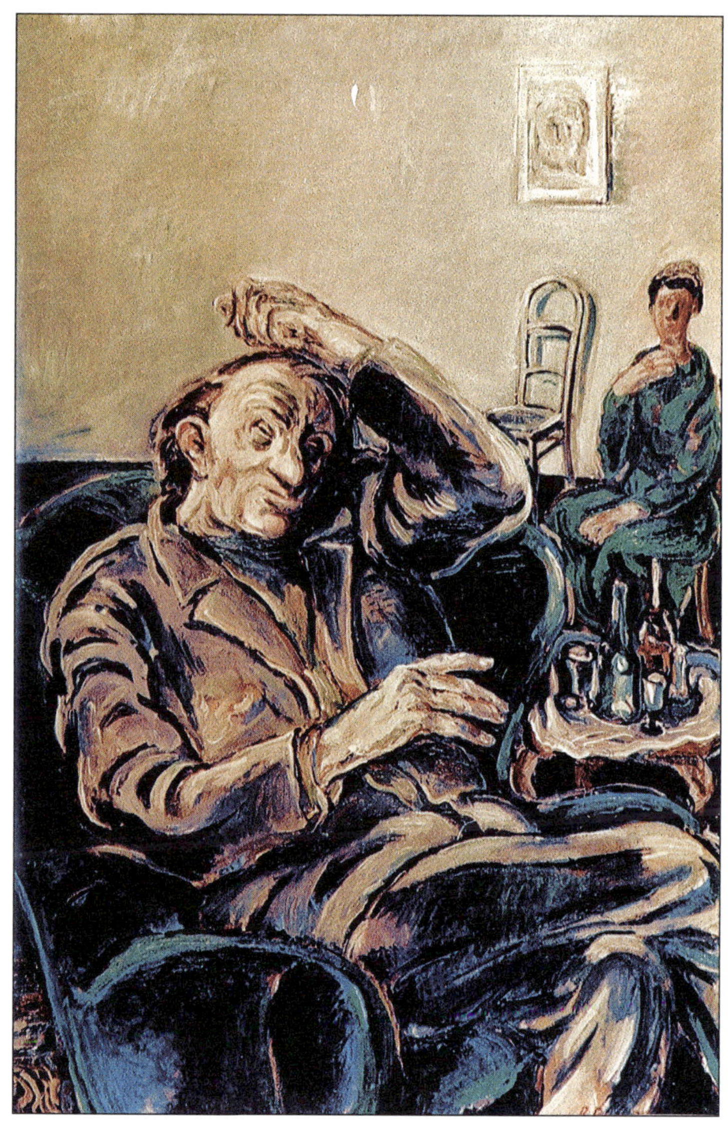

DAS PORTRÄT

Ronald Paris (Öl auf Leinwand, 1971, 150 x 90 cm): Ernst Busch II; diese Fotografie aus dem Privatarchiv von Peter Arlt ist vermutlich das einzige Überbleibsel des umstrittenen (und bis heute verschollenen) Gemäldes; Joachim Uhlitzsch, Direktor der Galerie Neue Meister der Staatlichen Kunstsammlungen Dresden, mokierte sich 1973 in der Fachzeitschrift Bildende Kunst: „Einige junge Kunstgeschichtsstudenten, die Besucher in der VII. Kunstausstellung führen, bemühen sich redlich, den Leuten einzureden, 'daß Ernst Busch eben auch so sei' (woher wollen sie das nur wissen?), aber sie haben damit geringen Erfolg. Ich weiß nicht, wie lange Ronald Paris mit Ernst Busch bekannt ist. Ich weiß auch nicht, ob Paris Ernst Busch in einer derartigen Situation erlebte; daß er ihn aber so vergreist, zynisch und alleingelassen darstellt und diese Darstellung für möglich erachtet, ist bedenklich." Ihm scheine hier „eine gewisse Lust am Widerspruch um des Widerspruchs willen im Spiele zu sein". Ronald Paris berichtet später, dass Busch ihm wegen des Porträts derart zürnte, dass er dem Maler, als sie sich bei einer Preisverleihung begegneten, den Handschlag verweigerte; Paris wird den Verdacht nicht los, Busch habe das Bild „mit Unterstützung höchster Kreise" aus dem Verkehr ziehen lassen und vernichtet (vgl. die Interviews mit Zeitzeug*innen: https://erinnerungsort.de/interviews/).

PERSONEN (in der Reihenfolge ihres Auftretens)

ERNST BUSCH
Werftarbeiter, Volksschauspieler, Schallplattenstar in der Weimarer Republik; antifaschistischer Sänger im Exil, Gefangener des Nazi-Regimes; gründet 1946 die erste (und einzige) Schallplattenfirma der SBZ/DDR; streitet sich ausdauernd mit der SED; wird in Kunstwerken und in sowjetischen Schulbüchern als proletarische Ikone gewürdigt; bekanntester Theaterschauspieler der DDR; von seinen cholerischen Ausbrüchen und seine Altersdemenz erfährt die Öffentlichkeit in der DDR nichts, sein Sterbeort ist nicht, wie in der SED-Presse verlautbart, Berlin, sondern die Psychatrie in Bernburg (1900-1980).

RONALD PARIS
Maler und Grafiker aus Thüringen; studiert ab 1953 Wandmalerei in Berlin-Weißensee, Meisterschüler bei Otto Nagel; Staatsaufträge; Auszeichnungen in der DDR und in der Bundesrepublik; das rätselhafte Verschwinden seines (zweiten) Busch-Porträts empfindet er als schweren Verlust: 2010 malt er eine Art Remake des unauffindbaren Bildes (*1933).

IRENE BUSCH
Mitarbeiterin am Berliner Ensemble (geborene Roßmann, verwitwete Ullrich), heiratet 1964 Ernst Busch; sie ist (nach Eva) Buschs zweite Ehefrau (von 1946 an hat Busch ohne Trauschein mit der Schauspielerin Margarete „Tete" Körting bis zu deren Tod 1963 zusammengelebt). Irene Busch ist SED-Mitglied; verwaltet nach dem Tod ihres Mannes dessen Nachlass (1926-2003).

ULI BUSCH
Sohn von Irene und Ernst Busch (*1964).

1. AKT

ERNA
Erna Marie Louise Busch; Ernsts ältere Schwester (später: Erna Labus); notiert in den 1970er Jahren, da Busch sie darum bittet, Erinnerungen an gemeinsame Kindheitserlebnisse (1895-1978).

Emma Busch (S. 26): Ernsts Mutter (1875-1952)
Willi Busch (S. 26): Ernsts kleiner Bruder (1901-1974)
Friedrich Busch (S. 27): Ernsts Vater (1871-1937)

KALLI
Karl Julius Martens; Buschs bester Freund; sie sind, zusammen mit Walter Poller (1900-1975), der später als sozialdemokratischer Journalist im Konzentrationslager Buchenwald inhaftiert wird, ein unzertrennliches Gespann in der Kieler Arbeiterjugend; Martens ist Versicherungskaufmann und Anarchist, später Weltenbummler und Importeur exotischer Tiere (1898-1974).

Eduard Adler (S. 36): sportbegeisterter sozialdemokratischer Journalist aus Berlin; als Jude ist ihm die Offizierslaufbahn in der Preußischen Armee verwehrt; er wird Turnlehrer und später Chefredakteur der Schleswig-Holsteinischen Volkszeitung (VZ); seine nationalistischen Ansprachen und sein auf Wehrerziehung ausgelegter Turnunterricht führen zur Entfremdung von Ernst Busch und dessen Freunden (1861-1940).

Franz (S. 36): fiktive Person; inspiriert durch Walter Poller (s.o. bei KALLI) und andere Busch-Freunde aus der Arbeiterjugend wie z.B. Adolf Henkel, von dem eine Feldpostkarte von 1915 an Busch überliefert ist, die in einem Umschlag steckt mit Vermerk von Busch: „später gefallen" (Ernst-Busch-Archiv, Berlin).

Elsa Adam (S. 38): Freundin; später Innenarchitektin, in der SPD aktiv (verheiratet: Elsa Anna „Else" Meitmann); notiert in den 1970er Jahren, auf Buschs Bitte hin, Erinnerungen an gemeinsame Jugenderlebnisse (1902-1995).

Gustav Gründgens (S. 47): 1922 Buschs Kollege am Kieler Theater (schreibt sich damals noch mit „v"); s. unten bei **GUSTAF**.

LILO
Lilo Dammert; Schauspielerin und Drehbuchautorin aus Worms; macht Busch mit dem Berliner Regisseur Erich Engel bekannt und stellt 1927 den Kontakt zu Erwin Piscator her (*1905).

Bertolt Brecht (S. 52): Schriftsteller, Lyriker, Dramatiker (1898-1956).
Erwin Piscator (S. 52): avantgardistischer Theatermacher (1893-1966).
Hanns Eisler (S. 52): s. unten bei „HANNS“
Tilla Durieux (S. 52): Schauspielerin und Mäzenin (1880-1971)

HANNS
Hanns Eisler; Komponist und marxistischer Musiktheoretiker aus Wien, kreiert um 1930 gemeinsam mit Busch, mit dem er in Berlin zeitweise zusammenwohnt, das Genre des populären deutschen Politsongs; aus dem Exil in den USA, kehrt er 1948 nach Europa zurück, komponiert u. a. die DDR-Nationalhymne (1898-1962).

Werner Finck (S. 68): Conférencier und Komiker; leitet die legendäre Kabarettbühne *Die Katakombe* (1902-1978).

EVA B.
Eva Busch; Chanson-Sängerin; uneheliche Tochter der Opernsängerin Emmy Zimmermann und des Dirigenten Franz Beidler; ist mit Busch von 1932 bis 1934 verheiratet (1912-2001).

Ernst Thälmann (S. 74): kommunistischer Politiker; als Chef der KPD 1933 von den Nazis verhaftet, später im Konzentrationslager Buchenwald erschossen (1886-1944).

G. W. Pabst (S. 79): österreichischer Filmregisseur prägender Filme der Weimarer Republik; mit Busch dreht er bereits 1931 den für Völkerverständigung werbenden deutsch-französischen Spielfilm *Kameradschaft* (1885-1967).

2. AKT

HEIN
Hein(z) Kohn; Buchhändler und Verleger aus Augsburg; jüdischer Sozialist der 1933 nach Hilversum emigriert, gibt verfemte deutsche Texte in niederländischer Sprache heraus (1907-1979).

Jo Mihaly (S. 112): Tänzerin mit sozialkritischen Programmen und anarchistische Autorin, tritt mit Busch 1934 in Paris auf (1902-1989).

MARIA
Maria Osten; sozialistische Schriftstellerin und Journalistin; ab 1932 liiert mit dem Prawda-Redakteur Michail Kolzow (s.u.), Korrespondentin der Moskauer Deutschen Zentralzeitung (DZZ) im Spanischen Bürgerkrieg, kehrt 1939 (um dem verhafteten Kolzow beizustehen) nach Moskau zurück, wo führende deutschen Kommunisten (Herbert Wehner, Walter Ulbricht) sie aus der Partei aussortieren; 1941 in Moskau als angebliche Spionin von der sowjetischen Geheimpolizei verhaftet, zum Tod verurteilt und erschossen (1908-1942).

Hubert L’Hoste (S. 116): Junge aus dem Saarland, den Maria Osten und Michail Kolzow 1933/34 mit in die Sowjetunion nehmen, wo er als lebende Propagandafigur dient; Osten schreibt über ihren Pflegesohn das (in Russisch veröffentlichte) Buch: *Hubert im Wunderland. Tage und Taten eines deutschen Pioniers.* Als Kolzwow und Osten bei Stalin in Ungnade fallen, wendet sich Hubert von ihnen ab; er arbeitet als Mechaniker, wird während des Zweiten Weltkriegs nach Kasachstan zwangsumgesiedelt, gerät zeitweilig in Lager- und Gefängnishaft (1923-1959).

Wladimir I. Lenin (S. 118): russischer kommunistischer Politiker, Revolutionär und Begründer der Sowjetunion (1870-1924).

Michail Kolzow (S. 120): sowjetischer Journalist, kommunistischer Funktionär; wird 1938 (nach Kritik an russischen Militärberatern in Spanien) von der sowjetischen Geheimpolizei verhaftet, „konterrevolutionärer Tätigkeit“ bezichtigt, gefoltert, verurteilt und erschossen (1898-1940).

Grigori Schneerson s. unten bei **GRISCHA**

Andrei Wyschinski (S. 126): sowjetischer Jurist; Organisator stalinistischer Schauprozesse (1883-1954).

Josef W. Stalin (S. 127): Diktator der Sowjetunion (1878-1953).

Ernest Hemingway (S. 132): US-amerikanischer Schriftsteller (1899-1961).

PETE
Pete Seeger; US-amerikanischer Folkie und Singer-Songwriter, der zusammen mit Woody Guthrie bei dem linken Band-Kollektiv The Almanac Singers spielt und Gewerkschaftslieder bei Keynote Records veröffentlicht (New Yorker Label, das auch Buschs Spanienlieder als Raubkopien herausbringt); 1967 treffen sich Seeger und Busch anlässlich Seegers Auftritts in der Ost-Berliner Volksbühne (1919-2014).

Woody Guthrie (S. 140): legendärer US-amerikanischer Poet und Politfolk-Musiker, Singer-Songwriter und Schriftsteller (1912-1967).

GUSTAF
Gustaf Gründgens; Schauspieler und Intendant; macht im Nationalsozialismus, gefördert von Hermann Göring, Karriere; mit Busch gut befreundet; beide helfen sich gegenseitig aus lebensbedrohlichen Notsituationen (1899-1963).

Hermann Göring (S. 145): führender nationalsozialistischer Politiker; Oberbefehlshaber der deutschen Luftwaffe, Wirtschaftsminister (1893-1946).

Adolf Hitler (S. 151): nationalsozialistischer Diktator des Deutschen Reichs (1889-1945).

EVA K.
Eva Kemlein; Fotojournalistin und Theaterfotografin; ab 1945 Buschs Nachbarin in der Künstlerkolonie in Berlin-Wilmersdorf; dokumentiert 1950 das (kurz darauf gesprengte) Berliner Stadtschloss; porträtiert, obgleich im Westen wohnend, Größen der Ost-Berliner Kulturszene (1909-2004).

Otto Klippenstein (S. 153): Mitgefangener Buschs, der später im Gespräch mit Konrad Wolf die Geschichte vom Fußmarsch mit Busch vom Gefängnis nach Berlin bestätigt.

W. Jalowoi (S. 155): Sergeant der Roten Armee, der am 27. April 1945 nahe Brandenburg-Görden auf freiem Feld Ernst Busch zunächst für einen deutschen Soldaten hält und beinahe erschießt.

Mathilde Danegger (S. 173): österreichische Schauspielerin, Freundin der Familie Busch (1903-1988).

Konrad Wolf (S. 173): Filmregisseur und Präsident der Akademie der Künste der DDR, Freund der Familie Busch (1925-1982).

3. AKT

ALEXANDER
Alexander Dymschitz; sowjetischer Literaturwissenschaftler aus Moskau, spricht fließend Deutsch; ab 1945 Kulturoffizier der Sowjetischen Besatzungsmacht und Redakteur der von der Roten Armee herausgegebenen Propagandazeitung Tägliche Rundschau in Berlin; fördert Busch (was die Polemik aus den West-Sektoren der Stadt provoziert, Busch singe wohl gerne Arien aus der Oper „Dymschitz“) und den Wiederaufbau der Theaterlandschaft; wird wegen eigener Ansichten zur Kulturpolitik 1949 in die UdSSR abberufen (1910-1975).

Wilhelm Pieck (S. 182): kommunistischer Politiker und ab 1949 erster (und einziger) Präsident der DDR; seit dem Moskauer Exil mit Busch gut bekannt (1876-1960).

Erich Honecker (S. 182): kommunistischer Funktionär und im NS-Regime (wie Busch) politischer Häftling in Brandenburg-Görden; gründet die Jugendorganisation FDJ und liegt als FDJ-Chef wiederholt im Clinch mit Busch ; ab 1971 DDR-Staats- und SED-Parteichef (1912-1994).

RUDOLF
Prof. Dr. Rudolf Baumann; Arzt; medizinische Koryphäe der DDR; stammt aus Düsseldorf; ab 1940 NSDAP-Mitglied, im 2. Weltkrieg Lazarettarzt; ab 1945 leitet er verschiedene Kliniken in Ost-Berlin; ab 1951 SED-Mitglied; gründet 1956 das Institut für kortiko-viszerale Pathologie und Therapie in Berlin-Buch; behandelt Busch und zahlreiche andere Prominente (1911-1988).

Publikum (S. 196): u.a. Helene Weigel, Alexander Abusch, Markus Wolf, Konrad Wolf, Erich Honecker, Ulrike Meinhof, Klaus Rainer Röhl, Wolf Biermann, Eva Maria Hagen.

JOCHEN
Hans-Jochen Scheidler; studiert nach seiner Zeit als jugendlicher Theaterschauspieler Physik; verteilt 1968 aus Protest gegen die Niederschlagung des Prager Frühlings ca. 800 mit Buchstabenstempeln hergestellte Flugblätter und wird dafür wegen „staatsfeindlicher Hetze“ zu zweieinhalb Jahren Haft verurteilt; danach arbeitet er als Techniker, eine Karriere als Physiker wird ihm in der DDR verwehrt; heute engagiert er sich als Zeitzeuge in der Gedenkstätte Berlin-Hohenschönhausen (*1943).

Klaus R. Röhl (S. 199): Herausgeber der (zeitweise SED-finanzierten) Zeitschrift *konkret,* Busch-Fan, Ehemann von Ulrike Meinhof (*1928).

Ulrike Meinhof (S. 199): s. unten.

ULRIKE
Ulrike Meinhof; Journalistin; antiautoritäre Sozialistin; Linksterroristin; zu ihrer Hochzeit mit Röhl 1961 schenkt ihr Busch ein eigens für sie besungenes Tonband mit der *Ballade von der Hanna Cash*; zahlreiche persönliche Treffen mit Busch; 1968 trennt sich *konkret*-Chefredakteurin Meinhof beruflich und privat von Röhl; sie beteiligt sich 1970 an der Befreiung des Terroristen Andreas Baader, gründet die Rote Armee Fraktion (RAF), verübt Sprengstoffanschläge, wird 1972 inhaftiert und wegen Mordversuchs bei der Baader-Befreiung zu acht Jahren Gefängnis verurteilt; 1975 beginnt der Prozess gegen die RAF-Spitze; ein Jahr später wird Meinhof erhängt in ihrer Zelle in Stuttgart-Stammheim aufgefunden (1934-1976).

GRISCHA
Grigori Schneerson; sowjetischer Musikfunktionär, Komponist und Musikwissenschaftler; Buschs Klavierbegleiter und enger Freund (1901-1982).

Trauernde (ab S. 230): Auf dem Friedhof Berlin-Pankow III sind u.a. dargestellt die (mit Eva Busch liierte) Journalistin George Sinclair, der Schriftsteller Peter Hacks; als Baumgäste (S. 232) die Dichter und Sänger Franz-Josef Degenhardt, Hannes Wader, Rio Reiser, Wolf Biermann und die Dichterin und Sängerin Bettina Wegner.

Kurt Hager (S. 233): Gemeinsam mit SED-Parteichef Erich Honecker überredet Kulturfunktionär und SED-„Chefideologe“ Hager Mitte der 1970er Jahre Ernst Busch zur Annahme eines SED-Parteibuchs (1912-1998).

LIEDER (in der Reihenfolge ihres Erklingens)

„Vorwärts und nicht vergessen“ ***(Solidaritätslied)*** (S. 14, 62, 195)
Busch macht sich das 1930 von Brecht und Eisler geschriebene Lied früh zu eigen; 1932 erklingt es im Film *Kuhle Wampe* (in dem Busch eine der Hauptrollen spielt) und wird von ihm fünf Jahrzehnte lang gesungen, übersetzt, umgetextet und aufgenommen; in der DDR gilt das Lied als Klassiker, seine letzten beiden Takte fungieren (instrumental) als Pausenzeichen des staatlichen Radiosenders Stimme der DDR; in der BRD singen es linke Liedermacher wie Hannes Wader.

„Horch, was kommt von draußen rein“ (S. 26)
Ohrwurm aus dem 19. Jahrhundert.

„Und dennoch du, du hast mich nie geliebt“ ***(Verlor'nes Glück)*** (S. 26)
Emma Busch hat eine Schwäche für Leopold Sprowackers Schnulze, die auf dem Chanson „Tu ne m'amais pas“ basiert und um 1900 populär ist; das Lied wird vielfach parodiert und mit neuem Text versehen, u.a. von Karl Valentin und Bertolt Brecht (dessen Version „Erinnerung an die Marie A.“ später Ernst Busch singen wird).

„Es rettet uns kein höh'res Wesen“ ***(Die Internationale)*** (S. 28)
Erna und Ernst Busch zitieren, wenn sie die Anekdote von der Maifeier 1907 erzählen, den bekannten deutschen Text dieses Kampfliedes der sozialistischen Arbeiterbewegung aus dem 19. Jahrhundert (Eugène Pottier / Pierre Degeyter); allerdings verbreitet sich diese Nachdichtung von Emil Luckhardt erst ab 1910, vorher singt man vermutlich eine (etwas weniger griffige) Version von Franz Diederich.

„Ich hatt' einen Kameraden“ ***(Der gute Kamerad)*** (S. 40)
Die Bekanntheit dieses Soldatenliedes (Ludwig Uhland / Friedrich Silcher) macht sich Busch später im Spanischen Bürgerkrieg zunutze und textet für die deutschen Interbrigadisten auf diese Melodie das „Beimler-Lied“.

Zeilen aus Erich Mühsams ***Soldatenlied 1916*** (S. 41, 54)
Dieses Gedicht vertont Busch bereits als Teenager.

„Keenen Sechser in der Tasche“ ***(Lied der Arbeitslosen)*** (S. 65,86f)
Mit diesem auch „Stempellied“ genannten Song (Robert Gilbert / Hanns Eisler), der 1929 entsteht, macht Busch nicht nur in Berlin auf sich aufmerksam.

„Wenn die Igel in der Abendstunde“ ***(Anna-Luise)*** (S. 68)
Busch singt das frivole Lied (Kurt Tucholsky / Hanns Eisler) ab 1930 und erschließt sich damit im Kabarett ein neues (intellektuelleres) Publikum.

„Mensch, tritt rin in die Pedale“ ***(Sechstagerennen)*** (S. 71)
1932 nimmt Busch den Schlager (Carl Behr / Harry Ralton) auf Platte auf.

„Arbeiter, Bauern“ ***(Der heimliche Aufmarsch)*** (S. 75)
Erstmals findet der Propaganda-Song (Erich Weinert / Hanns Eisler) 1931 Verwendung in G. W. Pabsts Antikriegsfilm „Niemandsland“; auf Massenveranstaltungen der KPD wird das Lied zum Hit des Duos Busch/Eisler.

„Und der Haifisch, der hat Zähne“ ***(Die Moritat von Mackie Messer)*** (S. 79)
Als Moritatensänger in der Verfilmung der „Dreigroschenoper“ schickt Busch den Song (Brecht / Weill) mit Inbrunst und rollendem R in die Umlaufbahn der Popgeschichte.

„Küsst die Faschisten“ ***(Rosen auf den Weg gestreut)*** (S. 82)
Unter dem Pseudonym Theobald Tiger schreibt Kurt Tucholsky 1931 dieses bitter-satirische Gedicht gegen die Verharmlosung der Nazis; Busch zählt Tucholsky, neben Brecht und Mühsam, zu seinen Lieblingsdichtern (vertonen lässt er es sich von Eisler erst 1959).

„Wohin auch das Auge blicket“ ***(Die Moorsoldaten)*** (S. 98, 149, 205)
Das Lied (Johann Esser u. Wolfgang Langhoff / Rudi Goguel) entsteht 1933 im KZ Börgermoor; 1935 bearbeitet Eisler die Melodie für Busch, der das Lied international verbreitet; nach 1945 wird es zum bekanntesten deutschen Lied des Widerstands gegen die Nazis überhaupt und Teil einer linken Popkultur (wovon u.a. eine Version der Toten Hosen zeugt).

„Von Branntwein toll...“ ***(Seeräuber-Ballade)*** (S. 104)
Busch nimmt das Lied, das Brecht 1927 zur Melodie des Chansons *L'etendard de la Pitié* geschrieben hat, 1966 mit dem Gitarristen Werner Pauli auf.

„Wisst Ihr noch nicht, für wen Ihr krepiert?“ (S. 108)
Die Zeile stammt aus dem Antikriegslied *An die Armeen Europas* (Erich Weinert / Ernst Busch).

„Und weil der Mensch ein Mensch ist“ ***(Einheitsfrontlied)*** (S. 126, 139)
1934 schreiben Brecht und Eisler diesen (an die zerstrittenen Parteien SPD und KPD gerichteten) Appell, vereint gegen die Nazis vorzugehen; Busch singt ihn auf der I. Internationalen Arbeiter-Musik- und Gesangs-Olympiade 1935 in Straßburg; das Lied verbreitet sich weltweit; in der Sowjetunion ist es bis in die 1980er Jahre das wohl bekannteste deutsche Lied überhaupt; in Kombination mit hagiografischen Anekdoten über Ernst Busch wird es im Schulunterricht zum Erlernen der deutschen Sprache eingesetzt; in der DDR ist das Lied gleichfalls Schulstoff, in der BRD interpretieren es u.a. Hannes Wader und Ton Steine Scherben.

„Spaniens Himmel“ ***(Die Thälmann-Kolonne)*** (S. 129, 135ff)
Busch veröffentlicht das Lied (Gudrun Kabisch / Paul Dessau) 1937 in seinem Büchlein *Kampflieder der Internationalen Brigaden*, 1938 nimmt er es in Barcelona auf, 1946 in Berlin für sein eigenes Label; in der DDR avanciert das Lied zu einem staatstragenden Evergreen mit subversiven Untertönen; allein bis 1950 kommen ca. 25.000 Platten mit verschiedenen Versionen des Liedes in Umlauf, in den 1960er Jahren nimmt es Busch erneut auf; es wird sein meistverkaufter und meistmitgegrölter Song.

„Mamita Mia“ ***(Vier noble Generale)*** (S. 131)
Busch schreibt den deutschen Text dieses gegen Franco und seine Mitputschisten gerichteten Liedes 1937 auf die Melodie von „De las cuatro Muleros“ (F. G. Lorca).

„Die Liebe dauert oder dauert nicht“ ***(Liebeslied)*** (S. 163)
Mit dem Songfragment aus der *Dreigroschenoper* (Brecht / Weill) und den *Moorsoldaten* melden sich Eva und Ernst Busch im Juli 1945 im Rundfunk zurück.

„Auferstanden aus Ruinen“ (S. 181)
Die DDR-Nationalhymne (Becher / Eisler), die Busch selbst nie auf Platte singt, bringt Eisler 1950 den Nationalpreis I. Klasse ein.

„Die Partei hat immer Recht“ ***(Lied von der Partei)*** (S. 181)
Louis Fürnberg schreibt das religiös anmutende Loblied auf die Kommunistische Partei 1949 zum 9. Parteitag der tschechoslowakischen KP; musikalisch angelehnt am Wiener Chanson wünscht er sich den Vortrag „freundlich, aber bestimmt“; Busch singt das mit Abstand blödeste Lied seines Lebens 1950 mit gewohnter Hingabe auf Schallplatte; „Die Partei hat immer Recht“ wird zum geflügelten Wort und geht als Beleg ideologischer Hörigkeit in die Geschichte ein; Busch überlässt es dem Chor, den rechthaberischen Refrain zu knödeln, hat aber an der Verbreitung des fatalen Slogans als Noten-Verleger, Label-Chef und Sänger maßgeblichen Anteil; erst durch seine Interpretation entsteht ein massentaugliches Marschlied, das FDJ-Chöre zeitweilig landauf, landab schmettern.

„We Shall Overcome“ (S. 203)
Das Gewerkschaftslied aus den 1940ern basiert auf einem Gospel von 1901; Anfang der 1960er wird es durch Versionen von Pete Seeger und Joan Baez populär; in den USA gilt es als Hymne der Bürgerrechtsbewegung, in der BRD ist der Protestsong Teil der Gegenkultur; in der DDR wird er von FDJ-Singegruppen wie auch in oppositionellen kirchlichen Kreisen gesungen.

„In Spanien stands um unsre Sache schlecht" (S. 215)
1937 schreibt Busch diese *Ballade der 11. Brigade*, die Grigori Schneerson vertont; 25 Jahre später nimmt Busch die Spanienlieder neu auf; seine „Canciones de las Brigadas Internacionales" werden in der DDR und bei West-Linken zum Longseller; sie erscheinen 1963 in Ostberlin auf Aurora (Nachauflagen 1964, 1968, 1974, 1976) und ab 1970 im Dortmunder pläne-Verlag.

„Entrollt euren Marsch" ***(Linker Marsch)*** (S. 216)
Den Text von Wladimir Majakowski (Deutsch von Hugo Huppert) vertont Eisler für das 1957 am Deutschen Theater aufgeführte Agitprop-Spektakel *Der Sturm* (Bill-Bjelozerkowski). In Buschs Version wird der *Linke Marsch* zum Höhepunkt der Inszenierung; jahrelang verweigert der Sänger die Veröffentlichung der *Sturm*-Lieder auf Tonträger, bis der VEB Deutsche Schallplatten und die Akademie der Künste der DDR 1963 extra für Busch das Aurora-Label einrichten.

„Wenn das Eisen mich mäht" ***(Abschied)*** (S. 232)
Wie von Busch gewünscht erklingt dieses Lied (Josef Luitpold / Béla Reinitz) auf seiner Beerdigung — natürlich von Busch selbst gesungen; sein Lieblingslied für weniger betrübliche Anlässe war der (gleichfalls von Reinitz vertonte) Spottgesang auf die SPD *Der Revoluzzer* von Mühsam.

DANK:

allen Zeitzeug*innen, die uns Rede und Antwort gestanden haben, besonders unseren Protagonist*innen Eva Busch (†), Eva Kemlein (†), Ronald Paris und Jochen Scheidler; Dank geht an Uli Busch, Elgin Helmstaedt und das Archiv der Akademie der Künste (wo sich der Busch-Nachlass befindet) sowie Nina Alexandrowna Dymschitz, Jule Henschel und Mirjam Lörcher für ihre Unterstützung bei den Recherchen; Jean-Baptiste Coursaud und Susanne Koschig danken wir für ihre dramaturgische Beratung; für Organisation und ihre Handschrift danken wir Susanne Ogan; Dank für ermutigende Rückmeldungen geht an Matilda und Fine sowie Iris und Hartmut Voit. Dank für Inspiration gebührt André Franquin (†), Reinhard Kleist, Christophe Chabouté und Pénélope Bagieu!

Für künstlerisch-gestalterische Beratung danken wir Johannes Mundinger und Mara Heuer — letzterer auch dafür, dass sie uns für das Projekt zusammengebracht hat. Für vielfältige Unterstützung im Arbeitsprozess danken wir Hans Goldenbaum, Ingrid Bettwieser und dem Brechtfan Yobst Hirsch, außerdem Marie Kaufmann, Steffen Jähn, Moritz Hirsch, Aike Arndt und Tine Fetz. Ermutigung und emotionalen Support spendeten Guy Eytan, Lydia Schmidt, Gianna Faust, Büropartnerin Anna, Margit Hirsch und Lisa Krause. Ohne die Hilfe, die Ratschläge und die Freundlichkeit dieser und einiger anderer Menschen hätte diese Arbeit nicht entstehen können.

Wir danken unserem Verleger Johann Ulrich für die Bereitschaft, sich auf das Busch-Abenteuer einzulassen, Thomas Gilke für seitenweises Optimieren, Sebastian Beeskow fürs Lettern, Tinet Elmgren für die Anpassung der Schrift, Filip Kolek fürs Promoten und der Bundesstiftung zur Aufarbeitung der SED-Diktatur für die finanzielle Förderung des Projekts!

Fürs Weiterdenken unseres Comics in musikalische Sphären und theatrale Welten danken wir Louwrens Langevoort, Nicolette Schäfer und dem Kölner Musikfestival *ACHT BRÜCKEN;* fürs Vertonen sei Prof. Gordon Kampe gedankt, für Gesang und Klang Justin Caulley und dem *ensemble ascolta*; Dank für musikalische Inspiration an Tobias Rempe, Johannes Voit sowie die Black Keys, Stephen Stills und Sophie Hunger.

Allen, die sich uns geöffnet haben, sind wir dankbar - selbst denen, die wenig preisgegeben haben, weil sie misstrauisch waren oder stolz, ängstlich oder verletzt. Wie Eveline Lüders, die im Kinderchor 1937 mit Ernst Busch im Moskauer Gewerkschaftshaus auftrat und, wie durch ein Wunder, Verfolgung und Terror in Deutschland und der Sowjetunion überlebte, ihr sei dieses Buch gewidmet.

DIE AUTOREN

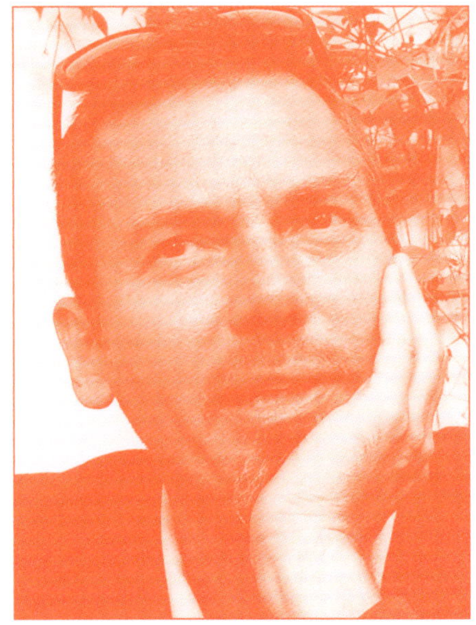

Foto © Fine Voit

Jochen Voit, 1972 in Nürnberg geboren, ist Autor, Historiker und Ausstellungsmacher. Als Kind kriegt er eine Überdosis Ernst-Busch-Gesänge ab, weil sie sein Vater laut und ausdauernd hört. Nach einer Buchhändlerlehre, einem Geschichtsstudium und Jobs als Musikjournalist und Schallplattenaufleger beginnt er, Comictexte zu schreiben. Sein erstes Szenario verfasst er 1996 für den Münchner Zeichner und Tätowierer Stefan Sonnberger und dessen irrwitzigen Superhelden *Cane Lupo* (Werk verschollen). 2002 zieht er von München nach Berlin, wo er TV-Historiker für Pro7 wird und eine viel diskutierte Busch-Biografie (Aufbau Verlag) und Ausstellungstexte fürs DDR Museum schreibt. Seit 2012 leitet er die Gedenkstätte Andreasstraße im ehemaligen Erfurter (Stasi-)Gefängnis, kuratiert Ausstellungen und entwickelt Graphic Novel-Projekte mit Zeichnern wie Simon Schwartz, Phillip Janta und Hamed Eshrat (*NIEDER MIT HITLER! oder Warum Karl kein Radfahrer sein wollte*, avant-verlag, 2018).

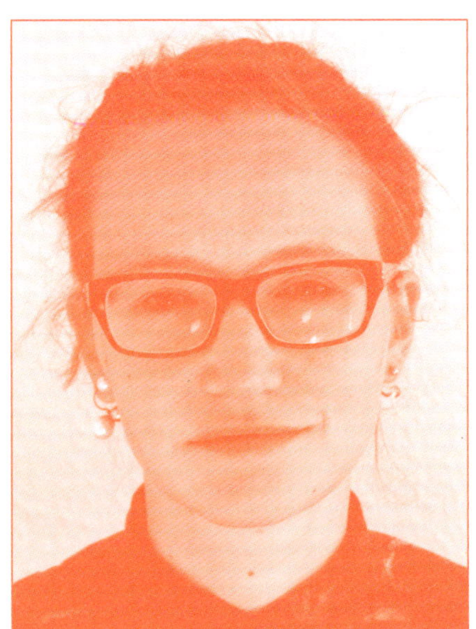

Foto © Sören Wilde

Sophia Hirsch, 1987 in Ostberlin geboren, ist Malerin und Comiczeichnerin. Erste Erfahrungen mit Busch-Liedern verdankt sie den Brecht-Audiokassetten ihrer Eltern. Sie studiert Malerei und Illustration an der Burg Giebichenstein in Halle, der Kunsthochschule Berlin-Weißensee und der Bezalel Academy in Jerusalem. Es folgen Einzelausstellungen und Gruppenschauen u.a. in der Galerie Neurotitan, der Urban Spree Gallery (beide Berlin) und in der Kunsthalle Wilhelmshaven. Sie malt großformatige Wandbilder, oft mit konkretem Ortsbezug; ihre Murals sind u.a. in Belgrad, Istanbul und Sankt Petersburg zu sehen. Seit 2012 entwickelt sie Comic-Kurzgeschichten sowie partizipative Kunstprojekte für die Gedenkstätte Sachsenhausen und das Archiv der Jugendkulturen in Berlin. Die vorliegende Graphic Novel ist ihre erste Zusammenarbeit mit dem Szenaristen Jochen Voit. Kennengelernt haben sich die beiden 2018 auf dem Comic-Salon Erlangen.